REIHE DER VILLA VIGONI

Band 16

Deutsch-italienische Studien
Herausgegeben vom Verein Villa Vigoni e.V.

La bellezza della città

Stadtrecht und Stadtgestaltung
im Italien des Mittelalters und der Renaissance

Herausgegeben von
Michael Stolleis und Ruth Wolff

Max Niemeyer Verlag
Tübingen 2004

Gedruckt mit Unterstützung der Gerda Henkel Stiftung, Düsseldorf

Bibliografische Information der Deutschen Bibliothek

Die Deutsche Bibliothek verzeichnet diese Publikation in der Deutschen National-
bibliografie; detaillierte bibliografische Daten sind im Internet über *http://dnb.ddb.de*
abrufbar.

ISBN 3-484-67016-9   ISSN 0936-8965

Gedruckt auf alterungsbeständigem Papier.
Satz: Dr. Gabriele Herbst, Mössingen
Druck: AZ Druck und Datentechnik GmbH, Kempten
Einband: Buchbinderei S. Geiger, Ammerbuch

Inhaltsverzeichnis

Michael Stolleis und Ruth Wolff

Einleitung

Die Kaiser Gratian, Valentinian II. und Theodosius I. schreiben am 11. Juni 383 aus Konstantinopel an Proculus, den Comes des Orients: „Dem öffentlichen Recht dürfen keine Zeitbeschränkung noch Reskripte hinderlich sein. Deshalb soll alles niedergerissen werden, was in den Städten entweder auf dem Forum oder auf einem anderen öffentlichen Platz dem schönen und geschmackvollen Antlitz der Stadt im Wege ist".[1] An dieses spätantike Zeugnis sei nur beispielshalber erinnert, um auf den engen Zusammenhang von Recht und Stadtgestaltung aufmerksam zu machen. Jeder gestaltende Eingriff in das Stadtbild und jede Baumaßnahme für die Versorgung einer Stadt, etwa die Enteignung Privater für die Gestaltung von Straßen und Foren, Aquädukten und Tempeln, war auch Rechtsakt, sei es durch Kauf, sei es durch „hoheitliche" Maßnahme unter Berufung auf das höhere Interesse der Gemeinschaft, und damit auf öffentliches Recht. Entwickeltere Staatswesen und ihre Hauptstädte – von Babylon, Assur, Alexandria, über die griechischen Stadtstaaten bis Rom als der Mittelmeermetropole schlechthin ihr Aussehen gestaltet, haben öffentliche Bauten errichtet, Plätze, Märkte, Amphitheater und Bäder gestaltet, Mauern und Türme gebaut sowie die Straßen gepflastert und Wasserleitungen angelegt. Dabei waren religiöse Motive mit solchen der Repräsentation, des Ehrgeizes bedeutender Geschlechter oder Herrscher, der Konkurrenz mit anderen Gemeinwesen, der Versorgung mit reinem Wasser, leichten und sicheren Zugängen, der Feuersicherheit und der Verteidigung miteinander verflochten. Rechtsvorschriften über die Opera publica bildeten jedenfalls einen eigenen Komplex innerhalb der Rechtsmasse des römischen Rechts.[2]

In den mittelalterlichen Städten war es nicht wesentlich anders. Auch hier standen private Bautätigkeit und die für die Stadtgemeinde notwendigen Bauten auf engem Raum nebeneinander, ohne daß es eine wirkliche Sphärentrennung von öffentlich und privat oder öffentlichem und privatem Recht gegeben hätte. Jede größere befestigte Siedlung verfügte über Gotteshäuser, Marktplätze, den Sitz des Stadtherrn oder der städtischen Obrigkeit, Mauern, Straßen, Brunnen, Waschhäuser und andere wichtige Baulichkeiten der Gemeinschaft. Je nach

---

[1] Codex Justinianus 8,11,6 (Cod. Theod. 15,1,22).
[2] Dig. 50.10.1–7; Cod.Just. 8.11.3–22.

Stadtgeschichte standen diese Anlagen auf althergebrachten Plätzen und die Stadt wuchs konzentrisch durch die Bautätigkeit aufeinanderfolgender Generationen, oder sie wurden, vor allem bei Neugründungen oder nach Bränden, planmäßig angelegt. Je nach Tradition und Rechtsverständnis gab es Vorschriften hierzu innerhalb und außerhalb der sog. Statuten, der aus Aufzeichnungen erwachsenen, mehr oder weniger systematisch geordneten Stadtrechte. Auch das Gewohnheitsrecht und einzelne Dienstbarkeiten spielten eine große Rolle, etwa Wegerechte, Wassernutzungs- oder Mühlenrechte. Um zu erfahren, welches Netzwerk von Rechtsvorschriften der Regulierung der Stadtgestaltung diente, müssen alle erreichbaren Rechtsquellen herangezogen werden.

So einleuchtend es auf den ersten Blick erscheint, daß kunsthistorische und rechtshistorische Forschung sich hier in die Hände arbeiten müßten, so selten scheint eine derartige Zusammenarbeit in praxi stattzufinden. Die italienischen Stadtstatuten sind zwar weitgehend publiziert und zum Teil vorbildlich kommentiert, aber doch selten von Kunsthistorikern genutzt worden. Als einer der ersten ging Wolfgang Braunfels in seinem Buch über die „Mittelalterliche Stadtbaukunst in der Toskana" (1953) auf die Stadtstatuten ein. Sie seien, sagte er, „die wichtigste Quelle zum mittelalterlichen Bauwesen überhaupt und als solche nur selten beachtet, niemals vor 1950 eingehend benutzt worden".[3] Braunfels zog die Stadtstatuten der Toskana in vielerlei Hinsicht für seine Ausführungen zur Planung und Gestaltung von Straßen und Plätzen, Brücken, Brunnen, Türmen, Brunnen, Dombauten und Stadtpalästen heran. Sein Verdienst ist es auch, im Zusammenhang mit dem Begriff der Profanbaukunst auf die enge Verbindung von weltlichem und sakralem Bauen des Mittelalters aufmerksam gemacht zu haben.[4] Die Stadtstatuten beschäftigen sich nicht nur mit kommunalen Profanbauten, sondern auch mit religiöser Architektur und deren Ausschmückung, wie an den bekannten Beispielen des im Auftrag der Kommune erbauten Doms von Siena oder des Doms von Florenz deutlich wird. Stadtstatuten äußern sich zu Fragen des Sepulkralrechts oder des Umgangs mit christlichen Bildern, Themen also, deren Behandlung man vorwiegend im kanonischen Recht erwartet.[5] Daneben findet man beispielsweise Bestimmungen über die Zunft der Bildhauer oder die Erhaltung von Bauwerken.[6] Vor allem aber enthalten die Stadtstatuten

---

[3] W. Braunfels, Mittelalterliche Stadtbaukunst in der Toskana, Berlin 1953, 4. korrigierte und erweiterte Aufl. Berlin 1979, S. 13.

[4] A. a. O. S. 177ff.

[5] Zur Bedeutung des kanonischen Rechts für die Tafelbilder siehe Julian Gardner, Altars, Altapieces, and Art History: Legislation and Usage, in: Eve Borsook and Fiorella Superbi Gioffredi, Italian Altarpieces 1250–1550. Function and Design, Oxford 1994, S. 5–40.

[6] Vgl. z.B. Statuto del secolo XIII del Comune di Ravenna, pubbl. Andrea Zoli e Silvio Bernicolli, Ravenna 1904, Rubr. 348: „De ecclesiis et veteribus hedificiis non destruendis". Hierzu auch mehrere Bestimmungen des Codex Justinianus aus dem späten 4. und frühen 5. Jahrhundert: 8.11.5 (Wiederherstellung von Ruinen); 8.11.7 (Ausbesserung

eine Vielzahl von Artikeln über Einzelaufträge, insbesondere zu Bauten und deren Ausstattung. Dies bleibt auch so, nachdem in späterer Zeit die Bestimmungen zu Bauaufträgen in eigenen Büchern gesammelt werden. Die Anzahl der hoch- und spätmittelalterlichen Stadtstatuten Italiens wird auf über 10 000 geschätzt.[7] Ihre Geschichte beginnt mit den Stadtrechten, wie sie in dem Breve Consulum Pisanae civitatis (1162) aufgezeichnet sind, und hat in den großen Statutenbüchern des 14. Jahrhunderts ihren Höhepunkt. Viele der Statuten, die zahlreiche Redaktionen erfuhren, behielten bis in das 19. Jahrhundert ihre Gültigkeit – die Statuten von San Marino bis heute. Sie sind in der Biblioteca del Senato in Rom gesammelt und in einem bislang achtbändigen, bis zum Buchstaben U (entsprechend den Städtenamen) reichenden Katalog, der Editionen und Sekundärliteratur umfaßt, aufgeführt.[8] Seit den achtziger Jahren hat sich die historische und rechtshistorische Forschung wieder vermehrt mit ihnen beschäftigt und Fragen ihrer Überlieferung, der formalen und inhaltlichen Entwicklung der statutarischen Gesetzgebung und ihrer kulturellen Funktion erörtert.[9]

Im Gefolge der Untersuchung von Braunfels und der vermehrten Edition der Stadtstatuten wurden ihre Bestimmungen – wobei nun auch nicht-toskanische Statuten berücksichtigt wurden – immer wieder für kunsthistorische Fragestellungen herangezogen, vor allem in Darstellungen zur Stadtplanung und Baupoli-

---

von Häfen, Wasserleitungen und Mauern); 8.11.11 (Finanzierung von Ausbesserungsarbeiten); 8.11.16 (Abnahme von Kaiserbildern während der Ausbesserung) sowie insbesondere 8.11.22 (Ermahnung zur Ausbesserung oder Vollendung früherer Bauvorhaben. Ein Statthalter „erwirbt sich das höchste Ansehen, wenn er alte Bauten restauriert und vollendet, was andere angefangen und unfertig liegengelassen haben").

[7] A. Wolf, Gesetzgebung in Europa 1100–1500. Zur Entstehung der Territorialstaaten, München 1996, S. 76; M. Ascheri, Gli Statuti: un nuovo interesse per una fonte di complessa tipologia, in: Biblioteca del Senato. Catalogo della raccolta di statuti, consuetudini, leggi, decreti, ordini e privilegi dei comuni, delle associazioni e degli enti locali italiani, dal medioevo alla fine del secolo XVIII, a cura di Corrado Chelazzi, I–VIII (A–U), Roma 1943–1999, hier vol. VII, 1990, XXI–XXLIX.

[8] Biblioteca del Senato. Catalogo della raccolta (Anm. 3). Zu den Besonderheiten bei der Herausgabe und Untersuchung der Statuten siehe Gina Fasoli, Edizione e studio degli statuti: problemi e esigenze, in: Fonti medievali e problematica storiografica. Atti del congresso internazionale, Roma, 22–27 ottobre 1973, I, Roma 1976, S. 173–190 und E. Angiolini, Le edizioni degli statuti: esperienze recenti e progetti di edizione (San Miniato, 22/23 settembre 1995), in: Medioevo. Saggi e Rassegne 20 (1995), 495–507. Vgl. auch die umfangreiche, im Internet bereitgestellte Bibliografia Statutaria Italiana 1985–1995, die ständig um neue Titel ergänzt wird (http://www.statuti/unibo.it).

[9] H. Keller/J. W. Busch (Hg.), Statutencodices des 13. Jahrhunderts als Zeugen pragmatischer Schriftlichkeit. Die Handschriften von Como, Lodi, Novara, Pavia und Voghera, München 1991 (Münstersche Mittelalter-Schriften, Bd. 64); G. Chittolini/ D. Willoweit (Hg.), Statuten, Städte und Territorien zwischen Mittelalter und Neuzeit in Italien und Deutschland, Berlin 1992 (Schriften des Italienisch-Deutschen Historischen Instituts in Trient, Bd. 3).

tik von Kommunen,[10] jedoch auch in anderen Zusammenhängen, wie etwa in Bezug auf Grabmäler[11] oder religiöse Bilder.[12]

Die Interpretation einzelner Bestimmungen von Stadtstatuten stößt von kunsthistorischer Seite allerdings schnell an Grenzen, was zum Beispiel das Verhältnis Norm und Praxis, also die Durchsetzung der Normen und die dabei eingesetzten Mittel angeht. Möglicherweise formulieren einzelne Statuten von vornherein nur Idealprogramme.[13] Weiter geht es um die Vergleichbarkeit der Normen, um ihre Verankerung in älteren Rechtsschichten sowie die Unterscheidung einzelner Stufen der Redaktion dieser Texte. Hier ist Hilfe von rechtshistorischer Seite gefragt. Die Rechtshistoriker, häufig primär am Normbestand interessiert, haben sich jedoch relativ wenig mit den hinter den Normen stehenden Fragen der Stadtästhetik, der „bellezza della città", und den mit öffentlichen Bauten verbundenen politischen Leitgedanken auseinandergesetzt. Schon beim

---

[10] S. z.B. die Studien zur Urbanistik von E. Guidoni, Storia dell'urbanistica: il Duecento, Roma/ Bari 1989; F. Finotto, La città chiusa. Storia delle teorie urbanistiche del Medioevo al Settecento, Venezia 1992, hier besonders das 6. Kapitel „Il senso dell'utilità e della bellezza", S. 97ff. und A. Dietl, Il reale und die imaginierte Stadt: Kommunales Baugesetz und Städtebild in den ober- und mittelitalienischen Kommunen der Dantezeit, in: Stadt-Ansichten, hg. v. J. Lehmann und E. Liebau, Würzburg 2000 (Bibliotheca academica, 1), S. 81–102; zu Kommunalpalästen: J. Paul, Die mittelalterlichen Kommunalpaläste in Italien, Freiburg i. Br. 1963 und R. D. Russel Jr, Vox civitatis: Aspects of thirteenth-century comunal architecture in Lombardy, Diss. Princeton 1988 (Ann Arbor, 1989); zu Stadttoren: J. Gardner, An Introduction to the Iconography of the Medieval Italian City Gate, in: Dumbarton Oaks Papers 41 (1987), S. 199–213; C. Verzár Bornstein, Portals and Politics in the Early Italian City-State: The Sculpture of Nicholaus in Context, Parma 1988; zu Brücken: B. Röh, Studien zur politischen Ikonographie des Brückenbaus in Ober- und Mittelitalien vom 12. bis zum 15. Jahrhundert, Hamburg 1999; zu Dombauhütten: Opera. Carattere e ruolo delle fabbriche cittadine fino all'inizio dell'Età Moderna. Atti della Tavola Rotonda, Villa I Tatti, Firenze, 3 aprile 1991, a cura di M. Haines e L. Ricetti, Firenze 1991; zu Domplätzen: La piazza del duomo nelle città medievale (nord e media Italia, secoli XII–XVI). Atti della Giornata di Studio, Orvieto, 4 giugno 1994, a cura di L. Ricetti (Bollettino dell'Istituto Storico Artistico Orvietano, XLVI–XLVII (1990–1991) und zu Plätzen in der Emilia Romana: Lo specchio della città. Le piazze nella storia dell'Emilia Romana, a cura di F. Bocchi, Casalecchio di Reno (Bologna) 1997, hier bes. S. 47ff. zur „legislazione urbanistica della Piazza nel medioevo".

[11] Renzo Grandi, I monumenti die dottori a Bologna e la scultura a Bologna (1267–1348), Bologna 1982, passim.

[12] H. Belting, Bild und Kult: eine Geschichte des Bildes vor dem Zeitalter der Kunst, München 1990, S. 344f., der auf eine Bestimmung der Statuten von Tivoli aus dem Jahr 1305 hinweist, nach der die Kommune jeden mit Geldstrafen oder der Amputation der Hand bestraft sehen wollte, der ein Bild entehrte.

[13] Siehe etwa Antje Middeldorf Kosegarten, Sienesische Bildhauer am Duomo Vecchio. Studien zur Skulptur in Siena, 1250–1330, München 1984 (Italienische Forschungen, hg. v. Kunsthistorischen Institut in Florenz, 3. Folge, Bd. XIII), S. 20f. über die mögliche Idealität der Sieneser Statuten zum Dombau.

ersten Zugriff stellen sich wichtige Fragen: Wie werden die praktischen Fragen dessen, was im 20. Jahrhundert „Daseinsvorsorge" genannt worden ist (Wasserversorgung, Reinlichkeit, Entsorgung der Fäkalien, Tierhaltung, Feuersicherheit, Verteidigung) mit den Fragen der würdigen, dem Zeitgeschmack entsprechenden Gestaltung verbunden? Gibt es so etwas wie eine von den praktischen Aufgaben trennbare Ästhetik? Gab es – wie etwa im römischen Recht – Sanktionen für Bausünder, etwa bei Überschreitung der Fluchtlinie, bei Anbringung unziemlicher Inschriften oder bei Entfaltung von zu viel Prunk? Wie setzten die städtischen Organe ihre Grundstückswünsche und ihre Anordnungen durch? Gab es Enteignungen, „Zwangskäufe", Geldbußen, Abrißverfügungen, Modernisierungs- oder Baugebote bei verfallenden Gebäuden oder Baulücken? Wie läßt sich die voranschreitende Verdichtung der rechtlichen Regulierung erklären, etwa durch das Wachstum des engräumigen Zusammenlebens, durch die Konkurrenzen zwischen mittelalterlichen italienischen Städten, durch wiederholte innerstädtische Auseinandersetzungen oder durch die generelle Professionalisierung des Rechtslebens?

Um mit der Beantwortung dieser vielen Fragen einen Anfang zu machen und versuchsweise Kunsthistoriker und Rechtshistoriker zusammenzuführen, haben wir im idyllisch gelegenen und anregenden Ambiente der Villa Vigoni am Comer See vom 20. bis 23. September 2001 einen Kreis von Spezialisten versammeln können. Die Zusammenarbeit zwischen den Disziplinen verlief problemlos und in großer Harmonie. Der Experimentcharakter wirkte ausgesprochen anregend. Man war sich am Ende einig, es sei ein lohnender Versuch praktizierter Interdisziplinarität gewesen. Die Ergebnisse der Tagung werden hiermit vorgelegt.

Sowohl die Tagung als auch die Drucklegung dieses Bandes wurde in großzügiger Weise von der Gerda Henkel Stiftung, Düsseldorf, unterstützt. Ihr gilt unser besonderer Dank.

Wir danken weiter Prof. Dr. Aldo Venturelli (Urbino/Villa Vigoni), der die Tagung in der Villa Vigoni ermöglichte und sich um zusätzliche Mittel für die Drucklegung bemüht hat, sodann Frau Dr. Christiane Liermann (Villa Vigoni), in deren geübten Händen die Organisation der Tagung lag, und die auch die Redaktion des Bandes unterstützt hat. Prof. Dr. Bernd Roeck (Zürich) war nicht nur Referent auf der Tagung, sondern auch der beste Kenner des Anwesens und seiner Geschichte. Schließlich danken wir den Teilnehmern für ihr wissenschaftliches Engagement und für ihre Geduld bei der Publikation, die vom Verlag in vorbildlicher Weise betreut wurde.

Bernd Roeck

Urbanistische Konzepte des Quattrocento

Zu Ideal und Wirklichkeit der Stadtplanung der Frührenaissance

I

Statuten bilden selbstverständlich keineswegs einfach die „Wirklichkeit" einer spätmittelalterlichen Stadt ab. Ihr Charakter kann tendenziell utopisch sein, indem ihre Bestimmungen auf Herstellung eines idealen Zustandes zielen. Die Frage, die im Folgenden gestellt werden soll, ist die nach den Anfängen einer Urbanistik, die, oft mit wenig Erfolg in der Wirklichkeit, die Ästhetisierung des Stadtganzen bezweckt, und nach der Rolle der Statuten in diesem langwierigen und komplexen Prozeß.

Die Vorstellung, eine Stadt habe nicht nur fest gebaut zu sein und zum Nutzen ihrer Bewohner, sondern sie solle auch ganz einfach „schön" sein, ist offenbar spezifisch neuzeitlich, jedenfalls insofern diese Frage auch theoretisch reflektiert wird.[1] Begegnet eine Idee urbanistischer Ästhetik im Mittelalter, abgelöst von religiösen Vorstellungen, sehen wir sie als unzeitgemäß, als modern, an. Sie ist Ausnahme und verweist auf Entwicklungen, die erst später – nicht vor dem 15. Jahrhundert – wirklich greifbar werden. Daß mittelalterliche Straßenzüge, Häuserformen und dergleichen planerischen Vorgaben folgten, ist evident; ob diese Vorgaben an ästhetischen Kriterien orientiert waren, steht dahin.[2]

Die Bemühung um die „schöne Stadt" wird zur großen Herausforderung für kommunale Bürokratien, für Architekten und Urbanisten, und sie hatte zu allen Zeiten die unterschiedlichsten Implikationen, schon deshalb, weil der Begriff von Schönheit historischen Wandlungen unterworfen ist. Das Faszinierende am Fall Italiens ist, daß der Blick hier auf die Anfänge eines bis heute relevanten Problems und erster Lösungsversuche fällt. Es gibt, soweit wir wissen, in keinem anderen Land Europas und aus so früher Zeit vergleichbar detaillierte und reflektierte gesetzliche Bestimmungen, welche Fragen der Ästhetik behandeln; gewiß

---

[1] Vgl. Hanno-Walter Kruft, Städte in Utopia. Die Idealstadt vom 15. bis zum 18. Jahrhundert zwischen Staatsutopie und Wirklichkeit, München 1989, S. 11.

[2] Zur Rationalität mittelalterlicher Stadtplanung: Klaus Humpert/Martin Schenk, Entdeckung der mittelalterlichen Stadtplanung. Das Ende vom Mythos der ‚gewachsenen Stadt', Stuttgart 2001.

gibt es nirgendwo eine theoretische Reflexion, die sich – wie jene Italiens – mit der Ästhetisierung des Stadtganzen oder zumindest einzelner Zonen der urbanistischen Organismen beschäftigte.

Das könnte ein kursorischer Blick auf die deutschen Verhältnisse, die gerade von Eberhard Isenmann beleuchtet wurden, zeigen. In den baurechtlichen Bestimmungen der Gesetzgebung steht hier allein die Brandbekämpfung, überhaupt die Gefahrenabwehr im Vordergrund.[3] Das ist in den alten Reichsstädten offenbar noch im 17. Jahrhundert nicht wesentlich anders,[4] die Forschungslage ist hier allerdings nicht besonders gut. Wenn nicht alles täuscht, sind es seit dem 16. Jahrhundert vor allem die Residenzstädte, also die Orte, welche zu Zentren politischer Macht im Reich werden, in denen eine urbanistische Fragen im weiteren Sinn betreffende Gesetzgebung zur Blüte kommt.

II

Der Vergleich Italiens mit anderen Ländern wirft einige weitgehend ungelöste Fragen auf. Sie werden hier auch nicht beantwortet werden können, da sie die Berücksichtigung von Zusammenhängen erforderten, die weit jenseits der engeren Fragestellung liegen: Es geht eigentlich um ein Fundamentalproblem der neuzeitlichen Geschichte, nämlich um die Frage nach der Genese der Kultur der Renaissance überhaupt. Sie bildet den Kontext der bewußten, theoretisch reflektierten Auffassung der Stadt als gestaltbares Kunstwerk. Als Struktur, die „schön" sein soll; deren Schönheit einer eigenen Rationalität folgt; die nicht mehr nur in den Dienst der Religion gestellt ist. Es scheint, daß in Italien sehr früh solche Fragen in die Statutengesetzgebung eindringen, die so ihrerseits zum Faktor der Ästhetisierung der Stadt wird – wenngleich bei weitem nicht zum wichtigsten oder gar entscheidenden. Auf der anderen Seite ist die Beziehung zwischen der hochdifferenzierten Statutengesetzgebung Italiens und der Priorität des italienischen Frühhumanismus auf dem Gebiet der Urbanistik zu augenfällig, als daß sich hier nicht ein Zusammenhang vermuten ließe.

Der erste Widerspruch gegen diese Behauptung wird sein, daß sich schließlich auch im Mittelalter herrliche urbanistische Zusammenhänge finden – man denke etwa an die monumentale Zone um den Dom von Pisa oder an die strenge Rationalität von Straßenführung und Hausbau mittelalterlicher Gründungsstädte. Deshalb muß die These von der urbanistischen Modernität der Renaissance und speziell der Italiens differenziert und etwas näher erläutert werden.

---

[3] Eberhard Isenmann, Gesetzgebung und Gesetzgebungsrecht spätmittelalterlicher deutscher Städte, in: ZHF 28 (2001), S. 1–94, hier S. 7.
[4] Vgl. Bernd Roeck, Elias Holl. Architekt einer europäischen Stadt, Regensburg 1985, S. 176.

Grob unterscheiden wir folgende Stufen der Entwicklung, die zugleich die Sonderrolle Italiens deutlich werden lassen. Zuerst, seit der Mitte des 11. Jahrhunderts, der berühmte urbanistische Verdichtungsprozeß, der mit einem demographischen Aufschwung einhergeht und offensichtlich mit einem ökonomischen *take off* verbunden ist. Architektonische Folgen werden gleichzeitig und seit dem 12. Jahrhundert als spektakuläre Quellen faßbar: mit technischen Neuerungen wie dem Vordringen des Gewölbebaues, dann überhaupt in Gestalt der kirchlichen und kommunalen Großbauten des 12., 13. und 14. Jahrhunderts.

Etwas phasenverschoben zu diesen Prozessen entwickelt sich eine umfangreiche und immer differenzierter werdende Statutengesetzgebung, für die jedoch ästhetische Erwägungen – mit ganz wenigen Ausnahmen – einen noch eher geringen Stellenwert haben. Damit ist allerdings nicht gemeint, daß praktische Erwägungen nicht ästhetische Konsequenzen zeitigen konnten; überhaupt erscheint heute manches als „schön" oder pittoresk, was seine Entstehung ausschließlich der Not oder Nützlichkeitserwägungen verdankt.

Die Krise der ersten Hälfte des 14. Jahrhunderts verlangsamt die Entwicklung. Ganz große Unternehmungen – man denke an den Dom von Siena als bekanntes Beispiel – werden eingestellt oder wesentlich modifiziert. Vor allem wandelt sich allmählich die Struktur der Kunst- und insbesondere der Architekturpatronage.[5]

Neben die Kommune und damit die Zünfte und kirchlichen Institutionen schieben sich immer deutlicher die *Signori* der Stadtstaaten zwischen Mailand und dem Kirchenstaat. Mehr oder weniger deutlich faßbar werden Privatleute, die Erben der großen Vermögen, Kaufleute und Bankiers; die berühmtesten Fälle kennt Florenz: Man muß nur die Namen Bardi, Peruzzi, Strozzi, Rucellai, Pitti und natürlich Medici nennen.

Die Staatsbildungskriege des ausgehenden Mittelalters haben als eine wichtige Konsequenz die Umverteilung von Geldmitteln. Das heißt, dramatisch hohe Summen wandern von den Zentren in die Peripherie, in kleine Städte, eben die Orte, aus denen die erfolgreichen *Condottieri* oder die aufsteigenden Dynastien kamen. Orte wie Bergamo oder Urbino, Rimini oder Ferrara gewannen so ihre Form. Einige dieser Kriegsunternehmer sind bekanntlich Auftraggeber mit unvergleichlichem Geschmack und fast unerschöpflichen Geldmitteln gewesen, man denke an Federico da Montefeltro, den Herrn von Urbino: Er verstand es wahrlich, aus Eisen Gold und aus Gold Kunst zu machen!

Ein wichtiger Aspekt tritt beim Blick auf die sich allmählich herauskristallisierende Staatenwelt des italienischen Tre- und Quattrocento in den Vordergrund,

---

5   Über Kunstpatronage im Italien der Renaissance zusammenfassend Bram Kempers, Kunst, Macht und Mäzenatentum. Der Beruf des Malers in der italienischen Renaissance, München 1989 (niederl. 1987); zuletzt Arnold Esch/Christoph Luitpold Frommel (Hg.), Arte, committenza ed economia a Roma e nelle corti del Rinascimento, Torino 1995 und Bernd Roeck, Kunstpatronage in der Frühen Neuzeit. Studien zu Kunstmarkt, Künstlern und ihren Auftraggebern in Italien und im Heiligen Römischen Reich (15.–17. Jahrhundert), Göttingen 1999.

nämlich der Aspekt der Konkurrenz. Schon Jacob Burckhardt hält diesen Faktor
für einen entscheidenden Punkt, was den Modernisierungsvorsprung Italiens vor
anderen europäischen Ländern anbelangt (um es etwas abstrakter auszudrücken
als er selbst).[6] Es ist noch heute nicht leicht, Burckhardt hier zu widerlegen.
Jedenfalls läßt sich kaum bestreiten, daß die Auseinandersetzungen auf der italienischen Halbinsel, die schließlich in das labile Gleichgewicht des Systems von
Lodi mündeten – die Konkurrenz um Macht und Einfluß, die ihr Pendant in den
mehr oder weniger stillen Kämpfen innerhalb der städtischen Oligarchien besitzt –
eine für das hier interessierende Thema bedeutende Konsequenz hatten: Dem
Krieg mit Kanonen und Gewehren entsprach ein Krieg der Zeichen, ein mit enormen Geldmitteln ausgetragener Kampf um Prestige.[7] Dem diente Kunst und – als
bedeutendster Ausdruck von *magnificenza*, von *magnitudo* – Architektur.

Auch diese Auseinandersetzungen dürften auf die Statutengesetzgebung ein-
gewirkt haben, allerdings nicht in dem Maße, wie man das annehmen könnte.
Außerdem gestalteten sich die Verhältnisse natürlich von Region zu Region
äußerst verschieden, und es bedarf eines sehr genauen Blicks auf die lokalen
Macht- und Verfassungsverhältnisse, um die Versuche, über Statuten auf die
Sprache der Urbanistik einzuwirken, richtig bewerten zu können.

Zunächst aber sei der grobe chronologische Überblick abgeschlossen. Im
Kontext der durch mächtige demographische, ökonomische und politische Entwicklungen im Großen geprägten Urbanisierung und Zeichenkonkurrenz ge-
schieht das, was die Sonderstellung Italiens am eindeutigsten belegt.

Erstens wird die Schönheit der Stadt konkreter und auf höherem Niveau als
irgendwo sonst literarisch erfaßt, mit Leonardo Brunis Florenz-Lob von 1403/04,
der „Laudatio Florentinae Urbis", als Inkunabel.[8] Darin erscheint Florenz als
ideale Stadt und ideales Gemeinwesen, schöner als jede andere auf Erden; als
Organismus, der seinesgleichen nicht hat. Brunis Text hat einige Vorläufer und
viele Nachfolger, aber nach Qualität und „Realismus" markiert er einen wirklichen Anfang. Immer häufiger kommt es nun zur Formulierung idealer Stadtkon-
zepte und dann auch zu Versuchen, dergleichen zu verwirklichen. Man mag
Brunis Text bei allem Realitätsbezug auch in diesen Zusammenhang plazieren.[9]

Zweitens kommt es zur kunsttheoretischen Reflexion überhaupt, und daß sie
eine genuin italienische Entwicklung ist, ist wiederum unbestreitbar. Das Werk
Leon Battista Albertis, dann die Traktate Filaretes und Francesco di Giorgio

---

[6]   Jacob Burckhardt, Die Cultur der Renaissance in Italien. Ein Versuch (hg. v. Werner
      Kaegi), Basel 1930, S. 93.
[7]   Vgl. zuletzt Lucas Burkart, Die Stadt der Bilder. Familiale und kommunale Bildinvesti-
      tion im spätmittelalterlichen Verona, München 2000.
[8]   Vgl. Hartmut Kugler, Die Vorstellung der Stadt in der Literatur des deutschen Mittel-
      alters, München/Zürich 1986 (mit neuerer Lit. auch zu Bruni)
[9]   Kruft, Städte in Utopia, S. 20.

Martinis stehen am Anfang aller neuzeitlichen urbanistischen Theorie, neben der Rezeption und Interpretation Vitruvs.[10]

Drittens und letztens dann wird die Stadt – und zwar in ihrer gebauten Wirklichkeit – als autonomes Objekt der künstlerischen Reproduktion entdeckt, und wieder ist dies ein Vorgang, der in Italien zuerst Kontur gewinnt.[11] Die frühesten Veduten in Siena sind Solitäre: überhaupt die ersten Stadtdarstellungen, die mehr geben als symbolische Andeutungen einer Stadtindividualität. Sie bleiben für ein Jahrhundert ohne Nachfolge.

Eine sich fortsetzende Tradition beginnt etwa gleichzeitig mit Albertis Traktat „De re aedificatoria", der zwischen 1443 und 1452 geschrieben wurde. Die Neapel-Ansicht Rossellis von 1465 (Neapel), Piero della Francescas Arezzo-Vedute in S. Francesco zu Arezzo, dann der Florentiner Plan mit der Kette markieren die Anfänge, wobei der letztgenannte Florentiner Fall als erstes Beispiel einer „autonomen" Stadtsicht gelten kann. Es wird die Stadt gezeigt, und sie ist hier nicht Staffage eines politischen Geschehens – wie der Rückkehr der aragonesischen Flotte – oder einer frommen Legende oder Heiligendarstellung wie in Arezzo. Genau 1500 folgt mit Barbaris epochalem Venedig-Plan die erste Vogelschau-Vedute, die erst zwei Jahrzehnte später mit Jörg Selds und Hans Weiditz' Augsburg-Plan von 1521 einen Nachfolger finden wird.

III

Wer die Statutensammlungen italienischer Städte durchmustert, findet Worte wie „schön", „Schönheit" – *pulcher, pulchritudo, bello, bellezza* – verhältnismäßig selten.[12] Dabei verbirgt sich auch in Statuten, wie das Gesetzen und Verordnungen schließlich immanent ist, die Tendenz, einen idealen Zustand herzustellen.

---

[10] Ebd., S.11: „Eine für uns greifbare theoretische Durchdringung städteplanerischer Kriterien nach ästhetischen Gesichtspunkten ist [...] erst seit dem Frühhumanismus nachweisbar." Vgl. auch Richard Krautheimer, Alberti and Vitruvius, in: Studies in the Western Art. Acts of the Twentieth International Congress of the History of Art, Princeton 1962, Bd. II, S. 42–52.

[11] Vgl. die einleitenden Essays zu Wolfgang Behringer/Bernd Roeck (Hg.), Das Bild der Stadt in der Neuzeit, 1400–1800, München 1999.

[12] Über diese Beobachtung wurde auf der Tagung in der Villa Vigoni kontrovers diskutiert. Ich habe den Eindruck, daß sie umso mehr zutrifft, je weiter man sich aus den Zentren der Toscana und des Nordens entfernt. Die von Wolfgang Braunfels in seinem Standardwerk angeführten Quellen scheinen jedenfalls anderswo keine Pendants vergleichbarer Qualität und Quantität zu haben: Wolfgang Braunfels, Mittelalterliche Stadtbaukunst in der Toskana, Berlin 1953, 5. Aufl. 1982.

Dieser von den Statuten angestrebte Idealzustand soll an einigen Beispielen knapp beschreiben werden. Indirekt spiegeln die Bestimmungen natürlich zugleich reale Mißstände.

Es ist – erstens – die *saubere* Stadt, in der ein gepflasterter, gewissermaßen „versiegelter" Boden keine schädlichen Miasmen aufsteigen läßt. Dieses Ziel wird bekanntlich in unzähligen Statuten angestrebt, selbst in einer kleinen Stadt wie Treviso.[13] Es geht weiterhin darum, Kanäle und kleine Wasserläufe anzulegen, die den Unrat fortspülen und mit ihm den mörderischen Pesthauch. Gegen Verunreinigung und üblen Geruch sollen etwa die Einwohner von Pontestura ihre *necessarias* und andere Installationen mit Mauern einfassen.[14]

Wer Schmutz, Abwasser, Jauche und dergleichen auf die Gassen der idealen Stadt der Statuten schüttet, wird mit Strafen bedroht; besonders ausführlich, im Einzelnen typisch, sind hier die bologneser Statuten aus dem Jahr 1288[15] oder auch die Statuten von Turin von 1360.[16]

Es ist, zweitens, die *sichere*, insbesondere die feuersichere Stadt, wo es keine strohgedeckten Dächer mehr gibt,[17] wo der größte Baumeister der Vormoderne,

---

13 Bianca Betto, Gli statuti di Treviso (sec. XIII–XIV), Roma 1984, S. 124f.: Nr. CLXVI (CLXIII): De viis civitatis lastregandis und CXLV (CXLII): De portis et muro civitatis lastrigandis; vgl. auch Romolo Gaggese, Statuti della repubblica fiorentina, II: Statuto del podestà dell'anno 1325, Firenze 1999, S. 160.

14 Erwig Gabotto, Statuti di Pontestura, Pinerolo 190, S. 44, Nr. CXL: „[...] fuit quod si fuerint persone alique que habeant ne(c)cessarias aliquas 'siue lauellos', seu sigarios uel Cunicolos seu alia artifica ad eorum domos siuer alibi in loco pontisturie [...] teneant eas muratas."

15 Gina Fasoli/Pietro Sella, Statuti di Bologna dell'anno 1288, Città del Vaticano 1937, Bd. II, S. 133f.: Lib. X, Rub. I: De pena eius qui ingonboraverit plateam comunis vel porticum; III, S. 135: „[...] Et dicimus quod omnes vendentes vel artem aliquam facientes in curia comunis vel in triviis porte Ravennatis singulis octo diebus tenantur purgare seu purgari facere [...] omni inmunditia [...]"; auch III, S. 135: „[...] Et dicimus quod omnes vendentes vel artem aliquam facientes in curia comunis vel in triviis porte Ravennatis singulis octo diebus tenantur purgare seu purgari facere [...] omni inmunditia."

16 Dina Bizzarri, Gli Statuti del Comune di Torino del 1360, Torino 1933, S. 120, Nr. CCLXXXV: „De non tenendis cloacis in viis publicis; S. 121f., XXXCII: De non eiciendo urinam vel aliquam putridam per fenestras; oder LVI, S. 41: „[...] Additum est quod quicumque possuerit vel poni fecerit leamen in mercato vel becaria vel stratis publicis, illud amoveat vel amoveri faciat infra tres dies postquam ibi fuerit positĭm [...]" Gaggese (Firenze), S. 321, IV, 69: „Quod nullus de lignamine vel aliis rebus ingombret plateas, vias seu alia loca [...]".

17 Vgl. z.B. Gino Luzzato, Gli statuti del comune di S. Anatolia del 1324 e un frammento degli statuti del comune di Matelica del sec. XIV (1358?), Ancona 1909, S. 80, Nr. XCIIII: „Statuimus quod infra cas'rum S.tae Anatholiae et burgis et cerclas nemo debeat facere domum aliquam, quae sit coperta nis de coppis vel lastris, nec in ipsa domo ponere aliquod affelchimen propter quod ignis possit in aliqua parte offendere, oder auch Treviso: Bianca Betto, Gli statuti di Treviso (sec. XIII–XIV), Roma 1984, S 222, Nr): CCLXXXII (CCLXVIII) „[...] Si quis amodo fecerit vel fieri fecerit domos de novo in civitate Tarvisii vel burgis vel prope suburgia ita quod possit trahere dampnum

das Feuer, gezähmt in den Herdstellen und Lampen gefesselt bleibt; ja, wo die dunklen Gassen beleuchtet sind, wie etwa in den Florentiner Statuten von 1325 angeordnet wird.[18] Explizit formulieren die Statuten übrigens militärische Sicherheitserwägungen kaum. Sie spielen in der Architekturtheorie seit Vitruv bekanntlich eine weit größere Rolle; auch bei Alberti wird dieser Aspekt wiederholt thematisiert.[19]

Es ist drittens die *wohlgeordnete* Stadt, in welcher sich die Straßen schnurgerade ziehen und damit die kürzeste Verbindung zwischen zwei Punkten darstellen. Viele Bestimmungen betreffen Brücken und den Wasserbau im weitesten Sinne,[20] vor allem aber ist es die Stadt, in der die Straßen sinnvoll verlaufen, nicht einfach neue Gassen angelegt werden:[21] wo nicht an allen Ecken Marktstände und Buden herumstehen,[22] wo keine Bänke und Vorbauten Reiter, Fuhrwerke und Fußgänger behindern,[23]wo nicht einfach nach Gutdünken Häuser gebaut werden. Das war noch im 13. Jahrhundert in Siena der Fall; das Statut von 1262 sagt noch, daß auf dem eigenen Grundstück jeder bauen dürfe, was er

---

suburgiis, teneatur illas cooperire et coperiri facere cum cuppis, pena et bano.C. soldorum denariorum parcvorum." Oder Turin: Bizzarri, CCLVI, S. 112 (Torino): „De porticibus pendentibus in strat non cooperiendis paleis. Item statutum est quod nulla porticus pendes in strata publica [...] cooperiatur vel coperta maneat paleis [...]".

[18] Gaggese, V, 59, S. 321, formuliert die Pflicht für die Anwohner, „in dictis classis et viis obscuris habere et tenere, expensis comunibus vicinorum, unam lanternam cum lampade ardente, que accendi debeat omni sero in primo sono campane vel prius, et eam tenere accensam tota nocte; et predicta debeant observari et fieri similiter, per convicinos habentes voltas, pontes et porticos in viis seu super vias de Lungarno propriis expensis vicinorum [...] et similiter observetur per totam cibitatem [...]".

[19] Vgl. Ernst Rodenwaldt, Leon Battista Alberti, ein Hygieniker der Renaissance (Sitzungsberichte der mathematisch-naturwissenschaftlichen Klasse der Heidelberger Akademie der Wissenschaften 1968, 4), Heidelberg 1968.

[20] Vgl. z.B. Gaggese, IV, 6, S. 156: „Teneatur dominus Capitaneus sollicite et attente procurare et cum effectu facere quod pontes civitatis Florentie et apotece posite super eis et circa eos et eorum pile, sponde, platee, muri, ripe, terrena et iura que habet Comune Florentie in ipsis pontibus et apothecis et plateis, pilis, muris, et porticubus et aliis circumstantiis et coherentiis eorundem serventur et custodiantur integra et illesa, et non occupentur et supraprehendantur vel ingombrentur per aliquem [...] Et non permictat vel patiatur dominus Capitaneus quod aliquod molendinum vel aliqua pischaria construatur vel fiat in flumine Arbi ex parte superiori Pontis Rubacontis versus orientem prope per trecenta bracchia, et si facta fuerint faciat removeri [...]"; Flußbefestigungen: ebd., IV, 7, S. 157: „De Viis et pontibus reparandis et de novo faciendis et de imgombratis disgombrandis, et eorum materua."

[21] Carlo Guido Mor (ed.), Statuti di Predappio dell'anno 1383, Roma 1941, Nr. XCVI, S. 110.

[22] Gian Savino Pene Vidari, Statuti del comune di Ivrea, Torino 1968, CVI, S. 233: „De non tenendo aliqua bancha sive perticha ultra V pedes a muris civitatis terre ab una parte et ab alia vie que impediat viam."

[23] Gaggese, S. 160: „[...] ita quod commode et decenter posset per eas iri cum equis et someriis [...]", hier wird die Beseitigung von Bäumen verlangt.

wolle.[24] Spätestens im 14. Jahrhundert aber tritt ein entschiedener Regelungswille auch auf diesem Gebiet ins Blickfeld: Man darf nicht einfach bauen, wie man will, es bedarf der Genehmigung durch die zuständigen Beauftragten der Räte.[25]

Auch wird auf eine angemessene Breite bestimmter Gassen oder Straßen gesehen. Ein frühes Beispiel bietet Bologna, wo 1288 festgelegt wird, daß die Gassen zwanzig Fuß breit sein sollten (Leonardo wird viel später fordern, daß eine Straße „an Breite gleich der allgemeinen Höhe der Häuser" sein solle).[26] Der Zweck war, daß Wagen, Tiere und Menschen sicher passieren könnten.[27] Auch hier sollten die *sedilia* von den Häusern entfernt werden, und zwar so, daß sie den Vorübergehenden nicht sichtbar seien oder gesehen werden könnten.[28] Außerdem wurde angeordnet, daß keine Bäume ungezähmt die Ordnung der gebauten Stadt behindern sollten,[29] überhaupt achtete man auf die Regulierung in der Umgebung von Gärten.

Etwas näher an die neuzeitliche Urbanistik führen schon in den Statuten von Bologna von 1288 faßbare Tendenzen, die auf eine Vereinheitlichung des Stadtbildes zielen. Das betrifft hier insbesondere die charakteristischen Laubengänge – Folgen von *portici* – die ja das Stadtbild von Bologna bis heute prägen. Hier legen die Statuten zunächst bestimmte Maße fest,[30] um dann überhaupt zu verfügen, daß an allen Häusern, wo üblicherweise Bogengänge gewesen seien, diese

---

[24] Braunfels, Stadtbaukunst, S. 109.
[25] Vgl. z.B. Bizzarri, S. 122; CCXCVI: „[...] Item quicumque murum vel sepem de novo facere vel construere voluerit seu fecerit deinceps secus vias publicas in civitate vel suburbiis, debeat hoc denuntiare massario comunis, qui massarius videre debeat cum aliquibus vicinis dictum opus et secundum eorum consilium, prout sibi et eis videbitur concedat vel inhibeat dictum opus tali modo quod vie publice non arcentur."; vgl. auch z.B. CCXCIV: „De amovendis sepibus (Zäune) a porta Phibellona usque ad portam Secuxinam."
[26] Hanno-Walter Kruft, Geschichte der Architekturtheorie. Von der Antike bis zur Gegenwart, 2. Aufl. München 1986, S. 66.
[27] Fasoli/Sella, Lib. III, LXXIII: S. 156: „[...] quod currus, bestie et persone possint secure super eo transire, et amplum sit viginti pedes [...]"; vgl. auch IIII, S. 136, wonach kein Heu oder Holz außerhalb der Säulen oder Mauern der Häuser gelagert werden darf, damit der Verkehr zum Rathaus nicht behindert werde.
[28] „Et eodem modo sit et fiat de via que protenditur a domibus dicti Deodati usque ad putheum seralii sancte Marie maioris, faciendo removeri sedilia, ita quod non appareant nec videri possint per transeuntes per viam."
[29] So formulieren zum Beispiel die Statuten von Predappio: Mor, S. 111, Nr. XCVIII/V: „Ordinamus quod nulla persona, habens aliquam possessionem iuxta stratam vel viam publicam, plantet seu plantare audeat aliquam arborem in rivali seu cavidali ipsius strate vel vie vel prope eas tali modo quod ipse strate vel vie impediantur, damnificentur seu quomodolibet deteriorentur [...]". Vgl. auch den Fall Florenz: Gaggese, S. 160.
[30] Fasoli/Sella, S. 140: „Item dicimus quod omnes portichus seu trabes portichus domorum civitatis, burgorum et suburbiorum sint altitudinis septem pedum ad minus a terra supro non fodendo terram [...]".

erneuert bzw. wieder errichtet werden müßten.[31] Weitere Statuten – so eine Regelung, die 1262 in Parma getroffen wird – verfügen, daß prominente Bauwerke von allen Seiten frei sichtbar und zugänglich sein sollten.[32] Ähnliche Bestrebungen sind für Pisa und Florenz nachweisbar.

Dazu kommen Bestimmungen über den Unterhalt bestehender Gebäude. Besonders ausführlich sind hier die Statuten von Perugia.[33] Auch ging es um die Wiederherstellung verfallener Gebäude oder Verbote, Häuser abzubrechen. Daß dabei ästhetische Erwägungen bereits eine Rolle spielen konnten, zeigen die entsprechenden Bestimmungen der Statuten von Ascoli Piceno von 1377. Niemand dürfe ein Haus ganz oder in Teilen zerstören, heißt es da, damit die schöne Stadt Ascoli nicht häßlich werde, es sei denn mit Erlaubnis der Herren Ältesten: „Accioché la ciptà d'Asculi bella per la distructione de li hedificj over de le case non se faccia e deventa bructa, per lu presente statuto ordinemo che nisiuna persona ardisca destruire, sollamare, ruinare overo deguastare alcuna casa overo hedificio overo alcuna parte d'epsa che sia overo fosse infra la ciptà d'Asculi senza expressa licentia de li signuri antiani [...]".[34]

Die „schöne Stadt": Es ist eine Stadt mit Häusern ohne wesentlich vorragende Erker oder gar Aborte; eine Stadt, wo in den Loggien nicht zu jeder Tages- und Nachtzeit Geschäfte gemacht werden, gefeilscht und gestritten wird, in der also die Marktzeiten eingehalten werden. Und es ist eine Stadt, wo – was weniger genau untersucht ist als diese anderen Aspekte – die Grenzen zwischen „öffentlich" und „privat" scharf gezogen sind, ein Punkt, der insbesondere beim Studium der Bestimmungen, welche die Statuten über die Loggien, Portici und die Hausflure treffen, ins Auge fällt.[35] Es sind Zonen, die nicht ganz öffentlich sind und nicht ganz privat; so werden sie Gegenstand öffentlichen Regelungswillens.

---

[31] Fasoli/Sella, LII, S. 163: „[...] Statuimus quod omnes obedientes et etiam stantes ad mandata comunis Bononie habentes in civitate vel burgis domos vel casamenta sine porticibus que solita sunt habere portichus, ipsas portichus si facte non sunt teneantur facere fieri et compleri, scilicet quilibet pro sua testata cum una sponda muri versus casamentum [...]".

[32] Braunfels, Stadtbaukunst, S. 127.

[33] S. 203, Nr. 196. „Potestas et capitaneus teneantur manutenere et conseruare in bono statu palatium communis et domos, plateam et forum, pontes Tiberis et omnium locorum, et uias publicas et uicinales, itinera et actus et omnes alias uias, tam ciuitatis quam comitatus et districtus Perusii; et puteos communis, fontes et muros ciuitatis et burgorum, et curias fontium et murorum; et facere recalcari et reaptari pilas et spondas pontis Vallis Cippi et pontis Filcine et pontis Pattoli, sicut necesse fuerit. Et predicta faciant ab hominibus de contrata."

[34] L. Zdekauer/O. Sella (eds.), Statuti di Ascoli Piceno, Roma 1910, S. 367, Buch III, Nr. 23. Vgl. als weiteres Beispiel Bra (1461): Edoardo Mosca, Gli statuti di Bra, Torino 1958, S. 102, Nr. CLXV: „De muro vel clausura peiorato".

[35] Vgl. Betto (Treviso), 1313, S. 222, CCLXXXI (CCLXVII): De porticubus non claudendis; Caprioli (Bologna), VIII, 139: „De pena non murantium et non tenentium andronas clausas: Statuimus quod quelibet persona habens andronas ubi sedile sit, teneat eam

Schließlich, eine wichtige Tendenz mit Folgen für die Urbanistik, geht es um die Konzeption der *heiligen Stadt*: viele Elemente der Statutengesetzgebung zielen, nicht immer explizit, auf das Ideal eines Himmlischen Jerusalem auf Erden; auf eine Stadt, in der fromme, gerechte Bürgerinnen und Bürger unter dem wohlgefälligen Auge des Herrn ihrer Arbeit und ihren Geschäften nachgehen. Dieses metaphysische Ideal steht hinter den unzähligen Bestimmungen gegen Blasphemie, Schwören, Fluchen, gegen Verbrechen aller Art von Totschlag bis Wucher, und es wird besonders deutlich, wenn – was zumindest in den Statuten selten vorkommt – dafür gesorgt wird, daß die Bilder Christi und für die Stadt wichtiger Heiliger an die Tore der Stadt gemalt werden, so in den Statuten von Perugia 1276.[36] Danach sollen Capitaneus und Podestà an den *portici* der Stadttore, und zwar innerhalb und außerhalb, Darstellungen Christi, der Jungfrau Maria und des Heiligen Christophorus anbringen lassen, und zwar mit Azurblau und mit anderen guten Farben. Wo schon solche Bilder waren und nun verdorben sind, sollen sie wiederhergestellt werden.

Es ist dies übrigens ein außerordentlich frühes Beispiel für die Bedeutung wertvollen Materials für die Konzeption von Malereien; die Bestimmung, Azurblau zu verwenden, ist fester Bestandteil vieler Künstlerverträge des Quattrocento. Dieser Punkt war lange weit wichtiger als etwa die Frage der Eigenhändigkeit eines Werks.[37] Ebenfalls in Perugia werden Capitaneus und Podestà beauftragt, für die Anbringung einer Darstellung des Gekreuzigten am Portal der Kirche des hl. Lorenzo, wohl im Tympanon („super ostium"), zu sorgen. Und auch hier wird gemahnt, daß gute Farben zu verwenden seien und die „besagte Figur" so schön wie möglich eingerichtet werde („quam pulcrior dicta figura poterit ordinari").[38]

Solche Fresken sind magische Amulette, die das Böse von Gebäuden oder an den Grenzen der Gottesstadt abwehren sollen. Es sind Bilder noch aus der Epoche vor dem Zeitalter der Kunst.

---

muratam de lapidibus, et calcina vel de lima usque ad sumitatem domus ubi habet eam, vel ad minus duodecim pedes […]"; Edoardo Mosca, Gli statuti di Bra, Torino 1958, CCXIX, S. 132: „De non faciendo porticum.Statutum est quod aliqua persona non possit vel debeat facere aliquod porticum intra villam Brayde per quam non possit ire et reddire quelibet persona cum una scittula in capite ita quod non tangat dictum porticum."

[36] Severino Caprioli, Statuto del comune di Perugia del 1279, 2 Bde., Perugia 1996, Bd. 1, Nr. 447, S. 402: „Et in ipsis porticis intus et foris faciant dipingi figuras seu imagines Iesu Christi et beate Marie uirginis et beati Christofori, ubi depicte non sunt, ad auxurum et alios bonos colores; et ubi depicte fuerunt ipse figure seu imagines et sunt deuastate, eas faciant reaptari."

[37] Vgl. Michael Baxandall, Painting and Experience in Fifteenth Century Italy. A Primer in the Social History of Pictorial Style, Oxford 1972, deutsch 1977; H. Glasser, Artists' Contracts of the Early Renaissance, New York 1965.

[38] Caprioli, Bd. 1, S. 99 (Nr. 81).

IV

Es gibt also einige Ausnahmen von der gerade angesprochenen Regel, daß der *explizite* Bezug auf „Schönheit" in den Statuten eher selten vorkommt; wir haben schon Ascoli Piceno genannt. Im Zusammenhang mit diesem Ort könnte auf ein Feld der Statutargesetzgebung hingewiesen werden, das ebenfalls die Schönheit der Stadt im Visier hat, aber nicht zur Baugesetzgebung gehört: nämlich die Bestimmungen, die im weiteren Sinne die religiöse Festkultur betreffen. Die Statuten von Ascoli von 1377[39] reden von den schönen Tüchern und Kerzen, die von den Zünften gegeben werden müssen, um die Gottesmutter zu feiern, und es ist anzunehmen, daß man im Zusammenhang mit solchen Festen überhaupt auf intensive Bestrebungen, die Städte zu ästhetisieren, stoßen würde.

Was die Baugesetzgebung betrifft, bieten die frühesten und neben Florenz bedeutendsten Beispiele wohl die Statuten von Siena. Zum Beispiel wird 1309/10 verfügt, die Straße von der Porta Camollia zur Fonte Becci solle erweitert werden, weil sie „hübsch" („dilettevole") sei.[40] Überhaupt wird im Zusammenhang mit den Bestimmungen über die Anlage neuer Straßen in Siena davon gesprochen, das diene auch der Schönheit der Stadt, der „bellezza della città", und Häuser werden eingerissen, um die Straße zu verschönern.[41]

Wolfgang Braunfels hat schon vor einem halben Jahrhundert gezeigt, in welchem Ausmaß sich der Rat von Siena bewußt um die Verschönerung der Stadt, um eine ästhetische Kriterien reflektierende Urbanistik gekümmert hat. Dazu zählte die in den Statuten von 1297 festgelegte Verfügung über eine gleichmäßige Gestaltung der Fenster der den Campo flankierenden Gebäude[42] oder die von 1309/10 formulierte Bestimmung, Häuser zur Straßenseite hin mit Ziegelmauerwerk zu bauen, ausdrücklich deshalb, daß jene Häuser „rendano bellezza alla città".[43] Um 1370, vermutlich schon früher, gab es hier einen Ratsausschuß von drei Personen, der bei Straßenarbeiten Kriterien der Schönheit zur Beachtung verhelfen sollte; er wurde eingesetzt „a bonificare e a videre vie, e ogni altra cosa la quale sia maggiore bellezza della città".[44] Es war dies der berühmte Ausschuß, der in den Quellen als „Amt für Schönheit", „l'ufficio dell'ornata" begegnet – eine Art spätmittelalterlicher „Baukunstbeirat".

Den wichtigsten Fall aber dürften die Florentiner Statuten des 14. Jahrhunderts darstellen. Nicht nur deshalb ist der Florentiner Fall besonders interessant,

---

[39] S.359–371: „De festivitatibus celebrandis de cereis offerendis sancte Marie et aliis ecclesiis et elemoxinis et aliis solempnitatibus faciendis".
[40] Braunfels, Stadtbaukunst, S.102.
[41] Ebd., S.104.
[42] Braunfels, Dok. Nr.1, S.250. Über die hier interessierenden urbanistischen Zusammenhänge E.Cianetti, Il Campo di Siena e il Palazzo Pubblico, Firenze 1921 und L.Bortolotti, Siena. Le città nella storia d'Italia, Roma/Bari 1982.
[43] Ebd., S.116.
[44] Ebd., S.97 und S.40, Anm.61.

denn Florenz ist bekanntlich nicht nur eine Stadt mit einer schon im Spätmittelalter außerordentlich reflektierten Urbanistik, sondern zugleich der Geburtsort des Städtelobs, der Kunsttheorie (wie dann der Kunstgeschichte, in Gestalt Vasaris) und mit Siena und Neapel die Stadt, die über eine der frühesten Veduten mit realistischen Zügen überhaupt verfügt.

Ein Beleg für Erwägungen, die auf Ästhetisierung des Stadtbildes zielen, findet sich in den Statuten von 1322. Sie verfügen die Anlage einer „schnurgeraden" Straße vom Stadttor der Via Nuova im Borgo S. Giovanni zur Porta S. Gallo, um Kaufleuten und Bürgern, die Korn und Mehl aus dem Mugello und der Romagna zu Or San Michele brächten, dorthin freien und unmittelbaren Zugang zu gewähren. Doch wird an erster Stelle als Motiv angeführt, man ordne dergleichen an „ad augendum decorem et utilitatem civitatis Florentie et precipue de pulcris et rectis viis et introitibus civitatis eiusdem": also um den Schmuck und die Nutzen der Stadt Florenz zu mehren und besonders wegen der schönen und geraden Straßen und Zugänge zu ihr.[45] Die „gerade Straße", die Streckenführung „secundum rectam lineam", gehört nicht zur ratio der spätmittelalterlichen Urbanistik allein von Florenz, prägt diese aber doch sehr nachhaltig.[46]

Ebenfalls mit dem „ästhetischen Argument" wird weiterhin angeordnet, daß alle, die Hütten, Buden besäßen, diese – sofern sie innerhalb der Stadt gelegen seien – aufmauern und bis zu einer Höhe von vier bracci (2,36 m) „schließen" sollten: „Quod casolaria debeant remurari. Pro maiora pulcritudine cibitatis Florentie statutum et provisum est quod omnes et singuli habentes casolaria in civitate Florentie intra muros civitatis teneantur et debeant remurare et claudere ipsa casolaria iuxta viam usque ad altitudinem quattuor bracchiorum [...]".[47] Bezeichnend auch, wie begründet wird, daß an Häusern der Via Maggio keine

---

[45] Giuliano Pinto/Francesco Salvestrini/Andrea Zorzi (eds.), Statuti della repubblica fiorentina, I: Statuti del Capitano del popolo 1322–1325, Firenze 1999, S. 162f.: „Additum est, ad augendum decorem et utilitatem civitiatis Florentie et precipue de pulcris et rectis viis et introitibus civitatis eiusdem et ut mercatores et homines reducentes et deferentes granum et bladum de partibus Mucelli et Romandiole liberalius et directius accedere et pervenire possi(n)t ad honorabilem logiam Orti Sancti Michaelis ubi granum et bladum venditur, statutum et ordinatum est quod a porta Vie Nove sive Burgi Sancti Iohannis iuxta bafagium [sic] episcopatus Florentie versus et usque portam noviter factam in capite Pontis Mugnonis de Sancto Gallo dericcetur et fiat et mictatur et de novo construatur ad cordam et recta linea ab una dictarum portarum ad alteram, in ea amplitudine que videbitur convenire." Vgl. auch Braunfels, Stadtbaukunst, S. 102.

[46] Gaggese, IV,59, S. 314: „Statuimus et ordinamus quod ante ecclesiam novam fratrum Predicatorum fiat una platea que protrahatur a pariete muri dicte ecclesie ex parte occidentali *secundum rectam lineam* usque ad portam Sancti Pauli, et ex alia parte a terreno predictorum fratrum [...] secundum rectam lineam usque ad [...] portam de Trebbio [...]" (Hervorhebung: B.R.).

[47] Gaggese, IV,65, S. 318.

Erker angebracht werden sollten: damit die Straße nämlich genügend weiträumig und schön sei, „ampla et pulcra satis".[48]

Das sind nur einige Beispiele für den ausdrücklichen Bezug auf die „Schönheit" als Kriterium der urbanistisch wirksamen Verordnungen in Florenz. Ich sehe nicht, daß dies in anderen Statuten vergleichbar intensiv betont würde. Daß ästhetische Erwägungen auch in anderen Fällen mitspielten – etwa, als angeordnet wurde, die Gassen um die neu errichtete Loggia bei Or San Michele („honorabilem porticum et logiam dicti Comunis") von Marktständen und dergleichen freizuhalten –, ist anzunehmen.[49]

Besondere Bedeutung wurde auch in Florenz der Pflasterung der Straßen und Plätze beigemessen. Man befand sich hier in einer auf die Antike zurückweisenden Tradition, und neben hygienischen Erwägungen spielten zweifelsohne ästhetische eine besondere Rolle. Das läßt sich insbesondere bei dem Ratsbeschluß von 1330 erkennen, der die Pflasterung der *Piazza della Signoria* verfügte.[50] Bekannt ist Villanis Bemerkung, durch Rubacontes Pflasterung von 1237 sei die Stadt sauberer, schöner und gesünder geworden – was die Hauptgründe für solche Maßnahmen umschreibt.

Warum Florenz? Diese Frage kann hier nur aufgeworfen, nicht beantwortet werden. Betrachtet man die Entdeckung einer an ästhetischen Kriterien orientierten Urbanistik als wesentliches Element dessen, was wir als die Kultur des Humanismus und der Renaissance bezeichnen, impliziert die Frage das Problem der kulturellen Vorreiterrolle von Florenz am Beginn der Neuzeit überhaupt. In den zitierten Passagen ihrer Statuten läßt sich das Kommende vorausahnen: eine Sensibilität für die ästhetische Seite von Architektur, die sich gerade in Florenz bald in spektakulärer Urbanistik bemerkbar machen wird.

---

[48] Gaggese IV,5, S.174: „Cum via Maggio sextus Ultrarni sit ampla et pulcra satis et domus et consolaria ibi posita habeant satis ampla et largha terrena, statutum et ordinatum est quod in dicta et super dicta via Maggio a platea Freschobaldorum usque ad ecclesiam Sancti Felicis non fiat aliquod sportum palci in qualiqua domo[…]".

[49] Gaggese IV,5, S.155: „De exgombranda platea orti sancti Michaelis circumcirca. Teneatur dominus Capitaneus infra primum mensem sui regiminis facere et curare quod platea Comunis Florentie que nuncupatur platea Orti Sancti Michaelis in circuitu, sicut se extendit, debeat expediri et exgombrari ab omni occupatione lignorum et columpnarum in terra fixorum et porticuum et tectorum super ipsis lignis et columpnis positorum, que reperirentur super ipsa platea seu aliqua parte platee ipsius Comunis, preter honorabilem porticum et logiam dicti Comunis noviter ibi constructam pro Comuni; et quod nulla tabula seu banca circumcirca plateam debeat extendi extra domos ultra unum bracchium, ad cannam callimale; et si qua ibi esset contra formam predictam, omnino debeat removeri et reduci ad predictam mensuram[…]".

[50] Vgl. Braunfels, S.104; Robert Davidsohn, Forschungen zur Geschichte von Florenz, Bd. IV, Berlin 1908, S.502.

V

Nun sind die Statuten natürlich nicht die einzigen Instrumente zur Verwirklichung einer auf Ästhetisierung der Stadt zielenden Urbanistik. Bestimmungen zur Realisierung oder Verschönerung bzw. Erhaltung „schöner" einzelner Bauwerke wie etwa von Kommunalpalästen finden sich nur punktuell in ihnen; einige frühe Beispiele bieten die Statuten von Perugia (1276). Sie beschäftigen sich mit der Erweiterung des Palastes und mit seiner Erhaltung, wenn auch nur in sehr allgemeiner Weise.[51] Das meiste aber wurde in Ratssitzungen von Fall zu Fall verhandelt. Mit der Zeit dann treten, wie bereits bemerkt, private Auftraggeber auf den Plan, die das, was urbanistisch relevant ist, direkt mit den zuständigen Ratsgremien aushandeln. Entscheidend für den Stellenwert, den das Thema „Urbanistik" in der Statutengesetzgebung hat, dürften die politische Struktur einer Stadt bzw. eines Stadtstaates und damit die der Patronageverhältnisse sein. Die *Signori* kleiner oder größerer Städte zwischen Urbino und Mailand entscheiden im 15. Jahrhundert nach gusto – in Absprache mit ihren Architekten und „Bürokratien". Hier setzen allein Besitzverhältnisse dem gestalterischen Willen Grenzen und natürlich die Kosten des Bauens. Die spätmittelalterliche Baugesetzgebung, so kann man mit Kruft feststellen, enthält so allein „Zeichen einer Prädisposition", aus der die Idealstadt erwachsen konnte,[52] auch diese aber ist eine Erfindung erst des 15. Jahrhunderts, und zwar nicht nur, was die notwendig rudimentären Ansätze zu ihrer Verwirklichung betrifft.

Diese Zeichen sind, um es nochmals zusammenzufassen: Gerade und gepflasterte Straßen; Straßenfluchten ohne störende Anbauten und Erker; gleichartige Materialien[53] bzw. überhaupt Stein- oder Ziegelbau zu den Straßen hin; gleichförmige Bauweisen und Hervorhebung bestimmter prominenter Bauwerke (Dom, Kommunalpalast, Baptisterium) durch Freilegung oder Pflasterung der Umgebung.

Wie sehen nun die Vorstellungen der im 15. Jahrhundert sich formierenden urbanistischen Theorie im Vergleich zu diesen Tendenzen der Statutengesetzgebung aus? Die wichtigsten Aussagen zum Thema finden sich in Leon Battista

---

[51] Caprioli, vgl. Bd. 1, S. 221 f., Nr. 217: „Qualiter potestas et capitaneus emi faciant domos et casalina pro nouo palatio faciendo, et de aptatione palatii communis"; Podestà und Capitaneus mögen den „palatium communis Perusii [...] meliorari prout fuerit oportunum"; Nr. 196, S. 203 formuliert: „Potestas et capitaneus teneantur manutenere et conseruare in bono statu palatium communis et domos, plateam et forum, pontes Tiberis et omnium locorum, et uias publicas et uicinales, itinera et actus et omnes alias uias, tam ciuitatis quam comitatus et districtus Perusii; et puteos communis, fontes et muros ciuitatis et burgorum, et curias fontium et murorum; et facere recalcari et reaptari pilas et spondas pontis Vallis Cippi et pontis Filcine et pontis Pattoli, sicut necesse fuerit. Et predicta faciant ab hominibus de contrata."

[52] Kruft, Geschichte der Architekturtheorie, S. 20 f.

[53] Braunfels, Stadtbaukunst, S. 119.

Albertis „De architectura libri decem". In diesem Architekturtraktat, der bei weitem bedeutendsten Architekturtheorie der Frührenaissance, finden sich Konvergenzen zu den Bestimmungen der Statuten,[54] aber auch wichtige Abweichungen.

Alberti ist schon vor längerer Zeit als „Hygieniker" entdeckt worden; hier ergeben sich besonders enge Beziehungen mit der Baugesetzgebung.[55] Die Frage einer Stadtplanung, die Erfordernissen der Gesundheitsfürsorge, der Sauberkeit vor allem, Rechnung trägt, spielt in seinem Traktat eine wichtige Rolle; dasselbe gilt übrigens für die Ausführungen, die Leonardo da Vinci urbanistischen Fragen widmet.[56] Leonardo dürfte überhaupt der erste Theoretiker sein, der – wie es die Statuten seit zwei Jahrhunderten vorgemacht haben – dezidiert seinen Widerwillen gegen Enge, Gestank, Schmutz der Stadt ausdrückt und sich eingehend mit technischen Fragen der Anlage von Kanalisation und Verkehrsführung beschäftigt: er ist Funktionalist *ante litteram* (Kruft).[57]

Alberti nun schreibt über Kanäle, Wasserleitungen, Aborte und dergleichen. Viel wird von technischen Fragen der Pflasterung gesprochen, doch geht Alberti kaum auf die positiven hygienischen Folgen dieser Maßnahme ein.[58] Antike Anregungen – hier ist vor allem an Vitruv zu denken, der den klimatischen Verhältnissen wiederholt Aufmerksamkeit widmet –, zugleich eindeutig die Baugesetzgebung seiner eigenen Zeit stehen der folgenden Passage seines Werkes Pate:[59] „Die Stadt Rom, schreibt Cornelius, sei von Nero durch die Verbreiterung der Straßen heißer und deshalb weniger gesund gemacht worden. Anderswo friert man in den engen Gassen, und sogar im Sommer wird immer nur Schatten sein. Bei uns [also in der hier konzipierten Idealstadt, B.R.] aber wird es kein Haus geben, in das nicht der Strahl des Tages Zutritt hätte, und das nicht der Luft ausgesetzt wäre. Denn wohin sie mit ihrer Bewegung trifft, überall wird sie eine gerade und großenteils freie Fläche finden, die sie durchwehen kann. Auch gefährliche Winde wird sie niemals ertragen müssen, sofort nämlich werden sie von den Mauern zurückgestoßen. Dazu kommt, daß der Feind, wenn er eindringt, nicht minder von vorne und von den Seiten, als auch von rückwärts angegriffen, vernichtet wird."

---

[54] Vgl. Cesare de Seta, La città europea dal XV al XX secolo. Origini, sviluppo e crisi della civiltà urbana in età moderna e contemporanea, Milano 1996, S. 18.
[55] Rodenwaldt, Leon Battista Alberti, ein Hygieniker der Renaissance, Heidelberg 1968.
[56] Kruft, Architekturtheorie, S. 65f.
[57] Über Leonardo als Architekturtheoretiker auch de Seta, S. 35–41 und C. Pedretti, Leonardo's Plan for the Enlargement of the City of Milan, in: Raccolta vinciana XIX (1962), S. 137–147; ders., Leonardo architetto, Milano 1978 und vor allem Luigi Firpo, Leonardo architetto e urbanista, Torino 1963; Corrado Maltese, Il pensiero architettonico e urbanistico di Leonardo, in: Leonardo. Saggi e ricerche, ed. Achille Marazza, Roma 1954, S. 331–358.
[58] Vgl. vor allem Alberti-Theuer, S. 210f.
[59] Ebd., S. 201.

Die Straßen sollen also nach rechtem Maß angelegt werden: Sie sollen wegen der Hitze nicht zu breit sein, wegen der Gefahr schädlicher Ausdünstungen nicht zu eng angelegt werden. Es war ein Problem, das sich der spätmittelalterlichen Stadtplanung und im Besonderen der Statutengesetzgebung fortwährend stellte und von Fall zu Fall pragmatisch gelöst wurde. Realistisch ist Albertis Forderung auch insofern, als der große Straßendurchbruch, die Anlage der „Prachtallee" Sache *seiner* Zeit nicht war, sondern erst am Ende des folgenden Jahrhunderts versucht wurde – man denke an das Rom Sixtus' V. Alberti beschreibt so seine eigene Lebenswelt; was er an ihr nicht schätzt und für seine ideale Stadt ablehnt, sind die kleinen, unsauberen und übelriechenden – damit gesundheitsschädlichen – Gassen, die natürlich auch Bestandteil dieser Lebenswelt waren. Er akzeptiert ihre Existenz allenfalls aus Sicherheitserwägungen – und weil die „Alten" in ihrer Weisheit dergleichen auch hatten.[60]

Die Hauptstraßen der Stadt sollten „viel würdiger" sein, wie jene, die zum Tempel, zur Basilika und zum Theater führten. Diese besondere Würdigkeit der Hauptstraßen ist nach Alberti bei den Alten vor allem durch eine besondere Pflasterung hervorgehoben worden: „Ich lese, daß Eliogabal die breiteren und wichtigeren Straßen dieser Art mit mazedonischen und auch mit einem purpurroten Steine pflastern ließ."[61] Das erinnert gleich an die besondere Sorgfalt, mit der sich – wie erwähnt – die Florentiner um die Gestaltung der Piazza della Signoria mühten. Da der Platz durch Hausfundamente und Mauerwerk überall verunziert werde, hatte man dort schon über ein Jahrhundert vor Alberti beschlossen, er sei nun mit Ziegelsteinen und Platten zu belegen, „weil dieser Platz ansehnlicher und gleichmäßiger sein müsse, als jeder andere Platz und jede andere Straße der Stadt", „quod ipsa platea magis deberet esse decora et equa, quam aliqua alia platea vel via civitatis."[62]

Albertis Definition der Schönheit geht vom Vorbild der Natur aus, die das „Ebenmaß" als Kriterium des Wohlgefallens vorbildet.[63] Es hat nach seiner Auffassung die Aufgabe, „Teile, welche sonst von Natur aus unter einander verschieden sind, nach einem gewissen durchdachten Plane so anzuordnen, daß sie

---

[60] Ebd., S. 202: „Doch finde ich, daß es den Alten gefiel, innerhalb der Stadt einige Straßen unentwirrbar und einige als Sackgassen anzulegen, bei deren Betreten der schuldige Feind schwankend und mißtrauisch zögert, oder, wenn er kühner ist und ausharrt, bald vernichtet wird."

[61] Ebd., S. 434.

[62] Vgl. oben, Anm. 50.

[63] Die Literatur zu Alberti bei Kruft, Architekturtheorie und de Seta, Città europea. Vgl. insbesondere Giulio Carlo Argan, Il trattato De re aedificatoria, in: Convegno internazionale indetto al V centenario di Leon Battista Alberti, Roma/Mantova/Firenze, 25–29 aprile 1972, Roma 1974, S. 43–54; Eugenio Garin, Il pensiero di Leon Battista Alberti nella cultura del Rinascimento, ebd., S. 21–42; Joan Gadol, Leon Battista Alberti, Universal Man of the Early Renaissance, Chicago/London 1969; Heinrich Klotz, L. B. Albertis ‚De re aedificatoria' in Theorie und Praxis, in: Zeitschrift für Kunstgeschichte XXXII (1969), S. 93–103.

durch ihre Wechselwirkung einen schönen Anblick gewähren".[64] Was hier anklingt, der antike Harmonie-Begriff, hat seine Parallele in der coincidentia oppositorum des Zeitgenossen Nikolaus von Kues,[65] es ist die Wechselwirkung, die aus dem Verschiedenen, sich Widersprechenden einen dann insgesamt harmonischen, eben „schönen" Eindruck bewirkt.

Alberti präzisiert dann: „Die Schönheit ist eine gewisse Übereinstimmung und ein Zusammenklang der Teile zu einem Ganzen gemäß einer bestimmten Zahl, Proportion und Ordnung, so wie es die concinnitas, das Ebenmaß, d.h. das absolute und vollkommene Naturgesetz fordert."[66] Das Ebenmaß, die „concinnitas", absoluta primariaque ratio naturae, wird als wichtiges ästhetisches Gesetz, dem die Baukunst zu folgen habe, hervorgehoben; bei Alberti hat alle Architektur ihre Ursprünge in ästhetischen Prinzipien, die, aus einer kosmischen Ordnung kommend, von den Menschen erforscht und dann – das dürfte durchaus historisch gedacht sein – auf Bauwerke angewandt wurden.

Im Ganzen hat Alberti, wenn wir die entscheidenden Passagen seines Traktats unter diesem Aspekt betrachten, sein ästhetisches Konzept außerordentlich konsequent durchgehalten. Natürlich ist gerade das Konzept der *varietas*, im Sinne der Offenheit, der Möglichkeit von Alternativen, der Urbanistik in besonderem Maß angemessen.[67] Man kann seine Definition von Schönheit jedenfalls bruchlos dazu in Beziehung bringen. *Humanistisch* im eigentlichen Sinn des Wortes ist diese Architekturtheorie, weil sie von der Verschiedenheit der Menschen ausgeht; die Verschiedenheit der Architektur von diesem Aspekt der Natur des Menschen, der *conditio humana*, ableitet: „Doch wenn wir die große Menge und Verschiedenheit der Gebäude überblicken, so erkennen wir leicht, daß diese alle nicht nur des Zweckes wegen und auch nicht dieser oder jener Verwendung wegen gebaut worden sind, sondern daß hauptsächlich die Verschiedenheit der Menschen der Grund ist, daß wir verschiedenerlei und vielerlei Bauwerke haben."[68] Und er hebt hervor, daß die Architektur wegen der Menschen da ist, nicht umgekehrt.[69] So eifert er nicht einmal gegen die Erker und Loggien, die Schreckbilder der Statutargesetzgebung, sondern plädiert aus ästhetischen Erwägungen ausdrücklich für diese Bauformen: „Erker und Loggien werden der Schauseite (des Stadthauses) ein liebenswürdiges Aussehen verleihen, wenn sie nicht plump, unmäßig und geschmacklos sind."[70]

---

[64] Alberti-Theuer, S.492.
[65] Vgl. Paul von Naredi-Rainer, Architektur und Harmonie. Zahl, Maß und Proportion in der abendländischen Baukunst, Köln 1982, S.22f.
[66] Alberti-Theuer, S.293; Übersetzung hier revidiert nach Willi Flemming, Die Begründung der modernen Ästhetik und Kunstwissenschaft durch Leon Battista Alberti, Leipzig/Berlin 1916, S.21.
[67] Kruft, Architekturtheorie, S.48f.
[68] Alberti-Theuer, S.175f.
[69] Ebd., S.175.
[70] Ebd., S.489.

Alle Architekturgebilde – etwa die unterschiedlichen Säulenordnungen – entsprechen der Unterschiedlichkeit der Menschen, ihre Verschiedenheit entspricht zugleich der unendlichen Vielfalt der Natur. Der Urbanistik ist demgemäß die Aufgabe gestellt, diese Vielfalt zu erhalten, aber sie so zu gestalten, daß sich insgesamt ein schöner, also harmonischer Zusammenklang ergibt. Das Prinzip der Symmetrie bezieht Alberti in diesem Zusammenhang offenbar nur auf einzelne Gebäude, nicht auf urbanistische Komplexe insgesamt.[71] Dabei ist ein einfaches, wiederum tatsächlich humanistisches Prinzip Leitbild der Städteplanung: „Das Ideal einer Stadt und ihre Aufgabe nach der Meinung der Philosophen können wir darin erblicken, daß hier die Einwohner ein friedliches, möglichst sorgloses und von Beunruhigung freies Leben führen."[72]

Wenn – anders, als die Statuten es gewöhnlich verlangen – Vielfalt, die Abwechslung, ein wichtiges Kriterium für Alberti ist, dann hat dies seinen wichtigsten Grund darin, daß er eine Theorie bietet, die von der Realität ausgeht; Gesetze wie die Statuten aber diese Realität verändern, auf sie einwirken wollen. Die Bewohner seiner Stadt wie die Stadt selbst sind auch nicht – das ist der zweite wichtige Punkt – Staffage eines *signore*, eines Fürsten, in dem alles seine Mitte findet (was nicht ausschließt, daß das Äußere der Gebäude mit dem Rang ihrer Bewohner korrespondieren sollte).

So etwa sind die Voraussetzungen einer der wichtigsten und meistdiskutierten Stellen von Albertis Architekturtheorie. Hier wird etwas als schön hervorgehoben und als urbanistisches Postulat formuliert, was sich in keinem Baugesetz, keinem Statut finden dürfte – nämlich die „krumme Straße":[73] „Nähert sie sich der Stadt und ist das Gemeinwesen berühmt und mächtig, so soll es gerade und breite Straßen haben, welche zur Würde und zum Ansehen der Stadt beitragen. Wird es aber eine Kolonie oder eine befestigte Stadt sein, so wird der Zugang dann am sichersten sein, wenn er sich nicht frei aufs Tor hinrichtet, sondern sich zur Rechten oder Linken nahe an der Mauer und besonders unterhalb der Außenwerke der Mauer selbst hinzieht. Innerhalb der Stadt aber soll sie nicht gerade, sondern wie ein Fluß hierhin und dorthin und wieder nach derselben früheren Stelle hin gekrümmt sein. Denn außerdem, daß sie dort, wo man sie weiter überblicken kann, die Stadt größer erscheinen läßt, als sie ist, trägt sie in der Tat auch zur Schönheit, Zweckmäßigkeit und zu den wechselnden Bedürfnissen der verschiedenen Zeiten außerordentlich bei. Und wie schön wird es sein, wenn sich einem beim Spazierengehen auf Schritt und Tritt allmählich immer neue Gebäudeansichten darbieten, so daß jeder Hauseingang und jede Schauseite mit ihrer Breite mitten auf der Straße aufmarschiert und daß, ob zwar anderswo eine

---

[71] Ebd., S.505f.

[72] Ebd., S.180.

[73] Ebd., S.201. Vgl. Georg Germann, Krumme Straßen, Städtebautheorie der Frühneuzeit, in: Zeitschrift für Stadtgeschichte, Stadtsoziologie und Denkmalspflege III (1976), S.10–25.

zu große Weite unschön und auch ungesund hier sogar ein Übermaß von Vorteil ist."

Konfrontiert man Albertis Text mit der Botschaft der Statuten, ist der Befund ambivalent. Einerseits baut er auf der ja auch von den Statuten gestalteten, determinierten Realität der Stadt des späten Mittelalters auf,[74] in vielem fordert Alberti nicht viel anderes als das, was die Statuten anstreben. In den entscheidenden Punkten aber widerspricht er auch ihren Tendenzen. Insbesondere ist das der Fall, wo er von der varietas als Kriterium der Schönheit spricht oder von den Vorzügen der krummen Straße.

VI

Schon aus den beiden folgenden urbanistischen Traktakten des 15. Jahrhunderts, Antonio Averlinos Filaretes „Trattato di architettura" von 1461/64[75] und der Idealstadtkonzeption Francesco di Giorgio Martinis (zwischen 1470 und 1490)[76] spricht ein veränderter Geist.

Zwar erscheint auch bei Filarete der Mensch als Maß der Architektur der Stadt, und auch er hat registriert, daß in der Wirklichkeit kein Gebäude dem anderen gleicht: „Tu non vedesti mai niuno dificio, o vuoi dire casa o abitazione, che totalmente fusse l'una come l'altra, né in similitudine, né in forma, né in bellezza[...]".[77] Er treibt die bei Alberti angelegte Analogie weiter, indem er Gebäuden eine Existenz wie Menschen, die leben, erkranken, sterben, zubilligt.

---

[74] De Seta, La città europea, S. 18.

[75] Vgl. Kruft, Architekturtheorie, S. 57–64; Howard Saalman, Early Renaissance Architectural Theory and Practice in Antonio Filarete's Trattato di Architettura, in: The Art Bulletin XLI (1959), S. 89–106; Peter Tigler, Die Architekturtheorie des Filarete, Berlin 1963; Hermann Bauer, Kunst und Utopie. Studien über das Kunst- und Staatsdenken der Renaissance, Berlin 1965, S. 70–83; John Onians, Alberti and Filarete. A Study in their Sources, Journal of the Warburg and Courtauld Institutes XXXIV (1971), S. 96–114; ders., Filarete and the „qualità" architectural and social, in: Arte Lombarda 18 (1973), S. 116–128.

[76] Über Francesco di Giorgio Martini: Allen S. Weller, Francesco di Giorgio 1439–1501, Chicago 1943; Roberto Papini, Francesco di Giorgio Architetto, 3 Bde., Milano 1946; Richard Johnson Betts, The Architectural Theories of Francesco di Giorgio, PhD, Ms. Princeton 1971; Lawrence Lowic, The Meaning and Significance of the Human Analogy in Francesco di Giorgio's Trattato, in: Journal of the Society of Architectural Historians XLII (1983), S. 360–370; J. Eisler, remarks on Some Aspects of Francesco di Giorgio's Trattato, in: Acta Historiae Artium XVIII (1972), S. 193–231. Sein Architekturtraktat: Carlo Promis/Cesare Saluzzo (Hg.), Trattato di Architettura civile e militare di Francesco di Giorgio Martini, 2 Bde., Torino 1841. – Weitere Literatur bei Kruft, Architekturtheorie, S. 531.

[77] Filarete, Trattato di architettura, 2 Bde., hg. v. Anna Maria Finoli/Liliana Grassi, Milano 1972, S. 26. Vgl. auch Kruft, S. 58.

Wohl zum ersten Mal in der Geschichte der Architekturtheorie weist er auf die Möglichkeit der Repetition und Reihung identischer Häuser hin: „[…] l'uomo, se volesse, potrebbe fare molte case che si asomigliassero tutte in una forma e in una similitudine, in modo che saria l'una come l'altra"[78] – das aber sei ein Verstoß gegen den göttlichen Schöpfungsplan.

Man könnte, was sich zwischen der hohen Zeit der Stadtplanung durch Statuten und den ersten urbanistischen Utopien tut, mit zwei Vergleichen auf den Punkt bringen. Der erste wäre eine Konfrontation der frühesten „realistischen" Stadtdarstellungen, die überliefert sind, mit den ebenfalls frühesten Darstellungen der „idealen Stadt" des Quattrocento. Ambrogio Lorenzettis „Gutes Regiment" (1337–1340) zeigt Anklänge an das zeitgenössische Siena: eine Stadt, die nur in Maßen reglementiert ist; die Häuser haben verschiedene Farben, unterschiedliche Fensterformen, mal einfache Rundbögen, mal Biforen, mal Spitzbögen; vorkragende Balkone, Erker, Andeutungen von Laubengängen. Auf den Straßen herrschen Handel und Wandel, man sieht eine Dame zu Pferd, Reiter, Maultiere; einen Kreis fröhlich tanzender Mädchen, einen Hirten, der sein Vieh treibt, Handwerker, einen Gelehrten, Bauleute; und im Hintergrund den Dom, die ewigen Dinge. Das alles erblüht unter einer guten Regierung, die Gerechtigkeit übt und Mäßigung. Lorenzettis Bild zeigt die Stadt Albertis; die Stadt, wo die Statuten zwar regeln wollen, aber einer komplexen Wirklichkeit und komplexen Verfassungsverhältnissen Rechnung tragen müssen.[79]

Die Stadt Albertis ist noch im Quattrocento in der Toskana ein wenig Wirklichkeit geworden, nämlich in Corsignano/Pienza.[80] Hier findet sich die von Alberti geforderte *varietas*, sie wird u.a. durch die paradigmatische Anlage einer „krummen" Straße, der heute noch erhaltenen Hauptstraße des kleinen Ortes, erreicht. Obwohl Pienza auf einen Auftraggeber zurückgeht, eben auf Papst Pius II., von dem es nun den Namen trägt, wird der Versuchung nicht nachgegeben, alles auf den Stadtgründer auszurichten. Das wird den Auftraggebern des Absolutismus vorbehalten bleiben.

Dieser Konzeption von Stadt erwächst Gefahr, noch während der große Florentiner an seinem Traktat schreibt. Es kommt zur Konstruktion der Idealstadt, die glaubt, *concinnitas* sei nicht das Zusammenklingen der Vielfalt, sondern müsse als eine öde Anordnung des immer Gleichen gedacht werden. Eine Andeutung davon geben die nicht für Menschen gebauten „Idealstädte", die be-

---

[78] Filarete, Trattato, S. 27.

[79] Vgl. Bram Kempers, Gesetz und Kunst. Ambrogio Lorenzettis Fresken im Palazzo Pubblico in Siena, in: Hans Beltung/Dieter Blume (Hg.), Malerei und Stadtkultur in der Dantezeit. Die Argumentation der Bilder, München, 1989, S. 71–84; Quentin Sinner, The Artist as Political Philosopher, ebd., S. 85–103.

[80] Über Pienza Andreas Tönnesmann, Pienza. Städtebau und Humanismus, München 1990.

rühmten Tafelbilder von Urbino, Baltimore und Berlin.[81] Es sind metaphysische
Orte, sie können ganz oder fast ohne Bewohner sein, wie die Geisterstädte de
Chiricos (wobei die Frage nach dem Maler oder den Malern hier beiseite bleiben
kann; wenn Francesco di Giorgio genannt wurde, rückt dies die Bilder in der Tat
nahe an literarische Stadtutopien). Die Architektur im Einzelnen, die Palazzi,
Triumphbögen, der Rundbau – das mag für sich genommen gute Architektur
sein. Als Ganzes sind diese Vorahnungen kommender Idealstädte, wie Sabbio-
neta oder Palma nova, Drohungen einer im eigentlichen Sinn unmenschlichen
Urbanistik.

VII

Schon Filarete hat trotz der humanistischen Grundlagen seiner urbanistischen
Konzeption den Sündenfall nicht vermieden. Er führt dem Leser eine oktogonale
Stadtanlage mit radialem Straßensystem vor Augen. Damit wird dieser erste
Stadtutopiker nicht nur der Vordenker der Stadtutopien des 16. Jahrhunderts
und der Planstädte des Barock, er wird zugleich zum Urvater architektonischer
Hervorbringungen von der ästhetischen Qualität des märkischen Viertels in
Berlin und der anderen gleichartigen und symmetrischen Vorstädte der Moderne. Jetzt beginnt die lange Reihe von Idealstadtplanungen und die Serie der
frühneuzeitlichen Planstädte, die in vieler Hinsicht Ideale der spätmittelalterlichen Statutengesetzgebung mit ihrer Federfuchserästhetik aufgreifen und das,
was hier in Ansätzen greifbar wird, systematisieren: Straßenbreiten, Traufhöhen,
Fluchtlinien usw. werden vereinheitlicht, ein Stadtbild wird angestrebt, in dem
das Repetitive, immer wieder Gleiche dominiert. Wenn die Architektur der
individuellen Gebäude gut ist, mag das angehen; wie aber, wenn sich nur das
Häßliche multipliziert?

So läßt die Urbanistik als Mittel zur Herstellung der Schönheit der Stadt zugleich ihr anderes Gesicht erkennen, vor allem in der Gestalt der Stadtutopie, die
glücklicherweise meist literarische Fiktion blieb. In Wirklichkeit beginnen die
Städte Italiens mit dem späten Mittelalter weitgehend unbeeindruckt von den
Hirngespinsten der Architekturtheoretiker und oft erfreulich widerspenstig
gegen die Bestimmungen der Statuten ihre Metamorphosen: gestaltet von Auftraggebern mit erlesenem Kunstverstand – Federico von Montefeltro in Urbino,
den Medici in Florenz, den Gonzaga in Mantua, den Este in Ferrara und anderen – und geformt von Kommissionen und Ratsgremien werden sie zu den
schönsten der Welt.

---

[81] Richard Krautheimer, Le tavole di Urbino, Baltimora e Berlino riesaminate, in: Mil-
lon, H./Magnago, V. (Hg.), Rinascimento da Brunelleschi a Michelangelo. La rappresentazione dell'architettura, Milano 1994, S. 233–258.

Hagen Keller

Zur Quellengattung der italienischen Stadtstatuten

Für das Thema der Tagung bietet mein Vortrag lediglich so etwas wie Vorüber-
legungen: Ich versuche die Quellengattung zu charakterisieren, die Einblicke in
Bauplanung und Stadtästhetik der italienischen Kommunen erschließen soll: die
italienischen Stadtstatuten. Diese Quellengattung der Statuten wird hier unter
der Frage nach ihrer Einbettung in den kommunalen Lebenskontext betrachtet.
Dabei geht es mir nicht um die strukturell immer vorgegebene Differenz zwischen Rechtsnorm und Lebenswirklichkeit, zwischen Vorschriften und ihrer
Beachtung. Selbstverständlich werde ich die Frage nach der Verbindlichkeit
statutarischer Normen ansprechen. Wo wir über Planung und Ästhetik diskutie-
ren, sind aber vor allem Zielsetzungen relevant; denn das planerisch und ästhetisch Gewollte artikuliert sich sozusagen im Willen des Gesetzgebers – hier des
zuständigen Ratsgremiums – unabhängig davon, ob oder wie weit es realisiert
wurde oder werden konnte. Doch wenn ich vom „Willen des Gesetzgebers"
spreche, liegt darin bereits eine Interpretation, eine Bezugnahme auf Vorstellungen unserer Zeit, und diese könnten zu Anachronismen verführen – wenn man
nicht fragt, was eigentlich „Wille des Gesetzgebers" in der zu betrachtenden
Zeit, dem Due-, Tre- und Quattrocento, und in dem anvisierten Milieu, der Gesellschaft der italienischen Stadtkommunen, bedeutet.

Damit bin ich schon bei den Fragen, die sich im Umgang mit den Statuten
stellen: Welcher Charakter eignet diesen Normen überhaupt, welchen Stellenwert hatten sie im Leben der städtischen Gemeinschaft? Wie viel sagt ein erhaltenes Statutenbuch aus über Zielsetzungen der Gemeinschaft, in deren Namen
der Codex zu einem bestimmten Zeitpunkt in Kraft gesetzt wurde? Und schließlich: Was von einer zur Regelung stehenden Materie ist in den Statuten überhaupt angesprochen – und was normalerweise nicht?

I

Mit einem Blick auf die Geschichte des Statutenbuches und des statutarischen
Satzungsrechts überhaupt versuche ich als erstes, die Gattung gewissermaßen
historisch zu verorten.[1] Dabei sei eingangs kurz die empirische Basis meiner

---

[1] Kurze, informative Einführung: Paolo Cammarosano, Italia medievale. Struttura e

Ausführungen gekennzeichnet: Im Rahmen des Sonderforschungsbereichs „Träger, Felder, Formen pragmatischer Schriftlichkeit im Mittelalter" habe ich von 1986 bis 1999 das Teilprojekt „Der Verschriftlichungsprozeß und seine Träger in Oberitalien" geleitet, und bis 1995 gehörte die Erforschung der Statuten – vom 12. bis zur Mitte des 14. Jahrhunderts – zu den Schwerpunkten der Projektarbeit.[2] Daraus ergibt sich in räumlicher und chronologischer Hinsicht eine gewisse Spannung zu dem, was hier zu erörtern sein wird. Doch meine ich, dass sich die Feststellungen zur grundsätzlichen Problematik verallgemeinern lassen, zumal wir auch toskanische Beispiele mit im Blick hatten.

---

geografia delle fonti scritte, Roma 1991, S. 151–159; zusammenfassende Problemskizzen: Mario Ascheri, Formes du droit dans l'Italie communale: les statuts, in: Médiévales 39 (2000), S. 137–152; Gherardo Ortalli, L'outil normatif et sa durée. Le droit statutaire dans l'Italie de tradition communale, in: Cahiers de Recherches Médiévales (XIIIe–XVe siècles) 4 (1997), S. 163–173; Hagen Keller, Tradizione normativa e diritto statutario in „Lombardia" nell'età comunale, in: Gabriella Rossetti (Hg.), Legislazione e prassi istituzionale nell'Europa medievale. Tradizioni normative, ordinamenti, circolazione mercantile (secoli XI–XV), Napoli 2001, S. 159–173. Vgl. Giorgio Chittolini/Dietmar Willoweit (Hgg.), Statuti, città, territori in Italia e Germania tra medioevo ed età moderna (Annali dell'Istituto storico italo-germanico, Quaderno 30) Bologna 1991, dt.: Statuten, Städte und Territorien zwischen Mittelalter und Neuzeit in Italien und Deutschland (= Schriften des Italienisch-Deutschen Historischen Instituts in Trient 3) Berlin 1992.

[2] Hagen Keller, Oberitalienische Statuten als Zeugen und als Quellen für den Verschriftlichungsprozeß im 12. und 13. Jahrhundert, in: Frühmittelalterliche Studien 22 (1988), S. 286–314, ital.: Gli statuti dell'Italia settentrionale come testimonianza e fonte per il processo di affermazione della scrittura nei secoli XII e XIII, in: Giuliana Albini (Hg.), Le scritture del comune. Amministrazione e memoria nelle città dei secoli XII e XIII (I florilegi 12) Torino 1998, S. 61–94; Hagen Keller/Jörg W. Busch (Hgg.), Statutencodices des 13. Jahrhunderts als Zeugen pragmatischer Schriftlichkeit. Die Beispiele aus Como, Lodi, Novara, Pavia, Voghera (Münstersche Mittelalter-Schriften 64) München 1991; Jörg W. Busch, Zum Prozess der Verschriftlichung des Rechts in lombardischen Kommunen des 13. Jahrhunderts, in: Frühmittelalterliche Studien 25 (1991), S. 373–390; Peter Lütke Westhues, Die Kommunalstatuten von Verona im 13. Jahrhundert. Formen und Funktionen von Recht und Schrift in einer oberitalienischen Kommune (Gesellschaft, Kultur und Schrift. Mediävistische Beiträge 2) Frankfurt am Main u.a. 1995; ders., Beobachtungen zum Charakter und zur Datierung der ältesten Statuten der Kommune Pistoia aus dem 12. Jahrhundert, in: Quellen und Forschungen aus italienischen Archiven und Bibliotheken 77 (1997), S. 51–83; Petra Koch, Die Statutengesetzgebung der Kommune Vercelli im 13. und 14. Jahrhundert. Untersuchungen zur Kodikologie, Genese und Benutzung der überlieferten Handschriften (Gesellschaft, Kultur und Schrift. Mediävistische Beiträge 1) Frankfurt am Main u.a. 1993; Thomas Scharff, Häretikerverfolgung und Schriftlichkeit. Die Wirkung der Ketzergesetze auf die oberitalienischen Kommunalstatuten im 13. Jahrhundert (Gesellschaft, Kultur und Schrift. Mediävistische Beiträge 4) Frankfurt am Main u.a. 1996; grundlegend, aber noch nicht im Druck zugänglich Marita Blattmann, Die Statutenbücher von Bergamo bis 1343. Eine Kommune ‚erlernt' den Umgang mit geschriebenem Recht, Habil.-Schrift Münster 1995 (masch.).

Wie sich in Zusammenfassung unserer Ergebnisse sagen lässt, ist das Statutenbuch – der Codex so wie wir ihn kennen – in der Zeit um 1200 entstanden. Vom frühen 13. Jahrhundert bis in das Zeitalter der Renaissance war er in allen Kommunen nicht nur die grundlegende Sammlung der städtischen Rechtsnormen, sondern zugleich eines der wichtigsten Symbole der städtischen Gemeinschaft, gewissermaßen das Abbild ihrer guten Ordnung und die Richtschnur für politisch-administratives Handeln.[3] Die Gattung hat sich während einer erstaunlich kurzen Zeitspanne in Nord- und Mittelitalien überall durchgesetzt, und vielerorts erhielt das Statutenbuch schon im Verlauf des ersten Drittels des 13. Jahrhunderts die thematische Grobgliederung, die man – schon aus praktischen Gründen – bis weit in das nächste Jahrhundert beibehielt. Das Gliederungsschema im Einzelnen kann von Stadt zu Stadt unterschiedlich aussehen. Es ist dadurch historisch vorgeprägt, dass ältere Elemente im Statutencodex zusammengezogen, ja verschmolzen werden: vor allem die Eidbreven – sehr ausführliche Texte – der Konsuln bzw. des Podestà und anderer Amtsträger[4] sowie die Beschlüsse der Ratsgremien zu verschiedenen Bereichen der städtischen Ordnung.[5] Diese Vorstufen sind für unser Thema durchaus relevant, weil bereits hier Beschlüsse zur kommunalen Bautätigkeit oder Vorschriften zur urbanistischen Gestaltung in präskriptiver oder normativer Form gefasst wurden, die in das schriftlich fixierte Recht eingegangen sind oder sein können.[6] Die Satzungen der

---

[3] Hagen Keller, Vorschrift, Mitschrift, Nachschrift. Instrumente des Willens zu vernunftgemäßem Handeln und guter Regierung in den italienischen Kommunen des Duecento, in: Hagen Keller/Christel Meier/Thomas Scharff (Hgg.), Schriftlichkeit und Lebenspraxis im Mittelalter. Erfassen, Bewahren, Verändern (Münstersche Mittelalter-Schriften 76) München 1999, S. 25–41. Über die Inszenierungen des Statutenbuchs als Bekenntnis zur Ordnung der Gemeinschaft forscht Christoph Dartmann in dem von mir geleiteten Teilprojekt „Urkunde und Buch in der symbolischen Kommunikation mittelalterlicher Rechtsgemeinschaften und Herrschaftsverbände" im Rahmen des Sonderforschungsbereichs 496 „Symbolische Kommunikation und gesellschaftliche Wertesysteme vom Mittelalter bis zur Französischen Revolution" an der Universität Münster.

[4] Als Beispiel: I Brevi dei consoli del comune di Pisa (1162, 1164), ed. Ottavio Banti (Fonti per la Storia dell'Italia medievale. Antiquitates 7) Roma 1997; als Beispiel für die Überführung aller Amtseide in den Statutencodex: Gli statuti del comune di Treviso, vol. 1: Statuti degli anni 1207–1218, ed. Giuseppe Liberali (Monumenti storici pubblicati dalla Deputazione di Storia Patria per le Venezie n.s. 4) Venezia 1950.

[5] Grundlegend hierzu Blattmann, Statutenbücher (wie Anm. 2), Kapitel 5: Die Wurzeln der Statutensammlungen: Eide, consuetudines, frühe Ratsbeschlüsse, S. 113–165. Für den Übergang von den Eiden zum Statutencodex vgl. Pierre Racine, Dal „Breve" agli Statuti: le tradizioni normative di Parma e Piacenza (XII–XIV secolo), in: Rossetti (Hg.), Legislazione (wie Anm. 1) S. 291–303; zur Gestalt der Übergangsformen Keller mit Schneider, Rechtsgewohnheit (wie Anm. 6) sowie Lütke Westhues, Pistoia (wie Anm. 2); zur Entwicklung im 13. Jahrhundert Busch, Zum Prozeß (wie Anm. 2).

[6] Einschlägige Normen sind bereits in den 1216 kodifizierten Mailänder Consuetudines enthalten: Enrico Besta/Gian Luigi Barni (edd.), Liber consuetudinum Mediolani anni MCCXVI. Nuova edizione, Milano 1949, bes. cap. 18, S. 104–107: ‚De servitudibus'

Kommunen (und damit die Statutenbücher) enthalten lange Zeit sowohl allgemeinverbindliche, langfristig gültige Normen als auch fallbezogene Einzelregelungen und -verpflichtungen. Erst nach 1300 gliedert man bewusst solche Einzelbestimmungen aus der auf Dauer angelegten *lex municipalis* aus, oder besser gesagt: Sie werden nicht mehr im Statutencodex der Gemeinschaft gesichert. Die politisch-rechtlichen Vorgaben für durchzuführende Maßnahmen sind dann oft nur noch in den Ratsprotokollen (den Consulte, Riformagioni etc.) zu finden,[7] während der Statutencodex allmählich – und mit erheblichen örtlichen oder regionalen Unterschieden in chronologischer Hinsicht – zu „versteinern" beginnt. Diese Scheidung zwischen allgemeinem „Gesetz", wenn ich es verkürzt so sagen darf, und fallbezogener Vorschrift hängt nicht nur mit dem rasanten Anstieg gesetzlicher Vorgaben und Normen zusammen, sondern stand gewiss zugleich unter dem Einfluss rechtstheoretischer Klärungen; er findet sich in der Zeit nach 1300 als Postulat auch für die Rechtsetzung und Statutenrevision der religiösen Orden.

(Nachbarschaftsrecht: betr. Grenzabstände von Gebäuden, Fenster, Traufwasser, Grundstücksmauern, ummauerte Gärten), vgl. cap. 19–20: ‚De aqua' und ‚De iure molandinorum' (betr. Wasserrecht für landwirtschaftliche Flächen und Mühlen). Zur Quelle: Hagen Keller, Die Kodifizierung des Mailänder Gewohnheitsrechts in ihrem gesellschaftlich-institutionellen Kontext, in: Atti dell'11°Congresso internazionale di studi sull'alto medioevo, Spoleto 1989, 1, S. 145–171. Zur Materie finden sich zahlreiche Gerichtsentscheidungen in Cesare Manaresi (ed.), Gli atti del comune di Milano fino all'anno MCCXVI, Milano 1919; Maria Franca Baroni (ed.), Gli atti del comune di Milano nel secolo XIII, 1, Milano 1976, 2.1–2.2, Alessandria 1982–1988. Umfangreiche Beschlüsse zum Bau des Broletto und zum Durchbruch repräsentativer Straßen von den sechs Haupttoren zum zentralen Platz mit den Palästen der Kommune traf das Ratsgremium 1228; sie werden in den Amtseiden der künftigen Podestà verankert: Baroni (ed.), Atti 1, Nr. 148, S. 216–220; vgl. Angiola Maria Romanini, L'architettura milanese del secolo XIII, in: Storia di Milano, 4, Milano 1954, S. 516f.; Andenna, Simbologia (wie Anm. 11), S. 386f.; Hagen Keller mit Reinhold Schneider, Rechtsgewohnheit, Satzungsrecht und Kodifikation in der Kommune Mailand vor der Errichtung der Signorie, in: Keller/Busch (Hgg.), Statutencodices (wie Anm. 2), S. 167–191, hier S. 170f. Zum Wiederaufbau Mailands nach der Zerstörung durch Friedrich Barbarossa Francesca Bocchi, Il disegno della città negli atti pubblici dal XII al XIV secolo, in: Carlo Bertelli (Hg.), Il millennio ambrosiano. La nuova città dal Comune alla Signoria (Il millennio ambrosiano 3) Milano 1989, S. 208–236; zur Stadtmauer Maria Teresa Donati, La cinta muraria milanese, in: Milano e la Lombardia in età comunale. Secoli XI–XIII (Ausstellungskatalog), Milano 1993, S. 150–153; zur urbanistischen Gestaltung jetzt auch Ada Grossi, Santa Tecla nel tardo medioevo. La grande basilica, il Paradisus, i mercati, Milano 1997.

7 Zur Information Cammarosano, Italia medievale (wie Anm. 1), S. 159–166; Vito Piergiovanni, Statuti e Riformagioni, in: Civiltà comunale. Libro, scrittura, documento, Genova 1989, S. 79–98. Zur Dichte der Information in den Ratsprotokollen s. u. Anm. 29. Zur Struktur des Quellentyps Marita Blattmann, Prolegomena zur Untersuchung mittelalterlicher Protokollaufzeichnungen, in: Frühmittelalterliche Studien 36 (2002) (S. 413–432).

Wie gesagt, gehört das Statutenbuch als neues historisches Phänomen in die Zeit um 1200, und ich werde gleich noch auf den Kontext eingehen, in dem seine Ausformung zu sehen ist. Um die „Qualität", die neue Qualität, des Satzungsrechts im Codex zu kennzeichnen, sei in Erinnerung gerufen, dass Satzungen, d.h. für alle bindende Beschlüsse der städtischen Gemeinschaft, selbstverständlich in ältere Zeit zurückgehen. Seit dem späten 11. Jahrhundert enthalten sie zunehmend Verpflichtungen der Gemeinschaft auf Normen, die „hinfort", in die Zukunft hinein unbefristet gelten sollen.[8] Wo sie neues Recht einführen, muss dieses keineswegs unbedingt schriftlich fixiert werden, sondern es geht zunächst oft durch mündliche Tradition und die Rechtspraxis in die Rechtsgewohnheiten ein. Im letzten Drittel des 12. Jahrhunderts nimmt die Satzungstätigkeit stark zu, nachdem sich die Beschlussfassung für die meisten Dinge schon vorher von der Volksversammlung in den Rat verlagert hatte. Die Beschlüsse werden jetzt regelmäßig notiert und die meist nach Amtsjahren des Stadtregiments geführten Pergamente oder Faszikel gesammelt aufbewahrt. Das so gewachsene Material wird aber – sieht man von einer kurzen Übergangsphase ab – um 1200 nicht einfach im Codex zusammengestellt, also kompiliert, sondern das Satzungsrecht gewinnt durch die „Kodifizierung" in thematischer Ordnung eine neue Qualität: Der Rat verabschiedet das Statutenbuch – wie später alle Revisionen – als Gesamtcorpus der normativen Ordnung. Die Satzungen erhalten im Statutencodex der Kommune rechtlich und symbolisch einen neuen, einen für die Gemeinschaft sehr hohen Stellenwert. Der Codex ist – und damit kommen wir sehr nahe an die Tagungsproblematik – trotz seines im Grunde kompilatorischen Charakters Ausdruck einer Konzeption der städtischen Ordnung oder wird jedenfalls von den Zeitgenossen so verstanden.

Vergegenwärtigt man sich den Kontext, in dem das Statutenbuch zur Ausformung gelangte, und das heißt letztlich ein neues Verständnis vom Charakter der Normenordnung in der städtischen Gemeinschaft zum Durchbruch kam, so sind zwei Aspekte hervorzuheben. Institutionell gehört der Statutencodex zusammen mit dem Aufkommen und der raschen Ausbreitung der Podestà-Verfassung, d. h. in Norditalien mit der Berufung von in der Regel auswärtigen Männern, denen als neutrale, objektive Instanz das Stadtregiment mit vordefinierten Aufgaben

---

[8] Zusammenfassend Keller, Tradizione (wie Anm. 1). Zum tiefgreifenden Wandel des Verständnisses von Recht und Gesetz Gerhard Dilcher, Mittelalterliche Rechtsgewohnheit als methodisch-theoretisches Problem, in: Gewohnheitsrecht und Rechtsgewohnheit im Mittelalter (Schriften zur europäischen Rechts- und Verfassungsgeschichte 6) Berlin 1992, S. 21–65; ders., Oralität, Verschriftlichung und Wandlungen der Normstruktur in den Stadtrechten des 12. und 13. Jahrhunderts, in: Hagen Keller/Klaus Grubmüller/ Nikolaus Staubach (Hgg.), Pragmatische Schriftlichkeit im Mittelalter. Erscheinungsformen und Entwicklungsstufen (Münstersche Mittelalter-Schriften 65) München 1992, S. 9–19; vgl. auch Mario Ascheri, Statuti, legislazione e sovranità: il caso di Siena, in: Chittolini/Willoweit (Hgg.), Statuti (wie Anm. 1), S. 145–194; Claudia Storti Storchi, Intorno ai Costituti pisani della legge e dell'uso (secolo XII), Napoli 1998, S. 33–68.

für streng befristete Zeit anvertraut wird.[9] Damit verbunden ist, sozialge-
schichtlich gesehen, eine Auflösung des bisherigen „Honoratiorenregiments" der
alten Konsulatsaristokratie. Diese wird keineswegs verdrängt; aber sie muss die
Macht, die Partizipation an der Lenkung des Gemeinwesens, mit Exponenten
anderer sozialer Gruppierungen teilen. Meist formuliert sich in dieser Zeit
erstmals eine stabile Organisation des Popolo, womit die latente oder offene
Spaltung der Stadtbevölkerung in dauerhafte Parteiungen einsetzt. Gleichzeitig
werden die Ämter und Funktionsposten in der kommunalen Verwaltung stark
vermehrt, oft auch zusätzliche Ratsgremien geschaffen; und da gerade für die
nachgeordneten Posten meist extrem kurze Amtszeiten galten und die personale
Fluktuation groß war, wird zwar die Teilhabe der Bürgerschaft an den öffentlichen Angelegenheiten ausgeweitet, aber zugleich das Bedürfnis nach lenken-
den, reglementierenden, Kontrolle ermöglichenden Vorgaben – nach Vorschriften, nach Geboten und Verboten – erhöht. Wer für die Kommune tätig ist, wird
beim politischen Handeln in stärkerem Maße an Vorgaben von Repräsentativ-
organen gebunden und vor allem einer stärkeren Rechenschaftspflicht unterworfen.[10] Mit anderen Worten: um 1200 wandelt sich nicht nur die Vorstellung von
der städtischen Rechtsordnung, sondern zugleich das Verständnis der politischen
Gemeinschaft sowie die Konzeption ihrer Regierung. Alles erscheint in einem
viel größeren Ausmaß lenkungsbedürftig und veränderungsfähig zu sein als
bisher. Die Statutengesetzgebung ist dabei Ausdruck und Vehikel des Gestal-
tungs- und Ordnungswillens in der Gemeinschaft, und sie dehnt ihre Kompetenz
auf immer weitere Felder aus. Schon früh wird auch die Bauplanung und Stadt-

---

[9]   Als einführende Charakterisierung noch immer nützlich Gustav Hanauer, Das
      Berufspodestat im 13. Jahrhundert, in: Mitteilungen des Instituts für Österreichische
      Geschichtsforschung 23 (1902), S. 377–426; vgl. jetzt Massimo Vallerani, L'affermazione
      del sistema podestarile e le trasformazioni degli assetti istituzionali, in: Storia d'Italia,
      Bd. 6: Comuni e signorie nell'Italia settentrionale: la Lombardia, hg. von Angelo Celle-
      rino u.a., Torino 1998, S. 385–426; Jean-Claude Maire Vigueur (Hg.), I podestà
      dell'Italia comunale, parte I: Reclutamento e circolazione degli ufficiali forestieri (fine
      XII sec.–metà XIV sec.), 2 Bde. (Collection de l'École française de Rome 268 = Nuovi
      studi storici 51) Roma 2000, mit der zusammenfassenden Auswertung der Erhebungen
      für die einzelnen Städte durch den Herausgeber: Flussi, circuiti e profili, 2, S. 897–1099.
[10] Hagen Keller, „Kommune": Städtische Selbstregierung und mittelalterliche „Volksherr-
      schaft" im Spiegel italienischer Wahlverfahren des 12.–14. Jahrhunderts, in: Person und
      Gemeinschaft im Mittelalter. Karl Schmid zum 65. Geburtstag, hg. von Gerd Althoff
      u.a., Sigmaringen 1988, S. 573–616; Paolo Cammarosano, Il ricambio e l'evoluzione dei
      ceti dirigenti nel corso del XIII secolo, in: Magnati e popolani nell'Italia comunale, Pi-
      stoia 1997, S. 17–40; Ulrich Meier, Konsens und Kontrolle. Der Zusammenhang von
      Bürgerrecht und politischer Partizipation im spätmittelalterlichen Florenz, in: Klaus
      Schreiner/Ulrich Meier (Hgg.), Stadtregiment und Bürgerfreiheit. Handlungsspielräume
      in deutschen und italienischen Städten des Späten Mittelalters und der Frühen Neuzeit
      (Bürgertum. Beiträge zur europäischen Gesellschaftsgeschichte 7) Göttingen 1994,
      S. 147–187. Zur Geschichte zusammenfassend Philip Jones, The Italian city-state. From
      commune to signoria, Oxford 1997.

ästhetik mit hineingezogen, im Rahmen der Sorge für Straßen, Plätze, Befestigungen, für die Gestaltung von Bauten mit symbolhafter Bedeutung in der Gemeinschaft, seien es Kirchen, Paläste, Stadttore und Mauern, Plätze oder Brunnen.[11]

Diese institutionelle Entwicklung gehört auf engste mit dem zusammen, was in jüngster Zeit – zur Kennzeichnung des Gesamtphänomens – die ‚dokumentarische Revolution‘ genannt wird: die Bindung der Verwaltung an einen manchmal auch uns als exzessiv erscheinenden Gebrauch der Schrift.[12] Die Statuten richten sich primär an Stadtregiment und Amtsträger, die auszuführen oder durchzusetzen haben, was im Namen der Gemeinschaft von deren Repräsentanten festgesetzt wurde.[13] Das Statutenbuch ist nur eines der Merkmale für eine durchgängige Tendenz zur Normierung, schriftlichen Erfassung und Dokumentation von Sachverhalten, die für das Wohl und das geordnete Leben der Gemeinschaft als wichtig erscheinen.[14] Der Wille zur Normierung ist dabei unmittelbar

---

[11] Vgl. oben Anm. 6. Konkrete Beispiele mit zugehörigen Literaturhinweisen bieten die Beiträge zu diesem Symposium. Hier mögen genannt sein: Pierre Racine, Les palais publics dans les communes italiennes (XIIe–XIIIe siècles), in: Le paysage urbain au moyen âge, Lyon 1981, S. 133–153; Gigliola Soldi Rondini, Evoluzione politico-sociale e forme urbanistiche nella Padania dei secoli XII–XIII: i palazzi pubblici, in: La pace di Costanza 1183. Un difficile equilibrio di poteri fra società italiana ed impero, Bologna 1984, S. 85–98; Jacques Heers, Espaces publics, espaces privés dans la ville. Le ‚liber terminorum‘ de Bologne (1294), Paris 1984; Robert Douglas Russel jr., Vox civitatis. Aspects of thirteenth century comunal architecture in Lombardy, Diss. Princeton University 1988. Zur Wahrnehmung der Stadt und zum Repräsentationswillen Giancarlo Andenna, La simbologia del potere nelle città lombarde: i palazzi pubblici, in: Paolo Cammarosano (Hg.), Le forme della propaganda politica nel Due e Trecento (Collection de l'École française de Rome 201), Roma 1994, S. 369–393 (mit weiterer einschlägiger Literatur); vgl. Hagen Keller, Mailand zur Zeit des Kampfes gegen Kaiser Friedrich II., in: Wilfried Hartmann (Hg.), Europas Städte zwischen Zwang und Freiheit. Die europäische Stadt um die Mitte des 13. Jahrhunderts, Regensburg 1995, S. 273–296, bes. S. 278ff.

[12] Jean-Claude Maire Vigueur, Révolution documentaire et révolution scripturaire: le cas de l'Italie médiévale, in: Bibliothèque de l'École des chartes 153 (1995), S. 177–185; Thomas Behrmann, Einleitung: Ein neuer Zugang zum Schriftgut der oberitalienischen Kommunen, in: Hagen Keller/Thomas Behrmann (Hgg.), Kommunales Schriftgut in Oberitalien. Formen, Funktionen, Überlieferung (Münstersche Mittelalter-Schriften 68) München 1995, S. 1–18; Keller, Vorschrift (wie Anm. 3). Meine umfangreiche, Anfang 2000 abgeschlossene Abhandlung „La rivoluzione documentaria nei comuni italiani", bestimmt für Gian Giacomo Fissore (Hg.), Scritture e memorie del potere (La storia d'Italia nel medioevo, hg. von Enrico Artifoni/ Gian Giacomo Fissore/Giuseppe Sergi, Laterza, Bari) ist bisher noch nicht erschienen.

[13] Vgl. Keller mit Schneider, Rechtsgewohnheit (wie Anm. 6), S. 176ff.

[14] Keller, Vorschrift (wie Anm. 3); ders., La responsabilità del singolo e l'ordinamento della comunità. Il combiamento dei valori sociali nel XII secolo, in: Giles Constable/ Giorgio Cracco/Hagen Keller/Diego Quaglioni (Hgg.), Il XII secolo: La „Renovatio" dell'Europa cristiana (Annali dell'Istituto storico italo-germanico. Quaderno 62) Bologna (2003, S. 67–88).

mit dem Willen zur Kontrolle verbunden. Man braucht die Vorgabe, um an ihr
messen zu können, ob eine Aufgabe wahrgenommen, ein Auftrag richtig durchgeführt, ob den Gesetzen gemäß im Sinne und zum Nutzen der Gemeinschaft
gehandelt wurde.

Aus dieser historischen Verortung des Statutenbuches ergibt sich für unsere
Arbeit eine erste These: Was sich den Statuten über Planung und Bauästhetik
entnehmen lässt, ist – von der Quellengattung her – eingebettet in einen allge-
meineren Kontext, nämlich den Willen zur Gestaltung der guten Ordnung des
Gemeinwesens und zur Bindung der an Leitung und Administration der Kommune beteiligten Bürger an die von der Gemeinschaft erlassenen Vorgaben.[15]
Über diesen Zusammenhang sollte m.E. vor allem auch da reflektiert werden, wo
man nach Vorbildern, Modellen, nach der Herkunft von Anregungen fragt. Was
wurde in der Zeit, in der Statuten oder Ratsbeschlüsse zur Gestaltung der Stadt
oder öffentlicher Gebäude entstanden sind, hinsichtlich der Ordnung des Gemeinwesens sonst noch beschlossen? Unter wessen Einfluss geschah das? Was
gab es in der Stadt, aus der ein damals amtierender Podestà stammte, oder was
wurde in einer Stadt ins Werk gesetzt, die von einem aus der eigenen Stadt ge-
holten Podestà geleitet wurde? Reagierte man auf eine besondere Situation,
nutzte man eine historisch günstige Gelegenheit? Was waren damals „Orientie-
rungspunkte" – politisch, intellektuell, religiös – der städtischen Politik?

II

Damit komme ich zum zweiten Problemkomplex, der hier zu behandeln ist: zur
Frage nach der Verzahnung der Statuten mit dem städtischen Leben, nach der
Verankerung der kodifizierten Normen in den gesellschaftlichen Ordnungen der
Stadt. Auch hier hilft der historische Rückgriff, wichtige Sachverhalte besser zu
erkennen. Wie gesagt, entsteht das Statutenbuch im vorgestellten Sinne erst um
oder unmittelbar nach 1200, nach einer Phase sich intensivierender Satzungstä-

---

[15] Die Leitvorstellungen sind natürlich von all dem mitbestimmt, was in Ansprachen an
     die Volksversammlung, Predigten, bildlichen Darstellungen wie den Fresken Ambrogio
     Lorenzettis in der Sala dei Nove im Seneser Kommunalpalast, Geschichtsschreibung,
     Proömien zu Statuten und zu anderen kommunalen Rechtssammlungen oder in Trakta-
     ten über die Kommune gesagt wird. Vgl. z.B. Enrico Artifoni, I podestà professionali e
     la fondazione rettorica della politica comunale, in: Quaderni storici 21 (1986), S. 687–
     719; ders., Gli uomini dell'assemblea. L'oratoria civile, i concionatori e i predicatori
     nella società comunale, in: La predicazione dei frati dalla metà del '200 alla fine del '300
     (Atti dei Convegni della Società internazionale di studi francescani e del Centro inter-
     universitario di studi francescani, n.s. 5) Spoleto 1995, S. 141–188; Andenna, Simbologia
     (wie Anm. 11), sowie die bei Keller, Vorschrift (wie Anm. 3), S. 38, Anm. 60–62 genann-
     ten Studien.

tigkeit in den letzten Jahrzehnten des 12. Jahrhunderts. Doch ein städtisches Leben in geordneter Form, mit verbindlichen Rechtsgewohnheiten, Regeln und Reglementierungen hat nicht erst damals begonnen. Die Kommune als Verfassungsform war schon ein Jahrhundert alt, und vieles hat auch vor ihrer Entstehung funktioniert, musste funktionieren: Rechtswahrung, Verteidigung, Versorgung in Notzeiten, Pflege und Verbesserung von Straßen, die Lenkung der Bautätigkeit usf. Das 12. Jahrhundert sah nicht nur in fast allen Stadtkommunen die großen Mauerbauten und die Errichtung neuer Kathedralen und anderer Kirchen, den Ausbau von Straßen und Brücken, die Anlage von Bewässerungssystemen und so fort, sondern war insgesamt eine Phase enormen Wachstums mit entsprechender baulicher Verdichtung in den urbanistischen Zentren.[16]

Über die Regulative und Organisationsformen wissen wir für diese Zeit fast nichts. Wie ich aufgrund meiner eigenen Forschungen sagen zu können meine, war die Institutionalisierung der Kommune ein lang dauernder Prozess, in dessen Verlauf Aufgaben und Regelungskompetenzen schrittweise in kommunale Regie übergingen: Zur Verdeutlichung nenne ich schematisierend für die Gerichtsbarkeit die Zeit der 1130er Jahre,[17] für das Militärwesen, wo ja die Einbindung der alten bischöflichen Lehnskurie mit ihren Kompetenzen und Hierarchien ebenso nötig war wie die Integration der neuen Rittergesellschaften, vielleicht erst die Barbarossa-Zeit,[18] die Verantwortlichkeit für die Versorgung in Notzeiten, die ursprünglich beim bischöflichen Stadtherrn und den Repräsentanten der Lebensmittelgewerbe lag, wird im späten 12. Jahrhundert zur Daueraufgabe kommunaler Politik.[19] So ist auch die Zuständigkeit für die Genehmigung, Kontrolle

---

[16] Es sei daran erinnert, daß dies nicht nur für Italien, sondern ebenso z.B. für Deutschland, Frankreich und England gilt, unabhängig von Unterschieden der politischen und gesellschaflichen Organisation.

[17] Antonio Padoa Schioppa, Aspetti della giustizia milanese dal X al XII secolo, in: Atti del'11°Congresso internazionale (wie Anm.6)1, S.459–549; Hagen Keller, Gli inizi del comune in Lombardia: limiti della documentazione e metodi di ricerca, in: Renato Bordone/Jörg Jarnut (Hgg.), L'evoluzione delle città italiane nell'XI secolo (Annali dell'Istituto storico italo-germanico, Quaderno25) Bologna 1988, S.45–70, S.48ff.; Storti Storchi, Costituti pisani (wie Anm.7), S.83ff.; Thomas Behrmann, L'atto giuridico e il suo pubblico. Osservazioni partendo da documenti milanesi e novaresi del XII e XIII secolo, in: Rossetti (Hg.), Legislazione (wie Anm.1), S.175–208; vgl. auch Chris Wickham, Legge, pratiche e conflitti. Tribunali e risoluzione delle dispute nella Toscana del XII secolo, Roma 2000.

[18] Aldo A.Settia, I Milanesi in guerra. Organizzazione militare e tecniche di combattimento, in: Atti del'11°Congresso internazionale (wie Anm.6)1, S.265–289; ders., Comuni in guerra. Armi ed eserciti nell'Italia delle città (Biblioteca di storia urbana medievale7) Bologna 1993; vgl. auch Franco Cardini, Profilo di un crociato: Guglielmo Embriaco, in: Archivio storico italiano 136(1978), S. 405–436.

[19] Hans Conrad Peyer, Die Getreidepolitik oberitalienischer Städte im 13. Jahrhundert (Veröffentlichungen des Institus für Österreichische Geschichtsforschung12) Wien 1950; Hagen Keller, Veränderungen des bäuerlichen Wirtschaftens und Lebens in Oberitalien während des 12. und 13. Jahrhunderts. Bevölkerungswachstum und Gesell-

und Lenkung baulicher Maßnahmen im Laufe des 12. Jahrhunderts mehr und mehr an das Stadtregiment, die Konsuln und die Ratsgremien, übergegangen. Aber man muss sich gegenwärtig halten, dass sich die Kommune damit nicht sofort auch eine eigene Organisation schuf, sondern ihre Repräsentanten dirigierten und kontrollierten die Fachleute, die bisher in diesem Sektor tätig waren. Hier bleiben Rechtsgewohnheiten, handwerkliche Traditionen und bestehende Organisationsformen in Kraft, die bei statutarischen Regelungen vorausgesetzt, meist aber nicht genannt werden – die Statuten sagen im Prinzip nur, worauf die kommunalen Amtsträger achten bzw. was sie durchsetzen oder verhindern sollen.

Für die Umsetzung der Normen, für das Zusammenwirken mit organisierten, professionellen Teilgruppen der Gesellschaft bildet die Einbindung der Bürger in die kommunale Gemeinschaft durch den Eid die entscheidende Basis. In die leider nur selten erhaltenen Bürgereide[20] – Gefolgschaft für das Stadtregiment, Solidarität mit dem Mitbürger, Friedenspflicht, Loyalität zur Kommune sind die grundlegenden Inhalte – können spezifische Verpflichtungen für einzelne Gewerbe eingefügt werden: Fleischer schwören in einem speziellen Zusatz, ihre Ware nicht falsch zu deklarieren, kein Schaffleisch als Hammelfleisch, kein Eberfleisch als Fleisch einer Sau zu verkaufen. Marita Blattmann ist in ihrer großen, leider noch nicht veröffentlichten Habilitationsschrift über alle Statuten und statutenartigen Texte aus Bergamo bis zur Mitte des 14. Jahrhunderts der Komplementarität von Statuten und Eiden nachgegangen und hat zeigen können, dass man die Umsetzung der Beschlüsse erst ganz nachvollziehen kann, wenn man auch die zugehörigen Eide kennt oder wenn man das Ineinandergreifen von Kommunalstatuten und Zunftstatuten erfasst (die ja ebenfalls beschworen wurden und so jedes Zunftmitglied persönlich verpflichteten). Besonders anhand der Notarsstatuten konnte sie dies herausarbeiten, aber z.B. auch an Mailänder Sta-

---

schaftsorganisation im europäischen Hochmittelalter, in: Frühmittelalterliche Studien 25 (1991), S. 340–372; Hans-Jürgen Hübner, Quia bonum sit anticipare tempus. Die kommunale Versorgung Venedigs mit Brot und Getreide vom späten 12. bis ins 15. Jahrhundert (Europäische Hochschulschriften III/773), Frankfurt a.M. u.a. 1998, S. 47–109; zur Dichte der statutarischen Regelungen im 13. Jahrhundert Michael Drewniok, Die Organisation der Lebensmittelversorgung in Novara im Spiegel der Kommunalstatuten des 13. Jahrhunderts, in: Keller/Behrmann (Hgg.), Kommunales Schriftgut (wie Anm. 12), S. 189–217; zur rechtlichen Organisation einer Einzelmaßnahme Andrea Castagnetti, Primi aspetti della politica annonaria nell'Italia comunale: la bonifica della „palus communis Veronae" (1194–1199), in: Studi medievali, serie 3ª, 15 (1974), S. 363–481.

[20] Zum Typus Claudia Storti Storchi, Diritto e istituzioni a Bergamo dal comune alla signoria (Università degli Studi di Milano. Facoltà di giurisprudenza. Pubblicazioni dell'Istituto di storia del diritto italiano 10) Milano 1984, S. 182–204; zum verfassungsrechtlichen Charakter Gerhard Dilcher, Die Entstehung der lombardischen Stadtkommune (Untersuchungen zur deutschen Staats- und Rechtsgeschichte N.F. 7) Aalen 1967, S. 142–169.

tuten gegen Münzverfälschung von 1204, bei denen sich ein durchführbares Konzept erst erkennen lässt in der Vernetzung mit dem ebenfalls überlieferten Text des Eides der Gold- und Silberschmiede.[21]

Ich könnte mir denken, dass solche Verflechtungen für den Bausektor besonders relevant sind. Es waren die Baumeister und Handwerker, die wussten, wie die Triforien-Fenster aussehen sollten, die das Seneser Stadtregiment für die Fassaden zum Campo vorschrieb; sie kannten beispielsweise die relevanten gewohnheitsrechtlichen Normen über Abwasserführung; sie waren es, die Verordnungen erst sachgerecht umsetzen konnten.

Damit komme ich zu einer zweiten für uns relevanten These: Man kann das, was mit statutarischen Verordnungen zu Planung und Bauästhetik intendiert ist, wohl ganz adäquat erst erfassen, wenn man auch den Bezug auf ungeschriebene Normen und auf die geübte Praxis, auf handwerkliches Erfahrungswissen und professionelle Regeln einschließlich ihres gewohnheitsrechtlichen Hintergrunds in den Blick bekommt. In Freiburg im Breisgau entließ der Rat den Münsterbaumeister Hans Niesenberger, der im Chorumgang das Fenstermaßwerk nicht richtig proportioniert hinbekam, wegen „Unwerklichkeit" und „Ungestalt" seines Produkts[22] – das mag etwas von dem Bereich illustrieren, der mit Hilfe der Statuten nicht zu erhellen ist.

III

Nach diesen Vorklärungen wenden wir uns nun drittens den Statutencodices des 13. und 14. Jahrhunderts selber zu. Ich frage zunächst nach der Überlieferung, dann nach Struktur und Inhalt sowie nach dem Verhältnis zu anderen Zeugnissen kommunaler Satzungshoheit.

Beim Umgang mit Statutentexten kann eine Tatsache nicht ausgeblendet werden: Die Statutenüberlieferung ist für das 13. Jahrhundert in den meisten Kommunen erschreckend lückenhaft und auch für spätere Phasen oft alles andere als komplett. Wie unsere Analysen in jedem Einzelfall gezeigt haben, fanden seit dem frühen 13. Jahrhundert periodisch Neuredaktionen statt, bei denen der gesamte Bestand einer Revision unterzogen und dann der von nun an gültige Codex neu verabschiedet wurde; der Abstand zwischen zwei Redaktionen beträgt im 13. Jahrhundert durchschnittlich 20–25 Jahre.[23] Obwohl von jeder Neuredaktion gleich mehrere Exemplare hergestellt und an festgelegte Aufbewahrungsorte gegeben wurden, ist materiell davon ganz wenig erhalten; wir

---

[21] Blattmann, Statutenbücher (wie Anm. 2), Kapitel 5, 11 und 12.

[22] Benedikt Schaufelberger, Wie die Freiburger ihr Münster bauten. Eine Zeitreise in historisch präzisen Zeichnungen, Freiburg i. Br. 2000, S. 122.

[23] Zusammenfassend Busch, Zum Prozeß (wie Anm. 2).

können die Tatsache einer Neuredaktion zu einem bestimmten Zeitpunkt oft nur aus späteren Fassungen erschließen. Wie zufällig die Überlieferung sein kann, lässt sich daran ersehen, dass sich dort, wo unsere Untersuchungen in die Tiefe gegangen sind, der eine erhaltene Codex mehrfach als Arbeitsexemplar für eine Neuredaktion erwies und wohl aufgrund dieser Verwendung dem Verlust entging.[24]

In den Neuredaktionen lässt sich oft nicht erkennen, wann ein darin erhaltenes Statut beschlossen wurde. Die ursprünglich oft mitüberlieferten Datierungen werden immer häufiger fortgelassen, oder aber das alte Statut wird bei der Verabschiedung der Neuredaktion mit deren Datum versehen – in Como lässt sich so verfolgen, wie das Statutenbuch von 1292 sozusagen blockweise in mehreren Sitzungen beraten und gebilligt wurde.[25] Wo wir die Entwicklung der Statutensammlungen über mehrere Stufen nicht mehr nachvollziehen können, lässt sich schwer entscheiden, was in dem überlieferten Text neu ist und was übernommen wurde und vielleicht eine sehr alte – oder, wie ich gleich noch erläutern werde, sogar längst obsolete – Bestimmung ist. Die Neuredaktion eines Statutenbuchs war ein schwieriges Geschäft; es gibt Beispiele aus verschiedenen Kommunen und unterschiedlichen Zeiten, dass Anläufe dazu nicht ins Ziel geführt haben. Was auf die Kommission der Emendatoren zukam, wenn der Rat eine Neuredaktion beschloss, ist für einen Fall dokumentiert: In Bologna hatte man 1267 alle Statuten durchforstet und eine Neuredaktion erstellt. Zwanzig Jahre später wird in dramatischen Worten die Rechtsunsicherheit und Not beklagt, die in der Stadt herrschte aufgrund der Unübersichtlichkeit der vorhandenen Rechtsaufzeichnungen und des Neben- und Durcheinanders von neu erlassenen oder schon ungültigen Statuten. Der Rat gab 1287 eine Neuredaktion in Auftrag, die binnen Jahresfrist vorzulegen war. Doch die Kommission musste Verlängerung beantragen, weil zur Erfüllung der Aufgabe mehr als 250 Bücher Wort für Wort durchzuarbeiten und zu vergleichen seien.[26] Marita Blattmann hat herausgestellt, wie bei solchen Neubearbeitungen vorhandene Texte allein aufgrund ihrer Existenz eine eigene „Materialität" gewinnen. Es wird eben nicht alles geprüft und neu bedacht: Gerade Unproblematisches, nicht Aktuelles bleibt oft unverändert stehen, obwohl es im Leben gar keine Rolle mehr spielt – und so können für uns,

---

[24] Blattmann, Statutenbücher (wie Anm.2), Kapitel3; Koch, Statutengesetzgebung (wie Anm.2), S.168f.

[25] Claudia Becker, Statutencodifizierung und Parteikämpfe in Como. Das ‚Volumen medium' von 1292, in: Keller/Busch (Hgg.), Statutencodices (wie Anm.2), S.99–127; Jörg W.Busch in Zusammenarbeit mit Claudia Becker und Reinhold Schneider, Die Comasker Statutengesetzgebung im 13.Jahrhundert, ebd. S.129–141.

[26] Keller, Oberitalienische Statuten (wie Anm.3), S.295, nach Gina Fasoli/Pietro Sella (edd.), Statuti di Bologna dell'anno 1288, 1 (Studi e testi73) Città del Vaticano 1937, appendice II, S.XXX–XXXV.

die wir die Texte nicht mit den Augen der Zeitgenossen lesen, Dinge als geltende Regelung erscheinen, die damals schon mehr oder weniger obsolet waren.[27]

Der Umgang mit den Texten wird dadurch noch komplizierter, dass schon vor 1250 eine Auslagerung von Spezialstatuten, d.h. von Regelungen für Einzelsektoren, aus den umfassenden Kommunalstatuten begann: für bestimmte Amtsbereiche wie die Tätigkeit der Justizkonsuln etwa, für die Besteuerung, für die Instandhaltung der Straßen und anderes mehr.[28] Auch diese materiebezogenen Zusammenstellungen – zunächst wohl nur Auszüge aus dem verbindlichen Statutencodex – sind als Leitfaden, als Gesetze über die Amtspflichten für kommunale Funktionäre gedacht. Teilweise überschneiden sich die Spezialstatuten stark mit den allgemeinen Kommunalstatuten, aus denen gar nicht ersichtlich ist, dass es jene gibt; teilweise fehlen im Statutenbuch ganze Lebensbereiche, weil sie in solchen Spezialstatuten geregelt sind. Die Spezialstatuten machen oft eine eigene Weiterentwicklung durch, d.h. sie werden separat fortgebildet, so dass der Normenbestand schließlich von dem der Kommunalstatuten abweicht, aus denen sie Jahre oder Jahrzehnte zuvor herausgeschrieben wurden. Welcher Text enthält die gültigen Regelungen?

Schließlich: Wie im ersten Teil schon kurz angedeutet, verlagert sich die Fortbildung des geschriebenen Rechts immer mehr in die Protokolle der beschließenden Ratsgremien. Vor allem sind dort aktuelle, fallbezogene Vorschriften oder Verpflichtungen zu suchen, da sie im Trecento immer seltener in den Statutencodex eingefügt wurden. Was in den Consulte, Riformanze oder Riformagioni, Delibere steht, ist nach allem, was ich ausgeführt habe, sicher näher an den Realitäten und ist vor allem sicherer datierbar als einzelne Bestimmungen aus dem Statutenbuch.[29] Aber können wir einfach die gleichen Intentionen, dieselbe

---

[27] Marita Blattmann, Über die ‚Materialität‘ von Rechtstexten, in: Frühmittelalterliche Studien 28(1994), S.333–354; dies., Aderenza alla realtà, rilevanza pratica e impiego effettivo degli statuti tedeschi e italiani (secoli XII–XIV), in: Rossetti (Hg.), Legislazione (wie Anm.1), S.117–132.

[28] Reinhold Schneider, Die Genese eines Statutenbuches. Die Konsularstatuten von Como, in: Keller/Busch (Hgg.), Statutencodices (wie Anm.2), S.73–97; Peter Lütke Westhues, Besteuerung als Gegenstand statutarischer Rechtssetzung. Die Steuerstatuten Pavias (1270) und Vogheras (1275/1282), ebd. S.143–166; Donatella Ciampoli/ Thomas Szabò (edd.), Viabilità e legislazione di uno stato cittadino del Duecento. Lo Statuto dei Viarî di Siena, Siena 1992.

[29] S.o. Anm.7. Auf diesem Quellentyp beruhen wesentliche Ergebnisse der Pilotstudie von Wolfgang Braunfels (wie Anm.35). Anhand der guten Überlieferung von Perugia zeigt die Ergiebigkeit Maria Rita Silvestrelli, L'edilizia pubblica del comune di Perugia: dal „palatium communis“ al „palatium novum populi“, in: Società e istituzioni dell'Italia comunale: l'esempio di Perugia, Perugia 1988, 2, S.479–604; die von der Autorin gesammelten Quellenbelege (S.514–604, 217 Dokumente) geben einen guten Einblick in Charakter und Inhalt einschlägiger Ratsbeschlüsse. Vgl. Antonio De Felice, L'antico acquedotto della Fonte di Piazza di Perugia, dal 1254 al 1932, Perugia 1995; Dietrich Lohrmann, Die mittelalterlichen Druckwasserleitungen zur Fontana Maggiore di Peru-

Funktion unterstellen wie einer allgemeinen, vielleicht sogar rhetorisch klangvoll begründeten Verfügung in den Statuten?

Damit kann ich eine dritte These formulieren: Es ist große Umsicht gefordert, wo man einzelne Verfügungen der Statuten chronologisch zuordnet. Was in einem Statutenbuch nebeneinander zur Stadtplanung und Bauästhetik steht, ist nicht unbedingt Ausdruck eines einheitlichen Konzepts, sondern summiert eher fallbezogene Entscheidungen auf, die sich manchmal sogar widersprechen – obwohl sie im Statutenbuch scheinbar einträchtig nebeneinander stehen.

IV

Zum Schluss und damit viertens noch ein paar Überlegungen zur Verbindlichkeit der Statuten. Aus dem Gesagten dürfte klar geworden sein, dass es einiger politischer und rechtlicher Erfahrung bedurfte, um die *lex municipalis* umzusetzen, wofür umfassend zu sorgen, sich jedes Stadtregiment per Eid verpflichtete. Was es hier im Blick zu halten gilt, will ich mit zwei Beispielen verdeutlichen. Das erste illustriert den verbindlichen Charakter der Statuten für die Amtsträger, das zweite zeigt, wie pragmatisch man mit Vorschriften von höchster Verbindlichkeit umgehen konnte.

Am 22. August 1290 verhandelte das zuständige Ratsgremium in Perugia über folgendes Problem: Mehrere Statuten schrieben vor, dass der Podestà und der Capitano del Popolo mit Leuten aus ihrer Familia persönlich die Burgen und Baustellen im Contado inspizieren müssten, an denen auf Kosten der Kommune gearbeitet wurde. Da aber kein Geld da war, um Bauarbeiten durchzuführen, verlangten die beiden Amtsträger, entweder Mittel für den Bau bereitzustellen oder die von ihnen im Amtseid mitbeschworene Verpflichtung formal aufzuheben. Letzteres geschah: Die diesbezüglichen Statuten wurden für die gesamte Dauer der Amtszeit suspendiert. Es geht hier allerdings nicht um Statuten oder Ratsbeschlüsse zu den Bauarbeiten, sondern um mangels Voraussetzungen sinnlos gewordene Amtspflichten, von denen sich Podestà und Capitano vorsichtshalber befreien lassen, ehe ihnen daraus ein Strick gedreht wird: Wenn man den Amtsträgern bös wollte, hätte man ihnen ohne die eingeholte Befreiung im

---

gia, in: Quellen und Forschungen aus italienischen Archiven und Bibliotheken 79 (1999), S. 267–282, mit Wiedergabe einer „Expertenanhörung" vor dem Rat vom 16. Februar 1277 (S. 277–282, mit Übersetzung des Auszugs aus den Consigli e riformazioni). Zur Verbindung von praktischer Politik und theoretischer Reflexion Helmuth G. Walther, Wasser in Stadt und Contado. Perugias Sorge um Wasser und der Flußtraktat „Tyberiadis" des Perusiner Juristen Bartolus von Sassoferrato, in: Albert Zimmermann (Hg.), Mensch und Natur im Mittelalter (Miscellanea Mediaevalia 21) Berlin/New York 1992, 2, S. 882–897 (ebenfalls mit Hinweisen auf Ratsbeschlüsse zum Bau des Aquädukts im 13. und 14. Jahrhundert).

Syndikatsverfahren nach Ende der Amtszeit Versäumnisse in der Amtsführung vorwerfen und ihr Gehalt kürzen können.[30]

Das zweite Beispiel stammt aus einer der bekannteren Novellen Sacchettis; die Episode spielt in der Zeit, in der Sacchetti selbst als Prior in der Florentiner Signorie saß, d.h. 1384.[31] Auf Drängen aus der Bürgerschaft wurden neue Statuten gegen den Kleiderluxus der Frauen erlassen, und die Prioren schärften dem neuen Richter aus Perugia beim Amtsantritt ein, gestützt auf die Statuten in diesem Sektor unnachsichtig Ordnung zu schaffen. Der gute Amerigo degli Amerighi schickt deshalb seinen Notar los, um Kontrollen durchführen zu lassen und Zuwiderhandelnde mit Strafen zu belegen. Doch der Notar kann die schlauen Frauen nicht überführen: Tragen sie verbotene Hutbänder, können sie sie abnehmen und behaupten, es sei eine Girlande; tragen sie verbotene Knöpfe, behaupten sie, es seien keine Knöpfe, da sowohl die Ösen an den Knöpfen wie die Knopflöcher fehlten; tragen sie Hermelin, behaupten sie, sie trügen Milchwiesel, und das sei nicht verboten. Die Prioren sehen ein, dass der Richter so nicht weiterkommen kann, und weisen ihn an, zu machen, was sich machen ließe, und sonst die Dinge laufen zu lassen. Und Sacchetti bemerkt mit Genugtuung, seither – d.h. etwa in den letzten 20 Jahren – habe sich mit der Angelegenheit niemand mehr ernsthaft befasst (was nicht ganz richtig ist, wie Sie gleich hören werden).

Auch bei den Gesetzen gegen den Kleiderluxus geht es um die städtische Ordnung – Sacchetti karikiert in einer anderen Novelle das emotionale Engagement eines Mitbürgers in dieser Sache.[32] Die Vorschriften sind aber Teil der Statuten und bleiben dieser Geschichte zufolge im Codex stehen, auch wenn man inzwischen mehr oder weniger ausdrücklich auf den Versuch der Realisierung verzichtet. Allgemein lässt sich sagen, dass derartige Verordnungen seit der

---

[30] Silvestrelli, L'edilizia pubblica (wie Anm. 29), S. 553 doc. 94.

[31] Franco Sacchetti, Il Trecentonovelle, a cura di Valerio Marucci, Roma 1996, Novella CXXXVII, S. 416–419, deutsche Übersetzung in: Franco Sacchetti, Die wandernden Leuchtkäfer. Renaissancenovellen aus der Toskana, aus dem Italienischen von Hanns Floerke, neu durchgesehen von Marianne Schneider, Berlin 1988, Bd. 2, S. 13–16. Zur Geschichte Ronald Rainey, Dressing down the dressed-up: reproving feminine attire in Renaissance Florence, in: Renaissance Society and Culture. Essays in Honor of Eugene F. Rice, hg. von John Monfasani/Ronald G. Musto, New York 1991, S. 217–237, bes. S. 224–226. Zum Luxus der Frauenkleidung sehr anschaulich Iris Origo, „Im Namen Gottes und des Geschäfts". Lebensbild eines toskanischen Kaufmanns der Frührenaissance. Francesco di Marco Datini 1335–1410, München 1985, S. 238–249.

[32] Novella LXVI, S. 191–193 = Renaissancenovellen Bd. 1, S. 88ff. Sacchetti verweist in der Novelle 137 explizit auf diese fast absurde Geschichte. Dies lässt eindeutig erkennen, daß er sich über den Eifer des Florentiner Stadtregiments auf diesem Feld mokiert und nicht etwa mit seiner Geschichte kritisch auf die Laschheit des Stadtregiments hinweisen will.

Mitte des 13. Jahrhunderts zu belegen sind.[33] Die Kommune Florenz hatte 1330 sehr umfassende Verordnungen verabschiedet, die von anderen Städten der Toskana – z.B. zwei Jahre danach von Pistoia – übernommen wurden; in Florenz hat man sie 1333 noch einmal zugespitzt. 1355 wurden hier neue Statuten gegen den Kleiderluxus erlassen; dass man damit auch auf die Pestwellen jener Jahre reagierte, zeigt den religiösen Hintergrund der Maßnahme. Nach Sacchetti wurden die einschlägigen Statuten 1384 wiederum verschärft. Diese Version des „Aufwandsgesetzes" mit 63 Rubriken ist erhalten; 1388 und 1392 wurde sie durch weitere Bestimmungen ergänzt, die nur den Kleiderschmuck der Frauen betrafen. 1396 wurden noch einmal 31 Rubriken hinzugefügt, in denen es nicht nur um den Luxus der Frauen, sondern auch um den der Doktoren, Ritter und Dirnen ging; 1402 kamen noch einmal Bestimmungen über den erlaubten Aufwand für Begräbnis und Grab dazu. Alle diese seit 1384 erlassenen Bestimmungen wurden damals wohl zu einem Dossier für die Amtsträger vereinigt.[34] Entgegen der Behauptung Sacchettis blieb das Thema offensichtlich politisch brisant; aber man wird ihm vielleicht doch glauben dürfen, dass der Spielraum bei der Umsetzung der Verordnungen groß war – nicht für den Richter, der sich an die Vorgaben halten musste, aber für die Prioren als die eigentlichen Hüter der Normenordnung.

Was lässt sich solchen Texten, soweit vorhanden, entnehmen? Anstelle einer vierten These gebe ich hier einige Überlegungen zur Problematik der Auswertung. Gewiss können wir aus den Statuten erkennen, was in der mode- und reichtumbewußten Kleidung möglich war oder für möglich gehalten wurde. Zu sagen, was wirklich Mode war und von vielen der besseren Bürgerinnen getragen wurde, dürfte angesichts der Struktur der Bestimmungen schwer fallen. Aufgrund der langen Geschichte der *leggi suntuarie* ist fast damit zu rechnen, dass in den Texten neben Verboten aus aktuellem Anlass auch ältere Vorschriften stehen, von der Mode längst überholt – so wäre 1384 vielleicht niemand mehr herumgelaufen. Was sich durchsetzen ließ, wie weit erfinderische Frauen die Bestimmungen umgehen konnten, um trotzdem das öffentlich zu zeigen, was sie

---

[33] Catherine Kovesi Killerby, Practical problems in the enforcement of Italian sumptuary law, 1200–1500, in: Trevor Dean/K.J.P. Lowe (Hgg.), Crime, Society and the Law in Renaissance Italy, Cambridge 1994, S. 99–120 (mit reichen Quellen- und Literaturangaben); Ronald E. Rainey, Sumptuary legislation in Renaissance Florence, Ph.D. Thesis, Columbia University 1985 (mit Listen aller einschlägiger Statuten von 1281 bis 1531, S. 648–656).

[34] Firenze, Archivio di Stato, Statuti del Comune di Firenze, 34: Prammatica sopra il vestire, secc. XIV–XV (Eine Inhaltsübersicht des Codex ist abrufbar unter: *http://www.archiviodistato.firenze.it/inventari/statuti_init.html*); vgl. die Hinweise bei Andrea Zorzi, Le fonti normative a Firenze nel tardo medioevo. Un bilancio delle edizioni e degli studi, in: Statuti della Repubblica Fiorentina editi a cura di Romolo Caggese. Nuova edizione a cura di Giuliano Pinto/Francesco Salvestrini/Andrea Zorzi (Deputazione di storia patria. Documenti di storia italiano, serie II, 6), Firenze 1999, S. LIII–CI, hier S. LXXXIV, Anm. 184.

zeigen wollten – das alles ist zu erwägen, sichere Antworten sind aber wohl schwer zu finden. Was in Pistoia mit den Bestimmungen wirklich gemacht wurde, als man 1332 und noch einmal 1360 das Florentiner Modell übernahm, bliebe – wenn überhaupt möglich – ebenso zu prüfen wie die Frage, weshalb man sich dort gerade zu diesem Zeitpunkt mit dem Problem befasste. Die Dichte der Florentiner Erlasse aus den Jahren 1384–1402 müsste es jedoch erlauben, bestimmte Tendenzen zu benennen, die man vielleicht mit den Aktivitäten der Stadt in anderen Bereichen verbinden kann, um dadurch etwas von den politischen, gesellschaftlichen und mental-geistigen Gegebenheiten im damaligen Stadtregiment zu erfassen. Die Novelle Sacchettis zeigt aber, dass manche in der politischen Führungsschicht anders dachten, als es die Luxusgesetze suggerieren, und dass man mit Vorschriften durchaus pragmatisch umging.

V

Aus dem Vorgetragenen möchte ich folgendes Résumé ziehen: Wenn man mit Material aus den Statuten Konzeptionen und Lebensrealitäten illustrieren will, gilt es die Texte genau zu situieren, anders gesagt: Es gilt die Quellenbasis sehr sorgfältig abzusichern, und zwar über das im jeweiligen Statut Gesagte hinaus. Die Texte situieren heißt nicht nur, ihren Sitz im gesellschaftlichen, politischen und kulturellen Leben einer Stadt zu bestimmen. Es bedeutet auch, den überlieferten Text eines Statutenbuchs in die Geschichte einer Normenordnung und ihrer Kristallisationen im datierten Codex einzubetten – soweit dies angesichts der fragmentarischen Überlieferung überhaupt möglich ist. Und hier kann der Vergleich über eine Stadt hinaus sehr hilfreich sein, was schon die Pionierarbeit von Wolfgang Braunfels sichtbar gemacht hat.[35] Die Statuten haben einen anderen Realitätsbezug als die Consulte und Riformagioni oder gar als Verträge über Baumaßnahmen, und sie haben vor allem ihre Geschichte und schleppen diese auch in ihren revidierten Fassungen mit. Wo man diese Vorgeschichte nicht kennt, nicht mehr erkennen kann, werden vor allem die chronologischen Zuordnungen unsicher, vielleicht sogar sehr falsch.

Mit diesem Résumé will ich nicht einer Skepsis gegenüber den Statuten das Wort reden, sondern zur Sorgfalt und Vorsicht bei der Benutzung der Texte raten. In meinem Forschungsprojekt haben wir uns nicht nur formal mit den Statutenbüchern und ihrer Geschichte befasst, sondern durchaus versucht, in konkrete Abläufe des damaligen Lebens und in die Konzeptionen politischer Gestaltung vorzudringen: z.B. für die Versorgungspolitik, das Besteuerungssystem, den Rechtsgang vor Gericht, für die Durchführung von Wahlen. Wir haben gefragt, welcher Schriftaufwand, welche schriftgestützten Verwaltungsschritte

---

[35] Wolfgang Braunfels, Mittelalterliche Stadtbaukunst in der Toskana, Berlin 1953, ⁴1979.

oder Steuerungsmaßnahmen für den Lebensvollzug notwendig waren: Auch hier bedarf es der konzeptionellen Planung, der Konkretisierung bei der Umsetzung, des Rekurses auf Grundsätze der politischen Ethik. Es ist gewiss nicht meine Absicht, diese Forschungen meiner Arbeitsgruppe durch Hinweise auf die Probleme abzuwerten, die sich aus der Benutzung solcher Quellen ergeben – ich kann nur unterstreichen, dass sich hier sehr viel an weiterführenden Erkenntnissen gewinnen lässt. Aber die Erforschung dieser Bereiche war verbunden mit Forschungen über Statuten im Allgemeinen sowie über die Codices mitsamt ihrer Geschichte, denen wir die Belege hauptsächlich entnommen haben. Ich meine, dies habe sich bewährt. Auch für die hier zur Diskussion stehende Problematik ist es gewiss ratsam, bei der inhaltlichen Auswertung statutarischer Bestimmungen auf die Besonderheiten der benutzten Quellen und ihrer Überlieferung zu achten.

Gerhard Dilcher

Zum Verhältnis von Recht und Stadtgestalt im Mittelalter

Eine Skizze

Die Schönheit der Gestalt einer Stadt ist uns ohne weiteres gefühlsmäßig zugänglich; wir „empfinden" eine Stadt als schön oder, im Gegenteil, als häßlich. Oft wird dabei das allgemeine Urteil übereinstimmen: Venedig, Florenz, Rom gelten nicht nur als schön, sie „sind" schön. Die meisten, die dieses Urteil aussprechen, würden sich aber schwer tun, es analytisch zu begründen. Bauwerke und Plätze würden angeführt, zum Schluß wohl allgemeine Gesichtspunkte wie Harmonie der Eindrücke, aber vielleicht auch die Wechselbeziehung von Straßen, Plätzen und sozialem Leben, die Einbettung in die Landschaft – Fluß, Hügel, Berge – erwähnt. Was aber sind die Ursachen für den Reiz einer Stadt? Wer hat sie geschaffen? Geschichte, Bauherren, Architekten, Künstler, Stadtplaner?[1] „Romantiker" würden dabei der Geschichte, dem Wachstümlichen, „Rationalisten" der Planung ein größeres Gewicht beimessen.[2] Auf Recht als Ursache dafür, daß die Stadt „schön" ist, käme man wohl erst nach genauerem Überlegen, etwa im Zusammenhang mit der Stadtplanung; die „Romantiker" würden es wohl eher als einen störenden Faktor empfinden, denn ihnen macht die unbewußte, geheime Ordnung des Gewachsenen gerade die Schönheit aus. In diesem Zusammenhang ist an die römischen Ruinenlandschaften eines Piranesi zu erinnern: Hier wird die Schönheit des Zerfalls einst geordneter Bauformen gefeiert. Das Ende des 20. Jahrhunderts hat mit Technikskepsis, Müdigkeit

---

[1] Wichtige Anstöße auch zu der historischen Fragestellung haben moderne Stadtplaner und –theoretiker wie Le Corbusier, Grundfragen des Städtebaus. Stuttgart 1954, und Walter Gropius, Architektur. Wege zu einer optischen Kultur, 1956, gegeben. Eine historische Übersicht über Stadtgestalt und Stadtpläne gibt Leonardo Benevolo, Die Geschichte der Stadt. Frankfurt am Main 1983, ⁴1990 (ital. Rom/Bari 1975).

[2] Diese beiden Linien verfolgt – und bringt zu einer gewissen Synthese der Aufsatz von Walther Gerlach, Stadtgestaltforschung, in: Studium Generale 16 (1963), S. 323–345, der dem Begriff „Stadtgestalt" auch einen methodisch-programmatischen Hintergrund gibt. Hier findet sich eine Übersicht und kundige Einordnung älterer Literatur, die wir hier nicht mehr nachweisen. Eberhard Isenmann hat das Verdienst, den Gesichtspunkt Stadtgestalt in jüngerer Zeit wieder in seiner zusammenfassenden Darstellung aufgenommen zu haben: Die deutsche Stadt im Spätmittelalter. 1250–1500. Stadtgestalt, Recht, Stadtregiment, Kirche, Gesellschaft, Wirtschaft. Stuttgart 1988.

an reinem Funktionalismus, historisierenden Elementen der Postmoderne, Schutz gewachsener Stadtkerne das Pendel eher in Richtung der Hochschätzung des echt oder vermeintlich Wachstümlichen ausschlagen lassen, so daß man sogar zu großen Rekonstruktionen zerstörter Bauwerke („Berliner Schloß") neigt.

Die mittelalterliche Stadt galt zumeist als Beispiel der nicht geplanten, sondern wachstümlichen Schönheit der Stadt. Aber nur selten haben sich Architektur- oder Kunsthistoriker dieser generellen Frage genähert,[3] während es eine immense Literatur zur Seite des Rechts, zur Rechts- und Verfassungsgeschichte der Stadt gibt.[4] Wie die Kunsthistoriker die Rechtsgrundlagen der Stadtgestalt, so haben die Rechts- und Verfassungshistoriker die Fragen der Stadtästhetik meist nicht thematisiert. Recht und Kunst sind eben als verschiedene Systeme ausdifferenziert, folgen verschiedenen Codes, das eine dem des Gerechten, das andere dem des Schönen. Daß das Recht sich das Schöne zum Ziel seiner normativen Regelungen gemacht haben könnte, dies drängt sich offenbar nicht auf aus den Quellen des Mittelalters – und auch heute bildet die „Kunst am Bau" ja eher einen marginalen Aspekt, andere rechtliche Vorgaben des Bauens sind mehr auf eine gewisse Einheitlichkeit, nicht auf das Ziel „Schönheit" gerichtet. Die Stadtplanung selbst folgt eher funktionalen Zielen, etwa der Verkehrslenkung; über Sinn und ästhetische Gestaltung von Denkmälern wird höchst kontrovers gestritten.

Unbezweifelt scheint dagegen der Wert historischer Bausubstanz (auch hier sicher nicht jeder). Dazu gehören vor allem in vielen Städten Europas die immer noch prägenden mittelalterlichen Stadtkerne: Sie stehen heute weitgehend unter rechtlichem Schutz. Ihre Zerstörung durch die Barbareien des Krieges, zum Teil auch des Wiederaufbaus, wird zunehmend als großer kultureller Verlust empfunden. Darum abermals die Frage: Was macht, außer der ästhetischen Qualität des einzelnen Bauwerkes oder Kunstwerkes, die Schönheit, den Reiz einer Stadt aus?

Die Schönheit der Gestalt mittelalterlicher Städte wird nicht erst von modernen, nach-romantischen Menschen empfunden. Sie wurde vielmehr schon bald nach der mittelalterlichen Gründungs- und Wachstumsphase gesehen und thematisiert; etwa im Werk des Juristen und Architekten Leon Battista Alberti über

---

3   Dazu erste Schritte in den Arbeiten von Bandmann, Günter: Mittelalterliche Architektur als Bedeutungsträger. Berlin 1951; Herzog, Erich, Die ottonische Stadt. Berlin 1964; sowie Gruber, Karl, Die Gestalt der deutschen Stadt. Ihr Wandel aus der geistigen Ordnung der Zeiten. München 1952, 2. Aufl. München 1976.

4   Aufgeführt in Dilcher, Gerhard, Die Rechtsgeschichte der Stadt, in: Karl S. Bader und Gerhard Dilcher, Deutsche Rechtgeschichte. Land und Stadt, Bürger und Bauer im Alten Europa. (Enzyklopädie der Rechts- und Staatswissenschaften). Berlin/Heidelberg 1999, zu den jeweiligen Themenbereichen. Die ältere rechtshistorische Synthese von Hans Planitz zeichnet sich dadurch aus, daß sie immer wieder auf Stadtpläne zurückgreift: Die deutsche Stadt im Mittelalter. Von der Römerzeit bis zu den Zunftkämpfen. Graz/Köln 1954, 3. Aufl. Wien/Köln/Graz 1973.

Abb.1: Ambrogio Lorenzetti: Allegorie der Guten Regierung

Abb. 2: Ambrogio Lorenzetti: Auswirkungen der guten Regierung, die Stadt

die Baukunst, in den laudes urbium der Humanisten, oder in den Stadtansichten eines Merian, also in einem literarischen Medium und dem der Kunst selbst. Gerade bei Merian wird ja, idealtypisch überhöht, die Stadt in ihrer ganzen Gestalt als ästhetisches Phänomen[5] dargestellt: Ein in die Landschaft eingefügtes Baugebilde, von Mauern abgegrenzt und beschützt, durch die Tore nach außen geöffnet, von Stadttürmen bewacht, im Inneren gefüllt mit Giebeln, Häusern, Palästen, eventuell einer inneren Burg oder Schloß, in Italien mit Adelstürmen, mit Straßen und Plätzen, vor allem aber mit dem zur Stadtkirche oder Kathedrale aufsteigenden Rhythmus der Kirchen mit ihren Türmen. Man hat aus diesem Grunde die mittelalterliche Stadt auch sehr plastisch als ein „stacheliges Gebilde" bezeichnet.

Gerade diese, in der Vielfalt und Unregelmäßigkeit der mittelalterlichen Stadt liegende Schönheit, fordert uns auf danach zu fragen, welchen Normen ihre Bildung gefolgt ist, und den Rechtshistoriker insbesondere, ob hier auch rechtliche Normen eine Rolle spielten.[6] Allein das Wachstümliche war es wohl nicht, was diese Städte geformt hat; denn es drückt sich ja eher aus in den endlosen Agglomerationen hinzugebauter Behausungen der modernen Megalopolis: Denken wir etwa an das Herauswachsen über See und Ebene und Herumwachsen um Hügel und Berge von Mexiko-City – übrigens auch hier ausgehend von einem aztekisch-spanischen Zentrum von Tempel, öffentlichem Platz und Kathedrale.

Eine große Zahl von europäischen mittelalterlichen Städten ist auf älteren Siedlungsgrundlagen gewachsen, im mediterranen Raum oder, im Norden diesseits des Limes, meist römischen oder vorrömischen Städten oder Siedlungen.[7] Ein anderer Teil geht auf bewußte Gründungen zurück; darüber hinaus sind auch ältere Städte in der Zeit urbaner Expansion seit dem 12. Jahrhundert durch

---

[5]   Von den Merian-Stichen ausgehend, hat Ricarda Huch stimmungsvolle historische Bilder der „Städte im alten Reich" entworfen, ein kulturhistorisch wichtiger Rückblick noch vor der großen Zerstörung: Im alten Reich. Lebensbilder deutscher Städte. Bremen 1960 (zuerst 1927/29).

[6]   Einen ersten Ansatz macht Otto Gönnenwein in seiner Studie über die Anfänge des kommunalen Baurechts, das aber erst schriftlich im 14. Jahrhundert auftaucht: Die Anfänge des kommunalen Baurechts, in: Kunst und Recht. Festgabe für Hans Fehr (Arbeiten zur Rechtssoziologie und Rechtsgeschichte, Bd 1). Karlsruhe 1948, S. 71–134.

[7]   Diese Typisierung ist detaillierter in ihren historischen Wirkungen entfaltet in Dilcher, in Bader/Dilcher (wie Anm. 4), auch in Dilcher, Gerhard, Die Bischofsstadt. Zur Kulturbedeutung eines Rechts- und Verfassungstypus, in: Bischofsstädte als Kultur- und Innovationszentren = Das Mittelalter. Perspektiven mediävistischer Forschung Bd. 7, H. 3 (2002), S. 13–38. Dazu auch die Aufsätze von Gerlach (wie Anm. 2), Frölich, Karl, Das verfassungstopographische Bild der mittelalterlichen Stadt im Lichte der neueren Forschung, in: Die Stadt des Mittelalters, hg. v. Carl Haase, Erster Band: Begriff, Ensteung und Ausbreitung. 2. Aufl. Darmstadt 1975 (Wege der Forschung Bd. CCXLIII), S. 274–330 (zuerst in Gedächtnisschrift Fritz Rörig 1953); sowie Strobel, Richard, Regensburg als Bischofstadt in bauhistorischer und topographischer Sicht, in: Bischofs- und Kathedralstädte des Mittelalters und der frühen Neuzeit, hg. v. Franz Petri, Köln/Wien 1976 (Städteforschung A 1), S. 60–83.

gegründete, aber zum Teil auch gewachsene Vorstädte („burgus", „borgo", „faubourg") erweitert worden. Gründungsstädte verwendeten modellhaft und dadurch rationalisiert die Strukturen vorhandener Städte; so etwa die Gründungen nach Magdeburger Recht im östlichen Mitteleuropa. In Italien war das Netz der Bischofsstädte („civitates") auf römischer Grundlage dagegen so dicht, daß Neugründungen des gleichen urbanen Ranges kaum zu finden sind. Die Gründung Alessandrias als Antwort der Lombardischen Liga auf die Zerstörung Mailands durch Friedrich Barbarossa ist eine „widerstandsrechtlich" begründete Ausnahme, zeigt aber, daß man auch hier ohne Zögern zur Neuplanung und damit dem Gesamtentwurf einer „Neustadt" schreiten konnte. Schon durch diese Beispiele ist jedenfalls die These der notwendigen Wachstümlichkeit der mittelalterlichen Städte widerlegt. Es muß normative Vorstellungen gegeben haben, wie eine Stadt geformt sein sollte, wenn man den ideellen Entwurf einer Stadt „aus wilder Wurzel" (wie der Sachsenspiegel ja anschaulich die Dorfgründung bezeichnet) konzipieren konnte. Diese Vorstellungen wurden dann in die bauliche Wirklichkeit umgesetzt, und es wäre seltsam, wenn das Recht als festeste und durchsetzungsstärkste normative Ordnung dabei nicht eine Rolle gespielt hätte.

Werfen wir zunächst einen Blick auf das Grundmuster einer solchen Stadt. Es findet sich eine Struktur „öffentlicher" Gebäude und Flächen, die die Enstehung bloßer Agglomerationen privater Behausungen hindert. Das erinnert daran: Die Dichotomie von öffentlichem und privatem Recht stellt einen der ersten Grundsätze des römischen Rechts dar,[8] und sie geht auch nicht verloren, als die von Rom entwickelte Staatlichkeit in den Formen mittelalterlicher Herrschaft gegenüber mehr personalisierten Beziehungen, etwa des Lehnswesens, zurücktritt. Der Rechtsbereich der Königsrechte, der Regalien, wird weiterhin als „öffentlich" bezeichnet, und hierzu zählt man ausdrücklich das im Zentrum der Stadt gelegene Palatium. Das bezieht sich auch auf die Stadt, die im Frühmittelalter, also vor der kommunalen Zeit, ja ein herrschaftlich definierter Bereich („stadtherrliche Periode") ist, etwa als Immunität unter dem Bischof als Stadtherrn aufgrund königlicher Privilegien. Insofern findet sich diese Struktur eben nicht nur in „Gründungsstädten" des Mittelalters, sondern gerade auch in „Römerstädten".

Zu den öffentlichen Zwecken gewidmeten, der Stadtherrschaft zugeordneten Bereichen gehören zunächst die Mauer als Teil der städtischen Wehrverfassung, die Tore als Ort der Eingangskontrolle und eventueller Abgabenerhebung. Als Erbe Roms bleibt die Straße öffentlichen Zwecken gewidmet und öffentlicher Aufsicht unterworfen; im Mittelalter heißen sie dann „des Königs Straßen", sind Regal. Die Städte römischen Ursprungs lagen oft an den großen Reichsstraßen, die als „cardo maximus" und „decumanus maximus" durch die Stadt hindurch

---

[8] Institutionen 1,1,4; Digesten 1,1,2: „Huius studii duae sunt positiones, publicum et privatum. Publicum ius est quod ad statum rei Romanae spectat, privatum quod ad singulorum utilitatem."

Abb. 3: Ambrogio Lorenzetti: Auswirkungen der guten Regierung, das Land

Abb. 4: Ambrogio Lorentetti: Allegorie der schlechten Regierung

führen. Die Städte des Raumes nördlich der Alpen liegen oft an uralten Handelsstraßen, die dann als „Hohe Straße" oder „Breite Straße" im mittelalterlichen und oft noch im heutigen Stadtbild sichtbar sind. Vom Zug der Hauptstraßen leitet sich dann das innere Straßennetz der Stadt ab, entweder schachbrettartig geplant oder wachstümlich gekrümmt, oft abhängig von Formen vorstädtischer Siedlung oder den vorgegebenen Landschaftsformen.[9] Rechtlich eng mit der Straße verbunden und tatsächlich oft aus ihr herausgewachsen ist der zentrale Marktplatz, der dann nicht mehr dem Handelsverkehr, sondern dem Handel und Warenumschlag selbst dient. Dem raum-zeitlichen Ereignis des Marktes (Jahresmarkt/Messe, Wochenmarkt, Tagesmarkt) kommt rechtlich ein gesteigerter Friedensschutz zu, den Neugründungmärkten oft in Königsprivilegien zugesichert. Der zentrale Platz, in Italien die Piazza, wird Mittelpunkt jeglichen öffentlichen Lebens der mittelalterlichen Stadt. Auf die Rolle, die er seit dem 12. Jahrhundert in der kommunalen Verfassung einnimmt, ist noch später einzugehen. Dieser wird dann in wachsenden Städten ergänzt durch spezielle Marktplätze (Piazza delle Erbe, Roßmarkt etc.), für die ebenfalls öffentlicher Raum – und eine öffentliche, nunmehr meist kommunale Rechtsordnung des Marktverkehrs und der Marktkontrolle[10] – bereitgestellt werden.

Zuvor ist noch ein älteres Element der öffentlichen Struktur der Stadt zu erwähnen: Die Kirche. Das Stadtheiligtum, der städtische Tempel stellt ein Zentrum sowohl der (nach Max Weber) „orientalischen" wie der „okzidentalen" Stadt dar.[11] Nach der Konstantinischen Wende gewinnt die Kirche, als Institution wie als Bauwerk (oft in Überbauung des heidnischen Tempels, „Santa Maria sopra Minerva") quasi-staatlichen, öffentlichen Charakter, und dies im rechtlichen wie im politisch-sozialen Sinne. Da im spätantik-römischen Staatswesen die Stadt als civitas regelmäßig zum Bischofssitz wird, wird die städtische Zentralkirche zur Kathedrale, zum „Dom", mit bischöflichem „Palast" und entsprechenden Gebäuden geistlicher Verwaltung. Sei es aufgrund der Übernahme römischer Gebäude, sei es als bewußte Neugründung im Gebiet östlich von Rhein und Elbe wird der kirchlich-bischöfliche Gebäudekomplex zum urbanen Herrschaftszentrum in der Bischofsstadt der hochmittelalterlichen Periode bischöflicher Stadtherrschaft.[12] Die Verschränkung von regnum und sacerdotium zeigt sich oft im engen räumlichen Nebeneinander von Kathedrale-Bischofshof und königlicher Pfalzanlage, etwa in der Stadt Kaiser Heinrich II., Bamberg. In Erfurt zeigt sich mit dem dominanten Domhügel eine ähnliche Herrschaftopographie aus fränkischer Zeit. Damit bildet sich im Stadtbild eine weltlich-geistliche Herrschafts-

---

[9] Dazu auch Gerlach (wie Anm. 2).

[10] Dazu Dilcher in Bader/Dilcher (wie Anm. 4).

[11] Weber, Max, Die Stadt, hg. v. Wilfried Nippel. Tübingen 1999 (Max Weber Gesamtausgabe Abt. I Bd. 22/5, zuerst 1921; auch in Max Weber, Wirtschaft und Gesellschaft. Tübingen 1974 u.ö. Studienausgabe hg. v. Johannes Winckelmann.)

[12] Dazu Dilcher, Bischofsstadt (wie Anm. 7). Zu den einzelnen Städten die betr. Artikel im LexMA.

stadt ab, die in der Typologie Max Webers eher der „orientalischen" als der „okzidentalen" Stadt entspricht, fehlt es ihr doch an dem wesentlichen Merkmal für die okzidentale Stadt, einer bürgerlichen Stadtgemeinde. Die einzelnen, unter sich genossenschaftlich verfaßten Bevölkerungsgruppen (Ministeriale, Hofhandwerker, Kaufleute, Domgeistliche) kann man sich wohl als meist in Siedlungskomplexen zusammenwohnend vorstellen. Das, was man die Sozialtopographie[13] der mittelalterlichen Stadt genannt hat, beginnt also schon in der vorkommunalen Periode. Nicht viel anders stellt sich die Struktur einer königlichen Pfalzstadt wie Aachen dar, mit Pfalzanlage, Münster, Marktsiedlung.

Die Idee einer solchen Stadt um das Jahr 1000 ist die einer ville sainte, eines Abbildes des himmlischen Jerusalem und Roms als des Zentrums der lateinischen Kirche mit seinen Heiltümern. Diese Idee wird, wie neuere Forschungen gezeigt haben,[14] durch gezielte Kirchengründungen in den Stadtgrundriß übertragen, gerade in der sich erst entwickelnden Urbanität nördlich der Alpen. Nach Anregungen durch den Kunsthistoriker Bandmann hat Helmut Maurer dies am Beispiel des ottonischen Konstanz ausgeführt. Das Beispiel der Rotunde der Grabeskirche vermittelt an diesem „vorkommunalen Bischofssitz" (Maurer) die Verbindung zu Jerusalem, ähnlich wie im karolingischen Aachen oder Fulda. Darüber hinaus wird ein Kranz von Kirchen gegründet, der in Lage und Patrozinium eine imitatio Romae darstellt. Dies geht so weit, daß die mit der Reliquie des Papstes Gregor des Großen ausgestattete Peterskirche („Petershausen") jenseits des Rheines, nach dem Vorbild der Peterskirche in Rom jenseits des Tiber, gelegt wurde. Maurer weist darauf hin, daß es sich bei all dem in Konstanz nicht um einen Sonderfall handelt, daß sich vielmehr, neben Parallelen in Aachen, Trier, Bamberg, derselbe Gedanke auch im Stadtbild und der Anordnung und Patrozinien der Kirchen von Florenz (nach dem Zeugnis des Giovanni Villani) und von Canterbury („a little Rome") ausdrückt. Überall hier muß der Verwirklichung der „Stadtidee" nicht nur bewußte Planung, sondern auch die rechtliche Bereitstellung des Grundes und Bodens vorausgehen.

Nicht nur der Stadtplan, sondern das „Wesen des Städtischen" wird also durch diese weit in die Landschaft gestellten Sakralbauten um den Bischofssitz be-

---

[13] Gerlach (wie Anm. 2), S. 340.

[14] Hierzu vor allem Maurer, Helmut, Kirchengründung und Romgedanke am Beispiel des ottonischen Bischofssitzes Konstanz, in: Bischofs- und Kathedralstädte des Mittelalters und der frühen Neuzeit, hg. v. Franz Petri, Köln/Wien 1976 (Städteforschung A 1), S. 47–59; Haverkamp, Alfred, ‚Heilige Städte' im hohen Mittelalter, in: Mentalitäten im Mittelalter, hg. v. Frantisek Graus (VuF 35) Sigmaringen 1987, S. 119–156; Meier, Ulrich, Mensch und Bürger. Die Stadt im Denken spätmittelalterlicher Philosophen, Theologen und Juristen. München 1994. Übersicht in Dilcher, Gerhard, Kommune und Bürgerschaft als politische Idee der mittelalterlichen Stadt, in: Pipers Handbuch der politischen Ideen, hg. v. Iring Fetscher und Herfried Münkler, Bd 2: Mittelalter: Von den Anfängen des Islam bis zur Reformation, München/Zürich 1993, S. 311–350. Eine mythisch-religionsgeschichtliche Wurzel verfolgt Werner Müller, Die heilige Stadt. Roma quadrata, himmlisches Jerusalem und die Mythe vom Weltnabel, Stuttgart 1961.

Abb. 5: Ambrogio Lorenzetti: Auswirkungen der Schlechten Regierung, die Stadt

Abb. 6: Ambrogio Lorenzetti: Auswirkung der Schlechten Regierung, das Land

stimmt, Bauten, die als Zentren von Siedlungskernen die Struktur des Weiter-
wachsens der Stadt – oder sogar erst zur Stadt – bestimmen. Der in Gründungsstädten dem Herrschaftszentrum (Bischofsburg, Pfalz) zunächst vorgelagerte
Marktort mit der Siedlung der Kaufleute (in unseren Beispielen Bamberg und
Erfurt jeweils am Fluß) ist in dieser Zeit, zumindest für das Bewußtsein der kle-
rikal-aristokratischen Führungsschicht, sekundär, bestimmt nicht das Wesen und
das Bild des Städtischen. Historisch gesehen sollte jedoch diese städtische
„Randsiedlung" der Motor der Entwicklung der Bürgerstadt, nach Max Weber
der eigentlichen okzidentalen Stadt, werden und damit auch das spätere Stadtbild maßgebend beeinflussen.[15]

Die Übertragung des ideellen Stadtbildes von Rom auf Bischofsstädte des
Nordens weist besonders nachdrücklich darauf hin, daß überhaupt die Bischofsstadt das städtische Modell war, nach welchem sich die erste Urbanisierung des
mittleren und östlichen Europa im hohen Mittelalter vollzog,[16] erst der zweite
Vorbild-Typus war der der Kaufmanns-, Gewerbe- und Handelsstadt, die sich
nach dem Vorbild vor allem von Lübeck und Magdeburg entlang der Küsten, in
den Ebenen und Gebirgen ausbreitete.[17] Schon zum ersten Stadtmodell gehörte
die Mauer, eine uralte urbane Hinterlassenschaft der Römerstädte; sie erfuhr
schon eine Aufwertung in den Zeiten der Normannen-, Ungarn- und Sarazenen-
einbrüche seit dem 9. Jahrhundert als Schutzschild der Stadt und ihrer Bevölkerung. Konsequent erfolgte um 1000 auch die Befestigung neuerer Städte durch
die Stadtherren. Als danach seit dem 12. Jahrhundert die Bürgerschaften die
Herrschaft usurpierten – oder verliehen bekamen –und ihre Gemeindeverfas-
sung („commune") errichteten, wurden sie durch die Daueraufgabe des Erhal-
tens und der Verteidigung der Mauer darauf hingewiesen, sich als dauernd insti-
tutionalisierte Wehrgemeinschaft zu verstehen und damit eine öffentliche Funktion in Nachfolge des Stadtherren zu beanspruchen. Hier haben wir also eine
Wirkung der baulichen Stadtgestalt auf die Verfassung, nicht wie meist sonst,
umgekehrt.

In der deutschen Forschung war es der Typus der Gründungsstadt vor allem
des 12. Jahrhunderts, an dem Fragen zur Beziehung von Stadtgrundriß und Stadtverfassung entwickelt worden sind. Die Frage des Verhältnisses des Stadtherren
zu einem Gründerkonsortium, einer Kaufmannsgruppe, der zentrale Grundstücke mit Marktanstoß zugeteilt wurden, wurde ebenso sehr von den Rechts-

---

[15] So die Forschungen von Planitz (wie Anm. 4), Ennen, Edith, Frühgeschichte der euro-
    päischen Stadt, Bonn 1953.
[16] Dilcher in Bader/Dilcher (wie Anm. 4) und Dilcher, Bischofsstadt (wie Anm. 7). Zuvor
    Walter Schlesinger, Beiträge zur deutschen Verfassungsgeschichte des Mittelalters,
    Bd. II: Städte und Territorien, Göttingen 1963; ders., Mitteldeutsche Beiträge zur Ver-
    fassungsgeschichte des deutschen Mittelalters, Göttingen 1961; sowie Friedrich Merzba-
    cher, Die Bischofsstadt (Arbeitsgemeinschaft für Forschung des Landes Nordrhein-
    Westfalen. Geisteswissenschaften 93). Köln/Opladen 1961.
[17] Rörig, Fritz, Die europäische Stadt und die Kultur des Bürgertums im Mittelalter, hg. v.
    Luise Rörig, Göttingen 1955 u.ö.

quellen wie vom Stadtplan her diskutiert; etwa an den Beispielen Freiburg i.Br.
und Bern als Zähringergründungen und Lübeck als Gründung Heinrichs des
Löwen.[18] Gerade der Fall Lübecks zeigt, wie das Recht am Boden, die Grundherrschaft, Grundlage des Gründungsaktes darstellt. Karl Frölich hat diese älteren Forschungen in einem großen Aufsatz von 1953 zusammengefaßt.[19] Weitere
Überlegungen ergaben sich aus der Arbeit am Deutschen Städteatlas, von
Münster aus von Heinz Stoob vorangetrieben, und den regionalen Städteatlan-
ten. Die Ästhetik der Stadt spielte als ausdrücklich erwähnter Gesichtspunkt in
diesen Forschungen keine besonders ausgewiesene Rolle; wenn wir aber den
Rhythmus der Stadtbebauung als Faktor der Stadtgestalt ernst nehmen wollen,
werden wir uns mit diesen Stadtgrundrissen und den zugrunde liegenden
modellhaften Vorstellungen beschäftigen müssen. – Eine allerneueste Studie,
erst während der Abfassung dieser Zeilen erschienen, wirft nun ein ganz neues
Licht auf diese Zusammenhänge, das erhebliche Überraschungen birgt. Klaus
Humpert und Martin Schenk[20] decken die ebenso einfachen wie konsequent
gehandhabten Vermessungstechniken auf, die bei der Anlage einer mittelalterlichen Stadt angewandt wurden. Durch großräumige radiale Vermessung
von verschiedenen Fixpunkten aus werden der Stadtanlage von der Gründung
her vielfach schwingende Linien mitgegeben, eine Struktur also, die allgemein als
Kennzeichen der „wachstümlichen" Stadt gegolten hat. Dies bezieht sich auf
Straßen, Baufluchten, Plätze, Stadtmauern. Erst in diese Strukturen fügt sich
dann die Vielfalt der Bauwerke ein. Diese Technik, wohl aus solchen der antiken
Stadtbaukunst hergeleitet, entfaltet sich vor allem an Grüundungsstädten wie
denen der Zähringer, mit Freiburg i.Br. und Villingen an der Spitze. Da aber
auch alte Städte in der Expansionsperiode des europäischen Städtewesens seit
dem 11./12. Jahrhundert eine Erweiterung, oft fast eine „Neubegründung" erfahren, zeigen sich auch in solchen Städten wie Speyer, Augsburg, Köln oder in
Italien Siena (auf das wir noch ausführlich unter ganz anderen Gesichtspunkten
zu sprechen kommen) die Spuren der mittelalterlichen Planungs- und Vermes-
sungstechnik. Durch das schwingende Element der Bögen, das nicht einfach den
antiken Rasterplan reproduziert, erhalten sie diese mittelalterlich-„organische"
Struktur, jedoch als Ergebnis einer geplanten Anlage. Erst später kommt wieder
das rechteckige Raster auf, vor allem in Renaissance und Barock.

Gerade in den Grundrissen zeigt sich der auf das „Öffentliche" bezogene
Aufbau des Stadtkerns, den wir nun auch als Ergebnis einer öffentlichen Planung
ansehen können. Bei den als Handels- und Gewerbezentren konzipierten Gründungsstädten wird nun der Marktplatz – und nicht mehr Burg und Kathedrale –
zum Zentrum, umgeben von Kaufmannshäusern, Gildehäusern, Lager- und

---

[18] Rörig a.a.O.
[19] Frölich (wie Anm. 7).
[20] Klaus Humpert und Martin Schenk, Entdeckung der mittelalterlichen Stadtplanung.
      Das Ende vom Mythos der „gewachsenen Stadt", Stuttgart 2001.

Kaufhallen, Markt- oder Stadtkirche. Oft wird erst nach fester Etablierung der Kommuneverfassung ein Gebäude als Rathaus gewidmet, oft das Gildehaus der vorkommunalen Kaufmannsgilde (Goslar) oder Häuser von Kaufleuten (wohl der Römer in Frankfurt). Der Markt als Herz der Handelsstadt zeigt sich am deutlichsten in den großzügigen, weiträumigen Marktanlagen nach Magdeburger Recht, etwa in den Neugründungen nach dem Mongolensturm in Breslau und Krakau: Ein funktionales Gefüge von offenem Platz mit dem Markthandel dienenden, zentral in die Mitte des Platzes gelegten Hallen, Lager- und Verkaufsräumen („Tuchhallen") und umgebender öffentlich-kommunaler, kirchlicher und im Besitz der Führungelite befindlicher Gebäude. Das Recht teilte hier Verfügungsbefugnisse an Kommune, Kirche, Korporationen und Personen zu und bewirkte dadurch eine bestimmte Form der Gestaltung des Stadtzentrums, das seinen Funktionen wie auch den Repräsentationsbedürfnissen entsprach, ohne daß es zu einem schriftlich faßbaren Planungsakt oder gar zur Festlegung stadtästhetischer Ziele gekommen wäre. Allerdings hat die angesprochene Bedeutung einer Repräsentation im Sinne der Selbstdarstellung in der Gemeinschaft ganz sicher auch eine ästhetische Dimension unter Bezugnahme auf eine „öffentliche Ordnung". Zu der räumlichen Darstellung dieser Ordnung gehört sicher auch das, was wir oben schon als Sozialtopographie bezeichnet haben – ein Zusammenwohnen sozial und beruflich homogener und nachbarschaftlich verbundener Gruppen; Wilhelm August Riehl sprach schon Mitte des 19. Jahrhunderts vom „Stadtplan als Grundriß der Gesellschaft".[21]

Diese oft bis heute für das Stadtbild wichtigen Akte vollziehen sich im Medium der Oralität der mittelalterlichen Gesellschaft und sind deshalb für uns schwer greifbar. Die in der Tagung im Mittelpunkt stehende Phase statutarischer Normierung schließt hieran an, setzt dies gewissermaßen voraus. Wieweit bewußte ästhetische Ziele und Vorstellungen hinter der Anordnung der Gebäude standen, wird für diese Zeit schwer zu ermitteln sein, doch empfinden wir das funktionale Gefüge als „schön" – ganz abgesehen von den ganz sicher unter ästhetischen Gesichtspunkten gestalteten Fassaden u.ä. Was die Gestaltung der Gebäude betrifft, so wissen wir am meisten über die Vorstellungen und Planungen für die Kirchen, vor allem Dome und Kathedralen.[22]

Einen wichtigen Gesichtspunkt der Stadtplanforschung und Verfassungstopographie stellen Größe und Lage der privaten Grundstücke und die Art der Berechtigung an ihnen dar (rechtshistorisches Stichwort „die area in den Städten").[23] Hier berühren sich Stadtplan und Recht in der Tat deutlich erkennbar. Die Zuteilung der zentralen Grundstücke erfolgte bei den Gründungsstädten

---

[21] Nachweis bei Gerlach (wie Anm. 2), S. 340.

[22] Hierzu tiefgreifend Bandmann (wie Anm. 3).

[23] Dazu Dilcher in Bader/Dilcher (wie Anm. 4), S. 349ff. und S. 654ff. mit Lit., etwa schon Wilhelm Arnold, Zur Geschichte des Eigentums in den deutschen Städten. Basel 1861; H. Strahm, Die *area* in den Städten, in: Studi svizzeri di storia generale 3 (1945), S. 22–61, u.a.

offenbar mit der Planung und dem Abstecken des Marktes und gewährte weitgehende private Verfügungsmacht, verbunden mit der Berechtigung zum direkten
Marktverkauf aus der Ladenhalle (Beispiel Freiburg i.Br.). Von mit Zins belaste-
ter Erbleihe, die noch stadtherrliche Grundherrschaft andeutet, geht die Entwicklung schnell zu vollem, individuell verfügbarem (und auch zu Kreditzwecken
belastbarem!) Eigentum (Beispiel Lübeck).[24] Das Geflecht des Stadtbildes, von
der Grundstruktur öffentlicher Flächen und Gebäude zu Vielheit, Wachstümlichkeit und privater Eigenmacht, wird so gesponnen. Die Stadt stellt sich so als
normativ genau umgrenzter, scharf gegliederter und kleinräumig zugeteilter
Raum dar. In den alten, zum Teil aber im frühen Mittelalter verfallenen Städten,
also etwa in Italien, in Frankreich und am Rhein, verläuft dies wegen der alten
vorhandenen Baustrukturen und Berechtigungen sicher noch komplexer, ist
soweit ich sehe auch weniger erforscht als etwa in deutschen Gründungsstädten.

Die öffentlichen, seit dem 12./13. Jahrhundert mit der bürgerlichen Verfas-
sungsform als „kommunal" definierten Bedürfnisse wachsen dann mit der wach-
sender Differenzierung der städtischen Gesellschaft: Bad, Schule, Siechen- und
Armenhäuser und manches andere wären hier zu nennen.[25] Städtische geistliche
Institutionen, allen voran die Klöster der Predigerorden der Dominikaner und
Franziskaner, setzen sich mit großen Baublöcken in die Stadt und besitzen einen
Sondercharakter als Immunitäten, also als rechtliche Sonderräume außerhalb der
städtischen Jurisdiktion; oft werden diese kirchlichen Institutionen deshalb im
Stadtbild als „Freiheiten" bezeichnet, obwohl die stadtbürgerliche Freiheit in
ihnen gerade nicht gilt. Das oben angesprochene „stachelige" Bild der Stadtsil-
houette hat in solchen Rechtverhältnissen seinen „Boden", indem sich vom
Grundriß Rhythmus und Form der Kirchen und Türme bestimmt. Eine Freie
Reichsstadt wie Regensburg kann aufgrund der Rechtsverhältnisse von geistlichen Jurisdiktionen mit eigener Bevölkerung so eingeengt sein, daß nur der
kleinere Teil der städtischen Bevölkerung zur eigentlichen Bürgerstadt gehört.
Ähnlich war es, unter bischöflicher Stadtherrschaft, in Bamberg, wo die alte
Kaufmannssiedlung am Fluß zur Bürgerstadt wird, aber von Kloster- und Kir-
chenbezirken eingerahmt bleibt, in denen sie wieder zur Barockstadt aufgeht.[26]

Ein wichtiges Element der Stadtgestalt bedeutet oft das Wasser. „Die Stadt
am Fluß" war schon Gegenstand eigener Tagungen. Der schiffbare Fluß ist selber öffentliche, dem Regal unterliegende Wasserstraße, dem auf Stadtseite dann
Lände und Hafen entspricht. Die Verhältnisse einer Stadt am Meer haben wir
am Beispiel von Genua auf unserer Tagung selbst betrachten können. Ein
„Stadtbach" dient dagegen der Wasserversorgung wie der Stadtreinigung, bildet
gleichzeitig ein Element der Stadtgestaltung. Die obengenannte Studie von
Humpert und Schenk zeigt deutlich, wie auch dies in die Ursprungsplanung ein-

---

[24] Dilcher in Bader/Dilcher (wie Anm. 4), S. 654ff.
[25] Isenmann (wie Anm. 2), bes. S. 57ff. u. 181ff.
[26] Vgl. die Art. zu den Städten in LexMA.

bezogen ist (Beispiel Freiburg i.Br.). Manche Städte, nicht nur Venedig sondern auch Amsterdam und andere, sogar die Landstadt Bologna, sind von Kanälen durchzogen und gegliedert. Natur, Anlage und rechtlich-normative Regelungen bestimmen hier, wie auch in den Hafenstädten, die Stadtgestalt. Daß die auf den Fluß- oder Seehafen hin gerichtete Stadt eine besondere Schönheit besitzt, zu der auch das entsprechende tätige Leben gehört, ist eine Erfahrung, die schon Bilder und Stiche der frühen Neuzeit spiegeln.

Zum Schluß meines, vor allem der Anregung dienenden Beitrages möchte ich auf die berühmten und in letzter Zeit von Kunstgeschichte, politischer Theorie- und Stadtgeschichte eingehend diskutierten Fresken Ambrogio Lorenzettis im Palazzo pubblico von Siena zu sprechen kommen. Die Betrachtung lohnt sich, meine ich, auch unter unserem Aspekt; es werden nämlich historisch sehr früh (1337–1340) und mit den Mitteln der Kunst selbst Aussagen zu unserem Thema getroffen. Dabei ist von Bedeutung, daß hier in einzigartiger Weise Bild und Text, Anschauliches und innere Ordnung, die Argumentation der Allegorien und empirisch erfahrbare Wirklichkeit zur Darstellung gebracht und in Bezug gesetzt werden.[27] Wir können hier ebenso reflektierte wie durch Anschauung vermittelte Aussagen finden. Die Fresken stellen wohl das erste Beispiel einer auf Realität zielenden Darstellung von Stadt und Landschaft dar und stellen sich gleichzeitig in ein ganz mittelalterliches Sinngefüge. Wie die Studien im Umfeld der Fresken ergeben haben, entstehen diese unter der relativ stabilen Regierungsform eines Neunerrates aus der oberen Mittelschicht, der *gente media*, nach einer stadtplanerischen Umgestaltung der aufblühenden Stadt und intensiver Kodifizierung des Statutarrechts.

Auch wenn die eigentliche Benennung des Werkes nicht erhalten ist, so ist doch die üblich gewordene Bezeichnung: Die gute Regierung („buon governo") und die schlechte Regierung („mal governo") den Sinn der Darstellung und die Intention des Künstlers, die überdies in zahlreichen Beschriftungen und umlaufenden Textbändern ausgedrückt sind, sehr treffend. Wir können und wollen hier nicht auf das außerordentlich komplexe und in der genauen Deutung teilweise streitige Sinngefüge der Darstellungen und Texte eingehen. Vielmehr möchten

---

[27] Die Fresken sind in den letzten Jahrzehnten intensiv unter den Gesichtspunkten der politischen Theorie wie der Kunstgeschichte diskutiert worden. Für unsere Zwecke genügt der Verweis auf die Aufsätze in Hans Belting und Dieter Blume, Malerei und Stadtkultur in der Dantezeit. Die Argumentation der Bilder, München 1989, die vor allem für die Themen „Argumentation der Bilder" und „das Bild als Text" maßgebend sind. Wir teilen darüber hinaus weitgehend die inhaltliche Interpretation von Franz Dorn, Gerechtigkeit, Kommune und Frieden in Ambrogio Lorenzettis Fresken in der Sala della Pace des Palazzo Pubblico von Siena, in: Festschrift für Gerd Kleynheyer zum 70. Geburtstag, hg. v. Franz Dorn und Jan Schröder, Heidelberg 2001, S. 127–148. Weiterhin Ulrich Meier, Vom Mythos der Republik. Formen und Funktionen spätmittelalterlicher Rathausikonographie in Deutschland und Italien, in: Mundus in imagine. Bildersprachen und Lebenswelten im Mittelalter. Festgabe für Klaus Schreiner, hg. v. Andrea Löther u.a., München 1996, S. 345–387.

wir auf die in dem Werk angesprochene Beziehung von Regierungsform, Recht und Gerechtigkeit zu Stadtgestalt und ihrer Ästhetik hinweisen. Dieser Ansatz darf sich bestärkt fühlen durch die Entdeckung von Humpert und Schenk, daß gerade das Zentrum dieser alten Stadt mit dem großartigen Platz des Campo, dem Palazzo pubblico, aber auch der Verlegung der Frankenstraße durch die Stadt ein Ergebnis der Neuplanung genau in der Periode der Stadtgeschichte darstellt, an deren Ende das Fresko ensteht. Fast darf man damit als neuesten Aspekt feststellen, daß in diesen Fresken die auf diese Weise geplante Stadt gefeiert wird. Die genannte Untersuchung stellt in Bezug auf die untenommene Vermessungsarbeit fest: „In Siena ist die Antwort klar. Einzig der Ästhetik wegen werden diese Anstrengungen unternommen, die in vielem den Bemühungen in den untersuchten deutschen Städten ähnlich bzw. gleich sind".[28] Dies wird dann als Wunsch nach der Gestalt, mit dem Begriff also mit dem wir zuvor unsere Studie überschrieben hatten, bezeichnet.

In den vier Bildeinheiten der Fresken sind jeweils eine allegorische und eine (idealtypisch ausgestaltete) „empirische" Darstellung der Form und der Folgen der guten beziehungsweise der schlechten Regierung gegenübergestellt; von „Empirie" kann man hier (mit Belting) insofern sprechen, als wir eine der frühesten Bilder vor uns haben, die ein an der Realität orientiertes Bild einer Stadt und einer Landschaft bieten. Allegorie und „empirische" Darstellung sind dabei in vielfältiger, sich gegenseitig erhellender Weise aufeinander bezogen. – Schon der erste Blick zeigt Schönheit und Harmonie der Stadt unter dem guten Regiment. Die durch die Mauer deutlich umgrenzte Stadt baut sich von der belebten Piazza mehrstufig in den uns schon bekannten, zum Markt offenen Kaufhallen und Wechselstuben, Räumen öffentlichen Unterrichts, Gebäuden mit tätigen Handwerkern und prächtigen, ebenfalls belebten Palazzi, bis hin zu den hochragenden Geschlechtertürmen sowie zur Kuppel und dem Turm der Kathedrale (am linken Bildrand oben), die die Stadt durch ihre charakteristische Gestalt als Siena selbst ausweisen. Der Palazzo pubblico als wichtigstes kommunales Gebäude kommt wohl deshalb nicht in den Blick, weil es sich ja um den Standpunkt des Betrachters, nämlich den Ort der Fresken handelt. Das bestätigt auch die direkte Aufsicht auf den Platz, die Sieneser Piazza del Mercato, von dessen geplanter Gestaltung wir gerade sprachen. Der Betrachter sieht die Stadt also vom Ort ihres kommunalen Regierungsorgans.

Die gut regierte Stadt ist gefüllt vom Leben der Menschen: Handel, Geldwechsel, Unterricht, Einfuhr von Tieren und Produkten der Landwirtschaft, tätiges Bauhandwerk, stadtadliges Leben auf dem Platz und beim Ausritt auf die Jagd. Durch das Hereinziehen der Landbevölkerung und den Ausritt durch das geöffnete Stadttor wird die innere, durch die Mauer geschützte und begrenzte Harmonie des Stadtlebens auf die umliegende Landschaft erweitert: Dem Blick

---

[28] Zu Siena Humpert/Schenk (wie Anm. 20), S. 186–199, das Zitat S. 195.

öffnet sich eine anmutige Kulturlandschaft, erinnernd an die Hügel südlich Sienas, in der Menschen friedlich zusammenleben, sich je nach ihrem Stande betätigen (Arbeit den Bauern, Warentransport und Viehtrieb den Händlern und Kaufleuten, die Jagd dem Adel); die Landschaft ist harmonisch als Raum geordnet in Äcker und Parzellen verschiedener Bebauungsart, durch deutliche Grenzziehung markiert. Durch sie zieht sich die Fernstraße, eben die umgelegte Via Francigena, auf der als Verkehrsader der Handelszug der Kaufleute über eine (öffentlich unterhaltene!) Brücke der Stadt zustrebt. Recht spielt hier offensichtlich in der durch die Tätigkeit gekennzeichneten Ständeordnung, in der durch die Gliederung der Landschaft markierten Besitzordnung, in der Öffentlichkeit des Verkehrsweges und schließlich in der strafbewehrten Friedensordnung eine Rolle: Über der Landschaft, nahe dem Stadttor, schwebt die allegorische Gestalt der Securitas, die dem Beschauer demonstrativ einen Galgen mit einem Gehängten weist: Die Stadt „verhängt" den Frieden über das Land. Von den ländlichen Burgen und Gehöften, im Gegensatz zur dichtbebauten Stadt nur vereinzelte Bauwerke in der weiten Landschaft, geht, anders als unter dem schlechten Regiment, keine Bedrohung aus; die Gewaltsamkeit des ländlichen Adels ist durch die Stadt gebändigt.

Die schlecht regierte Stadt zeigt von all dem das Gegenteil. In dieser Stadt, von der Baugestalt ebenfalls stattlich wenn auch weniger komplex-harmonisch, herrscht Zwietracht und Fehde. Streitende, Geängstigte und Erschlagene sind die einzigen, die auf der Straße zu sehen sind. Die umliegende Landschaft ist leer, nur ein Kriegshaufen zieht zur Stadt hin, vor ihm ein Flüchtender; auch aus dem Stadttor treten nur Bewaffnete. Das ist die einzige Form des Austauschs zwischen Stadt und Land. Zwar ist auch hier die Stadt als Baugestalt eindruckvoll, das Land könnte lieblich sein. Aber über beidem liegt der Ausdruck von Kälte, von Froststarre und Härte, die einen Eindruck von Harmonie und Schönheit gar nicht erst aufkommen läßt. Ein Mittel des Künstlers, dies auszudrücken, ist dabei eine weit geringere Vielfalt und Komplexität des gesamten Gefüges, des baulichen, des landschaftlichen, des sozialen. Das tritt noch stärker hervor in der Allegorie. Was auf der einen Seite im guten Regiment durch Form und Vielfalt, durch Differenziertheit in Harmonie der Bauten, der Tätigkeiten, der Stände als Schönheit dargestellt ist (und durch eine geheimnisvolle Gruppe tanzender Gestalten im Zentrum der Piazza noch einmal allegorisch überhöht wird), wird auf der anderen Seite, der des schlechten Regiments, durch die Erstarrrung des Lebens, der Bewegung und aller Formen jeder Schönheit und Harmonie beraubt.

Die parallelen großen allegorischen Darstellungen der beiden Regierungsformen vertiefen diesen Sinngehalt und geben dabei der Verfassungsform, Recht und Gerechtigkeit eine zentrale Bedeutung. Das schlechte Regiment ist nicht nur von Zwietracht und allen Lastern anstelle der Tugenden begleitet; die satanische Zentralgestalt der Allegorie ist ausdrücklich als tyrannis ausgewiesen. Zu ihren Füßen liegt die weiße Frauengestalt der iustitia in Fesseln.

In einem weit komplexeren Beziehungsgeflecht, in dessen Ausdeutung wir uns hier auf die für unser Thema zentralen Aspekte beschränken müssen, ist dem die Allegorie des guten Regiments entgegengesetzt. Auch hier ist, wie in der „Empirie" der gut regierten Stadt, das Prinzip der Darstellung eine Verbindung von – künstlerisch wunderbar gelungener – Harmonie mit hoher Komplexität der Stufung, der Ebenen, der Figuren und der wechselseitigen Sinnbezüge der Darstellung. Da nun dies bei der Darstellung der wohlregierten Stadt selbst ebenfalls das Grundmuster bildete, handelt es sich hierbei für den Künstler wohl um ein zentrales Element seiner Aussage über das gelungene „gute" städtische Leben.

Noch direkter sprechen die Allegorien selbst. Über allem schweben, wenngleich etwas abgehoben, die theologischen Kardinaltugenden Glaube, Liebe, Hoffnung. Im Zentrum aber steht, in der versammelten Reihe der weltlichen Tugenden hervorgehoben, die Allegorie der Regierungsform der Stadt in ihrer Verbindung mit Recht und Gerechtigkeit. Die zentrale thronende Herrschergestalt stellt nämlich nach Umschrift und Symbolik die Kommune Siena selbst dar. Die Umschrift CSCCV, ursprünglich aber CSCV, ist aufzulösen in „Commune Senensium Civitatis Virginis",[29] und diese, Maria, die Schützerin der Stadt, ist mit dem Kinde auch auf dem Schild der Herrschaftsgestalt abgebildet. Die Zwillinge und die Wölfin zu deren Füßen weisen auf einen Mythos der Gründung durch die Kinder des Remus, damit auf einen Rom ähnlichen Rang der Stadt. Die iustitia nun findet sich, als einzige der Tugenden, in hervorgehobener Weise gleich zweimal: In einer großartigen Allegorie mit der doppelten Waage der iustitia commutativa und der iustitia distributiva unter der sapientia auf der linken (also von der Allegorie der Kommune her gesehen „guten" rechten) Seite, auf der anderen aber, am Ende der Reihe der Tugenden, wiederum iustitia mit dem Schwert und dem Haupt eines Geköpften. Gerechtigkeit rahmt die gute Herrschaft in der Stadt also ein; eine Hervorhebung erhält außer ihr nur noch die entspannt hingelehnte weißgekleidete Gestalt des Friedens. Die Verbindung von guter Herrschaft und Gerechtigkeit wird noch einmal betont durch das Band („corda"), das von den beiden Waagen der Gerechtigkeit durch die concordia (als sitzende Frauengestalt) weiter durch die Hände von vierundzwanzig festlich gekleideten Männern, Amtsträgern oder Bürgern, hindurchläuft zum Zepter der Herrschaftsgestalt der Kommune. Unter der anderen Iustitia am rechten Bildrand steht dagegen eine von Bewaffneten bewachte Gruppe von gefesselten Übeltätern und Verbrechern, die nach Gesicht, Haltung und Kleidung teils den höheren, teils den unteren Ständen zugehören: Die Gleichheit strafender Gerechtigkeit gegen alle.

Wir haben also in den Fresken Lorenzettis das gefunden, was wir anfangs suchten: Die Verbindung des Rechtlichen, des Bereichs der Gerechtigkeit, mit dem Schönen, dem Bereich des Ästhetischen. Die Schönheit der Stadt wird als

---

[29] So die noch immer maßgebende Interpretation von Nicolai Rubinstein, Political ideas in Sienese art, in: Journal of the Warburg Institute 1958, S.179–207, insbesondere 181.

komplexes Gefüge einer übergeordneten Harmonie aufgefaßt. Es wird gebildet einmal aus der Stadtgestalt mit Piazza, Mauern, Tor und den vielfältigen Formen der privaten und öffentlichen Gebäude, zum anderen aus der Vielfalt des nach Ständen und Tätigkeiten der Menschen geordneten gesellschaftlichen und ökonomischen Lebens der Stadt und schließlich dem Austausch mit dem von der Stadt regierten und geordneten Land, einer blühenden Kulturlandschaft. Woran man dagegen die schlecht, ja böse regierte Stadt erkennt, ist das Fehlen dieser Harmonie. Stadt und Land sind frostig, in Haß und Zwietracht erstarrt. Man hat deshalb bei diesem Bilde an die mittelalterlichen Darstellungen des Winters gedacht, im Gegensatz zur sommerlich-blühenden gut regierten Stadt. Den Unterschied bewirkt die von Tugenden geleitete kommunale Herrschaftsform, im Gegensatz zur Tyrannis. Deren wichtigstes Prinzip ist Recht und Gerechtigkeit, das ihr als Band („corda") durch Concordia und durch die Hände der Bürgerschaft zugeleitet wird und die Herrschaft (das Zepter) bindet. Gerechtigkeit bewirkt Frieden, wie die christliche Welt im Anschluß an die Sprüche Salomos („Gerechtigkeit und Frieden küssen sich") wußte und immer wieder dargestellt hat: Die weiße Friedensgestalt der Allegorie blickt deshalb schräg hinüber zur gegenüberliegenden Wand auf das Leben der gut regierten Stadt in ihrer „empirischen" Darstellung. Friede aber bedarf auch der strafenden Gerechtigkeit (die Todesstrafe kommt dreimal vor, bei beiden Iustitien der Allegorie wie der Securitas über dem Stadttor); darum ist Herrschaft vonnöten. Iustitia aber wägt auch gerecht zu. Sie ermöglicht dadurch die ständisch geordnete friedliche Vielfalt des gesellschaftlichen Lebens in Arbeit, Handel, Bildung, Selbstdarstellung und Vergnügen in Stadt und Land. Die Dichte und Unterschiedlichkeit der Bebauung der Stadt, die geordnete und abgegrenzte Vielfalt der Landschaft entsprechen dem und korrespondieren so mit dem gesellschaftlichen Gefüge. Die Bedeutung harmonischer Vielfalt und Komplexität für die Stadt wird deutlich auch im Vergleich mit dem Land: Hier gibt es vor allem die arbeitenden Bauern, dann den ausreitenden Adel (dem auch die Burgen im Hintergrund zuzuordnen sind), sonst nur auf der zur Stadt führenden Fernstraße die Kaufleute.

Eines scheint mir überdies bemerkenswert: Das städtische Leben vollzieht sich weitgehend öffentlich. Die Stadt der guten Regierung hat in ihrem Zentrum den belebten öffentlichen Raum der Piazza. Auf ihr stellt sich die Bürgerschaft in ihren Ständen und Tätigkeiten öffentlich dar, Arme wie Reiche einschließlich des Handels und Austauschs mit der ländlichen Bevölkerung. Auch die prächtigen Stadtpaläste der Reichen sind mit ihren belebten Fenstern und Galerien nach außen geöffnet auf die Piazza hin. Durch die sozialbezogenen Haupttugenden der Pax und Iustitia entsteht in der Stadt die Bürgergesellschaft, deren Forum die Öffentlichkeit ist, die wiederum ihren Raum im Stadtbild in der Piazza (in Siena eben die Piazza del Campo) hat. Ihre auch politische öffentliche Funktion wird in vielen italienischen Städten durch Namen wie „parlamentum, arringo" (von „ring" = dinggenossenschaftliche Versammlung, Gericht) betont: „arringa" bezeichnet noch heute im Italienischen die öffentliche Ansprache.

Balkons an den Rathäusern im Süden wie im Norden der Alpen weisen auf den Platz und dienen solchen Ansprachen, Gesetzesverkündungen und Vereidigungen der Bürgerschaft, also der Kommunikation von Regierung und Regierten im Rahmen der politischen Verfassung der Kommune. Auch der feierliche Zug der Vierundzwanzig auf der allegorischen Darstellung des guten Regiments vollzieht sich offenbar prozessionsartig für eine Öffentlichkeit, wie auch die als öffentliche Darstellung inszenierte Vorführung und Bewachung der gefesselten Verbrecher.

Wir sind auf diese Weise von der Baugestalt und Schönheit der Stadt in ein in letzter Zeit viel diskutiertes Thema gekommen: In Auseinandersetzung mit Habermas´ auf die aufklärerisch-bürgerliche Gesellschaft fokussierten Begriff von Öffentlichkeit[30] hat sich die Mediävistik auf die spezifisch mittelalterliche Form von Öffentlichkeit besonnen, die für das Verständnis mittelalterlicher Gesellschafts- und Gemeinschaftsformen konstitutiv ist.[31] Das trifft offenbar in besonderer, von Lorenzetti thematisierter Weise auf die stadtbürgerliche Gesellschaft zu. Im Gegensatz zum Land, wo die Menschen als kleine soziale Gruppen ihrer Tätigkeit nachgehen, steht die Vielfalt des sozialen und wirtschaftlichen Lebens in der Stadt in einem kommunikativen, öffentlich gemachten Zusammenhang, offen vor dem Blick der gewählten Regierenden im Palazzo pubblico. Diese mittelalterliche Form von Öffentlichkeit bildet damit einen Schlüssel zum Zugang zur Schönheit der mittelalterlichen Stadt, ist sie doch eine Öffentlichkeit der Präsenz und der direkten, oralen Kommunikation, bedarf deshalb des Raumes und formt darum die Gestalt der Stadt. Darin liegt sicher einer der wichtigsten Unterschiede zu der von Habermas beschriebenen modernen bürgerlichen Öffentlichkeit, die mehr eine solche des intellektuellen Diskurses ist.

Wie gezeigt, ist dieser Raum maßgeblich vom Stadtgrundriß, der öffentlichen oder privaten Widmung der Fläche geprägt. Aber, wie wir schon bei den Stadtbildern eines Merian erkannten und wie uns die Stadtdarstellung Ambrogio Lorenzettis nachdrücklich zeigt, auch der Aufriß, die aufragenden Gebäude und Fassaden prägen nicht nur das Bild der Stadt, sondern auch die Stadt als – eben dreidimensionalen – Raum. Für Lorenzetti ist die Stadt, in deutlichem Gegensatz zum Land, nicht nur durch die Dichte der Gebäude, sondern auch durch die Mannigfaltigkeit von deren Gestaltung gekennzeichnet: Hallen, Häuser, Palazzi, Adelstürme, die Kirche. Sie alle haben ihre charakteristische Gestalt, sie „sind" nicht nur, sondern sie „repräsentieren" etwas, sie sagen etwas aus über Selbstverständnis und Rolle der Benutzer, Bewohner, Eigentümer. Das gilt in besonderem

---

[30] Habermas, Jürgen, Strukturwandel der Öffentlichkeit. Untersuchungen zu einer Kategorie der bürgerlichen Gesellschaft. Neuwied und Berlin 1969 u.ö.

[31] Etwa in: Information, Kommunikation und Selbstdarstellung in mittelalterlichen Gemeinden, hg. v. Alfred Haverkamp (Schriften des Historischen Kollegs), München 1998. Dort Jürgen Weitzel, Gerichtsöffentlichkeit im hoch- und spätmittelalterlichen Deutschland, S. 71–84. Dazu weiterhin Alfred Haverkamp: „An die große Glocke hängen". Über Öffentlichkeit im Mittelalter, in: Jahrbuch des Historischen Kollegs 1995, München 1996, S. 71–112.

Maße sogar für das Gebäude, das nicht dargestellt ist, das aber dem Betrachter die Perspektive auf die Stadt liefert: das Rathaus, der Palazzo pubblico. Auf diese Weise ist schließlich das Fresko Lorenzettis selbst in die Darstellung als Stück städtischer Repräsentation einbezogen. Wir können damit den Anschluß finden an jene neuesten Forschungen, die die „Verwendung von Architektur und bildender Kunst als Mittel republikanischer Selbstdarstellung" zum Gegenstand gesetzt haben.[32] Hierdurch wird auch deutlich, wie diese Formen noch nicht als ein Bereich des Ästhetischen voll ausdifferenziert sind, sondern noch zu einer geschlossenen Lebenswelt, die Gesellschaftliches, Politisches und Kunst integriert, gehören. Es ist aber nicht mehr das Religiöse und Sakrale, wie in der Kirchenbaukunst, dominant. Ein erster Schritt der Säkularisierung ist getan, der sich in Lorenzettis Allegorie in dem Zurücktreten der religiösen Tugenden Glaube, Liebe, Hoffnung in die Überhöhung hinter der Figur der Kommune – mit einem angedeuteten Ausblick in die Transzendenz am oberen Bildrand – zeigt.

Das Prinzip der Öffentlichkeit, wie wir es entwickelt haben, überspielt wohl auch noch in gewissem Maße die Trennung von Öffentlichrechtlichem und privatem Rechtsbereich. Stadtbürgerliches Leben der verschiedenen Stände, Geldwechsel, wie auch der Markthandel der Kaufleute und Landbewohner, vollzieht sich in der Öffentlichkeit und konstituiert diese gleichzeitig. Der öffentliche Raum der Stadt ist der Rahmen all dessen. Gerade insofern ist die Stadt „Kommune", ein Begriff, der sich ja ursprünglich auf gemeinsame Berechtigung am Boden bezogen und erst in der Errichtung einer bürgerlichen Stadtverfassung seinen weiteren, politischen und verfassungsrechtlichen Sinn gewonnen hat. Gerade diese Zusammenfassung des politischen Gemeinsamen aus der Vielheit der Bürger bringt ja die Allegorie der guten Regierung mit der Concordia, der Gruppe der Vierundzwanzig und der thronenden Gestalt zum Ausdruck.

Die ältere stadtherrliche Stadt vor der kommunalen Ära besaß diesen Aspekt nicht, wie auch nicht die Stadt der späteren italienischen „Stadttyrannen" oder der Städte des Absolutismus. Zwar fehlt es auch ihnen nicht an öffentlichen Plätzen, Kirchen, Gebäuden; sie bringt in das Stadtbild dann die große Schloßanlage als stadtherrliche Residenz. Ihr fehlt es aber an der politisch-sozialen Harmonie aufgrund der Regierungsform der Gerechtigkeit und Teilhabe, wie sie, in deutlichen Anklängen an die aristotelische politische Theorie, bei Lorenzetti allegorisch beschrieben wird. Diese kommunale Stadt, gekennzeichnet durch gemeindlich verfaßte Bürgerschaft und Ratsregierung (in ihren sehr verschiedenen Formen), ist es aber, die in Italien, in Deutschland und sonst in Europa (aber auch in Nord- und Südamerika) die historische Stadtgestalt fortwirkend be-

---

[32] So Fröschl, Thomas, Selbstdarstellung und Staatssymbolik in den europäischen Republiken der frühen Neuzeit an Beispielen der Architektur und bildenden Kunst, in: Republiken und Republikanismus im Europa der Frühen Neuzeit, hg. v. Helmut G. Koenigsberger, München 1988 (Schriften des Historischen Kollegs), und Ulrich Meier (wie Anm. 27).

stimmt hat. Wir können uns bei der Deutung des ästhetischen Eindrucks, den sie auf uns macht, also sehr wohl den sublimen Deutungen Lorenzettis anvertrauen: Verfassung, Recht und Gerechtigkeit, Gesellschaft, Wirtschaftsform und Stadtgestalt bewirken und stützen sich gegenseitig und bringen so die Harmonie und Schönheit der Stadt hervor.

Enrico Guidoni

Pulchritudo civitatis: statuti e fonti non statutarie a confronto

La ricerca sull'estetica urbana medievale costringe ad esaminare innumerevoli fonti di varia natura – dagli statuti alle cronache alla produzione poetica e artistica – fortemente differenziate nelle diverse epoche storiche e nei diversi ambiti urbani e anche fortemente contraddittorie. Pur limitandoci, in questo contributo, a considerare i secoli più tardi, circoscrivendo l'indagine alla realtà italiana tra il XIII e la metà del XV secolo, si deve osservare la mancanza di un unico filo conduttore oggettivo intorno a cui tentare una ricostruzione attendibile e circostanziata. Mentre abbondano nella recente storiografia citazioni, interpretazioni e commenti di prevalente estrazione letteraria e comunque utili alla discussione complessiva dei fenomeni, mancano analisi specifiche e specialistiche capaci di approfondire il tema della bellezza "fine a se stessa" (cioè senza aggettivazioni o accompagnamenti con altre qualità come la fortezza, la ricchezza ecc.) applicato alla realtà urbana nella sua fisicità, cioè soprattutto nella sua percepibilità. Eppure è ampiamente avvertito il progressivo enuclearsi, intorno alla metà del '200, e all'interno di un generico apprezzamento delle novità che invadono ogni aspetto della vita politica, civile ed economica dei comuni italiani, di una nuova sensibilità per la visione dello spazio, del paesaggio, dei luoghi urbani più rappresentativi e dei monumenti, il tutto sempre più unificato dalla possibilità, offerta dai nuovi strumenti della rappresentazione artistica, di osservare e descrivere razionalmente ed organicamente il mondo reale. Lo sviluppo dell'ottica, l'uso di schematiche regole "prospettiche" nella pittura ed un nuovo realismo descrittivo hanno fatto classificare come espressione di una sorta di protorinascimento gli esiti della cultura fiorentina di fine '200 e inizio '300, che vede come massimi protagonisti Arnolfo, Giotto e Dante.

D'altra parte la forte evoluzione della tecnica e della progettazione urbanistica, nel corso del XIII secolo, ha prodotto un radicale mutamento negli spazi urbani e nel modo di giudicarli.[1] La nuova estetica applicata alla città entra solo

---

[1] W. Braunfels, Mittelalterliche Stadtbaukunst in der Toscana, Berlin 1953; E. Guidoni, Arte e urbanistica in Toscana. 1000–1315, Roma 1970; Id., La città dal medioevo al rinascimento, Roma/Bari 1981; Id., Storia dell'urbanistica. Il Duecento, Roma/Bari 1989;

tardivamente e parzialmente nelle disposizioni statutarie (formatisi in funzione
delle città esistenti e non delle innovazioni e delle estensioni dell'area urbaniz-
zata e del contado) e resta ai margini di complessi di regole destinati ad ancorarsi
prevalentemente al controllo dell'abusivismo, alla funzionalità, alla sicurezza; ma
proprio per questa gradualità l'ingresso del concetto di *pulchritudo* negli statuti e
nelle fonti assimilabili come decreti, disposizioni particolari, documenti relativi a
materie edilizie, riveste un particolarissimo interesse e sarà carico di conseguenze
nella legislazione dell'età moderna.[2]

Di una *pulchritudo civitatis* espressamente citata come qualità separata non si
può parlare prima del XII secolo, anche se, naturalmente, le *Laudes civitatum*
sembrano sottintendere una qualche corrispondenza dell'aspetto fisico alla realtà, allegorica e spirituale, che viene descritta. Così, ad esempio, nell'inno in
lode di Milano dell'VIII secolo, la bellezza sembra attributo divino, non applica-
bile a costruzioni reali o immaginarie, ma soltanto a realtà soprasensibili: un inno
di lode va tributato all'Altissimo "qui eam pulchro decoravit ornamento martyrum / sanctorumque confessorum ibi quiescentium".[3] Ma anche nei secoli
successivi la qualità della bellezza difficilmente può attribuirsi ad una immagine
terrena di per se stessa; e sembra che tra decimo e dodicesimo secolo siano le
fonti arabe (non certo quelle improntate da finalità religiose, filosofiche o scienti-
fiche, ma essenzialmente i resoconti dei viaggi e le descrizioni geografiche) a
mettere l'accento su un attributo che comprende sempre la realtà visibile nel suo
complesso ma che, significativamente, posa l'accento sul paesaggio e sull'architettura. Lo stupore, la meraviglia, lo straordinario non sono però la stessa cosa
della bellezza razionalmente intesa, qualità enucleabile a fatica da una concezione molto più vasta e articolata di tutto ciò che è positivo, buono, utile e nuovo;
seguire perciò l'uso concreto del termine significa anche rendersi conto che si
tratta, sempre più, di una "bellezza che è parte della bellezza", di una ripresa
aristotelica che enuclea una parte soltanto dal più vasto e completo giudizio
platonico.[4]

Come per la donna, per la quale bellezza e virtù devono sempre coesistere affinché la semplice bella apparenza non si qualifichi come inganno diabolico,
anche per la città l'enucleazione della *pulchritudo* dalle altre qualità si realizza
lentamente e con difficoltà non solo per il naturale attaccamento di molti agli
antichi valori, ma anche per una sorta di vigile diffidenza nei confronti di un
parametro nuovo ritenuto non a torto pericoloso. Definendo una città semplicemente bella nulla si dice non solo circa la sua fortezza – qualità sempre dominante nella realtà quotidiana – ma addirittura nulla dei suoi abitanti: si fa riferi-

---

Id., Le città medievali, Modena 1996; Id./A. Zolla, Progetti per una città. Bologna nei
secoli XIII e XIV, Roma 2000.
[2]   I regolamenti edilizi: Storia dell'Urbanistica, N.S. 1 (1996), nummero monogrfico.
[3]   G. Fasoli/F. Bocchi, La città medievale italiana, Firenze 1973, pp. 100–104.
[4]   G. Carchia, art. Bellezza, in: Dizionario di Estetica, a cura di G. Carchia/P. D'Angelo,
Roma/Bari 1999, pp. 37–41.

mento a mura, monumenti, strade, palazzi, ecc. sottraendosi di fatto al controllo delle comunità, situandosi, cioè al di fuori delle coinvolgenti vicende politiche e, in certo senso, fuori del tempo.

Se all'inizio del periodo in esame la *pulchritudo* compare come qualità aggiuntiva e viene citata a proposito di operazioni e situazioni parziali, alla fine sembra invece diventata un valore assoluto, in nome del quale ogni intervento appare giustificato. Questa apparente oggettività, che in realtà verrà raggiunta, almeno teoricamente, secoli più tardi, è tuttavia imposta da una parte delle città (quelle più avanzate) e dei cittadini (i ceti mercantili): si può anzi affermare che, in un determinato momento del XIV secolo, la prerogativa della bellezza si fissi definitivamente su Firenze sancendone il predominio come città modellata in ogni sua parte dalle ragioni dell'arte, anzi meglio di ogni possibile arte. In questo processo, che ha visto come momenti fondamentali la concorrenza estetica tra città sviluppatasi negli ultimi decenni del '200, e la diffusione delle strade rettilinee, degli sventramenti e della progettazione geometrica delle città nuove, ha giocato infatti una ruolo fondamentale anche l'accesso al governo delle Arti fiorentine.[5] Se non conoscessimo la complessità e la varietà anche divergente delle conquiste culturali medievali, saremmo tentati di attribuire la svolta decisiva, nella riproposizione estetica e critica se non nei fatti concreti, alla assunzione da parte dei grandi artisti di magistrature cittadine di vasto impegno e responsabilità. Ma non sono tanto Arnolfo di Cambio a Firenze e Giovanni Pisano a Siena che sembrano produrre la svolta, trattandosi essenzialmente di scultori-architetti, quanto piuttosto l'unificazione di urbanistica, architettura, scultura e pittura affidata al vecchio Giotto tra il 1334 ed il 1337. La città più nuova, più forte, più libera e più ricca diventa allora anche la più bella, ed è proprio la bellezza il valore superiore ad ogni altro cui Firenze ed i suoi governanti faranno ricorso, anche imprudentemente,da allora in poi. D'altra parte, la *pulchritudo* entra nella pratica quotidiana e nelle leggi cittadine come grimaldello capace di far saltare ogni opposizione al rinnovamento edilizio, agli sventramenti e anche alle grandi fabbriche militari, più tollerabili se sono, a loro volta, progettate da grandi artisti. Un capovolgimento di valori che diventa definitivo solo nel '400, ma di cui si possono seguire evoluzioni e contraddizioni nei due secoli precedenti.

Estendendo l'indagine avviata oltre un decennio orsono,[6] tratteremo l'argomento attraverso alcune tra le più significative esemplificazioni tratte da un repertorio vastissimo e ancora in parte poco conosciuto.

Ci si potrebbe chiedere se esistano fonti che, già nella seconda metà del '200, siano testimoni di una consapevolezza estetica più generale applicata alla bel-

---

5   E. Guidoni, Atlante storico delle città italiane. Firenze nei secoli XIII e XIV, Roma 2002
6   Guidoni, Storia dell'urbanistica. Il Duecento, op. cit., cap. IX: La formazione dell'estetica urbana: pulchritudo e mercanti, pp. 320–328.

lezza della città intesa come insieme di componenti e di qualità apprezzabili non solo con l'intelletto ma anche con la vista. In altri termini, ci sembra importante verificare se già in questo periodo, che vede la rivoluzione pittorica di Cimabue e Giotto e le scoperte dell'ottica, cominci a delinearsi la moderna concezione "artistica" e visiva svincolata da considerazioni di altro genere e applicata all'organismo urbano, ma non ai suoi abitanti. Una delle testimonianze più specifiche e articolate è quella di Salimbene de Adam:

> De pulcretudine civitatis Manfredonie, quam princeps Manfredus suo nomine appellavit, cuius fuit ipse fundator.
> Hoc facta fuit loco alterius civitatis que dicebatur Sipontus, et distat ab ea per miliaria duo; et si vixisset princeps per paucos annos amplius, // fuisset Manfredonia una de pulcrioribus civitatibus de mundo. Est enim ex toto murata in circuitu et per IIII miliaria durat, ut dicunt, et habet optimum portum, et est ad radicem montis Gargani; et principalis strata tota inhabitatur, et omnia fundamenta aliarum domorum iam facta sunt, et vias amplissimas habet, que ad pulcritudinem faciunt civitatis.[7]

Da notare che il solo accenno agli abitanti si riferisce in realtà alle case, edificate con continuità e senza vuoti sulla via principale come costantemente auspicato e ordinato nelle fonti cittadine coeve; e che tutte le componenti citate fanno riferimento a valori visibili, di natura paesaggistica, urbanistica e architettonica.

Questa bellezza estrapolata dalle altre qualità si applica non casualmente alla modernità, alla città nuova fondata nel 1258, e altrettanto non casualmente può istituirsi un parallelismo con la bellezza delle donne (cui Salimbene è sensibilissimo) totalmente separata dalla virtù. Infine, l'osservazione che già sono state eseguite le fondamenta di tutte le altre case è di straordinario interesse perché dimostra l'apprezzamento per il controllo totale della forma urbana, della sua base geometrica e dei tracciati viari, a ulteriore dimostrazione che la bellezza è anche armonia tra le parti e completezza.

Non solo le altre documentazioni duecentesche, ma perfino testi come il "De Magnalibus urbis Mediolani" di Bonvesin de la Riva[8] e la "Cronica" di Giovanni Villani sono pochissimo inclini ad abusare del termine.

La celebre "Laus" di Bonvesin (1288), nonostante le estesissime argomentazioni e le forzature ideologiche poggia solo tangenzialmente sulla *pulchritudo*, basandosi in primo luogo sulla *magnitudo* e poi su altre qualità come fortezza, fedeltà, libertà, ecc. Singole parti della città sono definite belle: la pianura al centro della quale sorge ("in speciosa, preciosa fertilique planicie sita est"), "pulcra pallatia", "fossatum admirandae pulchritudinis et latitudinis". Tuttavia è molto importante l'identificazione della forma di Milano con il cerchio e, in particolare, con la lettera O situata all'interno del nome *Mediolanum*, in una delle due posizioni centrali. La O, "cuius est forma rotonda et perfecta, ceteris dignior atque pulcrior, dat inteligi eius rotonditas et pulcritudo et dignitas et perfectio".

---

7   Salimbene de Adam, Cronica, a cura di G. Scalia, Bari 1966, vol. II, p. 685.
8   Bonvesin de la Riva, Grandezze di Milano, a cura di A. Paredi, Milano 1967.

Si tratta di una forma non visibile (se non salendo, ad esempio, sulla torre comunale) e del tutto concettuale e simbolica, ma anche che consente alla città di Milano di proclamarsi superiore a ogni altra: "est enim civitas nostra rotonda ad literam et pulcra et super alias civitates perfectior". Tradotto in termini planimetrici, geometrici e urbanistici da Galvano Fiamma, il mito di Milano non solo "grande" ma anche "bella" grazie alla sua rotondità rimane in sostanza simbolo astratto, utile alla comprensione complessiva ma non alla valutazione estetica degli spazi interni e al loro miglioramento.

Sul piano della speculazione geometrica, sulla radiocentralità e sulla circolarità è assai più interessante l'opera di Opicino de Canistris, che si concentra su Pavia di cui apprezza comunque anche la regolare trama viaria di origine romana.[9] Per Giovanni Villani, il bello applicato alla città e alle sue parti non è quasi mai disgiunto da pulizia, sanità, ricchezza, fortezza, costo.[10]

Tra due e trecento, moltissimi documenti fiorentini e senesi ci offrono una visione articolata e complessa. Nella delibera per la costruzione del Lungarno a monte del Ponte di Rubaconte (11 maggio 1287), se ne espongono le motivazioni "quod esset utile et decens et pulcerimum pro comuni Florentie et ad decorem et pulcritudinem et utilitatem civitatis Florentie".[11] La nuova strada deliberata nel gennaio 1298 tra Orsammichele e la Badia dovrà essere "pulcerima" e contribuire così "ad honorem et pulcritudinem et actationem dicte civitatis et populi Florentini".[12]

D'altrocanto, quando Dante Alighieri è incaricato, il 28 aprile 1301, di sovrintendere al miglioramento della via che dal borgo della Piagentina conduce all'Affrico, nel lo straordinario documento che descrive nei dettagli le operazioni da eseguire, e che per i suoi pregi anche letterari e linguistici oltre che per il compiaciuto uso di termini tecnici si deve attribuire sicuramente al poeta, non si nomina assolutamente l'attributo della bellezza. Ciò non stupisce se si considerano le convinzioni di Dante che intende la *pulchritudo* attributo spirituale, celeste e divino, riflesso, al più, nel volto di Beatrice dove la prima bellezza sono gli occhi, la seconda la bocca.[13]

Nella sua celebre "Cronica" (1310–1312), Dino Compagni sottolinea proprio la qualità delle costruzioni cittadine: "I casamenti bellissimi, pieni di molte bisognevoli arti, oltre all'altre città d'Italia. Per la qual cosa molti di lontani paesi la vengono a vedere, non per necessità, ma per bontà de' mestieri e arti, e per bellezza e ornamento della città".[14]

---

[9] Guidoni, La città dal medioevo, op. cit., pp. 176–178.

[10] G. Villani, Cronica, Firenze 1844–1845.

[11] G. Pampaloni, Firenze al tempo di Dante. Documenti sull'urbanistica fiorentina, Roma 1973, doc. 61, pp. 106–107.

[12] Ivi, doc. 66, pp. 114–118.

[13] Ivi, doc. 70, pp. 125–130.

[14] Dino Compagn, La Cronica, a cura di I. Del Lungo, Firenze 1924, p. 6.

La *pulchritudo* diventa sempre più un parametro fondamentale nel giudicare la città, non solo nelle sue singole parti ma nel suo insieme, e sempre più frequentemente anche gli Statuti cittadini introducono, se pure con prudenza, questo concetto che si lega direttamente con l'orgoglio municipale e che si trova in singolare sintonia con la nuova lingua volgare.

Si sviluppa così una vera e propria gara tra le città e le loro bellezze; come in un rinnovato giudizio di Paride, saranno i cittadini e i forestieri a poter stabilire, in base a un criterio comparativo e per diretta esperienza, la scala dei valori estetici alla quale fare riferimento. In questa nuova coscienza si distingue Siena; in una rubrica dello statuto in volgare del 1309/10 si individua la bellezza cittadina come il principale compito dei governanti; l'oggetto è la realizzazione di un "prato" per diletto e gaudio dei cittadini:

> Anco, intra li studii et sollecitudini è quali procurare si debiano per coloro, è quali anno ad intendere al governamento de la città, è quello massimamente che s'intenda al la belleza de la città, et de le principali belleze e di ciascuna gentile città è che abiano prato overo luogo a deletto e gaudio de li cittadini, et de' forestieri, de li quali prati et luoghi le città di Toscana et anco certe castella et altre onorevoli città, onorevolmente sono dotate et guarnite [...] imperciò [...] statuimo che si compri et si faccia [...] uno prato el quale si potrà molto bello [...].[15]

A Firenze, nella delibera per la via da Porta S. Paolo al Prato (29 agosto 1314) si afferma "quod dicta civitas viis pulcerrimis et stratis ut plurimum decoretur".[16]

Di particolare interesse è, per Firenze, la deliberazione del 6 agosto 1318 relativa all'apertura di due nuove vie che partono dalla piazza dei Servi di Maria (SS. Annunziata),

> considerantes ipsi priores et vexillifer quod dicte vie redundarent in augumentum et pulcritudinem totius Florentinae civitatis et personarum et hominum ipsius, et etiam dictorum fratrum et dominarum,[17]

dove non potrebbe meglio esprimersi in che modo le moderne strade possono contribuire, di per se, alla bellezza della città. Negli Statuti del 1322–1325 (Capitano del Popolo) la bellezza entra nella Rubrica XXVIII del libro IV dedicata al divieto di sporti in via Maggio, che è "ampla et pulcra satis".[18]

Nella seconda metà del '300 si assiste, da un lato, all'affermarsi pressoché indiscusso del primato di Firenze come città bella per antonomasia, dall'altro al formarsi di una nuova estetica del paesaggio (e del paesaggio urbano) per merito soprattutto di Francesco Petrarca.

---

[15] A. Lisini, Il Costituto del Comune di Siena volgarizzato nel 1309/10, Siena 1903.

[16] Pampaloni, Firenze al tempo, op. cit., doc. 72, pp. 131–134.

[17] Ivi, doc. 55, pp. 95–97.

[18] Statuto del Capitano del Popolo degli anni 1322–1325, a cura di R. Caggese, 2ª edizione, Firenze 1999, p. 174.

Nella descrizione delle "Bellezze di Firenze", Antonio Pucci (1308–1388), pur utilizzando i dati del Villani, trasferisce poeticamente la descrizione della città in termini tali da consolidarne il mito,[19] dando origine in sostanza ad un genere letterario destinato a culminare, un secolo più tardi, nella "Florentia bella" di Benedetto Dei,[20] ormai arida elencazione analitica di componenti separate. Pucci riesce invece a sintetizzare con efficacia e capacità di suggestione gli elementi fondamentali della composizione e del decoro della città, idealizzandone, sulla scia del Villani, la regolarità della disposizione interna.

Tra le fonti trecentesche di un rinnovato interesse per le vedute esterne della città (da osservare preferibilmente da posizione elevata), sono particolarmente efficaci le descrizioni petrarchesche che, ad esempio, così si esprime riguardo a Pavia, nel 1365:

> Bella quant'altra mai è la posizione della città [...] con un prospetto tutto all'intorno così libero e vasto che più grande e più bello io non credo aver ne possa alcun'altra città situata in pianura.[21]

Sulla forma migliore della città si esprime il primo trattatista, il francescano catalano Francisco Eximeniç, che nella sua opera enciclopedica "El Crestià" (1381–1386) scrive un capitolo famoso ‹Quina forma deu aver ciutat bella e be edificada›[22] che avrà una influenza determinante proprio nell'identificazione della bellezza cittadina con l'ordine, la funzionalità, la geometrica simmetria delle parti che la compongono. Il contributo catalano, incentrato sul rigore geometrico e sul rinnovamento, ha un ruolo determinante anche nella adozione, da parte delle città e degli stati italiani, di nuovi decreti statutari direttamente ispirati alla *pulchritudo civitatis*, anzi resi possibili proprio in nome di questo principio, tanto forte e semplice quanto sfuggente. In questo processo decisivo è evidente infatti che "bello" sta per "nuovo" e "ricco", sia che si applichi al singolo edificio che all'intera città.

La copertura estetica non riesce a nascondere, come nel caso del documento senese del 1398, la vera natura di provvedimenti discriminatori nei confronti dei cittadini più poveri, delle "arti" minori e dell'edilizia misera, obsoleta e prodotto di stratificazioni secolari.

Il famoso documento senese del 27 novembre 1398, dove si prendono provvedimenti che si appellano alla bellezza degli spazi pubblici centrali della città, in

---

[19] E. Guidoni, L'architettura delle città medievali. Rapporto su una metodologia di ricerca (1964–1974), in: Mélanges de l'Ecole Française de Rome. Moyen Age–Temps Modernes 86 (1974), 2, pp. 481–525.

[20] G.C. Romby, Descrizioni e rappresentazioni della città di Firenze nel XV secolo con la trascrizione inedita dei manoscritti di Benedetto Dei e un indice ragionato dei manoscritti utili per la storia di Firenze, Firenze 1976.

[21] Guidoni, La città dal medioevo, op. cit., p. 179.

[22] Ivi, pp. 199–200.

realtà è ispirato dalla concorrenza commerciale tra arti maggiori e arti minori sulla strada dei Banchi e, al massimo, dalla opportunità di garantirne il decoro:

> Item providero, che in ogni buona cità si provede a l'adorno et aconcio de la cità, e voi avete questa vostra piaza del Campo che è la più bela che si trovi, ed avea questa adorneza de la strada da' Banchi che cominciava da la piaza de' Tolomei e veniva giù infino a porta Solaia, che, né in Vinegia, né in Firenze né in nessuna altra tera in questo paese avene una più bela via. Ora è guasta, che vi so' tornati i calzolai, calzetari, sartori: ed è guasta. Providero che per li nostri Signori s' alega 4 citadini, ed abino adornarla si che è banchieri stiano in sieme dal ta' lato al tale è drappieri e orafi da ta' lato al tale e peliciari e armaioli dal ta' lato al tale, che infra que' confini non vi posano stare d'altri mestieri che di que' che sarano ordinati per chesti 4, e cosi partito la strada come a questi 4 eleti parà, si torni aprovare al detto consiglio.[23]

A partire dal 1403 si costituisce a Siena la nuova magistratura degli "officiali de l'ornato", che ha il compito di promuovere con sistematicità quei miglioramenti estetici applicati all'edilizia cittadina – ma soprattutto alle facciate – che da secoli si sono gradualmente sviluppate insieme al crescente controllo dell'autorità pubblica sull'uso dello spazio urbano.[24] Questa attività si identifica, da oltre un secolo, con due tipi di provvedimenti principali: la demolizione di sporti e ballatoi e la costruzione di finestre "a colonnelli" (bifore, trifore, polifore). La bellezza della facciata si identifica quindi con una parete libera e con finestre richiamanti quelle proprie degli edifici pubblici e imposte a tutti coloro che affacciano sul campo a partire dal 1296; ma dall'applicazione pratica di questi principi apprendiamo ulteriori elementi utili a valutare, da un lato, il contrasto con l'interesse dei privati cittadini (ad esempio, nel caso di Giovanni Dominici, che non solo è povero, ma ha una casa piccola con un ballatoio nuovo[25]) ma anche l'opinabilità del concetto stesso di bellezza. I cittadini indigenti usano quindi chiedere, per reperire i fondi necessari per i miglioramenti imposti dagli Ufficiali, di ottenere una carica pubblica (una podesteria spesso indicata nella richiesta): così ad esempio, Pietro di messere Giovanni di Benedetto che deve demolire il suo brutto ballatoio, e che ne sarebbe impossibilitato dato che "si trova una grande et disutile famiglia con cinque figliole femmine, che due ce n'è già da marito", ottenendo per sei mesi la importante podesteria di S. Quirico d'Orcia si dichiara in grado, entro due anni, di rifare "una faccia bella et onorata a tutte sue spese, et per questo modo si farà la città ornatissima".[26] Se appare singolare che il comune stesso trovi il modo di finanziare indirettamente i miglioramenti imposti, è ancora più interessante constatare come il principio estetico risulti opinabile, in rapporto con le circostanze concrete, e che alcuni cittadini apprezzino, al contrario, la bellezza dei ballatoi. Così, secondo Bartalino di Buonsignore

---

[23] Braunfels, op. cit., doc. 8, p. 254.
[24] P. Pertici, La città magnificata. Interventi edilizi a Siena nel Rinascimento, Siena 1995.
[25] Braunfels, op.cit., doc. 9, p. 254.
[26] Pertici, op.cit., p. 90 (22 gennaio 1466).

(28 febbraio 1466), non a caso appartenente ad una delle principali famiglie della nobiltà cittadina, che ha cominciato i lavori di adeguamento della facciata della sua casa, che sarà con le finestre "a colonnelli" e senza più il ballatoio, il provvedimento è errato anche esteticamente "essendo el detto ballatoio alto et bello" e, come tale e a giudizio di molti cittadini, "non pareva che impedisse alcun ornato".[27] Del resto si tratta di normative che, avviate estensivamente nella seconda metà del '200, ma limitatamente alla Piazza del Campo e alla principale strada di transito allo scopo di colpire favorevolmente la vista dei forestieri, stentano ad essere applicate nelle strade più periferiche della città.

Nei primi anni del '400 giungono a conclusione lunghi processi di decantazione e antiche aspirazioni, principesche e magnatizie, ad una città bella soprattutto per le sue architetture e per le sue regolarità.

La "Prammatica" di Martino, re di Aragona e di Sicilia, emanata l'11 settembre 1406 a Catania e per Catania, riprende una concessione regia del 1393 a Giovanni Paternò, nobile che ha potuto ricostruire il proprio palazzo contribuendo all'ornamento cittadino e al diletto del sovrano.[28] Lo scopo della "Prammatica" è di favorire i proprietari più ricchi che, volendo ricostruire in miglior forma la propria casa o palazzo, possono ottenere dallo stato il diritto di acquisire forzatamente la proprietà delle case o dei lotti confinanti, purché siano palesemente più piccoli. Ciò favorisce evidentemente nobiltà e patriziato inaugurando uno squilibrio tra i cittadini fino allora, almeno in Italia, ufficialmente non tollerato, e reso possibile solo invocando la *pulchritudo civitatis*, qualità incrementabile proprio attraverso la costruzione di edifici più grandi e di nuova concezione. Lo scopo è che "civitas fiat pulcrior" e ciò si ottiene anche sostituendo palazzi ad antiche, povere e piccole abitazioni, in modo da dare l'immagine di una maggiore ricchezza.

Nella estensione del privilegio a Palermo (aprile 1421), il principio diventa più chiaro e la nuova "Prammatica", nel rifarsi al precedente di quella di Catania, parte dalla constatazione di un contrasto insanabile tra coloro che vogliono ricostruire la propria casa "ad decorem et perpetuum statum civitatis" e i confinanti proprietari "domorum, cortilium et casalina" che non vogliono cedere né vendere la loro proprietà. In tal modo "edificia non fiunt, et Civitates pulcris et novis edificiis non valent decorari, contra mentem principum et legum contrarium statuentium".[29] Così, in nome della bellezza complessiva della città, si favorisce la costruzione di singoli nuovi edifici, "cum pulcra edificia et speciosa nobilitant Civitates pariter et decorent".

---

[27] Ivi, p. 92.
[28] G. Bellafiore, Architettura in Sicilia (1415–1535), Palermo 1984, p. 18 e n. 21 a p. 175.
[29] Ivi, p. 18 e n. 24 a p. 176.

L'estensione della "Prammatica" anche a Siracusa (3 luglio 1437) da parte
della regina Maria[30] e le continue conferme che ne sanciscono l'applicazione
sempre più capillare, ci assicura come questa fondamentale svolta normativa si
estenda gradualmente anche alle città peninsulari e ai centri comunali del centro
e nord Italia, insieme ad altri altrettanto fondamentali provvedimenti (come
l'unificazione in un solo ospedale cittadino delle diverse istituzioni sanitarie
operanti nell'area urbana) che sono alla base del rinnovamento urbanistico
dell'età rinascimentale e barocca.

Nella "Laudatio Florentinae Urbis" (1405) di Leonardo Bruni l'antico formu-
lario della *Laus* per la prima volta, e in modo radicalmente innovativo, si piega a
celebrare la città laica, le virtù repubblicane e i valori mercantili della ricchezza e
della bellezza.[31] Firenze "formosissima" ha il suo monumento più significativo
nell'*arx* del Palazzo della Signoria e non più nel Battistero e si sviluppa nel
territorio secondo l'immagine del cerchio. Ma a questa definitiva svolta verso
l'apprezzamento di una bellezza fisica e materiale si oppone ancora la voce di
Coluccio Salutati, in nome degli antichi valori morali e religiosi (Fubini).

Di fatto, all'inizio del '400 (ma già, per certi versi, alla fine del secolo precedente), si delinea un processo del tutto nuovo: l'applicazione del criterio puramente estetico alla normativa edilizia, e la sua utilizzazione sempre più spregiu-
dicata al fine di superare le resistenze, sempre presenti, agli interventi di pubblica
e di privata utilità che impiegano come strumento principale l'esproprio.

Queste prime norme, che rientrano nel genere statutario in quanto valide ge-
neralmente per l'intera estensione urbana anche se vengono emanate, per la
prima volta, dall'autorità regia del regno di Sicilia, costituiscono il fondamento
giuridico per gli interventi, sempre più estesi, che interessano le città nell'età
rinascimentale e barocca. Il criterio estetico costituirà infatti la motivazione più
forte e decisiva per gli sventramenti, le sostituzioni, le rettifiche urbane fino al
diffondersi, nel diciannovesimo secolo, delle nuove motivazioni igieniche.

Un tema importante per comprendere le tendenze di questo momento decisivo
nella svolta dell'estetica urbana che caratterizza il passaggio tra la mentalità
medievale e nuovi valori rinascimentali, è la diffusione del modello della città
circolare.

Il cerchio, come simbolo di assoluta perfezione, si applica non soltanto alla figura delle mura ma anche al principio geometrico radiocentrico che caratterizza
da tempo una metropoli (Milano) ma che viene anche studiato e applicato, come
sistema delle coordinate polari, da urbanisti (Arnolfo nelle "terre nuove" fiorentine) e da scienziati. E' nella prima metà del '400 che l'estetica geometrica sosti-

---

[30] Ivi, p.18 e n.25 a p. 176.
[31] Le vere lodi de la inclita et gloriosa città di Firenze composte in latino da Leonardo
      Bruni e tradotte in volgare da Frate Lazzaro da Padova, Firenze 1899 (G.Fanelli, Fi-
      renze, Roma/Bari 1980, pp.53–54).

tuisce, nella valutazione concreta, l'estetica simbolica o puramente grafica: così i sistemi di misurazione radiale dello spazio, messi a punto da Leon Battista Alberti non solo nella "Descriptio Urbis Romae" ma anche nel "De Statua", eclissano di fatto i richiami alla bellezza astratta della circolarità. Tuttavia è interessante notare come, ancora una volta, possiamo riferire queste tendenze a determinate culture urbane.[32]

La suggestione esercitata dalla rotondità di Milano, esaltata da Bonvesin, si consolida e si manifesta nel corso del XIV secolo grazie anche allo strapotere visconteo e ai tentativi compiuti tra '300 e '400 di sottomettere Firenze e di unificare l'Italia. La forma rotonda attribuita a Milano e concretizzata da Galvano Fiamma viene attribuita anche ad altre città e in particolare a Roma (miniatura di Paolo di Limburg nelle "Très riches Heures du Duc de Berry", 1411–1416 e affresco di Taddeo di Bartolo, Palazzo Pubblico di Siena, 1414) che si rifanno ancora alla "Bolla d'oro" di Ludovico il Bavaro (1328) richiamando il prototipo di Carlo Magno. Infine, che la città rotonda e radiale sia la più bella e perfetta concepibile è dimostrato dalla impossibile sintesi della Sforzinda di Filarete, e sarà ribadito innumerevoli volte dagli ideatori e realizzatori di città ideali.[33]

---

[32] E. Guidoni, La città di Roma nel Quattrocento, in: Da Pisanello alla nascita dei Musei Capitolini, Milano/Roma 1988, p. 243 e pianta f.t.

[33] E. Guidoni, La città rotonda. Geometria e simbolo della perfezione urbana, in: La città antica e la sua eredità, a cura die C. Masseri, Modena 1996, pp. 5–6.

Vito Piergiovanni

L'organizzazione di una città portuale: Il caso di Genova

Anche nel caso della storia della programmazione del territorio e dell'estetica cittadina dagli statuti ricostruita, comunali italiani occorre ripetere quanto si premette tutte le volte che si affronta questa fonte, cioè la difficoltà o spesso l'impossibilità di pervenire a risposte che sono tanto più valide quanto più sono espandibili e generalizzabili. La realtà statutaria delle città italiane medievali e moderne è talmente ricca e sfaccettata, prodotta cioè da situazioni ambientali differenti, da indurre molta prudenza nelle risposte generali.[1]

Per quello che attiene alla realtà da me presa in considerazione la cautela rimane d'obbligo dopo aver esaminato i testi statutari che riguardano alcune città liguri che si affacciano sul mare, come Genova, Savona, Albenga, Portovenere, Chiavari, Porto Maurizio, Oneglia.[2]

---

[1] G.S. Pene Vidari, Introduzione, in Catalogo della raccolta di statuti, consuetudini, leggi, decreti, ordini e privilegi dei comuni, delle associazioni e degli enti locali italiani dal Medioevo alla fine del secolo XVIII, vol. VIII, Biblioteca del Senato della Repubblica, Roma 1999, pp. XI–XCVI, e, da ultimo, M. Ascheri, Formes du droit dans l'Italie communale: les statuts, in Médiévales 39 (2000), pp. 137–152. Una prospettiva di studio particolare di questi testi è quella della scuola di Hagen Keller del quale si può vedere, da ultimo, H. Keller, Vorschrift, Mitschrift, Nachschrift. Instrumente des Willens zu vernunftgemässem Handeln und guter Regierung in den italienischen Kommunen des Duecento, in: Schriftlichkeit und Lebenpraxis im Mittelalter. Erfassen, Bewahren, Verändern, hrsg. von H. Keller/C. Meier/T. Scharff (Akten des Internationalen Kolloquiums 8.–10. Juni 1995), München 1999, pp. 25–41. Sulle più generali problematiche della storia delle città italiane si possono ricordare R.S. Lopez, Intervista sulla città medievale, a cura di M. Berengo, Bari 1984, e M. Berengo, L'Europa delle città. Il volto della società urbana europea tra Medioevo ed Età moderna, Torino 1999, G. Chittolini, Città, comunità e feudi negli stati dell'Italia centro-settentrionale (secoli XIV–XVI), Milano 1996.

[2] V. Piergiovanni, L'organizzazione dell'autonomia cittadina. Gli statuti di Albenga del 1288, in Gli statuti di Albenga del 1288, a cura di J. Costa Restagno, in Collana storico-archeologica della Liguria occidentale, vol. XXVII, Bordighera/Genova 1995, pp. VII–XXXIV; id., La normativa comunale in Italia in età fredericiana, in: "... colendo iustitiam et iura condendo..." Federico II legislatore del Regno di Sicilia nell'Europa del Duecento. Per una storia comparata delle codificazioni europee. Atti del Convegno Internazionale di Studi organizzato dall'Università degli Studi di Messina, Istituto di Storia del diritto e delle Istituzioni, Messina/Reggio Calabria 20–24 gennaio 1995, a cura di

Sono emersi preliminarmente problemi definitori: quali siano, ad esempio, le caratteristiche che possano indurre a definire una "città portuale", e quali le peculiarità normative che possano o debbano concorrere per questa qualificazione. La risposta è evidentemente collegata alle prerogative socio-economiche della città, al suo legame storico con il mare, oltre che alla sua tradizione legislativa: per questa ragione la storia delle città liguri deve diversificare in modo netto l'evoluzione della città maggiore, cioè Genova, da quella dei centri minori.[3] Esistono certo alcuni elementi comuni, ma solo per Genova è possibile parlare di "città portuale" e solo questa città consente di isolare nella sua normativa alcuni elementi che possano, direttamente o indirettamente, essere un chiaro segnale di attenzione al territorio e al gusto di chi lo osserva. Stando alle definizioni comunemente accettate ed all'esame della normativa statutaria dei maggiori scali liguri, posso dire subito che, al termine di una indagine preliminare, di fronte alla presenza in Liguria di alcune "città con porto", è Genova l'unica aggregazione che possa definirsi una "città portuale" e ad essa, quindi, circoscriverò il mio discorso.

Nella 'Presentazione' di un volume che raccoglie gli Atti di un Convegno dedicato alle città portuali del Mediterraneo il curatore, Ennio Poleggi, afferma che "la città portuale (città-porto o città con porto), per la dislocazione strategica dei suoi snodi, la ricchezza dei casi e la complessità dei processi tecnologici e culturali, costituisce un laboratorio centrale per la storia del fenomeno urbanistico [...]"; egli sostiene ancora che "nei documenti urbanistici della città portuale, più che altrove, i contenuti funzionali del costruire sembrano precedere le esigenze della forma in una esasperata ricerca di efficientismo [...]".[4]

E' un discorso assolutamente corretto che, nella sostanza, restringe molto le possibilità di appartenenza alle vere città portuali, ma che, dal nostro punto di vista, introduce uno spazio specifico per il diritto. Lo stesso Autore, infatti, ritiene che

> nei porti maggiori lo spazio disponibile fra '300 e '400 diventa una risorsa preziosa, una ragione di vita o di morte che costringe i ceti di governo a vere e proprie acrobazie urbanistiche, oltre che a rapide scelte programmatiche e finanziarie.[5]

A. Romano, Roma, 1997, p. 628–635.; id., Sui più antichi statuti del Ponente ligure, in Studi in onore di Victor Uckmar, Padova 1997, pp. 981–984; R. Savelli, Gli statuti liguri. Problemi e prospettive di ricerca, in Società e Storia XXI (1999), pp. 3–33; R. Braccia, Processi imitativi e circolazione dei testi statutari, in Studi in onore di Franca De Marini Avonzo, Torino 1999, pp. 55–69.

3 Archeologia del commercio. Porti antichi, a cura di F. Varaldo Grottin, Genova 1996.

4 E. Poleggi, La costruzione della città portuale, un nuovo tema di storia, in: Città portuali del Mediterraneo. Storia e archeologia (Atti del Convegno internazionale di Genova), a cura di E. Poleggi, Genova 1985, p. 5 e p. 9.

5 Ibd., p. 8. Per un quadro sulla storia dell'architettura urbana si veda E. Guidoni, La città dal Medioevo al Rinascimento, Bari 1981.

Si richiedono interventi organizzativi che postulano l'esigenza di uffici tecnico-amministrativi, ai quali, però, non ci si limita ad affidare lo stretto ambito portuale ma piuttosto, in un'ottica di "uno sviluppo naturalmente funzionale del manufatto urbano", si tende a delegare al loro controllo anche tutta una serie di servizi e di interventi su beni pubblici.

Queste osservazioni mi portano subito ad esemplificare il mio discorso con Genova, una città che è stata condizionata in maniera determinante dalla evoluzione della sua costituzione fisica sul territorio nel corso dei secoli. Il "centro storico", uno degli esempi di agglomerato urbano medievale-moderno tra i più vasti che siano sopravvissuti, è cresciuto nel secoli come funzionale alla attività economiche predominanti della popolazione e alla organizzazione politico-amministrativa del territorio urbano.

La città ha, però, un'altra peculiarità che la collega alle osservazioni fatte sopra, poiché ha creato una magistratura specificamente competente per la cura non solo del territorio portuale ma piuttosto di tutto l'ambiente cittadino. L'ufficio è conosciuto e denominato, significativamente per quanto attiene al rilievo nell'ambito della organizzazione cittadina, come "Padri del Comune". I Cancellieri di questo ufficio sono stati nei secoli molto attenti a preservare la documentazione normativa che attesta la competenza e l'azione di tale magistratura dal XII al XIX secolo. Un archivista genovese, Cornelio Desimoni, nel 1885, ha pubblicato un manoscritto rinvenuto nell'archivio comunale e lo ha intitolato "Regulae Patrum Communis et Salvatores Portus et Moduli" un po' banalizzato dalla traduzione italiana di "Statuto dei Padri del Comune".[6]

Di questo codice mi sono occupato alcuni anni fa per ricostruire l'esistenza a Genova delle linee di un diritto portuale da comparare con le elaborazioni normative e dottrinali, a livello europeo, di questo ramo del diritto marittimo. In tole circostanza, ho constatato la scarsità di norme specifiche sull'organizzazione del territorio negli statuti civili e criminali e penso che ciò sia spiegabile per la presenza a Genova di un doppio binario di legislazione, uno relativo all' organizzazione politico-amministrativa e l'altro attinente alla regolamentazione del diritto e del processo rispettivamente civile e penale. Non è, infatti, casuale che la magistratura dei Padri del Comune, nei vari momenti della sua storia, abbia come competenza assoluta la giurisdizione civile e criminale nelle controversie originate nelle materie ad essa affidate.[7]

Per questo incontro ho ripreso in considerazione lo stesso codice per tentare di porre in rilievo le norme attinenti al territorio ed alla sua organizzazione, ricordando che il nucleo iniziale è un insieme di 23 capitoli del 1459 a cui si aggiungono, in ordine cronologico, le norme successive sino al 1676: all'interno, però, ove necessario per la completezza della regolamentazione, sono stati recu-

---

6 C. Desimoni, Statuto dei padri del Comune della Repubblica genovese, Genova 1885.

7 V. Piergiovanni, Dottrina e prassi nella formazione del diritto portuale: il modello genovese, in Atti della Società Ligure di Storia Patria, XXVIII, Genova 1988, pp. 22–24.

perati capitoli più antichi (alcuni addirittura duecenteschi) tra cui le norme del
1403 presenti all'interno di una delle più significative riforme riorganizzative
dello Stato genovese dovute all'opera del Governatore francese Boucicault.[8] La
memoria storica giova, evidentemente, al buon funzionamento dell'ufficio se i
diligenti Cancellieri sentono l'esigenza di riscoprire queste antiche norme per
tenerle sempre disponibili per opportuni riferimenti legati all'attualità.

Mi sembra alquanto formalistico porsi il problema se e come questo testo, per
il suo carattere cronologicamente composito, possa rientrare nella categoria
'statuti',[9] e quindi nel tema di questo incontro: a favore dell'inquadramento
statutario militano seri motivi formali e sostanziali. In primo luogo si può ricordare che non sono rari i testi regolamentatori dell'attività di un Ufficio o di una
Magistratura che, pur non possedendo gli identici requisiti di uniformità e di
valore giuridico, costituiscono tuttavia un *corpus* unitario; in secondo luogo la
coerenza di questo testo deriva non dalle modalità cronologiche della sua redazione ma dalla provenienza delle norme dagli organi che nella Repubblica sono
deputati a produrre leggi: essi hanno cambiato caratteristiche istituzionali e denominazione nel corso dei secoli – *capitanei, gubernatores*, Doge, Senato e Sere-
nissimi Collegi – ma rimanendo identica la loro funzione hanno assicurato un
valore giuridico sempre omogeneo alle norme volta a volta emanate. Nell'ambito
della tradizione genovese si tratta di *regulae,* testi con rilievo costituzionale, ancora più importanti, per il loro valore pubblicistico, degli *statuta* civili e criminali.[10]

A questi ultimi, anch'essi spesso costruiti nelle prime epoche comunali da successive accessioni, dovremo fare riferimento più avanti per i temi di organizzazione territoriale, ma sarà d'uopo accennare subito ad altre documentazioni,
provenienti da organi giurisdizionali, che, negli stessi periodi, hanno contribuito a
costruire una cultura del territorio urbano e della sua difesa prima che divenis-
sero operativi i Padri del Comune: la azione amministrativa di quest'organo ha
inizio dal XV secolo ma, anche per i secoli precedenti, è documentata una attività
giuridica in questi temi.

E' stato infatti rilevato come alcuni lodi dei consoli – i primi sono del 1133 –
abbiano posto le premesse giuridiche per difendere spazi pubblici di interesse
generale dalle interferenze private: questi provvedimenti

[8] V.Piergiovanni, Gli Statuti civili e criminali di Genova nel Medioevo: la tradizione
manoscritta e le edizioni, Genova 1980, pp.139–154.
[9] Per un inquadramento generale del tema resta fondamentale l'opera di E.Besta, Fonti,
legislazione e scienza giuridica dalla caduta dell'Impero romano al secolo decimosesto,
in Storia del Diritto Italiano, a cura di P.Del Giudice, Milano 1925, vol.I/2, p.551–556.
[10] R. Savelli, *Capitula, regulae* e pratiche del diritto a Genova tra XIV e XV secolo, in
Statuti, città, territori in Italia e Germania tra medioevo ed età moderna, a cura di
G.Chittolini e D.Willoweit, Bologna 1991, pp.447–502.

proibiscono a chiunque di attraversare con coperture sospese la luce della strada pubblica, nell'intento evidente di statuire la natura pubblica della viabilità e di difenderla dalle frequenti manifestazioni di guerra civile.[11]

Emerge una utilizzazione degli strumenti del diritto in difesa delle opere e dei beni pubblici e a fianco del recupero, operato dagli statuti civili e criminali, delle norme del diritto romano (soprattutto legate alla gestione dei beni immobili), si colgono, contemporaneamente, i profili sempre più numerosi di diritto consuetudinario autoctono. Certo questa autonomia normativa può essere stata "alimentata dalla ristrettezza in cui si è costretti a costruire e da uno spesso intreccio di interessi parentali", ma, a ben considerare, sembra spesso trattarsi, per i beni immobili, di una applicazione quasi scolastica delle tradizionali elaborazioni del diritto romano. E' in questa direzione e nel contesto delle problematiche legate alla non necessaria completezza dei testi statutari, a mio parere, che va valutata la presunta scarsità delle norme che, nel più antico *corpus* statutario genovese, i così detti Statuti di Pera (raccolti ed organizzati ai primi del XIV secolo utilizzando materiali preesistenti), sono specificamente deputate alla regolamentazione dei beni immobiliari (su 277 sono 19 capitoli soprattutto in tema di proprietà, locazione, superficie, beni immobili dotali, misure estimatorie e denuncia di nuove opere).[12]

In questa fase di crescita politica, economica ed urbanistica della città, nella quale il diritto, nelle sue varie manifestazioni, appare un fattore creativo fondamentale, Poleggi vede profilarsi anche una cosciente progettazione che è documentabile in un quartiere demanializzato e riservato alle arti collegate ad attività marittime.[13] A suo parere,

nel trentennio epico 1133/1163 scorgiamo una così progressiva e densa successione di scelte, puntuali per il funzionamento ed il disegno urbano, da suggerire l'ipotesi che la nascita anticipata di una cultura urbanistica vera e propria sia sollecitata proprio dal tipo particolare di manufatto urbano, dalle necessità tecniche che un porto propone prima di ogni altra struttura produttiva [...][14]

Questo richiamo alla centralità del porto come fattore determinante delle scelte urbanistiche ci consente di riprendere il nostro discorso su di esso e sulla magistratura che se ne prende cura.

---

[11] E. Poleggi, La costruzione della città portuale, op. cit., p. 46.
[12] E. Poleggi, La costruzione della città portuale, op. cit., p. 54; V. Piergiovanni, Gli Statuti civili e criminali di Genova, op. cit., p. 51–56, E. Bensa, Introduzione alla storia dell'antica legislazione della Liguria, Genova 1885; id., Il diritto ligure dalla caduta dell'Impero romano al secolo X, e La cultura giuridica e la legislazione genovese dalla fine del secolo Decimoprimo all'inizio del Decimoterzo, in: Storia di Genova dalle origini al tempo nostro, Istituto per la Storia di Genova, vol. III, Milano 1942, pp. 311–320 e 265–274.
[13] E. Poleggi, Città portuali del Mediterraneo, op. cit., p. 51.
[14] Ibd., p. 66.

L'elemento sempre presente nella documentazione dei Padri del Comune, sin dall'inizio della attività di questa magistratura, è la volontà di proteggere e rego-lamentare una parte del territorio che possiamo comprendere nell'espressione 'ambiente portuale', inteso sia come scalo, sia come un sistema relazionale di elementi che devono essere costantemente e attentamente controllati e sui quali intervenire con le necessarie manutenzioni. Le ragioni sono legate a quello che il porto ha significato nella storia sociale e politica della città: si dice in una norma del 1461 che pone mano alla riparazione del molo – "non è tanto necesario lo socorso de pan e de vin e altre victualie, como è a noi lo remedio e provision de lo porto".[15]

E' in questo ordine di idee che occorre valutare la circostanza che la definitiva denominazione di "Padri del Comune", con tutte le suggestioni politiche che sottintende, appare per la prima volta agli inizi del secolo XV, ma la magistratura si pone come la continuatrice, quanto a competenza, di un ufficio preesistente i salvatori del porto e del molo (Salvatores Portus et Moduli) il cui nome è esplica-tivo sia del progetto generale, direi ideale, che sottostà alla creazione dell'ufficio, sia degli oggetti specifici della sua competenza. Solo nel tardo quattrocento si cominceranno a trovare norme che mostrano una attenzione anche per l'am-biente urbano e per il decoro cittadino: si può, un po' semplificando, dire che l'ufficio dei Padri del comune allarga la propria azione da quella di semplice "polizia portuale" a quella di "polizia urbana".[16]

Forse prima di continuare a seguire le fasi di questa evoluzione è opportuno dare qualche breve informazione sulla conformazione della città che si è svilup-pata su un arco costiero stretto tra i monti ed il mare e questa forma naturale ha indotto scelte di organizzazione urbanistica quasi obbligate.

Oltre alla conformazione geografica particolare, l'altro elemento determi-nante per lo sviluppo cittadino è dato dalla volontà di adeguare il manufatto urbano alle esigenze dell'attività economica prevalente, cioè il commercio: le conseguenze concrete di tali scelte si ritrovano nella normativa soprattutto relati-vamente a due aspetti, cioè la costruzione di edifici e le forme di collegamento viario interno e verso l'esterno.

La caratteristica paesaggistica più appariscente è la crescita di fronte allo specchio d'acqua portuale di un complesso edilizio, denominato "Ripa maris", che è un insieme abitativo e commerciale che raccoglie tutti i traffici che dall'interno della città vanno verso il mare: alle sue spalle un intrico di strade molto strette circondate da edifici molto alti spesso controllati da gruppi familiari che tendono a chiudere gli spazi di contatto con l'esterno delle zone che essi con-trollano. Su questo contesto naturale opera l'azione normativa dello Stato che, attraverso i Padri del Comune, tende a preservare gli spazi e l'ordine pubblico e a garantire il passaggio delle merci verso il mare.[17]

---

[15] C. Desimoni, Statuto dei padri del Comune, op. cit., p. 40.
[16] V. Piergiovanni, Dottrina e prassi nella formazione del diritto portuale, op. cit., p. 27–36.
[17] E. Poleggi, La costruzione della città portuale, op. cit., p. 60.

L'inizio dell'interesse dello Stato e della sua legislazione per questi temi e, quindi, la conseguente e progressiva importanza dei Padri del Comune, si ha con le leggi politiche volute da Giorgio Adorno nel 1363.[18] I magistrati debbono garantire la custodia e la salvaguardia del porto, e questo significa intervenire sia direttamente all'interno dello stesso, sia nel contesto ambientale che con esso interagisce. Il primo intervento risiede nel garantire la funzionalità e l'appetibilità dello scalo, eliminando i possibili pericoli, primo fra tutti l'interramento che ha come conseguenze pescaggio limitato degli scafi e danneggiamenti alle strutture. Si tratta, quindi, di non consentire il deflusso in ambito portuale di materiali dannosi come sassi, sabbia, legname. E' fatto, pertanto, divieto ai cittadini di abbandonare questi materiali, che sono in genere scarto di operazioni di intervento edilizio, nelle strade o davanti alle abitazioni, poiché il normale deflusso dell'acqua piovana li avrebbe portati nel grande raccoglitore delle acque che è lo scalo portuale.

Un primo intervento attiene alla pulizia degli stretti vicoli affinché "jactus aliquis vel rumenta non stet in vichis vel carrubeis sive locis unde possit tempore pluviale affluere vel discurrere in portum".[19]

Un secondo tipo di intervento risponde all'esigenza di manutenzione delle strade e coinvolge la magistratura pubblica ed i privati: occorre intervenire per il ripristino della pavimentazione e il buono stato dei condotti che raccolgono le acque.

In questo stesso ordine di idee sono da ascrivere i provvedimenti che vietano di costruire gradini dinanzi all'ingresso delle case poiché "[...] nimia aliquorum licentia vias civitatis in multis locis esse devastatas, et ex equalibis inequales et ex latis strictas factas fuisse": la conseguenza è il pericolo soprattutto per coloro che incedono a cavallo, e la sanzione è l'obbligo imposto ai singoli del ripristino delle condizioni precedenti.

In una situazione edilizia come quella genovese un ulteriore problema è quello della illuminazione dei vicoli, spesso impedita da costruzioni fuori norma: così si richiamano i citttadini a costruire cornicioni che non sporgano molto dai muri. Questi, poi, non devono avere parti sporgenti in quanto "vici et vie publice angustiores reddantur in superioribus partibus quam sint in inferioribus".[20]

Le sanzioni possono colpire pesantemente anche i *magistri antelami* edificatori del manufatto se non si assoggettano ad una procedura di autorizzazione preventiva e di controllo successivo.[21] Ad essi è fatto esplicito divieto di addivenire a qualsiasi innovazione edilizia senza il preventivo consenso dei magistrati.

La necessità, derivata dalla scarsità di spazio a disposizione, di sfruttare le costruzioni soprattutto in altezza ha come controindicazione il maggior pericolo di

---

[18] V. Piergiovanni, Dottrina e prassi nella formazione del diritto portuale, op. cit., p. 19.
[19] C. Desimoni, Statuto dei padri del Comune, op. cit., p. 14.
[20] Ibd., p. 259.
[21] Ibd., p. 47.

crolli. Le sopraelevazioni devono essere gestite tecnicamente con la costruzione
di sostegni a forma di arco sospesi da un edificio a quello di fronte al di sopra del
vicolo. Il consiglio ai privati è di rinforzare la struttura con chiavi di piombo. Ai
vicini preoccupati per i danni causati da queste strutture rimane l'assicurazione
che il tutto deve essere fatto "dummodo tamen vicini muros non deformetur vel
per ipsam clavium apositionem detrimentum patiatur".[22] Molte di queste strutture abbisognano di manutenzione e di controlli, e in questa circostanza il legislatore prende in considerazione anche il contesto estetico:

> Per civitatem reperiri plurima pontella lapidea, sufulcentia domos de domo ad domum,
> que nedum tolunt et debilitant lucem et domibus et vicis civitatis verum etiam non sine
> periculo constanti transeuntium, ultra quod ad oculum urbem dedecorant [...][23]

Un ulteriore problema, derivato sempre dalla minima distanza che separa gli
edifici che si fronteggiano è costituito dai piccoli ponti che consentono il passaggio nelle abitazioni altrui.

I privati devono attenersi a norme che assicurino non solo la sicurezza dei pas-
santi ma anche evitino eccessi estetici. Questa seconda esigenza appare a chiare
lettere in un decreto, richiesto da un gruppo di cittadini, i quali invitano il Governatore a non consentire costruzioni sotto la volta della porta di Sant'Andrea,
rendendone più angusto l'accesso "[...] turpe fore si edificatis domunculis aut
appothecis angustior et impeditior fiat".[24] E' interessante la previsione che cassa
anche i provvedimenti futuri che disponessero diversamente "tanquam contra
decus publicum et decreta Senatus".[25]

Anche i costruttori di corde offendono il pubblico decoro "respectu fectoris et
male olientie cedit in prejudicium vicinorum et habitantium in dicta contracta
[...] etiamque in publicum dedecus".[26] L'interesse di questo provvedimento
consiste anche nel suo inquadramento all'interno di un sistema di difesa delle
immissioni che impedisce la sistemazione all'interno della città di attività inqui-
nanti come lavorazione del cuoio e tintura della lana.

Forse ancora più curioso è il decreto che, a fini di aumentare l'estetica cittadina in occasione della visita del Re francese nel 1502 impone ai Padri del Comune di riparare un abbeveratoio e di fare scomparire merci e banchi sparsi
lungo il percorso regio.[27]

Una linea politica abbastanza continua, e che fa pensare a scelte urbanistiche
precise, riguarda la difesa del suolo pubblico dalle ingerenze dei privati che tendono ad appropriarsene o ad interferire con i pubblici servizi come l'acquedotto:

---

[22] Ibd., p. 262.
[23] Ibd., p. 261–262.
[24] Ibd., p. 145.
[25] Ibd., p. 145.
[26] Ibd., p. 283.
[27] Ibd., p. 171: De beveratorio et aqua Sancti Lazari, et de tabulatis et banchis levandis
    occasione adventus Regie Maiestatis.

in questi casi gli interventi sono molto decisi nel pretendere restituzione o riduzione in pristino stato.[28] In questo stesso spirito va letto un decreto che, a pena di confisca a favore del fisco, impone ai privati di non vendere o donare edifici agli ordini religiosi che, per la loro ricchezza e litigiosità, creano in città problemi di ordine pubblico.[29]

Un problema di non poco conto doveva derivare dalle botteghe e dalla loro tendenza ad occupare lo spazio antistante. Viene fatto obbligo di ritirare tutto all'interno delle botteghe per ottenere un nuovo *ornamentum civitatis*.[30]

In una tipologia differente di abbellimenti, perché di genere politico, rientra l'obbligo imposto al comune di Vado, sottratto a Savona, di dipingere nelle case di nuova costruzione la croce che è l'insegna della Repubblica genovese.[31]

Un discorso a parte meriterebbe l'apertura di Strada Nuova realizzata tra il 1550 ed il 1575, una lottizzazione voluta a propria celebrazione dai finanzieri genovesi divenuti ricchissimi con i traffici valutari ed i prestiti alle corone, soprattutto a quella spagnola: essa non si innesta nel circuito della viabilità urbana ma rimane separata di fatto per le sue dimensioni che permettono il passaggio con carrozze, mentre i vicoli sottostanti consentono solo il passaggio pedonale o di muli. La sua nascita corrisponde ad una precisa tendenza dell'aristocrazia genovese a separarsi dal resto della popolazione, ma ai fini di un discorso sulle normative statutarie urbanistiche esso non apporta alcun contributo essendo sostanzialmente passato al di fuori dei canali normativi tradizionali.[32]

Vorrei terminare illustrando brevemente due testi, uno del 1415 ed uno della seconda metà del Cinquecento. Essi sono forse una testimonianza precisa delle opzioni urbanistiche della città di Genova e della loro derivazione dalla conformazione e dalle scelte economiche.

Il testo quattrocentesco ha come oggetto l'allargamento della piazza dei Banchi, luogo deputato, nel centro cittadino, ai traffici commerciali e finanziari. Il Doge e gli Anziani decidono di

> [...] dilatari plateam bancorum dicte civitatis, ut que nunc arcta et exigua nimis capacior sit mercatorum in ea confluentium et eiusdem platee amplitudine ipsa civitas decoretur,[33]

la conseguenza è una espropriazione forzata di edifici esistenti per andare incontro alle esigenze di accresciuti volumi di traffici.

---

[28] Ibd., pp. 46, 48, 49, 264, 316, 318.
[29] Ibd., pp. 165–166.
[30] Ibd., p. 160.
[31] Ibd., p. 269.
[32] E. Poleggi, Strada Nuova, una lottizzazione del Cinquecento a Genova, Genova 1968–1972, p. 3; G. Simoncini, Città e società nel rinascimento, Torino 1974, I, pp. 182–183, II, 322–325.
[33] C. Desimoni, Statuto dei padri del Comune, op. cit., p. 346.

Il decreto cinquecentesco intende perseguire chi costruisca senza l'autorizzazione dei Padri del Comune, ed argomenta ampiamente le ragioni che sono
all'origine del provvedimento. I governanti sono coscienti che "propter angu-
stiam soli" le costruzioni non hanno potuto avere larghezza di basi e hanno
costretto i genovesi

> [...] in altitudinem erigere et elevare edificia celum versum, unde evenit quod civitas
> nostra propter altitudinem domorum et angustias viarum reddatur melanconica, ipseque
> vie et strade suboscure.

In questa situazione non si può tollerare che ci sia chi, malgrado questa difficoltà
di base, approfitta delle opere di riedificazione per appropriarsi di parti del suolo
pubblico. La conseguenza è allo stesso tempo gravida di conseguenze giuridiche
ed estetiche:

> Quod cedit in maximum damnum et dedecus urbis et publici commodi, cum presertim
> nihil magis honeste et pulchras reddat civitates quam latitudo et rectitudo viarum, si po-
> stea ipse vie sunt decorate pulchris edificiis. Volentes propterea providere, posteaquam
> vie civitatis et vici natura non possunt esse latiores ita enim situs non consentit, quod ci-
> ves et habitatores abstineant a capiendo ex solo publico in eorum construendis edificiis
> angustiando magis vias quam sint.[34]

Le conseguenze sono naturalmente pesanti, ad iniziare dalla riduzione in pristino
stato, ma torna il tema fondamentale della difesa dell'ambiente sociale cittadino,
attraverso la tutela dei beni collettivi e dei contesti che maggiormente li espri-
mono: il porto e il mercato.

Una necessità fisica derivata dall'ambiente naturale si trasforma quasi in un
atteggiamento psicologico collettivo che induce linee di politica urbanistica funzionali al contesto in cui si opera. In esso lo strumento giuridico, dai vecchi statuti alle nuove forme normative, nei suoi aspetti civili, penali o amministrativi
appare, ancora una volta, indispensabile mezzo di mediazione e di razionalizza-
zione.[35]

---

[34] Ibd., p. 286.
[35] R.E. Zupko/R.A. Laures, Straws in the wind. Medieval Urban Enviromental Law. The
Case of Northern Italy, Oxford 1996.

Antje Middeldorf Kosegarten

Kommunale Gesetzgebung, Bauplanung und Stadtästhetik im mittelalterlichen Venedig

13.–14. Jahrhundert

> Venetiana urbs est venustior et pretiosior cunctis civitatibus, quas ego vidi, tam in Christianitate quam extra, nec vidi quidquam mirabilius hac urbe, nihil curiosius perspexi et in nullo loco diutius mansi hospes. [...] Quis enim hanc clarissimam et florentissimam urbem, cujus immensa fama et gloria per se toti notissima exstat orbi, describet ad plenum? (Fr. Felix Fabri OP [†1502], nach 1484)

1. Einleitung

Seit dem 14. Jahrhundert gibt es begeisterte Beschreibungen Venedigs wie die oben zitierte des Felix Faber in der Reiseliteratur des Spätmittelalters.[1] Das mag unseren Versuch rechtfertigen, die Geschichte der mittelalterlichen Bauplanung der Seerepublik nach Maßgabe kommunaler Gesetzgebung bei Berücksichtigung aller anderen einschlägigen Gesichtspunkte vorrangig in der Perspektive ihrer angestrebten Schönheit darzustellen.[2] Seit etwa dreißig Jahren hat sich in der

---

[1] Zitiert nach: Konrad Dietrich Hassler (Hg.), Fratris Felicis Fabri Evagatorium in Terrae Sanctae, Arabiae et Egypti Peregrinationem (1480, 1483–84) III, Stuttgart 1849, S. 399. Vgl. die Beschreibung Venedigs und S. Marcos von dem irischen Franziskaner Symon Semeonis, der 1323 dort war, zitiert von Julian Gardner, „Magister Bertucius Aurifex" et les portes en bronze de Saint-Marc, un programme pour l'année jubilaire, in: Revue de l'art 134 (2001/4), S. 9–26, hier S. 19f.

[2] Die komplizierte, viel bearbeitete Geschichte der Herausbildung der verzweigten Magistraturen Venedigs kann hier nicht dargestellt werden. Vgl. u.a. Roberto Cessi, Deliberazioni del Maggior Consiglio di Venezia (= Accademia dei Lincei. Atti delle Assemlee costituzionali italiane dal Medio Evo al 1831; Serie Terza: Parlamenti e Conigli Maggiori dei Comuni italiani; Sezione prima), I, Bologna 1950; II, Bologna 1931; III, Bologna 1934, hier I, S. III–XX; Heinrich Kretschmayr, Geschichte von Venedig, I, Gotha 1905, II, Gotha 1920 (Neudruck Aalen 1964); hier II, S. 68–132; Mario Caravale, Le istituzioni della Repubblica, in: Giorgio Cracco und Gherardo Ortalli (Hgg.), Storia di Venezia II: L'età del Comune, Rom 1995, S. 299–364; Gherardo Ortalli, Art. „Venedig" in: Lexikon des Mittelalters VIII, München 1997, Sp. 1459–1466; Gerhard Rösch, Der venezianische Adel bis zur Schließung des Großen Rats. Zur Genese einer Führungsschicht, Sigmaringen 1989, S. 81–233; ders., Venedig. Geschichte einer Seerepublik, Stuttgart 2000, S. 112–126.

Erforschung der Urbanistik Venedigs viel bewegt. Grundlegend für den hier
gewählten Gesichtspunkt ist die monumentale Arbeit von Crouzet-Pavan,
„Sopra le acque salse", erschienen 1992, denn sie betonte die ästhetische Seite
der mittelalterlichen Stadtgestaltung, wenngleich sie nicht eigentlich definierte,
was sie damit meint.[3] Außer gedruckten Quellen waren ferner die Untersuchungen von Cecchetti, „La vita dei Veneziani nel 1300" von 1884/1885, von
Wichmann über die Campi Venedigs von 1987, die Aufsätze von Schulz von 1991
zur Urbanistik Venedigs und von 1993 über den Markusplatz wie Dorigos
reichhaltige Beiträge zur mittelalterlichen Stadtplanung von 1983, 1996 und 1997
als Orientierungshilfe wichtig. Schließlich sind die für unser Thema relevanten
Abhandlungen in dem von Valcanover und Wolters herausgegebenen, 2000
erschienenen Band „L'architettura gotica veneziana" zu nennen.[4] Hier handelte
Crouzet-Pavan unser Thema zusammenfassend unter dem Gesichtspunkt der
Interaktion von öffentlichen und privaten Instanzen in der Perspektive einer zu
errichtenden Idealstadt nach dem Vorbild des Himmlischen Jerusalem ab.[5] Für
eine vergleichende Betrachtung unter dem Gesichtspunkt der Stadtästhetik lieh

---

[3] Vgl. Elizabeth, Crouzet-Pavan, „Sopra le acque salse". Espaces, pouvoir et societé à
     Venise à la fin du Moyen-Age (= Collection de l'Ecole Française de Rome 156/Istituto
     storico per il Medio Evo. Nuovi studi storici, 14), Rom 1992, Index analytique s.v.
     „esthétique urbaine".

[4] Zur mittelalterlichen Urbanistik Venedigs vgl. Bartolomeo Cecchetti, La vita dei
     veneziani nel 1300. La città, la laguna, in: Archivio veneto N.S. Anno XIV, XXVII,
     Teil 1, 1884, S. 5–45, Teil 2, S. 321–337; ebd., XXVIII, Teil 1, S. 5–29, Teil 2, S. 267–296;
     ebd., XXIX, 1885, Teil 1, S. 9–48, passim; Petra Wichmann, Die Campi Venedigs. Ent-
     wicklungsgeschichtliche Untersuchungen zu den venezianischen Kirch- und Quartier-
     splätzen (Beiträge zur Kunstwissenschaft 12), München 1987; G. Caniato/M. Dal Borgo,
     Le arti edili a Venezia, Rom 1990; Juergen Schulz, Urbanism in Medieval Venice, in:
     Anthony Molho/Kurt Raaflaub/Julia Emlen (Hgg.), City States in Classical Antiquity
     and Medieval Italy, Ann Arbor 1991, S. 419–446; ders., La piazza medievale di San
     Marco, in: Annali di Architettura 4–5 (1992–1993), S. 134–156; Wladimiro Dorigo,
     Venezia Origini. Fondamenti, ipotesi, metodi (I–III) II, Mailand 1983, S. passim; ders.,
     Exigentes, Sigentes, Sezentes, Sergentes: Le case d'affitto a Venezia nel Medioevo, in:
     Venezia Arti 10 (1996), S. 25–37; ders., Forme dell'edilizia civile nella Venezia
     medioevale, in: Stefano Marconi (Hg.), Scritti e immagini in onore di Corrado Maltese,
     Rom 1997, S. 333–337; ders., Venedig vor Venedig: von Grado nach San Marco, in:
     Giandomenico Romanelli (Hg.), Venedig, Kunst und Architektur I, Köln 1997, S. 33–79;
     Elizabeth Crouzet-Pavan, La conquista dello spazio urbano, in: Storia di Venezia
     (Anm. 2) I, Rom 1992, S. 549–575; schließlich die im folgenden zitierten Beiträge in:
     Francesco Valcanover und Wolfgang Wolters (Hgg.), L'architettura gotica veneziana (=
     Atti del Convegno Internazionale di Studio, Venezia 27–29 novembre 1996. Istituto
     Veneto di Scienze, Lettere ed Arti; Monumenta Veneta), Venedig 2000.. – Auf die
     Bibliographien in den Beiträgen genannter Autoren und Herausgeber sei hier nur
     hingewiesen.

[5] Elizabeth Crouzet-Pavan, Politica e pratiche dell'habitat nell'epoca gotica a Venezia, in:
     Valcanover und Wolters (Hgg.) (Anm. 4), S. 235–241 (Vergleich mit Brescia als „città
     celeste" im dortigen Statut von 1313).

sich vor allem Dietls kenntnisreicher Beitrag über „Kommunales Baugesetz und Städtebild" von 2000.[6] Was wir bieten, ist also nichts grundsätzlich Neues, sondern ein Florilegium aus altbekannten gedruckten Quellen, welche diesen ästhetischen Aspekt ausdrücklich benennen oder doch implizieren.

Es sind nicht die mittelalterlichen sog. Statuten der Stadt Venedig, wie sie in der Statutensammlung des Jacopo Tiepolo von 1242 und seiner Vorgänger und Nachfolger vorliegen, die für unser Thema ergiebig sind, denn sie enthalten vor allem zivilrechtliche, Familien-, Erb-, Grundstücks- und Vermögensangelegenheiten betreffende Satzungen.[7] Interessant sind dagegen die Capitularien oder Konstitutionen der einzelnen Kommissionen des *Maggior Consiglio*, deren Aktivität in dessen *Deliberazioni* ihren Niederschlag fand. Sie sind seit 1223 überliefert, doch in der Breite setzte die Arbeit jener Kommissionen erst seit etwa 1270 ein. Ihre Beschlüsse, so weit erhalten, wurden zum großen Teil von Cessi veröffentlicht.[8] Wichtig ist vor allem das *Capitulare* der *Ufficiali super publicis* oder *del Piovego,* d.h. der 1282 eingesetzten Kommission zur Überwachung des öffentlichen Eigentums, die hervorging aus der älteren Kommission der „Uffcali super canales, rivos et piscinas" und in etwa deren Aufgaben fortführte; ferner das *Capitulare* der „Domini de nocte", der Polizei, aus der 2. Hälfte des 13. Jahrhunderts.[9] Ihre Aktivitäten betrafen alle Belange der öffentlichen Bautätigkeit,

---

6 Albert Dietl, Die reale und die imaginierte Stadt: Kommunales Baugesetz und Städtebild in den ober- und mittelitalienischen Kommunen der Dantezeit, in: Jürgen Lehmann und Eckard Liebau (Hgg.), Stadt-Ansichten (Akademische Bibliothek Sammlung interdisziplinärer Studien 1), Würzburg 2000, S. 81–102; s.a. Thomas Szabò, Die Visualisierung städtischer Ordnung in den Kommunen Italiens, in: Anzeiger des Germanischen Nationalmuseums 1995, S. 55–86; Crouzet-Pavan (Anm. 5), S. 236.

7 Enrico Besta und Riccardo Predelli (Hgg.), Gli statuti civili di Venezia anteriori al 1242 editi per la prima volta, in: Nuovo Archivio Veneto, N.S. Anno I, Tomo I, parte I (= num. 41, N.S. num. 1), Venedig 1901, S. 5–117 (Einleitung), S. 205–300 (Textedition); Kretschmayr (Anm. 2), II, S. 110f.; Roberto Cessi, Gli statuti veneziani di Jacopo Tiepolo dal 1242 e le loro glosse, in: Memorie del Reale Istituto Veneto di Scienze, Lettere ed Arti XXX,2, Venedig 1938, S. II–XV (Einleitung), S. 3–231 (Textedition); zu den Statuten vgl. auch Enrico Besta, Jacopo Bertaldo e lo ,Splendor venetorum civitatis consuetudinum', in: Nuovo Archivio Veneto XIII, I (1897), S. 109–133; Kretschmayr a.a.O. – Zum Statutenwerk des Andrea Dandolo vgl. Luigi Genuardi, La ,Summula statutorum floridum veneciarum' di Andrea Dandolo, in: Nuovo Archivio Veneto, N.S. XI, XXI, 2 (1911), S. 436–467; Kretschmayr, a.a.O. II, S. 548; Ester Pastorello (Hg.), Andreae Danduli Ducis venetiarum Chronica per extensum descripta aa. 46–1280 d. C. (= RISS/2, XXII, I), Bologna 1938–1958, S. VII; Art. Dandolo, Andrea, in: Dizionario biografico degli italiani 32, Rom 1986, S. 432–440, hier S. 433 (G. Ravegnani).

8 Cessi; (Anm. 2). Zur Entstehung des *Maggior Consiglio*, vgl. Victor Crescenzi, „Esse de Maiori consilio". Legittimità civile e legittimazione politica nella Repubblica di Venezia (sec. XIII–XVI), (Istituto Storico Italiano per il Medio Evo. Nuovi studi storici 34) Rom 1996, S. 291–300.

9 „Piovego" ist eine Korruption des Terminus „Officiales publicorum" oder „super publi-

jedoch nicht die der privaten, weshalb z.B. die Architektur der mittelalterlichen Privatpaläste schlecht dokumentiert ist.[10] Ferner wurden die _promissioni_, die Amtseide der Dogen seit dem (ersten) des Jacopo Tiepolo (1229) bis einschließlich desjenigen des Andrea Dandolo (1343) durchgesehen.[11] Dazu kommt eine Reihe verstreuter, anderweitig publizierter Nachrichten.

2. San Marco

Der Begriff _pulchritudo_ taucht in Beschlüssen des _Maggior Consiglio_, welche die Stadtplanung betreffen, in den von uns durchgesehenen Quellen zuerst 1294 auf.[12] Im Versuch einer Kontextualisierung seines Wortfeldes fragen wir eingangs, was er im mittelalterlichen Venedig konnotierte.

Bekanntlich war S. Marco mit dem Dogenpalast und dem Markusplatz, zunächst als Eigenkirche der Dogen, dann seit dem 12. Jahrhundert mit der Herausbildung des _Comunis Veneciarum_ als Staatskirche, das politische und geistige Zentrum der Stadt (vgl. Abb. 1). Dieser Baukomplex ist hinsichtlich der Schaffung einer spezifisch venezianischen „Stadtästhetik" und ihrer rechtlich abgesicherten Realisierung seit der Gründung der venezianischen Kommune besonders bedeutsam. Letztere datiert man im Zusammenhang der Bildung einer ersten städtischen Magistratur, des _consilium sapientium_, während des Dogats des Pietro Polani (1130–1148); unter Sebastiano Ziani (1172–1178) wurde im Zuge des Neubaues des Dogenpalastes dessen Südflügel gegen den Molo als _palatium_

---

cis", vgl. Melchiorre Roberti, Le magistrature giudiziarie veneziane e i loro capituli fino al 1300 I, Padua 1906; II (I capitolari del Minor Consiglio, dei Giudici del Proprio, del Forestier, dell'Avogaria, dell'Esaminador [con alcune glosse agli statuti veneti], e del Piovego), Venedig 1909; III (I capulari dei Signori di Notte, dei Giudici di Petizione, del Mobile, del Men, del Procurator, del Contrabbando e dei Giudici Straordinari di Palazzo), Venedig 1911. hier II, S. 271–303; für das _Capitulare_ der _Domini de nocte_ vgl. ebd. III, S. 13–100, passim; zur Einsetzung S. 10. Zur Einrichtung der Magistratur der _Giudici del Piovego_ vgl. ferner Kretschmayr (Anm. 2), II, S. 109; Eliʒabeth Pavan, Imaginaire et politique: Venise et la mort à la fin du Moyen-Age, in: Mélanges de l'Ecole Française de Rome. Moyen-Age–Temps modernes 93 (1981), 2, S. 467–493, hier S. 471 f.; Bianca Lanfranchi Strina, Codex Publicorum (Codice del Piovego) I, (Monumenti storici pubblicati della Deputazione di Storia Patria per le Venezie N.S. XXVII) Venedig 1985, Prefazione S. XXI–XXVII; Schulz (Anm. 4/1991), S. 423.

[10] Vgl. Wolfgang Wolters, Lo stato di ricerca sul gotico veneziano, in: Valcanover und Wolters (Hgg.) (Anm. 4), S. 9 f.; Wladimiro Dorigo, Caratteri tipologici, distributivi e strutturali delle _domus magnae_ veneziane prima dell'età gotica, in: ebd., S. 15–28.

[11] Vgl. Gisella Graziato (Hg.), Le promissioni del Doge di Venezia, Venedig 1986; für diejenige des Andrea Dandolo s. a. Pastorello (Hg.; Anm. 7), S. LXXIX–CII.

[12] Vgl. S. 118, Anm. 85 (Palastfassade des Pietro Savonario von 1294).

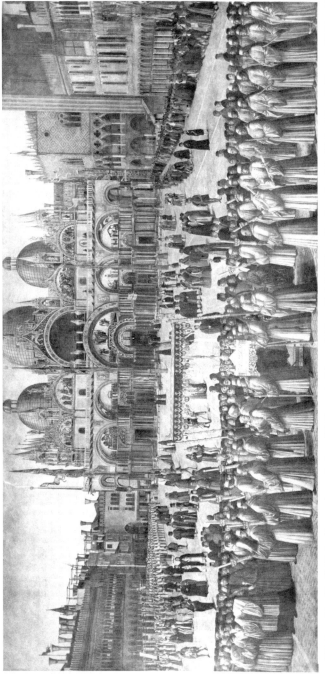

Abb.1. Gentile Bellini, „Prozession mit dem Hl. Kreuz in Piazza S. Marco", 1496 (Venedig, Accademia). (Foto Alinari, Florenz (Bildarchiv des Kunstgeschichtlichen Seminars der Universität Göttingen).

comune errichtet.[13] Seither wurde der Stadtheilige S. Marco zunehmend zur
juridischen Person und Identifikationsfigur der Kommune, seine Kirche daher zu
einem städtischen Politicum ersten Ranges, vergleichbar in etwa der Bedeutung,
welchen Kathedralen in Stadtrepubliken des italienischen Festlandes seit dem
12. Jahrhundert zugemessen wurde.[14] Der Doge selbst wurde in diesem Prozeß
nach und nach „the center of a cult; he became himself a sacred relic", der bei
allen seinen Handlungen strenger Kontrolle durch die Magistraturen, d.h. durch
den venezianischen Adel, unterlag.[15] In diesem Sinne sind die *promissioni*, d.h.
die Einzelbestimmungen des Amtseides des Dogen zu verstehen. Sie gingen aus
der kommunalen Gesetzgebung hervor und wurden jeweils erweiternd
adgiorniert, wobei seine Befugnisse zunehmend eingeschränkt wurden.[16] Unter
ihnen sind zwei, die zwar nicht die Stadtplanung betreffen, jedoch ein Licht auf
das venezianische Verständnis von Ästhetik im Sinne von Prachtentfaltung und
verfeinerten Sitten werfen. Seit der Wahl des Jacopo Tiepolo 1229 mußte der
neu gewählte Doge beeidigen, keine Geschenke anzunehmen außer *aqua rosata*
(Rosenwasser?), Blumen, wohlriechenden Kräutern und Balsam; er versprach,
alles darüber hinaus Erhaltene innerhalb von drei Tagen dem *camerarius* der

---

[13] Otto Demus, The Church of San Marco in Venice. History. Architecture. Sculpture,
    Washington 1960, S. 50–60; hier S. 51. Zur Entstehung des *comune veneciarum* s.
    zusammenfassend Ortalli (Anm. 2/1997), Sp. 1463f.; zur Stellung des Dogen ebd., Sp.
    1464: „Charakteristisch ist [im Gegensatz zu den Verhältnissen des Festlandes,
    A.M.K.], daß an der Spitze der Kommune der Doge beibehalten wird, auf Lebenszeit
    gewählt und Symbol einer absoluten Gewalt, von deren Ausübung er jedoch in zuneh-
    mendem Maße ausgeschlossen wird, so daß er mit der Zeit wie eine hieratische Statue
    erscheint, wie das fleischgewordene Abbild der Herrschergewalt, *sibi princeps*, deren
    am meisten überwachter Untertan er selbst ist [...]"; vgl. Kretschmayr (Anm. 2), II, S.
    82–92, hier S. 88: „Man ließ ihm nur seine Rechte als Heerführer im Kriege". – Zum
    Neubau des Dogenpalastes unter Sebastiano Ziani vgl. Erich Egg/Erich Hubala/Peter
    Tigler u.a., Oberitalien Ost (= Reclams Kunstführer/Italien II), Stuttgart 1965, S. 631f.;
    Umberto Franzoi/Terisio Pignatti/Wolfgang Wolters (Hgg.), Il Palazzo Ducale di
    Venezia, Treviso 1990, S. 24f.
[14] Zur Aneignung des Stadtheiligen Markus durch die Kommune vgl. Daniela Rando, Dal
    Santo allo Stato. L'Opus e i Procuratori di S. Marco di Venezia dalle origini al se-
    colo XIV, in: Margaret Haines/Lucio Riccetti (Hgg.), Opera: Carattere e ruolo delle
    fabbriche cittadine fino all'inizio dell'Età Moderna (= Atti della Tavola Rotonda, Villa I
    Tatti, Firenze 1991), Florenz 1996, S. 71–116, hier S. 78–81. – Zu den Kathedralen des
    Festlandes vgl. z.B. Antje Middeldorf Kosegarten, Sienesische Bildhauer am Duomo
    Vecchio. Studien zur Skulptur in Siena 1250–1330 (= Italienische Forschungen, hrsg.
    vom Kunsthistorischen Institut in Florenz, III. Folge XIII), München 1984, S. 13–22,
    S. 74–103; Bruno Klein, Die Kathedrale von Piacenza. Architektur und Skulptur der
    Romanik, Worms 1995, S. 277–295; Albert Dietl, „Defensor civitatis". Der Stadtpatron
    in romanischen Reliefzyklen Oberitaliens, München 1998, passim.
[15] Demus (Anm. 13), S. 52.
[16] Kretschmayr (Anm 2), II, S. 89; Demus (Anm. 13), S. 50–54; Graziato (Anm. 11); Rando
    (Anm. 14), S. 91.

Kommune zu übergeben. Die gleiche Einschränkung galt für Geschenke anläßlich von Hochzeitsfeiern seiner Familie im Dogenpalast: wahrlich eine elegante Regelung, um Bestechung zu verhindern![17] Wir wissen nicht, ob sie ein Vorbild im byzantinischen oder westlichen Herrscherzeremoniell hatte.[18] – Ferner mußte der Doge dem Prokurator resp. den Prokuratoren von S. Marco eine gewisse Summe Silbergeld aushändigen, um damit drei, resp. später vier oder sechs Trompeten („tube") fertigen zu lassen, die nach seinem Tode in der *Opera Sancti Marci* verblieben.[19] Sicher waren sie für die Prozessionen des Dogen bestimmt, welchem, wie Martin da Canal in seiner zwischen 1267 und 1275 verfaßten Chronik „Les Estoires de Venise" berichtet[20] und wie Darstellungen bezeugen, auch eine Bläsergruppe vorauszog. Fortini Brown hat gezeigt, daß diese Vorschrift zurückgehe auf die sagenhafte Überreichung der *trionfi*, nämlich einer weißen Kerze, dreier Schirme, acht *vexilla* und acht Silbertrompeten, durch Papst Alexander III. an den Dogen Sebastiano Ziani anläßlich seines in Venedig feierlich inszenierten Friedensschlusses mit Barbarossa im Jahr 1177 – ein Ereignis, welches Teil des Staatsmythos von Venedig wurde. Solche Bläser sieht man z.B. auf der Miniatur eines Zyklus der „Geschichte Alexanders III." aus dem 14. Jahrhundert mit der Darstellung der „Übergabe der *vexilla*" (Abb. 2),[21] später auf dem berühmten Bild mit der „Proz-

---

[17] Graziato (Anm. 11), S. 15f. (Jacopo Tiepolo), 31f. (Marino Morosini), 49–52 (Ranieri Zeno); Pastorello (Hg.; Anm. 7), S. XC (mit weiteren Spezifizierungen); zu diesem Punkt in den *promissioni* und zum Problem der Bestechung innerhalb des venezianischen Adels überhaupt vgl. Donald E. Queller, The Venetian Patriciate. Reality versus Myth, Urbana/Chicago 1986, S. 187, 192f. u. passim; vgl. auch unten Anm. 150.

[18] Vgl. Lexikon des Mittelalters V, München/Zürich 1991, Sp. 1448–1451 s.v. Korruption; bes. Sp. 1451f.: Byzantinisches Reich (A. Kazhdan,); auch Alexander P. Kazhdan/Alice Mary Talbot (Hgg.), The Oxford Dictionary of Byzantium, New York/London 1991ff., I, S. 535, s.v. Corruption. Zur Bestechlichkeit von Mitgliedern des *Maggior Consiglio* vgl. unten Anm. 151.

[19] Graziato (Anm. 11), S. 18, 36, 56f; Pastorello (Hg.; Anm. 7), S. XCIV (sechs *tube*).

[20] Alberto Limentani (Hg.), Martin da Canal, Les Estoires de Venise. Cronaca veneziana in lingua francese dalle origini al 1275 (= Civiltà veneziana. Fonti e Testi, XII, Serie Terza 3), Florenz 1972, S. 246f.: „[...] VI tronbeors, qui tronbent es tronbes d'arjent [...]".

[21] Venedig, Museo Correr, ms. Correr 363, cl. 1, no. 1497, c. 30r: vgl. Storia di Venezia (Anm. 2) I, Rom 1992, S. 840, Abb. 3; Patricia Fortini Brown, The Self-Definition of the Venetian Republic, in: Molho (wie Anm. 4), S. 511–548, hier S. 524–526, Abb. 26–31; dies., Venetian Narrative Painting in the Age of Carpaccio, New Haven/London, [3]1994, S. 38, 164f., Abb. 93; vgl. auch Bianca Betto, Il capitolo della Basilica di San Marco a Venezia: Statuti e consuetudini dei primi decenni del secolo XIV (= Miscellanea erudita, XLIV), Padua 1984, S. 45; Schulz (Anm. 4/1992–1993), S. 147; Staale Sinding-Larsen, The Burden of the Ceremony Master. Image and Action in San Marco, Venice, and in an Islamic Mosque. The Rituum Cerimoniale of 1564 (= Acta ad archeologiam et artium historiam pertinentia XII), Rom 2000, S. 51: „[...] the doge's piffari

Abb. 2: Die *suonatori* des Dogen mit ihren Silbertrompeten, 14. Jahrhundert (Miniatur aus: ms. Mus. Correr 363, cl. 1, no. 1497). (Nach Patricia Fortini Brown, in: Molho Hg. (Anm. 4), fig. 26.)

zession auf dem Markusplatz", 1496 von Gentile Bellini (Abb. 1, rechts), wie auf dem Holzschnitt mit der Palmsonntags-Prozession von Matteo Pagan von ca. 1565.[22] Vorab Muir hat die integrierende Bedeutung der spektakulären Dogen-Prozessionen dargelegt, deren Verlauf die ganze Stadt einschloß und die *sestieri* an das zeremonielle Zentrum von S. Marco banden; Mackenney verwies auf ihren Aspekt als „Werbeträger" für die Fremden. So gesehen, hatten die vom Dogen zu stiftenden *tube* durchaus ihren Platz in der Stadtästhetik.[23] Über das Bewußtsein einer Wirksamkeit von *pulchritudo* im Sinne weltläufiger Eleganz und Urbanität unterrichten auch Dokumente von 1286 und 1288, die besagen, daß bei der Verfolgung gewisser diplomatischer Ziele „pulchra maneria" (sic) und „pulchra verba" anzuwenden seien.[24] Dem möchte die Beschreibung entsprechen, welche Robert de Clari in seiner Chronik „La conquête de Constantinople" (nach 1216) aus der Sicht des Fremden der 1202 zum Vierten Kreuzzug ausfahrenden venezianischen Flotte widmete:

Der Herzog von Venedig [= der Doge Enrico Dandolo] hatte auf seine eigenen Kosten fünfzig Galeeren mit sich. Die Galeere, auf der er war, war hellrot mit einem darüber gespannten Zelt aus hellroter Seide. Vor sich hatte er vierzig Trompeter mit silbernen Trompeten, die erschallten, und Trommelschläger, die einen sehr fröhlichen Lärm machten. [...] Als die Flotte den Hafen von Venedig verließ, [waren da?] Kriegsschiffe, diese großartigen Lastschiffe und so viele andere Wasserfahrzeuge, daß es der prächtigste Anblick seit Beginn der Welt war. Denn da waren wohl hundert Trompetenpaare aus Silber und aus Bronze, die bei der Abfahrt erschollen, und ebenso viele Handpauken und Trommeln und andere Instrumente, daß es ein reines Wunder war.[25]

[six trumpetists] [...]". Vgl. auch das Gedicht des Castellano da Bassano über den Friedensschluß zwischen Alexan-und Barbarossa in Venedig von 1331 für den Dogen Francesco Dandolo: G. Monticolo (Hg.), Marin Sanudo, Vite dei Dogi (= RISS XII/2, IV), Bologna/Città di Castello 1900, S. 485–519, hier S. 513: „octo tubas argenteas", ferner dasjenige von Pietro de' Natali zum gleichen Thema, ebd., S. 539; s. a. Pastorello (Hg.; Anm. 7), S. 265 ad a. 1177. Die *tube* konnten anläßlich von Festlichkeiten zu Ehren des Dogen von der Stadt bei der Procuratoria ausgeliehen werden, vgl. Cessi (Anm. 2), III, S. 253, Nr. 151f. (1289).

[22] Fortini Brown (Anm. 21/1994), Taf. XVIII, Abb. 97f.

[23] Edward Muir, Civic Ritual in Renaissance Venice, Princeton 1981; ders., Le vie sacre e le vie profane di Venezia, in: Antonio Niero (Hg.), San Marco. Aspetti storici e agiografici (= Atti del Convegno internazionale di studi, Venezia 1994), Venedig 1996, S. 81–96, hier S. 87; Richard Mackenney, Tradesmen and Traders. The World of the Guilds in Venice and Europe, London 1987, S. 141–148; Staale Sinding-Larsen, Der heilige Markus, Schutzpatron Venedigs, in: Ettore Vio (Hg.), San Marco. Geschichte, Kunst und Kultur, München 2001, S. 724–79.

[24] Cessi (Anm. 2), III, S. 161, Nr. 151 (1286), und ebd., S. 225, Nr. 166 (1288). Vgl. auch Agostino Sagredo, Sulle consorterie delle arti edificative in Venezia. Con documenti inediti, Venedig 1856, S. 279f. Dok. Nr. 6 von 1233: Cerimoniale di una Dogaressa: „[...] con le bandiere et Trombe del Serenissimo [...]" erreichte sie den Dogenpalast, „[...] et li se fano le belle parole dove sua Serenita le fa un Don [...]"

[25] Zit. nach Gerhard E. Sollbach (Hg.), Chroniken des Vierten Kreuzzugs. Die Augenzeu-

Auffallend ist auch hier der hohe Stellenwert von Prachtentfaltung und Musik im Dogenzeremoniell.

Kommen wir jetzt zu S. Marco selbst, hier unter den Aspekten von Werkstatt-organisation, Künstlerfrage und Ästhetik. Zu der *promissio* des neu gewählten Dogen gehörte die Formel: „Juramus statum et honorem ecclesie Beati Marci bona fide et sine fraude conservare."[26] Die Sorge für Bau und Ausstattung von S. Marco als „Eigenkirche" oblag ihm seit dem 9. Jahrhundert, doch seit dem frühen 12. Jahrhundert erscheint im Zuge der allmählichen Transformation von S. Marco zur „Staatskirche" ein Prokurator als Verantwortlicher für deren Bau und Ausstattung. Sein Amt war vermutlich schon älter und ursprünglich dem Dogen selbst zugeordnet. Indessen spätestens seit dem 13. Jahrhundert, wahrscheinlich aber schon früher, wurde der Prokurator nicht mehr von ihm, sondern vom *Maggior Consiglio* gewählt: d.h. das Amt wurde städtisch.[27] Im 13. Jahrhundert erhöhte man die Zahl der Prokuratoren zunächst auf zwei (1231) dann auf drei (1259/60), schließlich auf vier (1266) und 1319 auf sechs und unterteilte ihre Kompetenzen. Die „procuratores de supra" waren für Bau, Ausstattung und Schatz von S. Marco und zumindest seit dem 13. Jahrhundert auch für die *platea*

---

genberichte von Geoffroy de Villehardouin und Robert de Clari (= Bibliothek der Historischen Forschung 9), Pfaffenweiler 1998, S. 91; vgl. Philippe Lauer (Hg.), La conquête de Constantinople (= Les Classiques Français du Moyen-Age, Paris 1924, XIII, S. 12f.: „[...] et li dux de Venice avoit avec lui chinquante galies tout a sen coust. Le galie ou ens il estoit ert toute vermeille, et si avoit un pavellon tendu par deseure lui d'un vermeil samit; si avoit quatre buisines d'argent devant lui qui buisinoient et tymbres qui grant goie demenoient. [...] Et quant li estoires parti du port de Venice, et [...] dromons et ches rikes nes et tant d'autres vaissiaus, qu ch'estoit le plus bele cose a eswarder qui fust tres le commenchement du monde, car il y avoit bien chent paire de busines, que d'argent que d'arain, qui toutes sonnerent a l'esmovoir, et tant de tymbres et tabours et autres estruments, que ch'estoit une fine merveille [...]"

[26] Graziato (Anm. 11), S. 29, 46, 67 u. passim; Pastorello (Hg.; Anm. 7), S. C.

[27] Vgl. Ferdinando Ongania (Hg.), La Basilica di San Marco in Venezia illustrata nella storia e nell'arte da scrittori veneziani sotto la direzione di Camillo Boito, VI: Testo dell'opera, Venedig 1888–1893; VII: Documenti, Venedig 1886. hier: Testo S. 29–37: der Autor (n.n.) gibt einen Angelus Faletro Procurator Operis B. Marci unter dem Dogat des Ordelafo Faliero, reg. 1102–1110, als frühest nachweisbaren an, Rando (Anm. 14), S. 79–82, datiert eine erste Nennung 1152; vgl. hierzu auch Ongania (Hg.), a.a.O. Documenti, S. XII, S. 5, Nr. 42; Kretschmayr (Anm. 2) II, S. 86f.; Demus (Anm. 13), S. 52–54; Reinhold C. Mueller, The Procurators of San Marco in the Thirteenth and Fourteenth Centuries: A Study of the Office as a Financial and Trust Institution, in: Studi Veneziani XIII (1971), S. 105–120, hier S. 109. – Wahrscheinlich war der Stifter der byzantinischen Bronzetüren des Mittelportals vom Atrium in die Kirche, ein Leo da Molino (gen. zwischen 1112 und 1146), Prokurator von San Marco, vgl. Demus (Anm. 13), S. 53, 75; Guglielmo Matthiae, Le porte bronzee bizantine in Italia, Rom 1971, S. 103–107, Abb. 113–135: „Leo da Molino hoc op fieri iussit"; Franco Brunello, Arti e mestieri a Venezia nel Medioevo e nel Rinascimento (= Studi e testi veneziani 8), Vicenza 1981, S. 51; Renato Polacco, Porte e cancelli. Bronzi medioevali in S. Marco a Venezia, in: Venezia Arti 3 (1989), S. 14–23.

sancti Marci und deren baulicher Ausgestaltung verantwortlich, die „procuratores de citra canale" und „de ultra Rivoaltum sive ultra canale" nahmen auf kommunaler Ebene Aufgaben als Vermögensverwalter und Geldinstitut wahr.[28] Die Procuratoria von S. Marco etablierte sich also als eine städtische Verwaltungsbehörde, die gleichsam zwischen Dogen und Kommune angesiedelt war. Einerseits war sie der Stadt bezüglich der Finanzen rechenschaftspflichtig,[29] auf der anderen Seite jedoch behielt der Doge, S. Marco betreffend, gewisse eigene, in seiner *promissio* festgeschriebene Rechte, die sich aus seiner Pflicht als oberster Schutzherr dieser Kirche ergaben und sich insbesondere in reichen Stiftungen niederschlugen.[30] Ursprünglich entsprach das Amt der Prokurators als einem von der Stadt bestimmten Bauleiter oder Bauverwalter dem des *operaio*, wie wir ihn aus Zentralitalien kennen. Die *operai*, gelegentlich auch als *soprastanti* bezeichnet, konnten unterschiedlichen sozialen Milieus entstammen und nahmen vorab administrative, gelegentlich auch baupraktische Aufgaben wahr.[31] Ähnlich wie die *operai* des Pisaner Domes, war(en) der(die) Prokurator(en) von San Marco Vertreter des städtischen Patriziats. Ihr Amt rangierte dementsprechend unter den angesehensten, welche die Stadt zu vergeben hatte.[32] In der Tat wurden sie im 12. Jh. in Pisa auch als „rector, procurator sive operarius" oder als „operarius et procurator S. Marie" bezeichnet.[33] Wir fanden diese Funktionsgleichheit von *procurator* und *operaio* für Venedig allerdings nur durch eine einzige Urkunde von 1226 bestätigt, welche eine solche des 12. Jahrhunderts zitiert, die der Kirche von S. Marco in Tyrus gilt. Sie wurde in dem dortigen venezianischen Drittel gleich nach der Eroberung der Stadt 1124 erbaut und unterstand rechtlich der Markuskirche in Venedig. Hier heißt es: „Commissio Alexandri pape super facto ecclesie S. Marci de Tyro, facta ad instantiam operarii S. Marci de Venecia."[34]

---

[28] Vgl. Demus (Anm. 13), S. 52–54; Rando (Anm. 14), S. 71, 93–95, mit älterer Literatur.
[29] Rando (Anm. 14), S. 90.
[30] Rando (Anm. 14), S. 97.
[31] Vgl. Antje Middeldorf Kosegarten, Situazioni conflittuali nei rapporti tra artisti, committenti e operai intorno al 1300, in: Haines/Riccetti (Hgg.; Anm. 14), S. 371–396, passim; zum *soprastante* s. S. 389. – In Modena arbeitete man mit einem *massarius*: vgl. Augusto Campana, La testimonianza delle iscrizioni, in: Lanfranco e Wiligelmo. Il Duomo di Modena, Modena 1984, S. 363–403, hier S. 368, S. 374, Kat. Nr. E1. – Die Bezeichnungen und Zuständigkeiten der Amtsträger waren im Duecento häufiger nicht genau eingegrenzt.
[32] Ebd., S. 383f.; vgl. Rando (Anm. 14), S. 80, Anm. 29.
[33] Mauro Ronzani, Dall'*Edificatio Ecclesiae* all'„Opera di S. Maria": Nascità e primi sviluppi di un'istituzione nella Pisa dei secoli XI e XII, in: Haines/Riccetti (Hgg.; Anm. 14), S. 29, 31.
[34] Cessi (Anm. 2), I, S. 97, Nr. 169. Zu Tyrus vgl. Kretschmayr (Anm. 2), II, S. 24; Pastorello (Hg.; Anm. 7); S. 248; Demus (Anm. 13), S. 44, Anm. 165; Marie-Luise Favreau-Lilje, Die italienischen Kirchen im Heiligen Land, in: Studi Veneziani N.S. XIII (1987), S. 15–105, hier S. 48ff.

Niemand wird bestreiten, daß ästhetische Gesichtspunkte bei Bau und Ausstattung von S. Marco eine vorrangige Rolle gespielt haben, und daß dementsprechend an Ausgaben nicht gespart wurde. Schon im 13. Jahrhundert beschrieb
Martin da Canal S. Marco als „la plus bele yglise qui soit el monde", welche aufgrund eines Beschlusses der Venezianer seit ihrer Erbauung jedes Jahr und für
immer bereichert werden solle; den damaligen Dogenpalast lobte er als „li palais
de monseignor li dus, grant et biaus a mervoilles" und pries auch die übrigen Gebäude des Markusplatzes.[35] Wohl schon vor Martin da Canal hatte man das Lob
der Schönheit der Mosaiken von S. Marco in Gestalt einer Inschrift aus dem
13. Jahrhundert (?) im südlichen Langhaus der Kirche unter den Schranken der
Galerie verewigt: „Istoriis auro forma specie tabularum / hoc templum Marci
fore dic decus ecclesiarum."[36] Schulz hat gezeigt, daß die architektonische
Vereinheitlichung der *platea sancti Marci*, die mit ihrem Ausbau des 13. Jahrhunderts etwa die Ausmaße erhielt, wie sie Gentile Bellinis „Prozession auf der
Piazza San Marco" von 1496 festhält, „quale evocazione di un foro costantino-
politano" vorgenommen worden sei (Abb. 1).[37] In der Tat war der Referenz-
punkt für die Schönheit Venedigs diejenige der Stadt Konstantinopel. Beispiel-
haft erläutert dies ein Vergleich von Charakterisierungen Venedigs und Konstantinopels in den Chroniken des Vierten Kreuzzugs von Geoffroy de Villehardouin, verfaßt 1207–1208, und Robert de Clari, verfaßt nach 1216. Wahrscheinlich schöpften sowohl die Chronisten des Vierten Kreuzzugs wie auch Martin da

---

[35] Limentani (Hg.; Anm. 20), S. 22f. (pte. prima, XII); S. 128f. (pte. prima, CXXXI); S. 154f.
      (pte. seconda, I).
[36] „Wegen seiner Historien in goldener Gestalt und der Schönheit der (Marmor-)Tafeln
      nenne diesen Tempel des Markus auswärts die Zierde der Kirchen" (Übersetzung d.
      Verf.). – Vgl. Ongania (Hg.) (Anm 27), Documenti III (= Raccolta di facsimili relativi
      all'Augusta Ducale Basilica di San Marco in Venezia), S. 306, Taf. V, Nr. 25; Demus
      (Anm. 44), I, 1, S. 269, Abb. 18; vgl. Antonio Maria Zanetti, Della pittura veneziana e
      delle opere pubbliche de'veneziani maestri libri V, Venezia 1771, S. 561. Die Inschrift
      einschließlich der zugehörigen, ihr gegenüberliegenden, auf der Südseite dürfte erst
      nach der Beseitigung der Emporen und der Einrichtung der Laufgänge im
      13. Jahrhundert entstanden sein. Zu diesem Umbau und seinen Folgen vgl. zuletzt
      Eugenio Russo, Sulla decorazione scultorea del San Marco contariniano, in: Polacco,
      Renato (Hg.), Storia dell'arte marciana: Sculture, tesoro, arazzi (= Atti del Convegno
      Internazionale di Studi, Venezia 1994), Venedig 1997, S. 125–163, hier S. 132ff.
[37] Schulz (Anm. 4/1992–1993), S. 136 (Zitate aus Martin da Canal), S. 146; zur Piazza San
      Marco allgemein Michaela Agazzi, Platea Sancti Marci. I luoghi marciani dall'XI al XIII
      secolo e la formazione della piazza, Venedig 1991, bes. S. 133–135.; zur Pflasterung des
      Markusplatzes während des Doganats des Ranieri Zeno im 13. Jahrhundert vgl.
      Pastorello (Hg.; Anm. 7), S. 314; zum Markusplatz und Byzanz vgl. auch Volker Herz-
      ner, Die Baugeschichte von San Marco und der Aufstieg Venedigs zur Großmacht, in:
      Wiener Jahrbuch für Kunstgeschichte XXXVIII (1985), S. 1–58, hier S. 32, 50ff.; Guido
      Tigler, Intorno alle colonne di Piazza San Marco, in: Atti dell'Istituto veneto di Scienze,
      Lettere ed Arti, CLVIII, 1999–2000, S. 1–46, hier S. 29f. u. passim; zur Errichtung der
      beiden Säulen am Molo im Duecento nach byzantinischem Vorbild ebd., S. 17.

Canal bezüglich des Superlativismus ihrer Beschreibungen Venedigs resp. Konstantinopels aus dem topischen Fundus mittelalterlicher „Laudes Urbium",[38] gleichwohl verweisen Einzelbeschreibungen von Bauten in Konstantinopel auf spezifische bauästhetische Vorstellungen der Venezianer. Villehardouin beschrieb den Dogenpalast „qui mult ere riches et biaux", S. Marco als „la plus bele qui soit"; Robert de Clari hob die „grand riqueche que il [die Kreuzfahrer] troverent en le vile" (= Venedig) hervor.[39] – Auf die Beschreibungen der Schönheit Konstantinopels, seiner Kirchen, Klöster, Paläste, Mauern u.a.m., seiner Statuen, Reliquien und anderer unermeßlicher Schätze in beiden Chroniken – und nicht nur in diesen – sei hier nur hingewiesen. Als Beispiel zitieren wir die Schilderung des Bukoleon-Palastes von dem ästhetisch empfänglichen Robert de Clari:

> Es gibt in diesem Palast, den der Markgraf in Besitz hatte, fünfhundert Räume, die alle miteinander verbunden sind; und alle sind sie aus Goldmosaik gemacht. Es gibt darin gut dreißig Kapellen, große und kleine; und darunter gibt es eine, die man die Heilige Kapelle nennt, die so reich und so herrlich ist, daß es da keine Türangeln und Sperrklinken und andere Vorrichtungen aus gewöhnlichem Eisen gibt, sondern sie sind alle aus Silber. Es gibt darin auch keine Säulen, die nicht aus Jaspis oder Porphyr oder aus einem anderen kostbaren Edelstein sind. Und der Fußboden der Kapelle besteht aus weißem Marmor, so glatt und so klar, daß es scheint, als ob er aus Kristall sei. Diese Kapelle ist so reich und so herrlich, daß man euch ihre große Pracht und ihre große Herrlichkeit nicht beschreiben kann [...][40]

Es folgt die Aufzählung der spektakulären Reliquienschätze der Kapelle. – Ähnliche Vorstellungen von Materialaufwand, Pracht und Reliquienreichtum leiteten die Planer, Erbauer und Ausstatter von S. Marco. Das bestätigt jener 1309 datierte Brief des *Collegio*, einer wichtigen städtischen Behörde, an den Kapitän der venezianischen Galeeren Gabriele Dandolo: er möge von der Insel Myconos

---

[38] Vgl. Carl Joachim Classen, Die Stadt im Spiegel der Descriptiones und Laudes Urbium in der antiken und mittelalterlichen Literatur bis zum Ende des 12. Jahrhunderts (=Beiträge zur Altertumswissenschaft 2), Hildesheim/New York 1980, Index s.v. Konstantinopel; Gina Fasoli, La Coscienza civica nelle „Laudes civitatum", in: Coscienza cittadina (=La Coscienza cittadina nei communi italiani del Duecento. Convegni del Centro di Studi sulla Spiritualità Medievale 11), Todi 1972, S. 11–44.

[39] Edmond Faral, Villehardouin. La Conquête de Constantinople (=Les Classiques de l'Histoire de France au Moyen Age), Paris 1938, I, S. 20, 26; Lauer (Anm. 25), S. 9.

[40] Zit. nach Sollbach (Anm. 25), S. 128; vgl. Lauer (Anm. 25), S. 81f.: „ [...] Il avoit bien dedens chu palais, que li marchis tenoit, chinc chens mansions, qui toutes tenoient l'une a l'autre et estoient totes faites a ore musike, et si en i avoit bien trente capeles, que grans que petites; si en i avoit une que on apeloit le Sainte Capele, qui si estoit rike et noble qu'il n'i avoit ne gons ne verveles ne autres menbres qui a fer apartenissent, qui tout ne fussent d'argent, ne si n'i avoit colombe qui ne fust ou de jaspe, ou de pourfile ou de rikes pierres precieuses. Et li pavemens de le capele estoit d'un blanc marbre si liste et si cler que il sanloit qu'il fust de cristal; et estoit chele capele si rike et si noble, que on ne vous porroit mie aconter le grant biauté ne le grant nobleche de chele capele [...]" – Zum Bukoleon-Palast vgl. The Oxford Dictionary of Art (Anm. 18), I, S. 317.

und anderen anderen Inseln der Romania (die seit 1203 in venezianischem Besitz waren), „pulcherrima marmora", nämlich weißen, mehrfarbigen, grün schimmernden und porphyrroten Marmor, der dort in großen Mengen zu finden sei, mitbringen, da „[…] Ecclesia nostra Sancti Marci indigeat marmoribus pulchre condicionis". Es war vermutlich antiker Spolienmarmor, welcher der „Byzantine marble aesthetic" (Pincus) von S. Marco zugute kommen sollte.[41]

Doch über die Aktivitäten des *Opus* von S. Marco und seiner unmittelbaren baulichen Umgebung bis ins 14. Jh. sind wir schlecht unterrichtet. Man weiß so gut wie nichts über verantwortliche Bauleiter, über die Auswahl, die Herkunft, den Status und die Bezahlung von Architekten, Bildhauern und Mosaizisten, denn die „quaderni de sopra la chiesa" der Prokuratoren von S. Marco aus der Zeit vor 1486 sind verloren.[42] Die Rolle des Prokurators als Baupfleger knüpft sich lediglich an die Nachricht über eine Geldzuwendung seitens des damaligen Prokurators Otto Basilio für den Bau des Campanile von 1152, aus der interessanterweise auch hervorgeht, daß sich die Stadt selbst finanziell an diesem beteiligte,[43] und an eine weitere bezüglich der Werkstattorganisation für den Mosaikschmuck S. Marcos von 1258.[44] Das frühest überlieferte, inschriftlich gesicherte Werk eines Künstlers an S. Marco sind erst die Bronzetüren des venezianischen Goldschmiedes Bertuccio von 1300 in der Nische der Porta di S. Pietro an der Fassade links vom Hauptportal.[45] Im Gegensatz zu den vielen Architekten (die ja zum Teil auch als Stadtbaumeister nachweisbar sind), Bildhauern und Malern in Ober-, Zentral- und Süditalien, deren Namen seit dem 11. Jahrhundert in ruhmredigen Künstlerinschriften und kommunalen Urkunden überliefert sind, bleibt die venezianische Überlieferung diesbezüglich denkbar dünn, was mögli-

---

[41] Ongania (Hg.) (Anm. 2), Documenti, S. 13, Nr. 99 (3. März 1309); vgl. Giacomo Boni, I marmi, in: ebd., Testo, S. 389–402, hier S. 390; Christiane Klapisch-Zuber, Les maîtres du marbre. Carrare 1300–1600, Paris 1969, S. 30, 215; Debra Pincus, The Stones of Venice in the Baptistery of San Marco: Eastern Marbles in Western Mosaics, in: Cecil L. Striker (Hg.), Architectural Studies in Memory of Richard Krautheimer, Mainz 1996, S. 137–143, hier S. 137f.; Patricia Fortini Brown, Venice and Antiquity. The Venetian Sense of the Past, New Haven und London 1996, S. 29; Antje Middeldorf Kosegarten, Zur liturgischen Ausstattung von San Marco in Venedig im 13. Jahrhundert. Kanzeln und Altarziborien, in: Marburger Jahrbuch für Kunstwissenschaft XXIX (2002) S. 33f.
[42] Rando (Anm. 14), S. 111.
[43] Rando (Anm. 14), S. 81–84.
[44] Ongania (Hg.) (Anm. 27), Documenti, S. 12, Nr. 96; Demus (Anm. 13), S. 53; Otto Demus, The Mosaics of San Marco in Venice, Washington 1984, I: The Eleventh and Twelfth Centuries, 1, S. 4; Mueller (Anm. 27), S. 109.
[45] „MCCC magister Bertucius aurifex venetus me fecit"; vgl. Demus (Anm. 13), S. 181, vgl. auch S. 139; Brunello (Anm. 27), S. 51; Renato Polacco, Porte e cancelli di bronzo, in: ders. (Hg.), San Marco. La Basilica d'oro, Mailand 1991, S. 137–150, hier S. 146f.; Fortini Brown (Anm. 41), S. 28f., Abb. 33; Irene Favaretto, Presenze e rimembranze di arte classica nell'area della basilica marciana, in: Polacco (Hg.) (Anm. 36), S. 74–88, hier S. 80f.; Gardner (Anm. 1).

cherweise nicht nur mit dem Verlust von Dokumenten zusammenhängt.[46]
Außerhalb von S. Marco gibt es bis zum Trecento nur wenige gesicherte Namen
von Architekten und Künstlern bzw. Kunsthandwerkern.[47] Für S. Marco selbst
gilt, daß überlieferte Namen der Zeit vor 1300 entweder fabulös oder im Hinblick auf dessen Bau und Ausstattung so gut wie nicht zu verifizieren sind, wie
1771 schon dem gelehrten Antonio Maria Zanetti auffiel.[48] Gleichwohl kann man

---

[46] Die Literatur zu den mittelalterlichen Künstlern Italiens, welche in Inschriften und
Quellen erscheinen, kann hier nicht aufgelistet werden. Zur Orientierung sei hingewiesen auf Albert Dietl, In arte peritus. Zur Topik mittelalterlicher Künstlerinschriften in
Italien bis zur Zeit Giovanni Pisanos, in: Römische Historische Mitteilungen 29 (1987),
S. 754–125; ders., Italienische Bildhauerinschriften. Selbstdarstellung und Schriftlichkeit
mittelalterlicher Künstler, in: Helga Giersiepen/Raymund Kottje (Hgg.), Inschriften bis
1300. Probleme und Aufgaben ihrer Erforschung (= Nordrhein-Westfälische Akademie
der Wissenschaften, Abhandlung Band 94), Westdeutscher Verlag 1995, S. 175–211; s. a.
Middeldorf Kosegarten (Anm. 31). – Ein Corpus der mittelalterlichen Künstlerinschriften in Italien und deren umfassende Auswertung hat Albert Dietl in Vorbereitung.

[47] Wir verfolgen Künstlernamen in Venedig an dieser Stelle (Künstler außerhalb der
Bezirke von S. Marco und Rialto) und in unserer Anm. 48 (Künstler an S. Marco und
Rialto) nur bis zum Ende des Duecento. Dokumentiert sind ein „Zordano taliapetra",
ferner ein Bildhauer Giovanni de Bonovicini, der zwei Konsolen, und ein „magistro Ni-
colao pentor", der 1268 auf Geheiß der Procuratoren von S. Marco die *cuva* und die *fa-
cies* des Grabmonuments des 1268 verstorbenen Dogen Ranieri Zeno in S. Giovanni e
Paolo zu bemalen hatte, dazu kommen ein Schmied Stefano und ein Zimmermann Jacopo für dessen Vergitterung; vgl. Bartolomeo Cecchetti, Nomi di pittori e lapicidi antichi, in: Archivio Veneto, Anno XVII, Tomo XXXIII (1887), S. 43–65, hier S. 46;
Kretschmayr (Anm. 2), II, S. 597; Debra Pincus, The Tombs of the Doges of Venice,
Cambridge 2000, S. 59–75, S. 63f. – Ein Maler Vendramin machte 1299 Testament,
Cecchetti, a.a.O. Guido Tigler wies mich freundlicherweise hin auf einen Donatus, der
das Wandgrab Biadene in S. Nicolò in Treviso von 1277 signierte, vgl. Luigi Coletti,
Intorno a qualche scultura romanica nel Veneto (II) in: Arte veneta 9 (1955), S. 7–16,
hier S. 13f., Abb. 16, mit Literatur. Die Inschrift lautet: „Haec est sepultura Domini
Bladini Marcatoris de Veneciis et hic requiscit Joannes de Bladino eius nepos /
MCCLXXVII hoc opus fecit Donatus magister Sancti Marci de Veneciis." Ein Meister
Blasius Venetus war 1296 in Dubrovnik beschäftigt: vgl. Josko Belamariè La scultura
romanico-dalmata in relazione con quella veneziana, in: Polacco (Hg.) (Anm. 36),
S. 176–196, hier S. 193.

[48] Zanetti (Anm. 36), S. 526f.: „Poche memorie scritte han lasciate gli artifici in queste
opere loro. Una sola iscrizione [...] sopra la porta laterale vicina alla Capella di San
Clemente: ‚ann DMCL / VIIII CV dux vitalis Michael got…epit / tabulas Petrus a …DD
epit'." Diese von Zanetti mitgeteilte Inschrift hier zitiert nach Demus (Anm. 44), I, 1,
S. 3, S. 82, Abb. 71, mit allen Informationen und Literatur; vgl. vorab Luigi Marangoni,
L'architetto ignoto di San Marco, in: Archivio veneto IV. ser. XIII (1933), S. 1–78, hier
S. 20f., 36ff. – Zu den griechischen Namen von Mosaizisten, welche bis um 1500 an
S. Marco tätig waren / gewesen sein sollen, und von denen Zanetti einen „maestro
Apollonio" und einen Theophanes aus Konstantinopel nannte, vgl. Cecchetti
(Anm. 47), S. 45f.; ferner Demus (Anm. 44), I, 1, S. 3, 291, Index S. 484; ders., ebd., II, 1,

davon ausgehen, daß die Struktur der *Opera* von S. Marco in etwa derjenigen
entsprach, die wir aus anderen italienischen Stadtkommunen kennen: an der
Spitze einer Schar von – bis ins Trecento – meist wenig bekannten Mitarbeitern
standen jeweils ein oder mehrere *capomagistri*, oder – wie sie in Venedig tituliert
wurden – *protomagistri*. Das legen venezianische Urkunden der ersten Trecento-

---

S. 2, 221 (Namen der Griechen „Marcus Grecus Indriomeni magister musilei" [1153],
„Apollonio" [sp. 13. Jh.], „Kalojannis" [1143?], „Theophanes" aus Konstantinopel [um
1200], „Joannes de Scutari" (Shkoder, Albanien) [1. H. 13. Jh.]). Demus ließ offen, ob
letztere drei Mosaizisten oder Maler waren und ob alle Genannten überhaupt an
S. Marco beschäftigt waren. – Zu Meister Theophanes vgl. Dorigo in: Romanelli (Hg.;
Anm. 4), S. 67; zu „Marcus Grecus Indriomeni magister musilei" Silvano Onda, Stato
delle fonti e ricerca storica sull'estetica gioachimita, in: Antonio Niero (Hg.), San Marco
(Anm. 23), S. 568–584, hier S. 573; Dorigo, a.a.O.; dort auch zu einem zwischen 1185 und
1212 genannten „Bon(us) johannis pictor" und einem 1227 genannten „Marinus pictor".
– Zu Stiftern oder/und Architekten von Bauten: ein legendärer Grieche Narses habe
laut Chronicon Altinate (10.–11. Jh.) im IX. Jh. die erste Kirche von S. Marco, S. Teo-
doro, gegründet, vgl. Raffaele Cattaneo, Storia architettonica della Basilica, in: Ongania
(Hg.) (Anm. 27), Testo, S. 99–197, hier S. 109 mit kritischer Revision dieser
Überlieferung; Demus (Anm. 13), S. 21, 45; Dorigo, a.a.O., S. 45. Ein ebenso sagenhafter
„Entinopo da Candia" habe um 1100 die erste Kirche am Rialto errichtet: vgl. Cecchetti
(Anm. 4), XXVIII, 1884, S. 17, Anm. 7; Donatella Calabi und Paolo Moracchiello,
Rialto: le fabbriche e il ponte, 1514–1591 (Saggi 704), Turin 1987, S. 11; Marco Bisà und
Remigio Masobello, Il ponte di Rialto. Un restauro a Venezia, Vicenza 1991, S. 7;
Juergen Schulz, La critica di fronte al problema dei primi palazzi veneziani, in:
Valcanover und Wolters (Hgg.) (Anm. 4), S. 93–98, hier S. 93. Cattaneo brachte als
möglichen Architekten der Contarini-Basilika von S. Marco, gew. 1094, den in Pomposa
als Erbauer des wohl zwischen 1026 und 1063 errichteten Atriums der Klosterkirche
inschriftlich nachgewiesenen „magister Mazulo" ins Spiel: s. Cattaneo, a.a.O., S. 154,
179; vgl. Demus (Anm. 13), S. 89f., S. 100; zuletzt Eugenio Russo (Anm. 36), mit
ausführlichen Literaturangaben. Gregorio Gattinoni, Il Campanile di San Marco,
Monografia storica Venedig 1910, S. 39, zitiert einen Bartolomeo Malfatto als
Beteiligten am Bau des Campanile 1160. – Der lombardische Architekten-Ingenieur
Nicolò de' Barattieri, welcher laut späterer chronikalischer Überlieferung im 12. Jh. die
beiden Säulen auf der Piazzetta errichtet haben soll, wurde kürzlich ins Reich der
Legende verwiesen, vgl. Tigler (Anm. 37), S. 34–46. Zu Künstlern und späterer „My-
thenbildung" um ihre Namen vgl. auch Lionello Puppi, Geografia di un crinale. Filippo
Calendario tra storia e leggenda, in: Valcanover und Wolters (Hgg.) (Anm. 4), S. 99–103.
– Zur (möglichen) Zuwanderung griechischer Künstler nach Venedig allgemein vgl. u.a.
Cattaneo, a.a.O., S. 107f., 112, 120, 153f.; ders., L'architettura in Italia dal secolo VI al
Mille circa, Venedig 1888, S. 244–257, passim;. Kretschmayr ((Anm. 2), I, S. 85 (um
810/11 „die in der Mosaikkunst wohlerfahrenen Pinctores-Domarzi"); Demus
(Anm. 13), S. 67; Herzner (Anm. 37), S. 27; Renato Polacco, La cattedrale di Torcello,
Treviso 1984, S. 121–146, Russo (Anm. 36), S. 127, 141. – Zur Anonymität
mittelalterlicher Architekten Venedigs vgl. auch Wolters (Anm. 10), S. 11f; zur ihrer
Arbeitspraxis des 14./15. Jh. vgl. Susan Connell Wallington, Il cantiere secondo i dati
d'archivio, in: Valcanover und Wolters (Hgg.) (Anm. 4), S. 35–51, hier S. 43ff. (Arbeit
nach Vorbildern, die vom Auftraggeber angegeben wurden).

hälfte nahe, die zwar nicht S. Marco, aber den Bau der *Sala del Maggior Consiglio* des Dogenpalastes betreffen. So heißt es 1343: „Habito consilio cum protis magistris, murariis et marangonis [= Zimmerleute][49] nostri Comunis sale Maioris Consilij fiende [...]" und 1348 in gleichem Zusammenhang: „[...] omnes officiales, scribe, suprastantes, protomagistri, magistri et omnes alii laboratores [...]"[50] Im Terminus „protomagister" vermutete Demus die typisch venezianische Übernahme eines byzantinischen Titels.[51]

Fragen wir uns also nach möglichen Gründen der Künstleranonymität des mittelalterlichen Venedig. Bezeichnend ist, daß es zumindest einen Bildhauer gibt, der in den Werkstätten des Duecento an S. Marco geschult wurde und, kaum war er ihnen entronnen, an anderem Ort mit einer langen, ruhmredigen Inschrift nach Art der topischen Künstlerepigraphen des italienischen Mittelalters signiert hat: das ist Radovan als Meister der Portalskulpturen der Kathedrale von Trogìr (Trau) in Kroatien von 1240.[52] Dieser Befund führt zu folgenden Überlegungen. Guido Tigler wies dankenswerterweise mündlich darauf hin, daß möglicherweise die sehr restriktiven venezianischen Zunftregeln den venezianischen Kunsthandwerkern das Signieren untersagt hätten. Ob allerdings die im Mittelalter an S. Marco tätigen Bauarbeiter, Bildhauer, Mosaizisten etc. in den von der Magistratur kontrollierten, doch (auch) zur Ruhigstellung des nichtadeligen Mittelstandes („cittadini") zugleich wirksam unterstützten *scuole* der städtischen *artes* organisiert waren, ist unklar, doch wahrscheinlich; wenn ja, bleibt unbekannt, ob die Mosaizisten als prominenteste Gruppe bei den Malern

---

[49] Vgl. Connell Wallington (Anm. 48), S. 35.

[50] Giambattista Lorenzi, Monumenti per servire alla storia del Palazzo Ducale di Venezia, Parte I, dal 1253 al 1600, Venedig 1896, S. 31, Nr. 89; S. 33, Nr. 92; auch S. 37, Nr. 102; vgl. ferner Connell Wallington (Anm. 48), S. 48–50; Richard J. Goy, Venetian Vernacular Architecture. Traditional Housing in the Venetian Lagoon, Cambridge 1989, S. 102f. – Zur Baugeschichte der *Sala del Maggior Consiglio* vgl. Franzoi/Pignatti/Wolters (Anm. 13), S. 32–35; Andrew Martindale F.S.A., The Venetian Sala del Gran Consiglio and its Fourteenth-Century Decoration, in: The Antiquaries Journal LXXIII (1993), S. 76–124, hier S. 76–83; Manfred Schuller, Il Palazzo Ducale di Venezia. Le facciate medioevali, in: Valcanover und Wolters (Hgg.) (Anm. 4), S. 351–427, hier S. 353f. mit älterer Literatur.

[51] Vgl. Demus (Anm. 13), S. 90; allerdings begegnet man dem Titel auch sonst in Italien; Middeldorf Kosegarten (Anm. 31), S. 373: *protomagister* Bartolomeo da Foggia, 1223; *protomagister* Liphantes, 1242 (dieser war möglicherweise ein Grieche). Vgl. The Oxford Dictionary of Byzantium (Anm. 18) I, Sp. 175, s.v. Architect (protomaistor).

[52] „+ fundantur ualuae post partum uirginis alme per raduanum cunctis hac arte preclarum ut patet ex ip(s)is sculpturis et ex anagliphis anno milleno duceno bisq(ue) uiceno presule tuscano floris ex urbe treguano". Vgl. Guido Tigler, Traú fra Venezia e Puglia, in: Arte in Friuli – Arte a Trieste (= Studi e Ricerche dell'Istituto di Storia dell'Arte, Facoltà di Lettere e Filosofia, Università di Trieste), 16/17 (1997), S. 289–326, hier S. 290f.; Belamaric̀ (Anm. 47), S. 185–194. Ähnlich liegt der Fall bei dem in Treviso tätigen Donatus (vgl. oben Anm. 47). – Zu den Künstlerinschriften vgl. Dietl (Anm. 46/1987).

oder den Glasmachern organisiert waren.[53] Die frühest überlieferten voll-
ständigen Capitularien der *artes* stammen aus dem 7. Jahrzehnt des Duecento.[54]
In ihnen findet man keine Signaturen betreffende Regelungen. Doch hat Muraro
für das 15. Jahrhundert festgestellt, daß von außen zugewanderte, nicht-
venezianische Maler und Bildhauer offenbar nicht signieren durften: das sei nur
dem jeweils verantwortlichen venezianischen Werkstattleiter erlaubt gewesen.[55]
Wie dem auch war: die mittelalterliche Künstleranonymität in Venedig spiegelt
möglicherweise auch eine Haltung wider, die derjenigen der byzantischen
Kunstpraxis entsprach. Aus dem Mittelalter sind Namen byzantinischer Künster
– seien sie Architekten, seien sie Mosaizisten oder Bildhauer – nur spärlichst
überliefert.[56] Ferner ließ der enorme Import von Ausstattungsstücken aus
Byzanz und der venezianischen Romania – Säulen, Kapitelle, Schrankenplatten,
Marmor für die Vertäfelung, skulptierte Ikonen und Trophäen für S. Marco,
möglicherweise auch eine beträchtliche Zuwanderung von Trupps von
Kunsthandwerkern aus Byzanz und dem byzantinischen Einflußbereich –
Steinmetzen und Mosaizisten – die Bedeutung einzelner Künstler für dessen
Ausstattung vermutlich zurücktreten.[57] Außerdem könnte das venezianische

---

[53]   Zu den *scuole* vgl. Mackenney (Anm. 23), Index s.v.; Fortini Brown (Anm. 21/1994),
S. 15–30; Rösch (Anm. 2/2000), S. 145–148. Laut Kretschmayr (Anm. 2), II, S. 144f., S. 174
waren „die Mosaikenmeister in der Zunft der *fioleri* zum Unterschied von den *pictores*
zusammengefaßt"; laut Demus (Anm. 44) II, 1, S. 221, überließ man aber nur die
Herstellung von Glas für die Mosaiken den *fiolieri* oder *vetrai*; ebd., I, 1, S. 291: die
magistri de muxe von S. Marco hatten offenbar ihre eigenen Werkstätten in der Stadt
und arbeiteten in einer gewissen Unabhängigkeit, wie aus einer Urkunde von 1285
hervorgeht: vgl. Ongania (Hg.) (Anm. 27), Documenti, S. 12, Nr. 96. Zu den Malern im
Unterschied zu den Mosaizisten vgl. Monticolo (Anm. 54) II, 1, Rom 1905, S. 671f.
(Capitulare der Maler); Laudedeo Testi, Storia della pittura veneziana I, Bergamo 1909,
S. 137–140; Elena Favaro, L'arte dei pittori in Venezia e i suoi statuti, Florenz 1975,
S. 27. – Zu den Bildhauern vgl. Agostino Sagredo, Estratto dello statuto d'arte degli
scarpellini, in: ders. (Anm. 24), S. 281–310; Monticolo (Anm. 54) III, S. 249–264 (Capitu-
lare der Steinmetzen); Wolfgang Wolters, La scultura veneziana gotica 1300–1460,
Venedig 1976, I, S. 12–17; Connell Wallington (Anm. 48), S. 45f.

[54]   Giovanni Monticolo, I Capitolari delle Arti Veneziane (= Fonti per la Storia d'Italia 26–
28) I–III, Rom 1896–1914; Mackenney (Anm. 23), passim; ders., The Guilds of Venice.
State and Society in the Longue Durée, in: Studi Veneziani N.S. XXXIV (1997), S. 15–48.

[55]   Michelangelo Muraro, The Statutes of the Venetian Arti and the Mosaics of the Mascoli
Chapel, in: The Art Bulletin XLIII (1961), S. 261–274, passim. Zu den Einschränkungen,
denen zugewanderte Handwerker im 13.–14. Jahrhundert unterlagen, vgl. Giovanni
Monticolo, L'arte dei Fioleri a Venezia nel secolo XIII e nel principio del XIV e i suoi
più antichi statuti, in: Nuovo Archivio Veneto I,1 (1891), S. 137–199, hier S. 183ff.

[56]   Vgl. die Artikel „Architect", „Artist", „Mosaic", in: The Oxford Dictionary of Byzantium (Anm. 18).

[57]   Zu den Architekten und Mosaizisten möglicherweise byzantinischer Herkunft vgl. oben
Anm. 48 (Namen von Griechen); zum Import von Baumaterialien aus Marmor vgl. Fulvio Zuliani, I marmi di San Marco. Uno studio ed un catalogo della scultura ornamen-
tale marciana fino al XI secolo, (= Alto Medioevo 2), Venedig o. J. (1971); Friedrich

Verhältnis zum Künstler einer Mentalität entsprochen haben, die bezüglich des venezianischen Kaufmanns folgendermaßen charakterisiert wurde:

> [...] La mancanza di grossi prestatori, nel senso di mercanti banchieri, che impieghino ingenti capitali in prestiti a privati, a principi, ad ecclesiastici, a Comuni, è dovuta a un lato ad un minore accentramento delle fortune, conseguenza, in larga parte, della costituzione politica, che vede con sospetto chiunque si elevi di troppo al di sopra della media [...]

Diese mentale Verfaßtheit entsprach der *aurea mediocritas* als einer Komponente der staatstragenden venezianischen Ideologie.[58] Man hätte hier demnach aus Gründen einer konstitutionell vorgegebenen Selbstbescheidung kein Interesse an der Verewigung einzelner Künstler als hervorragenden Individuen in Inschriften oder Urkunden gehabt, schon aus Gründen der Einhaltung eines von den Vorständen der *artes* festgelegten standardisierten, aus ökonomischen Gründen Konkurrenz ausschaltenden Qualitätsniveaus zur Sicherung eines breiten Exports kunsthandwerklicher Artikel.[59] Demnach waren verschiedene Ursachen für die Anonymität des venezianischen Künstlers bis um 1300 ausschlaggebend.

3. Rialto

Der Begriff der *pulchritudo* spielt vorab in den Dokumenten des 14. Jahrhunderts zur Stadtplanung von Venedig eine Rolle.[60] Was hier folgt, ist der Versuch einer diesbezüglich charakteristischen Auswahl aus der Überfülle von Nachrich-

---

Wilhelm Deichmann (Hg.), unter Mitarbeit von Joachim Kramer und Urs Peschlow, Corpus der Kapitelle der Kirche von San Marco zu Venedig (= Forschungen zur Kunstgeschichte und Christlichen Archäologie 12), Wiesbaden 1981, S. 1–26; Simonetta Minguzzi, Plutei mediobizantini conservati in San Marco, in: Polacco (Hg.) (Anm. 36), S. 113–124; dies., Elementi di scultura tardoantica a Venezia: Gli amboni di San Marco, in: Felix Ravenna, quarta ser. 1991/1992, CXLI–CXLIV, Ravenna 1997, S. 7–94; Dorigo in: Romanelli (Hg.; Anm. 4), S. 70; Simonetta Minguzzi, Aspetti della decorazione marmorea e architettonica della Basilica di San Marco, in: Irene Favaretto, Ettore Vio, Simonetta Minguzzi, Maria da Villa Urbani Hgg., Marmi della Basilica di San Marco. Capitelli, plutei, rivestimenti, arredi, Milano 2000, S. 29–169, passim.

[58] Zitat nach: Gino Luzzatto, L'economia, in: Storia della civiltà veneziana 2: La civiltà veneziana del Trecento, Florenz 1956, S. 87–109, hier S. 105. Vgl. Gino Benzoni, Venedig und seine Geschichte, in: Romanelli (Hg.; Anm. 4), S. 11–32, hier S. 21ff.; Rona Goffen, Giovanni Bellini, New Haven und London 1989, S. 191–221, passim („Portraits and Patricians"); Fortini Brown (Anm. 21/1994), S. 29.

[59] Vgl. Muraro (Anm. 55), S. 267–274. Eine vergleichbare Haltung gegenüber dem Künstler/Kunsthandwerker charakterisiert die Kunstpolitik Kaiser Friedrich II. von Hohenstaufen in Süditalien, wenn auch aus anderen Gründen. Für ihn dürften Architekten und Bildhauer als Handwerker sozial tiefer gestanden haben als etwa seine Hofjuristen und Apologeten. Vgl. Middeldorf Kosegarten (Anm. 31), S. 373f.

[60] Vgl. Crouzet-Pavan (Anm. 3), Index analytique s.v. „esthétique urbaine".

ten, die alle Belange der öffentlichen Ordnung betreffen. Dabei gilt es, sich klar
zu machen, daß im 13. und 14. Jh. unter wachsendem Bevölkerungsdruck das
Problem der Gewinnung von Baugrund durch Aufschüttung von innerstädtischen Sumpfgebieten, Seen und Teichen, durch die Sicherung der Strände und
Häfen,[61] durch das Ziehen von Drainagegräben, durch Aushebung von Kanälen
und die Befestigung ihrer Ufer, durch die Anlage von *rii* oder *rivi* (Wasserstra-
ßen) und *calli*, ferner durch die Entwicklung bestimmter geeigneter Bebauungs-
konzepte, welche normierten Mietshaustypen für die breite Bevölkerung (vgl.
Abb. 3),[62] dem Brückenbau und der Sicherung von Trinkwasser in Brunnen- und
Deichanlagen galten, vorrangig war. Erst seit dem Trecento präsentierte sich
nach jahrhundertelanger Einzelarbeit im *piece-meal*-System der Baugrund
Venedigs als einigermaßen zusammenhängendes Ganzes.[63] Die zunehmende
Bevölkerung stellte die Magistraturen der Kommune im 13. Jh. vor die Aufgabe,
öffentlichen Verkehr zu ermöglichen, d.h. sich mit den alten Besitzern privaten
Baugrundes, seien dieses geistliche Institutionen wie z.B. Klöster, seien es
Familien, hinsichtlich der Einrichtung öffentlicher Räume und Verkehrswege zu
einigen[64] und letztere durch Begradigung ihrer Mauerfluchten passierbar zu
machen. Zudem engagierte sich die Kommune auch aktiv bei Auffüllungen von
Sumpfgebieten und finanzierte sie mit.[65]

Bildeten S. Marco, der Dogenpalast und die Piazza San Marco das politische und
geistige Zentrum der Kommune, so entwickelte sich am Rialto seit dem
11. Jahrhundert, verbunden mit dem Rückzug des Patriziats aus diesem Umfeld,
deren wirtschaftlicher Schwerpunkt mit seinem vielfältigen Warenangebot: also
derjenige Bezirk, der in den Städten des Festlandes im allgemeinen, wenn auch

---

[61] Zur Sicherung der Häfen vgl. Cecchetti (Anm. 4) XXIX, S. 9–15.
[62] Zu Brücken vgl. S. 127–129, Anm. 117–119. Zu normierten Wohneinheiten Egle Renata
Tricanato, Venezia minore, Mailand 1948, bes. S. 122–127 (Case del Due e del Trecento); Egg/Hubala/Tigler (Anm. 13), S. 610f.; Paolo Maretto, L'edilizia gotica veneziana, in: Palladio. Rivista di storia dell'architettura N.S. X (1960), III–IV, S. 123–202,
passim; ders., L'urbanistica veneziana del Trecento, in: Bolletino del Centro Internazionale di Studi di Architettura Andrea Palladio VII (1965), II, S. 241; ders., La casa veneziana nella storia della città dalle origini all'Ottocento, Venedig 1986, S. 335–340;
Norbert Huse/Wolfgang Wolters, Venedig. Die Kunst der Renaissance. Architektur,
Skulptur, Malerei 1460–1590, München 1986, S. 13, 15–18, 26; Wichmann (Anm. 4),
S. 77–87; Dorigo (Anm. 4/1996 und 1997), passim; Jueürgen Schulz, Das byzantinische
Erbe in der Kunst der Romanik. Profanarchitektur, in: Romanelli (Hg.; Anm. 4), S. 80–
91, hier S. 91; Giorgio Bellavitis, Il linguaggio gotico diffuso nell'edilizia minore
veneziana: „domos a statio, hospicii et domos a sergentibus", in: Valcanover und
Wolters (Hgg.) (Anm. 4), S. 175–188, passim.
[63] Vgl. Cecchetti (Anm. 4), XXIX (1885), passim; Schulz (Anm. 4/1991), S. 422; Crouzet-
Pavan (Anm. 3), S. 997–1004.
[64] Zur Abstimmung von privaten und öffentlichen Ansprüchen vgl. Dorigo (Anm. 4/1996),
S. 32f.; Crouzet-Pavan (Anm. 5), S. 239.
[65] Vgl. Kretschmayr (Anm. 2), I, S. 72f.; Egg/Hubala/Tigler (Anm. 13), S. 610–612;
Wichmann (Anm. 4), passim; Huse/Wolters (Anm. 62), S. 9–18; Lanfranchi Strina (Anm.
9), passim; Schulz (Anm. 4/1991), S. 422; Dorigo (Anm. 4/1996), S. 31; Crouzet-Pavan
(Anm. 3), S. 57–139, passim.

Abb.3: Venezianische Mietshäuser: „chaxe se affitta de San Piero", 1474. (nach Wladimiro Dorigo, in: Venezia Arti 10 (1996), Abb. 1, 2, 5.)

nicht immer, dem Palazzo Comunale zugeordnet war.[66] In Venedig war dies Zentrum durch die Präsenz der vielen internationalen Handelsvertreter ein Spiegelbild seiner Handelsverbindungen mit dem östlichen Mittelmeerraum, mit Italien und den transalpinen Ländern des Westens. Martin da Canal beschrieb „die schönste und angenehmste Stadt der Welt" – Venedig – als Stadt des Handels und der Kaufleute.[67] Der Marktbezirk von Rialto wurde daher zunehmend auch ein Mittelpunkt städtischer Repräsentation. Die Dynamik der wirtschaftlichen Entwicklung bezeugt die 1288 vollzogene Erweiterung des Marktes nach Westen durch die Trennung von „Rialto vecchio" und „Rialto nuovo" und die Pflasterung des letzteren (vgl.Abb.4).[68] In ständiger Auseinandersetzung mit allerhand sozial nicht tragbaren Randphänomenen, die sich am Rialto sammelten: ambulanter Handel, Warenschmuggel, Diebstahl, Betrug, Prostitution, Vandalismus, Verschmutzung und dergleichen[69] suchten die Magistraturen nach und nach eine äußere Angemessenheit des Marktbereichs durchzusetzen, wenngleich dessen Erscheinungsbild, verglichen mit dem der *platea sancti Marci*, im 13. und 14. Jahrhundert eher unscheinbar blieb. Wir können die wenig systematischen und auch in der Forschung uneinheitlich beurteilten Einzelmaßnahmen zur Abstellung aktueller Notstände hier nicht darstellen, sondern nur zusammenfassen, daß sich das *Maggior Consiglio* seit dem 13.Jh., vor allem dann in den Jahren 1305–1322 und nochmals gegen Ende des Jahrhunderts die Zuweisung und Einrichtung der Standorte der verschiedenen Amtsgebäude und der diversen Warenangebote sowie die Erstellung der nötigen Infrastruktur besonders angelegen sein ließ.[70] Eine erste Brücke über den Canal Grande baute man – wenn nicht schon im 12. oder in der ersten Hälfte des 13.Jh. – auf jeden Fall um 1265 (vgl. Abb.5, mit der Brücke des 15.Jahrhunderts).[71] Die frühest erhaltenen

---

[66] Vgl. Jürgen Paul, Die mittelalterlichen Kommunalpaläste in Italien, Freiburg 1963 (Diss. phil.), S.112–119 und passim.

[67] Limentani (Hg.; Anm.20), S.4f.

[68] Roberto Cessi/Annibale Alberti, Rialto. L'isola – il ponte – il mercato, Bologna 1934, S.30–33; Schulz (Anm.4/1991), S.428; Crouzet-Pavan (Anm.3), S.184; Dorigo in: Romanelli (Hg.; Anm.4), S.76f. – Zur venezianischen Wirtschaft und Versorgung vgl. Hans-Jürgen Hübner, „Cum continue de venditione frumenti recipiat denarios". Saisonaler Weizenkauf, unelastischer Verbrauch und die Getreidekammer als Vermittlungsinstanz auf dem Finanzplatz Venedig (ca.1280–1380), in: Quellen und Forschungen aus italienischen Archiven und Bibliotheken 79 (1999), S.215–266.

[69] Zur Kriminalität in Venedig vgl. unten S.132 und Anm.146.

[70] Cessi und Alberti (Anm.68), passim; Calabi und Moracchiello (Anm.48), S.1–40; Wichmann (Anm.4), S.16; Schulz (Anm.4/1991), S.426–428; Crouzet-Pavan (Anm.3), Index analytique, S.1086, s.v. Marché du Rialto; bes. S.184–194.

[71] Die Geschichte der Vorgängerbrücken des heutigen Ponte di Rialto ist nicht ganz geklärt. Eine erste Brücke über Kähnen entstand vielleicht in der 2.Hälfte des 12.Jh. Möglicherweise 1265 wurde sie als stabile Holzbrücke neu gebaut, dann 1310 bei dem Tiepolo-Querini-Aufstand wahrscheinlich zerstört. Deren Nachfolgebrücke aus Holz

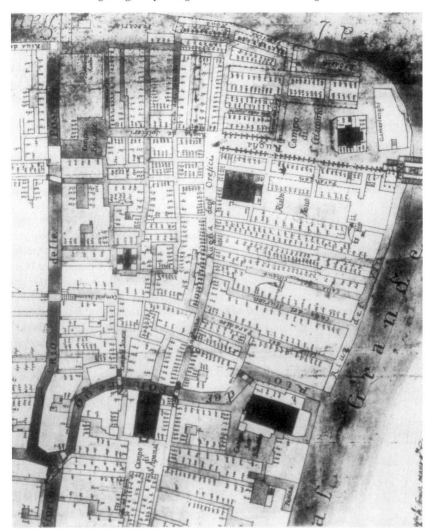

Abb 4:   Der Bezirk von Rialto in einem Plan des 18. Jahrhunderts. (nach Wladimiro Dorigo, Venezia Origini II, Mailand 1983, Abb. 306.)

---

war 1444 offenbar morsch und wurde in der Gestalt neu gebaut, wie sie das Gemälde Vittore Carpaccios: „Der Patriarch von Grado heilt einen Besessenen" von 1494/95 (Abb. 5) und der Stadtplan des Jacopo de'Barbari von 1500 zeigen. Vgl. Pastorello (Hg.; Anm. 7), S. 313, auch ebd., S. 369 (Andreae Danduli Chronica brevis); Cessi und Alberti (Anm. 68), S. 163–180; Egg/Hubala/Tigler (Anm. 13), S. 738; Schulz (Anm. 4/1991), S. 427; Remigio Masobello, Il Ponte di Rialto. Un restauro a Venezia, Vicenza 1991, S. 7.

stadtplanerischen Bestimmungen für den Bezirk galten allerdings weniger der Schönheit als der Nützlichkeit im Sinne des *bonum comune*. So beschloß man 1255, daß der Bereich der *terra alevata* – drainiertes und kultiviertes Gelände – vom Rialtoplatz („forum Rivoalti") bis zu dem Haus eines Georgius Gracianus am Canal Grande, wo das Ufer mit der Treppe sei, für den Obst- und Gemüseverkauf offen gehalten und ungenutzt bleiben müsse „ad comoditatem et comunem utilitatem tocius Venecie".[72] 1286 wählte man drei *boni homines*, welche „in terra vacua Rivoalti" (vielleicht derselbe, noch unbebaute Bereich?) diejenigen Arbeiten veranlassen sollten, die sie für „utilis pro nostro Comuni" erachteten.[73] Die *utilitas* war grundsätzlich leitend für die venezianische Bebauungspolitik und bildete die Voraussetzung für alle Maßnahmen, die darüber hinaus auch der Verschönerung des Stadtbildes dienten.[74] Mit Schönheit im Sinne von Angemessenheit rechnete man aber zweifellos 1284, als besprochen wurde, die „lobia de Rivoalto" (= Loggia), die sich am Fuß der Rialtobrücke links in Richtung Campo S. Giacomo (anstelle des heutigen Palazzo dei Camarlenghi) erhob, in der Weise zuzurichten, „quod bona gens possit honorifice stare ibi", weshalb man die *podii* – von Balken gestützte Erker oder Balkons aus Holz,[75] welche die Passage hinderten, abnehmen und entfernen solle; die *podii* und Steine und alles andere, was bei dieser Prozedur übrig bleibe, solle an die Prokuratoren von S. Marco gehen, die auch bezahlen müßten.[76] Diese Loggia des 13. Jahrhunderts, ein vermutlich eher anspruchsloses Gebäude aus Holz auf einem Mauerfundament, war Treffplatz aller, die am Rialto zu tun hatten, also vorrangig der Geschäftsleute.[77] Ihrer Bequemlichkeit diente der Vorgang, womit ein Hinweis auf den Grund von Verschönerungsmaßnahmen gerade am Rialto angesprochen ist.

Die Freilegung und Begradigung von Straßen und Ufern war im Venedig im Due-Trecento aber grundsätzlich an der Tagesordnung, denn zum Platzgewinn sparten Hauseigentümer nicht mit vorkragenden Auf- und Anbauten an ihren –

---

[72] Cessi (Anm. 2), II, S. 309, Nr. 1.

[73] Cessi (Anm. 2), III, S. 156, Nr. 116; vgl. Cessi undAlberti (Anm. 68), S. 35, Anm. 3; Wichmann (Anm. 4), S. 67.

[74] Zu den Begriffen *honor* und *utilitas* resp. auch *proficuum* im mittelalterlichen Selbstverständnis Venedigs vgl. Dieter Girgensohn, Kirche, Politik und adelige Regierung in der Republik Venedig zu Beginn des 15. Jahrhunderts (= Veröffentlichungen des Max-Planck-Instituts für Geschichte 118), I, Göttingen 1996, S. 363–373.

[75] Roberti (Anm. 9), III, S. 69, Anm. 1: *podioli* oder auch *pucolî* „sono poggioli e balconate sporgenti di legno".

[76] Cessi (Anm. 2), III, S. 82, Nr. 130 (1284); vgl. Cessi und Alberti (Anm. 68), S. 34f.; Crouzet-Pavan (Anm. 3), S. 184, 226.

[77] Cessi und Alberti (Anm. 68), S. 34f. In der Gestalt des 15. Jahrhunderts erscheint ein Teil der Loggia am Rialto links hinter der Brücke auf unserer Abb. 5. Zu ihrer Geschichte vgl. auch Fortini Brown (Anm. 21/1994), S. 83, 261, 268 (Neubauten von 1322–1325 und 1459 mit Freskenschmuck).

Abb. 5: Vittore Carpaccio, „Der Patriarch von Grado heilt einen Besessenen", um 1500, mit der Rialto-Brücke der Jahre nach 1455 (Venedig, Accademia). (Foto Alinari, Florenz (Bildarchiv des Kunstgeschichtlichen Seminars der Universität Göttingen).

seit 1262 zunehmend aus Stein errichteten – Häusern, die den freien Verkehr behinderten.[78] Das Straßenbild mag ähnlich ausgesehen haben wie heute noch in Teilen islamischer Altstädte wie z.B. Damaskus, Kairo oder Mekka.[79] Die

---

[78] Vgl. Crouzet-Pavan (Anm. 5), S. 237, zu steinernen Wohnbauten dies. (Anm. 4), S. 552.

[79] Zu diesem Themenkomplex vgl. Deborah Howard, Venice and the East. The Impact of the Islamic World on Venetian Architecture 1100–1500, New Haven/London 2000, S. 39, Abb. 35 u. S. 113, Abb. 129 (Damaskus), S. 46, Abb. 40 (Kairo), u. passim. Zu Damaskus vgl. auch Karl Wulzinger und Carl Watzinger, Damaskus. Die islamische Stadt, Berlin/ Leipzig 1924, S. 31: „Der Privatmann sucht soviel Straße an sich zu reißen als nur immer möglich. Ferner dienen Überbrückungen, Auskragungen, Vorstaffelungen dem Platz-

Entfernung solcher Anbauten galt im Duecento vor allem den Mercerie, der Einkaufsstraße, die von Piazza San Marco zum Rialto führte und führt. Crouzet-Pavan ging auf die Bauarbeiten in diesem wichtigen Bezirk ausführlich ein.[80] 1269 erging eine Vorschrift, daß, nachdem sie gepflastert (und wohl auch mit einem *colonnato* versehen) worden sei,[81] über ihr niemand Erker („banchum balconum"), Stangen („pertica") oder große Haken („rampegone"), welche mehr als einen halben Fuß aus der Mauer oder Wand der Häuser vorragten, anbringen dürfe.[82] 1272 sah man vor, alle Vordächer oder Windfänge („reveteni") und Balkons („pucolî")[83] auf den Häusern an der anderen Straße von S. Marco über S. Salvatore nach Rialto, die damals neu mit Ziegeln gepflastert wurde, zu zerstören. Die Häuser seien denjenigen von S. Giorgio anzugleichen, indem man sie innerhalb von zwei Monaten mit (hölzernen oder steinernen) Regenrinnen oder Traufleisten („gorni") zu versehen habe, welcher Beschluß bei Zuwiderhandlung der Eigentümer mit hohen Geldstrafen verbunden war, wenngleich sie andererseits für den Bau der *gorni* zur Hälfte entschädigt wurden. Man nahm diese Vorschrift so ernst, daß sie in die Capitularien der *Domini de nocte* aufgenommen wurde.[84] 1294 kam ein *nobilis vir* Petrus Savonario um die Erlaubnis ein, an seinem Gebäude über dem Canal Grande („quoddam suum laborerium super canale") ein vorspringendes Geschoß über Konsolen (?) – *canes* – von zweieinhalb Fuß

---

     gewinn. Sie schaffen Ausblicke auf die Gasse zur Unterhaltung und Schutz und leiten jeden Luftzug in das Innere des Hauses". An dieser Sitte werde „bis heute unverändert festgehalten". Zu Kairo vgl. Ernst J. Grube u.a., Architecture of the Islamic World, hg. von George Michell, London 1987, S. 121, 179 (Kairo) und S. 183 (Mekka).

[80] Vgl. Crouzet-Pavan (Anm. 3), Index analytique, S. 1066 s.v. „Mercerie (Merceria)"; dies. (Anm. 5), S. 2373–241. Zu ähnlichen Freilegungsmaßnahmen in italienischen Stadtkommunen vgl. Szabò (Anm. 6), S. 59f.

[81] Cessi und Alberti (Anm. 68), S. 39.

[82] Roberti (Anm. 9), III, S. 67f.; zur Pflasterung vgl. Crouzet-Pavan (Anmn. 3), S. 196.

[83] Zu dem Terminus ungenauer Bestimmung s. Roberti III, S. 69, Anm. 1: „Reveteni si chiamavano le altane che venivano erette sopra le case [...]" oder auch Dachvorsprünge; vgl. auch Cecchetti (Anm. 4), XXVII, S. 23f. Crouzet-Pavan (Anm. 3), Glossaire, übersetzt mit „auvent" = Vordach, Wetterdach, Windfang; vgl. auch Dorigo (Anm. 4/1996), S. 28; Giorgio Gianighiani und Paola Pavanini, Il tessuto gotico, in: Valcanover und Wolters (Anm. 4), S. 162 (verschiedene Termini zum Haus- und Palastbau, zum Teil ungeklärter Bedeutung).

[84] Vgl. Roberti (Anm. 9), III, S. 69f., Nr. 81, und Cessi (Anm. 2), II, S. 214, Nr. XVII; auch Roberti, ebd., II, S. 288, Nr. 84; zum Ausbau der Straßen nach Rialto zuletzt Crouzet-Pavan (Anm. 5), S. 237. Es könnte sein, daß der Verweis auf die „domorum domus Sancti Georgii" einen normierten Haustypus betrifft, wie er seit dem 14. Jh. als Miets- und Ladenhaus in Venedig ausgebildet wurde, vgl. oben S. 111, Anm. 62. – Zum Terminus „gorni" vgl. Cecchetti (Anm. 4), XXVII, S. 25: „[...] quod teneatur facere et ponere gornas in ipsa possessione, taliter quod pluvia non descendat in stratis"; Crouzet-Pavan (Anm. 5), S. 239f.; Manfred Schuller, Le facciate dei palazzi medioevali di Venezia. Ricerche su singoli esempi architettonici, in: Valcanover und Wolters (Hgg.) (Anm. 4), S. 281–345, hier S. 289, Abb. 23, 25.

Tiefe anbringen zu dürfen. Da man befand, daß diese *canes* dem Kanal nicht abträglich seien, sondern sogar seiner Schönheit dienten („non est defectus canalis ymo pulchritudo canalis"), wurde ihm dies gestattet, was eine Grundsatzentscheidung hinsichtlich der Anbringung von *canes* und *revetenes* am Canal Grande und die dafür an die Stadt zu zahlenden Gebühren veranlaßte (vgl. Abb. 6, 7).[85] Dazu möchte die Feststellung von Juergen Schulz passen, daß „die (venezianischen) Schaufassaden der Paläste [...] seit der Antike das früheste Beispiel öffentlicher Prachtentfaltung in der privaten Wohnarchitektur" seien.[86] Ebenfalls noch in das Duecento, nämlich nach 1287, gehört folgende Vorschrift: weil auf der Straße, die unter dem Bogen der Mercerie hindurch von S. Marco nach S. Bartolomeo führe, eine große Menge sowohl von Edelleuten („nobiles") als auch von anderen komme und gehe und es unangemessen sei, daß Schildträger und andere unfähige Reiter sie mit ihrer Grobheit („rusticitas") belästigten, sei beschlossen, daß von nun an niemand wage, diesen Weg, sei es hin oder zurück, in irgendeiner Weise zu Pferde zurückzulegen, wenn er kein Fremder sei. Außerdem dürfe niemand dort fahren (? „bigurdare") ohne eine Glocke (? „cavacina") oder einen Brustriemen mit Schellen („pectorale habente sonaglos"), in der Weise, daß er gut gehört werde, wenn er fahre. Auch dieser Beschluß wurde in das Capitulare der *Domini de nocte* aufgenommen.[87]

Die *pulchritudo* findet man bezüglich des Rialto-Bezirks explicite erst im Trecento als Ziel benannt. 1305 erwog man anläßlich der Neueinrichtung der Beccaria, der Metzgerei bei S. Giovanni Elemosinario, die alten und auch alle neu aufzustellenden Ladentische oder -bänke („scanne") von deren Eingang zu entfer-

---

[85] Roberti (Anm. 9), II, S. 293, Nr. 09; vgl. Cecchetti (Anm. 4), XXVII, S. 25, Anm. 2; Cessi (Anm. 2), III, S. 366, Nr. 58. Zur Bedeutung des Terminus „canes, cani", der sich in den einschlägigen Wörterbuchern des venezianischen Dialekts nicht nachweisen läßt, vgl. vorab Dorigo (Anm. 4/1996), S. 28: er setzt „canes" und „reveteni" als konsolengetragene, vorspringende Geschosse gleich; dagegen Cecchetti (Anm. 4), XXVII, S. 23f.: vielleicht die „conduttori delle gronde"; Wichmann (Anm. 4), S. 74f.; Huse/ Wolters (Anm. 62), S. 15 („barbacani" = hölzerne Konsolen, welche vorspringende Geschosse trugen); Crouzet-Pavan (Anm. 3), S. 232f. („proicere canes extra" und „gorni"); dies., (Anm. 5), S. 237; Dorigo (Anm. 4/1996), S. 31 („canoni d'acqua"); Gianighiana und Pavanini (Anm. 83), S. 160–162 („canes" = „canones da acqua" = Tonröhren für Wasserleitungen innerhalb der Mauern). – Zu Pietro Savonario vgl. auch Cessi (Anm. 2), III, S. 225, Nr. 166: er war offenbar ein einflußreicher Vertreter des venezianischen Patriziats, der im Dienste der Stadt auch diplomatische Aufgaben wahrnahm, weshalb man ihn bezüglich seiner „canes" großzügig behandelt haben mag.

[86] Schulz (Anm. 62/1997), S. 90.

[87] Roberti (Anm. 9), III, S. 88, Nr. 116; Cessi (Anm. 2), III, S. 196, Nr. 170. Das Verbot wurde 1292 wiederholt, die sehr hohe Geldstrafe für Reiter jedoch herabgesetzt: vgl. Cessi ebg., S. 324, Nr. 65; Cecchetti (Anm. 4), , XXVII, S. 41; ferner Crouzet-Pavan (Anm. 3), , S. 220f. Pferde und von diesen gezogene Karren waren in Venedig bis ins 15. Jahrhundert gebräuchlich, vgl. Sagredo (Anm. 24), S. 34f.

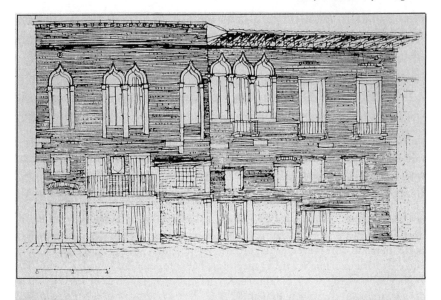

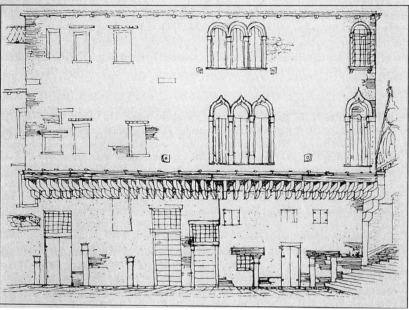

Abb. 6:   Venezianische Wohnbauten des Spätmittelalters mit *canes* und *reveteni.*(nach Wladimiro Dorigo, in: Venezia Arti 10 (1996), Abb. 1, 2, 5.)

Abb. 7:   Barbacani im Bezirk von Rialto. (Autorin)

nen, „in quo nunc fit turpitudo sub dicta Beccaria".[88] 1340 war vorgesehen, den
Eingang in den Fondaco dei Tedeschi von der Calle della Bissa aus, der „non sit
pulcher neque aptus", durch Anlage einer neuen Calle „pulchriorem et dexte-
ram" (angemessen) zu machen.[89] 1341 beschloß man innerhalb eines Maßnah-
menkatalogs zur Ordnung und Verschönerung des Rialtobezirks, durchzuführen
„pro disoccupatione [...] et comodo et pulchritudine terre",[90] die Straße
(„strata"), welche von S. Bartolomeo Richtung Fondaco dei Tedeschi nach
S. Giovanni Crisostomo führe, „pro manifesto comodo et securitate omnium
transeuncium [...] et ornamento et pulchritudine civitatis" auf 10 Fuß Breite zu
erweitern.[91] Im gleichen Jahr sah man vor, das „revetenum coporum", d.h. den
mit Dachziegeln versehenen Dachvorsprung oder -aufbau, welcher die Kirche
S. Giacomo am Rialto umgab, mit Regenrinnen zu versehen, „per modum quod
videbitur pulcrior et magis aptus"; das gleiche sollte gelten für die beiden Seiten
der Loggia, welche noch keine hätten.[92] 1393 sollte der (neue) Campanile von
S. Giacomo di Rialto als Ersatz für eine veraltete, schlecht funktionierende Uhr
für teures Geld eine neue Räderuhr (= Schlaguhr mit Räderwerk: „orologio
latino") erhalten, die nicht kompliziert („non intricatum") sei und einen dreimal
so großen Klöppel habe („quod dabit maius botum in triplo"); 1394 leistete man
sich dafür auch eine neue Glocke, nachdem diejenige der alten sich leider als
nicht weiter verwendbar erwies: die neue schlug nun „pro consolatione totius
civitatis, quia audietur per totam civitatem" und diente als „Rialtina" der Anzeige von täglichem Arbeitsbeginn und -ende in der Stadt.[93] Zu diesem Zeit-

---

[88] Cecchetti (Anm. 4), XXVIII, S. 18, Anm. 5; vgl. Cessi und Alberti (Anm. 68), S. 36. 1339
wurde die Beccaria nach Rialto Nuovo transferiert, vgl. Crouzet-Pavan (Anm. 3), ,
S. 184f.

[89] Henry Simonsfeld, Der Fondaco dei Tedeschi in Venedig und die deutsch-veneziani-
schen Handelsbeziehungen, Stuttgart 1887, S. 34, Nr. 99; Ennio Concina, I fondaci del
medioevo veneziano, in: Valcanover und Wolters (Anm. 4), S. 131–138, hier S. 131, 134.

[90] Cessi und Alberti (Anm. 68), S. 44f.; Crouzet-Pavan, S. 185f.

[91] Cessi und Alberti, (Anm. 68), S. 36, Nr. 102; vgl. Crouzet-Pavan a.a.O., , S. 187. Unter
den fünf *savi*, welche für diese Maßnahme verantwortlich waren, befand sich auch der
nachmalige Doge Andrea Dandolo, vgl. Ravegnani (Anm. 7), S. 433; auch Pastorello
(Hg.; Anm. 7), S. VIf.: Andrea Dandolo ist unter den „cinque savi deputati ad adattar la
strada che va da San Marco a Rialto, ,remuovendo li revettoni e poggiuoli li quali
molto impedivano quella strada' ".

[92] Cecchetti (Anm. 4), , XXVIII, S. 20f., Anm. 6; Cessi und Alberti (Anm. 68), S. 44;
Crouzet-Pavan (Anm. 3), S. 185f.; Concina (Anm. 89), S. 134.

[93] Cecchetti (Anm. 4), XXVIII, S. 267f. Zu der Uhr vgl. Cessi und Alberti (Anm. 68),
S. 50f.; Muraro (Anm. 55), S. 268, Anm. 21; Calabi und Moracchiello (Anm. 48), S. 14;
Umberto Franzoi und Dina di Stefano, Le Chiese di Venezia, Venedig 1970, S. 14;
Crouzet-Pavan (Anm. 3), S. 924; Fortini Brown (Anm. 41), S. 50, mit der gesamten
Vorgeschichte. Räderuhren wurden zwischen 1270 und 1300 erfunden: vgl. außer
Fortini Brown, a.a.O., auch Thomas Fusenig, Räderuhren, in: Hans Holländer (Hg.),
Erkenntnis, Erfindung, Konstruktion. Studien zur Bildgeschichte von Natur-
wissenschaften und Technik vom 16. bis zum 19. Jahrhundert, Berlin 2000, S. 557–575. –

punkt entschloß man sich auch, den offenbar heruntergekommenen Campo di S. Giacomo in Rivoalto nach dem Vorbild desjenigen von San Marco im Sinne von *fama* und *maximus honor* der Stadt zu pflastern, weil dort „super continuo se reducunt et conversantur nobiles et mercatores nostri ac generaliter omnes forenses huc undique accedentes".[94] Aus den gleichen Gründen sollten die Reste des (alten) Campanile von S. Giacomo, das Eichamt („officium ponderis") und die Wechselstube („cambio") abgerissen werden, um dort eine schöne gedeckte Halle („cohopertura ornata") mit Bänken zu errichten, nämlich ebenfalls in Anbetracht der Menge der edlen Kaufleute und anderer Fremder, die dort miteinander verkehrten und bei schlechtem Wetter keinen Aufenthalt hätten, um ihre Geschäfte zu besprechen, wie auch in Anbetracht „nostri dominii et civitatis que per dei gratiam est tantum famosa", und die erfordere, daß dieser Platz „pulcher", „magnus, ornatus" und „expeditus" sei.[95]

4. Venedig außer S. Marco und Rialto

Weniger spektakulär hinsichtlich der Schönheit sind Nachrichten zur Bebauung außerhalb des Bezirks von Rialto, doch fehlen sie nicht. Vor allem Crouzet-Pavan hat diesbezüglich auf viel ungedrucktes Material hingewiesen, das sie aber nicht im Wortlaut zitiert. Im allgemeinen stehen das Bemühen um die Erschließung, Begradigung und Freihaltung von Verkehrswegen im Sinne einer reibungslos funktionierenden öffentlichen Ordnung und der Kampf gegen Schmutz und Krankheit in Vordergrund. Es ist daher mehr von abzuschaffender Häßlichkeit als von zu schaffender Schönheit die Rede.[96] Im *Capitolare* des Piovego heißt es 1282 grundsätzlich, daß jeder, der einen Kanal, einen Wasserweg, einen Teich, einen Sumpf oder eine öffentliche *calle* versperre, einnehme oder verwüste, angezeigt werde und den Schaden um der *bona securitas* willen zu reparieren und den alten Zustand wieder herzustellen habe.[97] Schon 1272 gab es eine Bestimmung, welche die Eigentümer von Uferwegen für deren Zustand

---

Zur Rialtina vgl. Sagredo (Anm. 24), S. 185; zur Zeiteinteilung per Glockenschlag in Venedig auch Giovanni Monticolo, Intorno al significato antico dei ritocchi quotidiani delle campane di San Marco a Venezia, in: ders. (Anm. 54), II, 2, Rom 1905, S. 664–670.
[94] Cessi und Alberti (Anm. 68), S. 51, Anm. 3.
[95] Cecchetti (Anm. 4), XXVII, S. 30; Cessi und Alberti (Anm. 68), S. 52; zum Umbau von S. Giacomo in Rialto 1322 ebd., S. 39.
[96] Vgl. Crouzet-Pavan (Anm. 3), Index analytique s.v. „esthétique urbaine", bes. S. 57–61, passim, S. 194–216. Zur Pflege der öffentlichen Gewässer und den Maßnahmen gegen Rauchplage und Feuergefahr vgl. Kretschmayr (Anm. 2), II, S. 113; Rösch (Anm. 2/ 2000), S. 126–129.
[97] Roberti (Anm. 9), II, S. 273, Nr. 30: „[...] quod ingumbraverit aut occupaverit aut devastaverit videlicet de canali, rivo, piscina et palude vel calle publico [...] in statum pristinum reducere" („piscina" = nicht trocken gelegter Teich oder kleiner See).

verantwortlich machte, wobei diejenigen, die zu arm seien, um Schäden zu reparieren, von der Kommune – d.h. vom Dogen und dem *Maggior Consiglio* – unterstützt würden.[98] Ferner waren alle Senkgruben („conducta") und Kloaken („scaffe") und andere vortretenden Objekte am Canal Grande, an den *rivi* und *piscine* und den öffentlichen Wegen und *calli*, außer an solchen, welche jeweils nur einer Person gehörten (also Privatbesitz seien), zu beseitigen oder so zu verändern, daß sie innerhalb ihrer Mauerflucht verblieben, so daß kein Wasser oder sonst irgend etwas Häßliches („aliquod turpe") – also Fäkalien – in den Kanal, die *rivi*, die *piscine* und auf die Wege außerhalb der Mauern falle.[99] 1295 richtete man eine städtische Müllabfuhr ein in Form von drei Männern mit zwei Booten („scaule vel ligna") pro Sestiere, welche zweimal wöchentlich die *immundicia* abholen und sie an einen unschädlichen Ort befördern sollten, da der Abfall, in die Kanäle geworfen, sowohl diese wie die *rivi* und den Hafen verwüsteten. Zu den vielen diesbezüglichen Einzelbestimmungen gehörte auch, daß jeder, der an einer gepflasterten Straße wohne, jeden Samstag zu fegen und den Abfall ins Haus zu bringen habe.[100] Denn dieser war auch im Hinblick auf die *sanitas* gefährlich. Leicht waren die Brunnen mit ihren *piscine* (Zisternen) verunreinigt, weil Leute „turpidines", „scovadulia", also Abfälle, hineinwarfen oder – das waren vermutlich die *pellicciai* – auf den Campi in Nähe der Brunnen schmutzige, garstige Felle ausbreiteten, welche dieselben verdürben, so daß das Wasser weniger gesund sei, wie man sich 1329 beklagte. Sie mußten sich auf die Giudecca zurückziehen.[101] Gleichzeitig wurde ein Sumpfgebiet bei S. Lucia (Cannaregio) in Richtung Mestre aufgeschüttet, weil es der „pulchritudo terre et sanitas vicinorum" diene.[102] In den Bereich der Gesundheitspflege gehört auch das Verbot, im Stadtgebiet außer in Sümpfen bestimmte Baumaterialien – Bruchstein („cimentum") und Pflanzenasche („cineracii") zur Herstellung von Blei („plumbum")[103] und Tonerde oder Schamott („cleta") herzustellen, weil dieses ungesunden Rauch verursache.[104]

---

[98] Cessi (Anm. 2), II, S. 223, Nr. V.
[99] Roberti (Anm. 9), II, S. 274, Nr. 33; vgl. Wichmann (Anm. 4), S. 53f.
[100] Ebd., S. 301, Nr. 127; vgl. Cessi (Anm. 2), III, S. 382, Nr. 48, S. 442f., Nr. 21 (1298); vgl. Wichmann (Anm. 4), S. 69.
[101] Cecchetti (Anm. 4), XXVII, S. 29; Monticolo (Anm. 55), S. 183f. Zu den Brunnen vgl. Wichmann (Anm. 4), S. 68–70; Gianighiana und Pavanini (Anm. 83), S. 157–169.
[102] Cecchetti (Anm. 4), , XXVII, S. 17, Anm. 5. Zur *contrata di S. Lucia* vgl. Cecchetti (Anm. 4), , XXIX, S. 24.
[103] Zu Blei, hergestellt von *stagnarii* zur Dachdeckung, vgl. Connell Wallington (Anm. 48), S. 41.
[104] Cessi (Anm. 2), , III, S. 367, Nr. 68. Man sorgte sich auch um die Gesundheit der Gefangenen. 1297 wollte man die *carceri*, die sich auf dem Dogenpalast befanden, unter diesen verlegen, weil sie „inficiunt aerem et infirmant corpora", vgl. Cessi, ebd., S. 428, Nr. 40. Das Kapitel war damit nicht abgeschlossen: 1343 hatte man bei Bau der *Sala del Maggior Consiglio* die größten Probleme mit den überfüllten *carceri*, die sich sowohl oben als auch unten befanden und offenbar unerträglichen Gestank verbreiteten: vgl.

Was den öffentlichen Verkehr anbelangt: 1270 sah man vor, daß auf der Straße von S. Giovanni in Bragora nach S. Marco „per super ripam", also auf der heutigen Riva degli Schiavoni, niemand Fische braten oder Pfähle, Anker und *spontalos* (angespitzte Pfähle?) ablegen dürfe.[105] Pfähle aus Eichenholz („pali") brauchte man in Mengen zur Fundamentierung von Gebäuden („palafitte"), für Seezeichen („bricole" = „grossi pali uniti"), Zäune („palificate"), für die *paline* der Bootsanlegestellen in der Stadt (vgl. Abb. 8).[106] 1272 hatten die Glasbrenner ihre Öfen und die Steinmetzen (welche Tür- und Fensterrahmen, Balkons u. ä. herstellten) und jede andere Person, welche die Kanäle, *rivi* und Piscinen der Kommune mit Steinen, Holz und anderem vollstelle, diese Hindernisse zu beseitigen.[107] Die Glasbrenner („fioleri") und Steinmetzen („tajapiera") machten offenbar besondere Sorgen. 1291 beschloß man, die „fornaces de vitro" ersterer in der Stadt (wohl wegen Brandgefahr) zu zerstören. Die *fioleri* selbst wurden gehalten, sich außerhalb von Stadt und Episkopat anzusiedeln. Seitdem wurde Murano, wo die venezianische Glasindustrie seit 1278 nachweisbar ist, vollends zu ihrem Zentrum.[108] 1293 erging die Bestimmung, daß die Steinmetzen mindestens zwei Schritt vom Ufer entfernt zu arbeiten hätten.[109] Dem Gewerbe

---

Lorenzi (Anm. 50), S. 31, Nr. 88; Umberto Franzoi, Le prigioni della Repubblica di Venezia, Venedig 1966, S. 11f.

[105] Cessi (Anm. 2), II, S. 213, Nr. XV; vgl. Giuseppe Boerio, Dizionario del dialetto veneziano, Venedig 1856, s.v. „sponta, spontar"; Connell Wallington (Anm. 48), S. 39: Arbeiter hatten die zur Fundamentierung bestimmten Eichenholzpfähle anzuspitzen („agudar o far punti ai pali"). Vgl. auch Limentani (Hg.; Anm. 20), S. 68f.: „paus agus" (= „pali appuntiti") als Waffen für Belagerungszwecke, dem möchte entsprechen „spuntone" (= Spieß, zugespitzte Waffe). – Zur Lagerung von Pfählen an der Riva degli Schiavoni vgl. das Bild Canalettos: „La riva degli Schiavoni, verso San Marco" in Wien: Giuseppe Berto und Lionello Puppi, L'opera completa di Canaletto (Classici dell'arte, 18), Mailand 1968, Taf. XXII.

[106] Zur Verwendung von *pali* vgl. Dorigo (Anm. 4/1983), II, S. 353–427; Connell Wallington (Anm. 48), S. 39; auch Roberti (Anm. 9), II, S. 272: „[…] aliquem afixisse palos actenus et de cetero super rivos et piscinas suarum […]".

[107] Roberti (Anm. 9), II, S. 275, Nr. 36. – Eine Photographie von Giuseppe Primoli von 1889 hält die Lagerung von Pfählen am Kanalufer fest: vgl. Abb. 8; vgl. auch das Bild Canalettos: „La chiesa di San Nicolo di Castello" in Mailand (Privatbes.), Berto und Puppi (Anm. 105), Taf. XLI f.

[108] Cessi (Anm. 2), III, S. 308, Nr. 108; vgl. Monticolo (Anm. 55), S. 183f.; Brunello (Anm. 27), S. 17–20; S. 50–52.

[109] Cessi, ebd. I, S. 348, Nr. 102; zur Zunft der Steinmetzen und zu ihren Werkstätten vgl. Connell Wallington (Anm. 48), S. 45–52•. – Canalettos Bild von 1726/1727 in der National Gallery, London: „La chiesa e la scuola della Carità, dal laboratorio dei marmi di San Vitale" überliefert die Arbeit von Steinmetzen am Canal Grande, vgl. Berto und Puppi (Anm. 105), Taf. XXIII, auch W. G. Constable, Canaletto. Giovanni Antonio Canal 1697–1768, Oxford 1962, I, Taf. 43, Abb. 199f., II, S. 268. – Zu den Erlassen zum Schutz der Kanäle und der Einschränkung handwerklicher Tätigkeit in ihrer Nähe vgl. auch Wichmann (Anm. 4), S. 45.

Abb. 8:   Giuseppe Primoli, Pfähle am Kanalufer, um 1889. (nach Dorothea Ritter, Venedig in historischen Photographien, 1841–1920, München 1994, S. 86)

der Rohrflechter („ars de velledellis seu de grisolis et aliis artibus de canna") wurde 1293 untersagt, sich innerhalb der Grenzen des Stadtgebiets, das auch Sümpfe einschloß, niederzulassen.[110] Lustig ist die Bestimmung, daß Schweine – die als Tiere des Hl. Antonius bis dahin geduldet waren – nicht frei herumlaufen

---

[110] Cessi (Anm. 2), III, S. 344, Nr. 67.

dürften, weil sie Kindern schadeten und „propter suum rumare" die „strati et fondamenti" ruinierten. Sie wurden auf das Gelände von S. Antonio verwiesen.[111] Was Auseinandersetzungen mit Privatbesitzern von Uferwegen anbelangt, mag auf einen Antrag hingewiesen werden, den 1247 ein Grundbesitzer namens Johannes Gabriel stellte: er wolle, daß seine *ripa* in der Umgrenzung („confinio") von S. Giovanni in Bragora von der Mauer des Hauses am Kanal bis hin zu diesem öffentlicher Weg sei und bleibe, dergestalt, daß er im Abstand von zwei einhalb Brücken darüber bauen könne; jener Weg bis zum Kanal sei zu *cohoperire*, d.h. von beiden Parteien zu nutzen: man einigte sich also.[112] 1299 wurde einem Nicoletus de Lasevole gestattet, über dem Kanal der Giudecca zum Schutz seines Hauses und seines Grundstücks eine *palata*, d.h. eine Palisade aus Pfählen zu errichten, wenn sie den Kanal nicht beeinträchtige, doch wenn er eines Tages ein steinernes Fundament anlegen wolle, solle er dies auf seinem Privatgrund tun.[113] Andererseits konnten Hausbesitzer auch vertrieben und ihre Häuser – wenn auch gegen eine Entschädigung – niedergerissen werden, so 1284, als man die „ripa Sancte Sophye" am Canal Grande festigte; als Strafaktion jedoch wurde der Palast eines aufständischen Adeligen aus der Familie Querini abgerissen.[114] Eine besondere Situation ergab sich 1288 anläßlich der jährlichen Marien-Prozession des Dogen nach S. Maria Formosa. Ein Jacobus Querini hatte auf eigene Kosten eine Mauer seines Hauses, die offenbar mitsamt dem Regenabfluß um zwei Fuß in die *calle* hineinragte, in deren Flucht zurückzusetzen, damit der Doge mit seiner *umbrella* und die Figuren des Engels und der Maria, die über das Dach emporgehoben werden mußten, passieren könnten.[115] – 1354 dachte man anläßlich der Prozession des Dogen am Tag des Hl. Vitus nach S. Vito „supra canale" daran, Besitzungen eines „Ser Petro tajapetra" zu übernehmen, damit das Fest schöner („pulcrius") werde; man werde dafür jedes Jahr eine provisorische Brücke bauen.[116] Womit wir beim Brückenbau wären, über welchen eine reiche

---

[111] Cecchetti (Anm. 4), XXVII, S. 44.

[112] Cessi (Anm. 2), II, S. 119, Nr. I.

[113] Cessi (Anm. 2), III, S. 453, Nr. 25. Zur „collaborazione tra pubblico e privato" im Sinne einer kollektiven Zusammenarbeit vgl. Crouzet-Pavan (Anm. 5), S. 239.

[114] Cessi, III, S. 59, Nr. 220 (S. Sofia Nähe Cà d'oro). Zur *ripa S. Sophye* vgl. auch ebd., S. 142, Nr. 20. Zu dem Abriß eines Palastes der Querini s. R. Fulin, La Casa dei tre fratelli Quirini, in: Archivio Veneto, XI (1876), S. 147–156.

[115] Cessi (Anm. 2), III, S. 223, Nr. 153; vgl. Wichmann (Anm. 4), S. 114; zur Prozession Muir (Anm. 23/1981), S. 135–151; ders. (Anm. 23/1996) S. 90f.: er gibt den Tag der Prozession nach Martin da Canal mit dem der Translation des Hl. Markus an; Andrea Dandolo dagegen mit dem Tag der *Purificatio Mariae*; vgl. Pastorello (Hg.; Anm. 7), S. 240, Anm. 2; Rona Goffen, Piety and Patronage in Renaissance Venice. Bellini, Titian and the Franciscans, New Haven und London 1986, S. 140f.; Crouzet-Pavan (Anm. 3), S. 197f. – Zum Palast der Querini vgl. Fulin (Anm. 114).

[116] Die Kirche S. Vito e Modesto (S. Vio) auf der Giudecca wurde 1813 abgerissen, vgl. Cecchetti (Anm. 2), XXVII, S. 50, Anm. 10.

Dokumentation unterrichtet (vgl. Abb. 5, 9).[117] Nur kurz: Sie waren noch Holzkonstruktionen. 1297 wurde festgelegt, daß jeder, der irgendeine Brücke über irgendwelche kommunalen *rivi* oder *piscine* bauen wolle, sei diese für alle, sei sie nur für eine bestimmte Personengruppe bestimmt, diese hinsichtlich ihrer Höhe und aller anderen Bedingungen nur nach der Ordnung des Piovego („per illos de super Publicis") bauen dürfe, welcher Beschluß für alle Antragsteller gelte und bei Zuwiderhandlung bestraft werde.[118] Dieser Standardisierung liegt weniger das Ziel einer Vereinheitlichung des Stadtbildes als das der Funktionsfähigkeit des innerstädtischen Schiffsverkehrs zugrunde: alle Bootsarten mußten passieren können.[119] Abschließend kurz zu einigen Reparaturen zwecks Image-Pflege Venedigs. 1293 wurde der Löwe auf der östlichen der beiden Säulen am Molo instandgesetzt. Bekanntlich gehören die beiden Säulen, die nach der neuen Untersuchung von Tigler nicht schon im 12. Jh., sondern erst in der zweiten Duecento-Hälfte aufgestellt wurden, zu den erstrangigen Stadtwahrzeichen Venedigs.[120] Außerdem gab es eine Reihe von Veränderungs- und Verschönerungsarbeiten im Dogenpalast. Seit den 90er Jahren diskutierte man das Projekt des Baues der neuen großen *Sala del Maggior Consiglio*, welche „[...] fiat id quod fama honor et utilitas terre postulant", auf deren Geschichte wir hier aber nicht eingehen.[121] 1303 mußten Innenhof und Brunnen, 1315 das schadhafte Brunnenhaus („lobia cisterne") im Hof, ferner das von Wasser verwüstete Kanalufer bei S. Marco instand gesetzt werden.[122] 1319 wurde die Kirche des Dogenpalastes, S. Nicolò, weil „tota nuda picturis", neu ausgemalt,[123] 1344 vergoldete man den Löwen über der Tür der Treppe zum Palast,[124] und was der Dinge mehr sind. 1405 schließlich wurden zwei *nobiles* gewählt, um die Reparatur des Campanile zu beschleunigen, dessen Spitze ein Feuer verwüstet hatte: „[...] quod Campanile nostrorum Sancti Marci, quod est famosum et nominatum per totum orbem [...] reficiatur et aptetur quantum cicius (sic) esse potest".[125]

---

[117] Vgl. Crouzet-Pavan (Anm. 3), S. 206–216.

[118] Cessi (Anm. 2), III, S. 429, Nr. 45. Zahlreiche Nachrichten zum Brückenbau bei Cecchetti, XXVII, S. 47–60.

[119] Vgl. Cecchetti (Anm. 4), a.a.O., S. 51.

[120] Cessi (Anm. 2), III, S. 339, Nr. 37; vgl. Tigler (Anm. 37), S. 15.

[121] Lorenzi (Anm. 50), S. 27 Nr. 80 (1340); vgl. Franzoi, Pignatti, Wolters (An. 13), S. 38–41; zur gemalten Ausstattung des Mittelalters Fortini Brown (Anm. 21/1994), S. 259, 261–265. Zu den Begriffen *honor* und *utilitas* vgl. Anm. 74.

[122] Lorenzi (Anm. 50), S. 5, Nr. 15f.; S. 7, Nr. 24; S. 9, Nr. 30; S. 10, Nr. 31.

[123] Ebd., S. 12, Nr. 36, mit der Historia des Friedensschlusses zwischen Papst Alexander III. und Friedrich Barbarossa, 1177, welche auch wegen der Einsetzung der „sensa" bzw. des „sposalizio del mare" durch den Dogen zu den „Staatsmythen" Venedigs gehörte; vgl. Martindale (Anm. 50), S. 97–103; Goffen (Anm. 58), S. 97; Fortini Brown (Anm. 21/1994), S. 259; Crouzet-Pavan (Anm. 3), S. 723f., 924f.

[124] Lorenzi (Anm. 50), S. 32, Nr. 90.

[125] Ongania (Hg.) (Anm. 27), Documenti, S. 14, Nr. 107. Zum Campanile vgl. Gattinoni (Anm. 48).

Abb. 9: Gentile Bellini, „Das Wunder des Hl.Kreuzes an der Brücke von S.Lorenzo", 1500 (Venedig, Accademia). (Foto Alinari, Florenz (Bildarchiv des Kunstgeschichtlichen Seminars der Universität Göttingen).

5. Fazit

Vor allem Schulz hat beigetragen zu einem Strukturvergleich der urbanistischen
Strategien Venedigs mit denen der Stadtkommunen des Festlandes; er stellte
Ähnlichkeiten und Differenzen fest.[126] Und Dietl hat gezeigt, daß die Schönheit
des Stadtbildes unter ökonomischen Gesichtspunkten für jene einen ähnlich
hohen Stellenwert besaß wie für die Venezianer: in der politischen und Handels-
konkurrenz der Stadtkommunen versuchte jede, sich als attraktiv darzustellen.[127]
Viele Einzelbestimmungen, besonders hinsichtlich der Freilegung der Verkehrswege zur Schaffung einer funktionierenden Infrastruktur und der öffentlichen
Hygiene, verbinden die Regelungen der venezianischen Magistraturen mit denen
der Stadtkommunen des italienischen Festlandes. Die Bedeutung des wirtschaftlichen Gesichtspunkts für Venedig tritt vorab in Quellen zur Ausgestaltung des
Rialto-Bezirks zutage. Das Wort *pulchritudo* erscheint in ihnen, so weit wir sehen, zuerst 1340 und 1341; doch immerhin benutzte man hier schon 1305 die
turpitudo als oppositionellen Begriff.[128] Daß wir aber der *pulchritudo* in unseren
Materialien bereits 1294 in einer Urkunde bezüglich der Fassadengestaltung des
Palasts des Adeligen Pietro Savonario am Canal Grande begegnen,[129] dessen
Fähigkeit zu *pulchra verba* 1288 ebenfalls dokumentiert ist,[130] kann dafür spre-
chen, daß dieser Begriff über den Einfluß des literarischen Städtelobs à la Martin
da Canal auf die Gebildeten ihren Eingang in die Beschlüsse des *Maggior Consiglio* gefunden hat.[131] Das gleiche betrifft S. Marco, für dessen Ausstattung die
Vokabel *pulchritudo* in unseren Materialien zuerst 1309 in einem amtlichen
Schreiben erscheint.[132] Vor und um 1300 also beginnt sich das Bedürfnis nach
Schönheit des Stadtbildes von Venedig in städtischen Urkunden ausdrücklich zu
artikulieren. Spätestens in der zweiten Trecentohälfte gehört die Rede vom *ornamentum civitatis*, von *pulchra finestra* u.ä. zum festen Bestand des venezianischen Bürokratenlateins,[133] wobei anzumerken ist, daß die Wunschziele *utili-
tas/securitas/sanitas* und *pulchritudo/ ornamentum* eng zusammenlagen.[134] Heute
werden die Maßnahmen, welche der Sicherung der drei erstgenannten Bereiche
von Nützlichkeit, Sicherheit, Gesundheit dienten, als früheste Zeugnisse einer

---

[126] Schulz (Anm. 4/1991).
[127] Dietl (Anm. 6), passim, bes. S. 88f.
[128] Vgl. oben S. 121f.
[129] Vgl. oben S. 118.
[130] Cessi (Anm. 2), III, S. 225, Nr. 166 (1288): Petrus Savonarius und Laurencius Mengolo
      hatten anläßlich einer Gesandtschaft nach Cattaro (= Kotor, Montenegro) dieser
      Kommune aus diplomatischen Gründen mit *pulchra verba* zu begegnen.
[131] Vgl. oben S. 104, Anm. 38.
[132] Vgl. oben S. 105.
[133] Crouzet-Pavan (Anm. 5), S. 240.
[134] Vgl. oben S. 123f.

ökologisch orientierten urbanistischen Praxis gepriesen.[135] Primär in diesem Punkt, der in Venedig überlebenswichtig war, dürften sich die Strategien der Stadtplanung der dortigen Magistraturen von denen der festländischen Kommunen unterscheiden. Weitere Differenzen lassen sich benennen. Die außergewöhnliche Bedeutung, diese der Magistrat den Wörtern *pulcher, ornatus, pulchritudo* und relationalen Begriffen wie z.b. *ornamentum, fama, honor* seit dem 13.Jahrhundert zumaß, kann sich daraus erklären, daß die Erschaffung der Stadt aus dem Schlamm der Lagune ein gesteigertes Bedürfnis nach Kultiviertheit und Ansehnlichkeit schon aus Gründen der Außendarstellung wachrief. Damit hängt zusammen, daß Venedig keine imponierende römische Gründungsgeschichte in der Art derjenigen der meisten Kommunen des Festlandes hatte, deren Gründungsmythen häufig auf einer solchen basierte; es besaß keine römischen Ruinen oder prächtige Sarkophage, wie etwa Pisa, Padua oder Verona. Zwar wurde im späten 13.Jahrhundert eine schon im 12.Jahrhundert nachweisbare, nunmehr auf der 1287 vollendeten „Historia destructionis Troiae" des Guido de Columnis basierende „troianische" Version der Gründung Venedigs neu belebt, welche neben derjenigen von der Zerstörung Aquileias durch Attila und dem Rückzug seiner Bewohner auf die Laguneninseln existierte.[136] Daß diese für eine visuelle Evokation der ruhmvollen Vergangenheit der Stadt in der Konzeption der Markuskirche und der *platea Sancti Marci* wirksam wurde, ist aber unwahrscheinlich. Dem Bedürfnis, sich im historischen Raum selbst zu definieren, dienten Kreuzzugstrophäen wie die berühmten Spolien von S.Marco aus Konstantinopel, allen voran die „cavalli", die Tetrarchengruppe, die „pilastri acritani",[137] wie überhaupt die byzantinische Inszenierung der Markuskirche, des Markusplatzes und des Canal Grande mit seinen Palastarchitekturen im sog. „veneto-byzantini-

---

[135] Vgl. die Besprechung des Buches von Antonino Abrami, Storia, scienza e diritto comunitario dell'Ambiente, Edizioni Cedam 2002, in: „Corriere della Sera", 21.Februar 2002, S.24. Vgl. hierzu Alberto Tenenti, Venzia e il senso del mare. Storia di un prisma culturale dal XIII al XVIII seculo (= Istitoto Italiano per gli studi filosofici. Saggi 34), Neapel 1999.
[136] Martin da Canal berichtet von der Erbauung Aquileias durch die Troianer und der Zerstörung der Stadt durch Attila, vgl. Limentani (Hg.; Anm.20), S.6f. – Zur „Historia destructionis Troiae" vgl. Hugo Buchthal, Historia Troiana. Studies in the History of Medieval Secular Illustration (Studies of the Warburg Institute, 32), London und Leiden 1971, Index s.v. Venice; Barbara Marx, Venedig –‚Altera Roma'. Transformationen eines Mythos in: Quellen und Forschungen aus italienischen Archiven und Bibliotheken, 60, 1980, S.325 373, S.327ff.; Lexikon des Mittelalters, IV, München und Zürich 1989, s.v. Guido de Columnis; Crouzet-Pavan (Anm.3), S.959–965; Fortini Brown (Anm.41), S.11, 25, 31, 41; Rösch (Anm.2/2000), S.22.
[137] Zu Spolien aus Konstantinopel nach dessen Eroberung 1204 vgl. Deichmann (Hg.; Anm.57), S.1–10 und passim; Irene Favaretto, Presenze e rimembranze di arte classica nell'area della basilica marciana, in: Polacco (Hg.) (Anm.36), S.74–88, passim; weitere Literatur zu den Spolien von S.Marco referiert Tigler (Anm.37), S.31–46.

schen" Stil des Duecento.[138] Das Phänomen ist nicht nur auf politisch-wirtschaft-
lich bedingte künstlerische Einflußverhältnisse zurückzuführen, sondern auf
einen bewußten Akt ästhetischer Entscheidung mit Legitimationscharakter:
Venedig präsentierte sich im Bilde einer selbst erschaffenen Vergangenheit,
deren Perspektive seit der Einholung der Reliquien des Hl. Markus aus Alexandria 829 auf den östlichen Mittelmeerraum als Aktions- und Wirtschaftsraum
der Stadt ausgerichtet war. Nun war Alexandria nicht Byzanz – aber das Doge-
namt hatte byzantinische Wurzeln.[139]

Solche Erwägungen schlugen sich allerdings nicht in Statuten nieder. Der
rechtlichen Verfassung des *Comune Veneciarum* im 13. und 14. Jahrhundert
gelten indessen folgende Bemerkungen. Wohl keine Stadtkommune des italienischen Festlandes besaß einen so riesigen und kompliziert aufgefächerten Verwal-
tungsapparat wie Venedig. Im 13. und 14. Jahrhundert schwankte die Anzahl der
Sitze der Ratsmitglieder im *Maggior Consiglio* vor und nach der „serrata" von
1297 erheblich; 1301 sollen es 1200 gewesen sein.[140] Und wohl nirgends in Italien
gibt es eine Entsprechung zu der Fülle von detailliert jede öffentliche Baumaßnahme beschreibenden und sorgfältig protokollierten Einzelbeschlüssen wie die
des *Maggior Consiglio*. Bezeichnend für diese ist erstens die Tendenz zur Erstellung eines genau kalkulierten Finanzierungsplans der jeweiligen Maßnahmen
unter Ausschöpfung aller Möglichkeiten privater und öffentlicher Mittel, mit
Einschluß der Gewährung von Finanzierungshilfen und der Festlegung von
Geldbußen etc. („grazie"),[141] unter Rücksichtnahme auf den jeweiligen Status
des Antragstellers resp. des zu Belastenden oder Straffälligen. Bezeichnend ist
ferner die oft wiederholte Formel am Ende eines Beschlußprotokolls, welche
vorsieht, im Fall von Widerspruch aus dem *Consilium* eine Maßnahme auch zu

---

[138] Zu letzteren s. Schulz (Anm. 62/1997), S. 80–91; ders. (Anm. 48), S. 93–98; Schuller
(Anm. 84), S. 259; ders., (Anm. 50), S. 426f.

[139] Rösch (Anm. 2/2000), S. 36; zum Selbstverständnis und zur Außenwahrnehmung Venedigs im Mittelalter vgl. Gina Fasoli, Nascità di un mito, in: Studi storici in onore die
Gioacchino Volpe (= Biblioteca storica Sansoni, N.S. 31), I, Florenz 1958, S. 447–479.

[140] Laut Schuller (Anm. 50), S. 353. Fortini Brown (Anm. 21/1994), S. 261, gibt dagegen
folgende Zahlen: 1264 waren es 370, 1310 waren es 900, um 1340 waren es 1071. Die genaue Zahl der Mitglieder des *Maggior Consiglio* ist nicht zu ermitteln, resp. schwankt
erheblich; vgl. Kretschmayr (Anm. 2), II, S. 72; Cessi (Anm. 2), I, S. III–XX, bes. S. XV;
Rösch (Anm. 2/1989), S. 168–184, S. 208; vgl. auch ders., The Serrata of the Great
Council and Venetian Society, in: Martin, John und Romano, Dennis (Hgg.), Venice
reconsidered. The History and Civilization of an Italian City State 1297–1297, Baltimore
and London 2000, S. 67–88; Girgensohn (Anm. 74), I, S. 40.

[141] Zu den „grazie" vgl. Herbert Dellwing, Studien zur Baukunst der Bettelorden im Veneto. Die Gotik der monumentalen Gewölbebasiliken, München und Berlin 1970, S. 99,
119: Gnadenbewilligungen resp. Geldspenden; Dorigo (Anm. 4/1996), S. 31: „,grazie' e
altre forme di concessione"; Crouzet-Pavan (Anm. 5), S. 236: „,grazie' che comminano
ammende e pene"; Howard (Anm. 79), Glossar: „permits granted for private land re-
clamation".

revidieren oder zurückzunehmen, was wohl mit ein Grund dafür ist, daß bestimmte Beschlüsse sich wegen Diskussionsbedarfs wiederholten.[142] Dem entspricht in der Praxis das kurzfristig und unsystematisch erscheinende, unter Verzicht auf einen „Meisterplan" jeden Fall als Einzelfall behandelnde Planungsverfahren der Obrigkeit.[143] Dieses wiederum ergab sich vermutlich erstens aus der spezifisch prekären städtebaulichen Situation Venedigs als Stadt, die der Lagune nach und nach abgewonnen werden mußte, zweitens aus den hier besonders brisanten Problemen der Herstellung einer öffentlichen Infrastruktur in der Auseinandersetzung mit alteingesessenen geistlichen Institutionen und Adelsfamilien, die ihre Grundstücke und Uferstraßen dem öffentlichen Verkehr anpassen mußten, wobei man sich im Sinne eines *cohoperire* zu arrangieren bestrebt war,[144] drittens möglicherweise auch aus der Einsicht, daß das soziale Gleichgewicht unbedingt erhalten werden müsse: das gilt z.B. für die Einbindung der nichtadeligen Bürger und Zünfte in ihre jeweiligen *scuole*[145] wie für die Auseinandersetzung mit allen möglichen Formen des Rechtsbruchs, zu der die reiche, labyrinthische Handelsstadt einlud.[146] Zwar war der venezianische Rat ein äußerst exklusives, traditionsbewußtes Adelsregiment, welches das Amt des Dogen beibehalten hatte, obwohl er in dessen Verfügungsgewalt zum „meist überwachten Untertan seiner selbst" wurde.[147] Doch in moderner Perspektive drängt sich der Aspekt einer eher kaufmännischen Verfaßtheit bürgerlich-pragmatischer Prägung der Ratsmitglieder in den Vordergrund, einer kompromißfähigen „democracy amongst themselves".[148] Das gilt sowohl für ihren ausgeprägten Ökonomismus, der ihnen als Kaufleute in Italien auch den Ruf einbrachte, „avari, superstiziosi e tenaci" zu sein und sich die ganze Welt unterwerfen zu wollen, wenn sie könnten.[149] Das gilt ferner für die Bereitschaft zu vorläufigen,

---

[142] „Et si quod consilium esset contra hoc, sit revocatum quantum in hoc": vgl. z.B. Cessi (Anm. 2), III, S. 223, Nr. VI, und passim. Zu Wiederholungen vgl. z.B. Anm. 87; auch die zahlreichen Verbote von Glücksspielen: Tigler (Anm. 37), S. 36f.

[143] Schulz (Anm. 4/1991); Crouzet-Pavan (Anm. 5), S. 236.

[144] Vgl. Crouzet-Pavan (Anm. 5), S. 239.

[145] Zu den *scuole* vgl. Anm. 53.

[146] Zur Kriminalität und ihrer Bekämpfung vgl. den diesbezüglichen Paragraphen im *Capitolare* der *Domini de nocte*: „De homicidis, latronibus, raubatoribus, falsariis, incendiariis, violatoribus virginum et aliis malefactoribus persequendis et capiendis": Roberti (Anm. 9), III, S. 15f.; dazu Guido Ruggieri, Modernization and the Mythic State in Early Renaissance Venice. The Serrata rivisited, in: Viator, 10 (1979), S. 245–256, hier S. 252f.; ders., Violence in Early Renaissance Venice, New Brunswick 1980; Stanley Chognacki, Crime, punishment, and the Trecento Venetian State, in: Lauro Martines (Hg.), Violence and Civil Disorder in Italian Cities, Los Angeles und London 1972, S. 184–228; Queller (Anm. 17), passim.

[147] Ortalli (Anm. 2/1997), Sp. 1464.

[148] Mackenney (Anm. 23), S. 3.

[149] Salimbene de Adam da Parma, Cronaca. Traduzione di Berardo Rossi, Bologna 1987, S. 662, Abschnitt 2232.

situationsgebundenen Lösungen, wie für das Verfahren, für alle Detailbelange neue Kommissionen und Unterkommissionen zu bilden. Maretto, der diesen „Praktizismus" und dessen moralistisches Ethos in seiner Untersuchung der venezianischen Zivilarchitektur von 1960 betonte,[150] drückte es so aus: „[...] La componente specificamente economica, per esempio, possiede una sua razionalità, una sua eticità e una sua esteticità [...]"[151] Zusammenfassend kann man sagen, daß die urbanistischen Ziele Venedigs im Großen und Ganzen die gleichen waren wie die der Stadtkommunen des Festlandes, daß aber die Bedingungen zu ihrer Verwirklichung sich völlig unterschieden. So staunt man bis heute, daß sie überhaupt erreicht wurden und Dauer erlangten – trotz Untergangsstimmungen, die seit dem 15. Jahrhundert das nunmehr „fertige" Venedig umtrieben.[152]

Danksagung

Für die Einladung zu dem schönen Kongreß in der Villa Vigoni danke ich von Herzen Frau Dr. Ruth Wolff, Florenz. Mein Dank gilt ferner Frau Ingrid Vianello in Sasbach, die meinen Text für den Vortrag höchst professionell und mit viel Interesse ins Italienische übertrug. Verpflichtet bin ich auch dem Kenner der mittelalterlichen Kunstgeschichte Venedigs, Herrn Dr. Guido Tigler, für seine großzügig gespendeten, zahlreichen Hinweise. *Last not least* danke ich Herrn Dietrich Meyerhöfer M. A., Göttingen, für seine Hilfe bei Computer-Problemen.

---

[150] Maretto (Anm. 62), S. 134f.
[151] Ebd., S. 126. Ein Gegenbild zur „Mythisierung" des venezianischen Adels und seiner Untadeligkeit entwarf allerdings Queller (Anm. 17), S. 29: „[...] Now let us turn from the heady realm of political mythology to the humdrum of real life as reflected in Venetian legislation, records of trials, the diarists, and other sources. There we shall discover how the nobles exploited the Commune to provide for their own welfare, how they struggled for offices but evaded responsibilities, how they succumbed to various forms of corruption, and otherwise violated the norms set before them by the myth [...]"
[152] Pavan (Anm. 9), S. 467–493.

Guido Tigler

Der Fall Lucca

Erwähnungen und bislang teilweise unveröffentlichte Fragmente
der verlorenen kommunalen Statuten vor 1308 als Quellen zur
architektonischen und politischen Entwicklung des Stadtstaats

Von den drei Phasen, in die die Geschichte der langlebigen Republik Lucca
geteilt werden kann (1081–1316 kommunale Autonomie im Rahmen des Reichs;
1316–1369 „Lucca under many masters": einheimische und fremde *signorie*; 1369–
1799 Wiederherstellung der *libertas*: eigentliche Republik) wird uns hier ausschließlich die erste beschäftigen, in der Lucca ein typisches Beispiel einer
zentralitalienischen Stadt antiken Ursprungs, mittlerer Größe und praktisch ohne
Zugang zum Meer darstellt. Bei den Wirren um 1315 ging das kommunale Archiv
(genannt „Tarpea") durch einen Brand verloren, weswegen heute Lucca – im
Gegensatz etwa zu dem in mancher Hinsicht vergleichbaren Stadtstaat Siena –,
was die ältesten Statuten betrifft, relativ schlecht dokumentiert ist. Das erste
komplett erhaltene Statuten, das von 1308, gehört schon dem Ende dieser Phase
an. Bekannt sind hingegen die Ergänzungen und *riformagioni* der kritischen
Jahrzehnte um die Mitte des 14.Jahrhunderts, als sich auch das Stadtbild radikal
veränderte, durch die weitgehende Zerstörung des südwestlichen Viertels, wo
sich der Tyrann Castruccio Castracani die Festung Augusta bauen ließ, die dann
1369 das empörte Volk Stein für Stein (wie die Berliner Mauer!) wieder
abgetragen hat. In den folgenden Jahrhunderten verhielten sich die Lucchesen –
in der Gesetzgebung wie auch in der Erhaltung des Stadtbildes – extrem
konservativ: an dem Statut wurde kaum noch etwas verändert, und Inkunabel
des Statutenbuchs von 1539 blieb bis zum Ende der Republik als Staats-
verfassung gültig. Zufällig passen die wenigen auffindbaren Bruchstücke der
Statuten vor 1308, die zum Teil hier erstmals publiziert werden, gut zum Thema
dieses Kongresses, da es sich in fast allen Fällen um Probleme und Aufgaben
handelt, die direkt oder im weiteren Sinne etwas mit Stadtbauwesen (*urbanistica*)
zu tun haben und durch die uns jedenfalls ein lebendiger Einblick in das
historisch geschichtete Aussehen der Stadt überliefert wird.

 Die erste Erwähnung eines Statuts von Lucca begegnet uns 1166, während in
der Rivalin Pisa, wo zum ersten Mal die Benennung der obersten Behörde des
Comune[1] mit dem antiken Wort Konsuln („consules") um 1080 belegt ist, das

---

[1] Ich ziehe die Benutzung des Fremdworts (italienisch: *il Comune*, maskulin) dem meist

Statut der *consules* 1162 eingeführt worden war. Es handelt sich auch in Lucca um ein *breve consulum*, also um den Text, auf den der hier seit 1119 bezeugte[2] *consul maior* und die *consules minores* (wie die Dogen in Venedig auf die *promissione ducale*) bei Amtsantritt schwören mussten. Genannt wird das *breve* nur beiläufig in dem durch Gelehrte des 18. Jahrhunderts überlieferten Vertrag gelegentlich eines damals auf 29 Jahre von Lucca und Genua gegen Pisa geschlossenen Bündnisses.[3]

Nachdem in Norditalien 1183 durch den Frieden von Konstanz die Figur des *podestà* als oberste Autorität des *Comune* – nur theoretisch als Vertreter des Kaisers – anstelle der Konsuln getreten war, wurde dieses Amt nach und nach auch in den freien Städten der Toskana eingeführt:[4] in Lucca seit 1187, mit Paganello da Porcari, obwohl hier hin und wieder die Konsuln bis 1264 auftauchen und erst 1228 die andernorts viel früher geltende Regel angenommen wurde, dass der *podestà* immer ein Ausländer sein müsse.[5] Im selben Jahr 1187/88 nahmen die Lucchesen an jenem Kreuzzug teil, bei dem Barbarossa starb, und benutzten die Gelegenheit der Abwesenheit des Kaisers dazu, die Stadt nach Nord-Osten zu vergrößern – nach Süden war dies nicht ratsam, da von dort die Gefahr pisanischer Angriffe drohte – durch Anlage eines provisorischen Walls und des zu diesem parallelen Grabens, der in den

---

von der deutschsprachigen Literatur angewendeten Wort „Kommune" (feminin) vor, da ja letzteres offensichtlich von der französischen – also von der Pariser *Commune* von 1870 (mit sozialistisch-revolutionärem Beigeschmack) – und nicht von der lateinischen („bonum commune", neutrum) und italienischen Bezeichnung stammt.

[2] Vgl. T.W. Blomqvist/D.J. Osheim, The first consuls at Lucca. 10 July 1119, in: Actum Luce VII (1978), S. 31–40.

[3] Vgl. I. Camici/C. Della Rena, Serie degli antichi duchi-marchesi, presidenti, vicarj imperiali e capitani generali di Toscana, compresi dal Rena nella II parte corretta e distesa nuovamente, Firenze 1783, S. 71, erwähnt nur bei C. De Stefani, Frammenti inediti degli statuti di Lucca del 1224 e del 1232, in: Archivio storico italiano, V. Folge XIII (1894), S. 249 Anm. 1. Della Rena hatte die Notiz „ex cod. Diplom. Lucen. D. Bernardini Baroni patrici Luc. Ms." (heute in ASL: Staatsarchiv Lucca) entnommen.

[4] Vgl. A. I. Pini, Città, Comuni e corporazioni nel Medioevo italiano, Bologna 1986, S. 81–88.

[5] Vgl. S. Bongi, Inventario del R. Archivio di Stato in Lucca II, Lucca 1876, S. 303–304. Zu diesem Phänomen im Allgemeinen vgl. E. Cristiani, Le alternanze tra consoli e podestà ed i podestà cittadini, in: I problemi della civiltà comunale. Atti del congresso storico internazionale per l'VIII centenario della prima Lega Lombarda, hrg. von C.D. Fonseca (Bergamo 1967), Milano 1971, S. 47–57. Die Beweglichkeit der Berufspodestaten, wie die ihrer Wachen und Notare führte zu einer gewissen Vereinheitlichung der Gesetzgebung im ganzen kommunalen Italien und zur gleichzeitigen Erscheinung gemeinsamer Tendenzen; vgl. F. Hertter, Die Podestàliteratur Italiens im 12. und 13. Jahrhundert (Beiträge zur Kulturgeschichte des Mittelalters und der Renaissance VII), Leipzig/ Berlin 1910.

Urkunden „carbonariae" (wörtlich: Kohlgruben) genannt wird.[6] In den neuen Vorstädten („borghi"), wie auch in der noch von der römischen Stadtmauer umgebenen Altstadt, waren in den achtziger und neunziger Jahren des 12. Jahrhunderts mehrere Kirchen im Bau, was sowohl aus Inschriften , wie aus dem Stil der Architekturen und der Buskulptur hervorgeht[7] (Abb. 1).

Als Heinrich VI. im Sommer 1197 starb, artete die *vacatio imperii* in eine endlose Anarchie aus, mit dem Kampf zwischen Philipp von Schwaben und Otto von Braunschweig, was ja in Italien den Zwist zwischen Ghibellinen und Guelfen ausgelöst hat. Die kaiserfeindlichen *Comuni* der Toskana nutzten diese Gelegenheit, um sich die *contadi* (Umgebungen der Städte, meist identisch mit den Diözesen), die ihnen Friedrich I. und Heinrich VI. genommen hatten, wieder zu annektieren. Die Delegationen der Städte, die man von nun an guelfisch nennen kann, trafen sich im September desselben Jahrs in Borgo San Genesio, einer von Lucca gegründeten Siedlung unterhalb San Miniato „al Tedesco", dem Sitz des Reichsvikars für Tuszien[8] (Abb. 2). Diese Provokation führte zu einem Bündnis nach dem Vorbild der *Lega Lombarda* gegen eventuelle Angriffe des zukünftigen Kaisers; außerdem schworen sie dem Papst die Treue und verbündeten sich gegen die gemeinsame Feindin Pisa.

In Lucca entstanden demzufolge die *societates armorum*, Genossenschaften des bewaffneten *populus*, mit der Aufgabe, die Stadtbefestigungen gegen Pisaner und Deutsche zu verteidigen. Bald jedoch entpuppte sich die geheime Absicht des bis dahin unbewaffneten Volkes, auf diese Weise den *milites* (Patriziern), die oft langobardischen Ursprungs waren, das Monopol des Krieges und letztendlich die

---

[6] Vgl. G. Ciampoltrini, Archeologia lucchese d'età comunale: Le mura urbiche e le Terre Nuove, in: Archeologia medievale XXIV (1997), S. 445–470.

[7] So fällt auf, dass der erste Luccheser Zunftsverband, dessen Bestehen von dieser Zeit an urkundlich belegt ist, gerade der jener Berufe war, die mit dem Bauwesen zu tun hatten: die „compagnia delle sette arti", deren Mitglieder sich am 22. November 1194 in der Kirche San Bartolomeo in Silice versammelten. Die heute nicht mehr existierende Kirche befand sich im „Borghicciolo", der östlichen Vorstadt, wo am eifrigsten gebaut wurde. Das erhaltene Statut dieser Institution stammt allerdings erst aus dem 15. Jahrhundert; vgl. M. Paoli/F. Ulivieri, La compagnia di S. Bartolomeo in Silice o delle sette arti. Capitoli e costituzioni, in: Actum Luce VII (1978), 1/2, S. 95–113. Die verhältnismässig grosse Zahl der in den achtziger und neunziger Jahren des 12. Jahrhunderts in Lucca dokumentierten Steinmetze, Bildhauer und Baumeister aus Pisa und Como beweist, dass in dieser Zeit der einheimische Zunftsverband nie im Stande gewesen wäre, wenn er es auch gewollt hätte, die fremde Konkurrenz auszuschliessen. Urkunden zu den lombardischen Meistern bei: G. Concioni, San Martino di Lucca. La cattedrale medioevale, in: Rivista di archeologia storia costume (Istituto storico lucchese, sezione delle Seimiglia) XXII (1994), 1–4.

[8] Zur bewegten Geschichte dieses 1248 zerstörten Ortes vgl. P. Morelli, S. Miniato, Borgo S. Genesio e due improbabili follie, in: Erba d'Arno XIX (1985), S. 46–61.

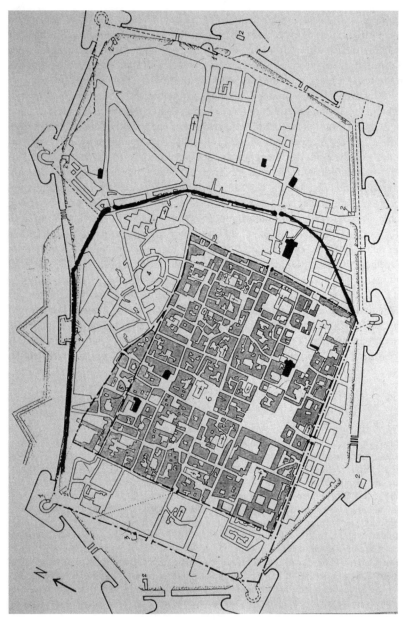

Abb. 1: Plan der mittelalterlichen Stadt Lucca. Eingezeichnet die römische und frühmittelalterliche Stadt (Häuser: grau); der Mauerring von 1198–1265 (schwarz), entsprechend den *carbonariae* von 1187/88; die Kirchen, an denen in den letzten Jahrzehnten des 12. Jhs. nachweislich gebaut wurde (schwarz).

Abb. 2: Position des 1248 zerstörten *borgo* San Genesio in der Ebene unter San Miniato al Tedesco. Dessen in der Ferne sichtbarer Turm wurde unter Friedrich II. gebaut, im 2. Weltkrieg zerstört und danach wieder aufgebaut.

Macht selbst zu entreißen.[9] Gleichzeitig entstanden nach und nach statt der Wälle und *carbonariae* regelrechte Stadtmauern und links neben der Kirche San Michele in Foro ein *palatium* für die im Selbstbewusstsein erstarkte kommunale Regierung.[10] Bewusst verlegte man den Sitz der politischen Macht vom Dombezirk, wo bis dahin der *Comune* im Schutz und Schatten des Bischofspalastes ein bescheidenes Dasein ohne wirklichen *palazzo pubblico* geführt hatte, an die Stelle des antiken Forums, wo die Kontinuität mit dem römischen *municipium* am deutlichsten zu spüren war (Abb. 3). Das Jahr 1197 kann also in vielfacher Hinsicht als wahre Geburtsstunde des Luccheser Staats gelten.

Im Bereich der im Entstehen begriffenen Stadtmauern durften anscheinend auch in Privatgrundstücken Bäume nur nach gewissen, in den Stadtstatuten festgelegten Regeln gepflanzt werden, vermutlich zur besseren Verteidigung der Stadt und um zu verhindern, dass die Sicht auf die Mauern versperrt werde.

---

[9]   Während E. Lazzareschi (Fonti d'archivio per lo studio delle corporazioni artigiane di Lucca, in: Bollettino storico lucchese IX (1937), S. 65–81) die „societates armorum" von 1197 mit den „societates levatorum" des 13. Jahrhunderts gleichsetzte, hat G. De Vergottini (Arti e popolo nella prima metà del secolo XIII, Milano 1943, S. 50) klar dargelegt, dass die ersten nicht auf der Basis der Zünfte, sondern der Stadtteile („rioni", „contrade", „bracci") rekrutiert wurden, und dass sie, im Gegensatz zu den zweiten, nicht ausdrücklich – wohl aber im Geheimen – aufrührerische Ziele verfolgten. Vgl. zusammenfassend V. Tirelli, Lucca nella seconda metà del secolo XII: società e istituzioni, in: I ceti dirigenti dell'età comunale nei secoli XII e XIII, Atti del II convegno del comitato di studi sulla storia dei ceti dirigenti in Toscana (Florenz 1979), Pisa 1982, S. 157–232. Da die Luccheser Chronisten soziale Unruhen als Schande meist verschwiegen, klärt sich die Situation nur durch den Vergleich mit dem, was in anderen, besser dokumentierten Städten, wie z.B. Bologna, geschah.

[10] Vgl. G. Ciampoltrini 1997, S. 452; ausserdem V. Tirelli, Il ‚Palatium' a Lucca fino al sec. XIII, in: Il Palazzo Pubblico di Lucca: architetture, opere d'arte, destinazioni, Kongressakten (Lucca 1979), Lucca 1980, S. 18–21; M. Fulvio, Il palazzo civico di Lucca, Lucca 1985. Der *podestà* durfte allerdings nicht im Palazzo Pubblico wohnen und hatte sich überhaupt an strenge Regeln zu halten, wie es im allgemeinen Statutenbuch von 1308 steht: „[...] Et qui Potestas debeat habere hospitium de suo et stabulum, solvendo pentionem de suo feudo, nemini vim inferendo. Non tamen possit morari in palatio Episcopatus, nec in aliqua domo alicuius ecclesie vel loci venerabilis, nec in mansione Templi: possit tamen in suo adventu descendere ad mansionem Templi. Et si contrafecerit perdat de suo feudo libras centum denariorum lucanorum, quas Cammerarii de suo feudo retinere debeant. Intellectus est in predictis, quod lucanis Potestas et eius iudices et milites non possint commedere et bibere cum lucanis civibus, nisi cum iverint in aliquam ambaxiatam lucani Comunis vel pro lucano Comuni cum aliquibus ambaxiatoribus lucanis. Possint etiam estiva esculentia et poculentia recipere non obstante aliquo capitulo lucani Comunis vel Populi" (Statuto del Comune di Lucca dell'anno MCCCVIII ora per la prima volta pubblicato, hrsg. v. S. Bongi/L. Del Prete (Memorie e documenti per servire alla storia di Lucca, Bd. III, Teil 3), Lucca 1867, neue Ausgabe mit Vorwort von V. Tirelli, Lucca 1991, S. 52–53, liber II, Kap. 1 „De electione Potestatis et eius modo et forma, et de feudo et familia et de sindacatus ipsius").

Abb. 3: Luftansicht auf das Zentrum von Lucca, mit dem Platz von San Michele in Foro anstelle des römischen Forums. Trotz der mittelalterlichen Eingriffe erkennt man leicht das antike Netz der *cardines* und *decumani.*

Hierüber berichtet die nächste beiläufige Nennung einer Luccheser Norm, der wir begegnen: in einer *cartula venditionis* vom 9. Oktober 1198[11] verkauft Passavante, Sohn der Sembrinella, als Vormund seines minderjährigen Neffen bzw. Halbbruders Rolando, ein nahe der Kirche Santa Maria Forisportam gelegenes, mit Bäumen bepflanztes Gelände, dessen Grenzen beschrieben werden, für 84 librae von guten Luccheser *denarii*, an Fattinazzo, Kustos und Rektor des Hospitals von Santa Maria Forisportam (Abb. 4) und San Gervasio. Die noch bestehende romanische Kirche Santa Maria Forisportam befand sich, wie der Name sagt, ausserhalb eines Stadttors der nicht erhaltenen altrömischen Stadtmauern, aber innerhalb der ebenfalls nicht mehr existierenden mittelalterlichen Mauern, von denen – abgesehen von kleineren Ruinen – nur ein kurzer Trakt und zwei Tore stehengeblieben sind.[12] Die uns interessierende Stelle lautet: „[...] dum tamen non liceat dicto Rectori vel suis successoribus ponere aut allevare in suprascripta terra alias arbores loco illarum que ibi modo sunt nisi ad quindicinam secundum modum et ordinem lucane constitutionis" (während dem Rektor oder seinen Nachfolgern es nicht erlaubt ist, in besagtem Grundstück andere Bäume anzupflanzen oder zu züchten als die, die sich dort schon befinden, keinesfalls aber mehr als ca. fünfzehn Bäume, wie das Statut von Lucca es vorschreibtn). Der letzte Teil der Textstelle könnte allerdings auch so gedeutet werden: es sei denn, es handle sich um eine Baumschule, die, wie es die Luccheser Gesetze vorschreiben, alle fünfzehn Jahre abgeholzt werden muss (damit die Bäume nicht zu hoch werden).

Die erste Nachricht, durch die wir von der Existenz wenigstens eines Trakts der neuen Mauern erfahren, stammt vom 5. April 1198, als in einem Mietsvertrag für ein dem Hospital von San Giovanni „in capite Burgi" gehörendes Bauernhäuschen, dem Mieter gestattet wurde, sein außerhalb der Stadt gelegenes Anwesen über die gerade bei dem Gemüsegarten von San Frediano gebaute Stadtmauer zu erreichen: „Per murum civitatis nunc compositum iuxta murum orti sancti Fridiani versus pontem Sancti Quirici".[13] Ob er dabei die noch im Bau begriffene Mauer überschreiten oder durch eine Öffnung gehen sollte, ist aller

---

[11] ASL, Diplomatico S. Maria Forisportam 4. Okt. 1198; erwähnt, aber nicht zitiert bei S. Bongi/L. Del Prete 1867, Einleitung von S. Bongi, S. X und Anm. 1. Auch Statuten kleinerer Dorfgemeinden hatten Regelungen über Bäume, die als öffentliches Gut nicht ohne weiteres abgeholzt werden durften, vgl. C. Ferri, Statuti del secolo XIV: Mutigliano, Lugliano, Spulizano di Coreglia (S. Romano di Borgo a Mozzano), in: Actum Luce XVI (1987), 1/2, S. 96.

[12] Zu Santa Maria Forisportam (bzw. La Bianca) vgl. G. Giorgi, Le chiese di Lucca. S. Maria Forisportam, Lucca 1974; zu dem Hospital S. 89–94, 117–118.

[13] ASL, Diplomatico San Frediano 5. April 1198. Vgl. G. Ciampoltrini 1997, S. 452. Ausserdem: G. Bindoli, Le prime e le seconde mura di Lucca, in: Atti della R. Accademia Lucchese di Scienze, Lettere ed Arti N.F. I (1931), S. 340–341; M. Fulvio, Lucca, le mura, Lucca 1968, S. 11; R. Mancinelli/G. Puccinelli, Lucca. Le mura del Cinquecento, Lucca 1980, S. 5; I. Belli Barsali, Guida di Lucca, Lucca 1988, S. 19.

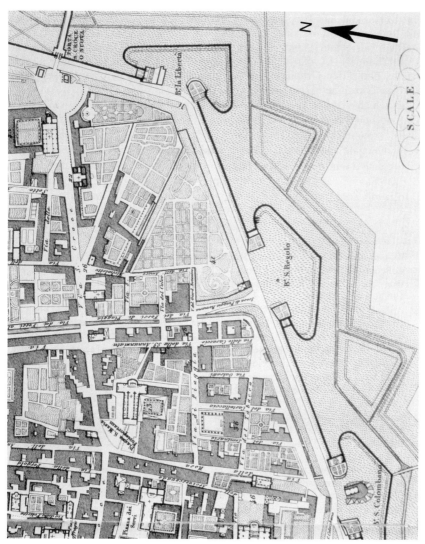

Abb. 4: Plan (Mitte 19. Jh.) des südöstlichen Viertels von Lucca, um die Kirche S. Maria Forisportam; rechts die Porta S. Gervasio (nicht eingezeichnet) und der „Fosso" (Graben).

dings nicht klar. Die topographische Situation, um die es geht und von der noch
die Rede sein wird, ist hingegen heute noch deutlich erkennbar: im Norden der
Altstadt, an einem Punkt, wo die Stadtmauer von 1197 erhalten ist, und im
16. Jahrhundert in die neuen monumentalen Befestigungen eingeschlossen
wurde, hinter den Grundstücken der noch bestehenden Kirchen San Frediano
und San Giovannetto (säkularisiert)[14] (Abb. 5, 6, 7).

Durch eine *cartula livelli* vom 18. März 1214 erfahren wir wieder etwas von der
Gegend von Santa Maria Forisportam im Osten der Stadt[15] (Abb. 4): der freie
Bauer Angioro (Angelo), Sohn des Moretto, und seine Nachfahren erhalten,
gegen eine jährliche Miete von 3 *librae* und 12 *solidi* von guten Luccheser *denarii*,
ein Feld und ein dreistöckiges Haus vom *magister* Johannes, Prior und Rektor
der Kirche und des Chorherrenstifts Santa Maria Forisportam. Die Verhandlung
erfolgt mit ausdrücklicher Zustimmung eines Rechtanwalts und Vertreters des

---

[14] Zu dem hier noch bestehenden Trakt der mittelalterlichen Mauern vgl. R. Mancinelli/
      G. Puccinelli 1980, S. 267. Die Kirche San Giovanni dient heute als Geschäft; in die Fas-
      sade sind als Spolien Chorschrankenfragmente des 8./9. Jahrhunderts eingelassen; vgl.
      I. Belli Barsali 1988, S. 219.

[15] ASL, Diplomatico S. Maria Forisportam 18. März 1214. Davon berichtet – ohne die
      Urkunde zu zitieren – nur A. Mancini, I frammenti dei ‚costituti‘ lucchesi del MCCLXI,
      in: Annali delle Università toscane N.F. X (XLIV der Reihe) (1925/26), 1, S. 2. „In xpi
      no(m)i(n)e [...] ex hac publica licterarum serie omnibus audientibus aperte clareat quod
      magister Johannes dei gratia prior et rector ecclesie et canonice sancte Marie foris por-
      tam ex parte suprascripte ecclesie et canonice pro ipsa ecclesia et canonica licentia et
      potestate domini Boni causidici vicarii domini Guidonis guerre dei gratia lucane pote-
      statis vice [...] potestatis . secundum formam lucani constituti ut continetur in publico
      instrumento [...] Boni notum descripto et etiam dictus prior cum consensu presbiteri
      Gualandi et presbiteri Uberti et presbiteri Vincentii canonicorum dicte ecclesie et Labri
      subdiaconi et camerariii et canonici dicte ecclesie et Alegretti clerici et Advocati ipsius
      ecclesie sumettivit angiorus dicti Moretti qui sunt de plebe s(an)cti Johannis de Sexto de
      loco de Colle de una petia de terra que est cum casa cum tribus solariis super se et cum
      omnibus suis pertinentiis in lucana civitate prope portam que dicitur Malestaffe que a
      parte occidentis coheret vie publice et a parte orientis cum toto muro infra se coheret
      fosse que est ipsius ecclesie et quam foveam dicta ecclesia sibi reservat et a parte meri-
      diei coheret terre et case et medio muro eiusdem ecclesie quam silvester conversus dicte
      ecclesie edificavit et a parte septentrionis cum media murella quatenus dictus a parte
      anteriori dicte case usque ad solarium superiorem et cum media claudenda de matonis
      uno super alterum quatenus dictus usque ad solarium inferiorem ipsius case et abi[...]
      sursum cum media claudenda de tabulis et de canniccio coheret terre et case dicte eccle-
      sie gratia sibi reformetur omni iure et actione et dominio et possessione et potestate
      dicte ecclesie pertinente et cum illo iure quo dicta petia terre cum casa habet proiciendi
      cloacas et aquarium in dicta fovea quatenus dictus Angiorus et sui heredes et prohere-
      des imperpetuum nomine libelli habeant et detineant et inhabitent eam ad meliorandum
      et non peiorabit et ad reddendum exinde annuatim suprascripto priori suisque successo-
      ribus et prosuccessoribus pro istam ecclesiam libras tres et solidos duodecim bonorum
      denariorum Lucanorum [...]“.

Abb. 5: Seit 1198 dokumentierter Trakt des zweiten Stadtmauerrings von Lucca, nahe der Kirche San Frediano. Man beachte die beiden Phasen der Erbauung, die klar durch den Farbwechsel im Gestein markiert sind.

Abb. 6:   Derselbe Trakt der mittelalterlichen Stadtmauern (wie Abb. 5), einbezogen in
die Befestigungen des 16. Jhs.. Oben die Apsis und der Kirchturm von San Frediano sowie
der Renaissance-Kreuzgang der Chorherren.

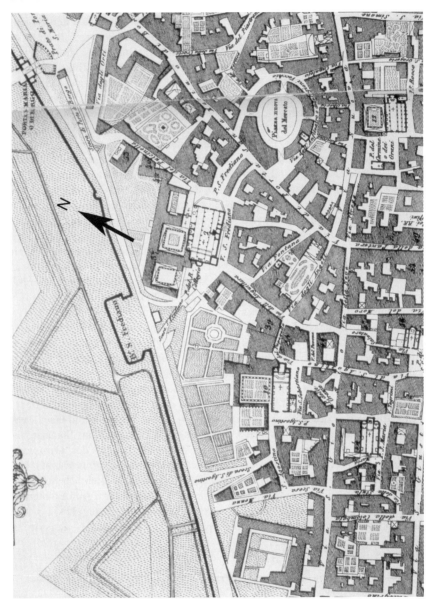

Abb. 7:   Plan (Mitte 19. Jh.) des nördlichen Viertels von Lucca, um die Kirche S. Frediano.

podestà – damals aus dem Geschlecht der Grafen Guidi – und nach den Regeln
bzw. in der Form, die von dem Statut festgelegt worden war: „licentia et
potestate domini Boni causidici vicari domini Guidonis Guerre Dei gratia lucane
potestatis vice eiusdem potestatis, secundum formam lucani constituti ut continetur in publico instrumento". Aus der ausführlichen Beschreibung der Grenzen
der „petia de terra" entnimmt man, dass es sich um ein heute noch aus Gärten
und Hinterhöfen bestehendes, später allerdings unterteiltes Gebiet handelt, in
der Nähe eines nicht mehr bestehenden Stadttores der mittelalterlichen Mauern
(die „Pusterula Malestaffe"), nördlich der linken Langhausmauer – oder aber
nördlich der Umfassungsmauer des Klosters – von Santa Maria Forisportam,
welche Kirche (Abb. 8) der Laienbruder Silvestro gebaut hatte (diese wichtige
Notiz war bislang unbekannt), und südlich der „via publica", die noch heute zur
Porta San Gervasio führt, und westlich eines Grabens bzw. Entwässerungskanals,
der in den Händen des Chorherrenstifts bleiben sollte. Da es kaum glaubhaft
erscheint, dass es ein Mietgesetz gegeben habe oder dass der Vizepodestà sich
persönlich um jedweden Mietvertrag kümmerte, da man sich in solchen Dingen
wohl eher an das altrömische Recht und an ungeschriebene Traditionen hielt,
kann man vielleicht die These aufstellen, der Passus des Statuts, auf den ange-
spielt wird, habe sich auf die spezielle Situation der Felder und Gräben nahe der
Stadtmauern bezogen (wie schon im Falle der Regelung über Bäume von 1198
oder vorher). Vielleicht betraf die Frage, die die Anwesenheit des Vizepodestà
notwendig machte, die Nutzung des Kanals, der möglicherweise mit den früheren
carbonariae identisch sein könnte: „et cum illo iure quo dicta petia terre cum
casa habet proiciendi cloacas et aquarium in dicta fovea".

Den ältesten erhaltenen Fragmenten eines kommunalen Luccheser Statuts
begegnen wir für das Jahr 1219. Es handelt sich dabei um bis heute unveröffentlichte Randnoten des 15. Jahrhunderts, wahrscheinlich von der Hand eines Lucchesen, auf einem florentinischen Codex des 14. Jahrhunderts im Staatsarchiv
Lucca, welcher u.a. eine vulgär-italienische Zusammenfassung des *Chronicon
summorum Pontificum Imperatorumque ac de septem aetatibus mundi* von
Martin von Troppau (Martinus Polonus) enthält.[16] Der offensichtlich humanistisch gebildete und an den Altertümern seiner Stadt interessierte Autor äußert in
diesem Teil des Kommentars (c. 38v.) seine Meinung über die Position der
antiken Stadtmauern von Lucca. Die Ansichten des Gelehrten – Zerstörung

---

[16] Cronica Fiore(n)tina etc. co(n) note in marg(in)e p(er) Lucca, ASL, G.B. Orsucci 40
(alte Signatur 0.40). Hinweis ohne Zitat bei S. Bongi/L. Del Prete 1867, Einleitung von
S. Bongi, S. X, Anm. 2. Für die Beschreibung des Ms. vgl. S. Bongi, Inventario, IV, Lucca
1888, S. 294–296. Die Chronik des Dominikaners Martin von Troppau (Opaviensis), die
Begebenheiten bis 1247 enthält, enstand vor 1278, dem Todesdatum des Verfassers, der
in Troppau (heute Opava, im tschechischen Teil Schlesiens) geboren, Erzbischof von
Gnesen war, und ist veröffentlicht in MGH, Scriptores XXII. Ich bin Herrn Sergio Nelli
vom Staatsarchiv Lucca für das Lesen dieser Seite dankbar.

Abb. 8: Nordquerhaus von S. Maria Forisportam, in der zweiten Hälfte des 12. Jhs. durch den Laienbruder Silvester gebaut; links erkennt man die Gärten mit dem Grundstück, von dem in dem hier zitierten Mietsvertrag die Rede ist.

Luccas durch Attila, der von Modena gekommen sei; Wiederaufbau der Stadt
unter den Langobarden; Errichtung neuer Stadtmauern unter Mathilde von
Canossa und deren Abstand von dem vorhergehenden Mauerring – können
heute nicht mehr ernst genommen werden.[17] Der hier in einem Anhang
wiedergegebene Text hat also nur forschungsgeschichtlichen Wert,[18] doch ist der
zitierte lateinische Passus mit dem Eid des *podestà* wichtig, der sich auf die im
Gang befindliche Erbauung des zweiten Mauerrings bezieht:

> Et a capite muri quem prior sancti Fridiani fieri fecit novum pro muro civitatis ex parte
> septentrionis hospitalis usque ad turrem de posterula ubi est modo platea fluminis ex
> parte civitatis per amplum conservato in valid[...] et utilitatem lucani populi et comunis
> brachia 25 iuxta ipsum murum et de foris novos muros brachia 26[19] si tanta plagea[20] et
> terrenum ibi est sin autem usque ad id quod modo ibi est usque ad predictam mensuram
> et ipsum terrenum sive plagias faciam terminatum permanere [...] infra novum et vete-
> rem murum et si aliqua persona ipsum aldium[21] imbrigaverit etc. disgomberari faciam
> etc. et tollam imbrigamentum[22] et nullam foveam esse permictam inter ortos et ipsum
> aldium nisi sepes [...] ex parte vie seu aldio ita quod fovea non separ [...] de ipso aldio.

---

[17] Zur antiken und frühmittelalterlichen Stadt vgl. I.Belli Barsali, La topografia di Lucca
      nei secoli VIII–XI, in: Atti del V congresso internazionale di studi sull'alto medioevo
      (Lucca 1971), Centro Italiano di Studi sull'Alto Medioevo, Spoleto 1973, S.461–554;
      P.Sommella/ C.F. Giuliani, La pianta di Lucca romana, Roma 1974; I.Belli Barsali,
      Problemi della topografia di Lucca nei secoli VIII–XI, in: Actum Luce VII (1978), 1/2,
      S.63–84; G.Ciampoltrini/P.Notini, Lucca tardoantica e altomedievale. Nuovi contributi
      archeologici, in: Archeologia medievale XVII (1990), S.561–592; G.Ciampoltrini, La
      trasformazione urbana a Lucca fra XI e XIII secolo. Contributi archeologici, in:
      Archeologia medievale XIX (1992), S.701–728; Ders. u.a., Lucca tardoantica e
      altomedievale II. Scavi 1990/91, in: Archeologia medievale XXI (1994), S.597–627;
      Ders., Lucca. La prima cerchia, Lucca 1995.
[18] Siehe die S.199–206. Die beiden anderen Zitate des Statuts aus dem Jahr 1219 in der
      Handschrift haben in diesem Zusammenhang kein Interesse, da sie sich nicht auf
      topographische Aspekte der Stadt beziehen, sondern auf die Aussenpolitik des *Comune*
      in der Garfagnana, dem oberen Tal des Serchio.
[19] Die Luccheser Elle (*braccio*) entsprach ca.59cm (vgl. S.Bongi, Inventario II, Lucca
      1876, S.68), also 14,75m und 15,34m.
[20] Ital. *Piaggia* (Ufer).
[21] *Aldius* bedeutet Diener, Leibeigener (vgl. F.Arnaldi, Latinitatis italicae medii aevi inde
      ab. a. CDLXXVI usque ad a. MXXII lexicon imperfectum, Bruxelles 1939, I, S.48).
      Doch aus dem Zusammenhang versteht man, dass dies nicht der gemeinte Sinn sein
      kann, während es sich wahrscheinlich um dialektale Entstellung von *alveus* (Flussbett)
      handelt.
[22] Vgl. Glossarium mediae ac infimae latinitatis, conditum a Carolo domino Du Cange,
      IV, Paris 1883–1887, reprint Graz 1954, S.298, mit Zitat sehr ähnlicher Textstellen des
      Kommunalstatuts von Bologna (1250–1267), II, S.603: „Et dictus lectus novus duret a
      capite dicti pontis et conductus [...] per quem possit et debeat aqua apore rami Savine
      sine aliquo impedimento, sive imbrigamento discurrere ad dictas possessiones".
      Imbrigare, imbrigamentum bedeutet also ein Hindernis in den Weg (bzw. in das
      Flussbett) legen, aber auch das Wasser auffangen, absperren, eindämmen, und somit

In dem alten Statut ("statuto vecchio") von 1219 schwor also der *podestà* von Lucca, wie üblich in der ersten Person, er werde sich um die Abgrenzung des Territoriums für einen Trakt der geplanten Stadtmauern kümmern ("faciam terminatum permanere"),[23] und zwar für den in seinem Verlauf leicht rekonstruierbaren Teil an der Stelle der Häuserzeile längs der heutigen Via Beata Gemma Galgani, zwischen der schon existierenden Stadtmauer, die der Prior von San Frediano nördlich des Hospitals San Giovanni "in capite burgi" hatte bauen lassen, und der ebenfalls schon bestehenden "Pusterula fluminis" (kleines Stadttor am Fluss Serchio, entsprechend der heute La Fratta genannten Kreuzung), von der ein Turm erwähnt wird (Abb. 9, 10). Diese Notiz füllt eine Lücke in unseren Kenntnissen über die nordöstliche Zone des zerstörten zweiten Mauerrings, und zwar gerade über die Stelle, an der zwischen neueren Häusern das ursprünglich doppelachsige Tor der Vorstadt ("Borgo") von San Frediano, genannt "Portone dei Borghi", erhalten ist, an dem noch ein romanischer Marmorlöwe als Torwart vorhanden ist[24] (Abb. 11, 12). Da das Tor selbst nicht als bestehend erwähnt wird, könnten wir es 1219 oder wenig später datieren, befindet es sich doch am westlichen Ende des damals abzugrenzenden Bereichs. Dazu würde die stilistische Einordnung des Löwen gut passen: er wirkt "moderner" als die kurz vor 1204 entstandenen Löwen an der Fassade von San Martino, aber altertümlicher als die der Mitte des 13. Jahrhunderts, die in den cinquecentesken Stadttoren Luccas wiederverwendet wurden und die heute zum Teil im Museum Villa Guinigi aufbewahrt sind.[25]

---

trüben, verschmutzen. Statut von Modena, Rubrik 42, S. 8: "Nulli liceat dictam aquam imbrigare sub pena XX sol. Mutin. pro qualibet vice"; zitiertes Bologneser Statut, II, S. 500: "Quod nullus debeat imbrigare quod conducitur per aquam Reni [...] Statuimus quod via [...] que est inter stratam maiorem et sancti Vitalis maneat ita aperta et disgomborata quod currus et animalia possit ire et transire per eam viam; et qui contrafecerit imbrigando eam et apponendo in ea aliquid, quod currus et animali libere et expedite non possint ire et redire, solvat nomine banni pro qualibet vice C sol. Bon."

[23] Ich danke den Professoren Ascheri und Keller dafür, dass sie mir den Sinn dieses Passus in der Diskussion klargemacht haben. Aufschlussreich ist im Besonderen der Vergleich mit den Statuten von Siena von 1218 und 1222, die hier Mario Ascheri behandelt, wo es um die "terminatio civitatis" bei dem Bau der Stadtmauern Sienas geht (Archivio di Stato, Siena, Prov. Riformazioni, 14. Dezember 1222). Es wurden mehrere Grenzsteine ("termini") in die Felder gesetzt, um so das Terrain für den Mauerbau abzustecken: "In primis miserunt unum terminum in ultimo angulo vinee Ranerii Caponsachi, qui traat a corda et recta linea cum illo, qui micxus est in ultimo angulo vinee sancti Galgani super greppam. Item miserunt alium terminum in dicta vinea super Sassam. Item miserunt alium terminum in vinea Gerardi Caponsachi super Sassam [...]".

[24] Vgl. I. Belli Barsali 1988, S. 218.

[25] Zu den romanischen Löwen der Toscana vgl. C. Baracchini/M.T. Filieri, ,De ore leonis libera me domine', in: Niveo de marmore. L'uso artistico del marmo di Carrara dall'XI al XV secolo, Ausstellungskatalog (Sarzana 1992), hrsg. von E. Castelnuovo, Genova 1992, S. 126–129; Abbildungen der Marmorlöwen der Stadttore bei R. Martinelli/G. Puccinelli 1980, S. 248, 256, 259, 262.

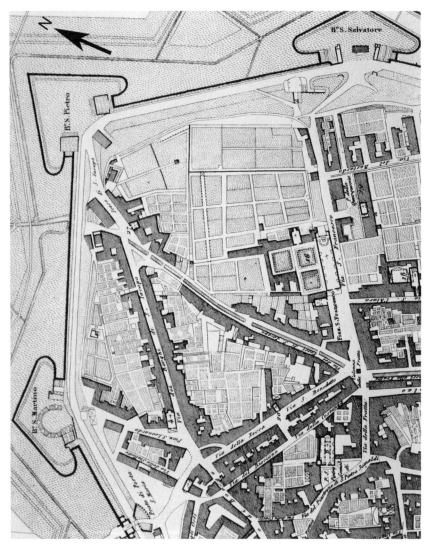

Abb. 9   Plan (Mitte 19. Jh.); Zone zwischen dem Portone dei Borghi und La Fratta; die mittelalterlichen Vorstädte (*borghi*) noch klar als solche erkennbar; man achte auf den schrägen Verlauf des „Fosso".

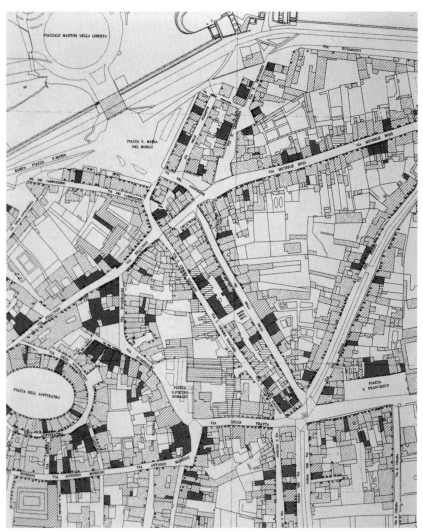

Abb. 10: Dieselbe Zone (wie Abb. 9) in dem Katasterplan von 1990. Parallel zur Via Gemma Galgani verlief die 1219 abgesteckte Mauer. Man erkennt die beiden Türme des Portone dei Borghi.

Abb. 11: Portone dei Borghi von aussen, mit nachmittelalterlichen Anbauten. Der
verbleibende Löwe ist in der Nische unter dem erkerartigen Bau.

Abb. 12: Portone dei Borghi (ursprünglich doppelachsig), vom Stadtinneren aus gesehen.

Wie oben gesagt, gab es die Stadtmauer hinter dem Gemüsegarten des Chorherrenstifts San Frediano und des Hospitals San Giovanni schon 1198, ja es handelte sich wohl um den ersten gebauten Trakt des neuen Rings (Abb. 5). Überra-
schenderweise erfahren wir nun, dass diese Mauer keineswegs von den kommunalen Behörden, sondern von den Kanonikern (Chorherren) von San Frediano
selbst, „pro muro civitatis" (um als Stadtmauer zu dienen), in Auftrag gegeben
worden war.

Die Erfüllung von Aufgaben zivilen Charakters durch eine religiöse Institution bildete zwar keine Ausnahme im Leben der italienischen Stadtstaaten des
Mittelalters, deren ganzes Wesen und Selbstbewusstsein auf dem Bund mit der
lokalen Kirche basierte, doch bleibt es höchst merkwürdig, dass gerade eine so
weltliche Tätigkeit wie die Errichtung von Stadtbefestigungen einem Orden
überlassen wurde. Wahrscheinlich hat diese nicht ganz durchschaubare Situation
etwas mit der Organisation einer _Opera_ zu tun, also mit der komplexen bürokra-
tischen Behörde, die im Mittelalter und auch danach eine italienische Bauhütte
verwaltete. Da normalerweise eine _Opera_ für den Bau bzw. Umbau einer Kirche
gegründet und die Konversen (Laienbrüder) gewisser Orden, besonders der
Zisterzienser und Bettelorden, wegen ihrer Erfahrung und Ehrlichkeit in solchen
Baukommissionen besonders geschätzt wurden, war es naheliegend, dass der
Comune nicht selbst eine _Opera_ für die Errichtung der Stadtmauer gründete,
sondern diese Aufgabe an die schon existierenden _Opere_ derjenigen Kirchen
delegierte, die nahe an den zu erbauenden Trakten der Mauer lagen. Ähnlich
kümmerte sich in Florenz die „Opera del Duomo", engstens verbunden besonders seit 1333 mit der „Arte della lana" (Wollweberzunft), um die Erbauung der
wichtigsten öffentlichen Gebäude, der Errichtung der Stadtmauern von 1284–
1324, sowie um die Pflasterung der Piazza della Signoria,[26] was allerdings doch
nicht ganz mit dem Luccheser Fall gleichzusetzen ist, da ja in den _Comuni_ der
Besitz der Kathedrale und somit die Leitung der Domopera eben nicht in den
Händen des Bischofs oder Domkapitels, sondern des Staats lag. Zu bedenken ist
allerdings auch, dass die mächtigen Chorherren von San Frediano, die seit Beginn des 12. Jahrhunderts die Ehre hatten, das Stift des Lateran zu reformieren
und neu zu besetzen, in Lucca einen Staat im Staate bildeten, der weder dem
Bischof noch dem _Comune_ gehorchte, mit dem es früher auch dokumentierte
Zusammenstösse gegeben hatte.[27]

Neue archäologische Ausgrabungen haben im Keller des Palazzo Boccella
alla Fratta die runden Grundmauern des Turmes bei der „Pusterula fluminis"

[26] Vgl. W. Braunfels, Mittelalterliche Stadtbaukunst der Toscana, Erstausgabe München
1953, Neuauflage Berlin 1979, S. 151–152. Zu den Dombauhütten Mittelitaliens vgl.
Opera. Carattere e ruolo delle fabbriche cittadine fino all'inizio dell'Età Moderna, Kongressakten (Florenz, Villa I Tatti, 1991), hrsg. v. M. Haines und L. Riccetti, Firenze 1995.
[27] Hierzu vgl. meinen Aufsatz: La committenza dei canonici del Duomo e di quelli di San
Frediano di Lucca fra XII e XIII secolo (in Vorbereitung).

freigelegt.[28] Oft befinden sich an den Seiten eines Stadttors zwei zylindrische Türme; hier hingegen bezeugen sowohl die Grabungen wie das Statut von 1219 nur einen. Der Name des ehemaligen Tores kommt von seiner Nähe zu einer ebenfalls nicht mehr bestehenden Brücke über einem der vielen Arme des Serchio, der hier entlang den östlichen Stadtmauern verlief und dann nach und nach immer weiter nach Osten umgeleitet wurde, bis daraus der heutige, bescheidene Kanal wurde, der einfach als „Fosso" (Graben) schlechthin bekannt ist (Abb. 9). Dieses war das Flussbett („alveus"), das nicht abgesperrt, abgeleitet oder verschmutzt werden durfte, auf das sich das Gesetz bezieht, und dessen Ufer mit anliegenden Gemüsegärten erwähnt werden, in denen (mit Ausnahme von Hecken) keine weiteren Graben oder Erdwälle entstehen durften, die die Sicht verdecken und eventuellen Belagerern Schutz gewähren hätten können. Eine ca. 15 Meter breite, von Gebäuden freie Zone sollte sowohl innerhalb – also in Richtung der antiken Stadtmauer – wie außerhalb der neuen Stadtmauer respektiert werden, nach außen aber nur dort, wo es möglich sei, d.h. wo das Feld bzw. das Flussufer zwischen den Mauern und dem Serchioarm wirklich jene Breite erreichten. So wenigstens scheint der komplizierte Satz und Sachverhalt deutbar.

Dank den Forschungen von Giulio Ciampoltrini konnte das Missverständnis der älteren Lucheser Gelehrten richtiggestellt werden, an den Mauern sei zwischen 1198 und 1265 ununterbrochen gebaut worden. Die Arbeiten begannen zwar 1197/98, wurden aber bald unterbrochen, wahrscheinlich wegen der sozialen Krise im Bürgerkrieg von 1203, um dann mit größerem Eifer zwischen 1204 und 1206 wieder aufgegriffen zu werden.[29] Wie aus beiläufigen Erwähnungen der neuen Mauern in Urkunden – z.B. von 1211 – hervorgeht, scheinen diese schon zum größten Teil ihres Umfangs vor der Mitte des zweiten Jahrzehnts existiert zu haben; möglich ist allerdings, dass – wie es in Pisa im vorhergehenden Jahrhundert geschehen war – die Stadtmauern anfangs nur bis zu einer relativ bescheidenen Höhe in ihrem ganzen Umfang gebaut wurden, um dann in einer späteren Phase – in Pisa deutlich mit anderem Material – aufgestockt zu werden. Eine derartige Erhöhung ist nämlich an den beiden verbliebenen Stadttoren, der Porta San Gervasio (Abb. 13) und dem Portone die Borghi (Abb. 11), wie auch an dem erhaltenen Mauertrakt bei San Frediano (Abb. 5), zu beobachten (hier besonders deutlich durch den Farbwechsel des Steins).[30] Ciampoltrini meint, der obere Teil

---

[28] Vgl. G. Ciampoltrini 1997, S. 445–460, Abb. 2; zur Lage des *palazzo* vgl. I. Belli Barsali 1988, S. 216.

[29] Am 7. August 1206 schworen die „priores et capitanei societatum peditum", Beiträge zu zahlen „in muris et pro muris lucane civitatis faciendis", doch nur, wenn das auch die *milites* täten, gegen die sie kurz vorher gekämpft hatten: Archivio Arcivescovile, Lucca (AAL), *041, veröffentlicht durch G. Tommasi, Sommario della storia di Lucca, dall'anno MIV all'anno MDCC, mit Dokumentenbeilage von C. Minutoli, in: Archivio storico italiano X (1847), Dok. VI, S. 8–9; vgl. V. Tirellli 1982, S. 195 Anm. 21; G. Ciampoltrini 1997, S. 453 und Anm. 24.

[30] Vgl. R. Martinelli/G. Puccinelli 1980, S. 267, Abb. 235, 236.

Abb. 13: Porta S. Gervasio seitlich, von Süden, mit dem „Fosso" und einer nachträglich angebauten Kirche (S. Zita). Man achte auf den Steinwechsel im unteren Teil der beiden zylindrischen Türme.

von Porta San Gervasio könne mit einem Dekret des kommunalen Rats von 1265 assoziiert werden, in dem die Zerstörung der antiken Stadtmauer und Arbeiten an den neuen Befestigungen befohlen werden.[31] Man kann sich fragen, ob in diesen Jahren, als Lucca sich gegen die ghibellinische Liga Manfreds verteidigen musste, nicht die ganze Stadtmauer in der Höhe verdoppelt wurde. Da 1225 in einem Dokument von einem „alten" Gervasiustor die Rede ist – also vom gleichnamigen Tor der altrömischen Mauern – muss der untere Teil des heutigen Tors vor jenem Jahr, also wohl gleichzeitig mit dem Fredianustor, etwa ab 1219, erbaut worden sein.[32] Wenn das so ist, sind in Lucca die Stadtmauern und Tore – inspiriert an den monumentalen Toren Genuas, einer traditionell mit Lucca verbündeten Stadt – mehr oder weniger gleichzeitig entstanden.[33]

Nach den unteren Partien von Mauern und Toren, aber vor deren Erhöhung wurden mehrere Ausfallstore und kleinere Tore gebaut (für beide Begriffe benützen die Quellen irreführenderweise dasselbe Wort „pusterula", während im heutigen Italienisch *postierla* nur das Ausfallstor ist): 1255 das Ausfallstor von Porta San Gervasio[34] und 1258 das kleine Tor hinter der Kirche Santi Simone e Giuda, das man wahrscheinlich durch eine Gasse entlang der rechten Wand der Kirche erreichte, da sich die diesbezügliche Inschrift an der Fassadenecke, rechts neben dem rechten Seitenportal der Fassade befindet: „tempore op(er)ari(oru)m Michael Bocaforte et socii ei(us) facta e(st) hec posterula anni d(omi)ni MCCLVIII".[35] Diese Inschrift wurde gelegentlich von der Forschung auf die Kirchenfassade selbst bezogen oder auf deren rechtes Portal – was insofern stimmt, als um jenes Jahr die Fassade im Bau gewesen sein muss (man arbeitete bekanntlich an der Kirche noch 1269) –, da der weiße Kalksteinblock, auf dem sich die Inschrift befindet, sich organisch in das Farbspiel der ganzen bichromen Fassade einfügt.[36] Die Inschrift bezieht sich jedoch eindeutig auf ein kleines Stadttor und bestätigt damit unsere These, dass in Lucca manchmal dieselbe *Opera* für den Bau einer Kirche und des dahinter liegenden Trakts der Stadtmauern verantwortlich war.

---

[31] ASL, Diplomatico Fregionaia, 27. August 1265; Regest bei G. Concioni/C. Ferri/ G. Ghilarducci, Arte e pittura nel Medioevo lucchese, Lucca 1994, S. 111; vgl. G. Ciampoltrini 1997, S. 459, der weitere Arbeiten im Jahre 1271 erwähnt (ASL, Diplomatico S. Ponziano, 29. Oktober 1271).

[32] ASL, Diplomatico Spedale, 18. September 1225; vgl. ebd., S. 454 und Anm. 30.

[33] Zur Fragestellung, ob im Allgemeinen die Mauern vor oder nach den Toren gebaut wurden vgl. K. Schubring, Zur Reihenfolge bei der Errichtung von Stadttoren, in: Quellen und Forschungen aus italienischen Archiven und Bibliotheken LXX (1990), S. 573–584, wo der Fall Foligno besprochen wird.

[34] Vgl. I. Belli Barsali 1988, S. 168.

[35] Vgl. ebd., S. 255–256.

[36] Doch vgl. G. Ciampoltrini, Archeologia lucchese d'età comunale II: gli ‚astrachi' di Lucca e le fosse di Paganico, in: Archeologia medievale XXV (1998), S. 218 Anm. 22, der die Inschrift ins Jahr 1259 datiert und sie auf das rechte Portal bezieht.

Wir beginnen so zu verstehen, dass die Gemeinschaft der Formensprache zwischen den romanischen Kirchen Luccas und den zwei überlebenden Toren des zweiten Stadtmauerrings (einschließlich der Löwen, die als apotropäische Wächter sowohl auf den Kirchenfassaden wie auf den Toren in großer Zahl vorkamen) sich wohl am leichtesten dadurch erklären ließe, dass auch in anderen Fällen nicht nur dieselben Amtsmänner der Bauhütten („operarii"), sondern auch dieselben Steinmetze sowohl an den Kirchen wie an den Toren beschäftigt waren. Ich denke dabei besonders an die typologische und stilistische Verwandschaft der Löwen auf der Fassade von Santa Maria Forisportam (ca. 1245) mit denen der nahen cinquecentesken Mauern, ehemals an der Porta San Gervasio und an der verlorenen Pusterula Malestaffe.[37]

Das Statuten der „Curia delle vie e dei pubblici" (Magistratur und Polizei der Strassen und anderer öffentlicher Orte) aus der zweiten Hälfte des 13. Jahrhunderts schreibt dem kommunalen Beamten („officiale"), der dieses Amt innehat, vor, er solle sich auch um die „foveas et cerchias novas lucane civitatis, que dotate et terminate fuerunt per quondam fratrem Adiutum" kümmern.[38] Wie schon Isa Belli Barsali bemerkte,[39] ist somit der Name eines entwerfenden Architekten oder eines *operarius* der Stadtmauern bezeugt; in unserem Zusammenhang erscheint es bedeutend, dass es sich um einen *frater*, einen Ordensbruder, handelte. Es ist nicht auszuschließen, dass er mit jenem Aiuto, *operarius* der Kirche Santa Maria Forisportam seit mindestens 1219, identisch gewesen sei, der am 23. Oktober 1245 mit dem Steinmetzen Diotaiuti Arbeiten an der Fassade der Kirche vereinbarte.[40] In den Luccheser Statutensammlungen wurde später anscheinend der Eid des *podestà*, sich weiter um die Stadtmauern und deren Ausbesserungen zu kümmern, zu einer stehenden Formel.[41] Zwei Paragraphen des Allgemeinen Gesetzbuchs von 1308 betreffen auch die Instandhaltung der Pusterula fluminis („De turri et terreno posterule fluminis conservandis"), wobei der Singular beweist, dass es dort wirklich nur einen Turm gab, sowie das

---

[37] Vgl. G. Tigler, ‚Carfagnana bonum tibi Papa scito patronum'. Committenza e politica nella Lucchesia del Duecento. Pergami, cancelli, fonti battesimali e un'acquasantiera a Diecimo, Brancoli e Barga, in: Lucca città d'arte e i suoi archivi. Opere d'arte e testimonianze documentarie dal Medioevo al Novecento, hrsg. von M. Seidel und R. Silva, Venezia 2001, S. 119, Abb. 13–15.

[38] Statuti urbanistici medievali di Lucca. Gli statuti delle vie e de' pubblici di Lucca nei secoli XII–XIV. Curia del Fondaco: statuto del 1371, hrsg. von D. Corsi, Venezia 1960, S. 57.

[39] I. Belli Barsali 1988, S. 21.

[40] Archivio Capitolare, Lucca (ACL) LL, 20, c. 119. Vgl. G. Concioni 1994, S. 61; G. Concioni/C. Ferri/G. Ghilarducci 1994, S. 100 (Urkunde vom 21. Dezember 1219: ASL, Diplomatico Serviti), 105; G. Tigler 2001, S. 119.

[41] D. Corsi 1960, S. 37, Kap. VII: „Et Potestas qui pro tempore fuerit teneatur omni via et modo quo melius potest et vinculo sui juramenti augere et augeri facere et murare muros lucane civitatis et turres dictorum murorum ut incepti sunt, et eius studium ponere ad perfectionem dictorum murorum faciendam".

Offenhalten des Ausfalltores vor dem Portone dei Borghi, von dessen Existenz wir bisher noch nicht gehört hatten („De posterula sancti Frediani aperta tenenda").[42]

Eine Erwähnung kirchenfeindlicher Gesetze Luccas in einem Regest des 19. Jahrhunderts, betreffend das Jahr 1222, erweist sich bei Durchsicht des ganzen Textes der Urkunde als ein Missverständnis, obgleich tatsächlich am Beginn der zwanziger Jahre, unter dem *podestà* Parente aus Rom, der *Comune* von Lucca „enormitem libertatem ecclesiasticam" verletzte, indem er zum einem den Klerus zwang, Steuern für die Erbauung einer Arnobrücke zu zahlen, zum anderen den protestierenden Bischof aus der Kathedrale verjagte und den Schatz des „Volto Santo", des berühmten wundertätigen Kruzifixes (Abb. 17), beraubte, weswegen die Stadt mit dem Interdikt bestraft wurde, das aber bald wieder zurückgenommen wurde.[43]

Diese Episode wirkt allerdings bezeichnend für jene Entzweiung zwischen *Comune* und Bischof, die sich in diesen Jahrzehnten auch andernorts manifestierte, zum Beispiel in Siena und Bologna (wo die Auseinandersetzung – fast ein „Kulturkampf" *ante litteram* – weit besser dokumentiert ist).[44] In Lucca war das spektakuläre Ergebnis, wie es scheint, die kostbare Verschönerung des Platzes am Forum durch die hohe Schaufassade von San Michele, dere Kirche der kommunalen Versammlungen, die als Antwort, ja als Entgegnung auf die gerade gebaute Fassade der Kathedrale verstanden werden kann. Zwar sind die Baudaten der Fassade von San Michele in Foro unsicher, doch handelt es sich ohne Zweifel um eine unmittelbare Derivation der Fassade von San Martino (Abb. 14) und um ein Werk derselben, von Meister Guidetto geleiteten Werkstatt. Da am oberen Teil von San Martino ab 1204 gebaut wurde, 1211 die Arbeit schon so weit fortgeschritten war, dass Guidetto noch einen zweiten Auftrag in Prato annehmen konnte, und ab 1216 die Domfassade in der der Pieve von Arezzo von Marchio imitiert wurde, kommt man bei der Datierung von San Michele (Abb. 15) in Jahre um 1220, also gerade in die Zeit des Streits zwischen Bischof und *Comune*.

---

[42] S. Bongi/L. Del Prete 1867, S. 20 Kap. XVIII, S. 325 Kap. LV.

[43] Vgl. Regesta Imperii, Päpste und Reichssachen, Bd. V/2, hrsg. von J.F. Böhmer, mit Nachträgen von J. Ficker und E. Winkelmann, Innsbruck 1892–1894, S. 1152–1153, Regest *6521: „Honorius beauftragt genannte (‚priori sancti Frediani et canonico Petro lucanis'), die von Lucca, welche mit ihrem podestà Parentius wegen Bedrückung der Kirche excommuniciert und interdiciert worden waren, jetzt, da sie unter dem podestà Prudentius sich eines besseren besannen, unter der Bedingung zu lösen, dass sie den kirchlichen und kaiserlichen Satzungen widerstreitenden Statute gegen die Kirchenfreiheit widerrufen und der Kirche von Lucca und allen Geistlichen das Geraubte zurückgeben". Doch der Text der Bulle (Magnum Bullarium Romanum, Bd. III, Torino 1868, S. 384–386, Dok. LXI) erwähnt keine Luccheser Statuten. Im paternalistischen Ton werden die bösen Lucchesen zuerst wegen ihrer Räubereien und Gewalttaten getaldelt; dann wird ihnen unter der Bedingung verziehen, dass sie reumütig das Gestohlene zurückgeben.

[44] Vgl. D. Waley, Die italienische Stadtstaaten, München 1969, S. 91"; A.I. Pini 1986, S. 82–83.

Abb. 14: Oberer Teil der Fassade der Kathedrale (S.Martino) von Lucca. Rechts in der ersten Galerie Säule mit stehender Relieffigur: Selbstbildnis von Meister Guidectus, mit Inschrift, die das Anfangsdatum 1204 für diesen Bereich der Fassade überliefert. Martinsgruppe: moderne Kopie (Original im Inneren).

1221/22, nach vierzig Jahren heilsamen Friedens, fing der endemische Krieg gegen Pisa wieder an. Die Lucchesen nahmen die Feindseligkeiten auf und zwar durch die Erbauung der Burg Castiglioncello in der Klause des Serchio gegenüber der Pisaner Burg Ripafratta; die Pisaner erwiderten mit der Erbauung von Castel del Bosco (von den Lucchesen Montemorecci genannt) im Territorium von Lucca, nördlich des Arno, bei der „Rotta di San Romano".[45] Der Krieg, bei

---

[45] Vgl. Gesta Lucanorum, hrsg. von B.Schmeidler, in: MGH, Scriptores, Nova series VIII, Hannover 1930 (Gesta Luc.), S.302–303; Tolomeo Fiadoni, Annales, ebd. (Tolomeo), S.110–111; G.Sercambi, Le croniche, hrsg. von S.Bongi, in: Fonti per la storia d'Italia, XIX, Roma 1892 (Sercambi), I, S.18–28. Sercambi gibt den Pisanern die ganze Schuld und stellt die Ursachen des Kriegs vom Luccheser Standpunkt aus dar.

Abb. 15: Oberer Teil der um 1220 errichteten Fassade von San Michele in Foro. Viele Skulpturen und Marmorinkrustationen wurden im 19. Jh. ausgewechselt. Die Fassade ist viel höher als die dahinterliegende Basilika.

dem noch einmal Florenz mit Lucca verbündet kämpfte,[46] dauerte bis 1228, als der Kardinal Castiglioni eine Versöhnung durchsetzen konnte, deren Klauseln bezüglich der Rückgabe der von Pisa besetzten „castelli" (befestigten Orten) des unteren Arnotals (Valdarno Inferiore) allerdings nie eingehalten wurden.[47]

---

[46] Während die Lucchesischen Chronisten alle Siege den Truppen ihrer Stadt anrechnen, schweigen die Florentiner Chronisten fast von Lucca und beschreiben den Krieg als eine Auseinandersetzung zwischen Florenz und Pisa; vgl. Gesta Florentinorum, hrsg. von B. Schmeidler, in: MGH, Scriptores, Nova series VIII, Hannover 1930 (Gesta Flor.), S. 253–254; Sanzanome, Gesta Florentinorum, hrsg. von O. Hartwig, Quellen und Forschungen zur ältesten Geschichte der Stadt Florenz, Marburg 1875, S. 21; G. Villani, Nuova cronica, VII, 3, hrsg. von G. Porta, Parma 1990, I (Villani), S. 279–280.

[47] Vgl. D. Corsi, La legazione del cardinal Giuseppe Castiglioni a Pisa ed a Lucca e il giuramento dei Lucchesi del 1228, in: Bollettino storico pisano XLIV–XLV, 1975/76, S. 175–191. Am 5. und 27. September 1229 ordnete Gregor IX. den Pisanern die Räumung der zum Teil lehensrechtlich dem Bischof von Lucca gehörenden Orte an; und so nochmals am 9. Mai 1237, nach dem Ende der Interdizierung des Luccheser *Comune*. Es handelte sich um die *castelli* von „Montis Topari [Montopoli], Pratilionis, Sancti Gervasii, Montis Castelli, Palarie [Palaia] cum villis et pertinentiis suis vel item medietatis Colleuli [Cevoli], Tepiani et Tojani". vVgl. Les Registres de Grégoire IX, hrsg. von

Inzwischen kam es zu einer zweiten Front in der Garfagnana, wo seit 1220 die kleinen lokalen *Comuni* – allen voran Barga und Castiglione – und die „cattani" genannten Feudalherren, erstärkt durch den Beistand des Papstes und von Pisa, dem *Comune* von Lucca den Gehorsam verweigerten, da sie sich in Berufung auf die mathildische Schenkung als Untertanen des Papstes erklärt hatten.[48] 1222 verbrannten die Lucchesen demzufolge Cerreto (heute Borgo a Mozzano, einen von dem Geschlecht der Soffredinghi della Rocca beherrschen *Comune*), und 1226 Castiglione Garfagnana.[49]

Die Einwohner des am 11. August 1222 zerstörten Montemorecci und die von Borgo a Mozzano wurden deportiert und gezwungen, sich in Bientina anzusiedeln, in einer neuen, mauerlosen Gründung („borgo"), die der *Comune* von Lucca in einem unwirtlichen Sumpf (Lago di Bientina bzw. di Sesto, im 18.–19. Jahrhundert trockengelegt) geschaffen hatte.[50] Am 12. Februar 1229 schrieb die päpstliche Kurie, die die Rechte der Einwohner der Garfagnana garantierte, an den *podestà* und an das Volk von Lucca und zwang sie, die Verträge zu widerrufen, mit denen gewisse Bürger von Barga und Ceserana gegen ihren Willen Felder und bebaubare Grundstücke zu übermäßig hohen Preisen in Lucca und im Territorium der sechs Meilen um die Stadt von Luccheser Bürgern gekauft hatten, und ordnete auch die Rückgabe der schon bezahlten 200 *librae* an.[51] Der Konflikt in der Garfagnana verursachte die Exkommunikation von Lucca und die zeitweilige Entfernung des Bischofs (1231–1236).

L. Auvray (Bibliothèque des écoles françaises d'Athènes et de Rome), I: Paris 1896, Sp. 207 Dok. 338, Sp. 207–208 Dok. 340, II: Paris 1907, Sp. 634 Dok. 3630. Auch Innozenz IV. erhob ohne Erfolg dieselbe Anforderung am 14. und 19. Mai 1244; vgl. Regesta Pontificum Romanorum, inde a post Christum natum MCXLVIII ad a. MCCCIV, hrsg. von A. Potthast, Berolini 1874, II, S. 967–968 Dok. 11385, 11394. Dasselbe tat Alexander IV. am 28. April 1256. vgl. Les Registres d'Alexandre IV. Recueil des bulles de ce Pape, hrsg. von C. Bourel De La Roncière (Bibliothèque des écoles françaises d'Athènes et de Rome), Paris 1902, I, S. 388 Dok. 1298.

[48] Zu den Folgen dieses Konflikts für die Kunst vgl. G. Tigler 2001.

[49] Gesta Luc., S. 305; Tolomeo, S. 115; Sercambi, I, S. 29. Vgl. C. De Stefani, Storia dei Comuni di Garfagnana (Atti e memorie della R. Deputazione per le provincie modenesi, Folge VII, 2), Modena 1926, S. 37 (reprint Pisa 1978).

[50] Cronichetta II (Gesta Luc., S. 302–303): „1222. A dì XI Agosto fue grande isconfitta delli Pisani a Montemorecci, et avemmo lo chastello di Montemorecci, et regammo con noi le porte, et li contadini di quine [in einem anderen Codex, den Schmeidler Ableitung P nennt, wird die Zahl der Gefangenen erwähnt: ,MMV pregioni'] et di Cerreto di Lucca condussimo ad abitare a Bientina in uno borgo". Sercambi (S. 28) erwähnt, dass die Türflügel des Tores von Castel del Bosco als Spolien in die Kirche San Michele in Foro gebracht wurden. Zur Sitte, Türen wiederzuverwenden vgl. B. Brenk, Türen als Spolien und Baureliquien: „Nova construere, sed amplius vetusta servare", in: Akten des 28. internationalen Kongresses für Kunstgeschichte (Berlin 1992), Bd. I: Künstlerischer Austausch, Berlin 1993, S. 43–54.

[51] ASL, Diplomatico S. Giustina, 12. Februar 1229. Vgl. C. De Stefani 1926, S. 42.

In dieser durch die Einwanderung zahlreicher Flüchtlinge aus dem Valdarno Inferiore und aus dem oberen Serchiotal bestimmten Lage wurden die zwei Satzungen von 1224 und 1232 erlassen, die als Fragmente des allgemeinen Statutenbuchs des *Comune* dieser Zeit einzig erhalten sind.[52] Im September 1224 wurde nämlich die Entscheidung getroffen, wer nicht in der Stadt, den Vorstädten oder dem Distrikt der „Sei miglia" wohne, aber sich dort ansiedeln wolle und bereit sei, an der Verteidigung von Lucca teilzunehmen, dürfe das ohne Bedingungen tun, solle sich aller Privilegien und bürgerlicher Würden der Lucchesen erfreuen, müsse für die ersten fünf Jahre weder Steuern noch Zoll entrichten und brauche sich bei Feldzügen zum Kriegsdienst nicht zu melden oder Arbeitsdienste jeglicher Art für den *Comune* zu absolvieren. Sollten sich jedoch Luccheser Bürger über das Benehmen der neuen Einwanderer beklagen, werde der *podestà* eine allgemeine Versammlung einberufen, um zu entscheiden, ob die Verleihung der Bürgerschaft wieder rückgängig gemacht werden solle oder nicht. Die besagte Regelung sollte nicht für die Leibeigenen („manentibus") der Luccheser oder der Bewohner der „Sei miglia" gelten.[53] Nachträglich wurde ein Paragraph hinzugefügt, der im folgenden Januar bekannt gegeben werden sollte, nach dem der *podestà* jedem Einwanderer „unum casalem convenientem infra novos muros lucane civitatis, dum modo debeant ibi domum hedificare infra unum proximum annum" zur Verfügung stellen musste, wobei jedoch diejenigen ausgenommen wurden, die sich in Lucca schon seit länger als zwei Jahren, also vor Kriegsbeginn, angesiedelt hatten und somit nicht als Flüchtlinge gelten konnten.

Den Gesetzgeber beunruhigte also – genau wie heutzutage – das Risiko, dass sich Einwanderer, die nur aus wirtschaftlicher Not gekommen waren, der Grosszügigkeit erfreuten, die bloss wirklichen „Asylanten" vorbehalten war. In jenen Jahren wie auch in anderen Epochen wechselte die Haltung der Autoritä-

---

[52] ASL, Pergamene della Biblioteca dei Serviti, 27. März 1232. Erwähnt bei S. Bongi/L. Del Prete 1867, S. XI und vollständig veröffentlicht durch C. De Stefani 1894, S. 250–255. Hinweis bei V. Tirelli 1982, S. 174 und Anm. 57, als Quelle zur Demographie; das Interesse dieser Statuten hinsichtlich der Stadtplanung wurde noch nicht bemerkt.

[53] Zum Problem der Einwanderung vom *contado* in den freien *Comune* bleibt die Studie von J. Plesner (L'emigrazione dalla campagna alla città libera di Firenze nel XIII secolo, Erstausgabe 1934, ital. Übersetzung hrsg. von E. Sestan, Firenze 1979) ein Standardwerk. Der resümierte Passus widerspricht noch einmal der Legende, die Bevölkerung der italienischen Stadtstaaten des Mittelalters habe hauptsächlich durch die Flucht von unfreien Bauern aus dem Lande zugenommen, und dieses Phänomen sei von den *Comuni* gefördert worden, um dem Ritterstand zu schaden; vgl. L. Einaudi, La leggenda del servo fuggitivo, in: Rivista di storia economica II (1937). Zur Haltung der *Comuni* gegenüber der Leibeigenschaft der Bauern vgl. A. I. Pini 1986, S. 96–108. In den mittleren Jahrzehnten des 13. Jahrhunderts erlitt die Lucchesia eine durch Kriege und Auswanderung in den Hauptort verursachte demographische Krise. Vgl. F. Leverotti, Popolazione, famiglie insediamenti. Le Sei Miglia lucchesi nel XIV e XV secolo, Pisa 1992, S. 62.

ten gegenüber Fremden von den drastischen Massnahmen (Deportation von
1222, Zwangsankauf von 1229) zur fast grenzenlosen Gastfreundschaft von
1224, die allerdings auch durch die Absicht, die Vorstädte zu bevölkern und
mehr Soldaten zur Verteidigung von Lucca zu gewinnen, angeregt gewesen sein
mag. Ähnliche Gesetze gab es auch andernorts: ein Gesetz des *Comune* von
Volterra (1210–1224) verlangte z.B. von den neuen Einwanderern, dass sie sich
ein Haus bauten, wobei ihnen aber die Volterraner Nachbarn Hilfe gewähren
mussten.[54] Der Wunsch, die arbeitende und kampfbereite Bevölkerung des
Staats zu vermehren, verwandelt sich leicht in Fremdenhass, wenn die zunehmende Zahl der Neuankömmlinge anfängt, die alteingesessenen Bürger zu
beunruhigen und sich die Meinung verbreitet, die meisten Fremden seien arm
und unzuverlässig.

So folgt dem Passus von 1224 ohne Unterbrechung ein ganz andersartiger, in
dem der *podestà* von 1232 sich verpflichtet, von Fall zu Fall die Situation eines
jeden Einwanderers der letzten Jahre ohne Vorurteil zu untersuchen („non re-
mittendo vel condemnando amore vel hodio aut peticionibus alicuius persone
vel personarum"). Es wird festgelegt, dass kein Bewohner des *contado* („rusticus", wörtlich Bauer), der zum Städter geworden sei, sich des Privilegs der Luccheser Bürgerschaft erfreuen solle, wenn er nicht am 25. März 1232 ein eigenes
oder gemietetes Haus besitze. Und der „pauper", der nicht innerhalb von sechs
Monaten seit Beginn des „regimen" des *podestà* ein neues Haus erbaut habe,
werde als „rusticus" eingestuft und müsse ins Dorf zurück, es sei denn, er sei
reich und im Stande, sich ein Haus zu bauen, was er jedoch innerhalb von zehn
Monaten zu tun habe. Zwei oder mehr „falsi cives rustici" dürften diese Massnahme auf keinen Fall dadurch umgehen, dass sie zusammen ein Haus bezögen,
es sei denn, sie seien Verwandte. Schließlich beschäftigt sich das Gesetz mit den
Steuern, die diese „rustici qui facti sunt cives" nun doch erstatten müssten.

Klarer konnten die stolzen *cives* ihre Verachtung gegenüber den armen Bauern nicht äußern, wobei ja in einem Stadtstaat Bürger und Städter oft identisch
sind. Offensichtlich hatten sich die Beschwerden, die schon 1224 vorausgesehen
worden waren, bestätigt, und mit köstlicher Naivität erklärten die Lucchesen,
was sie dachten, dass nämlich Fremde nur dann willkommen seien, wenn sie
wohlhabend genug seien, sich ein Haus zu bauen. Dabei muss allerdings beachtet
werden, dass mit dem Wort „domus" höchstwahrscheinlich ein bescheidenes
Fachwerkhäuschen mit Lehmwänden und Strohdach gemeint war, was sich nicht
nur aus der damaligen Baupraxis erklärt – als nur die Reichen und Mächtigsten
sich Wohntürme leisten konnten und in einer Zeit, aus der in Lucca noch keine

---

[54] Statuti di Volterra, I (1210–1224), hrsg. von E. Fiumi, Firenze 1951, S. 180; vgl. G. Pinto,
L'organizzazione del lavoro nei cantieri edili (Italia centro-settentrionale), in: Artigiani
e salariati. Il mondo del lavoro nell'Italia dei secoli XII–XV, (Centro italiano di studi di
storia e d'arte, Pistoia), Akten des 10. internationalen Kongresses (Pistoia 1981), Pistoia
1984, S. 86.

gemauerten Häuser erhalten sind – sondern auch durch den Umstand, dass es nicht denkbar gewesen wäre, jemanden zum Bau eines Steinhauses innerhalb von nur zehn Monaten zu zwingen. Aus der Urkunde geht außerdem eindeutig die Bedeutung des Begriffs „casale" (andernorts auch „casalinum") hervor, der von einigen Forschern irrtümlich mit „Hütte" oder „bescheidenes Häuschen" übersetzt wurde, während ein bebaubares, leeres Grundstück gemeint war.[55]

Weitere erhaltene, sicher datierte Luccheser Statutenfragmente findet man erst wieder in den Jahren 1254 und 1261, in der Zeit als, infolge des Friedens zwischen Pisa und Lucca (1236–1251), ein Aufschwung der Wirtschaft (Wollweberei, Färberei, Seidenweberei) und – im Bezug auf unser Thema – der Bautätigkeit (Abb. 16) zu bemerken ist: es waren ja auch die Jahrzehnte, in denen sich die Bettelorden am Stadtrand niederließen.[56]

Nach dem Tode Friedrichs II. (1250) errang im gesamten Bereich der lombardischen und der toskanischen *Comuni* der *populus*, mehr oder weniger auf gewaltsame Weise, einen Teil der Macht. In der Mehrzahl der Fälle entstand dadurch eine Art bikamerales System mit zwei Wappen, zwei Statuten, zwei Staatsoberhäuptern und zwei Räten (*podestà* und großer Rat an der Seite des *Comune*; *capitano del popolo*, *anziani* und kleiner Rat an der des Volkes).[57]

In Lucca, wo der Sitz des *Comune* weiterhin bei San Michele in Foro blieb, während sich der Rat des *populus* in der Kirche San Pietro (nicht erhalten) ver-

---

[55] Auch die Bezeichnung „capanna" (Hütte) ist belegt: am 3. März 1198 treten Rustichello und Mingarda in den Laienbrüderstand und stiften dem Kloster San Ponziano ein Grundstück „extra muros lucane civitatis in loco Fracta", wo die zwei Söhne des Baldiccione „habent edificatam unam capannam unde soliti sunt reddere in mense martii s. 8" (ASL, Diplomatico San Ponziano, 3. März 1198, zitiert von G. Ciampoltrini 1997, S. 452–453). Häuser („case") und „casalini" werden in folgendem, von Tolomeo (S. 107) zitierten Passus einer Urkunde unterschieden: „1218. Eodem anno invenitur compara facta per Lucanum comune, ut in registro eiusdem comunitatis habetur, de castro Montis Summani [Monsummano Alto] cum curia et pertinentiis, casis et casalinis, pascuis et nemoribus, piscariis et aliis a domino Hugone Dei gratia abbate Sancti Antimi". Um die Mitte der fünfziger Jahre des 13. Jahrhunderts bot der *Comune* von Lucca „casalini" denjenigen an, die bereit waren sich in den neugegründeten „terre" im Valdarno und der Versilia anzusiedeln (ASL, Diplomatico Archivio di Stato, 28. Oktober 1257; vgl. G. Ciampoltrini 1997, S. 469, mit korrekter Interpretation des Wortes); zu Unrecht übersetzt es hingegen M. Paoli (Arte e committenza privata a Lucca nel Trecento e nel Quattrocento. Produzione artistica e cultura libraria, Lucca 1986, S. 18) mit „edifici assai modesti" (Paoli korrigiert aber seinerseits die falsche Interpretation des Begriffs „arcicasa" durch Piero Pierotti: nicht Wohnturm mit Bogen, sondern *dépendance* eines Hauses).

[56] Vgl. M. D'Alatri, Lucca e i Francescani nel secolo XIII, in: Atti dell'Accademia Lucchese di Scienze, Lettere ed Arti, Folge II, XXIV (1991), S. 109–116.

[57] Dazu vgl. im Allgemeinen A. I. Pini 1986, S. 96–101; für Lucca S. Bongi/L. Del Prete 1867, S. XXVI.

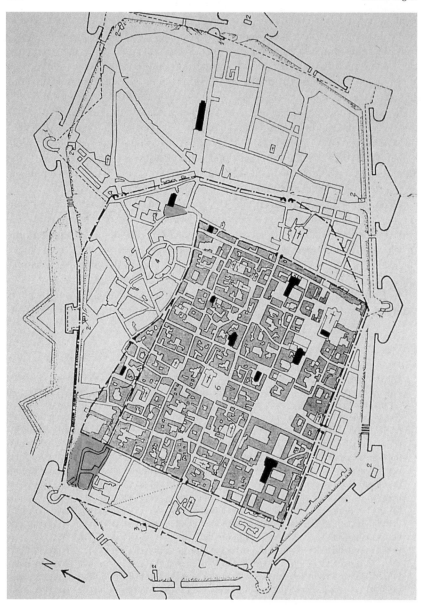

Abb. 16: Plan der mittelalterlichen Stadt Lucca. Eingezeichnet: Kirchen, an denen um die Mitte des 13. Jhs. gebaut wurde (schwarz); Stadtteile in denen sich die Gerber aufhielten (dunkelgrau: zuerst Piazza S. Andrea im Inneren der grau gekennzeichneten Altstadt; dann Piazza S. Pier Somaldi, rechts oben; schliesslich Viertel „Pelleria" bzw. „Cuoiaria" um die Kirche S. Tommaso, links oben).

sammelte,[58] zeigt sich das System als schon funktionierend in einem kommunalen Statut von 1254; doch erfahren wir infolge des Schweigens der Chronisten nicht, ob dessen Einführung durch einen Aufstand oder friedlich, durch bloße Nachahmung des Beispiels anderer *Comuni* erfolgte. Jedenfalls muss es in einer zweiten Phase zu bewaffnetem Widerstand gegen die neue Einrichtung durch die ghibellinischen *milites* gekommen sein, worauf diese ins Exil geschickt wurden. Die Namen der Verbannten wurden in einer Liste bekanntgegeben, die zum zukünftigen Andenken in den folgenden Statutenbüchern abgeschrieben werden sollte.[59] Zwar hat dieser Text kein unmittelbar kunsthistorisches Interesse, doch ist es leicht denkbar, dass dieser Proskriptionsliste Zerstörungen von Wohntürmen entsprachen, wie es beispielsweise in Florenz geschah (Abriss der Türme der Uberti und Entstehung der Piazza della Signoria), und Burgen in der Umbebung demoliert wurden.

In dem Statut der *arte* (Zunft) der Färber von 1255[60] und in den Statutenfragmenten, die von den allgemeinen *Constituta* des *Comune* und des *populus* aus dem Jahr 1261 erhalten sind,[61] werden zum ersten Mal die neuen Behörden des Volkes erwähnt, die Nachfolger der kampfwilligen *societates armorum* – später *societates levatorum* – der ersten Jahrhunderthälfte. Die beiden Zitate von 1261 beziehen sich auf Ortschaften des *contado*, die nach altem Brauch dem „Volto Santo" Kerzen stiften mussten, gelegentlich der „luminara di santa croce", der jährlichen Prozession am 13. September zu Ehren des im Dom von Lucca aufbewahrten bekleideten Kruzifixes, das ja nicht nur Staatssymbol im heraldischen Sinne war, sondern auch als spirituelles Staatsoberhaupt, als „König

---

[58] Die Kirche San Pietro Maggiore bzw. „in silice" wurde im 16. Jahrhundert abgerissen, um Platz für die Stadtmauern zu schaffen; ihre Position entspricht ungefähr der Kapelle der Madonnina und dem gleichnamigen Tor der heutigen Stadtmauern, vgl. I. Belli Barsali 1988, S. 101. Der *populus* von Lucca hatte deswegen als Banner und Wappen die rot-weisse „balzana" mit der Figur des heiligen Petrus; vgl. L. Borgia, Brevi note di sigillografia e di araldica civica lucchese, in: Actum Luce XVI (1987), 1–2, S. 17.

[59] Von G. Tommasi/C. Minutoli 1847, S. 86, veröffentlichte Urkunde; vgl. S. Bongi/L. Del Prete 1867, S. XI. Dazu im Allgemeinen: G. Fasoli, Ricerche sulla legislazione antimagnatizia nei Comuni dell'alta e media Italia, in: Rivista di storia del diritto italiano XII (1939).

[60] ASL, Statutum, carta et sacramentum tintorum sendatorum sete et panni lini lucane civitatis, burgorum et subburgorum, 4. August 1255, veröffentlicht durch P. Guerra, Statuto dell'Arte dei Tintori di Lucca del MCCLV (Publikation gelegentlich der Heirat Bartolini S. Omer – Bertacchini), Lucca 1864; vgl. E. Lazzareschi 1937, S. 70, appendice documentaria: S. 79 Dok. III.

[61] ASL, Opera di S. Croce, Libri A+15 e Bll dei contratti, teilweise veröffentlicht in D. Barsocchini, Dissertazione sul Volto Santo, in: Memorie e documenti per servire alla storia del Ducato di Lucca, V, 1, Lucca 1844, S. 11; G. Tommasi/C. Minutoli 1847, S. 15 Dok. IX; vollständig in A. Mancini 1925–1926, S. 1–15.

der Lucchesen" galt[62] (Abb. 17). Für jede *pieve* (Pfarrei mit Taufrecht) und jeden kleinen ländlichen *Comune* wurde mit peinlicher Genauigkeit das Gewicht der jeweiligen Kerze festgelegt (so wie es die Florentiner am Johannistag, dem 24. Juni, mit den Kerzen für das Baptisterium taten), damit sich ein exaktes Verhältnis zwischen dem Gewicht des Wachses und den am Getreideertrag gemessenen Einnahmen eines jeden Ortes ergäbe. Nicht nur handelt es sich um eine kostbare Dokumentation über den Wohlstandsgrad der Dorfgemeinden (parallel zu den gleichzeitigen Abgabenlisten an die römische Kirche, den „rationes decimarum", und an die guelfische Liga bei dem Feldzug von Montaperti); der Passus belegt auch den Willen des *Comune*, nicht auf die Wiedereroberung all der Teile des *contado* zu verzichten, die verloren gegangen waren. Neben den „castelli" des Valdarno Inferiore und der Val d'Elsa, die die Pisaner 1222 erobert hatten, handelte es sich um einen nicht geringen Teil der kaiserlichen Vikariate von San Miniato (der Rest des westlichen Arnotals, Abb. 2) und Fucecchio, mit Valdinievole, die zwar nach dem Tode Friedrichs II. von Lucca wieder besetzt worden waren, durch den neuen Krieg mit Pisa und der ghibellinischen Liga 1252–1256 und der Niederlage von Montaperti (1260) aber nochmals verloren gingen.[63] Die Regelung der *luminara* wurde, mit kleinen Abweichungen, im Statutenbuch von 1308 transkribiert, wobei nun ein bedeutendes, nie so dagewesenes Wachstum des Staatsgebietes aus der Liste der Ortschaften zu entnehmen ist.[64]

Für die Städteplanung ist die geopolitische Lage, in die die Statutenfragmente der Mitte des 13. Jahrhunderts Einsicht gewähren, von großem Interesse. Damals nahm Lucca – auch auf symbolische Weise – wieder von seinem *contado*, und besonders von den entfernten, umstrittenen Grenzgebieten, Besitz, und zwar durch die Gründung von vier neuen Siedlungen („terre nuove"): 1252 des *castello* (oder „terra murata", also mit Mauern befestigter Ort) Castelfranco (Abb. 18) und des *borgo* (ohne Mauern) Santa Croce sull'Arno (Abb. 19), so benannt nach dem *Volto Santo*, beide im Valdarno Inferiore; 1255 des *castello* Pietrasanta (Abb. 20), das den Namen nach dem *podestà* bekam, der damals im

---

[62] Vgl. P. Guidi, La luminara di S. Croce nel Medioevo, Lucca 1920. Die Bedeutung, die diesem Ritual verliehen wurde, wird durch die Begebenheiten von 1246 klar, als einem Einwohner der Garfagnana, Scaricio, von seinen Landsleuten die rechte Hand abgeschlagen wurde, weil er im Namen seines Ortes die Kerze zu dem Kruzifix getragen hatte, während die Garfagnana unmittelbar dem Reich unterstellt war (vgl. Sercambi I, S. 33).

[63] Quellen: Gesta Flor., S. 260; Gesta Luc., S. 311–313; Tolomeo, S. 130–140•, der von der Zerstörung der Burg Sala durch die Lucchesen im Jahre 1250 berichtet; unter diesem Ort wurde später Pietrasanta gegründet; Sercambi, I, S. 34–35; Villani, S. 343. Vgl. A. Mancini, Storia di Lucca, Firenze 1950, S. 94; R. Pescaglini Monti, Le vicende politiche e istituzionali della Valdinievole tra il 1113 e il 1250, in: Pescia e la Valdinievole nell'età dei Comuni, hrsg. von C. Violante und A. Spicciani, Pisa 1995, 57–87 besonders S. 85–86.

[64] S. Bongi/L. Del Prete 1867, S. 35–46, liber I, XLII.

Abb. 17: „Volto Santo". Bekleidetes Holzkruzifix im Dom von Lucca. Datierung umstritten, nach Ansicht des Verfassers: Mitte 12. Jh..

Abb. 18: Plan (18. Jh.) von Castelfranco di Sotto, 1252 gegründet.

Amt war, des Mailänders Guiscardo da Pietrasanta, und des (erst im 14. Jahrhundert befestigten) *borgo* Camaiore in der Versilia[65] (Abb. 21).
Diese Gründungsjahre stehen im Zusammenhang mit durch gelegentliche Siege
über die Pisaner und die kaisertreuen *cattani* von Versilia und Garfagnana

---

[65] Tolomeo, S. 137 (sub anno 1256): „Eodem anno fuit potestas Luce dominus Guiscardus
    de Petrasancta qui fecit fieri de Versilia duos burgos, unum quem ex suo cognomine
    nominavit; alium nominavit Campum maiorem, replens dictos burgos de rusticis seu
    hominibus Catanorum; sed burgum specialiter de Petrasancta appopulans de hominibus
    Corvarie et Vallecchie, eximens ipsos ab omni honere et fidelitate nobilium nisi
    quantum ad redditus, quas eisdem deberent sive emphiteuticos sive censuales vel quo-
    cumque modo". Zur Korrektur des Jahres auf 1255 vgl. in: Rivista di archeologia storia
    costume XIV (1986), 1, S. 20. Siehe auch Sercambi, I, S. 211, zu dem Bau der Mauern
    von Camaiore im Jahr 1373.

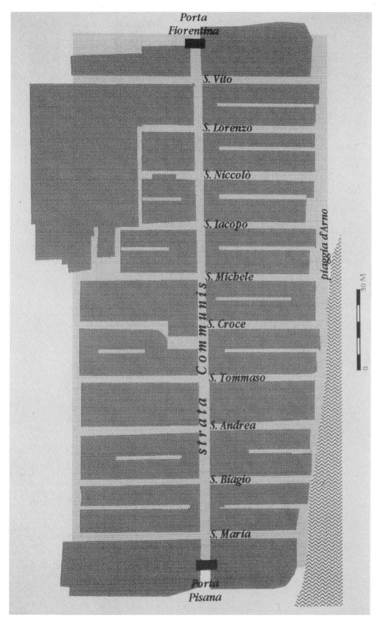

Abb. 19: Plan (nach G. Ciampoltrini 1997) von S. Croce sull'Arno, 1252 gegründet. Die Seitenstrassen sind nach den Titularheiligen der Pfarrkirchen der Orte benannt, aus denen die Ansiedler gekommen waren.

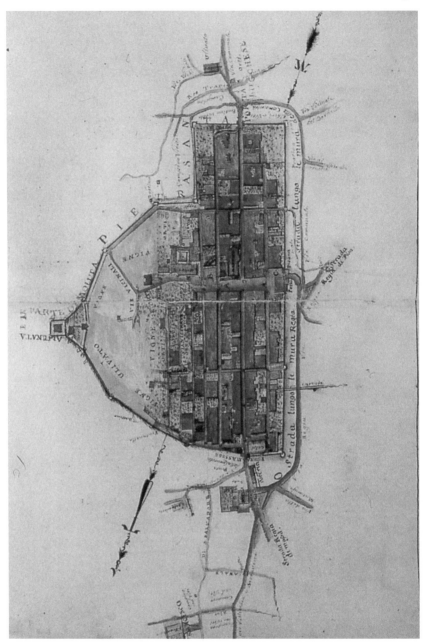

Abb. 20: Plan (16. Jh.) von Pietrasanta, 1255 gegründet. Oben die in den Mauerring einbe-
zogene Burg Sala, auf der Spitze des Hügels.

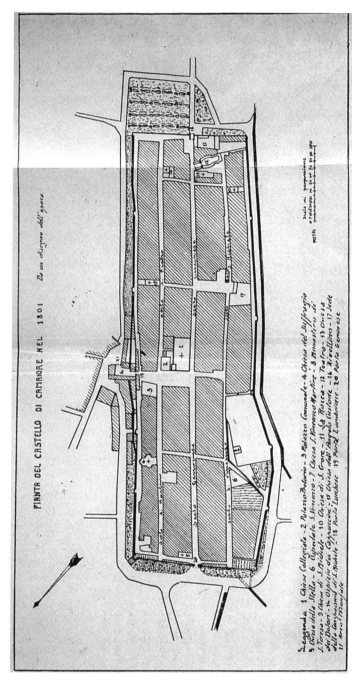

Abb. 21: Plan (Ende 19.Jh.) von Camaiore, 1255 gegründet. Man achte hier wie bei den anderen Neugründungen auf den Unterschied in der Breite zwischen Haupt- und Seitenstraßen.

erweckten Hoffnungen; die Zerstörung ihrer Burgen war ja die Voraussetzung für die Ausführung des anspruchsvollen Projekts. In allen vier Fällen wurden nämlich die Einwohner der anliegenden *vici* (Dörfer) und der *castelli* eingeladen, sich in den *terre nuove* anzusiedeln, was ihnen durch Befreiung von der Leibeigenschaft (nicht aber von Schulden) sowie durch Steuerfreiheit und Gewährung von „casalini" schmackhaft gemacht wurde, weshalb die Neugründungen auch „borghi franchi" bzw. „castelli franchi" genannt wurden.

Die Lokalforschung hat bis jetzt noch nicht klar genug dargelegt, dass die unerwartete Kräftigung der ghibellinischen Liga zur Zeit von Manfred (1260–1265), die das von Deutschen und Pisanern geschlagene Lucca zwang, seine Tore Guido Novello, dem Anführer der toskanischen Ghibellinen, zu öffnen,[66] und später die darauf folgenden Kriege, die sich durch das ganze dritte Viertel des Jahrhunderts hinzogen, die lucchesische Herrschaft über Valdarno und Versilia wieder fraglich machten, so dass die kaum begonnene Ausführung der Idee der *terre nuove* unterbrochen werden musste. Erst um 1270 in der Versilia und 1284 im Arnotal – als durch den „Verrat" des Pisaner *podestà* Graf Ugolino della Gherardesca die von den Pisanern eroberten „castella" (Dante) den mit Florenz verbündeten Lucchesen zurückgegeben wurden[67] – konnte die effektive Urbanisierung dieser

---

[66] Quellen: Gesta Flor., S. 263–265; Tolomeo, S. 142–154; Sercambi, I, S. 36–38; Villani, S. 380–392. Vgl. A. Mancini 1950, S. 95–96. Zu dem Verlust der gerade gegründeten *terre* vgl. Gesta Luc., S. 313–314: „MCCLXI. Fue potestate domno Guiscardo soprascripto, e fue l'assedio di Fucecchio, e Luccha perdeo Chastelfranco e Santa Croce e Monte Calvori e Sancta Maria a Monte"; Ableitung P: „Anno Domini MCCLXV. E questo anno si fece pacie con Siena et venesi a divisione de re Manfredi, e li Luchesi dieno Motrone et Pietrasancta, Stretoia, Chastello Achinolfi et la rocha di Massa et Chastiglioni di Versiglia et Monte Perfetto et Monte Tornato, et dienole tute a' Fiorentini et al conte Guido Novello ricevente per lo re Manfredi di Cicilia, promictendo elino et gurare il non darle a' Pisani ne a neuno inimico di Lucha, ma conservarle per lo ditto re. Lo quale conte et Fiorentini Ghibelini corutti per pecunia tute le dite chastella et terre traitamente le dieno a' Pisani per lire XXVIIIm di denari Luchesi. Ello detto anno lo re Carlo isconfise et uccise lo detto re Manfredi [...] et li Guelfi ritornòno a Firenze, di che Lucha n'ebbe grande alegressa et conforto"; „MCCLXVIII [...] Et Pietrasanta fue arsa per li Pisani".

[67] Nach dem Sieg über Konradin eroberten die Lucchesen 1267–1269 mit Hilfe von Charles von Anjou die Versilia zurück und zerstörten bis zu den Fundamenten die den Malaspina gehörende Burg „Massa del marchese". Quellen: Gesta Flor., S. 268; Gesta Luc., S. 315; Tolomeo, S. 158–165; Sercambi, I, S. 38–39. Nachdem die Pisaner in Meloria von den mit Lucca und Florenz verbündeten Genuesen besiegt worden waren, glaubte der *podestà* von Pisa Ugolino della Gherardesca, die Florentiner und Lucchesen zur Schliessung eines separaten Friedens zu überzeugen, indem er ihnen die wichtigsten der von den Pisanern eroberten „castella" übergab (Dante, Inferno XXXIII; Sercambi, S. 43–44; A. Mancini 1950, S. 97–98). An Lucca trat er Ripafratta und Viareggio ab, an Florenz Castelfranco, Santa Croce, Santa Maria a Monte und Montecalvoli; doch im folgenden Jahr gaben die Florentiner diese Orte den Lucchesen. Der Guelfe Ugolino, der früher gegen seine Stadt gekämpft hatte und in sie nur durch den Frieden von 1273 zwischen Guelfen und Ghibellinen zurückkehren konnte, wurde des Verrats angeklagt;

Zentren beginnen, die bis dahin fast nur auf dem Papier (bzw. auf dem Pergamentplan) existierten. Das beweisen die Daten der Kirchen, das heißt der einzigen Gebäude, die noch Spuren jener Epoche aufweisen: an der Fassade der *pieve* Santa Maria Assunta in Camaiore berichtet eine Inschrift davon, dass der Bau 1278 begonnen wurde,[68] die Pfarrkirche San Pietro von Castelfranco wurde 1284 geweiht, doch wissen wir nicht, ob sie damals schon vollendet war,[69] im Dom von Pietrasanta, San Martino, überlebt aus dieser Epoche die romanische linke Flanke aus Stein; in Castelfranco und Santa Croce bleiben – von Restaurierungseingriffen freigelegt – Mauertrakte aus Ziegeln an den Aussenwänden der Kirchen, mit den charakteristischen eingeritzten oder mit Formen eingeprägten Dekorationen, die so oft in der profanen und religiösen Luccheser Architektur des Spätmittelalters vorkommen.[70]

Jüngst haben in Castelfranco (Abb. 18) Ausgrabungen die rechteckigen Gründungsmauern des kleinen Kommunalpalastes aus der zweiten Hälfte des 13. Jahrhunderts sowie die ursprüngliche Ziegelpflasterung mit Fischgrätenmuster des Platzes freigelegt (danach wurden die Funde sofort wieder zugeschüttet).[71] Nur in Pietrasanta (Abb. 20), dem größten dieser Orte, sind mittelalterliche Häuser und *palazzi*, allerdings erst des 14. Jahrhunderts, in typisch lucchesischen Formen, erhalten geblieben. Mit ihren breiten und geraden Straßen, die wenigstens

---

er floh daraufhin eilig nach Sardinien, von wo er verbündet mit dem „giudice" der Gallura und den Genuesen gegen Pisa kämpfte; 1289 von den Pisanern gefangen genommen, wurde er in Pisa eingekerkert und erlit mit den Söhnen den Hungertod.

[68] Vgl. P. Dinelli, Camaiore dalle origini ai giorni nostri, Camaiore 1971, S. 233.

[69] Vgl. M. Baldacci/J. Donati/F. Campani/B. Giani, Il romanico nel Valdarno Inferiore. Note storiche e architettoniche sulla pieve di Corazzano e sulle Collegiate di Castelfranco e Santa Croce, in: Erba d'Arno XXXIV (1988), S. 51.

[70] Vgl. F. Barbucci/F. Campani/B. Giani, Motivi e tecniche decorative in cotto nell'architettura romanica del medio Valdarno Inferiore, in: Erba d'Arno LI (1993), S. 37–54; M. Burrini, Decorazioni in cotto nell'edilizia medioevale pratese, in: Prato storia e arte XXXVIII (1997), 90–91, S. 65–84. Zu Lucca: M. Paoli 1986, S. 23–26; Lucca medievale. La decorazione in laterizio, Katalog der Ausstellung (Lucca, Centro Studi sull'Arte L. e C. L. Ragghianti), Lucca 1998. Zu den Brennöfen vgl. R. Martinelli, in: Il secolo di Castruccio. Fonti e documenti di storia lucchese, Katalog der Ausstellung (Lucca 1981–1982), hrsg. von C. Baracchini, Lucca 1983, S. 118; E. Abela, L'uso del laterizio nella fondazione delle ‚terre nuove': il caso di piazza Bertoncini a Castelfranco di Sotto (Pisa), in: Atti del I. congresso nazionale di archeologia medievale (Pisa 1997), Firenze 1997, S. 77–79; F. Redi, I laterizi nell'edilizia medievale a Lucca: produzione, impiego, cronologia, in: La brique antique et médiévale. Production et commercialisation d'un mátériau, Kongressakten (Saint-Cloud 1995); J. A. Quiros Castillo, La mensiocronologia dei laterizi della Toscana: problematiche e prospettive di ricerca, in: Lucca medievale 1998, S. 159–165.

[71] G. Ciampoltrini 1997, S. 461–470; Ders., Castelfranchesi del Duecento, in: La ‚Piazza del Comune' di Castelfranco di Sotto. Lo scavo archeologico di Piazza Remo Bertoncini e la nascita di un antico castello del Valdarno Inferiore, hrsg. von G. Ciampoltrini/ E. Abela, Castelfranco di Sotto 1998, S. 19–53.

zum Teil nachweislich durch erfahrene norditalienische Spezialisten abgesteckt wurden (in der Poebene hat das Phänomen der „borghi franchi" viel grössere Ausmasse und setzt früher ein), verwirklichen diese „Idealstädte" die städtebaulichen Vorstellungen der Lucchesen der Mitte des 13. Jahrhunderts.[72] In dem Straßendorf Santa Croce (Abb. 19) gibt es eine gerade, west-östlich, parallel zum Arno verlaufende Hauptstraße mit zehn sie kreuzenden Seitenstraßen („contrade"), die nach den Herkunftsorten der Ansiedler benannt wurden; wobei nicht klar ist, ob es im Zentrum einen wirklichen Platz gab, da die Kirche selbst ihre Fassade unmittelbar an der Hauptstraße hatte. In Castelfranco (Abb. 18) wird durch sechs sich kreuzende Haupt- und Nebenstraßen ein schachbrettartiges Netz mit zentralem Platz, an dem sich die Kirche und das Rathaus befinden, erzeugt. In Camaiore (Abb. 21) entsteht ein Gitter durch die Durchkreuzung dreier Hauptstraßen mit Seitengassen; Pietrasanta (Abb. 20) folgt dem selben Typus mit der Variante des großen rechteckigen Platzes in der Ortsmitte, wodurch alle drei Hauptachsen unterbrochen werden. Diese regelmässigen Raster sollten nicht einfach von dem Modell der altrömischen Städte (*castrum*) abgeleitet werden, wie es in der zu den luccesischen Gründungen noch spärlichen Forschung allzu oft geschah: während nämlich die antike *insula* quadratisch ist, ist sie hier immer rechteckig und in der Breite der Straßen sowie in der Qualität der alten Fassaden zeigt sich der Rangunterschied zwischen der gepflasterten *strata communis* und der ungepflasterten Dienstgasse (*classus*).

Als Wolfgang Braunfels 1953 feststellte, dass die Toskaner des Duecento, wie es aus den Statuten von Florenz und Siena ersichtlich ist, im Grunde genommen ganz unmittelalterliche Vorstellungen vom idealen Aussehen einer Stadt hatten,[73] deckte er die Diskrepanz zwischen Wirklichkeit (malerische aber unordentliche Städte, mit gewundenen Gassen und historisch geschichtetem Aussehen) und Utopie (Rationalität, geometrische Ordnung, Sauberkeit, Einheitlichkeit) auf. In den gebauten Städten, wie z.B. Lucca (Abb. 3, 29), hatten sich im Frühmittelalter die Konturen der römischen *insulae* weitgehend abgerundet und deformiert, und überall gab es arabisch wirkende krumme Sackgassen und halbprivate Innenhofe bzw. -plätze (*corti*); außerdem hatten die Häuser, z.T. im

---

[72] Zu den „terre murate" des Valdarno Inferiore vgl. G. Ciampoltrini, Il territorio castelfranchese fino alla fondazione del castello, in: G.F. Franceschini, Castelfranco di Sotto Illustrato, hrsg. von G. Ciampoltrini/G. Manfredini, Pisa 1980, S. 160; Ders., Insediamenti di fondazione nel Medio Valdarno Inferiore, in: Frammenti di storia. Archeologia di superficie nel medio Valdarno Inferiore, hrsg. von G. Ciampoltrini/F. Maestrini, Santa Croce sull'Arno 1983, S. 33–41; P. Pierotti, Terre nuove del XII secolo nel Valdarno Inferiore, in: Bollettino storico pisano LIII (1984), S. 343–356; zu den Statuten dieser Orte: V. Franchetti/V. Pardo, Le regolamentazioni urbanistiche negli statuti di alcuni centri fondati toscani, in: Castelli e borghi della Toscana tardomedievale, Kongressakten (Montecarlo 1983, Istituto Storico Lucchese, sezione di Montecarlo), Pescia 1988, S. 3–9; G. Casali, I casi di Cascina, Pontedera, Castelfranco e Santa Croce, ebd., S. 11–20; E. Diana, I casi di Pietrasanta e Montecarlo, ebd., S. 21–28.

[73] W. Braunfels 1979, S. 53, 86–130, besonders 126–130.

Verstoss gegen die Statuten, Anbauten, die erkerartig vorkragten (*sporti*) aus Holz oder Mauerwerk bekommen. Die Statuten konnten nur versuchen, einer solchen Anarchie eine partielle Ordnung aufzuzwingen. Hingegen konnten sich die prinzipiellen Erwartungen, was gut geplante und funktionelle Siedlungen betrifft, in den Neugründungen konkretisieren, wie eben in Pietrasanta, das wegen seiner beträchtlichen Ausdehnung[74] (Abb. 20) als ein idealisiertes Abbild von Lucca aufgefasst werden konnte, als rationalistische Alternative zu dem wirklichen Lucca. Allerdings bleibt auch in Pietrasanta eine weite Kluft zwischen der Regelmässigkeit des Plans und der Armseligkeit der Holz- und Lehmhäuschen, in denen die meisten Neusiedler tatsächlich wohnten, zu spüren (etwa wie, *mutatis mutandis*, in der Renaissancestadt Ferrara).

Bemerkenswert sind die Luccheser Stadtgründungen des 13. Jahrhunderts ferner als Bindeglied zwischen den lombardischen Vorläufern und den Arnolfo di Cambio zugeschriebenen Florentiner Gründungen im Valdarno Superiore von etwa 1300.[75]

Ein bislang unveröffentlichtes Dekret aus dem Statut des *populus* und *Comune* vom 20. Februar 1263 betrifft die Zuweisung zweier öffentlicher Strassen an die Domienikaner von San Romano zur Vergrösserung von Kirche und Kloster.[76] Heute noch ist die topographische Situation klar zu ermitteln

---

[74] Zu den Massen der Mauerringe von Lucca und Pietrasanta vgl. Gesta Luc., S. 323: „Pistoia è di giro dentro dalle mura braccia 7884. Lucha è di giro dentro dalle mura braccia 5600. Pietrasanta è dentro da le mura braccia 2958, sono alte sopra terra braccia 17 vel quasi" (in Metern jeweils: 4.651,56; 3.304; 1.745,22). Allerdings ist in Pietrasanta nur der Teil in der Ebene, der ein Rechteck bildet, bebaut, während das anliegende Trapez am Abhang des Hügels, auf dessen Spitze die Burgruine Sala steht, keine Häuser aufweist, aber in den Stadtmauerring inbegriffen ist.

[75] Zu den Florentiner „terre murate" im Mugello und im Valdarno di Sopra vgl. R. Francovich/E. Boldrini/D. De Luca, Archeologia delle terre nuove in Toscana: il caso di S. Giovanni Valdarno, in: I borghi nuovi. Secoli XII–XIV, hrsg. von R. Comba und A. Settia, Cuneo 1993, S. 155–180; D. Friedman, Terre nuove. La creazione delle città fiorentine nel tardo medioevo, it. Ausgabe Torino 1994.

[76] ASL, Raccolte speciali, S. Romano 2, Scritture 1263–1787. Vgl. S. Bongi, Inventario IV, 1888, S. 179 Nr. 2. Abschrift des 18. Jhs.: „In Cristi no(m)i(n)e Amen. Continetur in constituto Lucen. comunis in capitulo centesimo sexto quinti libri, quod est sub rubrica de vijs concessis fratribus praedicatoribus et incipit sic: Nos Bonifatius Ghori Judex, Gherarduccius Corbolani, Guido [...]cus, Aldibrandus Xtofani, et Figherinus morda et etiam Ubertus Vasaldinus R.mus Saracenni Ronzinus Tadolini, Bonaccursus aurifex, Zanectus Castiglonchi, Bonaventura Tegrimi, Normanin Judex, Bonagiuncta Guiscardini, Guido arnolfi, Mattheus Bachi anziani Lucani populi et Simon de Villa Nova eor(um) et dicti populi camerarius senatores et emendatores Lucani constituti Sancimus atque statuimus ad honorem Dei et beatae Virginis Mariae, et beati Romani martiris, et quod dominus det Lucano comuni prosperos eventus quod fratres praedicatores habeant et habere debeant, etc. nunc eisdem concedimus viam quae incipit ab angulo suprascriptae ecclesiae ex parte septentrionis usque ad portam sive posterulam muri veteris civitatis et ipsas portas ut eas claudi faciant, et quae via est inter mura horti et ecclesiam supradictam ex parte una a

(Abb. 22): die bestehende Klosterkirche befindet sich parallel zu den ehemaligen altrömischen Stadtmauern im Süden der Stadt, die gleich jenseits des Klosters verliefen. Noch weiter südwerts lag die ebenfalls nicht mehr existierende duecenteske Stadtmauer, die ja die antike Mauer unnötig gemacht hatte und deren Verlauf hier mehr oder weniger mit den berühmten bepflanzten Bastionen

---

occidente, et ex parte orientis est hortus domini Scaccialumbardi, et nunc ipsorum fratrum beati Romani, et terrenum ecclesie, et ecclesiam B. Juliani cum adiacentiis suis, ad eorum propriam utilitatem, ita quod super eam possint construere et edificare, et beate vivere ipsam ecclesiam beati Romani vel alia ut voluerint, ut honorificam ecclesiam et Locum habeant ad Laudem dei, et honorem Lucani comunis, et aliam viam, qua itur versus cerchia via, et quae est post ecclesiam S. Juliani, in quantum scendit hortus eorum fratrum, qui fuit Caccialombardi, usque ad angulum domus D. Jacobi Catrignelli ex parte occidentali et horti predicti, et quod fiat via alia, per quam ire possit extra ipsos muros sive a latere domus dicti D. Jacobi inter ea, et domos Bullionis cantoris, et hortum dicti Bullionis in ea amplitudine qua conveniens fuerit, et frangatur murus et fiat ibi posterula, sive porta loco dictae viae veteris, et ipsum Terrenum in quo nova via debet fieri: ipsi fratres emant iusto pretio, et predicta facere possint dicti fratres, et fieri facere eorum expensis et debeant emendo terrenum, ubi sunt domus et hortus quantum ad ipsam viam necesse fuerit, et cogantur illi quorum esset dictum terrenum opportet nunc ipsi viam facent vendere et dare iusto et convenienti praecio a Lucano regimine arbitrio duorum bonorum virorum, communiter eligendorum, si vendere voluerint, et si facere, et fieri facere lucanum regimen precise teneatur, et praedicta omnia reducantur et ponantur in Consilio maiori, et generali, et quod ottemptum fuerit a maiori parte Consilij inde sic fiat et observetur. Die martis, decimo Calendas Martij.

Consilium maius, et generale novum et vetus nonagintorum consiliarorum per burgum et [...] portam consulum militum, et mercatorum utriusque curiae, Consulum, Judicum, et notariorum, capitanorum Artium, et Societatum, et eorum confalonierorum, et singulorum aliorum [...] voce praeconia, et ad sonum campanae more solito in ecclesia S. Michaellis in foro congregati in quo est D. Viscardus de petra sancta capitaneus et Antianus populi habitum et detentum per dominum Filippum de Asinellis Dei et Apostolica Gratia Lucanum potestatem super eo et si placet consilio, quod fratres preadicatorum ecclesiae S. Romani Lucani possent habere, et capere viam quae est ab angulo S. Romani praedicti usque ad posterulam, seu portam muri veteris civitatis Lucani et ipsam portam similiter . seu posterulam . et esaudere seu claudi facere dictam viam, et portam, et super eam edificare, et construere, et alia eorum facta ecclesia facere et faciendum et aperiendum aliam viam loco dicto veteris viae secundum formam lucani statuti, et sic in dicto lucano statuto in omnibus et per omnia continetur. Dominus Lambertus dominus de Brancolo Judex Consulendo dicit quod praedicti fratres ecclesie S. Romani habeant et habere debeant dictam viam et portam et quod possint facere, et construere super dictam viam et portam sicut melius, et utilius eiusdem fratribus videbitur obbedire secundum formam statuti et ut in statuto continetur per omnia Comuni Lucani. Consiliari praedicti Concili sunt infrascripti [es folgen die hier weggelassenen Namen]. Acta fuerunt haec omnia in Consilio generali in ecclesia S. Michaellis in foro more solito et presente toto supradicto Concilio, et coram D [...] socio, et milite presente, et D Gherardino Judice presente, testibus haec rogatis anno nativitatis domini M.CC.LXIII die martiis decimo Calendas martii indictione sexta".

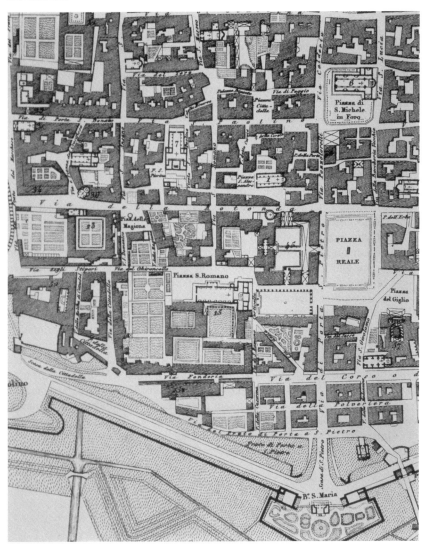

Abb. 22: Plan (Mitte 19. Jh.) von Lucca; südwestliche Gegend um die Kirche S. Romano.
Zwei Trakte eines Kreuzgangs noch erhalten.

des 16. Jahrhunderts übereinstimmte. Auch das Kloster selbst ist noch vorhanden, doch sind aus den durch Umbauten des 19. Jahrhunderts verunstalteten
Kreuzgängen traurige Parkplätze geworden. Wo sich heute dieser Kloster- und
später Kasernenkomplex befindet, lag vor 1263 ein Netz von Gassen, deren
Muster wahrscheinlich noch auf die antiken *cardines* und *decumani* zurückzuführen ist: eine gerade Straße (im Plan: Via S. Romano) entlang der alten

Fassade der Kirche San Romano, von Norden nach Süden, die in einem kleinen Tor („pusterula"), in den strategisch überholten antiken Mauern, welches geschlossen werden durfte, endete; und eine zweite Straße, die sich mit dieser horizontal kreuzte, mitten im heutigen Klosterbau, wo sich eine Kirche San Giuliano befand. Als Ersatz für die alte, zum Tor führende Verbindung sollte nun weiter westlich eine neue Straße angelegt werden, die auch zu einem eigens dafür zu öffnenden Tor leiten sollte; das Geld zum Ankauf des dafür nötigen Geländes sollten die Domienikaner aufbringen. Wiederum erfahren wir also, was die Stadtmauern und -tore betrifft, von wechselseitigen Beziehungen zwischen *Comune* und Orden.

Von 1272 bis 1295 bediente sich der englische König Eduard I. der Bank der Luccheser Familie Riccardi, während später die englische Monarchie zur Kundin der Florentiner Bardi wurde:[77] dies war der wirtschaftliche Höhepunkt von Lucca, das nun auch politisch von *campsores* (Geldwechslern) und Kaufleuten beherrscht wurde.

Nach dem Sieg über Manfred und Konradin von Hohenstaufen eroberte der *Comune* – anfangs unter der Schirmherrschaft des Charles von Anjou – das *contado* zurück und kämpfte dabei mit Erfolg gegen die kleinen rebellischen Co-muni Montecatini, Barga (1271–1272) und Pescia (1281).[78] Wie Mahnmale der wiederhergestellten Herrschaft über die Valdinievole (die Ebene unterhalb von Montecatini) wirken die hohen Kirchtürme von Altopascio (vollendet 1280, Abb. 24) und Pescia (vollendet 1306, Abb. 25),[79] die an die im 13. Jahrhundert mehrmals erhöhten Kirchtürme von San Martino (Abb. 23) und San Frediano (Abb. 31) in Lucca erinnern (diese *campanili* sollten höher als alle privaten Wohntürme sein)[80] und die gelegentlich benützt wurden, um von den Grenzen des Staates aus Signale zu senden. Der 1273 von Papst Gregor X. unternommene Versuch eines Ausgleichs zwischen den guelfischen und ghibellinischen Städten der Toskana misslang: 1274–1276 gab es wieder Krieg (Lucca und Florenz auf der einen, Pisa, Pistoia und Siena auf der anderen Seite), wobei das guelfische Bündnis, dem Lucca treu geblieben war, siegte.[81]

---

[77] Vgl. R.W. Kaeuper, Bankers to the crown. The Riccardi of Lucca and Eduard I, Princeton 1973; G. Concioni, Lucani campsores: i Malagallia, in: Rivista di archeologia storia costume XXIV (1996), 3–4, S. 3–96.

[78] Montecatini: Gesta Luc., S. 316; Tolomeo, S. 169, 172; vgl. A. Mancini 1950, S. 96. Pescia: Gesta Luc., S. 318; Tolomeo, S. 196; Sercambi, S. 41; Villani, S. 530–531.

[79] Vgl. N. Andreini Galli, Altopascio, il segno del Tau, Firenze 1976, S. 90; G. Tigler, Bettinus (Bettino di Alberto da Como), in: Saur A.K.L., 10, München/Leipzig 1995, S. 260.

[80] Zu den Arbeiten am *campanile* der Kathedrale zwischen 1261 und 1274 vgl. I. Belli Barsali 1988, S. 62 Anm. 3.

[81] Gesta Flor., S. 274–275; Gesta Luc., S. 316–317; Tolomeo, S. 179–182; Sercambi, S. 40; Villani, S. 488–492. Vgl. A. Mancini 1950, S. 96–97.

Abb. 23: Kirchturm von S. Martino in Lucca. Der weisse Teil gehört der Erhöhung der sechziger-siebziger Jahre des 13. Jhs. an, welche wohl durch die Absicht ausgelöst wurde, den *campanile* über alle Privattürme ragen zu lassen.

Abb. 24: Kirchturm der Hospitalskirche S. Salvatore e Jacopo in Altopascio, erbaut 1272–1280. Die Glocke „La smarrita" (die Verlorengegangene) läutete bei Sonnenuntergang, um den im Sumpf Lago di Bientina verlorengegangenen Pilgern den Weg zur Herberge zu weisen. Die von einem selbstständigen Ritterorden betreute Institution befand sich an der „Via Francigena" genannten Pilgerstrasse.

Abb. 25: 1306 vollendeter Kirchturm der *pieve* (später Kathedrale) von Pescia. Spitze nachträglich erneuert

Als Zeugnis der guten Verwaltung der *Guelfi popolari* in diesen Jahren bleibt das ganz erhaltene Statutenbuch der „Curia delle vie e de' pubblici", das Domenico Corsi mit der nicht sehr glücklichen Bezeichnung „Statuti urbanistici medievali di Lucca" veröffentlicht hat.[82] Der Amtsmann („maggior officiale"), der dieser Behörde vorstand, wurde von dem großen Rat des *Comune* in der Kirche San Michele gewählt und war wie der *podestà* ein Fremder. Der Tenor der meisten Maßnahmen wirkt auch so unspezifisch, d.h. nahezu auf jede italienische Stadt der Zeit anwendbar, dass der Verdacht kommt, gewisse Normen seien einfach von gleichartigen Statuten anderer Stadtstaaten abgeschrieben worden. In Mitarbeit mit den Konsuln der *contrade* (Unterteilungen der Stadtviertel, die heute fast nur noch in Siena eine Rolle spielen)[83] sollte der *maggior officiale* die Läden und Werkstätten der Färber, Töpfer, Seifensieder und all jener Handwerker, die einen Ofen benutzten, sowie die Häuser, in denen es Heuböden oder Strohdächer gab, oder wo Tiere geschlachtet wurden, inspizieren. Er sollte sich um die Hygiene der öffentlichen Strassen kümmern, die ausdrücklich von den privaten Gassen und Höfen unterschieden wurden; die Sicherheit von Öfen und Brennöfen überwachen; jede Art von Verschmutzung und auch das freie Weiden der Schweine in der Stadt verhindern; Brücken, gepflasterte Straßen und Plätze instandhalten und fegen lassen; die Reinheit von Abzugskanälen und Wasserleitungen überwachen; und schliesslich die Ausbesserungen an den Stadtmauern kontrollieren. Er hatte nicht die Aufgaben einer wirklichen Stadtplanung bzw. -sanierung, sondern eine exekutive Rolle, als städtischer Schutzmann, wie heute gewisse Abteilungen der Administration einer Gemeinde oder der Polizei. Daher ist die Bezeichnung „statuti urbanistici" irreführend.

Trotzdem erweist sich diese Quelle, wie Piero Pierotti bewiesen hat,[84] als sehr ergiebig für unsere Kenntnis des Aussehens und des Alltags des mittelalterlichen Lucca, besonders im Hinblick auf die unteren Sozialschichten. Anhand dieses Statutenbuchs und desjenigen von 1308 ist es möglich, genau die Zonen der Stadt ausfindig zu machen, in denen die stark verschmutzende Gerberei ausgeübt wurde: die Gerber wurden von der relativ zentralen Piazza Sant'Andrea nach der weiter auswärts gelegenen Piazza San Pier Somaldi verwiesen und schließlich zum heute noch Pelleria genannten Bereich am nordwestlichen Stadtrand um die im späten 13. Jahrhundert erneuerte Kirche San Tommaso[85] (Abb. 16). Bezeich-

---

[82] D. Corsi 1960, Einleitung S. 12–39.

[83] Vgl. E. Barsotti, Appunti sull'antica divisione rionale della città di Lucca, Lucca 1907; R. Caras, La divisione rionale di Lucca nella storia della città, Lucca 1928; Il secolo di Castruccio 1983, S. 67–70.

[84] P. Pierotti, Ricerca dei valori originali nell'edilizia civile medievale in Lucca, in: Critica d'arte XXXIX (1960), S. 190–192; Ders., Lucca. Edilizia e urbanistica medioevale, Milano 1965, besonders S. 46–53. Vgl. auch R. Martinelli, L'igiene e il pericolo di incendi, in: Il secolo di Castruccio 1983, S. 120–121.

[85] Zu topographischen Verteilung der Berufe in mittelalterlichen Städten Italiens (Legende und Fakten) vgl. im Allgemeinen A.I. Pini, La ripartizione topografica degli arti-

nend für die Mentalität der Zeit ist die Tatsache, dass dieselbe Emargination aus der Stadtmitte in Richtung Stadtmauern schrittweise auch einen anderen „schmutzigen" Beruf betraf, und zwar die Prostitution.[86]

Die Massnahmen der *Curia delle vie* kehren nur zum Teil im allgemeinen kommunalen Statutenbuch von 1308 wieder,[87] während sie fast alle ohne große Varianten in das Statuten der Behörde übernommen wurden, die 1371 dieselbe Rolle erhielt, und zwar die *Curia del Fondaco*.[88]

---

giani a Bologna nel 1294: un esempio di demografia sociale, in: Artigiani e salariati 1984, S. 189–224. Zur Kirche San Tommaso „in Cuoiaria" vgl. I. Belli Barsali 1988, S. 123; zur Datierung der Fassade eben in die Jahrzehnte, als sich hier die Gerber niederliessen vgl. A. Alberti/A. Mennucci, I risultati della ricerca a Lucca: verso la creazione di una cronotipologia, in: Lucca medievale 1998, S. 35.

[86] Zu den Versuchen, die Tätigkeit der „barattieri" (Organisation von Wucherei, Prostitution, Spiel) auf gewisse peripherische Zonen zu beschränken, siehe die Gesetze in: S. Bongi, Bandi lucchesi del secolo decimoquarto, Bologna 1863, S. 293, 373–377; vgl. R. Martinelli, Il gioco dei dadi, in: Il secolo di Castruccio 1983, S. 122.

[87] Es folgen die Titel der Kapitel. Curia delle vie (D. Corsi 1960): I, de murando furnos et stipam in eis non tenendo, S. 43–44; II, de electione Consulum contratarum et eorum officio et auxilio eis dando, S. 44–46; III, de pena prohycientis calcinaccium, vel similia in vijs publicis seu aliquam rem putridam, S. 46; IV, de pena quod debent actarj Classi civitatis, S. 46–48; V, de classis et vijs aperiendis, S. 48–49; VI, de porcis et trois non tenendis, S. 49; VII, de muro et massilare civitatis non dampnificando, S. 50; VIII, de faciendo disgombrarj terrena et publica lucani Comunis, S. 50–51; IX, de non occupando vias publicas lucani Comunis, S. 51–52; X, de non cavando pratum et de jllis qui debent prestare opera prato predicto, S. 52–53; XI, de manutenendo abeveratoria que sunt extra portam et anteportum Sancti Petrj, S. 53–54; XII, de stratis carrarecijs actandis, S. 54–56; XIII, de eo quod sanguis bestiarum, vel aliqua mixta sanguine non defluant per Civitatem, S. 56; XIV, de vijs et stratis, pontibus et clavitis sex miliarorum actandis et actarj faciendis per Officialem viarum, S. 57–58; XV, de non permictendo interfici aliquam bestiam prope muros lucane civitatis et cetera, S. 58; XVI, de arte pellariorum non facienda nisi in certo loco, S. 59; Liste der Landstrassen, die von den Bauern der „Sei miglia" gepflegt werden sollten, S. 59–64. Dem entsprechen 1308 folgende Kapitel (S. Bongi/L. Del Prete 1867): liber III, CXXII, de non permictendo interfici aliquam bestiam prope muros Civitatis, S. 213–214; CXLI, de non tendendo coria in viis publicis nec in platea S. Petri Somaldi, S. 221; liber IV, LXXII, de curtibus claudendis et ortis infra cerchias lucane Civitatis, S. 289.

[88] D. Corsi 1960: CXVIII, de vijs lucane civitatis et burgorum actandis, S. 67; CXVIIII, de non occupando vias vel terrena publica, S. 67–68; CXX, de disgomborando via et publica lucani Comunis, S. 68; CXXI, de non prohicendo vel ponendo in aliquam viam vel classum publicum calcinaccium vel aliquam rem putridam, S. 68; CXXII, de puteis purgandis et actandis et non prohiciendo in eis aliquod putridum, S. 68–69; CXXIII, de eo quod aqua putrida de aliqua domo labj non possit in via vel classo publico, S. 69; CXXIIII, de classis actandis, S. 69–71; CXXV, de classis et vijs aperiendis, S. 71–72; CXXVI, de non ponendo vel tenendo in aliqua via lignamen vel aliam rem, S. 72; CXXVII, de non tenendo ad fenestras super vias publicas aliquem ortum; CXXVIII, de porcis et trojs non tenendis, S. 72–73; CXXVIIII, de vijs stratis pontibus et clavitis sex miliarorum actandis

In seiner Publikation des Statutenbuchs der *Curia delle vie* datierte Domenico Corsi dieses zwischen 1198 und 1265, da darin von der Erbauung des zweiten Stadtmauerrings gesprochen wird (im schon erwähnten Kapitel VII), und jedenfalls vor den Jahren zwischen 1314 und 1329, als das Urkundenarchiv des *Comune*, das im Kapitel X als existierend genannt wird, einem Brand zum Opfer fiel.[89] Arsenio Frugoni widersprach in seiner Besprechung dieser Argumentation, indem er das Statutenbuch nach 1265 ansetzte, eben weil in ihm die Mauern erwähnt werden, und vor den Jahren 1314–1329.[90] Wie wir sahen, gab es mehr Phasen der Anlage der mittelalterlichen Stadtmauern von Lucca als man früher annahm, so dass man auf diese Weise nicht zu einer eindeutigen Datierung des Textes kommen kann. Viel eher muss bemerkt werden, dass im Text die Vikariate von Camaiore und Pietrasanta genannt werden, was schon zu einer Ansetzung nach 1255 führt,[91] dass in der Liste der pflegebedürftigen Landstraßen der Ort Santa Maria del Giudice „castrum" genannt wird, was er erst 1274 wurde, da es sich vorher um einen *vicus* ohne Befestigung gehandelt hatte,[92] und schließlich, dass Palaia im Valdarno Inferiore unter Luccheser Herrschaft erscheint, was es wieder erst seit 1275 war.[93]

Ein sehr interessanter Passus des Statuts (Kapitel X) berichtet von Arbeiten der Vergrösserung und Pflasterung des kommunalen Platzes:

---

et actarj faciendis, S. 73; CXXX, de via et strata Masse pisane a monte Sancti Juliani usque ad anteportum sancti Petrj, S. 74.

[89] D. Corsi 1960, S. 37.

[90] A. Frugoni, Besprechung von D. Corsi 1960, in: Studi medievali, Folge III, I (1960), 2, S. 733.

[91] D. Corsi 1960, S. 57 Kap. XIV: „jdem in omnibus et pro omnia dictus Officialis vinculo juramenti sui fieri facere teneatur de vijs, stratis et pontibus Vicarie Camaioris, et Petrasancte, Vallis Nebule et Provincie Garfagnane [...]". Das System der administrativen Gliederung des Territoriums in Vikariate scheint sich erst um 1260 durchgesetzt zu haben.

[92] Ebd., S. 60 Kap. XVI: „Comunj cappelle Sancte Marie Ley Judicis, plebatus Masse Pisane quod extimatum est libre centum viginti octo dederunt et assignaverunt de dicta via. a predicto castro Sancte Marie in antea, versus civitatem lucanam [...]". Sercambi, S. 40, bemerkt zu dem Jahr 1274: „E in quell'anno Johanni giudici di Gallura con alquanti Pisani, uscirono di Pisa, e feron compagnia con Luccha contra Pisa. E'l comune di Luccha a richiesta del dicto judici et delli altri, per potere appressare Pisa, fecie la fortezza di sancta Maria del judici", und fügt dann eine irrtümliche Etymologie bei: „e tal nome li puosero per honorare lo dicto judici di Gallura", während wir heute wissen, dass der Ortsname von einem Richter Leo des 9. Jahrhunderts stammte.

[93] D. Corsi 1960, S. 64: „[...] usque ad terminum Comunis de Palaria perticas [...] DCCLXXXV. Comuni de Palaria, quod estimatum est libre CLXXXXVI de dicta via et strata". Es scheint, dass Palaia unter den „molte castella" war, die die Lucchesen 1275 von den Pisanern eroberten; vgl. Gesta Flor., S. 274; Sercambi, S. 40 (Pisa hatte ja diesen Teil des Valdarno Inferiore seit 1222 annektiert; vgl. Anm. 47).

Item quod in platea lucani Comunis Sancti Michaelis in Foro, et maxime super casalinis iam [...][94] et reductis ad dictam plateam non possit aliquod hedificium fieri sed semper debeat remanere libera et expedita dicta platea ad usum dicte platee et lucani Comunis, cum terrena dictorum casalinorum fuerint empta et per lucanum Comune et de pecunia lucani Comunis. Item quod dicta platea, pro utilitate et decore platee, et lucani Comunis debeat astracarj de lateribus, adeo quod discernatur platea lucani Comunis, a platea Sancti Michaelis, nisi aliter provideretur per maius consilium lucani Comunis. [wie Anm. 94]

Diese Maßnahme, die auf klare Weise die Unterteilung eines mittelalterlichen Platzes auf mehrere Besitzer – in diesem Fall zwei: Kirche und *Comune* – dokumentiert und die mit der heutigen topographischen Situation weitgehend übereinstimmt (ist doch heute noch der Teil des Platzes, der zum *sagrato* von San Michele in Foro gehört, allein schon durch eine leichte Überhöhung von dem Rest getrennt, Abb. 26), lässt uns an die Funde der Ausgrabung von Castelfranco denken: dort, wie auch in Lucca, war der kommunale Teil des Platzes mit Ziegeln im Fischgrätmuster gepflastert. Die öffentlichen Straßen von Lucca waren 1237 mit Stein gepflastert worden, genau gleichzeitig mit Florenz und kurz vor Siena.[95]

Auch über eine andere Argumentation kommt man zu einer Datierung des Statutenbuchs um 1275: es scheint, dass die neue Herrichtung des Platzes mit Vergrößerungsarbeiten des kommunalen Palastes zusammenfiel. Eine bisher noch nicht berücksichtigte Urkunde von 1279 berichtet, am 23. März 1277 habe der Bischof Paganello erlaubt, Grundstücke oder Häuser zu verkaufen „pro constructione [...] novi palatii [...] quod ad petitionem lucani Comunis pro consiliorum congregatione altius iuxta plateam hedificari faciunt".[96] Wie im Falle des

---

[94] D. Corsi 1960, S. 51, ergänzt mit „destructis", was aber sicher falsch ist, da ja ein „casalinum" nicht ein Häuschen sondern ein bebaubares Grundstück ist; wahrscheinlicher ist „emptis" oder ein Synonym: die Grundstücke waren schon gekauft, und sollten nun in den Platz einbezogen werden.

[95] Zu Castelfranco vgl. G. Ciampoltrini 1997, S. 464; zu Lucca vgl. Gesta Luc., S. 307: „1237 fue consolo domno Soffredi Tadolini elli compagni, et feciono li astrachi in prima"; G. Ciampoltrini 1998, S. 213–221. Zu Florenz vgl. Villani, S. 310: „1237. E alla sua epoca [des Rubaconte da Mandello, ein *podestà* aus Mailand] si lastricarono tutte le vie di Firenze, che prima n'avea poche lastricate, se non in certi singulari luoghi, e maestre strade lastricate di mattoni; per lo quale acconcio e lavorio la cittade di Firenze divenne più netta, e più bella, e più sana". Zu der Pflasterung der Strassen von Siena im Jahr 1249 siehe den Beitrag Ascheri in diesem Band.

[96] ASL, Recuperate 48, 14. September–26. November 1279. Regest: „Il ‚dominus‘ Graziadio, priore di S. Michele, e i canonici Rainaldo, Rainiero, Anterminello e Jacopo, in virtù dell'autorizzazione da parte del vescovo Paganello, in data 1277 mar. 23 a vendere beni di S. Michele ‚pro costructione [...] novi palatii [...] quod ad petitionem Lucani Comunis pro consiliorum congregatione altius iuxta plateam hedificari faciunt‘, diedero la rendita di L. 46 derivante da livello perpetuo per il prezzo di L. 90 di piccoli a Uguccione del fu Francesco Mangialmacchi [...]". Das Gebäude wird ausdrücklich bezeichnet als „palati(um) dicte ecclesie in quo tenentur consilia Lucani comunis".

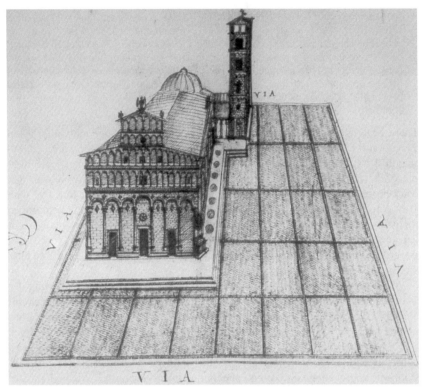

Abb. 26: Stich des 18. Jhs. mit Ansicht der Kirche San Michele in Foro und dem *sagrato* (dem der Kirche gehörenden Teil des Platzes). Der kommunale Teil verlief u-förmig um den kirchlichen, rechts, vor der Fassade, und links, wo sich der Kommunalpalast befand. Noch damals gab es Ziegelpflasterung im Fischgrätenmuster.

Bargello in Florenz stellte man also dem Regierungsgebäude eine größere Fläche zur Verfügung und überhöhte den Versammlungsraum. In einer Urkunde von 1285 wurde das Gebäude schon „neu" genannt.[97] Ich vermute, die Entscheidung des Konzils von Lyon von 1274 (an dem auch der Bischof von Lucca teilnahm, der dort starb),[98] die Kirchen nicht mehr als zivile Versammlungsräume zu benützen, veranlasste den Umbau des „Palatium in quo tenentur consilia Lucani comunis". Eine Rolle wird auch die Vergrößerung der Personenzahl der Verwaltung gespielt haben, eine Folge der Verdoppelung des politischen Systems mit

---

[97] Vgl. I. Belli Barsali 1988, S. 20.
[98] Tolomeo, S. 177–178: „1274. Eodem anno in dicto concilio mortuus fuit frater Petrus ordinis fratrum Predicatorum et Lucanus episcopus, qui in dicta civitate oriundus fuit et ad dictam dignitatem gratiose promotus".

Abb. 27: Holzschnitt-Vignette in der Sercambi-Ausgabe von 1892, nach einer Miniatur vom Anfang des 15. Jhs., wahrscheinlich von der Hand desselben Sercambi, im Codex der Chronik von Lucca im Staatsarchiv Lucca. Der *Palazzo Comunale* ist sehr glaubwürdig dargestellt, gerade wegen der betonten Unregelmässigkeit, als Folge der dokumentierten Vergrößerungen.

der Institutionalisierung des *populus*. Einen Eindruck vom Aussehen des im 16. Jahrhundert zerstörten Palastes[99] vermittelt eine Miniatur in der Chronik von Sercambi (15. Jahrhundert), die im Gegensatz zu anderen, eher ungenauen Abbildungen desselben Baues in diesem Codex sehr detailliert wirkt, mit der Betonung der Unregelmässigkeit des Gebäudekomplexes und der typischen Aussentreppe, die in mehreren kommunalen und episkopalen Palästen des Duecento wiederkehrt[100] (Abb. 27, 28).

---

[99] Zur Umwandlung durch die Famiglie Cenami, nachdem gegenüber ein neuer *palazzo comunale* mit Loggia entstanden war, vgl. G. Concioni, Francesco di Leonardo Marti (1458–1542) orafo e architetto, in: Lucca città d'arte e i suoi archivi 2001, S. 245–257.

[100] Die hier wiedergegebene Illustration ist eine Interpretation von 1892 (Ausgabe von Sercambi hrsg. von S. Bongi, Bd. I, S. 287). Bei den Miniaturen, die möglicherweise von der Hand des Sercambi selbst stammen, bemerkt man, dass dasselbe Gebäude auf unterschiedliche Weise dargestellt ist, wie ein unspezifischer Kommunalpalast, wenn es um Episoden der entfernten Vergangenheit geht; präzise charakterisiert, bei der Er-

Abb. 28: Piazza San Michele in Foro, von der Renaissance-Loggia des neuen Palazzo Pretorio aus gesehen. Rechts, die Kirche S. Michele, im Hintergrund der von den Cenami im 16. Jh. in Auftrag gegebene Palazzo, an der Stelle des alten Kommunalpalastes.

Wir sind so bei dem Statutenbuch von 1308 angelangt, dem ersten gänzlich erhaltenen Gesetzbuch des *Comune*, kurz vor dem Ende der kommunalen Freiheit (1316: Gewaltherrschaft von Uguccione della Faggiuola und dann von Castruccio Castracani). Über diesen Text erlaube ich mir, synthetisch zu sein, da er schon von der Forschung behandelt wurde.[101] Wie im besser dokumentierten Fall von Siena hat man den Eindruck, das erste überlieferte Statutenbuch des

---

zählung neuerer Begebenheiten, die der Chronist als Zeuge miterlebte (vgl. S. 126, 147, 160, 170, 173, 204, 264, 278, 279, 281, 282, 283, 287, 297). Für Literatur zu dem Palast vgl. Anm. 10.

[101] Vgl. die Einleitungen der beiden Ausgaben von 1867 (S. Bongi) und 1991 (V. Tirelli).

Comune stehe am Ende, absolut nicht am Anfang eines langen *iter* der Gesetzgebung. Die Kompilation von 1308, wie z.T. schon von den Forschern bemerkt
wurde, besteht weitgehend aus Zitaten, die manchmal viel früher geschrieben
und wohl von Statut zu Statut abgeschrieben worden waren, obwohl sie in
einigen Fällen längst ihre historische Aktualität verloren hatten.[102]

Beschränken wir uns hier auf die Normen, die ein ausdrücklich städte-
bauliches Interesse haben,[103] so sind mindestens drei verschiedene Gruppen zu
unterscheiden: einmal Regelungen über die Wohntürme, die von deren
Besitzern selbst verfasst zu sein scheinen, da sie ihre Interessen schützen und
die die politisch-soziale Situation der Zeit, in der Lucca in den Händen der
Verbände der Turmbesitzer („consortati delle torri") war, am Ende des 12.
oder Beginn des 13 Jahrhunderts widerspiegeln[104] (Abb. 29, 30, 33); zum
anderen Gesetze, in denen der Staat gegen die *milites* vorgeht, die das Volk von
ihren Türmen aus bedrängten und verängstigten, mit der Absicht, ihre Macht
einzuschränken, indem z.B. gefordert wurde, dass die Höhe der Privattürme

---

[102] Vgl. dazu im Allgemeinen die Ausführungen von Hagen Keller in diesem Band.

[103] Diese wurden besprochen in der Monographie von P. Pierotti 1965 und den Essais in: Il
secolo di Castruccio 1983.

[104] Zum Beispiel S. Bongi/L. Del Prete 1867, liber III, S. 170 Kap. LII: de pena illius qui
ruperit domum vel turrim cum bulcione vel aliis; liber IV, S. 281–283 Kap. LXII: de
consortatu turrium. Hier wird sogar, unter gewissen Bedingungen erlaubt, steinerne
Brücken von einem Wohnturm zum anderen zu bauen: „[...] Et si alicui lucani Cives sint
consortes duarum turrium vel plurium, et voluerint de una turri ad aliam facere omnes vel
aliqui ex eis pontem lapideum vel de matonibus, volendo arcum seu archos de una turri ad
aliam super terrenum quod non sit publicum vel privatum alicuius singularis persone, sine
licentia ipsius persone, quod facere possint hoc sine contradictione a quacumque persona
facta: et interdictum cum probatione, si factum fuerit postea infra VIII^a dies revocet et
revocari facere teneatur". Vgl. auch S. 283–284 Kap. LXIIII: de pena illius qui suum
consortem iniuraverit in turri vel bertesca, wo man u.a. liest: „Et si quis de Civitate lucana,
burgorum aut subburgorum aliquem suum consortem de patrimonio de turri vel bertesca
sive de arcichasa [vgl. Anm. 55] iniuraverit vel iniurare fecerit, rumpendo turrim vel
domos ipsius sui consortis de patrimonio vel rumpi faciendo [...]". Den *milites* wurde
praktisch gestattet, gewisse Innenhöfe und Plätze zwischen Wohntürmen im selben Besitz
zu privatisieren. Vgl. S. 288 Kap. LXXI, de eo quod nulla prescriptio obstet vel obstare
possit alicui consorti de patrimonio, habenti casalinum vel terrenum sive curiam, claudere
volenti; S. 289 Kap. LXXII, de curtibus claudendis et ortis infra cerchias lucane Civitatis:
„Statuimus, quod si duo vel plures infra cerchias lucane Civitatis habuerint curias vel
ortos seu casalinos sibi invicem coherentes, quod quilibet teneatur ad petitionem alterius,
comunibus expensis, facere claudendam inter ipsas curtes et casalinos de muro vel saltim
tempiato in confinio ipsarum terrarum infra duos menses post quam fuerit requisitus. Et
in quantum requisitus cessaverit, possit inquirens solus facere claudendam de tempiis seu
palis convenienter, ne possit transiri per personas aut bestias vel pullos. Et requisitus
teneatur restituere dimidiam expensarum, ex quo eas fecerit, infra annum post quam eas
fecerit. Et sic cogatur ad ipsam restitutionem faciendam".

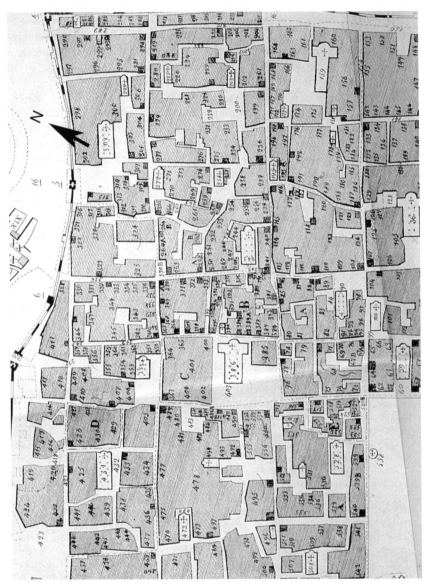

Abb. 29: Giuseppe Matraia, Plan des mittelalterlichen Stadtzentrums von Lucca, mit Lage der 1843 noch existierenden sowie der damals schon zerstörten aber dokumentierten Geschlechtertürme. Das weiss gelassene Viertel unten links entspricht den von Castruccio Castracani veranlassten Zerstörungen beim Bau der Festung „Augusta". Die Einbuchtung der antiken Stadtmauern oben rechts war durch den alten Lauf des Serchio bedingt. Ein Wunder des hl. Bischofs Fredianus soll im 6. Jh. das Flussbett verschoben haben, um der Stadt Überschwemmungen zu ersparen.

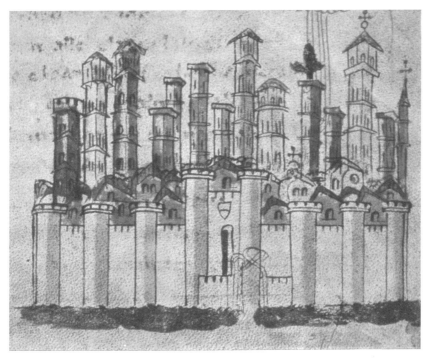

Abb. 30: G. Sercambi (?), Miniatur im Codex der Chronik des Sercambi im Staatsarchiv Lucca, Anfang 15. Jh.. Ansicht von Lucca, charakterisiert durch die Stadtmauern (mit *pusterula*) und die Geschlechtertürme.

nicht die bestimmter schon existierender Türme überschreiten dürfe: dies muss um die Mitte des 13. Jahrhunderts geschehen sein, zur Zeit der Machtergreifung des *populus;*[105] schließlich Anordnungen, die genau 1308 erlassen wurden, als die

---

[105] Ab liber IV, S. 284 folgen Kapitel, in denen die Besitzer der Geschlechtertürme unmissverständlich strenger behandelt werden: sie sollen keine Steine von den Türmen werfen; S. 285 Kap. LXV, de non vendendo vel alienando partem turris ascomse vel partem partis turris; S. 285–286 Kap. LXVI, de faciendo cassari venditionem, alienationem et quamlibet emptionem factam absconse de parte turris; S. 286–287 Kap. LXVII, de redimendo partem turris; aber besonders S. 287 Kap. LXVIII, De mensura et provisione turrium facienda: „Et si tempore mei regiminis aliqua persona lucane Civitatis, burgorum aut subburgorum hedificaverit vel hedificari fecerit turrim, que altitudinem excedat turris filiorum Paganelli et filiorum Baractelle et filiorum Boccelle, que olim fuit filiorum Giubboli, aut filiorum et nepotum Bongiori, sicut modo est posita mensura de super ad squadram, interdicam penitus ut ipsam non excedat mensuram aliquo modo sine fraude. Et aliter turres omnes factas et inceptas, ex quo michi denunptiatum fuerit et scivero, non permictam ultra dictam mensuram dictarum turrium elevare vel hedificare. Et infra unum mensem ex quo scivero faciam perquiri per bonos et legales magistros omnes turres Civitatis, et quas invenerint altiores predictis turribus, faciam destrui expensis illorum quorum fuerint infra duos

politische Stimmung zwar radikal gegen die „Magnaten" gerichtet war, die
Privattürme aber schon ihre furcht- und respekterregende Funktion verloren
hatten, so dass der *Comune* sich verpflichtet fühlte, sie zu schützen, da sie inzwischen zu unverwechselbaren Merkmalen der städtischen *skyline* geworden waren
(Abb. 30). Dieser Phase gehört der Passus an, der hier zitiert wird, um zu zeigen,
dass eine ästhetische Sensibilität nicht nur die vielgerühmten Regierungen von Florenz, Siena und Venedig anregte, sondern auch die vieler anderer italienischer
Stadtstaaten:

> Ne lucane Urbis ex destructione domorum lucane Civitatis deformetur aspectus, provi-
> demus, quod nulla domus seu turris lucane Civitatis, burgorum et subburgorum destrua-
> tur pro aliqua datia, prestantia, impositione equorum vel alio quocumque debito lucano
> Comuni, debendo ex eo quod illi quorum sunt domus seu turris datias et impositas,
> prestantias sive equos sibi impositos sive partem equi solvere et consingnare recusent vel
> non solverint, sed personaliter capiantur, et in carcere decludantur, et tam diu ibi de-
> tineantur quam diu solverint [...]. Et si consortes non habuerint, vendatur ipsa domus vel
> turris ad incantum et plus offerenti, et ex inde emptor non possit ab aliquo molestari.[106]

Seit der zweiten Hälfte des 13. Jahrhunderts muss die Erbauung von Türmen
radikal abgenommen haben (Abb. 31, 33), während sich der neue, dem Bürger-
tum angemessene Typus des „palazzo orizzontale" mit einer durchgehenden
Struktur von Arkaden (angeregt vielleicht durch das im Frühmittelalter zu
Wohnzwecken umgebaute antike Amphitheater, Abb. 32) durchsetzte: ein
datiertes Beispiel ist der Sitz der Domkanoniker an der Piazza San Martino
(1281–1292, Abb. 34), wo auch erstmals die typisch lucchesischen Durchlüftungsöffnungen unter den mehrteiligen Fenstern vorkommen, die dann zu einem
lokalen Merkmal der Profanarchitektur des 14. und 15. Jahrhunderts wurden[107]
(Abb. 35). Man wird feststellen, dass der Ton des Dekrets von 1308 alles andere
als freundlich gegenüber den verarmten adeligen Besitzern der alten Türme ist:
wenn sie ihre Steuern nicht zahlen konnten, sollten sie eher eingekerkert werden,

---

menses [...]". Widerrufungen von Gesetzen zu diesen Problemen sind offenkundig auf S.
287, Kap. LXVIIII, de eo quod pacta facta de non emendo vel restituendo domum vel
turrim alteri sint cassa.

[106] Ebd., liber V, S. 328–329 Kap. LXV. Zur Lokalisierung der ehemaligen Wohntürme vgl.
nach wie vor die grundlegende Arbeit von G. Matraia, Lucca nel Milleduecento, Lucca
1843 (Neuauflage, hrsg. von I. Belli Barsali, Lucca 1983). Zu den Privattürmen in der
Luccheser Gesetzgebung: G. Puccinelli, Le torri nella legislazione lucchese del '300, in: Il
secolo di Castruccio 1983, S. 94–96, und die hervorragende Studie über die Türme der
Cenami von A. De Conno, Il consorzio di torre tra normativa interna e legislazione statutaria: l'esempio lucchese, in: Ricerche storiche XXIII (1993), 1, S. 3–14. Zu den Wohntürmen als Bauwerken: D. Albani, Lucca. Saggio di morfologia urbana, Erstausgabe Lucca
1941 (Neuauflage mit Einleitung von L. Pedreschi, Accademia Lucchese di Scienze,
Lettere ed Arti. Studi e testi, XXV bis), Lucca 1990; L. Nardi/L. Molteni, Le casetorri
lucchesi, Firenze o.J.; P. Pierotti 1965; M. Paoli 1986 (Teil 1: Il palazzo del mercante); F.
Redi, Edilizia medievale in Toscana, Firenze 1989, S. 107–117.
[107] Die zahlreichen Urkunden bei G. Concioni 1994, S. 147–148.

Abb. 31: Heutige Ansicht der Dächer von Lucca. Von den Geschlechtertürmen sind wenige geblieben. Rechts oben Kirchturm von S. Frediano; links kommunaler Turm.

als dass man weiterhin, wie das früher geschehen war, ihre Türme enteignete und zerstörte. Es sei daher eben besser, einen Turm zu versteigern, als ihn durch unsichere und fragmentierte Besitzverhältnisse in Gefahr zu bringen. Das Gesetzbuch von 1308 ist voll von gegen das Magnatentum gerichteten Regelungen,[108] doch kann man wohl in diesem Fall nicht leugnen, dass es sich um eine rein denkmalpflegerische Massnahme gehandelt hat.

---

[108] Vgl. S. Bongi/L. Del Prete 1867, Einleitung von S. Bongi, S. XXVI–XXVII. Im Allgemeinen vgl. G. Fasoli 1939.

Abb. 32: Römisches Amphitheater („Parlascio") mit den in die Arkaden eingebauten Häusern. Man beachte die Spuren des antiken und des frühmittelalterlichen Mauerwerks. Das Innere des Amphitheaters wurde im frühen 19. Jh. zu einem ovalen Platz umgestaltet.

Abb. 33: Typisch Lucchesischerer Geschlechterturm des 12. oder frühen 13.Jhs.: Torre del Travaglio an der Hauptstrasse Fillungo („langer Faden"). Charakteristisch für Pisa und Lucca sind die steinernen Seitenwände (genannt „coscie", wörtlich „Schenkel" des Turmes) und dazwischen mehrere Entlastungsbogen. Die Füllwände sind aus Ziegeln. Ursprünglich gab es hölzerne Vorbauten, deren Balken in den Löchern im Mauerwerk steckten.

Abb. 34: Monte di Pietà, früher Palast der Domkanoniker (erbaut 1282–1291 durch Meister Giannibono aus Como) am Domplatz rechts der Kathedrale. Über den Fenstern runde Öffnungen; unter den Fenstern bogenförmige Durchlüftungsöffnungen, die später zugemauert wurden. Der linke Trakt wurde im 19. Jh. wiederhergestellt.

Abb. 35: Palazzo Ottolini Balbani am Platz vor S. Andrea: typisches Beispiel eines vornehmen Bürgerhauses des 14. Jhs. Die runden Durchlüftungsöffnungen befinden sich nun unter den Fenstern, und zwar nur unter
den tatsächlichen, nicht unter den nur aus ästhetischen Gründen angebrachten Blendarkaden der mehrteiligen Fenster. Gut erhalten sind hier
auch die steinernen und eisernen Vorrichtungen für den Fensterver-
schluss.

Anhang

Cronica Fiore(n)tina etc. co(n) note in marg(in)e p(er) Lucca, ASL, Ms G.B. Orsucci 40, c. 38v.:

„Vedi in la via di Paulo[109] resto della prima venuta de gotti quando succedé a
quelli due re Attile fragellum Dei lo quale Attile passato per Modena et venuto
in Toschana destrusse Luca, Pisa, Firense, Luni, Populonia et altre[110] assai. Et
dipoi succedendo la gente de longhobardi Luca fue refacta come prima dalle case
delli Honesti[111] et [...] a Sancto Augustino allo aringho[112] et poi si ando rihedifi-
cata a presso le vechie mura li fue facto lo muro atorno alle vechie come gua da
cittadella, sancto Romano et porta san Pieri et a porta sancti Cervagi et la Fracta
et la porta del Borgho pigliando al prato <alquanto> più fuori che l'altro cerchio
come vedete dentro dalla porta di Borgho quelli vechi muri et così discosti circa
40 braccia[113] seguitavano infine al canto di sancto Tomeo[114] cioè alla Imperiale[115]
et quine voltavano verso lo spedale dove ancho si vedono le mura vechie[116] et
così tralle mura referenti in questi et la [...] facta a Attile la chieza di sancto
Frediano et la contrada di fontana[117] et [...] et lo porticale et li Ronsini[118] et lo

---

[109] Pavullo im Frignano. Es ist höchst unwahrscheinlich, dass Attila die Appenninen über den
Pass von San Pellegrino (Foce delle Radici) zwischen Modena und Lucca überquert habe;
die Meinung des anonymen Gelehrten scheint auf Ruinen an dieser Strasse zu basieren,
die er als „resto" (Spur) der Zerstörungen von Hunnen und Goten interpretierte.

[110] Implizit: „città".

[111] Der „canto degli Onesti" (vgl. G. Matraia 1843, Nr. 411) befindet sich nahe dem *palazzo
Sardini*, heute Minutoli-Tegrimi, in der Via Cesare Battisti (vgl. I. Belli Barsali 1988,
S. 238); dahinter verliefen tatsächlich die römischen Stadtmauern.

[112] Die Kirche Sant'Agostino (Abb. 7) ist auf den Ruinen des altrömischen Theaters entstanden, von dem heute noch bedeutende Reste sichtbar sind; „Arringo" oder „Parlascio" wurden in Lucca, wie auch in Florenz, die antiken Amphitheater genannt, die
sich ausserhalb der antiken Stadtmauern befanden. In Lucca heute noch eine der
Hauptsehenswürdigkeiten.

[113] Vgl. Anm. 19. Entspricht ca. 23,50 Metern. Die antiken Mauern diesseits des Portone
dei Borghi, von denen der Autor hier spricht, sind nicht mehr erhalten. Die Entfernung
zwischen dem ersten und zweiten Mauerring ist allerdings fast überall grösser als 23,50
Meter.

[114] San Tommaso in Pelleria (vgl. Anm. 85). Hier ging tatsächlich die frühmittelalterliche
Stadtmauer über die antike hinaus; vgl. I. Belli Barsali 1973, 1978.

[115] So hiess ein Stadttor bei San Tommaso; vgl. dieselbe, 1988, S. 14. Wegen des Namens
hielten die Lokalforscher dieses Tor für antik.

[116] Wichtiges Zeugnis des Überlebens (vielleicht) antiker Mauern im 15. Jahrhundert, die
heute verloren sind.

[117] Via Fontana, nahe Via C. Battisti und der Kirche San Frediano; vgl. I. Belli Barsali 1988,
S. 237–238.

[118] Wohnturm des Pagano Ronzini, an der Ecke zwischen Piazza San Salvatore und Via
Calderia (ebd., S. 248).

suppidiano[119] et san Piero Somaldi et fuori di porta [...] perché li gotti avevano [...] destructo lo paese et grosso modo si [...] rimanendo quasi per lo mezzo delle vecchie et stè cosi circa anni [im Text weiss gelassen][120] di poi nel tempo dello nostro duce et cittadino Bonifatio et la sua figl(ol)a contessa Mattelda si rifondòno le nuove mura come al presente sono, et circa braccia 40 discoste dalle altre vechie disfacte per Attile fragellum Dei et incisono t(utt)e le porte et le posterule con lo segno della croce in epse lo quale era quello della decta contessa[121] et acciò vedi quello contiene in lo statuto vecchio 1219 in carta 38 primi libri ubi dicit: et a capite muri (es folgt das im Aufsatz auf S. 150• wiedergegebene Zitat) non adunque dove ae riservato di dentro le braccia 25 le quali dice che si mantenghino tra le nuove et vecchie che non intende di quelle è alli Honesti infra le quali et questi vi sono la grande parte delle case di Luca et perciò si vede che delli vechi fondamenti li quali ci sono qui come altrove et non di quelle mura dal canto delli Honesti et ancho questo così esser lo mostra lo fondamento di casa a porta di Borgho[122] e questa dicesi la strada fue delà quella di Borgho rispondesi dal tempo delli longobardi a questo in lo quale questa parte sta fuori da quelle delli Honesti ma dentro della prime disfacte".

---

[119] „Suppedaneo" (Postament). Vielleicht meint er den Kirchhof (*sagrato*) von San Frediano.

[120] Nicht einmal der Autor wusste, wie viele Jahre vergangen waren, doch plante er wohl, sich darüber zu informieren und die Zahl später einzutragen.

[121] Dieses Wappen, aus den Jahren 1198–1265 und sicher nicht aus der Zeit der Mathilde von Canossa (die kein Wappen haben konnte, da sie vor dem Aufkommen der eigentlichen Heraldik lebte) war wahrscheinlich das des *podestà* (als Amt) von Lucca; vgl. L. Borgia 1987, S. 18–19.

[122] Vgl. Anm. 113. Die ganze Argumentation ist hinfällig, da der Autor übersieht, dass es im Statut von 1219 um neue, noch zu bauende Mauern geht und nicht um die Stadtmauern der Zeit von Mathilde, deren Existenz ohnehin rein legendär ist.

Peter Seiler

Kommunale Heraldik und die Visibilität politischer Ordnung

Beobachtungen zu einem wenig beachteten Phänomen der Stadtästhetik von Florenz, 1250–1400

In der 1958 von Ashasver von Brandt verfaßten und in mittlerweile fünfzehn Auflagen verbreiteten „Einführung in die historischen Hilfswissenschaften" findet man einige Bemerkungen, denen zufolge heraldische Phänomene nicht nur für sozialgeschichtlich-genealogische, sondern auch für kunst- und kulturgeschichtliche sowie staats- und rechtsgeschichtliche Forschungen von Bedeutung sein könnten.[1] Was im Einzelnen gemeint ist, wird nur vage angedeutet.[2] Soviel ist jedoch klar: Kommunale Heraldik und Stadtästhetik sind außerhalb des Blickfelds geblieben. Das ist nicht erstaunlich, da das der Heraldik bislang von den verschiedenen Disziplinen der Mediävistik entgegengebrachte Interesse gering ist. Initiativen zu einer Erneuerung und interdisziplinären Erweiterung heraldischer Forschungen waren und sind selten. Erwähnt sei hier nur eine Studie von Werner Paravicini „Gruppe und Person. Repräsentation durch Wappen im späten Mittelalter".[3] Paravicini formuliert zahlreiche neue Fragen. Aber auch er konzentriert sich auf sozialgeschichtlich-genealogische Aspekte heraldischer Gruppenrepräsentation. In der seiner Studie zum Anstoß weiterer Forschungen beigefügten umfangreichen Bibliographie findet man keine Publikation, die das Thema heraldischer Repräsentation italienischer Stadtstaaten inhaltlich tangiert. Ähnlich sieht es auch im Bereich der neueren medienwissenschaftlichen For-

---

[1] Ahasver von Brandt, Werkzeug des Historikers. Eine Einführung in die Historischen Hilfswissenschaften. Mit Literaturnachträgen und einem Nachwort von Franz Fuchs, 15. Auflage, Stuttgart/Berlin/Köln 1998, S. 130 und S. 131.

[2] Für eine kurze Problemskizze siehe Arnold Rabbow, Die Heraldik als publizistische Erscheinung, in: Publizistik 7 (1962), S. 217–223, S. 217: „Es darf behauptet werden, daß Publizistik und Heraldik viele gemeinsame Wesenszüge aufweisen, und daß im besonderen die Heraldik zu publizistischen Zwecken, vornehmlich der Propaganda, benutzt werden kann und benutzt wird. Mit anderen Worten: so wie das Bild ein publizistisches Mittel ist oder sein kann, so nehmen auch die Bausteine der Heraldik, nämlich Wappen, Flaggen, Symbole, Embleme, häufig Funktionen eines publizistischen Mediums wahr. Als solches ist die Heraldik eng mit der Bildpublizistik verwandt."

[3] Werner Paravicini, Gruppe und Person. Repräsentation durch Wappen im späteren Mittelalter, in: Die Repräsentation der Gruppen. Texte – Bilder – Objekte, hrsg. von Otto Gerhard Oexle und Andrea von Hülsen-Esch, Göttingen 1998, S. 327–389.

schung aus. Es fehlt an Versuchen, die Heraldik in neuere medienhistorische Perspektiven einzurücken.

Aufgrund dieser Forschungslage ist man derzeit nicht in der Lage, sich einen systematischen und umfassenden Überblick über den Stellenwert heraldischer Repräsentation innerhalb der visuellen Kultur der mittelalterlichen Kommunen Italiens zu verschaffen.[4] Auch in Florenz fehlen Vorarbeiten. Das Florentiner Material könnte nur im Rahmen eines umfassenden Forschungsprojekts vollständig erfaßt werden.[5] Die folgenden Ausführungen sind daher auf wenige Beispiele konzentriert, mit denen einige Überlegungen über die Eigenschaften und Funktionen des Mediums Heraldik innerhalb der öffentlichen Selbstdarstellung der Kommune von Florenz verknüpft werden.

Man kann heute nur noch anhand weniger Zeugnisse erahnen, was man im Mittelalter innerhalb der städtischen Mauern von Florenz an Wappen hat wahrnehmen können.

Der Stellenwert der Heraldik nahm seit dem 12. Jahrhundert generell stetig zu: Ausgehend von einem gesellschaftlichen Teilbereich, dem vom Adel geprägten militärischen Bereich, verbreitete sich der Gebrauch von Wappen bzw. Wappenzeichen innerhalb der gesamten Gesellschaft, in öffentlichen, halböffentlichen und privaten Räumen. Wappen blieben nicht an ihr ursprüngliches Trägermedium, die militärische Verteidigungswaffe „Schild", gebunden,[6] sondern gelangten auf vielfältige Trägermedien, wobei ihr sich immer weiter ausdifferenzierender Gebrauch neue Bedeutungen stiftete. Im 14. Jahrhundert waren Wappenschilde und -figuren bereits nahezu überall zu sehen: an und in kirchlichen und profanen, öffentlichen und privaten Bauwerken, an Türmen, Türen und Toren, an Wänden, Fenstern, Gewölben, Deckenbalken, an kirchlichem und profanem Mobiliar und sonstigen Einrichtungsgegenständen, nicht nur an vielen Teilen militärischer Ausrüstung, sondern auch an zivilen Geräten, an Eßgeschirr, an Trinkgefäßen, gelegentlich auch an ziviler Kleidung und selbst an liturgischen Gewändern, in Prunkhandschriften, usw.[7]

---

[4] Eugenio Duprè Theseider, Sugli stemmi delle città comunali italiane, in: La storia del diritto nel quadro delle science storiche, Atti del I Convegno internazionale della Società Italiana di Storia del Diritto, Florenz 1966, S. 311–348; für die Signorien in Oberitalien siehe D'A. J. D. Boulton, Insignia of Power: The Use of Heraldic and Paraheraldic Devices by Italian Princes, c. 1350–c. 1500, in: Art and Politics in Late Medieval and Early Renaissance: 1250–1500, hrsg. von Ch. M. Rosenberg, London 1990, S. 103–127.

[5] Vgl. Massimo D. Papi, L'araldica fiorentina nell'età comunale: un problema da definire, in: L'araldica, fonti e metodi, Atti del convegno internazionale di Campiglia Marittima, 6–8 marzo 1987, Firenze 1989, S. 26–29.

[6] Zum Begriff des Trägermediums vgl. Hans Belting, Bildanthropologie. Entwürfe für eine Bildwissenschaft, München 2001, S. 12–13.

[7] Vgl. hierzu die vielfältigen Anbringungsorte von Wappen, die Bartolo da Sassoferrato in seinem Traktat zur Heraldik erwähnt. Bartolo da Sassoferrato, De insigniis et armis, hrsg. von Mario Cigoni, Florenz 1998, S. 34–36, Cap. 17–20.

Wappen waren von Anfang an mehrdeutig, und mit der Vervielfältigung und Ausdifferenzierung ihres Gebrauchs, die mit ihrem Transfer in nichtmilitärische Bereiche verbunden war, ging auch eine Erweiterung ihrer semantischen Funktionen einher. Sie dienten nicht nur als persönliches Erkennungszeichen, sondern sie wurden auch zur Kennzeichnung von Besitz und rechtlicher Ansprüche genutzt, sie verwiesen auf Schutzmächte und politische Hierarchien, signalisierten die Präsenz von Amts- und Herrschaftsträgern, dokumentierten Stiftungen und mahnten zu religiösem Gedächtnis. Wer sich mit Wappen auskannte, wurde durch sie über zahlreiche Aspekte der sozialen und politischen Ordnung einer Stadt informiert. Die Geschichte der Heraldik ist demzufolge ebenso wie die Geschichte anderer Medien immer auch Institutionsgeschichte.[8]

Ortsgebundene und mobile Wappen

Die Kommune brachte sowohl ortsgebundene als auch mobile Wappen zum Einsatz. Beide Kategorien sind wichtig, wenn man sich eine Vorstellung von der heraldischen Ästhetik einer Stadt bilden möchte. Ortsgebundene Wappen sind vor allem dann, wenn sie in Stein oder Marmor ausgeführt wurden, noch heute in einigen Fällen in ihrer ursprünglichen Position vorhanden. Mobile Wappen, neben tragbaren Wappenschilden vor allem die verschiedenen Arten von Bannern und Fahnen, haben im Stadtbild keine Spuren hinterlassen.

Mit fest installierten Wappen wurden soziale und politische Räume markiert. Die Kommune konnte sich mit ihnen auch dort eine sichtbare Präsenz verschaffen, wo ihre Amtsträger nicht unmittelbar physisch anwesend waren. Die visuellen Signale der kommunalen Heraldik traten nicht überall in derselben Dichte auf. Die Präsenz städtischer Wappen konzentrierte sich auf bestimmte Orte: auf die öffentlichen Gebäude, die für die politische Topographie der Stadt konstitutiv waren, d.h. auf die Amtssitze der kommunalen Amtsträger und Körperschaften, auf Stadttore und Brücken sowie auf kirchliche Bauten – vor allem auf den Dom und das Baptisterium. Aber auch in anderen Kirchen waren die Kommune und ihre Körperschaften heraldisch repräsentiert und zwar vor allem dann, wenn sie durch Stiftungen hervorgetreten waren.

Mobile Wappen kamen okkasionell oder zu festgelegten Zeiten zum Einsatz. Es wurden dabei immer etablierte Regeln eingehalten. So war zum Beispiel der Brauch, bei polizeilichen bzw. den öffentlichen Strafvollzug betreffenden Aktionen kommunale Banner mit zu führen, so fest im kollektiven Bewußtsein verankert, daß er bei politischen Unruhen von regimefeindlichen Kräften nachgeahmt

---

[8] Vgl. Manfred Faßler, Makromedien, in: Manfred Faßler/Wulf Halbach, Geschichte der Medien, München 1998, S. 309–359, S. 312.

wurde.[9] Zu besonderen Anlässen konnten kommunale Wappen zu temporär begrenzter Allgegenwart gesteigert werden: bei militärischen Aufmärschen und Triumphzügen,[10] bei Turnieren, Herrschereinholungen,[11] religiösen Prozessionen oder auch bei den keineswegs seltenen Staatsbegräbnissen.[12] Die Choreographie dieser massenmedialen Szenarien war durch Klerikal- und Laienordnungen, nach Ämtern, Zünften, Gonfalonen und Bruderschaften festgelegt. Sinnlich wahrnehmbar wurde ihre jeweilige Ordnung erst dadurch, daß die einzelnen Ämter und Korporationen durch die heraldischen Zeichen ihrer Tracht, Banner und Fahnen identifiziert wurden. So wurden zum Beispiel nach einem alten Zeremoniell („ordine") jährlich an Pfingsten auf der Piazza des Mercato Nuovo durch den Podestà die Gonfalonen an die einzelnen Untereinheiten des städtischen Heeres ausgegeben.[13]

Heraldische Trägermedien konnten aber auch im Alltag den Verbreitungsgrad visueller Massenmedien erreichen. Erinnert sei hier an die stetige Zirkulation der städtischen Münzen, die mit der Florentiner Lilie, dem Wappenzeichen der Kommune, gekennzeichnet waren.[14]

---

[9] Für Schilderungen kommunaler Strafaktionen siehe zum Beispiel Giovanni Villani IX,96 und X,33. Giovanni Villani, Nuova cronica, Edizione critica a cura di Giuseppe Porta, 3 Bde., Parma 1990–1991, Bd. 2, S. 188 und Bd. 2, S. 235. Zum Gebrauch des *gonfalone di giustizia* durch revoltierende Ciompi s. Niccolò Machiavelli, Istorie fiorentine, in: Tutte le opere, a cura di Mario Mertelli, Firenze 1971, S. 702 (III,14).

[10] Giovanni Villani, VIII,132 (Bd. 1, S. 605) und XI,59 (Bd. 2, S. 591–592): Beispiele für die Einholung des siegreichen Heeres „con grande onore e trionfo" bzw. „con grande allegrezza e trionfo".

[11] Giovanni Villani IX,49 (Bd. 2, S. 76): feierliche Einholung von Karl von Valois (1301).

[12] Für Beispiele von Beschreibungen Florentiner „Staatsbegräbnisse" siehe Antonio Pucci, Guerra tra' fiorentini e' pisani dal MCCCLXII al MCCCLXV scritta in ottava rima, in: Delle Poesie di Antonio Pucci, celebre versificatore fiorentino del MCCC, e prima della Cronica di Giovanni Villani ridotta in terza rima pubblicate, e di osservazioni accresciute da Fr. Ildefonso di San Luigi (Delizie degli eruditi Toscani, 6), Florenz 1775, S. 189–265, S. 233–234: Pietro Farnese (†1363). Matteo Villani, Cronica con la continuazione di Filippo Villani, edizione critica a cura di Giuseppe Porta, 2 Bde., Parma 1995, S. 344–346 (IX,43): Biordo degli Ubertini (†1359). Cronica volgare di Anonimo Fiorentino dall'anno 1385 al 1409, già attribuita a Piero di Giovanni Minerbetti, a cura di Elina Bellondi, ²RIS XXVII/2, Città di castello/Bologna 1915–1918, S. 183 sowie Antonio Medin, La morte di Giovanni Aguto. Documenti inediti e Cantare del secolo XIV, in: Archivio storico italiano 17 (1886), S. 161–177 (John Hawkwood (†1394).

[13] Giovanni Villani VII,40 (Bd. 1, S. 331): Queste insegne de' cavalieri e dell'oste si davano sempre il dì Pentecosta ne la piazza di Mercato Nuovo, e per antico così ordinate, e davansi a' nobili e popolani possenti per la podestà. I sesti quando andavano tre insieme, era ordinato Oltrarno, Borgo, e San Brancazio, e gli altri tre insieme: e quando andavano a due sesti insieme, andava Oltrarno e San Brancazio, San Piero Scheraggio e Borgo, porte del Duomo e porte San Piero; e questo ordine fu molto antico.

[14] Mario Bernocchi, Le Monete della Repubblica Fiorentina, Il Corpus nummorum florentinorum, Florenz 1975 (Bd. III. Documentazione, Florenz 1976, Taf. I–XXIV).

Politischer Wandel, kommunale Bauprojekte und heraldische Repräsentation

Die mittelalterlichen Bauwerke der Florentiner Kommune, die noch heute das Stadtbild prägen, wurden in dem Zeitraum von 1250 bis 1400 errichtet. Es ist kaum möglich, aus ihnen Rückschlüsse auf die Stadtästhetik der Frühzeit der Florentiner Kommune zu ziehen. Vor 1250 gab es nur wenige öffentliche profane Gebäude.[15] Die städtischen Gremien hatten keinen festen Sitz: „Stava la signoria ora in una parte de la città e ora in altra" (Giovanni Villani).[16] Die städtische Szenerie wurde von den Palästen und Türmen des Patriziats dominiert.[17] Ähnlich verhält es sich mit den weit über hundert kommunalen Wappen und Fahnen, die Giovanni Villani in seiner Chronik erwähnt.[18] Auch sie wurden zum Großteil erst ab 1250 eingeführt. Bezeugt ist für die Zeit davor nur das ältere Lilienwappen der Kommune (weiße Lilie auf rotem Grund),[19] ein Lilienwappen der Guelfen (rote Lilie auf weißem Grund)[20] und das gespaltene, rot-weiße Wappen.[21] Auch wenn man bedenkt, daß der Chronist über die sicherlich bereits

---

Zum Fiorino als „segno de' Fiorentini" vgl. Gregorio Dati, L'istoria di Firenze dal 1380 al 1405, hrsg. von Luigi Pratesi, Norcia 1902, S. 135.

[15] Das größte profane Bauprojekt in der Frühzeit der Kommune war die Stadtmauer. Wolfgang Braunfels, Mittelalterliche Stadtbaukunst in der Toskana, 4. Auflage, Berlin 1979, S. 58–62 (zur ersten und zweiten Stadtmauer).

[16] Giovanni Villani VII,39 (Bd. 1, S. 329).

[17] Carol Lansing, The Florentine Magnates. Lineage and Faction in a Medieval Commune, Princeton, New Jersey 1991, S. 3–11, 84–105.

[18] Giovanni Villani, VII, 39–40 (Bd. 1, S. 238–331): „gonfalone principale del popolo", 20 *gonfaloni* der *compagnie d'arme* der städtischen Miliz, 96 *gonfaloni* der Militäreinheiten des Contado, 6 *insegne* der städtischen *cavalleria*, das militärische Hauptbanner des Carroccio, neun Banner spezieller Einheiten der Miliz; VII,78 (Bd. 1, S. 379): „la 'nsegna della cavalleria del Comune"; VIII,2 (Bd. 2, S. 419): das Wappen der Parte Guelfa; VIII,13 (Bd. 2, S. 432): 12 Zunftwappen; VIII,140 ((Bd. 1, S. 614): „pennone dei feditori"; (Bd. 2, S. 10): „gonfalone di giustizia" und „certi banderai per contrade"; IX,21 (Bd. 2, S. 42): militärische Einheiten zur Unterstützung von Bonifaz VIII. („pavesari crociati co le soprainsegne del Comune di Firenze"); IX,69 (Bd. 2, S. 127): 19 *gonfaloni* der *compagnie* der Miliz („sanza rastrello della 'nsegna del re di sopra"); IX,87 (Bd. 2, S. 173): 21 Zunftbanner und 19 *gonfaloni* der städtischen Miliz; X,219 (Bd. 2, S. 405): 56 *pennoni* der *compaganie* der städtischen Miliz; XI,214 (Bd. 2, S. 780): Lilienbanner der Kommune mit Anjou-Rastrello; XIII,18 (Bd. 3, S. 342–343: Wappen der *quartieri*.

[19] Giovanni Villani II,3 (Bd. 1, S. 64): zu den fiktiven antiken Ursprüngen des Lilienwappens; VI,13 (Bd. 1, S. 242) und VI,40 (Bd. 1, S. 271–272): das Lilienbanner als Fahne der Florentiner während der Kreuzzüge.

[20] Giovanni Villani VII,33 (Bd. 1, S. 317).

[21] Das gespaltene Wappen war vermutlich das älteste kommunale Wappen. Nach der nicht zutreffenden, aber vielfach aufgegriffenen Überlieferung Villanis handelt es sich um ein Unionswappen von Florenz und Fiesole, das bereits 1010 nach der Zerstörung von Fiesole eingeführt wurde. Beachtenswert erscheint, daß die Einführung des gemeinsamen Wappens mit der Einführung gemeinsamer Statuten assoziiert wird. Gio-

zahlreich vorhandenen militärischen Banner der Frühzeit der Kommune nicht informiert war, kommt man zu dem Schluß, daß die heraldische Repräsentation der Kommune in dieser Zeit deutlich bescheidenere Dimensionen hatte.[22]

Das Regime des Primo Popolo (1250–1260) hat das bauliche und heraldische Erscheinungsbild der Stadt grundlegend verändert: Es ließ die privaten Türme der Stadt bis auf einen Höhe von 50 *braccia* (ca. 38m) abtragen, baute 1254–1261 den ersten Palast der Kommune (ursprünglich als *palatium populi* und Sitz des *capitano del popolo*),[23] setzte den Bau der zweiten Stadtmauer jenseits des Arno fort und engagierte sich im Brückenbau.[24] Es stattete die städtischen Milizen mit 20 *gonfaloni* aus, überreichte dem *capitano del popolo* ein Banner als „gonfalone principale del popolo (era dimezzata bianca e vermiglia")[25] und sicherte sich durch eine städtische Glocke die Kontrolle über die akustischen Botschaften innerhalb der Stadt.[26] Die Farben des Lilienwappens der Kommune wurden

---

vanni Villani V,7 (Bd. 1, S. 173): „E acciò che' Fiesolani venuti ad abitare in Firenze fossono con più fede e amore co' Fiorentini, sì raccomunarono l'arme de' detti Comuni, e feciono allora l'arme dimezzata vermiglia e bianca, come ancora a' nostri tempi si porta in su il carroccio e nello oste de' Fiorentini. Il vermiglio fu l'antica arme che i Fiorentini ebbonno da' Romani, come adietro è fatta menzione, che soleano usare iv'entro il giglio bianco; e 'l bianco fu l'antica arme de' Fiesolani, ma avevavi dentro una luna cilestra: ma nella detta arme comune levarono il giglio bianco e la luna, e fu pur dimezzata; e feciono leggi e statuti comuni, vivendo ad una signoria di due consoli cittadini e consiglio del senato, ciò era di C uomini i migliori della città, com'era l'usanza data da' Romani a' Fiorentini." Machiavelli, Istorie fiorentine (wie in Anm. 9), S. 662, spricht anläßlich seiner Beschreibung des Carrocio ohne nähere Angaben von „una insegna bianca e rossa." Villanis Schilderung wurde jedoch häufig wieder aufgegriffen. Vgl. Modesto Rastrelli, Illustrazione istorica del Palazzo della Signoria, Firenze 1792, S. 75 und S. 77–78.

[22] Villani berichtet zum Beispiel von einem Wappen mit den Farben rot und weiß, das er mit dem Markgrafen Hugo (†1006) in Verbindung bringt und das von einigen Adeligen übernommen worden wäre. Seine Schilderung kann nicht zutreffen, da Wappen damals noch nicht in Gebrauch waren. Giovanni Villani V,2 (Bd. 1, S. 164): „E vivendo il detto marchese Ugo, fece in Firenze molti cavalieri della schiatta de' Giandonati, de' Pulci, de' Nerli, de' conti da Gangalandi, e di quegli della Bella, i quali tutti per suo amore ritennero e portarono l'arme sua adogata rossa e bianca con diverse intrasegne."

[23] Walter Paatz, Zur Baugeschichte des Palazzo del Podestà (Bargello) in Florenz, in: Mitteilungen des Kunsthistorischen Instituts in Florenz 3 (1931), S. 287–321. Niccolò Rodolico, Il Palazzo del Popolo nei Comuni della Toscana, Saggi di storia medievale e moderna, Florenz 1963, S. 67–83, S. 70 (zur Bezeichnung *Palatium Populi*). Braunfels, Stadtbaukunst (wie in Anm. 15), S. 189–193.

[24] Giovanni Villani VII,50 (Bd. 1, S. 343–344): Bau der Arnobrücke bei S. Trinita. Zur Stadtentwicklung dieser Zeit vgl. F. Sznura, L'espansione urbana di Firenze nel Dugento, Firenze 1975.

[25] Giovanni Villani VII,39 und VII,40 (Bd., S. 326–331), mit einer Beschreibung der einzelnen Wappen; VII,78 (Bd. 1, S. 379): la 'nsegna della cavalleria del Comune.

[26] Zur Bedeutung kommunaler Glocken vgl. Alfred Haverkamp, „... an die große Glocke hängen." Über Öffentlichkeit im Mittelalter, in: Jahrbuch des historischen Kollegs 1995, S. 71–112.

bereits zu Beginn geändert (rote Lilie auf weißem Grund statt weiße Lilie auf rotem Grund).[27] Mit der Lilie (und dem Stadtpatron Johannes dem Täufer) kennzeichnete man auch den 1252 eingeführten *Fiorino d'oro*.[28]

Die Herrschaft der Ghibellinen (1260–1266) hat das heraldische Erscheinungsbild nicht dauerhaft verändert.[29] Unter dem neuen Regime der Guelfen von 1266 kehrten nicht nur die alten Wappen zurück, sondern es kamen auch neue in Gebrauch. Bereits 1264 hatte die Parte Guelfa von Papst Clemens ein Adlerwappen erhalten,[30] das sie von da an, nicht selten in Verbindung mit den Wappen der Kommune, zur sichtbaren Demonstration ihrer politischen Stellung zum Einsatz brachte. Darüber hinaus reformierte man die Organisation von sieben *arti maggiori* und stattete sie mit Bannern und Wappen aus, die im militärischen Verteidigungsfall zum Einsatz kommen sollten.[31]

1282 wurde das Regime des Secondo Popolo etabliert. An ihm waren zusätzlich zu den bereits zuvor regierenden *arti maggiori* fünf weitere beteiligt. Auch sie wurden mit Banner und Wappen ausgestattet.[32] 1292 führte man in Verbindung mit den gegen die magnatischen Familien gerichteten Gesetze, den „Ordinamenti di Giustizia", das neue Amt des *Gonfaloniere di Giustizia* ein. Für dessen Gonfalone wurde das Wappen des Popolo gewählt („campo bianco e la croce vermiglio").[33]

---

27 Giovanni Villani VII,43 (Bd. 1, S. 334–335): E cacciati i caporali de' Ghibellini di Firenze, il popolo e gli Guelfi che dimoraro a la signoria di Firenze si mutaro l'arme del Comune di Firenze; e dove anticamente si portava il campo rosso e 'l giglio bianco, si feciono per contradio il campo bianco e 'l giglio rosso, e' Ghibellini si ritennero la prima insegna; ma la insegna antica del Comune dimezzata bianca e rossa, cioè lo stendale ch'andava nell'osti in sul carroccio, non si mutò mai. Beibehalten wurden allerdings die Farben des gespaltenen Wappen der Kommune; vgl. VII,75 (Bd. 1, S. 369–370): Beschreibung des carroccio.

28 Giovanni Villani VII,53 (Bd. 1, S. 345–347).

29 Es war üblich, die Wappen der feindlichen Parteien zu zerstören, vgl. z.B. Giovanni Villani XI,129 (Bd. 2, S. 684): zur Zerstörung des kaiserlichen Adlerwappens von Ludwig dem Bayern in Pistoia 1329. Der Florentiner Chronist Dino Compagni berichtet, daß auch 1311–1312 zur Zeit der Romfahrt Heinrichs VII. Verordnungen gegen Adlerwappen beschlossen wurden. Dino Compagni Cronica, edizione critica a cura di Davide Cappi, Roma 2000, S. 140 (Lib. III, Cap. 35): „L'aquile levarono dalle porti e dove erano intagliate e dipinte, ponendo pena a chi le dipignesse, o le dipinte nonne spegnesse."

30 Giovanni Villani VIII,2 (Bd. 1, S. 407).

31 Giovanni Villani VIII,13 (Bd. 1, S. 432), beschreibt die Wappen und fünf weitere Zunftwappen, die 1282 hinzukamen.

32 Giovanni Villani VIII,13 (Bd. 1, S. 432); zum „uficio de' priori (dell'arti)" siehe VIII,79 (I, S. 532–534)

33 Giovanni Villani IX,1 (Bd. 2, S. 9–12). Zu der mit dem Kreuz des Popolo versehenen Fahne des *vexillifer iustitiae* vgl. Robert Davidsohn, Forschungen zur (älteren) Geschichte von Florenz, 4 Bde., Berlin 1896–1908, Bd. 4, S. 258f. Franco Cardini, Art. Gonfaloniere, in: Lexikon des Mittelalters, Bd. 4 (1988), Sp. 1555.

Das Regime des Secondo Popolo initiierte innerhalb von zwei Jahrzehnten eine neue Serie ehrgeiziger kommunaler Bauprojekte:[34] die dritte Stadtmauer (geplant seit 1284, Grundsteinlegung 1299),[35] die zum Verkauf von Getreide bestimmte Loggia im Garten der Michaelskirche, dem Or San Michele (1284 beschlossen),[36] der neue (erst seit 1565 Palazzo Vecchio genannte) Kommunalpalast, (seit 1285 geplant, 1299–1314 errichtet),[37] der Neubau der Badia, der alten Benediktinerabtei (1284), die Franziskanerkirche S. Croce (Grundsteinlegung 1294),[38] der erweiterte Neubau des Doms (Grundsteinlegung 1296)[39] und das neue Stadtgefängnis (1303).[40]

Im Trecento wurden einige der nur teilweise realisierten Bauprojekte fortgeführt bzw. nach längeren Unterbrechungen der Bauaktivitäten wieder aufgegriffen: Im Verlauf des ersten Drittels des Jahrhunderts vollendete man den Bau der dritten Stadtmauer und nach der Flut von 1333 wurden die vier Steinbrücken der Stadt erneuert.[41] 1331 erfolgte die Wiederaufnahme des Dombaus und 1334–1359 die Errichtung des von Giotto entworfenen Campanile. Orsanmichele war wiederholt Gegenstand baulicher Aktivitäten (1337, 1366, 1380).[42] 1359 wurde das Tribunale della Mercatanzia errichtet und 1374–1385 der bereits 1350 beschlossene Bau der Loggia dei Lanzi ausgeführt.[43] Alle Bauwerke wiesen an gut sichtbaren Stellen kommunale Wappen auf.[44]

Neben den städtischen Wappen erlangten die des Herrscherhauses der Anjou in Florenz eine besondere Bedeutung. 1288 wurden der Kommune von Karl von Anjou die Lilien des französischen Königswappens verliehen.[45] Den blauen Schild mit den goldenen Lilien und dem auf die jüngere Linie weisenden roten

---

[34] Braunfels, Stadtbaukunst (wie Anm. 15), S. 64–65. Paula Spilner, Ut Civitas Amplietur: Studies in Florentine Urban Developement. 1282–1400, Ph.D. Columbia University, 1987.

[35] Giovanni Villani VIII,99 (Bd. 1, S. 562); IX,31 (Bd. 2, S.49).

[36] Giovanni Villani VIII,99 (Bd. 1, S. 562).

[37] Giovanni Villani IX,26 (Bd. 2, S. 45–46): Baubeginn 1298. Vgl. Nicolai Rubinstein, The Palazzo Vecchio, 1298–1532. Government, Architecture, and Imagery in the Civic Palace of the Florentine Republic, Oxford 1995, S. 1.

[38] Giovanni Villani IX,7 (Bd.1, S.21).

[39] Giovanni Villani IX,9 (Bd., S.26).

[40] Giovanni Villani IX,75 (Bd.2, S. 142): le Stinche.

[41] Braunfels, Stadtbaukunst (wie in Anm. 15), S. 186–188.

[42] Braunfels, Stadtbaukunst (wie in Anm. 15), S. 211–214 (1336 Beschluß zum Neubau, 1366 Umwandlung des Erdgeschosses in einen Kirchenraum und bis 1380 Erhöhung um zwei weitere Geschosse) .

[43] Braunfels, Stadtbaukunst (wie in Anm. 15), S. 170–173, 203–208.

[44] Zu den Wappen der Loggia dei Lanzi vgl. Carl Frey, Die Loggia dei Lanzi, Berlin 1985, S. 34. Zu denen der Stadttore vgl. Renzo Manetti/Maria Chiara Pozzana, Firenze. Le porte dell'ultima cerchia di mura, Firenze 1979, S. 162–163. Die Wappen unter den Zinnen des Palazzo Vecchio werden von Rastrelli, Palazzo della Signoria (wie Anm. 21), S. 75–90 beschrieben.

[45] Giovanni Villani VIII,124 (Bd. 1 S.591), vgl. auch VIII,131 (Bd. 1, S. 598).

Tunierkragen, dem *lambello*, führte Florenz seither als eines ihrer Wappen. Seit der Vertreibung der Ghibellinen im Jahre 1266 war Florenz eine Hochburg der Guelfen[46] und gehörte zu dem von der römischen Kirche, dem französischen König, den Neapolitaner Anjou und den guelfischen Kommunen gebildeten politischen Block. Aufgrund ihrer überwiegend antikaiserlichen Haltung war die Stadtrepublik nicht nur zu einer grundsätzlichen ideologischen Anerkennung der Führungsautorität des Papsttums bereit, sondern unterstellte sich in Zeiten politischer und militärischer Bedrängnis wiederholt direkt der Oberherrschaft der Anjou. Bereits 1267–1279 hatte sie die Herrschaft Karls I. von Anjou akzeptiert, der offiziell den Titel eines Podestà der Kommune führte und sein Amt durch Vikare ausübte. 1304 erfolgte die Wahl des Robert von Anjou zum *gubernator* und *dux belli* der toskanischen Guelfenliga, der für mehrere Jahre den königlichen Marschall Diego de la Ratta als Heerführer in den Sold der Kommune entsandte. 1310 wurde Robert erneut zum Oberhaupt der Guelfenliga gewählt, und 1313–1321 übertrug ihm die Kommune die Signorie, die ihm das Recht einräumte, den halbjährlich wechselnden Podestà zu ernennen. Vier Jahre später wählten die Florentiner Karl von Kalabrien, Roberts Sohn, für zehn Jahre zum Signore. Seine Regentschaft, die gleichzeitig die letzte Periode angiovinischer Herrschaft über die Arnostadt war, fand mit seinem Tod im Jahre 1328 ein vorzeitiges Ende.

Die engen politischen Beziehungen, die Florenz zu dem Neapolitaner Königshaus unterhielt, wirkten sich nachhaltig auf die heraldische Selbstdarstellung der Kommune aus. Sie führte nicht nur das ihr bereits 1288 von Karl von Anjou verliehene Lilienwappen, sondern ließ auch Wappenschilde seiner Nachfolger an den öffentlichen Gebäuden anbringen, um die politische Loyalität gegenüber dem Königshaus zu demonstrieren.[47] Sie hielt hieran auch nach den Zeiten tatsächlicher Oberherrschaft der Anjou und nach dem in den dreißiger Jahren einsetzenden politischen Niedergang des guelfischen Blocks noch fest.

Generelle Verordnungen zum Wappengebrauch

Inhaber politischer Macht versuchen normalerweise den Gebrauch allgemeiner Kommunikationsmittel zu kontrollieren und der sozialen und politischen Ord-

---

[46] Peter Herde, Guelfen und Neoguelfen (Sitzungsberichte der wissenschaftlichen Gesellschaft an der Johann-Wolfgang-Goethe Universität Frankfurt 22, Nr. 2 (1986), S. 24–181. Franco Cardini, Art. Guelfen in: Lexikon des Mittelalters, Bd. 4 (1988), Sp. 1763–1765.

[47] Zu den mit Lilien des französischen Königswappen dekorierten öffentlichen und privaten Räumen des 15. Jahrhunderts vgl. Wolfger A. Bulst, Die *sala grande* des Palazzo Medici in Florenz. Rekonstruktion und Bedeutung, in: Piero de'Medici „il Gottoso" (1416–1469). Kunst im Dienste der Mediceer, hrsg. von Andreas Beyer/Bruce Boucher, Berlin 1993, S 89–127, S. 110–111.

nung anzupassen. So waren auch die kommunalen Machtträger bestrebt, die Verwendung heraldischer Zeichen zu reglementieren. Die bisher publizierten Statuten und Verordnungen lassen dies bereits deutlich werden. Beachtenswert sind vor allem einige generelle Regelungen, die in den aus den zwanziger Jahren stammenden Statuten des 14. Jahrhunderts enthalten sind bzw. die im weiteren Verlauf des Jahrhunderts ergänzt wurden.

Zum Wappengebrauch privater Personen findet man wenig. Es war in Florenz von offizieller Seite nicht einmal festgelegt, wer überhaupt ein Wappen zu führen berechtigt war. Die Neuannahme eines solchen war nicht an eine kommunale Konzession gebunden, sondern konnte auf eigene Initiative der Betreffenden erfolgen. Es besaßen daher nicht nur aus dem feudalen Adel stammende Geschlechter und altehrwürdige Kaufmannsfamilien heraldische Kennzeichen, sondern in zunehmendem Maße auch soziale Aufsteiger, vor allem Neureiche aber auch ambitionierte Handwerker. Die von sozialen Prestigeansprüchen getragenen Versuche, durch heraldische Repräsentation angesehenen Familien in der Öffentlichkeit visuell gleichgestellt zu sein, lösten moralisierende Kritik aus, die in der zeitgenössischen Novellistik einige Spuren hinterließ.[48]

Die Magnaten konnten keine Exklusivität des Wappengebrauchs beanspruchen, da sie von der politischen Herrschaft ausgeschlossen waren. Diejenigen

---

[48] In Giovanni Boccaccios Decamerone liest man in der 8. Novelle des siebten Tages über soziale Aufsteiger: „Come egli hanno tre soldi, vogliono le figliuole de' gentili uomini e delle buone donne per moglie, e fanno l'arme e dicono: ,I' son de' cotali‘ ,Quei di casa mia fecer così‘." Giovanni, Boccaccio, Decameron, a cura di Mirko Bevilaqua, 3 Bde., Roma 1980, Bd. 2, S. 616. Und der eine Generation jüngere Franco Sacchetti schildert einen grobschlächtigen Handwerker aus kleinen Verhältnissen („grossolano artefice, un uomo di picciolo affare"), der sich von dem berühmten Giotto ein Wappen auf seinen Palvese malen ließ, von diesem aber mit einem lächerlichen Sammelsurium von Wappenfiguren abgefertigt wurde, da er sich gebärdete als sei er ein Angehöriger des französischen Königshauses oder der angesehenen Florentiner Familie der Bardi. Franco Sacchetti, Il Trecentonovelle, edizione a cura di Antonio Lanza, Firenze 1984, S. 122–123, Novella LXIII. Für Sacchetti waren von Eitelkeit geprägte und deshalb unmoralische Tendenzen heraldischer Selbstdarstellung nicht auf soziale Aufsteiger beschränkt. Er kritisiert jegliches Verhalten, das darauf hinausläuft, den heraldischen Schein wichtiger zu nehmen als das geforderte würdevolle Sein. Nicht nur das Führen eines eigenen Wappens, sondern auch das an ein Amt gebundene Tragen eines kommunalen oder königlichen Wappens impliziert für ihn einen ethischen Anspruch, der vielfach nicht eingelöst würde. In der Novella VII, in der er sich über die abwegige Frage nach der würdevollsten Wappenfigur mokiert, stellt er generell fest: „[...] son molti che fanno maggiore stima delle viste che de'fatti. E quanti ne sono già stati che hanno procacciato d'essere gonfalonieri e capitani e d'avere l'insegna reale e dell'altre solo per vanagloria, ma dell'opere non si sono curati! E di questi apparenti ne sono stati e tutto dí sono piú che degli operanti. E non pur nelle cose dell'arme, ma eziandio di quelli che in teologia si fanno maestrare, non per altro se non per essere detto Maestro; dottore di leggi, per essere chiamato Dottore; e cosí in filosofia e medicina e di tutte l'altre: e Dio il sa quello che li più di loro sanno!" (S. 16).

unter ihnen, die ihren sozialen Status aufgaben und in den Popolo eintraten, mußten nicht nur ihre Namen, sondern auch ihre Wappen ändern.[49]

Die Kommune hatte keinerlei Interesse daran, *popolani* allein aufgrund ihrer Herkunft grundsätzlich die Wappenfähigkeit zu versagen. Da aber die Ausbreitung des Wappenwesens auf Angehörige weitgehend unbekannter Familien auch betrügerischem Mißbrauch neue Möglichkeiten eröffnete, sah sie sich veranlaßt, zumindest das Recht an einer individuellen Wappenverwendung zu garantieren: Es wurde durch eine Verordnung der Statuten des Podestà untersagt, das Wappen einer anderen Person zu verwenden.[50] „Das Recht an einem bestimmten Wappen ist die notwendige Ergänzung der Wappenfähigkeit; denn der Sinn des Wappens als eines auch juristisch verbindlichen Kennzeichens setzt die Ausschließlichkeit, also den alleinigen Anspruch des Wappenträgers voraus."[51]

Eine Reglementierung der Verwendung privater Wappen erfolgte in Zusammenhang mit den sogenannten Luxusgesetzen. Pompöse heraldische Repräsentation bei Begräbnissen wurde untersagt. Den Rittern räumte man jedoch ein Standesprivileg ein. In ihrem Leichenzug durfte ein Banner und eine Fahne („pennone") sowie ein mit Wappen dekoriertes Pferd mitgeführt werden.[52]

Der größte Teil der anderen Verordnungen war dazu da, die exklusive Verwendung und Kontrolle kommunaler Wappen durch die städtischen Gremien abzusichern: Niemand durfte städtische Banner und Wappen tragen, der nicht dazu von der Kommune autorisiert wurde.[53] *Podestà*, *capitano del popolo* und andere Amtsträger, denen die *vexilla* der Kommune anvertraut waren, wurden verpflichtet, diese nach ihrer Amtszeit zurückgeben.[54] Den Angehörigen der *societates* des Popolo wurde untersagt neben dem Wappen ihres militärischen

---

[49] Vgl. hierzu Michel Pastoureau, Mutamenti e cambiamenti di arme nella Firenze del XIV secolo, in: L'araldica. Fonti e metodi, Atti del convegno internazionale di Campiglia Maraiitima (6–8 marzo 1987), a cura di Guido Vannini, Firenze 1989, S. 30–39.

[50] Statuti della Repubblica Fiorentina, editi a cura di Romolo Caggese, nuova edizione a cura di Giuliano Pinto, Francesco Salvestrini, Andrea Zorzi, 2 Bde., Firenze 1999, Statuto del Podestà, Lib. III, Rub. LXX, S. 208.

[51] Brandt, Werkzeug (wie Anm. 1), S. 129. Vgl. Bartolomeo da Sassoferrato, De insigniis et armis, Cap. 3–4 (wie Anm. 7), S. 28–29.

[52] Statuto del Capitano del Popolo, Lib. V, Rub. VII–XI, S. 201–205. Ein weit über den zulässigen Aufwand hinausgehendes Begräbnis erhielt 1353 Lorenzo Accaiuoli. Matteo Villani, Cronica III,63 (Bd. 1, S. 401–402), vermerkt in seiner ausführlichen Schilderung ausdrücklich: „Fu nuova e disusata alla nostra città."

[53] Statuto del Capitano del Popolo, Lib. V, Rub. LXXXXVI, S. 270. Vgl. Bartolo da Sassoferrato, De insigniis et armis, Cap. 1 (wie Anm. 7), S. 27. Die Kommune versuchte mit dieser Verordnung auch sicherzustellen, daß der Besitz kommunaler Wappen ein Ehrenprivileg blieb. Dem 1237 und 1238 in Florenz als Podestà amtierenden Messer Rubaconte aus Mailand waren für seine besonderen Verdienste erstmals „uno pennone e una targa dal popolo di Firenze" als Ehrengabe überreicht worden. Franco Sacchetti bezeichnet dies als „uno grandissimo onore dal Comune" (Franco Sacchetti, Il Trecentonovelle, wie Anm. 48, S. 454, Novella CXCVI).

[54] Statuto del Podestà, Lib. IV, Rub. VIII, S. 279.

Verbandes und neben demjenigen des Königs von Neapel (König Karls) irgend-
ein anderes Wappen führen.[55] Die wichtigste und detaillierteste Verordnung
stammte vom 20. Juni 1329. In ihr wurde die Wappenanbringung an öffentlichen
Gebäuden geregelt.[56] 1355 sah man sich veranlaßt, die nicht genehmigte Anbringung kommunaler *arma et insignia* an Grabmälern unter Strafandrohung zu
verbieten.[57] Zu einem späteren Zeitpunkt wurde festgelegt, daß Privatpersonen
das Recht, heraldische Zeichen der Kommune zu führen, nicht von einzelnen
Amtsträgern, sondern nur durch Ratsbeschlüsse („per consilia") verliehen werden konnte.[58] Schließlich sah man sich – möglicherweise aufgrund der Erfahrun-
gen der Ciompi-Revolte – dazu veranlaßt, ein drastisches Strafmaß für diejenigen
festzusetzen, die durch öffentliches Herumtragen von kommunalen Bannern
oder *insignia* politische Demonstrationen und Tumulte auslösten oder auszulösen versuchten. Sie sollten mit Enthauptung und Enteignung bestraft werden. In
den Statuten von 1415 wurden alle hier aufgeführten Verordnungen übernommen.[59]

---

55 Statuto del Capitano del Popolo, Lib. V, Rub. CVIIII, S. 276
56 Giovanni Gaye, Carteggio inedito d'artisti dei secoli XIV, XV, XVI. 3 Bde., Florenz
    1839–1840, Bd. 1, S. 473. Luigi Passerini, Del Pretorio di Firenze, Florenz 1865, 15. Ha-
    rald Keller, Die Entstehung des Bildnisses am Ende des Hochmittelalters, in: Römi-
    sches Jahrbuch für Kunstgeschichte 3 (1939) 227–356, S. 245. Max Seidel, ‚Castrum pin-
    gatur in palatio' 1. Ricerche storiche e iconographiche sui castelli dipinti nel Palazzo
    Pubblico di Siena, in: Prospettiva 28 (1982) 17–41, S. 41.
57 Gaetano Salvemini, La dignità cavalleresca nel Comune di Firenze (1896), in: Magnati e
    popolani in Firenze dal 1280 al 1295, Turin 1960, S. 339–478, S. 394 Anm. 2 „Il fatto è che
    nello Statuto del Capitano del 1355 (Archivio di Stato Fiorentino, IV,79) è permesso
    che sulle tombe dei cavalieri si possono *fare dipingere loro armadure o altre cose eccetto
    alcuna insegnia o arme del Comune di Firenze o Popolo.*" Es gab allerdings offenbar
    nicht nur an kommunalen Ehrenmonumenten kommunale *insegnia.* Eine Ausnahme
    bildeten die Fahnenträger der Reiter- und Fußmannschaften des Florentiner Heeres.
    Vgl. Davidsohn, Geschichte, Bd. IV,1 1922, S. 241 „[...] das von einem Bürger ins Feld
    getragene Banner verblieb in seinem Besitz, und später befestigte man es über seinem
    Grabe an der Kirchenmauer." Zu beachten ist auch, daß ritterliche Ausrüstungen über
    den Grabmälern ihrer Inhaber aufgehängt wurden. So waren zum Beispiel nach einem
    Verzeichnis von 1440 in S. Croce 183 Banner und Standarten vorhanden, „viele mit dem
    Abzeichen der Parte Guelfa, mit dem Kreuz des Popolo oder den Wappen der Fami-
    lien, während andere Fahnen den Begrabenen einst von den Königen Neapels oder
    Frankreichs verliehen waren [...]", Davidsohn IV,1, 1922, S. 210. Aus welchem Zeit-
    raum diese Banner stammten, ist nicht geklärt. Nach Vincenzo Borghini, Discorsi
    (1585), Mailand ²1809, Bd. 3, S. 9–10 handelte es sich um Banner „che nell'onoranza del
    mortorio s'erano adoperate".
58 Zu beachten sind auch Sonderregelungen für neue politische Gremien und Vereinigun-
    gen. So setzt ein Statut der 1378 gegründeten Consorteria dell Libertà fest, daß seine
    Mitglieder „super arma et insignia propria arma et insignia libertatis" führen sollten.
    Niccolò Rodolico, I Ciompi. Una pagina di storia del proletariato operaio (1945), Terza
    edizione per la Nuova Biblioteca Sansoni, Firenze 1980, S. 95.
59 Statuto Populi et Comunis Florentine publica auctoritate cllecta castigata et praeposita

Heraldische Präsenz und der Kampf um die visuelle Hoheit innerhalb der Stadt

Die Florentiner Kommune versuchte, wie auch andere Kommunen, die öffentlichen Straßen- und Platzräume „zur Ehre, Schönheit und Vollendung der Stadt" („ad honorem et pulchritudinem et actationem dicti civitatis") gegen private Übergriffe zu sichern. Die einschlägigen Verordnungen richteten sich vor allem gegen Vorbauten, Außentreppen, Erker, Balkons und Straßenbrücken.[60]

Das vielleicht spektakulärste Projekt zur Durchsetzung kommunaler Repräsentationsansprüche betraf das Baptisterium. Als man in den neunziger Jahren des 13. Jahrhunderts daran ging, die „bellezza della chiesa" zu erhöhen, erhielt der Bau nicht nur 1293 auf Veranlassung der *Arte di Calimala* eine Marmorverkleidung, sondern man entschloß sich, das um den Bau herum sich erstreckende altehrwürdige Friedhofsareal einzuebnen und zu pflastern. Betroffen waren von dieser Maßnahme Grabmäler der ältesten und vornehmsten Familien der Stadt – „tutta la buona gente" (Villani).[61] Aufwendige Monumente wurden in den Sepulkralbereich von Santa Reparata transferiert. Durch weitere Platzgestaltungsmaßnahmen wurden im Verlauf des 14. Jahrhunderts der Umraum von Baptisterium und Dom zu einer exklusiven Repräsentationszone der Kommune aufgewertet. Die politische Sensibilität für die „Ehre, Schönheit und Vollendung der Stadt" richtete sich nicht nur gegen die privaten Grabmonumente, sondern auch gegen das Vorhandensein privater Wappen. In den 80er Jahren des 14. Jahrhunderts wollte man auch an den Außenwänden des Doms keine an oder bei Grabmälern angebrachten Wappen länger dulden.[62] Bestattungen innerhalb des neu errichteten Doms wurden ebenfalls stark eingeschränkt. In ihm durfte niemand ohne die Genehmigung der seit 1331 für den Dombau zuständigen *Arte della Lana* beigesetzt werden.[63]

Einige Zeugnisse lassen erkennen, daß die Autorität der Kommune auch im kirchlichen Bereich gegen private Repräsentationansprüche reicher und einflußreicher Familien immer wieder abgesichert werden mußte. Die Initiative hierzu

---

anno salutis MCCCCXV, Bd. 2, Freiburg 1778, S. 57, 347, 374, 380, 421, 692, 818, 822, 827, 829. Siehe auch Bd. 1, S. 285, 314–315, 381.

[60] Braunfels, Stadtbaukunst (wie Anm. 15), S. 110–115, S. 113 zu Florenz, das Zitat in Anm. 411.

[61] Giovanni Villani IX,4 (Bd. 2, S. 14): (1293) „E nel detto tempo si feciono intorno a San Giovanni i pilastri de' gheroni di marmi bianchi e neri per l'arte di Calimala, che prima erano di macigni, e levarsi tutti i monumenti e sepolture e arche di marmo ch'erano introno a San Giovanni per più bellezza della chiesa."

[62] Vgl. hierzu den Beitrag von Ruth Wolff.

[63] Cesare Guasti, Santa Maria del Fiore. La costruzione della chiesa e del campanile secondo i documenti tratti dall'Archivio dell'Opera secolare e da quello di Stato, Firenze 1887, S. 94 (Beschluß von 1357). Giovanni Poggi, Il Duomo di Firenze, Bd. 2, edizione postuma a cura di M. Haines, Firenze 1988, doc. 2079 (Beschluß von 1366).

ging nicht immer direkt von den städtischen Gremien aus. 1340 wandte sich die in Sant'Ambrogio ansässige Bruderschaft des Heiligen Blutes an die Kommune, um zu verhindern, daß private Wappen an dem Baldachin des Altars angebracht wurden. An diesem würdevollen Ort seien nur die Wappen der Kommune angemessen.[64] Als der Kardinal Pietro Corsini 1390 einen Altar im Florentiner Dom stiftete, wurde ausdrücklich festgelegt, daß er an dem dahinter aufragenden Pfeiler keine „arma seu insignia privata" anbringen dürfe. Es wurde ihm lediglich gestattet, sein Wappen am Altarbild einzufügen, also in einem deutlich kleineren und weniger auffälligem Format.[65] In ähnlicher Weise wurde auch im frühen 15. Jahrhundert sichergestellt, daß an der Decke von San Marco nur Wappen der Kommune, des Popolo und der *Parte Guelfa* angebracht wurden.[66] Ein anderer Stifter scheiterte um die Jahrhundertmitte am Widerstand der Franziskaner. Castello Quaratesi, der sich bereit erklärte, den Bau der Fassade von Santa Croce finanziell zu unterstützen, zog sein Angebot wieder zurück, da man ihm die Anbringung seines Wappens verweigerte.[67]

Die Wahl des Standorts für den zweiten Kommunalpalast (Palazzo Vecchio) dokumentierte die Macht der Kommune über familiäre Ansprüche. Der Bau wurde an einem freien Areal errichtet, wo ursprünglich die Häuser der ghibellinischen Uberti gestanden hatten. Nach der Schilderung Villanis wollte man hierdurch verhindern, daß sich jemals wieder Angehörige dieser Familie an dieser Stelle niederlassen könnten.[68]

Mit welchen Wappen das Gebäude in seiner Entstehungszeit und in den ersten Jahrzehnten des Trecento ausgestattet wurde, ist aufgrund späterer Umbauten und Restaurierungen nicht hinreichend bekannt.[69] Vermutlich waren neben der Lilie der Kommune und dem Kreuz des Popolo auch Wappen der Anjou und kommunaler Amtsinhaber zu sehen. Spätestens seit der Mitte des Jahrhunderts fungierte als Turmbekrönung ein Marzocco-Löwe, und weitere Exemplare dieses

---

[64] Richard C. Trexler, Public Life in Renaissance Florence, New York 1980, S. 94.

[65] Gaye, Carteggio (wie Anm. 56), Bd. 1, S. 534.

[66] Trexler, Public Life (wie Anm. 64), S. 94.

[67] Roy Brogan, A Signature of Power and Patronage. The Medici Coat of Arms, 1299–1492. The Florida State University, Ph.D. 1978, Ann Arbor, Michigan 1981, S. 38. Richard A. Goldthwaite, The Building of Renaissance Florence. An Economic and Social History, Baltimore/London 1980, S. 87. Anders verfuhr man im 15. Jahrhundert bei der Neugestaltung der Fassade von S. Maria Novella. Die Marmorverkleidung zeigt wiederholt das Wappenzeichen der Rucellai, und der Architrav des Obergeschosses trägt in großen Antiqua-Buchstaben den Namen des Stifters Giovanni Rucellai und dessen persönliche Imprese, ein Segel, sowie das Vollendungsdatum (1470).

[68] Giovanni Villani IX,26 (Bd. 2, S. 45–46). Das Areal der Uberti wurde zur Piazza umgestaltet. Vgl. Rubinstein, Palazzo (wie Anm. 37), S. 8–9.

[69] Über den Zinnen des Palasts hing die „campana del popolo che suona per lo consiglio". Sie wurde 1343 auf dem Turm installiert, damit man sie jenseits des Arno besser hören konnte. Giovanni Villani XIII,36 (Bd. 3, S. 382).

Zeichens der Macht des Popolo wurden auch an anderen Stellen des Bauwerks installiert.[70]

Während der Signorie Karls von Kalabrien 1325–1328, der in Florenz im Palazzo del Podestà residierte, machten Inhaber kommunaler Ämter offenbar verstärkt von der Möglichkeit Gebrauch, in eigennütziger Weise an öffentlichen Gebäuden ihr persönliches Wappen mit angiovinischen Wappen oder mit gemalten oder skulptierten Bildwerken zu kombinieren. Es ist sicherlich kein Zufall, daß die Kommune wenige Monate nach dem Tod des Herzogs auf Phänomene dieser Art reagierte. Sie faßte am 20. Juni 1329 einen Beschluß, der die Anbringung von Wappen und Bildwerken an den öffentlichen Gebäuden der Stadt regelte.[71] Die einzelnen Bestimmungen waren folgende: (1) Kein *podestà, capitano del popolo* oder sonst ein Inhaber eines kommunalen Amtes sollte in Zukunft Bilder oder Wappen an seinem Amtssitz oder an einem der Stadttore anbringen dürfen. (2) Alle bereits vorhandenen Bilder und Wappen sollten auf Kosten der Kommune entfernt werden. (3) Darstellungen Christi, der Madonna und von Heiligen sowie Wappen der Kirche, des Papstes, der Anjou und des französischen Königs blieben von diesen Bestimmungen ausgenommen. (4) Die Wappen der Anjou sollten nicht mit den Wappen der Kommune, des Popolo, einer Organisation des Popolo, der *Parte Guelfa* oder einer Einzelperson kombiniert werden.[72] (5) Diese Bestimmung sollte jedoch nicht zur Anwendung kommen, wenn es sich um Wappen und Bildwerke handelte, die an einen Sieg der Kommune oder der Erwerbung einer Stadt oder eines Kastells erinnerten, oder wenn diese innerhalb einer Kirche, innerhalb des Palazzo del Podestà, des Palazzo Vecchio oder an den Tribunalen der Sestieri der Stadt angebracht waren.

Nicht alle Bestimmungen des Dekrets blieben in der Folgezeit verbindlich. Die Vorschrift, in Zukunft Anjou-Wappen nur dann in Verbindung mit kommunalen Wappen an den Außenwänden öffentlicher Gebäude anzubringen, wenn diese an einen Sieg der Kommune oder an eine territoriale Erwerbung erinnern sollten, wurde in der Praxis wieder außer Kraft gesetzt. Mehrere Wappengruppen des Palazzo Vecchio und des Palazzo del Podestà, die in den vierziger Jahren ausgeführt wurden und für dieselbe Zeit durch Bildquellen für Stadttore belegt sind, zeigen kommunale Wappen zusammen mit heraldischen Zeichen des Neapolitaner Königshauses. Weitere folgten in der zweiten Hälfte des 14. Jahr-

---

[70] 1396 beschloß die Kommune, dem als Turmbekrönung fungierenden Löwen eine blühende Lilie in die Pranke zu geben. Rodolico, Il Palazzo del Popolo, S. 70 und S. 75. Braunfels, Stadtbaukunst (wie Anm. 15), S. 202 (mit dem Beschluß von 1396 und S. 204, 207. Vier 1353 im Auftrag der Prioren geschaffene und vergoldete Marzocco-Löwen werden von Matteo Villani als „vanagloria" kritisiert. Matteo Villani, Cronica III,72 (Bd. 1, S. 410).

[71] Vgl. die in Anm. 56 angegebene Literatur.

[72] Viele Florentiner Familien führten jedoch den drei Lilien übergreifenden *lambello* im Schildhaupt. Ob auch dies, wie Bulst, Die *sala grande* (wie Anm. 57), S. 126 Anm. 147 annimmt, durch das durch das Dekret von 1329 verboten war, ist zweifelhaft.

hunderts. In vielen, jedoch nicht in allen Fällen, ist auch das Wappen der Kirche vorhanden. Die Verwendung angiovinischer Wappen blieb auch nicht auf Anordnungen kommunaler Gremien und Amtsinhaber beschränkt.

Heraldische Repräsentation unter dem Herzog von Athen

Die 1342/43 nur wenige Monate andauernde „tirannica signoria"[73] des Herzogs von Athen verdeutlicht den engen Zusammenhang zwischen politischer Verfassung und heraldischer Repräsentation. Bereits vor der Machtergreifung des Herzogs ließen auch Privatleute dessen Wappen an ihren Gebäuden anbringen. Nach dem Zeugnis Giovanni Villanis taten sie dies nicht nur in der Absicht, herrscherliches Wohlwollen zu erlangen, sondern gelegentlich auch aus schierer Angst „per avere sua benevolenza [...] e per paura".[74] Der Hinweis, daß das Wappen nahezu überall zu sehen war, läßt den im Widerspruch zu der Verordnung von 1329 stehenden massiven Eingriff in das heraldische Erscheinungsbild der Stadt deutlich werden.[75]

Gleichsam in symbolischer Verdichtung zeigt sich der Zusammenhang von politischer Ordnung und heraldischer Repräsentation darin, daß einige der den Herzog unterstützenden Magnaten im Verlauf der Ereignisse seiner Machtergreifung das Statutenbuch und den *Gonfalone della giustizia*, das Hauptbanner des Regimes des Popolo, zerrissen. Als sichtbares Zeichen der Signorie des Herzogs errichtete man anschließend dessen Banner auf dem Turm des Palazzo dei Priori, wobei man diesen politischen Akt zu einem religiösen Zeremoniell ausgestaltete und die Glocken zum „Te Deum laudamus" läuten ließ.[76] Die neue politische Konstellation führte Walter von Brienne auch mit einem neuen Gonfalone di Giustizia vor, den er im Oktober 1342 den von ihm ernannten Prioren überreichte:

---

[73] Giovanni Villani XIII,23 (Bd.3, S.363).
[74] Giovanni Villani XIII,3 (Bd.3, S.295): „[...] il duca fu molto temuto e ridottato da tutti i cittadini, e i grandi ne presono grande baldanza, e il popolo minuto grande allegrezza, perch'avea messo mano ne' reggenti magnificando il duca, gridando quando cavalcava per la città: ‚Viva il signore'; e quasi in ogni canto o palazzo di Firenze era dipinta l'arme sua per li cittadini, per avere sua benivolenza, e.cchi per paura." Vgl. hierzu die Kritik, die Giovanni Cambi 1514 an der „mediceischen Wappenflut" unter dem Pontifikat LeoX. übte. Volker Breidecker, Florenz oder „Die Rede, die zum Auge spricht". Kunst, Fest und Macht im Ambiente der Stadt, München 1990, S.297.
[75] Vgl. hierzu Bartolomeo di Saasoferrato, Tractatus Cap.1
[76] Giovanni Villani XIII,3 (Bd.3, S.298): E fu per certi grandi istracciato il libro degli ordini e gonfalone della giustizia, e poste le bandiere del duca in sulla torre, sonando le campane a Dio laudiamo.

A dì XV d'ottobre, il duca fece nuovi priori, i più artefici minuti, e mischiati di quelli, che loro antichi erano stati Ghibellini; e diè loro un gonfalone di giustizia così fatto di tre insegne, ciò fu di costa all'asta l'arme del Comune, il campo bianco e'l giglio rosso; e apresso in mezzo la sua il campo azurro biliottato col leone ad oro, ed al collo del leone uno scudetto dell'arme del popolo; apresso l'arme del popolo il campo bianco, e'lla croce vermiglia, e di sopra il rastrello del re [...].[77]

Die Wappengruppe des Banners war eine Herrschaftsanzeige, an der die politische Konstellation und die Maximen, die der Herzog für seine Herrschaft in Anspruch nahm, genau abzulesen waren. Das Wappen des Herzogs nahm die zentrale Position ein und kennzeichnete dessen Status als Signore von Florenz. Mit einem kleinen Popolowappen am Halsband des Löwen, dem Wappentier des Herzogs, bekannte dieser sich zu einem politischen Bündnis mit dem Florentiner Popolo, und zwar vor allem dem *popolo minuto*, durch dessen Hilfe er die Macht in der Stadt erlangt hatte. Der Chronist Marchione di Coppo Stefani weiß in seiner Jahrzehnte später verfaßten „Cronaca fiorentina" im Zusammenhang mit dem Banner zu berichten: „Und man begann zu sagen, der Herzog mache sich mit dem Volk gemein und er rede immerzu von unserem guten Volk (er sage immerzu ‚le notre popule bon')".[78] Das Popolowappen besaß einen Anjou-Rastrello, der die Ergebenheit des Florentiner Popolo gegenüber dem Neapolitaner Königshaus konnotierte. Bei dem Lilienwappen der Kommune, dem eigentlichen Stadtwappen von Florenz, fehlte der Anjou-Rastrello, wodurch vermutlich darauf hingewiesen wurde, daß die Stadt nicht der Oberherrschaft der Anjou unterstand, sondern daß Walter von Brienne in seinem eigenen Namen die Herrschaft über diese übernommen hatte.

Die Florentiner Magnaten, die den fürstlichen Regenten bis dahin unterstützt hatten, da sie ebenso wie der *popolo minuto* in Opposition zu dem vorausgehenden Regime des *popolo grasso* standen, waren nach der Schilderung des Giovanni Villani von der popolo-freundlichen politischen Aussage des neuen *Gonfalone di Giustizia* äußerst irritiert. Als sie ihn sahen, hätten sie befürchtet, daß der Herzog den Popolo begünstigen würde.[79]

Die von dem Herzog von Athen durchgeführten Eingriffe in die politische Ordnung des vorausgehenden Regimes des *popolo grasso* gingen Hand in Hand mit Maßnahmen zur Unterdrückung der von diesem etablierten Tradition heraldischer Repräsentation. So setzte er die Gonfalonieri der Kompanien des Popolo ab und entzog ihnen ihre Banner,[80] und die Zurückdrängung des politischen Einflusses der Arti wurde dadurch zum Beispiel sichtbar Ausdruck gebracht, daß diese am Festtag des hl. Johannes ihre Offerte „senza gonfaloni" darbrachten.[81]

---

[77] Giovanni Villani XIII,8 (Bd. 3, S. 308–309).

[78] Marchione di Coppo.Stefani, Cronaca fiorentina, a cura di Niccolò Rodolico, ²RIS XXX,1, Città di Castello/Bologna 1903–1955, S. 199.

[79] Giovanni Villani XIII,8 (Bd. 3, S. 308–309)

[80] Giovanni Villani XIII,8 (Bd. 3, S. 309)

[81] Giovanni Villani XIII,8 (III, S. 315). Eine andere Deutung der Stelle bei Franco Cardini,

Als sich der Widerstand gegen den Herzog am Festtag der hl. Anna (26. Juli) zu einem militärischen Aufstand formierte, zog man mit den traditionellen „bandiere dell'armi del popolo e del Comune" durch die Stadt.[82] Deutlich erkennbar ist der politische Stellenwert der Banner auch daran, wie der Herzog den anstürmenden Popolo zu beschwichtigen hoffte: Er ließ dessen Banner auf dem Palast der Prioren (Palazzo Vecchio) anbringen.[83] Erfolg hatte er mit dieser symbolischen Geste freilich nicht. Der „furioso popolo" ließ sich mit heraldischen Mitteln nicht mehr bremsen.

Nach Kapitulation und Abzug des Herzogs am 6. August 1343 entschloß man sich zu institutionellen Reformen zur Sicherung der Freiheit und politischen Stabilität der Stadt. Die neue Ordnung brachte zusätzlich zu den bisherigen heraldischen Zeichen der Kommune auch vier neue Banner. Sie repräsentierten die Quartieri der Stadt, mit denen man die bisherigen Sestieri ersetzt hatte.[84] Zu einem späteren Zeitpunkt wurden dieser neuen Einteilung des Stadtgebiets auch die Anzahl der *compagnie del popolo* angepaßt („XVI, quattro per quartiere").[85]

Das Ende der Auseinandersetzungen mit Walter von Brienne und seinen Anhängern wurde jedoch nicht sofort erreicht. Im Dezember 1344 setzte die Kommune mit einer Verordnung ein Kopfgeld auf ihn aus und ließ am Turm des Palazzo del Podestà ein Schandgemälde anbringen, das ihn zusammen mit seinen Ratgebern zeigte.[86] Die Darstellung wird von Giovanni Villani in seiner Chronik erwähnt. Ein anderes Wandbild, über das der Chronist nicht berichtet, blieb als

---

Simboli e rituali a Firenze, in: Quaderni medievali 27 (1989), S. 78–92, S. 84. Angaben zum heraldischen Prunk der Festa di San Giovanni sind auch in der späteren Beschreibung des Goro Dati enthalten. Istoria di Firenze di Goro Dati dall'anno MCCLXXX all'anno MCCCCV, a cura di Giuseppe Manni, Florenz 1735, S. 84–89.

[82] Giovanni Villani XIII,17 (Bd. 3, S. 332 und S. 335)

[83] Giovanni Villani XIII,17 (Bd. 3, S. 335).

[84] Giovanni Villani XIII,18 (Bd. 3, S. 342–343).

[85] Giovanni Villani XIII,19 (Bd. 3, S. 349)

[86] Giovanni Villani XIII,34 (Bd. 3, S. 378): „E poi a dì XI dicembre [1344] feciono i magistrati del popolo un'aspra riformagione e crudele contra il duca d'Atene, cioffu che chiunque l'uccidesse avesse dal Comune X^M fiorini d'oro, cittadino o forestiere, e tratto d'ogni bando ch'avesse con asegnamento e ordine. E feciollo per suo dispetto e onta dipignere nella torre del palagio della podestà con messer Cerritieri de'Visdomini, e meser Meliadusso, e il suo conservadore, e meser Rinieri da San Gimignano stati suoi aguzzetti e consiglieri, a memoria e asempro perpetuo de' cittadini e forestieri che lla dipintura vedesse. A cui piaque, ma i più di savi la biasimarono, però ch'è memoria del difetto e vergogna del nostro Comune, che 'l facemmo nostro signore. Ella detta legge feciono perché il duca d'Atene adoperava in Francia col re e con altri baroni quanto potea di male contro a' Fiorentini, ed erano in grande dubbio d'esere sopresi di rapresaglia d'infinita moneta che domandava per amenda al Comune di Firenze, se non chessi riparò allora col re di Francia con lettere del papa e con solenni ambasciadori, ch'andaronno in Francia, faccendo manifesto e chiaro il re di Francia de' suoi difetti e male reggimento."

Fragment erhalten (Abb. 1).[87] Es befand sich ursprünglich in der Eingangshalle des Carcere delle Stinche: Sein Thema ist die 1343 am Festtag der hl. Anna initiierte Vertreibung des Walter de Brienne. Der Ort des Wandbildes erklärt sich aus der Tatsache, daß man an diesem Tag das Stadtgefängnis stürmte und die Gefangenen befreite.[88] Das Wandbild zeigt die heilige Anna, die an ihrem Jahresfest den „wie Ritter gerüsteten Bürgern"[89] die „Banner des *popolo* und der Kommune"[90] aushändigt und schützend ihre Hand über den Palast der Prioren hält. Die Szene ist antithetisch auf die im rechten Bildabschnitt dargestellte Vertreibung des Tyrannen bezogen. Attribute der Gerechtigkeit, Schwert und Waagschale, liegen zerbrochen am Boden, daneben das blaue Banner mit dem Motto „Libertas" und ein rot eingebundenes Gesetzesbuch.[91] Das entspricht nicht ganz genau, aber doch im wesentlichen, der Schilderung Villanis, der zufolge am Tag der Machtergreifung des Herzogs von Athen, der *Gonfalone di Giustizia* und der „Libro dell'ordine" zerrissen wurde. Ein Monstrum, halb Mensch, halb Tier, das der Tyrann im Arm hält, verweist auf sein betrügerisches Wesen. Er ist vor einer heranfliegenden männlichen Figur, die als Zeichen ihrer Stärke und Standhaftigkeit eine Säule trägt (dem „furor del popolo" oder dem „furioso popolo"[92]), von seinem Thron geflohen. Ein Kreis weiterer kleinformatiger allegorischer Darstellungen ist rings um das Rundbild angeordnet.[93]

---

[87] Giulio Lensi Orlandi, Il Palazzo Vecchio di Firenze, Florenz 1977, S. 38–39, Abb. 27. Gherardo Ortalli, „... pingatur in palatio ...". La pittura infamante nei secoli XIII–XVI, Rom 1979, S. 124. Hans Belting, Das Bild als Text, Wandmalerei und Literatur im Zeitalter Dantes, in: Hans Belting/Dieter Blume, Malerei und Stadtkultur in der Dantezeit, München 1989, S. 23–69, S. 44–45. Gert Kreytenberg, Bemerkungen zum Fresko der Vertreibung des Duca d'Atene aus Florenz, in: Musagetes. Festschrift für Wolfram Prinz zu seinem Geburtstag am 5. Februar 1989, hrsg. von Ronald Kecks, Berlin 1991, S. 151–165.

[88] Giovanni Villani XIII,17 (III, S. 333).

[89] Giovanni Villani XIII,17 (Bd. 3, S. 335): cittadini armati a corazze e barbute come cavaglieri.

[90] Giovanni Villani XIII,17, (Bd. 3, S. 332): bandiere dell'armi del popolo e del Comune.

[91] Zu dem Motto LIBERTAS vgl. Nicolai Rubinstein, Florentina Libertas, in: Rinascimento. Rivista dell'Istituto Nazionale di Studi sul Rinascimento, seconda serie, 26 (1986), S. 3–26.

[92] In der Schilderung des Giovanni Villani XIII,17 (Bd. 3, S. 335) ist wiederholt von dem „furioso popolo" und der „furia del popolo" die Rede und im folgenden Kapitel 18 auch von dem „furore della cacciata del duca" (Bd. 3, S. 342). Im Kapitel 19 verbindet Giovanni Villani in einem anderen Zusammenhang in einer Formulierung auch Stärke und Furor des Popolo: „la forza e il furore del popolo" (Bd. 3, S. 348).

[93] Giovanni Villani XIII,17 (Bd. 3, S. 341–342): „E nota che come il detto duca occupò con frode e tradigione la libertà della republica di Firenze il dì di nostra Donna di settembre, non guardando sua reverenza, quasi per vendetta divina così permisse Iddio che i franchi cittadini con armata mano la raquistassono il dì di sua madre madonna santa Anna, dì XXVI di luglio MCCCXLIII; per la qual grazia s'ordinò per lo Comune ch lla festa di santa Anna si guardasse come pasqua sempre in Firenze, e si celebrasse solenne uficio e grande oferta per lo Comune e per tutte l'arti di Firenze."

Abb. 1: Florenz. Palazzo Vecchio (ehem. Carcere delle Stinche), Verteibung des Herzogs von Athen, Fresco (Aus : Lensi Orlandi 1977)

Der Herzog verfügte auch noch in den folgenden Jahren über Anhänger in der Stadt, mit denen er Kontakt hielt. Das Regime des Popolo sah hierin eine Bedrohung. 1347 entzog man durch ein Dekret denjenigen Bürgern, die unter der Herrschaft des Herzogs Prioren gewesen waren das Privileg, (innerhalb der Stadt) Waffen zu tragen. Zudem ordnete man an, daß alle außerhalb oder innerhalb von privaten Gebäuden angebrachten Wappen des Herzogs entfernt werden müßten.[94] Durch die Anbringung des herzoglichen Wappens hatten die Anhän-

---

[94] Giovanni Villani XIII,92 (Bd. 3, S. 499): „Nel detto anno [1347], a dì di luglio, avendo il

ger des Walter von Brienne bereits zu Beginn der politischen Ereignisse ihre politischen Sympathien publik gemacht.

Das System der kommunalen Wappenensembles

Die wichtigsten Wappen der Kommune sind in vielfältig variierten Wappenensembles überliefert. Es handelt sich um komplexe Zeichengefüge, die man unter unterschiedlichen medialen Bindungen realisierte: das Spektrum der Trägermedien reicht von der Buchmalerei über Tafelbilder bis zur großformatigen Wandmalerei; von Schlußsteinen von Gewölben und Arkadenbögen über marmorne Schautafeln bis hin zu Gebäudefassaden, die zu heraldischen Schauwänden ausgestaltet wurden.[95] Die Wahl der Mittel regulierte die Intensität des optischen Eindrucks, den der Betrachter empfing, und steuerte dessen Wahrnehmung und Aufmerksamkeit.

Das älteste erhaltene Wappenensemble an einem öffentlichen Gebäude ist das über dem Südportal des Palazzo del Podestà (Bargello; Abb. 2+3). Es handelt sich um eine großformatige marmorne Schautafel, deren Form – ein Rechteck mit flachem Giebel – zur Verdeutlichung hierarchischer Ordnung besonders in der religiösen Tafelmalerei geläufig war. Im Zentrum befindet sich das Anjou-Wappen. Es wird auf beiden Seiten jeweils von zwei Wappenschilden flankiert. Von den inneren nimmt man an, daß es sich um 1329 abgemeißelte Wappen von Antonio Galuzzi handelt, der 1296, als das Portal ausgeführt wurde, das Amt des Podestà inne hatte.[96] Es könnte sich aber auch um das gespaltene „Kriegswappen" der Kommune gehandelt haben, da das Reiterrelief im Zwickel des über der Tafel befindlichen Fensters einen betont militärischen Symbolwert besitzt.[97] In der

---

popolo di Firenze innodio la memoria del duca d'Atene per la sua malvagia signoria, come adietro facemmo menzione, si fece dicreto che niuno priore che fosse stato fatto per lo detto duca non avesse privilegio né potere portare arme come gli altri priori fatti per lo popolo; e chiunque avesse dipinta l'arme sua in casa o di fuori, la dovesse ispingnere e acecare; a accui fosse trovata, pena fiorini mille d'oro."

[95] In Zunftgebäuden war es offenbar üblich, Gewölbe mit den kommunalen Wappen zu dekorieren. Zu den durch ältere Restaurierungen problematischen Beispielen vgl. Il centro di Firenze. Studi stoirci e ricordi artistici pubblicati a cura della Commissione strica artistica comunale, Firenze 1900, S. 85. David Friedmann, Le „terre nuove" fiorentine, in: Archeologia Medievale 1 (1974), S. 231–247, S. 232–233. Gioanni Fanelli, Firenze, Roma/Bari 1980, S. 54.

[96] Zur Identifizierung des Wappens Passerini, Del Pretorio (wie Anm. 56), S. 11. Kat. Mostra documentaria e iconografica del Palazzo del Podestà (Bargello) Aprile–Giugno 1963, Florenz 1963, S. 10.

[97] Giovanni Villani VII,43 (Bd. 1, S. 3359: la insegna antica del Comune dimezzata bianca e rossa, cioè lo stendale ch'andava nell'osti in sul carroccio.

Abb. 2: Florenz, Palazzo del Podestà (Bargello), Wappenensemble über dem Südportal (Gisela Bungarten).

Abb. 3: Florenz, Palazzo del Podestà (Borgello), Fenster über dem Südportal, Reiter-
relief (Zeichnung E. Voelho) (aus :Lionello G. L'armamento in Toscana dal Millecento al
Trecento, in Atti del I Convegno sulle arti minori in Toscana (Università degli studi in
Siena), Arezzo 11–15 magio 1971, Florenbz 1973, S. 193–212)

linken Außenposition befindet sich das Wappen des Popolo, in der rechten das
der Kommune. Oberhalb des Anjou-Wappens wurde das Schlüsselemblem der
Kirche angebracht. Die Wappenreihe erfüllt mehrere semantische Funktionen:
Sie identifiziert die Kommune und den Popolo von Florenz als Angehörige des
guelfischen Blocks. Die zentrale, hierarchisch höher zu bewertende Position des
Anjou-Wappens kennzeichnet das Neapolitaner Königshaus als ranghöhere
Führungsmacht. Das dem Anjou-Wappen übergeordnete Schlüsselemblem der
Kirche weist darauf hin, daß die Anjou der päpstlichen Oberhoheit unterstehen.
Das gespaltene Wappen der Kommune würde die militärische Bedeutung des

guelfischen Bündnisse hervorheben. Nimmt man an, daß tatsächlich zwei Wappenschilde des Antonio Galuzzi vorhanden waren, dann bedeutete ihre Position, unmittelbar neben dem Wappen des Neapolitaner Königshauses und nicht in den beiden Außenpositionen, wie dies in anderen Fällen belegt ist, eine ungewöhnlich hohe Ehrung.

An der Schautafel wird deutlich, dass man sich bei der Disposition einzelner Wappen innerhalb einer Wappenreihe an einem Komplex von Regeln orientierte, auf denen der hierarchische Rang der einzelnen Wappenpositionen beruhte und durch die festgelegt war, welche Dispositionen möglich waren und welche nicht. Die Regeln entsprechen im wesentlichen denjenigen, die bei der Teilung von Schilden befolgt wurden: Höhere Positionen waren würdevoller als niedrigere, heraldisch rechte vornehmer als linke, und zentrale hatten Vorrang vor peripheren. Hinzu kamen paraheraldische Formen priviligierter Präsentation: Innerhalb von Wappengruppen signalisierten Wappen, die in einem größeren Maßstab ausgeführt wurden als andere, einen höheren Würdegrad, und dasselbe galt auch für heraldische Zeichen, die durch dekorative oder figurale Motive in besonderer Weise hervorgehoben wurden. Welche Regeln in einem gegebenen Fall zur Anwendung kamen bzw. zur Anwendung kommen konnten, war von der Auswahl und Anzahl der Wappen und von den formalen Bedingungen und Vorgaben des architektonischen Trägers und des auf diesen applizierten dekorativen Rahmens abhängig.

Wappen erhielten meist eine der Würde der repräsentierten Person, Stadt oder Körperschaft angemessene Position. Die Sensibilität für Verstöße war groß, vor allem im religiösen Bereich.[98] Es gab jedoch keinen Zwang zur strikten Einhaltung des Prinzips hierarchischer Anordnung. Wappen, denen man unterschiedliche hierarchische Positionen hätte zuordnen können, wurden gelegentlich auch paritätisch angeordnet oder fanden in dekorativen Konfigurationen Verwendung, die sich nicht auf das hierarchische System heraldischer Konventionen und Prinzipien zurückführen lassen. Bei der Interpretation von Wappengruppen sind hierarchisch strukturierte Dispositionen von Wappen und Wappenzeichen von primär dekorativen Dispositionen zu unterscheiden.

In hierarchischen Wappengruppen der Florentiner Kommune nehmen die Wappen der Anjou und das der Kirche im allgemeinen würdevollere Positionen ein als diejenigen der Kommune, und in der Disposition der angevinischen und kirchlichen Wappen wurde in der Regel der vornehmere Rang dem Papst eingeräumt. Das Wappen der Kommune, das des Popolo, das der Vereinigung von Florenz und Fiesole und das der Parte Guelfa findet man in hierarchischen Wap-

---

[98] Sacchetti nimmt z.B. Anstoß daran, daß „cimieri de' peccatori mondani" oberhalb von Marienbildern angebracht wurden. Lettera a Jacomo di Conte sopra le Dipinture de' Beati, in: Franco Sacchetti, Novelle, London 1795, Bd.2, S.367–379, S.371. Giovanni Cambi kritisiert im frühen 16.Jahrhundert über dem Kruzifix befindliche Wappen, indem er sie in die Nähe der Idolatrie rückt. Zu Cambi vgl. Breidecker (wie Anm.54), S.297.

pengruppen sowohl in ebenbürtigen als auch rangverschiedenen Positionen vor, wobei zu beachten ist, daß nur in einigen Fällen alle genannten Wappen vorhanden sind. Ihr Auftreten ist an rechtliche, funktionale, traditionsgeprägte und (innen-)politische Faktoren gebunden und im Einzelfall auf einen oder auch mehrere Faktoren zurückzuführen. Diesem Sachverhalt ist bei der Bedeutungsanalyse Rechnung zu tragen.

So wurde zum Beispiel aufgrund einer Verfügung der Parte Guelfa an allen in ihrem Besitz befindlichen Gebäuden der guelfische Adler angebracht.[99] Dessen Auftreten an den entsprechenden Gebäuden war somit generell vorgegeben und läßt sich im Einzelfall nicht auf situationsgebundene politische Intentionen zurückführen. Das heißt jedoch nicht, daß der Verfügung der Parte Guelfa keine politische Absicht zu Grunde lag. Die Organisation konnte durch die heraldische Kennzeichnung ihres Besitztums ihr Prestige und ihre visuelle Präsenz innerhalb der Stadt vermehren.

Primär traditionsgeprägt war die besondere Hervorhebung des aus der Frühzeit der Kommune stammenden rot-weißen, gespaltenen Wappens im militärischen Bereich. Seine Standartenversion wurde auf dem Carroccio als militärische Hauptstandarte verwendet[100] und blieb offenbar gegen politisch motivierte Veränderungen immun: „La insegna antica del Comune dimezzata bianca e rossa, cioè lo stendale ch'andava nell'osti in sul carroccio, non si mutò mai."[101] Außerhalb des militärischen Bereichs war die hierarchische Position des Wappens nicht festgelegt. Man findet es meist in zweit- oder drittrangigen Positionen vor, und es wurde weit weniger häufig als das Lilienwappen und das Wappen des Popolo verwendet.[102]

Ein Beispiel dafür, daß politische Konstellationen das Auftreten, die Einstufung und die spezifische Inszenierung der Wappen der Kommune und ihrer Körperschaften prägten, liefert der *Gonfalone di Giustizia*, den Walter von Brienne, der Herzog von Athen, im Oktober 1342 den von ihm ernannten Prioren überreichte.

---

[99] Davidsohn IV,1, 1922, S.106.

[100] Der *carroccio* selbst war jedoch im 14.Jahrhundert nicht mehr in Gebrauch. Vgl. Ernst Voltmer, Il carroccio, Turin 1994, bes. S.10, 47–62. Zug Tucci, Il carroccio, dies., Der Fahnenwagen in der mittelalterlichen italienischen Militäremblematik, in: Les origines des armoires, a cura di H.Pinoteau, Paris 1983, S.163–172. Hannelore Zug Tucci, Il Carroccio nella vita comunale italiana, in: Quellen und Forschungen aus italienischen Archiven und Bibliotheken, 65(1985), S.1–104, bes. 5–6, 10, 13, 16–17, 23–26, 90–91. Die Miniaturen der Chronik der Giovanni Villani (Codice Chigiano fol.72v) zeigen bildliche Rekonstruktionen des *carroccio*.

[101] Giovanni Villani VII,43 (Bd.1, S.334–335): „Ma la insegna antica del Comune dimezzata bianca e rossa, cioè lo stendale ch'andava nell'osti in sul carroccio, non si mutò mai." Beibehalten wurden allerdings die Farben des gespaltenen Wappens der Kommune; Giovanni Villani IV,6, und VI,139.

[102] S.zum Beispiel die Wappenensembles am Campanile des Florentiner Doms.

In Kreisen des *popolo minuto* identifizierte man sich mit besonderer Intensität mit dem Popolo-Wappen. Aufschlußreich hierfür ist, daß es in mehreren Wappengruppen, die zwischen 1343 und 1352 entstanden, in außergewöhnlich prominenter Weise zur Schau gestellt wird und würdevoller eingestuft wird als das Lilienwappen der Kommune (Abb. 4). Die wichtigsten erhaltenen und von ihrer Aussage am eindeutigsten Ensembles befinden sich am Außenbau des Palazzo del Podestà über dem Nordportal zur Via Ghibellina und an der Nordfassade des Palazzo Vecchio über dem Portal der Camera dell'Arme.

Die Wappengruppe des Palazzo del Podestà (Abb. 5),[103] die sehr wahrscheinlich den Jahren nach der 1343 erfolgten Vertreibung des Herzogs von Athen entstammt, besteht aus einem großen runden Medaillon, das rechts und links von je zwei deutlich kleineren Wappenschilden flankiert wird. Das Medaillon zeigt das Wappenzeichen des Popolo und wird von einem aus alternierenden Dreiecks- und Kreissegmentfeldern aufgebauten Rahmenornament umkränzt, in dem Wappen in Miniaturformat sitzen. Vorhanden sind (dem Uhrzeigersinn folgend): das Wappen des Neapolitaner Königshauses, das der Parte Guelfa, das gespaltene Wappen der Kommune, das Wappen der Kirche, das Lilienwappen der Kommune und das Wappen des Popolo. Die das Medaillon flankierenden Schilde zeigen das Wappen des Popolo und das Lilienwappen der Kommune.

Das 1352 ausgeführte monumentale Wappenensemble über dem Portal der Camera dell'Arme des Palazzo Vecchio (Abb. 6)[104] setzt sich zusammen aus einer marmornen Schautafel, deren von einem Giebel überfangenes Mittelfeld von zwei Skulpturenädikulen flankiert wird. Das Zentrum des Mittelfelds nimmt ein durch den Bau vorgegebenes, annähernd quadratisches Fenster ein. Seitlich unterhalb der beiden unteren Ecken des Fensters sitzen zwei Schilde; der linke zeigt das gespaltene Wappen der Kommune, der rechte das Lilienwappen. Über dem Fenster, in der Giebelzone des Mittelfeldes, erscheint eine an religiöse Elevatio-Motive angelehnte Reliefdarstellung zweier emporschwebender Engel, die das Wappen des Popolo zwischen sich tragen. Der Fond des gesamten Mittelfeldes ist mit Anjou-Lilien übersät. Die beiden seitlichen Ädikulen beherbergten ursprünglich je ein skulptiertes Exemplar eines Löwen, des Florentiner Marzocco.

Das Wappenensemble des Portals der Camera dell'Arme reproduzierte mit einigen Veränderungen, die aufgrund des Vorhandenseins des Fensters notwendig waren, das wenige Jahre ältere, 1345 oder 1349 ausgeführte heraldische En-

---

[103] Das Wappenensemble über dem Nordportal des Palazzo del Podestà (Via Ghibellina) kann nicht wie Marvin Trachtenberg, The Campanile of Florence Cathedral, New York 1971, S. 75, und M.A. Fader, Sculpture in the Piazza della Signoria as Emblem of the Florentine Republic, Ph.D., Michigan 1977, S. 80, annehmen, vor 1343 geschaffen worden sein.

[104] Palazzo Vecchio, Nordfassade, s. Lensi Orlandi (wie Anm. 87), S. 42–44, 49; Fader, Sculpture in the Piazza (wie Anm. 103), S. 69.

Abb. 4: Florenz, Palazzo Vecchio, Wappenensemble über der Porta della Begana (Peter Seiler).

Abb. 5:   Florenz, Palazzo del Podestà, Wappenensemble über dem Nordportal (Gisela Bungarten).

semble über dem Portal der Westfassade des Palazzo Vecchio, das im frühen 16. Jahrhundert umgestaltet wurde.[105]

Die mittels dieser heraldischen Schautafeln visuell vermittelten Herrschafts- und Prestigeansprüche des Florentiner Popolo basierten auf den politischen Kräfteverhältnissen, die sich 1343 durch den wenige Wochen nach der Vertreibung des Herzogs von Athen erfolgten politischen Umsturz und die Etablierung des sogenannten *governo populare* innerhalb der Kommune gebildet hatten. Die vierzehn *arti minori* waren stärker als jemals zuvor neben den sieben *arti maggiori* in den politischen Gremien der Stadt vertreten und machten ihren politischen Einfluß geltend.[106] Villani charakterisiert diese politische Entwicklung mit der Feststellung, daß der Popolo „in grande stato e baldanza e signoria" aufgestiegen sei.[107]

Die Wappen über den Portalen des Palazzo Vecchio und des Palazzo del Podestà gehören zur herrschaftlichen Selbstdarstellung des neuen Regimes. Ihre figurativen Details zeigen deutlich, daß sie nicht nur als heraldische Informationstafeln zur Verdeutlichung der politischen Machtverhältnisse verstanden wurden. Man kalkulierte mit sinnlicher, affektauslösender Wahrnehmung und politischer Sensibilität. Daß populare Kreise für heraldische Herrschaftsanzeigen ein empfindliches Sensorium hatten, ist nicht nur für Florenz bezeugt. Welchen Stellenwert Repräsentationsfragen in innerstädtischen politischen Auseinandersetzungen erlangen konnten, zeigt zum Beispiel ein Konflikt, der 1371 in Lucca ausbrach, und in dem es ebenfalls um die Etablierung und Zurschaustellung popularer Macht- und Prestigeansprüche ging. Giovanni Sercambi berichtet in seiner Chronik:

> L'anno di MCCCLXXI del mese di ferraio, naque diferenza in Luccha tra i ciptadini [...] molti voleano che Luccha reggiese socto tictolo di popolo & che si dipingessero l'armi del popolo in tucto ciò si bizognava, et molti deceano che vivesse a comune sensa nomare populo, & questa diferenza fu molto grande & durò buon pesso, e ciaschuno si tenea forte [...].[108]

---

[105] Lensi Orlandi, Il Palazzo Vecchio (wie Anm. 87), S. 48. Fader, Sculpture in the Piazza (wie Anm. 103), S. 61.

[106] Gene A. Brucker, Florentine Politics and Society 1343–1378, Princeton 1962.

[107] Die Herrschaft des Popolo schloß in diesem Fall auch Teile des *popolo minuto* ein. Villani XIII,22 (III,S.358): il popolo montò in grande stato e baldanza e signoria, ispezialmente i mediani e artefici minuti, ch'al tutto il reggimento della città rimase alle XXI captitudini dell'arti. Aufschlußreich sind auch Villanis Ausführungen im folgenden Kapitel 23 (III,S.363): „E nota ancora e ricogli lettore che quasi in poco più d'uno anno la nostra città avute tante rivolture, e mutati IIII stati di reggimento, ciò sono; inanzi che fosse signore il duca d'Atene signoreggiavano i popolari grassi, e guidarla sì male, come adietro avete inteso, che per loro difetto venne alla tirannica signoria del duca; e cacciato il duca ressono i grandi e'popolani insieme, tutto fosse piccolo tempo, e con uscita di gran fortuna. Ora siamo al reggimento quasi delli artefici e minuto popolo."

[108] Le Croniche di Giovanni Sercambi Lucchese, a cura di S. Bongi, 3 Bde., Rom 1892, Bd. 1, S. 204 (Cap. CCXXXVIII).

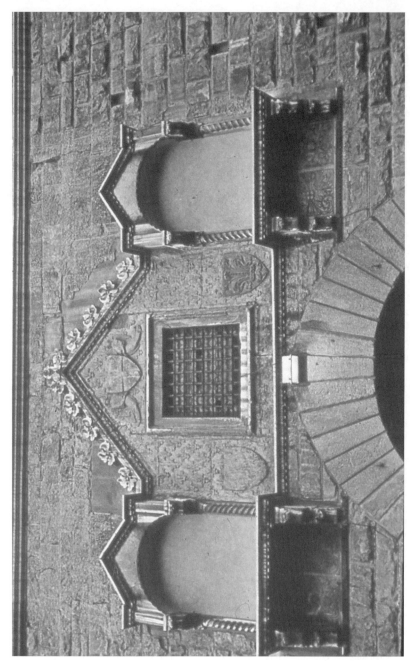

Abb. 6:   Florenz, Palazzo Vecchio, Wappenensemble über der Porta dell' Arme (Peter Seiler).

In Kreisen des in den arti maggiori organisierten *popolo grasso* war eine dem *popolo minuto* entsprechende enge Bindung an das Popolo-Wappen allem Anschein nach nicht vorhanden. Bezeichnenderweise ist an einem 1373 von der *Arte di Calimala* und *der Arte del Cambio* für die städtische Münze in Auftrag gegebenen Altarbild,[109] das eine mit Wappen besetzte Predella aufweist, das Wappen des Florentiner Popolo nicht vorhanden. An dessen Stelle erscheint das der Parte Guelfa, das heißt der Organisation, in der konservativ oligarchische Kräfte das Sagen hatten.

Ein 1366/67 im Florentiner Dom in kommunalem Auftrag errichtetes Ehrenmonument, das Grabmal des Pietro Farnese, weist ebenfalls ein kommunales Wappenprogramm auf (Abb. 7+8).[110] Das Monument war bis zu seiner Demontage im 19. Jahrhundert im rechten Seitenschiff des Florentiner Doms über der Porta del Campanile installiert. Erhalten blieben nur die ursprünglich von Konsolen gestützte Plattform und der auf drei Löwenuntersätzen ruhende marmorne Sarkophag. Das Aussehen der Reiterstatue ist durch eine Zeichnung aus dem 18. Jahrhundert, einen Stich aus dem 19. Jahrhundert und einige Schriftzeugnisse dokumentiert. Sie stand auf dem geschwungenen Deckel des Sarkophags und vergegenwärtigte Pietro Farnese als kommandierenden Feldherrn auf springendem Pferd. Schriftlichen Quellen zufolge wurde das Monument von einem hölzernen Baldachin überdacht und besaß als Fond ein Wandfeld mit gemalter Dekoration. Das gesamte Monument war mit heraldischen Zeichen überzogen. Der hölzerne Baldachin und das rückwärtige Wandfeld waren mit Anjou-Lilien dekoriert. Die in fünf gerahmte Felder untergliederte Frontseite des Sarkophags, dessen farbliche Fassung nur in spärlichen Resten gesichert ist, zeigt im Zentrum den Adler der Parte Guelfa, in den beiden sich anschließenden Feldern Farnese-Lilien und in den beiden äußeren Feldern links die Lilie der Florentiner Kommune und rechts das Kreuz des Popolo. Die in drei Felder untergliederte Frontseite des Sarkophagdeckels ist im Zentrum mit dem Schlüsselemblem der römischen Kirche dekoriert und in den beiden äußeren Feldern ebenso wie auf jender Nebenseiten des Sarkophagdeckels mit den heraldischen Elementen des Wappens der Anjou. Auf den beiden Nebenseiten des Sarkophagkastens befinden sich zwei Wappenschilde des Pietro Farnese, deren Helmziere heraldische Impresen aufweisen. Die Reiterstatue war auf der Schabracke des Pferdes, auf dem Schild und auf dem Lendner des Reiters mit einzelnen großen Farnese-Lilien dekoriert.

---

[109] Richard Offner/Klara Steinweg, A Critical and historical Corpus of Florentine painting I–V, New York/Berlin 1930–1981, Bd. IV,3, 1965, S. 88.

[110] Zu dem folgenden vgl. Peter Seiler, Mittelalterliche Reitermonumente in Italien. Studien zu personalen Monumentsetzungen in den italienischen Kommunen und Signorien des 13. und 14. Jahrhunderts, Phil. Diss. Heidelberg 1989 (Microfiche, Heidelberg 1995), Bd. 1, Kap. IV/3.

Abb. 7: Grabmonument des Piero Franese (aus: Popeo Litta, Famiglie celebri italiane, 16 Bde, Mailand 1819–1911(IFarnesi 1868))

Abb. 8: Florenz, Museo dell' Opera del Duomo, Sarkophag des Farnes-Monuments (Fotothek des Kunstgeschichtlichen Seminars der Humboldt-Universität zu Berlin).

Pietro Farnese trat Anfang März 1363 als *Capitano di Guerra* in den Dienst von Florenz. Dreieinhalb Monate nachdem ihm der Oberbefehl über das Florentiner Heer übertragen worden war, und er, nach kleineren Niederlagen, bei Bagno a Vena und vor den Toren Pisas erste militärische Erfolge errungen hatte, starb er am 19. Juni 1363 in San Miniato an der damals in Italien sich ausbreitenden Pest. Sechs Tage später, am 25. Juni, wurde er „con mirabile pompa d'essequie" im Dom von Florenz bestattet. Man beschloß bereits damals, dem in kurzer Zeit sehr populär gewordenen Feldherrn ein Grabmonument zu errichten, aber zur Ausführung des Projekts kam es erst vier Jahre später, 1367.

Die Reiterstatue zeigte Pietro Farnese als potenten auswärtigen Ritter. Durch die effektvolle Zurschaustellung seiner persönlichen heraldischen Kennzeichen wird der Geehrte visuell als Individuum zelebriert. Er bildete jedoch zugleich das figürliche Zentrum einer offiziellen Wappendekoration. Das Vorhandensein kommunaler Wappen kennzeichnete das Grabmal als städtisches Ehrenmonument, denn seit 1355 war es in der Stadt untersagt, eigenmächtig Wappen der Kommune oder des Popolo an einem Grabmonument anbringen zu lassen. Der massive Einsatz offizieller Wappenzeichen war jedoch mehr als eine Signatur der Kommune. In ihm manifestierte sich offenkundig die Absicht, durch heraldische Signale die „politische Sinnlichkeit" des Betrachters anzusprechen.[111] Die programmatischen Aussagen sind auf das Wappenensemble der Sarkophagfront konzentriert. Hier dominieren die offiziellen Wappen. Nur in zwei der acht Wappenfelder der Sarkophagfront treten die auf goldenen Grund gesetzten Farnese-Lilien in Erscheinung, und den mit Ehrenstücken und Impresen dekorierten Wappenschilden des Feldherrn räumte man bezeichnenderweise nur die beiden Nebenseiten des Sarkophagkastens ein. Die heraldische Gesamtkonzeption des Monuments zielte auf politische Identitätsstiftung. Sie präsentierte Pietro Farnese als eine militärische Leitfigur der Kommune und stimmte den Betrachter optisch darauf ein, daß zwischen ihm und dem Dargestellten eine gemeinsame politische Identität bestand.

Die mit der heraldischen Dekoration verbundene Aussage läßt sich anhand der Auswahl der offiziellen Wappen und deren formaler Anordnung präzisieren. Sowohl die Präsenz, als auch die hierarchische Einstufung des Wappens der Anjou und des Wappens der Kirche weisen die Wappengruppe der Sarkophagfront als ein Ensemble aus, das durch traditionelle (bündnis)politische Positionen des Florentiner Guelfismus geprägt wurde, die bereits im frühen Trecento zu den ideologisch kanonisierten Elementen der kommunalen Heraldik gehörten. Ungewöhnlich ist jedoch, daß das unter dem sog. *governo populare* entstandene Monument nicht die für die heraldische Selbstdarstellung dieses Regime charakteristische Hervorhebung des Popolo aufweist. Dessen Wappen nimmt in der

---

[111] Zum Begriff „politische Sinnlichkeit" vgl. Reinhart Koselleck, Kriegerdenkmale als Identitätsstiftungen der Überlebenden, in: Identität, Hrsg. v. Otto Marquard und Karlheinz Stierle, München 1979 (Poetik und Hermeneutik Bd. 8), S. 249–276.

zweiten Reihe des Wappenensembles die rechte Außenposition ein, und die ranghöhere zentrale Position wurde dem Wappen der Parte Guelfa eingeräumt, die in den Wappengruppen des *governo popolare* zumeist nicht vertreten ist. Weder die Vita des Pietro Farnese, noch die Ereignisse des Krieges zwischen Florenz und Pisa liefern einen Schlüssel zum Verständnis des heraldischen Programms. Aufgrund einer ausführlichen zeitgenössischen Schilderung des für Pietro Farnese organisierten Begräbniszugs muß man sogar davon ausgehen, daß die Parte Guelfa an den Begräbnisfeierlichkeiten im Jahre 1363 nicht offiziell beteiligt war. Aufschlußreich sind dagegen die politischen Auseinandersetzungen, die zur Zeit der Ausführung des Denkmalprojekts in Florenz das öffentliche Leben beherrschten. Die Parte Guelfa war in diesem Zeitraum in innerstädtischen Angelegenheiten einem massivem Druck ihrer politischen Gegner ausgesetzt, die in den kommunalen Gremien erfolgreich gegen den von ihr ausgeübten politischen Einfluß Widerstand leisteten. Es gelang ihr jedoch, in der Außenpolitik der Kommune eine „guelfische Renaissance" herbeizuführen.[112] Die Expansionspolitik des Mailänder Signoren Bernabò Visconti, die ständige Bedrohung durch Söldnerheere, die von Papst Urban V. geplante Rückkehr der päpstlichen Kurie nach Rom und nicht zuletzt die Vorbereitungen zu dem zweiten Romzug Karls IV. ließ vielen Florentinern die von der Parte Guelfa propagierte propäpstliche Außenpolitik der Kommune opportun erscheinen. Vor diesem Hintergrund wird deutlich, daß das heraldische Programm des Farnese-Monuments aufgrund seines orthodoxen guelfischen Aussagegehalts ohne die Intervention konservativer guelfischer Kräfte kaum zustande gekommen sein kann. Es symbolisiert nicht nur den zum offiziellen politischen Credo der Kommune gehörenden Primat der Kirche, sondern auch die politische Führungsrolle der Parte Guelfa und den in ihren Statuten verankerten, jedoch in der aktuellen politischen Praxis heftig umstrittenen ideologischen Anspruch, demzufolge die Interessen ihrer Organisation mit denjenigen des Popolo und der Kommune identisch seien („pars, populus et communis sit unus et idem").[113]

Die Annahme, daß Vertreter der Parte Guelfa unmittelbar auf die inhaltliche Ausrichtung des heraldischen Programms des Grabmonuments Einfluß genommen hatten, findet Bestätigung durch ein Dokument vom 9. März 1367, in dem die Mitglieder der Kommission, die sich mit der Ausführung des Monuments befaßten, namentlich aufgeführt sind. Bei mindestens sechs der neun Personen handelte es sich um Angehörige von Familien, die dem konservativen guelfisch gesinnten Florentiner Patriziat angehörten. Drei von ihnen, Jacopo di Lapo Gavacciani, Antonio di Niccolò di Cione Ridolfi und Uberto di Pagno degli Albizzi, sind als politische Führergestalten des oligarchischen Lagers nachgewiesen; die beiden letztgenannten gehörten zum ultrakonservativen Flügel der Parte Guelfa und waren in den politischen Auseinandersetzungen der Jahre 1366/67 in

---

[112] Brucker, Florentine Politics (wie Anm. 106), S. 226.
[113] Brucker, Florentine Politics (wie Anm. 106), S. 210.

vorderster Linie aktiv. Die überdurchschnittliche Repräsentanz des guelfisch oligarchischen Lagers und die Anwesenheit wichtiger politischer Köpfe zeugt von
dem starken Interesse der Parte Guelfa 1366/67 an der Errichtung des Farnese-
Monuments. Allem Anschein nach hatte sie die Ausführung des bereits drei
Jahre zurückliegenden Denkmalbeschlusses unter ihre Kontrolle gebracht, um
die Popularität des ehemals in päpstlichen Diensten stehenden Feldherrn durch
eine heraldische Zurschaustellung seiner guelfischen Parteilichkeit für ihre Politik propagandistisch wirksam werden zu lassen. Einmal mehr weisen starke Indizien darauf hin, daß man der durch das Medium Heraldik ermöglichten Visibili-
tät politischer Strukturen und Positionen einen hohen Stellenwert beimaß. Die
Attraktion der Wappen war offenbar enorm.

Mario Ascheri

Le più antiche norme urbanistiche del Comune di Siena

Cenni bibliografici ed esito quattrocentesco

Il periodo preso in considerazione è stato indicato in modo generico, non solo perché molto vasto, ma anche perché Siena è sempre più un campo di osservazione privilegiato dalla ricerca storica internazionale[1] e non è facile essere al corrente di tutto il lavoro che viene svolto nel campo artistico e architettonico.

Negli ultimi anni, comunque, è stato Enrico Guidoni a occuparsi soprattutto di urbanistica medievale senese con lavori che datano a partire dagli anni '70;[2] egli è poi rimasto sempre affezionato al tema, come dimostra il recente fascicolo dell' 'Atlante storico delle città italiane' da lui diretto, in cui è stato ripreso il tema dello sviluppo senese inserendolo nel contesto della strada Francigena,[3] come quasi contemporaneamente facevano altri ricercatori inglesi.[4] Soprattutto la ricerca documentaria ha subito un'accelerazione notevole negli ultimissimi anni, collegata o meno alla grande impresa tedesca delle "Kirchen von Siena" diretta da Peter Anselm Riedl e Max Seidel,[5] mostrando la possibilità di notevoli sorprese,[6] mentre sta anche iniziando una seria ricerca archeologica nel sotto-

---

[1]   Le introduzioni bibliografiche (forse) più aggiornate si trovano ora per la città in M. Ascheri, Siena nella storia, Cinisello Balsamo 2000 (rist. 2001); per il territorio in Id., Lo spazio storico di Siena, Cinisello Balsamo 2001 (rist. 2002).

[2]   Con il suo Il Campo di Siena, Roma 1971; pochi anni dopo compariva D. Balestracci/G. Piccinni, Siena nel Trecento: assetto urbano e strutture edilizie, Firenze 1977, con largo ricorso a fonti documentarie.

[3]   Si v. G. Villa, Siena e la Francigena tra XI e XVI secolo, in: Siena e i centri senesi sulla via Francigena, a cura di E. Guidoni/P. Maccari, Roma 2000, pp. 21–30.

[4]   Si v. ad esempio F.J.D. Nevola, "Per ornato della città": Siena's Strada Romana and Fifteenth-Century Urban Renewal, in: Art Bulletin 82 (2000), pp. 26–50. Tra i giovani studiosi italiani v. M. Mussolin, Il convento di Santo Spirito di Siena e i regolari osservanti di San Domenico, in: Bullettino senese di storia patria (=BSSP) 104 (1997), pp. 7–193.

[5]   I volumi – che considerano in ordine alfabetico le singole chiese di Siena – sono riccamente documentati e hanno cominciato ad apparire dal 1985 a München presso Bruckmann. A lato è stata iniziata una collana di Beihefte entro la quale ha trovato posto – per noi importante – il volume: L'Archivio dell'Opera della Metropolitana di Siena. Inventario, a cura di S. Moscadelli, München 1995.

[6]   Si considerino in particolare gli studi di P. Brogini, Presenze ecclesiastiche e dinamiche

suolo – anch'essa di grande interesse, perché destinata a evidenziare momenti sconosciuti nello sviluppo della città.[7]

Nel complesso, quindi, la ricerca successiva ai lavori di Guidoni è stata molta, dopo essere stata accompagnata anche dalla riconsiderazione complessiva di Lando Bartolotti del 1983.[8]

Soprattutto è stato il Rinascimento la grande riscoperta degli ultimi anni, passato – in gran parte forse per merito di una grande mostra del Metropolitan Museum di New York City[9] e di molti altri contributi[10] – dall'essere considerato un periodo di pura decadenza per Siena ad un periodo con luci ed ombre, ma soprattutto luci dal nostro punto di vista.[11] In particolare Petra Pertici e subito dopo Patrizia Turrini[12] hanno esaminato i vari interventi del Comune di Siena sull'urbanistica, e non solo attraverso un apposito ufficio detto degli Ufficiali dello 'ornato', ma anche per il tramite dell'Opera del Duomo, divenuta già nel corso del '300 una specie di ente incaricato di soprintendere ai monumenti di committenza pubblica; si pensi che nel '400 si occupò ad esempio della Fonte Gaia, della cappella di Piazza del Campo e del Palazzo della Mercanzia: tre dei

---

sociali nello sviluppo del borgo di Camollia (secc. XI–XIV), in: La Chiesa di S. Pietro alla Magione nel Terzo di Camollia a Siena, a cura di M. Ascheri, Siena 2001, pp. 7–102, e di A. Giorgi/S. Moscadelli, Quod omnes cerei ad opus deveniant. Il finanziamento dell'Opera del Duomo di Siena nei secoli XIII e XIV, in: Nuova rivista storica 85 (2001), pp. 489–584. Ma studi meno recenti segnalano comunque testi preziosi, come il Lusini, Note storiche (nota 25), p. 256, che ricorda una pergamena del 1012 in cui compare il 'popolo' della chiesa di San Desiderio, "sotto il duomo lungo la strada che va a la casa del vescovo". Il Regestum Senense dello Schneider è sempre utilissimo e studiato meno di quanto meriterebbe (anche perché manca dell'indispensabile indice), ma la documentazione da lui illustrata si ferma al 1235 (quando proprio si ha l'esplosione della produzione scritta) e non era principalmente diretta a raccogliere i dati che a noi interessano (una riprova è che non fu da lui sottolineato il carattere normativo del testo del 1208 che tra breve affronteremo).

7   Si vedano ora importanti per l'area della cattedrale, i contributi raccolti in: Sotto il duomo di Siena. Scopente archeologiche, architettoniche e figurative, a cura di R. Guerrini con la collaborazione di M. Seidel, Cinisello Balsamo 2003; esiste anche un sito universitario: http://www.paesaggimedievali.it/luoghi/Siena/se.html.
8   L. Bortolotti, Siena, Roma/Bari, III ed. 1988.
9   La pittura senese nel Rinascimento 1420–1500, a cura di K. Christiansen/L. B. Kanter/C. B. Strehlke, Milano 1989 (c'è anche ed. inglese del Metropolitan Museum).
10 Anche miei, come si evince bene dai volumi di: Siena e il suo territorio nel Rinascimento, I–II, a cura di M. Ascheri/D. Ciampoli, Siena 1986–1990, III, a cura di M. Ascheri, Siena 2001.
11 Si v. la discussione nel mio Siena nella storia (nota 1), nonché il mio più specifico Renaissance Siena, Siena 1993.
12 P. Pertici, La città magnificata. Interventi edilizi a Siena nel rinascimento, documentazione fotografica di G. Lusini, Nota di R. Terziani, Siena 1995; P. Turrini, "Per honore e utile de la città di Siena". Il Comune e l'edilizia nel Quattrocento, documentazione fotografica di G. Lusini, Siena 1997.

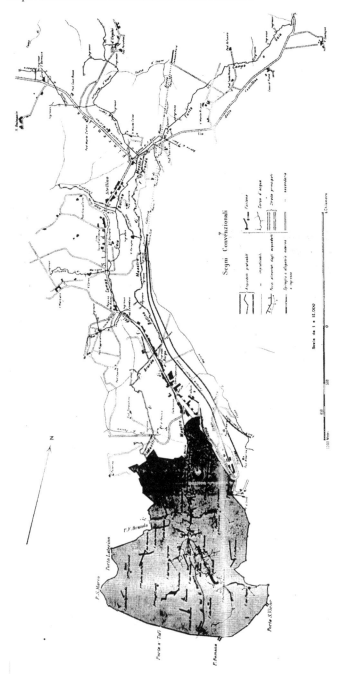

Tavola 1.: Pianta degli acquedotti (bottini) dell crittà di Sienna.

grandi cantieri cittadini in quel secolo.[13] Ne è emerso che molto in quel secolo si fece anche – sempre su impulso pubblico, dell'amministrazione cittadina – per 'dirizzare' le strade e liberarle da ingombri aerei di ogni genere, e per la manutenzione di porte e fonti, per cui possiamo ben dire che la Siena monumentale che oggi ammiriamo ha la parte antica in gran parte rivisitata nel Quattrocento, quando i palazzi furono restaurati per allinearli alle strade principali e furono fatti interventi diretti a tutelare interessi puramente estetici.[14]

Per dare un'idea della preoccupazione permanente per la bellezza della città, in un ambiente intriso di laicismo[15] (che non esclude l'interesse per le strutture ecclesiastiche e la riforma della Chiesa, dimostrato ad esempio ospitando il concilio) e umanesimo,[16] basterà ricordare che nei primi anni del '400 si decise di abbattere un intero monastero situato fuori porta Romana con una motivazione decisamente degna di nota; semplicemente perché esso disturbava la veduta per chi si avvicinasse alla città: "monasterium impedit videre volentibus a longe dictam portam" (luglio 1408). La pratica presso la curia pontificia andava per le lunghe e richiese delle precisazioni, che nel 1412 si espressero con queste parole:

"[...] el monastero di sancto Barnabe il quale è incontra a la porta Nuova non stia bene in quello luogho perché tolle la veduta della detta porta [...] acciò che la detta porta rimanga libera et expedita et veggasi la sua bellezza [...]" (16 giugno 1412).[17]

---

[13] Per l'Opera nel suo complesso v. l'introduzione a: L'Archivio dell'Opera (nota 5), e ora il più specifico A. Giorgi/S. Moscatelli, L'Opera di S. Maria di Siena tra XII e XIII secolo, in: Chiesa e vita religiosa (nota 16); per la Mercanzia, dal nostro punto di vista essenziale S. Hansen, La Loggia della Mercanzia in Siena, con mia Introduzione, Sinalunga 1993 (dall'ed. tedesca Worms 1987).

[14] I principali interventi medievali sono condensati in due carte di Siena nella storia (nota 1), pp. 94s., 144s.

[15] Significativo che nella festa ormai tutta politica – per curare le relazioni estere e col territorio – che si faceva nel giorno dell'Assunta (15 agosto) in piazza del Campo nel 1438 si sostituisse il carro degli Angeli fino ad allora usato con un carro dell'Amore! Si v. ora M. Ascheri, Le contrade: lo sviluppo storico e l'intreccio col Palio, in: L'immagine del Palio. Storia cultura e rappresentazione del rito di Siena, a cura di M. Ciampolini/ M.A. Ceppari/P. Turrini, Firenze 2001, pp. 19–61 (a p. 40). Poco prima (1413–1414) nel 'Palazzo dei Signori' (oggi Palazzo pubblico) fu fatto dipingere il ciclo degli 'Uomini famosi' dell'età repubblicana romana con accanto Aristotele: v. Un ciclo di tradizione repubblicana nel Palazzo Pubblicoa di Siena: le iscrizioni degli affreschi di Taddeo di Bartolo, 1413–1414, a cura di R. Funari, Siena 2002.

[16] È il tempo del giovane Enea Silvio, poi Pio II, per cui ogni rinvio bibliografico sembra superfluo. Tuttavia, sono utili per questo secolo i contributi di W. Brandmüller (Il concilio di Siena del 1423–1424), di P. Pertici (La Chiesa senese nel secolo XV: una prima ricognizione) e di G. Minnucci (La Chiesa e le istituzioni culturali senesi nel Medioevo e Rinascimento) ora apparsi in: Chiesa e vita religiosa a Siena dalle origini al grande giubileo, a cura di A. Mirizio/P. Nardi, Siena 2001, rispettivamente a pp. 203–215, 191–202, 217–228.

[17] Entrambe le citazioni da Turrini, "Per honore" (nota 12), p. 81s.

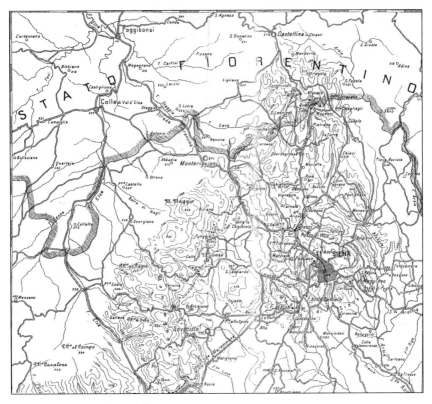

Tavola 2.: I rilievi collinari dell'area sense.

Altro esempio. Nel corso del secolo,[18] i proprietari di molti edifici in cattive condizioni o non ben allineati lungo le principali vie cittadine, e pertanto indecorosi in base ai nuovi canoni dell'edilizia rinascimentale, furono destinatari di uffici pubblici in deroga alle regole di rigorosa lottizzazione grosso modo (diremmo oggi) 'partitica' correnti anche allora, quando non erano in grado di effettuare i restauri richiesti da un'apposita commissione del Comune il cui nome è tutto un programma: dello 'ornato'.

Ma si tratta di cose che non meravigliano in una città il cui ceto dirigente ha voluto con tanta determinazione la inconfondibile piazza del Campo.[19] Essa ha richiesto oltre mezzo secolo per prendere – entro il primo Trecento – la forma

---

[18] Si v. in particolare Pertici, La città magnificata (nota 12).
[19] Oltre al libro di Guidoni ricordato, v. Piazza del Campo. Evoluzione di una immagine. Documenti, vicende, ricostruzioni, a cura di L. Franchina, Roma 1983, e M. Tuliani, Il Campo di Siena. Un mercato cittadino di epoca comunale, in: Quaderni medievali 46 (1998), pp. 59–100.

definitiva voluta e pensata secondo un progetto che evidentemente rimase fermo nonostante la cangiante congiuntura politica: non è un fatto di cui tener grande conto?

Il problema delle origini

Siena ha preservato molta documentazione pubblica, che ha da tempo offerto agli studiosi esempi notevoli, come quelli riportati, che attestano un forte intervento del Comune nel dar forma alla città e nell'assicurarne la 'gradevolezza'. Il fatto è ben noto. È un problema che ci riguarda direttamente in questa sede, però, chiedersi quando si sia consolidato questo forte interesse pubblico per la "forma urbis". Non riandremo alle origini etrusco-romane della città,[20] poco note perché le loro testimonianze sono in gran parte in strati profondi, sotto la città attuale, né all'alto Medioevo, che attesta una città capoluogo politico, amministrativo e religioso di un certo peso, ma che non sembra aver lasciato documentazione normativa per i problemi che ci interessano.[21] E tuttavia almeno un'avvertenza-ipotesi va subito presentata. La città già dall'antichità dovette curare con molta attenzione l'approvvigionamento idrico. Siena è lambita solo da piccoli torrenti e si è sviluppata sulle dorsali di alcune alture, per cui il problema dell'acqua vi è stato certamente di lunga durata, vitale sin dall'inizio. È perciò inevitabile che l'amministrazione pubblica abbia sempre tenuto sotto controllo questo problema e i privati siano sempre stati attenti a costruire in luoghi ove pervenisse l'acqua 'pubblica' o fossero comunque altrimenti disponibili delle risorse idriche. Questa necessità spiega probabilmente perché la presenza urbanistica pubblica abbia sempre dovuto essere in qualche modo corposa. Siena aveva sempre curato i rapporti con Roma oltreché per ovvi motivi di dipendenza ecclesiastica anche per una disputa plurisecolare con Arezzo per alcune pievi di confine contestate. Poi, nell'XI secolo, la città confermò la sua sensibilità a quanto stava avvenendo nella Chiesa ospitando nel 1058 la riunione di ecclesiastici che espresse il nuovo papa Niccolò II, così importante nell'itinerario della riforma gregoriana. Ebbene, allora la città doveva avere una configurazione – concentrata com'era nell'area alta di Castelvecchio con accanto il 'piano di Santa Maria' e numerosi borghi – grazie alla quale i problemi essenziali dovevano essere già stati risolti. Sappiamo dell'esistenza nel 1081 di una Fonte della Vetrice

---

[20] Per localizzazioni di reperti etrusco-romani, v. la carta in Siena nella storia (nota 1), p. 30. Per una recente scoperta nell'area prospiciente porta Salaria, v. A. Voltolini, Importanti reperti della Siena romana nelle cantine del palazzo sede dell'Accademia dei Rozzi, in: Accademia dei Rozzi 9 (2002), p. 23 s.

[21] Mi si consenta un rinvio alle pagine iniziali delle mie due recenti sintesi: Siena nella storia (nota 1) per la città, e Lo spazio storico (nota 1), per il rapporto con il territorio.

Tavola 3 - La Siena più antica.

La base di questa carta e delle successive corrisponde alla situazione urbanistica e viaria della metà dell'800 circa. In ogni carta sono segnalati solo gli interventi principali o quelli più documentati.

A. Sede ipotetica delle magistrature romane.
B. Sede del primo episcopio secondo la tradizione erudita.
Al. Area d'espansione del *Burgus de Sena*.
Bl. Area d'espansione del borgo di Camollia.
1. Chiesa di San Pietro alla Magione (secc. X-XI).
2. *Campus Regis* (Camporegio).
3. Porta Salaria (sec. XI).
4-5 Porta Aurea (ipotesi di localizzazione).
6. Porta Stalloreggi (o Due Porte).

7. Porta del Verchione.
8. Chiesa di San Desiderio (sec. XI).
9. Chiesa di San Pietro in Castelvecchio (sec. XI).
10. Chiesa di San Quirico in Castelvecchio (secc. XII-XIII).
11. *Sedes Beate Marie* (secc. IX-X): ipotesi di localizzazione dell'antica cattedrale senese.

12. *Curtis* regia (ipotesi di localizzazione).
13. Monastero di Sant'Eugenio (sec. VIII).
14. Piano di Santa Maria.
15. S. Eugenia (sec. XI).

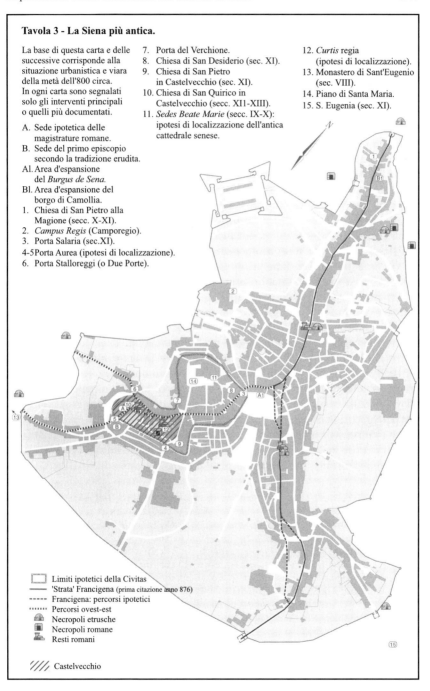

Limiti ipotetici della Civitas
'Strata' Francigena (prima citazione anno 876)
Francigena: percorsi ipotetici
Percorsi ovest-est
Necropoli etrusche
Necropoli romane
Resti romani

Castelvecchio

cui si perviene grazie a una 'via' esistente presso la canonica, di una Fonte Branda, di fossati e di "mura civitatis",[22] mentre verso nord – nell'area di Porta Camollia – si hanno le prove di una vivace attività edilizia.[23] Ed è proprio a nord, nella direzione del complesso collinare del Chianti dal quale Siena riceverà le sue acque per secoli (e i maggiori pericoli da Firenze, che ci è conservato un documento redatto nel 1111 "in loco Fonte Beci in territurio Senense"[24] a una notevole distanza dalle altre due fonti prima citate. Il sistema dei futuri 'bottini' (tunnel sotterranei per l'adduzione dell'acqua in città) era probabilmente già in funzione da molto tempo, anche se noi lo conosciamo dal punto di visata documentario attraverso interventi successivi, che (si può immaginare) si sono sovrapposti o hanno modificato il tracciato più antico.

La forma ad 'y' rovesciata di Siena, ben riconoscibile nelle carte, doveva esser già bene evidente. Lo attesta anche, del resto, la distribuzione delle chiese a fine XI secolo. Le sei chiese cardinali dipendenti dalla cattedrale, intorno alle quali si svolge la vita religiosa della città e dei suoi borghi, attestate nel 1081[25] (lo stesso anno delle fonti sopra ricordate!) sono Santa Petronilla fuori porta Camollia a nord, San Lorenzo in un diverticolo della Francigena verso il Chianti ed Arezzo, poi, sempre lungo la Francigena, la chiesa dei Santi Donato e Ilariano (sempre in quello che sarà il Terzo di Camollia), San Martino[26] e San Giorgio (nel futuro Terzo di San Martino, a sud della città) e, ormai fuori dei borghi, Sant'Eugenia.[27]

La città segue e mette in relazione tra loro i crinali di alcune colline secondo l'asse nord-est/sud, biforcandosi per raggiungere la parte più antica a destra (Castelvecchio) e la parte più 'recente', a sinistra; in questo modo si determinò il tracciato della viabilità verso Roma: la Francigena. Ma la "forma urbis" più che motivata dalla strada Francigena fu probabilmente determinata, già anticamente, dal percorso degli acquedotti: una necessità vitale.

La Francigena è un *posterius* rispetto a quella necessità primordiale. E tuttavia è la strada che ha 'veicolato' a Siena i primi entusiasti visitatori, che la esaltano come una meraviglia già a metà del 1100 parlandone come di *Sena Vetus* (la cui

[22] F. Bargagli Petrucci, Le fonti di Siena e i loro acquedotti, III ed., I–II, Siena rist. 1992, II, p. 68 (sembra doversi leggere un plurale: "usque ad casas et mura civitatis").

[23] Si v. il contributo di P. Brogini, Presenze ecclesiastiche (nota 6).

[24] V. ora l'edizione in: Carte dell'Archivio di Stato di Siena. Abbazia di Montecelso (1071–1255), a cura di A. Ghignoli, Presentazione di S.P.P. Scalfati, Siena 1992, p. 39.

[25] In questo stesso anno un privilegio imperiale all'abbazia di S. Eugenio, a sud-ovest di Siena, le assegnava la chiesa di San Paolo "in burgo de Sena" (V. Lusini, Note storiche sulla topografia di Siena nel secolo XIII, in: BSSP 28 (1921), pp. 239–341, a 257, nota 3).

[26] Che nel 1168, quando dal vescovo di Siena viene ceduta ai canonici regolari di San Frediano di Lucca, è ancora "iuxta burgum Senensis civitatis positam": Lusini, Note storiche (nota 25), p. 255 nota 1.

[27] Sull'organizzazione ecclesiastica si attende una monografia di Michele Pellegrini, del quale intanto si leggerà Istituzioni ecclesiastiche, vita religiosa e società cittadina nella prima età comunale, in: Chiesa e vita religiosa (nota 16), pp. 101–134.

immagine è riprodotta in un sigillo che conserviamo in un esemplare prodotto nei primissimi anni del 1200[28]), probabilmente per contrapporre il centro 'storico' più antico ai borghi che lo attorniavano lungo la Francigena[29] con le strade su cui si ergevano i complessi edilizi delle famiglie più potenti, chiusi come castelli ('castellari'[30]). A quel tempo, più precisamente al 1147, risale il primo documento conservato in cui un castello del territorio (Montepescali in Maremma) si impegna a prestare annualmente dei ceri alla chiesa di Santa Maria di Siena (e per essa al suo vescovo e al Comune); una prestazione che dal 1175, come tante altre, sarà collegata alla festa dell'Assunta (15 agosto)[31]: quanto meno da allora (ma facilmente anche da prima, in base a documenti non conservati) la città diviene a metà estate meta di una festa di grande significato politico-religioso, che obbliga i governanti del Comune a tutelare l' "honor civitatis" anche mediante un'adeguata programmazione e tutela urbanistica. È probabilmente anche per questo orgoglio cittadino, di capoluogo, che si consolidò quella 'cultura della città' di cui abbiamo ricordato gli esiti quattrocenteschi. Ma vediamone gli aspetti documentari.

Documenti ipotizzati e documenti conservati

In quel torno d'anni si infittiscono le notizie per noi interessanti. Al 1169 risalgono i primi acquisti documentati del Comune nell'area che diverrà piazza del Campo, prospiciente il campo di San Paolo "qua itur in vallem Muntonis" e

---

[28] Si v. R. Terziani, La più antica immagine di Siena e le sedi dei poteri pubblici nell'alto Medioevo (secoli VIII–XI), in: Siena e Maremma nel Medioevo, a cura di M. Ascheri, Siena 2001, pp. 179–199 (ove è riprodotto il sigillo, ora al Museo del Bargello a Firenze); si ritiene riproduzione di sigillo più antico; la iscrizione recita: "Vos Veteris Sene Signum Noscatis Amene".

[29] Che ha prodotto negli ultimi anni una letteratura enorme: v. R. Stopani, La via Francigena nel Senese. Storia e territorio, Siena 1985, e M. Bezzini, Strada Francigena-romea, con particolare riferimento ai percorsi Siena-Roma, Siena 1996; un apposito periodico dedicato a questa viabilità è "De strata Francigena", I–, 1993–. Riguarda scrittori dell'età moderna A. Brilli, Viaggiatori stranieri in terra di Siena, Siena/Roma, 1996. Per i giudizi dei viaggiatori del XII secolo, arabi e cristiani, v. ora Terziani, La più antica (nota 28), p. 197s.

[30] Una mappa in E. Sabelberg, Die Auswirkungen der Fränkischen Königsstrasse auf die innerstädtischen Strukturen Sienas, in: Stadtstrukturen an alten Handelswegen im Funktionswandel bis zur Gegenwart, hrsg. F. Tichy/J. Schneider, Neustadt an der Aisch 1984, pp. 45–56 (a 52); interessante confrontarla con quella predisposta, indipendentemente da lui, da D. Gallavotti/A. Brogi, Lo Spedale Grande di Siena. Fatti urbanistici e architettonici del Santa Maria della Scala. Ricerche, riflessioni, interrogativi, Firenze 1987, p. 22.

[31] I documenti ricordati sono in: Il Caleffo Vecchio del Comune di Siena, I, a cura di G. Cecchini, Firenze 1932, pp. 36s., 45–47.

lungo "viam de valle de Montone et fossatum de Campo".[32] Siamo negli anni in cui San Martino è in un borgo (nota 26), che doveva separare la città 'vecchia' dal "castellum de Montone" a sud-est, dotato di una "turris" e citato in un documento del 1192 che ci parla della porta del "castellum vetus".[33] A qualche anno prima, al 1179, risale la prima notizia di un *constitutum* del Comune[34] che non ci è conservato: è facile ipotizzare che contenesse norme per noi importanti, come è quella del 1186 tramandata da uno statuto successivo.[35] Con essa infatti il podestà vietava – a pena di 100 soldi e risistemazione materiale in pristino – lo scavo di fosse "infra terminum meum" o che comunque potessero danneggiare le mura, le carbonaie o "aliquam partem civitatis". Il Comune si è ormai assunto l'onere del pieno controllo del sistema difensivo cittadino e nel 1210 interverrà sul punto anche a tutelare i privati danneggiati da scavi sotto le vie del Comune.[36]

Ma già nel 1193 il Comune compra "domum [...] in pede Campi Fori cum platea et tota mea terra que est inter ipsam domum et murum Comunis et extra murum".[37] Agli anni immediatamente successivi (1195–1196) risalgono altri acquisti (citandosi sempre un "murum Comunis" o "de Valle Montonis") che hanno fatto scrivere ai primi storici di Siena che là andò edificandosi in quegli anni la Dogana del Comune.[38] Il Comune, (forse) ancora privo di un palazzo proprio, deve acquisire beni e riordinare, in quell'area di confine tra la Franci-

---

[32] Si v. U. Morandi, Documenti, in: Palazzo pubblico di Siena. Vicende costruttive e decorazione, a cura di C. Brandi, Siena/Milano 1983, pp. 413–436 (a p. 414, 3 regesti di documenti del periodo 11 marzo–29 maggio).

[33] Lusini, Note storiche (nota 25), cit., p. 255 nota 1, che attesta (p. 267 nota 2) al 1172 la "porta nuova", detta quanto meno dal 1213 porta San Maurizio. La 'porta nuova' quindi dovrebbe ancora afferire a una cinta muraria che lasciava fuori San Martino (v. nota 26). Poi anche alla Salaria si produrrà uno sdoppiamento, testimoniato da L. Zdekauer, Il constituto del Comune di Siena dell'anno 1262, Milano 1897, rist. Sala Bolognese 1974, dist. III, cap. 68 (per la porta nuova "de porta Salaria" il podestà curerà che sia 'tolta' la porta che è innanzi ad essa, la "altera porta iuxta illam").

[34] Una sintetica storia statutaria senese, per la parte più antica dipendente dalla Dissertazione dello Zdekauer, Il constituto (nota 33), in: M. Ascheri, Statuten, Gesetzgebung und Souveränität: Der Fall Siena, in: Statuten, Städte und Territorien zwischen Mittelalter und Neuzeit in Italien und Deutschland, hrsg. G. Chittolini/D. Willoweit, Berlin 1992, pp. 113–155 (il volume ebbe prima un'edizione italiana, Bologna 1991).

[35] L. Zdekauer, Il constituto (nota 33), dist. III, cap. 6, p. 277.

[36] A tale anno è riportata la norma in L. Zdekauer, Il constituto (nota 33), dist. II, cap. 126, p. 244: su denuncia di chi riceve l'*iniuria* interviene il podestà ordinando di ripristinare; altrimenti scatterà la pena di 50 lire, che comunque non esclude il ripristino.

[37] In Morandi, Documenti (nota 32), p. 414, frammento testuale. Il documento prosegue con i confini che ci fanno sapere di una "domus nostra comunis [?] que fuit quondam Credi et ante est Campus predictus".

[38] Lo storico cinquecentesco Orlando Malavolti ricordato in Morandi, Documenti (nota 32), p. 414, ne parla al 1194. Nel secondo documento (ibid.) una *platea* è confinata da due parti ricordandosi che "est Reipublicae dicte civitatis".

Tavola 4 - L'espansione urbana tra XI e XII secolo.

1. Chiesa di San Pietro
   alla Magione.
2. Chiesa dei Santi Vincenzo
   e Anastasio.
3. Chiesa di Santo Stefano
   alla Lizza.
4. Chiesa di Sant'Andrea.
4. Chiesa di Sant'Egidio
   (distrutta inizi '900).
6. Chiesa di San Donato
   (ora sede del Museo della
   Banca Monte dei Paschi)
7. Chiesa e convento di San
   Michele al Monte
   di San Donato.
8. Chiesa di San Pietro ad Ovile (?).
9. Chiesa di San Cristoforo.
10. Porta di San Vigilio (?).
11. Chiesa di San Pellegrino
    (distrutta nel 1813).
12. Chiesa di San Paolo
    (scomparsa).
13. Fonte Branda.
14. Porta Salaria (nel sec. XII).
15. Chiesa di San Desiderio.
16. Lavori d'ampliamento
    dell'antica cattedrale.
17. La parte più antica dell'Ospedale
    di Santa Maria della Scala.
18. Porta del Verchione.
19. Porta Stalloreggi (o Due Porte).

20. Chiesa di San Quirico in
    Castelvecchio.
21. Porta Aurea (poi Oria) (?).
22. Chiesa di San Marco.
23. Chiesa e convento di Santa
    Mustiola o della Rosa (sec. XII).
24. Porta Aurea (poi Oria) (?).
25. Chiesa di San Pietro
    in Castelvecchio.
26. Chiesa e convento di San Vigilio.
27. Chiesa di San Martino.
28. Porta di San Martino (?).
29. Chiesa di San Giorgio.

30. Chiesa di San Maurizio
    (si conserva la facciata
    in "Samoreci").
31. Porta di Bartolomeo Guerra.
32. Porta Camollia.
33. S. Petronilla.
34. S. Lorenzo (?).
35. S. Eugenia.
36. Fonte della Vetrice (?).
37. Valle Piatta.

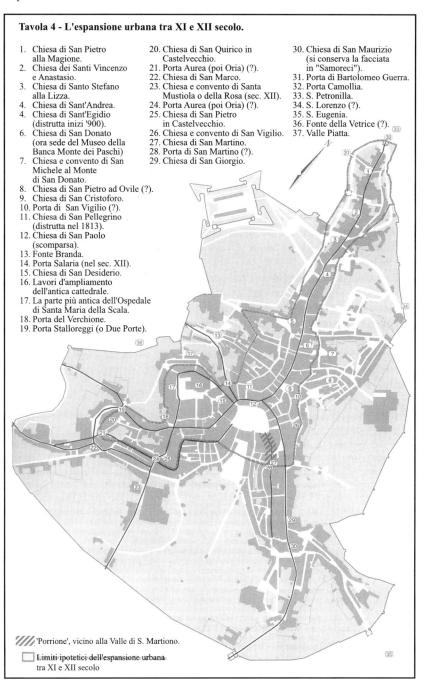

///// 'Porrione', vicino alla Valle di S. Martiono.

☐ Limiti ipotetici dell'espansione urbana
tra XI e XII secolo

gena e Castelvecchio, il grande spazio destinato agli incontri per i mercati allora ancora esterno (almeno in parte, probabilmente) alle mura e relativamente vicino all'area ecclesiastica della cattedrale.

Nel piano di Santa Maria probabilmente non c'era spazio per nuovi edifici civili, per cui il Comune cominciò a edificare nel Campo. Che l'intervento fosse dapprima per la Dogana (ufficio fiscale) è plausibile, perché doveva trattarsi di luogo facilmente raggiungibile per chi accedeva al mercato della città e alle sue porte; qui si arrivava rapidamente da sud (forse seguendo il tracciato di quella che sarebbe divenuta la via di porta Giustizia); perciò poté forse essere qui collocata anche la zecca – dato che è certo che Siena producesse proprie monete negli ultimi due decenni del 1100.[39] Essa doveva essere in luogo bene accessibile ai grandi carichi del legname necessario per alimentare i forni, ma in realtà dove fosse collocato il 'Bolgano' (questo il nome della zecca fino al Trecento) non è documentato. Lo si assegna a primo nucleo del futuro Palazzo pubblico su piazza del Campo probabilmente per dare un senso agli acquisti di cui si è parlato in quell'area e perché si sa che gli uffici comunali erano allora presso la chiesa di San Pellegrino.[40]

Peraltro, che il *Campum fori* fosse un punto di convergenza delle varie parti della città lo mostra chiaramente l'*Ordo officiorum* della Chiesa senese, un testo prezioso e raro, frutto di una cultura raffinata,[41] ricchissimo di dati che solo recentemente hanno cominciato a essere esaminati come meritano.[42] Infatti, in esso si ricordano gli itinerari delle processioni delle litanie minori, che si svolgevano in tre giorni, corrispondenti ai tre 'Terzi' in cui la città andò dividendosi amministrativamente seguendo la ramificazione della Y ricordata: Camollia, San Martino e Città.

---

[39] Si v. Le monete della Repubblica di Siena, testi di B. Paolozzi Strozzi/G. Toderi, F. Vannel Toderi, Siena/Milano 1992. Il regesto dei documenti inizia solo dal 1229 (p. 417).

[40] V. ad esempio U. Morandi, Le istituzioni, in: Le Biccherne. Tavole dipinte delle magistrature senesi (secoli XIII–XVIII), a cura di L. Borgia/E. Carli/M.A. Ceppari/ U. Moranti/P. Sinibaldi/ C. Zarrilli, Roma 1984, pp. 1–19 (a 3s.): la Biccherna (ufficio finanziario) è attestata dal 1168 (ibid.). Un'altra tradizione, raccolta dal Lusini, Note storiche (nota 25), p. 257 nota 3, ricorda dal cronista Ventura Galleri che la Dogana e l' "uffizio di tener ragione a' mercanti" furzono fatti nel 1194 "nel luogo al presente è sotto la chiesa di S. Paolo nella Mercanzia".

[41] Si v. ora P. Nardi, L'insegnamento superiore a Siena nei secoli XI–XIV, Milano 1996.

[42] Alimentando anche una polemica sulla sua datazione: v. comunque M. Marchetti, Liturgia e storia della Chiesa di Siena nel XII secolo. I calendari medievali della chiesa senese, Roccastrada 1991; U. Morandi, Una fonte di storia senese del 1215: l'Ordo officiorum Ecclesiae Senensis, in: Studi in onore di Arnaldo d'Addario, IV, 1995, pp. 1101–117; A. Brogi, Tempo e immagine del duomo di Siena, in: La ricerca delle origini, Siena 1999, pp. 45–66; R. Argenziano, Agli inizi dell'iconografia sacra a Siena. Culti, riti e iconografia a Siena nel secolo XII, Bottai 2000; M. Pellegrini, "Sancta pastoralis dignitas". Poteri, funzioni e prestigio dei vescovi a Siena nell'altomedioevo, in: Vescovo e città nell'alto Medioevo: quadri generali e realtà toscane, a cura di G. Francesconi, Pistoia 2001, pp. 257–296.

Nel grande Duecento: i fondamenti fino allo statuto del 1262

La città aveva già una sua matura configurazione ben prima che la documentazione ci sia pervenuta copiosa, ossia – grosso modo – dalla metà del Duecento. Si trattava ancora di riempire i vuoti, qualificare gli spazi, programmare gli ampliamenti, estendere la rete idrica – anche con l'apporto dei minatori (compresi i 'guerchi' tedeschi) che da tempo lavoravano nelle vicine miniere di argento delle Colline Metallifere;[43] ma la situazione esistente avrebbe condizionato pesantemente il futuro: ridisegnare il Campo e la piazza della cattedrale (avanti e dietro, dove ora è l'accesso al battistero) era una scelta quasi obbligata, 'naturale'. E che tutto questo avvenisse sotto impulso del Comune, che doveva sforzarsi di contenere e regolamentare l'attività delle grandi famiglie, lo attesta il fatto che si parli già di una "designatio (civitatis)" disposta "per constitutum senense" in un documento del 1205 che impone la residenza in città a un nobile del contado accolto come cittadino senese.[44] Che già allora il reticolato della normativa comunale fosse fitto lo prova, del resto, la più antica legge senese individuata: un provvedimento essenzialmente finanziario, successivo a uno precedente (pare) non pervenuto, reso necessario da una recente e sfortunata guerra con Firenze; esso quasi incidentalmente fornisce informazioni preziose per noi.

I quindici *inventores* dell'ampio provvedimento fecero intanto riferimento a quanti avessero recentemente costruito sopra il muro del Comune ("murum Comunis") o coperto la via del Comune appoggiandosi al muro o comunque si fossero ad esso appoggiati: o essi liberavano le strutture comunali da quanto da loro fatto o pagavano un tanto per ogni braccio (circa mezzo metro) di muro o via occupata, pari a quanto già stabilito dalla commissione precedente; si precisava anche che "illis idem modus et eadem iura serventur que illis [cioè chi già era stato destinatario del provvedimento precedente] observata fuerunt".[45] Un regolamento nuovo era invece previsto per le vie comunali o ritenute tali occupate in due valli della città e nella via della Fonte di Buccio,[46] e per l'apertura di

---

[43] La presenza senese diviene ufficiale a Montieri già nel 1137; il tema non è ancora studiato come meriterebbe, ma prime note si rinvengono in D. Balestracci, Alcune considerazioni su miniere e minatori nella società toscana del tardo Medioevo, in: Siderurgia e miniere in Maremma tra '500 e '900, Firenze 1984, pp. 19–35. Si attende lo sviluppo della ricerca di M. Borracelli, Lo sviluppo economico di Grosseto e della Maremma nei secoli XI e XII nell'ambito dell'area economica senese, in: Siena e Maremma (nota 28), pp. 115–178.

[44] P. Vigo, Due documenti senesi del 1205 e del 1255 nell'Archivio di Livorno, in: BSSP 12 (1905), pp. 108–111 (a 109).

[45] M. Ascheri/M. A. Ceppari, La più antica legge della Repubblica di Siena, in: Siena e Maremma (nota 28), p. 201–228 (a p. 208s.).

[46] Ibid., p. 217s. Sono fatte salve le vie tracciate nei propri terreni; la fonte non sembra repertoriata in Bargagli Petrucci, Le fonti (nota 22) e in: Siena e l'acqua. Storia e immagini di una città e delle sue fonti, a cura di V. Serino, II ed. Siena 1998. Le valli sono quelle di Beraldo e Mazzoli; alcune novità in: I bottini medievali di Siena, testi di D. Balestracci, D. Lamierini, M. Civai, Prefazione di P. Galluzzi, foto di B. Bruchi, Siena

na nuova porta di tre braccia e mezzo di larghezza in un'area in cui ne era stata chiusa una.[47] Si tratta di porte 'minori', al servizio di residenti ad esse vicini, che evidentemente non erano oggetto di pedaggi come le maggiori, custodite dal Comune,[48] ed erano perciò anche costruite a spese dei vicini, come avveniva per questa.[49] Probabilmente al di fuori di esse esistevano delle mura, che le proteggevano da attacchi esterni.[50]

Un'altra norma invece disponeva una vendita nell'area della porta della Vetrice (accanto o per accedere alla fonte già prima ricordata, evidentemente), verso la quale si dirige (si dice ora) una "via Comunis, mala via", ormai, che ora viene inclusa nella vendita con la porta esistente.[51] Nella stessa area c'era il muro di Vallepiatta (toponimo ancora esistente, nell'area sottostante la cattedrale[52]) che si estendeva dalla cantina di un Buonsignore fino alla porta della Vetrice; ebbene si autorizzava chi vi abitasse o avesse il *cellarium* di farvi una porta di 3, o 2,5 o 2 braccia almeno, dietro pagamento di una tassa (d'importo proporzionato all'apertura praticata) che avrebbe colpito anche chi non utilizzava il permesso così conferitogli.[53] Dall'altra parte della porta della Vetrice si estendeva il lungo muro del Comune fino a porta Salaria: qui non si poneva un problema di apertura di porte (forse non lo consentiva il dirupo esistente), ma solo di piccole feritorie nel muro del Comune in modo che la propria casa ne ricevesse luce, dietro pagamento di una tariffa apposita. La cosa più interessante, però, è che

---

1993. Sulla fonte della valle di Berardo si v. E. Mecacci, Un frammento palinsesto del più antico costituto del Comune di Siena, in: Antica legislazione della Repubblica di Siena, a cura di M. Ascheri, Siena 1993, pp. 67–119 (a p. 86s., nota 27).

[47] Ascheri/Ceppari, La più antica legge (nota 45), p. 219. La nuova porta è accanto a due già esistenti ma prive di nome: sono indicate con riferimento agli abitanti (per la quale si va accanto alla residenza del giudice Rinaldo; attraverso la quale si va davanti alla residenza di Signorucolo e ancora fino alla via maggiore ...); anche quella già chiusa è indicata riferendosi al fondaco di Cancellerio.

[48] E per le quali (ibid., p. 210) si prevedeva la vendita di tutti i consueti pedaggi ("omnia passagia consueta"); le porte avevano dei guardiani, che vennero ritenuti giustificati – alla pari dei custodi delle torri e dei castelli – per non aver partecipato alle operazioni belliche (p. 212).

[49] Ibid., p. 220.

[50] Zdekauer, Il constituto (nota 33), dist. III, cap. 14, ad esempio, ci parla dell'impegno del podestà di "actari et reparari de bono muro et cum calcina bona, muros qui sunt extra portam sancti Mauritii et extra portam de Ovile ex utraque parte". Del resto le 'castellacce' (come quelle di Camollia, S. Prospero, S. Agata) erano appunto strutture fortificate esterne alle porte (già Lusini, Note storiche (nota 25), p. 271 nota 2).

[51] "Concedatur emptori habere portam que et sicut ibi est et tenere" (ibid., p. 209). Evidentemente, dovrebbe trattasi di un'altra porta 'minore', che non pone il problema di diritti di passaggio.

[52] Ove è in costruzione un grande impianto di risalita: v. il progetto in: Siena nella storia (nota 1), p. 269.

[53] Ascheri/Ceppari, La più antica legge (nota 45), p. 220.

Tavola 5 - L'espansione urbana fra tardo XII secolo e prima metà del XIII.

1. Porta di Pescaia.
2. Palazzo Bandinelli.
3. Porta Campansi.
4. Porta San Prospero (?).
5. Porta San Lorenzo.
6. Palazzo Malavolti.
7. Castellare dei Salimbeni.
8. Porta dei Frati Minori.
9. Palazzo Tolomei.
10. Palazzo Rinuccini.
11. Castellare degli Ugurgieri.
12. Porta Salaria (nel sec. XII).
13. La parte più antica del Duomo attuale.
14. L'Ospedale di Santa Maria della Scala prende forma.
15. Porta del Verchione.
16. Palazzo Bisdomini.

17. Porta Stalloreggi (o Due porte).
18. Porta Oria (?).
19. Porta Oria (?).
20. Porta all'Arco (già Oria?).
21. Porta di San Salvatore.
22. Porta di Val di Montone.
23. Porta Provenzani.
24. Porta Follonica.

25. Porta San Maurizio.
26. Porta di Bartolomeo Guerra.
27. Porta Camollia.
28. Porta Ovile.
29. Antiporto di Camollia.
30. Fonte di Valle Berardi o del Pino.
31. Porta Peruzzini (?).

━━━ Via di Porta Giustizia.

▪▪▪▪▪ Via di Porta Giustizia (Percorso ipotetico). La via di Porta Giustizia attraversava l'attuale Palazzo Pubblico.

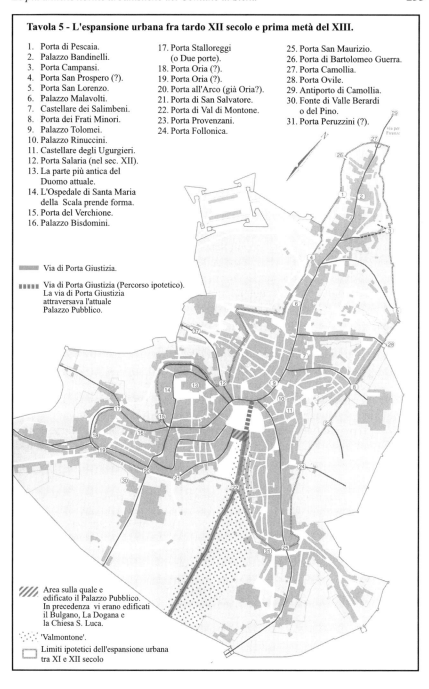

//// Area sulla quale e edificato il Palazzo Pubblico. In precedenza vi erano edificati il Bulgano, La Dogana e la Chiesa S. Luca.

∴∴∴ 'Valmontone'.

⬚ Limiti ipotetici dell'espansione urbana tra XI e XII secolo

venivano imposte le dimensioni dello spiraglio, in modo che fossero tutti uniformi, e dall'ammontare della cifra prevista si capisce che si pensava all'apertura di ben 75 spiragli.[54]

Sarebbe fuori luogo in questa sede esaminare tutti i problemi che queste norme impongono in sede di ricostruzione della topografia della città. Si sono ricordati i contenuti per evocare con quanti dettagli il Comune intervenisse, imponendo, con il suo potere di esazione tributaria, anche regole (come quelle sugli spiragli) per evitare evidentemente il fiorire di aperture irregolari e quindi, tutto sommato, brutte, nelle mura della città. Sono norme riportate in dettaglio che ci fanno capire come – al di là di quanto poteva essere disposto negli statuti – la città intervenisse attivamente nello sviluppo urbanistico non solo ogniqualvolta fosse coinvolto un bene del Comune. Del resto, una norma statutaria successiva, riportata però quanto alla data al 1188, stabiliva che ogni senese che giurasse fedeltà a un forestiero dovesse eccettuare papa, re o imperatore romano e il "comunem honorem et utilitatem civitatis".[55] C'è da pensare anche che quando si parla della "societas populi Senensis" – ricordata già nel 1213 e governata da tre *rectores* – con giurisdizione sulle torri[56] (alcune delle quali 'guardate' a spese del Comune), non si faccia riferimento solo a preoccupazioni politiche, di controllo dei nobili, ma di contenimento del loro numero e forse anche delle dimensioni di queste strutture che s'imponevano così prepotentemente.[57]

Che si aspirasse a un controllo complessivo dello sviluppo urbano, lo dimostra la parte che ci è pervenuta di una programmazione più generale. Agli anni 1213–1219 risale il grande intervento che portò all'edificazione del castello di Monteriggioni, a nord della città; ebbene, contestualmente si deve essere pensato di risistemare e razionalizzare il recente sviluppo troppo disordinato dei privati in città, perché all'anno 1218 si riporta[58] una norma per cui il podestà si impegnava a rispettare ("firmam tenebo et eam superapprehendi non permittam"), ancora nel 1262, "terminationem et designationem platearum vel viarum" fatta dal podestà di quell'anno.[59] E che questo intervento di disegno ('designatio') urbanisti-

---

[54] Ibid., p. 221: si pagavano 40 soldi per uno spiraglio di ¾ di quarro di braccio di base e di un braccio e mezzo di altezza. Il totale dell'entrata prevista era di 150 lire. Una norma apposita (ibid., p. 221) si riferiva al priore di San Vigilio, che era autorizzato (dietro pagamento come ogni altro) ad aprire uno spiraglio della stessa larghezza già indicata per dare luce alla sagrestia; per lui si precisava che dovesse essere ad almeno 6 braccia di altezza dalla via (quella che correva esterna alle mura, per cui lo spiraglio doveva aprirsi ben alto per non consentire l'accesso, o la via interna alle mura? In quest'ultimo caso, la sagrestia doveva essere un vano ben alto per poter usufruire della luce).

[55] Zdekauer, Il costituto (nota 33), dist. I, cap. 526, p. 192.

[56] Ibid., p. xxxxiii.

[57] Studi in corso fanno pensare al rispetto di schemi costruttivi precisi.

[58] Zdekauer, Il constituto (nota 33), dist. III, cap. 66, p. 293.

[59] Si v. O. Redon, Un podestat déplacé et les aléas du gouvernement communal: Sienne 1218, in: BSSP 101 (1994), pp. 17–31, e ora C. Cutini/S. Balzani, Podestà e capitani del

co sia stato realmente effettuato – mentre il Comune compra a favore dell'opera del Duomo[60] – ce lo dice un documento notarile sopravvissuto del 1222, relativo al 'borgo della valle di San Martino'.[61] L'intervento, del quale abbiamo il resoconto relativo all'apposizione dei termini con importanti notazioni toponomastiche finora non studiate,[62] si dice "pro assignanda et terminanda civitate et pro eius (in)cremento". Ma non fu certo l'unico atto compiuto in conseguenza di quella programmazione urbanistica. Al 1221 risale una vendita al *camerarius Comunis*, che riceve "nomine Comunis Senarum et pro eo", di una terra in cui è stata costruita una fonte in Val di Montone "pro abilitate et commoditate fontis eiusdem" come "terminata per Lucchesem tramezatorem Andrie de Solecotto et magistrum Burnaccium divisorem".[63]

Non abbiamo purtroppo le spese di questi anni, perché i registri finanziari (dell'ufficio di Biccherna) pervenutici cominciano solo nel 1226, quando – ad esempio – si segnalano spese per le fonti della città.[64] Ad esse fanno seguito nel 1229–1230 (quando riprendono le annotazioni conservate, dopo la lacuna per il 1227/28) le spese per le mura delle città, effettuate sulla base di prescrizioni dello statuto del tempo ("secundum formam costituti") – anch'esso non pervenuto. Tra esse figura anche il pagamento a un "sacerdos qui venit et stetit Senis et fecit servitia Comunis et exmaliavit portas"![65] In mancanza di testo statutario, grazie alle spese conservate, sappiamo che c'erano "già disposizioni sul campione legale

---

popolo a Perugia e da Perugia (1199–1350), in: I podestà dell'Italia comunale, a cura di J.-C. Maire Vigueur, II, Roma 2000, pp. 693–739 (a 700 nota 24).

[60] Giorgi-Moscadelli, Quod omnes cerei (nota 6), pp. 489–584, a 496 nota 13.

[61] Pubblicato in appendice a L. Zdekauer, La vita pubblica dei Senesi nel Dugento, Siena 1897, rist. Sala Bolognese 1978, pp. 108–110.

[62] L'area, ricca di vigne di una ventina di proprietari, viene terminata in certi 'angoli' in modo da tirare "a corda et recta linea" con altri. I termini sono "iusta viam", "pro porta, iusta stratam" (probabilmente la Francigena), "in via qua itur" (e si indicano Maggiano, San Viene, Vignano, Follonica, "per cultum filiorum Provençani"); si ricordano l'ospedale di San Giovanni (annesso evidentemente alla chiesa di San Leonardo, concessa ai cavalieri omonimi nel 1173) e, per le loro vigne, San Galgano e le abbazie di San Vigilio, di San Giacomo. Sottolineava comunque l'importanza del documento del 1222 il Guidoni (La città medievale, Roma/Bari, p. 184), perché già prevedeva gli allineamenti 'a corda et recta'; ugualmente segnalava il modello triangolare (dei Gromatici) seguito per la fondazione delle grandi chiese di S. Francesco (dal 1246), S. Domenico (dal 1226) e S. Agostino (dal 1258) che avrebbe portato alla individuazione delle 3 porte principali della città, col baricentro sulla loggia dei Mercanti (p. 145 nota 28). Nel suo Storia dell'urbanistica. Il Duecento, Roma/Bari 1989, Guidoni ha riprodotto il documento del 1222 (p. 347 s.), segnalando la sua contiguità al più antico (Vicenza 1208 o 1193); ha anche riportato (pp. 403–411) alcune rubriche dello statuto del 1309–1310 (v. nota 105: dist. I, 1, rubr. 171 e dist. III, rubr. 1, 310).

[63] Bargagli Petrucci, Le fonti (nota 22), II, p. 71.

[64] Ventuno poste sono riportate a quest'anno ibid., Le fonti II, pp. 72–74.

[65] Zdekauer, Il constituto (nota 33), p. XXXXs.

dei mattoni e delle tegole" ("sceda") che si conservava in Biccherna,[66] e che dovrebbe esser stato vietato alzare le case sopra una determinata altezza.[67]

Agli stessi anni risale l'informazione che

> Comune Senese habet subtus campum post sanctum Paulum domum propriam, et post illam domum habet plateas usque ad murum Comunis, in quibus sunt edificatae superfices, et conductores platearum singulis annis reddunt pensiones Comuni, quantitates quorum hic non exprimuntur quia aliquando imponuntur maiores secundum curam et sollicitudinem bonorum officialium, quam sollicitius per tempora intendunt utilitatibus Comunis Senarum.[68]

Più precisamente, nel 1226 si sa di maestri che hanno lavorato "pro terminandis plateis et palatio Comunis et fontem filiorum Cancellarii".[69]

Ma di quale palazzo comunale si parla? E dove sistemato? La domanda non è oziosa, visto che a pochi anni dopo (1246–1257) risalgono documenti[70] che parlano di lavori notevoli, ma forse riguardanti un'altra struttura. Intanto (1246) si paga per una "domus nova que fit pro edificiis Comunis, pro dicta domo fienda et pro portatura edificiorum ad dictam domum et pro magistris et pro mactonibus et aliis rebus necessariis in dicta domo"; l'anno dopo, di nuovo, ai due 'Operai' si paga "pro actanda et complenda domo Comunis ubi detinentur trabuchi et edificia Comunis" – cui vengono destinati sempre nello stesso anno 8mila mattoni pagati 10 lire e 8 soldi.[71] Può trattarsi dei lavori al palazzo del Bulgano, visto che nel 1249 si parla di muratura delle porte del Bulgano verso la chiesa di San Luca e di raccolta di denari dai carnaioli e treccoli con banchi e tende nel *Campus fori* e delle pensioni delle *platee* comunali poste "subtus Bulganum". Una delle platee affittate è identificata come quella "domus in qua est trabucchum Comunis" (1257).[72] In pochi anni il complesso edilizio di piazza del mer-

---

[66] Così Zdekauer, ibid., p. xxxxi, in base allo statuto del 1262, I, 496, 499, 500 e a una nota di Biccherna (ibid., nota 4). Il tema è stato privilegiato dalla ricerca recente: v. Fornaci e mattoni a Siena dal XIII secolo all'azienda Cialfi, Siena 1991; D. Balestracci, Produzione ed uso del mattone a Siena nel Medioevo, in: La brique antique et médiévale, éd. par P. Boucheron/H. Briose/Y. Thébert, Rome 2000, pp. 417–428; R. Parenti, I materiali del costruire, in: L'architettura civile in Toscana. Il Medioevo, a cura di A. Restucci, Siena/Milano 1995, pp. 371–399 (a 384–386), ove anche si ricorda la donazione di 15mila mattoni – tra le tante – effettuata dal Comune all'Ospedale di S. Maria della Scala nel 1226.

[67] Così Zdekauer, Il constituto (nota 33), p. xxxi, senza però motivare se non richiamando l'abrogazione in costituto del 1262, dist. III, cap. 1 (ma questo non parla di divieti precedenti, né di sopraelevazioni).

[68] 1222–1230: in Morandi, Documenti (nota 32), p. 414. Del resto, al 1230 si fa risalire un parlamento sul Campo e si sa che si lavora a spianarlo.

[69] Ibid.

[70] In Morandi, Documenti (nota 32), p. 414.

[71] Ibid.

[72] Ibid.; da qui anche i documenti subito ricordati nel testo fino alla nota successiva.

Tavola 6 - I grandi cantieri edilizi e la definizione del tessuto urbanistico (fine secolo XIII - prima metà XIV).

A Cinta muraria della prima metà del sec. XIV e completata nel '400.
1 Fote di Pescaia (completata verso la metà del '200).
2 Porta di Pescaia.
3 Tiratoio del Terzo di Camollia.
4 Porta S. Lorenzo.
5 Fonte Nuova d'Ovile (fine '200-inzi '300).
6 Porta dei Frati Minori o di S. Francesco.
7 Basilica e Convento di S. Francesco (da prima metà '200).
8 Basilica e Convento di S. Domenico (prima fase entro il '200).
9 Fonte Branda (completata verso la metà del '200).
10 Tiratoio del Terzo di Città.
11 Sagrestia del Duomo (secc. XIV-XV).
12 Duomo (completato nel corso del 300).
13 Duomo Nuovo (1339-57, rimasto incompiuto).
14 Grandi lavori d'ampliamento dell'Ospedale (da fine '200).
15 Basilica e convento di San Niccolò al Carmine (lavori iniziati secondo '200).
16 Basilica e convento di Sant'Agostino (lavori iniziati verso metà '200).
17 Palazzo Marescotti (fine '200-inizio'300).

26 Fonte di San Maurizio (1351).
27 Basilica e convento di San Clemente in Santa Maria dei Servi (lavori iniziati prima metà del '200).
28 Fonte d'Ovile (completata nella seconda metà del '200).
29 Porta Giustizia (oggi in parte distrutta e interrata).
30 Palazzo del Capitano della Guerra, già Squarcialupi (fine '200).
31 Porta di Busseto.
32 Cappella di Piazza (seconda metà '300).
33 Porta di Bartolomeo Guerra.
34 Porta Camollia.
35 Porta Campansi.
36 Porta Ovile.

37 Porta San Viene (poi Pispini)
38 Porta Castel Montone.
39 Porta Tufi.
40 Porta San Marco.
41 Porta Laterina.
42 Porta Fontebranda.
43 Porta Nuova o Romana.
44 Antiporto di Camollia.
45 Fonte delle Sperandie.
46 Monastero di Monte Oliveto.

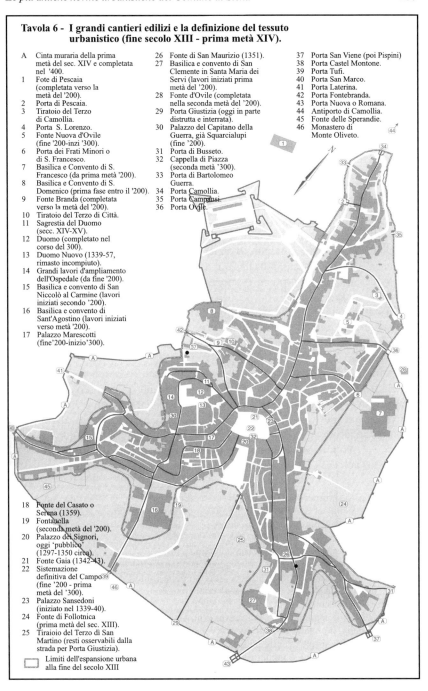

18 Fonte del Casato o Serena (1359).
19 Fontanella (seconda metà del '200).
20 Palazzo dei Signori, oggi 'pubblico' (1297-1350 circa).
21 Fonte Gaia (1342-43).
22 Sistemazione definitiva del Campo (fine '200 - prima metà del '300).
23 Palazzo Sansedoni (iniziato nel 1339-40).
24 Fonte di Follotnica (prima metà del sec. XIII).
25 Tiraioio del Terzo di San Martino (resti osservabili dalla strada per Porta Giustizia).

Limiti dell'espansione urbana alla fine del secolo XIII

cato si complica, perché al 1253 si sa di pagamenti "super facto balistrarum, qua-
drellorum et aliarum rerum Camere Comunis super Bulganum" e (forse nello
stesso anno) si scrive di pagamenti a un *mantellatus* "operaius palatii et pedivie
Campi Fori ad faciendum dictum opus". Perciò non stupisce che nel 1258 si parli
di fare un "palatium Comunis apud Doganam", la quale deve essere elevata, si
dice pochi mesi dopo; altra cosa è il palazzo del Bulgano, cui si continua a lavo-
rare e per il quale ci sono contributi dei 'bolganerii'.

Ma sono solo dati finanziari questi che possediamo, anche se giustificati certamente da statuti o deliberazioni consiliari, e che devono essere ancora pazien-
temente studiati. L'utilità d'un approccio complessivo da questo punto di vista è
presto dimostrato. Un solo passo del registro di Biccherna del 1249 ci dice, ad
esempio, che vie "in civitate [...] siliciari deberent secundum formam constituti";
che c'erano degli "Operarii positi super acconciamento civitatis a porta Campansi usque ad portam de Follonica secundum formam ordinamenti firmati in
consilio [...] de denariis dogane"; che altri cittadini erano "incaricati super viis
diriççandis et de novo mittendis, o super via de novo mittendam ad fontem de
Follonica", o "super accusandis illis qui non spaccaverint silices et viis silicatis et
qui proicerint aquam putridam et suççuram a ballatoribus in viis publicis et illis
qui reciperint fures [...]".[73]

Gli statuti quindi c'erano su questioni attinenti alla migliore organizzazione degli spazi urbani, e molto analitici, anche se non pervenuti, e si alternavano agli
ordinamenta, testi specifici su materie determinate, tra cui anche "super muni-
mine civitatis".[74]

Un frammento di statuto recentemente individuato,[75] da riportarsi al massimo
al 1231 o 1235, parla – oltreché della "domus Bulgani"[76] – di interventi alle fonti
(Branda, di Follonica e di valle Berardi)[77] e impegna il podestà a difendere tutte
le "venas que derivantur in fontibus Comunis Senarum, vel in aliquo fonte
Comunis Senarum et costudiri faciam, et eos bene aptari voltis lapidum, vel mat-
tonum, vel alio modo, ita quod in eis putrido prohici vel mitti non possit".[78] Ma
già prima, nel 1228, ci si era impegnati a non 'molestare' coloro che avessero

---

73 Da un passo riportato in G. Mengozzi, La 'charta bannorum' di Ubertino dell'Andito,
    potestà di Siena nel 1249, in: BSSP 13 (1906), pp. 381–456 (a 435s., nota 1).
74 Zdekauer, Il constituto (nota 32), p. xxxxii.
75 Si v. Mecacci, Un frammento (nota 46).
76 Ibid., p. 108; seguono norme importanti in tema.
77 Al 1234 risale la norma per cui chi si appoggia a mura oltre livello guarnisca di merli e
    ballatoi come quelli esistenti: Lusini, Note storiche (nota 25), p. 274: 1233, le vecchie
    mura accollano a chi vi si è appoggiato l'obbligo di farvi merli e pettorali 'buoni' come
    quelli delle mura prese.
78 Ibid., p. 105s. Il capitolo prosegue prevedendo che ove qualcuno 'dissipasse' una delle
    vene predette, il podestà lo costringerà a risistemarla dopo averlo saputo dai Tre sovra-
    stanti alle fonti; queste ogni tre mesi saranno controllate da lui. È già espresso fin da ora
    il divieto di lavare lana o immettere cuoi nei lavatoi o *troghis* o guazzatoi del Comune,
    specie alla Vetrice e a Fontebranda.

edifici sul muro del Comune o *appoggiamentum*, intervenendo anche nel delicato snodo di strade e dislivelli presso la porta Salaria.[79]

Un decennio dopo, nel 1246, si sa che venne riordinato lo statuto[80] – non pervenutoci, ma del cui contenuto sappiamo indirettamente qualcosa grazie ai registri finanziari e a norme conservate nello statuto successivo del 1262. Ad esempio, si apprende che molti uffici[81] erano ancora in affitto nella chiesa di San Pellegrino e locali adiacenti, per cui non era disdicevole pensare che, pur non essendo, in proprietà, venissero decorati. Il nome di uno dei più favolosi pittori senesi del tempo ci è pervenuto proprio per questo e al 1250.[82] A qualche anno dopo, al 1257, risale la notizia della più antica tavoletta dipinta di Biccherna,[83] e all'anno successivo, 1258, risale quella più antica conservata (opera di Gilio appunto).[84]

Il Comune difende il proprio *honor* anche mediante le raffigurazioni preziose e che comunicano messaggi precisi. Sono anni intensissimi per lo sviluppo politico-sociale ed economico, e quindi anche per gli interventi nel settore che ci interessa.

Al 1245/46 vengono riportate delle norme statutarie che disciplinano l'ingrandimento della città, "modificandone il piano stradale e i confini".[85] Del resto, al nuovo "designamentum civitatis" fa riferimento un capitolo datato 1246,[86] che lo collega a quello *vetus* per quanto riguarda le aree dove ancora si poteva costruire molto per rispondere alla domanda di mercato, ossia il suburbio. Ebbene, per quelle aree (più esposte alla spinta verso una fabbricazione disordinata, quasi febbrile) il capitolo dispone che per i dieci anni futuri non si sarebbero potute costruire più case abitative, come era prima consueto, "extra designamentum": si tratti dell'attuale o di quelli futuri che si faranno in base allo statuto. Saranno consentite solo "domus que fieri consueverunt in vineis et ortis pro fructibus conservandis": sono norme che richiamano le eccezioni a favore degli impianti agricoli assai usuali nella moderna legislazione vincolistica a tutela del paesaggio,

---

[79] Zdekauer, Il constituto (nota 33), p. xxxx, riporta al 1228 la norma in statuto 1262, dist. III, cap. 5, p. 277, visto il riferimento specifico al podestà; la seconda parte del testo, appunto sulla Salaria, potrebbe però essere stato aggiunto.

[80] Ibid., p. lxx.

[81] Ossia: la corte del podestà, la biccherna, i consoli delle donne e i collettori delle decime, delle condanne e del dazio vecchio: Zdekauer, Il constituto (nota 33), p. lxx.

[82] "Magister Gillius pictor […] pro pictura […] et pro coloribus et rebus aliis": Zdekauer, Il constituto (nota 33), p. lxx nota 6.

[83] V. ora le tavole restaurate in: Le Biccherne di Siena. Arte e finanza all'alba dell'economia moderna, a cura di A. Tomei, Roma 2002.

[84] V. ora A. Tomei, Siena 1257: nascita di una pittura civica, in: Le Biccherne di Siena (nota 83), pp. 39–41 (a 39).

[85] Così Zdekauer, Il constituto (nota 33), p. lxix, con riferimento a dist. III, capp. 71–74, che Zdekauer ha datato per i richiami al podestà contenuti nei capp. 71 e 74.

[86] In Zdekauer, Il constituto (nota 33), dist. III, cap. 36.

ma forse in questo caso si pensava più propriamente ad evitare costruzioni fortificate private!

La città ha quindi negli anni '40 un piano regolatore ("designatio") vecchio e uno nuovo e la legislazione cerca di coordinarli disciplinando i problemi che si presentano via via. Per il 1241, in questo contesto, si decide di ammattonare la *strata Romana* a cura dei Viarii,[87] mentre in un *Breve officialium* (raccolta di norme sugli uffici) del 1250 si segnalano norme di pulizia per il mercato e i custodi per il Campo con funzioni che vogliono proteggere il suo ruolo di spazio ormai pregiato a livello cittadino già allora.[88] Infatti, chi avesse sporcato o occupato il Campo contro i regolamenti vigenti (di macellare bestie, di riporre cannicci, di accatastare pietre) sarebbe stato da loro denunciato al podestà per i provvedimenti punitivi previsti; inoltre si sarebbe controllato che non si asportasse terra e che quella esistente fosse spianata, colmando le buche e quant'altro potesse esser stato prodotto dagli agenti atmosferici.[89]

Non a caso sono anni di grandi spese per le fonti, per le mura e per l'Opera del Duomo,[90] mentre nel decennio successivo si moltiplicano quelle militari, avvicinandosi il cruciale confronto di Montaperti del 1260 – al tempo di re Manfredi – contro i Fiorentini e i loro alleati guelfi.[91]

Al 1250 risalgono un *breviarium* degli ufficiali del Comune[92] e una *charta bannorum*,[93] ma solo il primo contiene molte norme relative ai nostri temi dato che

---

[87] Le cui norme vengono poi raccolte a fine secolo in un testo molto complesso ora disponibile: Viabilità e legislazione di uno Stato cittadino del Duecento. Lo statuto dei Viarî di Siena, a cura di D.Ciampoli/Th.Szabó, Siena 1992 (l'ampio saggio introduttivo di Szabó dà conto di come si sia sviluppata in modo eccezionalmente analitica questa amministrazione).

[88] Di esso si parla già nel più antico libro di Biccherna (1226) e poi costantemente: nel 1246 per il Campo 'post' S.Paolo, e per il 1247 per il *Campum fori*: Tuliani, Il Campo (nota 19), rispettivamente pp.68, 64, e R.Mucciarelli, Igiene, salute e pubblico decoro nel Medioevo, in: Vergognosa immunditia. Igiene pubblica e privata a Siena dal medioevo all'età contemporanea, Siena 2000, pp.13–83 (a 41–46).

[89] Nel 1247, poi, si evacuava il bottino sotto il Bolgano (Lusini, Note storiche (nota 25), p.291 nota 2); il selciato dell'anello della piazza nel Campo è certamente anteriore all'attestazione contenuta nello statuto del 1262 (v. ibid.; talora è segnalato per il 1251).

[90] Si v. ora Giorgi-Moscadelli, Omnes cerei (nota 6); si lavorava al coro del duomo a metà '200 grazie al pagamento del Comune (nel '40 si sa di muli che vi portavano marmi), ma naturalmente i lavori erano fatti di comune accordo col vescovado: ivi, pp.494–496; per i particolari dei lavori rinvio genericamente alla letteratura citata nelle note precedenti.

[91] I dati delle Biccherne sono elaborati in C.Cecinato, L'amministrazione finanziaria del Comune di Siena nel secolo XIII, in: Annali della Fondazione italiana per la storia amministrativa 3(1966), pp.164–234. Nel 1262 si decise di spendere 100 lire o più se necessario per costruire "palcum in domo Comunis" per la custodia di balestre, quadrelli, strali, canapi, funi e di tutte le attrezzature per la guerra (Morandi, Documenti (nota 32), p.415).

[92] A noi pervenuta in redazione del 1258 a quanto pare: si v. V.Crescenzi, Note critiche sul codice 'Statuti 1' dell'Archivio di Stato di Siena, in: Archivio storico italiano 148(1990), pp.511–579 ed edita da L.Banchi, Breve degli officiali del Comune di Siena compilato

tratta analiticamente dei doveri d'ufficio derivanti dal giuramento di ogni operatore comunale.[94] In particolare, nel *breviarium* si prevede un diverso controllo dello spazio suburbano ordinato in modo gerarchico con attività di 'monitoraggio' diverse a seconda che ci si trovi entro 1 miglio dalle mura della *civitas*,[95] entro 2 miglia (per certe spese, ad esempio di individuazione di nuove fonti e per le strade[96]), oppure entro 15 miglia (viene esclusa la presenza di bicchierai, la vendita di legna per fare cenere oppure le cetine nei boschi); si parla – oltreché di marmi, mattoni e altri materiali per l'Opera del duomo e l'Ospedale di Santa Maria – di tener sgombre le vie pubbliche e non immettervi alcuna cloaca privata,[97] di non depositare nel *Campus fori* cannicci, "vimes et sextoria", né vendervi biade; inoltre ovunque in città non si potranno tenere ovini e capre salvo 1 per casa per 'necessità'.[98] È anche più interessante però che si prevedano come inderogabili le norme statutarie relative alle vie, che tutti i proventi delle dogane debbano essere destinati alle "munitiones et acconciamenta" della città[99] e che, inoltre, una normativa analitica – che rivela un'attenta preoccupazione estetica e che vale la pena di riportare dato che è assai poco conosciuta[100] – sia diretta a uniformare la 'facies' monumentale.

---

nell'anno mccl al tempo del podestà Ubertino da Lando di Piacenza, in: Archivio storico italiano, s. III 3 (1866), pp. 3–104.

[93] Edita in Mengozzi, La 'charta' (nota 73), pp. 442–456.

[94] La *charta* ci riguarda indirettamente, ad esempio punendo il maggiore di 14 anni che "fecerit turpitudinem sui corporis in locis publicis, silicet de matonibus vel in fenestris", o chi "posuerit terram vel spaççaturam vel aliquam soççuram per se vel alium circa portas civitatis", oppure ancora chi portasse in città paglia, fieno o legna e, non vendendola, la trattenesse "in plateis vel viis publicis ut iter (non) impediatur" (ibid., p. 448).

[95] È area sottoposta a tutela particolare (ad es. per furti) nella parte penalistica dello statuto degli anni '60: v. L. Zdekauer, Il frammento degli ultimi due libri del più antico costituto senese (1262–1270), in: BSSP 1 (1894), pp. 131–154, 271–284, 2 (1895), pp. 137–144, 315–321, 3 (1996), pp. 79–92.

[96] Banchi, Breve (nota 92), p. 93.

[97] Per il problema sanitario v. anche Banchi, Breve (nota 92), p. 87s. (sempre poco conosciuto).

[98] Si v. per tutto quanto sopra Banchi, Breve (nota 92), pp. 21, 33, 58s., 64, 68.

[99] Ibid., rispettivamente pp. 36, 28.

[100] Ad esempio, Tuliani, Il Campo (nota 19), p. 69s., si rifà solo al costituto del 1262. Si legga invece in Banchi, Breve (nota 92), p. 58s.: "Et porticus circa Campum fori nec esse nec in antea fieri permictam, nisi fierent altitudinis viii. bracchiorum per altitudinem; et qui sunt inferiores ad mensuram viii. bracchiorum per altitudinem faciam redigi. Et homines habentes domos suas circa Campum possint habere et tenere fenestras et discos ante suas domos amplitudine unius bracchii et non plus; et quod fenestre et tabule per civitatem et burgos sint unius bracchii ad passettum, et non plus. Et nullus teneat seu ponat extra fenestras res aliquas in viis publicis infrascriptis […] Et non permictam esse vel stare in aliqua via intra civitatem Senarum que sit a sex bracchiis infra, vel de sex bracchiis, ampliorem fenestram dimidio bracchio ad bracchium canne […]".

Il portico intorno al Campo non potrà in futuro essere più basso di 8 braccia (più di quattro metri), e quello esistente dovrà essere portato a tale altezza,[101] nelle *domus* che circondano il Campo si potranno tenere solo finestre e *discos* non più grandi di un braccio; le finestre in città e nei suoi borghi dovranno essere di un braccio "ad passettum"; non si potrà porre alcunché fuori delle finestre da porta S. Maurizio a porta Camollia "recta linea per stratam"; dal Travaglio a porta Stalloregi e da porta Peruzzini al "Campus fori recta linea per Porrionem", dato che si tratta delle vie principali della città, parificate per certi aspetti con le altre vie pubbliche al trattamento del Campo[102] – che va tenuto sgombro da pietre e mattoni salvo per chi voglia costruire (viene concesso un mese di occupazione del suolo) e del qual vengono spianate fosse e fossatelle. Inoltre, laddove le vie in città saranno di 6 braccia (più di tre metri), le finestre non potranno essere più larghe di mezzo braccio 'a braccio di canna'; si sancisce l'obbligo di spazzare ogni sabato le vie pubbliche selciate a mattoni,[103] vengono tutelate le piazze davanti alle chiese e a vie pubbliche; vanno recuperati tutti gli *hedificia* del Comune, come "trabucchos et manganos et manganellas"; andava anche controllato il commercio dei mattoni, specie all'ingrosso, che dovevano essere 'buoni' e "bene pleni" come stabilito nello statuto e della *sceda* prevista, mentre si stabiliva anche un controllo dei loro *portitores* e un controllo della calcina.[104]

Lo statuto del 1262 e oltre

Ci siamo intrattenuti in dettaglio sulle normative precedenti lo statuto del 1262, cui comunque si è dovuto già più volte far riferimento, non a caso. Esso è un monumento legislativo che – con quello successivo del 1309–1310, in volgare[105] – è largamente noto da oltre un secolo, per cui è stato ampiamente utilizzato dagli studiosi ricordati. Uno studio analitico della sua disciplina sui problemi urbanistici continua comunque a mancare, ma non può condursi in questa sede dato che le norme che si dovrebbero esaminare sono troppo numerose e complesse. Perciò si è limitato il contributo alle 'norme più antiche', che hanno tuttavia fatto emergere quel che non sempre è parso chiaro: ossia, che già entro la metà del Duecento

---

[101] Altre regole importanti ibid., p. 88.
[102] Ibid., p. 88, si prevede che nella *strata* (Francigena) da Camollia a S. Maurizio e nella *via* fino a Stalloreggi non potranno esserci cannicci, *vimes, sextoria*.
[103] Il Banchi annota: "se ne veggono in Siena anch'oggi e non poche, e si dimandano 'lastrici a ferretti'. Sono costruiti di mattoni ben cotti, messi per coltello senza cemento, e talora a spina di pesce. Hanno assai lunga durata" (Breve (nota 92), p. 68 nota 1).
[104] Per i dettagli molto interessanti v. ibid., p. 99s. Per quanto sopra v. Banchi, Breve (nota 92), pp. 68, 75, 88, 93, 101.
[105] Ora nella riedizione (Siena 2002) a stampa curata da Mamhoud Salem Elsheik con la collaborazione di Attilio Bartoli Langeli, Enzo Mecacci e mia.

Siena aveva sviluppato una compiuta cultura urbanistica e delle modalità di utilizzo degli strumenti legislativo-amministrativi di governo del territorio.

Qui, perciò, per chiudere finalmente un discorso ormai troppo lungo, basterà osservare l'importanza di alcune norme programmatiche di quello statuto. Ad esempio, di quelle che intendevano coinvolgere gli ecclesiastici nella programmazione dello sviluppo della città. Il nuovo podestà, infatti, entro un mese dal giuramento doveva recarsi dal vescovo e pregarlo *affectuose* da parte del Comune di radunare (anzi: "debeat congregare") il capitolo e il clero per convincere loro ("movere eos") ad aiutare il Comune ("adiutorium facere") in "acconciamento et munitionibus civitatis".[106] Non c'è dubbio che la previsione sarà stata dettata dalla preoccupazione di assicurarsi un contributo finanziario eventualmente; ma l'occasione poteva anche consigliare accordi di altro genere. Tanto è vero che si prevedevano anche accordi per l'edificazione delle chiese: dove e come costruirle.[107]

Non c'è dubbio che in quelle occasioni si saranno trovate convergenze anche di interesse che oggi diciamo 'estetico'. Questa è una preoccupazione in effetti sempre più presente nelle deliberazioni comunali del tempo, ma entriamo in un periodo più ricco di documentazione e perciò più largamente arato nella letteratura esistente. Già prima della fine del Duecento, comunque, si può ricordare che si impose ai nuovi palazzi che si affacciavano su piazza del Campo di adottare le aperture a *colonnelli*[108] – con bifore o trifore, quindi – e di evitare i ballatoi, che invece sappiamo che allora ingombravano le vie interne della città. Tanti altri interventi principali e di dettaglio furono da allora curati per assicurare l'*honor* cittadino nel momento in cui Siena, inglobata nel coordinamento guelfo fiorentino, sentiva di dovere ormai difendere un ruolo di comprimaria in Toscana. Nel 1287, ad esempio, si decide di drizzare la via dal ponte dei figli di Forteguerra fino a San Giovanni per consentire il passaggio dei grandi ceri per l'Assunta: gli stessi ballatoi dovevano essere a non meno di 10 braccia.[109] Insomma, si era creata una precisa gerarchia delle aree urbane per volontà comunale, che si confermava ogni volta che nello stesso Trecento si spostarono certe attività ritenute non 'nobili' dalle strade principali del centro.[110] Si dirà che sono preoccupazioni

---

[106] Il Consiglio, cui il podestà avrebbe riferito, doveva decidere se accettare l'*adiutorium*: Zdekauer, Il constituto (nota 33) dist. I, cap. 191, p. 79.

[107] In ibid., dist. I, 86, p. 48, si prevede che il podestà vada a richiesta del vescovo a parlare "quomodo et qualiter plures ecclesie fiant in civitate senensi", ma poi egli dovrà eseguire quanto deciso dal consiglio.

[108] V. infine Tuliani, Il Campo (nota 19), p. 70.

[109] Giorgi-Moscadelli, Quod omnes cerei (nota 6), p. 526 nota 77. Lo stesso Moscatelli ha collaborato per la parte documentaria a due recenti e importanti saggi di Max Seidel di cui non ho potuto tener qui conto: "*Dolce vita". Il ristratto dello Stato senese dipinto da Ambrogio Lorenzetti*, e *Vanagloria. Studi sull'iconografa degli affreschi di Ambrogio Lorenzetti nella "Sala della Pace"*, in M. Seidel, Arte italiana del Medioevo e del Rinascimento, Venezia 2003, pp. 245–340.

[110] Si v. Balestracci-Piccinni, Siena (nota 2), passim.

normali in molte città. Qui è l'abbondanza di motivazioni esplicitate che colpisce. C'è un esempio singolo ma clamoroso sul quale merita soffermarsi un attimo.

Al 1309 viene segnalato un acquisto per un 'prato' che si era deciso di realizzare tra le due 'ultime' porte di Camollia.[111] Ciò perché gli emendatori dello statuto l'avevano previsto con una motivazione che dà un'idea della diffusione dei valori formali entro il ceto dirigente. Chi si occupa della *gubernatio* della città – avevano scritto[112] – dovrà massimamente aver riguardo alla *pulcritudo* della città e "de principalibus decoribus"; perciò, visto che era proprio di ogni 'egregia' città in Toscana e talora anche dei castelli avere un prato per i mercati e "ad delectationem et gaudium civium et forensium" – che si muovevano spesso (*plurimum*) "causa delectationis" –, e che Siena appunto non ne era provvista ("cinta"), si decideva l'intervento.

Ora, è significativo, non solo che non si faccia alcun riferimento a valori religiosi (un grande spazio avrebbe potuto servire anche, ad esempio, per ascoltare predicatori famosi), ma che la scelta si motivasse in tutt'altri termini: di concorrenza con le altre città, di bellezza civica, di piacere (dei cittadini e dei forestieri), di "honor et commodum" della città unitariamente considerata, la quale in questo modo si potrà maggiormente dotare di mercanzie, denari, 'lucri' e quindi 'crescere'.

In una parola, il 'prato' avrebbe confermato "la sapientia solita, amenitas et pulcritudo" per cui Siena era lodata. Insomma, per valori puramente laici e per qualche verso 'materialistici', "pro honore, prosperitate et augmento" della città e dei cittadini, e in modo che essi – città e cittadini – "honores et lucra suo loco et tempore deveniant et sint", si ordinano le spese per un prato "valde pulcerrimum et amenum pro nundinis et mercatis ibi tenendis et faciendis ad decorem et emolumentum Comunis et civium civitatis Senarum".

Siamo al culmine della cultura dei governi 'popolari' senesi: un complesso impasto di valori, simboli e richiami dell'antichità classica e della riflessione teologica e politica più recente come rivissuta dal pensiero repubblicano comunalela.[113] Che siano anni retivamente omogenei lo rivela un'altra deliberazione che ci riguarda direttamente. Nel 1314 ci si preoccupa del fetore che emana dalla

---

[111] Cronaca di Agnolo di Tura del Grasso, in Cronache senesi, a cura di A. Lisini/F. Iacometti (Rerum Italicarum Scriptores, XV, VI), Bologna 1934, p. 306: il Comune comprò un pezzo di terra e vigna dai figli di Salimbene "per fare el prato"; gli Operai designati per l'impresa sono ricordati per il 1310 (p. 308). La complessa situazione di Camollia (le 'ultime porte' citate sono ricordate nella riforma richiamata alla nota successiva), oggetto di reiterati interventi, emerge bene dal contributo di Brogini, Presenze ecclesiastiche (nota 6). Per questo episodio riprendo dalla mia introduzione alla riedizione del costituto volgarizzato del 1309–1310 (v. nota 105).

[112] Archivio di Stato di Siena, Statuti di Siena 8, f. 154rv (poi nello statuto volgarizzato (nota 105), III.291).

[113] M. Asheri, Die andere Gewalt: Der italienische Stadtstaat und der Fall Siena, in: Gewalt und ihre Legitimation im Mittelalter, hrsg G. Mensching, Würzburg 2003, pp. 81–112.

congregatio letaminis et spaçature nel Campo effettuata dal loro compratore, che pertanto dovrà settimanalmente trasportare quei materiali nei luoghi consentiti dalla legge, in modo che il Campo *de ipsa spaçatura bene sit et remaneat purgatus et expeditus.* Fin qui una previsione[114] del tutto ragionevole, 'normale'. Il fatto è che essa è adottata pensando in particolare alle sere estive (*maxime de sero post cenam*) e, soprattutto, premettendo che *Campus fori sit recreatio civium!* D'estate, pertanto, quel fetore non consente la desiderata 'ricreazione' agli *homines in eo pausare et recreare volentes.* Anche del Campo, quindi, è ricordata una funzione meramente laica, come avverrá negli *Effetti del Buongoverno* del Lorenzetti.

E questa preoccupazione estetica si spingeva anche alle costruzioni militari: è stato osservato[115] che le strutture difensive senesi hanno degli arredi privi di significato puramente militare, ma che acquistano un senso preciso da un punto di vista estetico. E infatti, si può aggiungere, non sembra che le fortificazioni, pur realizzate con grande impegno specie nel secondo Trecento, siano riuscite ad evitare le ricorrenti visite delle compagnie di ventura, ma quel che ne rimane è degno ancor oggi di ammirazione dal punto di vista estetico.

Quel che più è interessante nel panorama senese è che questo culto del bello non era solo pubblico nel Trecento, perché abbiamo prove di quanto fosse condiviso dai ricchi privati – di solito a loro volta membri del largo ceto dirigente del tempo. Il caso forse più clamoroso è quello di Goro Sansedoni, che quando, nel 1340, stipulò con i suoi architetti il contratto – eccezionalmente conservato con tanto di disegno – per la costruzione della propria residenza per la facciata del palazzo col prospetto su piazza del Campo, diede precise istruzioni sui merli e gli archetti, dichiarando espressamente la propria volontà e preoccupazione: "sì che sieno belli".[116]

Con queste premesse divengono leggibili gli esiti quattrocenteschi ricordati e la continuità culturale successiva.

Le carte 3–6, elaborate da Riccardo Terziani, riprendono e correggono una redazione precedente pubblicata in: Siena nella storia (nota 1).

---

[114] In R. Rocchigiani, Urbanistica ed igiene negli statuti senesi del XIII e XIV secolo, in: *Studi senesi* 70 (1958), pp. 369–419 (a 387 s.). A riprova di quanto sia difficile dominare l'amplissima e dispersa bibliografia senese (di cui si parlava in principio) si osserverà che il più recente e specifico contributo sul tema (Mucciarelli, Igiene, salute, nota 88), non conosce il lavoro di Rocchigiani e, pertanto, neppure questo importante episodio del 1314. Manca purtroppo un repertorio della legislazione spicciola senese, per cui situazioni del genere sono sempre in agguato.

[115] Da I. Moretti, Le fortificazioni, in: L'architettura civile (nota 66), pp. 81–150 (a 104) che ha con ciò confermato rilevazioni precedenti.

[116] Edizione in F. Toker, Gothic Architecture by Remote Control: an Illustrated Building Contract of 1340, in: The Art Bulletin 1985, pp. 67–95.

Ingrid Baumgärtner

Kommunale Bauplanung in Rom

Urkunden, Inschriften und Statuten vom 12. bis 14. Jahrhundert

Winfried Stelzer
zum 60. Geburtstag

> Wer sich aber erdreistet, gegen diese Verordnung zu handeln, zieht sich den Unwillen und den dauerhaften Zorn des heiligen Senats sowie die Ungnade des hochwürdigen römischen Volkes zu und verfällt zudem einer Strafe von einem Pfund Gold, wovon die Hälfte für die Wiederherstellung der Stadtmauern aufzuwenden ist.[1]

Mit dieser Poenformel stellte 1235 der römische Senator Angelo Malabranca die gewinnsüchtigen Bewohner der Leostadt und der angrenzenden Wohngebiete unter Bußandrohung. Die habgierigen Vorstädter hatten sich angewöhnt, die Pilger nach Beginn der Nachtruhe aus den Hospizen zu zerren und gewaltsam in ihre eigenen Häuser umzuquartieren. Die Anstrengungen der Stadt im Bereich der öffentlichen Bauplanung zeigen sich beim Verwendungszweck der Buße für die Wiederherstellung der Stadtmauern. Die Reparatur der städtischen Befestigungsanlagen muß dem Senat so wichtig gewesen sein, daß er sie als festen Bestandteil in das Urkundenformular integrierte, um deren Vorrang in der kommunalen Finanzpolitik publikumswirksam zu proklamieren.

Zur Verwirklichung einer autonomen Regierung unter kollektiver Mitwirkung versuchten italienische Kommunen nach ihrer Konstituierung, die zentralen Aufgaben der Verwaltung und Gerichtsbarkeit an sich zu ziehen und zu bewältigen. Ein solches Vorgehen läßt sich auch in der Stadt Rom erkennen, als die politische Ordnung infolge von macht- und territorialpolitischen Streitigkeiten mit dem Papst im Juli 1143 umgestürzt und spätestens im Spätsommer 1144 eine neue Regierung gebildet worden war. Allerdings unterscheiden sich die Voraussetzungen und Entwicklungsphasen teilweise grundlegend von der norditalienischen Kommunebewegung:[2] Zu beseitigen war die Stadtherrschaft des

---

[1] Franco Bartoloni, Codice diplomatico del Senato Romano dal MCXLIV al MCCCLVII, Bd. 1 (bis 1262, mehr nicht erschienen), Roma 1948 (Fonti per la storia d'Italia 87), Nr. 86, S. 145: „Si quis autem hoc attemptare presumpserit, indignationem et iram perpetuam sacri senatus et reverentissimi populi Romani offensam incurret et insuper incidat in penam unius libre auri, cuius medietas refectioni murorum Urbis applicetur".

[2] Zum Begriff Kommune vgl. u.a. die immer noch grundlegenden Studien von Hagen Keller, Die Entstehung der italienischen Stadtkommunen als Problem der Sozialge-

Universalherrschaft beanspruchenden Papstes, nicht eines übertragene Rechte
ausübenden Bischofs; die Einsetzung kommunaler Institutionen erfolgte Jahrzehnte später als in Norditalien, die Bezeichnungen Senat und Senatoren evo-
zierten die einzigartige antike Vergangenheit, während der Titel *consul* anfangs
weiterhin einer traditionellen Führungsschicht vorbehalten blieb; zudem war die
neu etablierte Ordnung einer bürgerlichen Stadtgemeinde, die mangels ausrei-
chender Quellen nur schwer zu fassen ist, bald größeren Veränderungen unterworfen, da Päpste, Kaiser und innerstädtische Adelscliquen immer wieder massiv
eingriffen, um ihre politischen Ziele durchzusetzen.[3]

Für Rom ist der idealtypisch für Norditalien definierte Kommune-Begriff
deshalb nur im Bewußtsein dieser grundlegenden Modifikationen anzuwenden,
auch wenn sich darüber hinaus zahlreiche Gemeinsamkeiten zeigen. Auch der
zumindest anfangs von breiteren Bevölkerungsschichten getragene römische
Senat erstrebte den Ausbau kommunaler Institutionen, die Ausübung der Ge-
richtsgewalt, die Ausdehnung der territorialen Vorherrschaft sowie vor allem die
Verfügungsgewalt über die öffentlichen Gebäude der Stadt und deren unmittel-

schichte, in: Frühmittelalterliche Studien 10 (1976), S. 169–211; ders., Wahlformen und
Gemeinschaftsverständnis in den italienischen Stadtkommunen (12./14. Jahrhundert),
in: R. Schneider/H. Zimmermann (Hg.), Wahlen und Wählen im Mittelalter, Sigmarin-
gen 1990 (Vorträge und Forschungen 37), S. 345–374; Gerhard Dilcher, Bürgerrecht und
Stadtverfassung im europäischen Mittelalter, Köln/Weimar/Wien 1996; zusammenfas-
send Knut Schulz, „Denn sie lieben die Freiheit so sehr…". Kommunale Aufstände und
Entstehung des europäischen Bürgertums im Mittelalter, Darmstadt 1992, S. 5ff. und
S. 133–161.

[3]   Zu den einzelnen Phasen vgl. Franco Bartoloni, Per la storia del Senato Romano nei secoli XII e XIII, in: Bullettino dell'Istituto Storico Italiano per il Medio Evo e Archivio
Muratoriano 60 (1946), S. 1–108; Antonio Rota, La costituzione originaria del comune di
Roma, in: Bullettino dell'Istituto Storico Italiano per il Medio Evo e Archivio Muratoriano 64 (1953), S. 19–131; Laura Moscati, Alle origini del comune romano. Economia,
società, istituzioni, Roma 1980 (Quaderni di Clio 1); Robert L. Benson, Political Renovatio: Two Models from Roman Antiquity, in: Renaissance and Renewal in the Twelfth
Century, hg. von Robert L. Benson/Giles Constable, Cambridge/Mass. 1982, S. 339–386;
Schulz, „Denn sie lieben die Freiheit so sehr…" (wie Anm. 2), S. 133–161; Ingrid Baumgärtner, Rombeherrschung und Romerneuerung. Die römische Kommune im 12. Jahrhundert, in: Quellen und Forschungen aus italienischen Archiven und Bibliotheken 69
(1989), S. 27–79; Dies., Rom. Studien zu Stadt und Kommune vom Beginn des 12. bis
zur Mitte des 13. Jahrhunderts, mit Regesten zu Urkunden des Fonds S. Maria in Via
Lata. Masch.schr. Habilitationsschrift an der Philosophischen Fakultät II der Universität
Augsburg 1992; Matthias Thumser, Rom und der römische Adel in der späten Staufer-
zeit (Bibliothek des Deutschen Historischen Instituts in Rom 81), Tübingen 1995.
Eigenwillige Thesen zur Verwendung des Begriffs „Kommune" für die römische Bürgerschaft, die angeblich frühestens 1220 und spätestens mit der erstmaligen Benennung
des Gemeinwesens als *comunis* in einer Senatsurkunde von 1257 so zu bezeichnen ist,
vertritt Jürgen Strothmann, Kaiser und Senat. Der Herrschaftsanspruch der Stadt Rom
zur Zeit der Staufer (Archiv für Kulturgeschichte, Beiheft 47), Köln/Weimar/Wien
1998, bes. S. 217ff.

barer Umgebung. Vordringlichstes Problem war die strategische Sicherung der Stadt, um die Herrschaft nach innen und außen zu demonstrieren. Deshalb erfolgten die Renovierung und der Bau der Stadtmauern, die Ausbesserung und Überwachung der Zufahrtswege und Brücken sowie die Inbesitznahme öffentlicher Gebäude und Monumente. Die spätere Sorge galt der Instandhaltung öffentlicher Anlagen und Wege, der Überwachung bürgerlicher und kirchlicher Bauvorhaben sowie der Realisierung eigener Bauprojekte.

Die folgenden Ausführungen richten sich darauf, den Anteil der Kommune und zeitweisen Oligarchie unter einer päpstlichen Signorie am Erscheinungsbild der hochmittelalterlichen Stadt zu bemessen, sozusagen den römischen Senat in seiner sich wandelnden Zusammensetzung als eigenständige gestalterische Kraft zu begreifen. Zu fragen ist, ob und wie sich mit der Entfaltung des Senats und den damit verbundenen neuen Formen der bürgerlichen Selbstverwaltung das Bewußtsein von der Gestaltung der eigenen Stadt veränderte, von welchem Zeitpunkt an sich ein solcher Zusammenhang konstatieren läßt und welche Quellen uns darüber unterrichten. Für die kommunalen Anfänge sind die Antworten der kunstgeschichtlichen Forschung auf diese Fragen eher dürftig, zumal bauliche Beispiele außerhalb des Bereichs traditioneller christlicher Ikonographie relativ selten sind. Die *Porta Romana* in Mailand, erbaut 1171 nach der Rückkehr der Bewohner in ihre von Friedrich Barbarossa 1162 vollkommen zerstörte Stadt, dürfte eines der frühesten Monumente sein, das eine Verbindung zwischen dem Aufbau der Verteidigungsmauern und der Realisierung kommunaler Machtdarstellung in der künstlerischen Ausgestaltung einzelner Elemente erkennen läßt.[4] Doch nicht nur öffentliche Bauwerke und daran angebrachte Inschriften, die das Objekt öffentlich kommentierten, informieren uns über die Bauaktivitäten städtischer Institutionen, sondern auch Urkunden, Schiedssprüche, Einzelgesetze und Statuten, Zeugnisse also, die in interdisziplinärer Zusammenarbeit zwischen Kunst- und Rechtsgeschichte näher zu untersuchen sind. Denn gerade dieses spröde Rechtsschrifttum, dessen systematische Aufarbeitung in modernen Editionen häufig noch aussteht, liefert zuweilen entscheidende Hinweise auf Normen und Praxis der Stadtgestaltung sowie deren Funktion im städtischen Zusammenhang.

Am Beispiel der Stadt Rom und des 1143/44 eingesetzten römischen Senats soll im folgenden der Zusammenhang zwischen der Erfassung des städtischen Raumes, den einzelnen Maßnahmen der Bauplanung, der Form ihrer öffentlichen Bekanntmachung und der institutionellen Entwicklung der Stadt veranschaulicht werden. Welche Maßnahmen erfolgten zur Wahrung und Gestaltung

---

[4] Vgl. Andrea von Hülsen-Esch, Romanische Skulptur in Oberitalien als Reflex der kommunalen Entwicklung im 12. Jahrhundert. Untersuchungen zu Mailand und Verona, Berlin 1994. Zum Verhältnis zwischen politischem Ordnungsdenken und städtischen Bauprogrammen allgemein vgl. Wolfgang Braunfels, Abendländische Stadtbaukunst. Herrschaftsform und Baugestalt, 3. Aufl. Köln 1979.

des städtischen Baubestands? Wann setzten entsprechende Anordnungen ein, und welchen Zweck verfolgten sie? Welche politischen Gruppierungen zeichneten dafür verantwortlich? Grundlage der folgenden Ausführungen sind, außer einzelnen Inschriften senatorischer Auftraggeber, verschiedene Arten von Rechtsdokumenten, vor allem erstens die zwischen 1144 und 1262 vom Senat ausgestellten Briefe und Urkunden, deren Überlieferung erst fünf Jahre nach der Kommunegründung einsetzt,[5] zweitens die über Schiedssprüche bekannte Rechtsprechung der Senatoren in Zivilangelegenheiten sowie drittens die erste erhaltene römische Statutenkompilation von 1363,[6] die das Ordnungsbedürfnis eines nach 1358 unter der Signorie des avignonesischen Papstes etablierten und von aufsteigenden Schichten getragenen popolaren Stadtregiments widerspiegelt, von dem Barone und Aristokraten ausgeschlossen waren.

Diese aus sehr unterschiedlichen politischen Situationen und Verfassungsformen hervorgegangenen Rechtsquellen verweisen in den zwei Jahrhunderten zwischen 1144 und 1363 auf vier Bereiche einer Baugesetzgebung und Bauplanung, nämlich erstens die umgehend erforderliche Sicherung der städtischen Infrastruktur mit Stadtbefestigung, Zufahrtswegen und Wasserversorgung, zweitens den Schutz antiker Monumente und christlicher Kirchen gleichsam als Gradmesser für Stadtqualität, drittens die kontinuierliche Bauaufsicht und Überwachung des städtischen Baubestands sowie viertens eine zunächst langsam einsetzende, eigenständige kommunale Bautätigkeit.

1. Sicherung der städtischen Infrastruktur: Zufahrtswege, Stadtbefestigung und Wasserversorgung

Sofort nach der Gründung der Kommune setzten die Bemühungen um eine Verbesserung der städtischen Infrastruktur ein. Restaurationsarbeiten an der Stadtmauer und an wichtigen Zufahrtswegen wurden begonnen und blieben in den nächsten beiden Jahrhunderten eine ständige Sorge des öffentlichen Bauwesens. Bereits in einem der ersten schriftlichen Dokumente, einem Brief des Senats an König Konrad III. aus dem Jahre 1149, wird im Zusammenhang mit der dringenden Bitte um einen Romzug des Königs erwähnt, der Senat sei damit beschäftigt, unter großen Anstrengungen die Milvische Brücke zu restaurieren.[7]

---

[5]   Ediert von Bartoloni, Codice diplomatico (wie Anm. 1).

[6]   Ediert von Camillo Re (Hg.), Statuti della città di Roma del secolo XIV, Roma 1883.

[7]   Bartoloni, Codice diplomatico (wie Anm. 1), Nr. 5, S. 5: „sciatis preterea quia pontem Mulvium extra Urbem parum longe, per tempora multa pro imperatorum contrario destructum, nos, ut exercitus vester per eum transire queat, ne [filii] Petri Leonis per castellum Sancti Angeli vobis nocere possint, ut statuerant cum papa et Siculo, magno conamine restauramus et in parvi temporis spacio muro fortissimo et silicibus iuvante Deo complebitur." Zum hochmittelalterlichen Straßenbau der Kommunen Mittel- und Süd-

Die Brücke, die zur Zeit Kaiser Heinrichs V. zerstört und seitdem nicht wieder aufgebaut worden war, besaß für die neu gegründete Kommune wegen der lokalpolitischen Streitigkeiten mit Papst Eugen III. und seinem mächtigen Verbündeten König Roger von Sizilien eine wichtige strategische Funktion, die auf dem beiliegenden schematischen Stadtplan (Karte) deutlich zu erkennen ist: Der Wiederaufbau sollte Ankömmlingen aus dem Norden den direkten Zugang zur Stadt über die Via Flaminia ermöglichen, da der traditionelle Zufahrtsweg aus dem Norden über die Via Triumphalis und den Monte Mario von der päpstlichen Partei, die sich im Castel S. Angelo verschanzt hatte, bewacht wurde. Die Restaurierung einer solchen Brücke war also ein zentrales, in der aktuellen Lage sogar lebenswichtiges Vorhaben der kommunalen Anfangsphase.

Ein weiteres akutes Problem stellten die Verteidigungsanlagen, Sinnbild städtischer Macht und Freiheit, dar. Römische Stadtbefestigung war im Hochmittelalter immer noch die über 20 km lange, 271 errichtete Aurelianische Mauer, die im Laufe der Jahrhunderte zu einem überdimensionalen Ring geworden war und keineswegs mehr die Grenze eines kompakten Siedlungsgebietes darstellte. Die von Papst Leo IV. veranlaßte Befestigung des vatikanischen Borgo bildete einen Zusatz aus der Mitte des 9. Jahrhunderts. Bewohnt war nur ein Bruchteil der antiken Stadtfläche: Kaum mehr als 35 000 Einwohner dürften gemäß unsicheren Schätzungen im 12. und 13. Jahrhundert die Ruinen der ehemaligen Millionenstadt belebt haben. Die im 10. und 11. Jahrhundert vorherrschende Streuung der Bebauung wich in dieser Zeit einer zunehmenden Zentrierung der Häuser auf die Tiberschleife, so daß das Gebiet innerhalb der Stadtmauern in den kompakt besiedelten *abitato* und den ländlich geprägten *disabitato* mit verschiedenen Siedlungsinseln strukturiert war (Karte).[8]

Das ausgeprägte Verantwortungsbewußtsein der Kommune für die Stadtmauern belegen einige lateinische Inschriften, die mit den profanen Bauwerken überlebten. Eine marmorne Gedächtnistafel aus dem Jahre 1157 (Abb. 1), eingelassen an der Torre della Marana bei der Porta Metronia (H auf der Karte) im Süden der Stadt, verweist auf ausgiebige Restaurationsarbeiten an der Stadtbefestigung, die seit der Zerstörung durch die Normannen unter Robert Guiscard (1084) nur noch ungenügend Schutz bot. Auftraggeber war der Senat, bezeichnet

---

italiens vgl. Thomas Szabó, Comuni e politica stradale in Toscana e in Italia nel Medioevo (Biblioteca di storia urbana medievale 6), Bologna 1992, S. 83–86 und 115–118; zur Bedeutung von Brücken vgl. Erich Maschke, Die Brücke im Mittelalter, in: Historische Zeitschrift 224 (1977), S. 254–292.

8 Ein anschauliches Bild vom Aussehen der Stadt vermitteln Richard Krautheimer, Rom. Schicksal einer Stadt 312–1308. Übers. von T. Kienlechner und U. Hoffmann, München 1987, S. 255–356; Étienne Hubert, Espace urbain et habitat à Rome du Xe siècle à la fin du XIIIe siècle (Collection de l'École Française de Rome 135 und Nuovi studi storici 7), Rom 1990; aus dieser Studie stammt auch die Vorlage für die beiliegende, nach den konkreten Bedürfnissen des Aufsatzes modifizierte Karte.

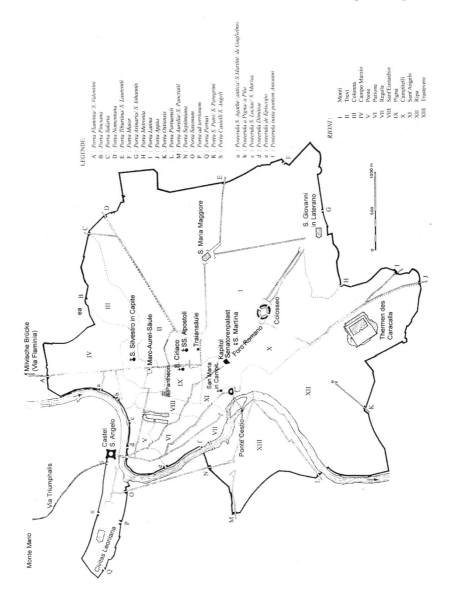

LEGENDE:

A : *Porta Flaminia / S. Valentini*
B : *Porta Pinciana*
C : *Porta Salaria*
D : *Porta Nomentana*
E : *Porta Tiburtina / S. Laurentii*
F : *Porta Maior*
G : *Porta Asinaria / S. Iohannis*
H : *Porta Metronia*
I : *Porta Latina*
J : *Porta Appia*
K : *Porta Ostiensis*
L : *Porta Portuensis*
M : *Porta Aurelia/ S. Pancratii*
N : *Porta Septimiana*
O : *Porta Saxonum*
P : *Porta ad terrionem*
Q : *Porta Pertusi*
R : *Porta S. Petri / S. Peregrini*
S : *Porta Castelli S. Angeli*

a : *Posterula S. Agathe antica / S. Martini de Guglielmo*
b : *Posterula a Pigna/ o Pila*
c : *Posterula S. Luciae/ S. Mariae*
d : *Posterula Domitiae*
e : *Posterula de Episcopo*
f : *Posterula iuxta pontem Antonini*

RIONI:

I   Monti
II   Trevi
III Colonna
IV   Campo Marzio
V   Ponte
VI   Parione
VII Regola
VIII Sant'Eustachio
IX   Pigna
X   Campitelli
XI   Sant'Angelo
XII Ripa
XIII Trastevere

mit der alten Formel SPQR, der damit anschaulich bekundete, vom Papst die Aufgabe der Erhaltung der Stadtmauern übernommen zu haben; auf der Inschrift waren zudem die Namen aller beteiligten Senatoren eingraviert.[9] Die Ausführung der Inschrift auf Marmor in der gebräuchlichen Capitalis, also mit Majuskeln, und ihre Anbringung an der Innenseite eines Stadttores unterstützten den beabsichtigten Wirkungseffekt, die Zuständigkeit des Senats öffentlich bekanntzugeben. Mit der kommunalen Kraft des 12. Jahrhunderts setzte sich also ein neue Macht durch, die alte Ziele und alte Publikationsformen aufgriff und für eigene Zwecke umfunktionierte.

Ähnliche Absichten verfolgte sicherlich auch eine Inschrift am Ponte Cestio, der wichtigen Verbindungsbrücke zwischen Stadtkern und Trastevere bei der Tiberinsel. Die vom Schriftbild her gleichmäßigere Inschrift besagt, daß Benedictus Carushomo, höchster und einziger Senator des Jahres 1192, die fast einstürzende Brücke erneuern ließ.[10] Der vom Volk ohne die Zustimmung des frisch gewählten Papstes Coelestin III. und der ihm verbundenen Führungselite eingesetzte Benedictus, der anscheinend der städtischen Mittelschicht entstammte, war durch einen Umschwung als erster von mehreren im folgenden Jahrzehnt allein regierenden Senatoren an die Macht gekommen, um den bis zum Jahr 1191 kontinuierlich als Kollegium mit einer stark variierenden Mitgliederzahl fungierenden Senat abzulösen. Sein effektives Regiment versuchte offensichtlich auch, die baulichen Einrichtungen der Bürgerschaft zu sichern und zu renovieren. Und propagandistischer als an diesem stark frequentierten Platz hätte der neue durchsetzungskräftige Senator, der auch das erste, nur in einem Brief Papsts In-

---

9 Vincenzo Forcella (Hg.), Iscrizioni delle chiese e d'altri edifici di Roma dal secolo XI fino ai giorni nostri, 14 Bde., Roma 1869–1884, Bd. 13, S. 25, Nr. 1: „Regio S. Angeli + anno 1157 incarnationis domini nostri Iesu Christi, SPQR haec moenia vetustate dilapsa restauravit senatores Sasso, Iohannes de Alberico, Roieri Buccacane, Pinzo, Filippo, Iohannes de Parenzo, Petrus Deustesalvi, Cencio de Ansoino, Rainaldo Romano, Nicola Mannetto". Vgl. Giuseppe Tomassetti, Della campagna romana nel medio evo, parte seconda: Via Latina, in: Archivio della R. Società romana di storia patria 8 (1885), S. 10; Bartoloni, Per la storia del Senato Romano (wie Anm. 3), S. 79 mit Senatorenliste; Ferdinand Gregorovius, Geschichte der Stadt Rom im Mittelalter vom 5. bis zum 16. Jahrhundert, Bd. 4 und 5, Stuttgart 1890 und 1892, Buch VIII, Kap. 7.4, gekürzte Fassung, hg. von W. Kampf, 4 Bde., Darmstadt 1978, hier Bd. II,1 S. 285.

10 Forcella, Iscrizioni delle chiese (wie Anm. 9), Bd. 13, S. 53: „Benedictus alme urbis summus senator restauravit hunc pontem pere dirutum"; Senatorenliste bei Bartoloni, Per la storia del Senato Romano (wie Anm. 3), S. 86; zur Person und zum Regierungsstil vgl. Laura Moscati, Benedetto „Carushomo" *summus senator* a Roma, in: Miscellanea in onore di Ruggero Moscati, Napoli 1985, S. 73–87; Thumser, Rom und der römische Adel (wie Anm. 3) S. 239–241 und 354 mit einer chronologischen Liste der Senatoren von 1191 an; Strothmann, Kaiser und Senat (wie Anm. 3) S. 291–301. Zur städtischen Identitätsstiftung durch diese Bauinschriften vgl. Steffen Diefenbach, Beobachtungen zum antiken Rom im hohen Mittelalter: Städtische Topographie als Herschafts- und Erinnerungsraum, in: Römische Quatalschrift für christliche Alterskunde und Kirchengeschichte 97 (2002) S. 40–88, hier S. 68–71.

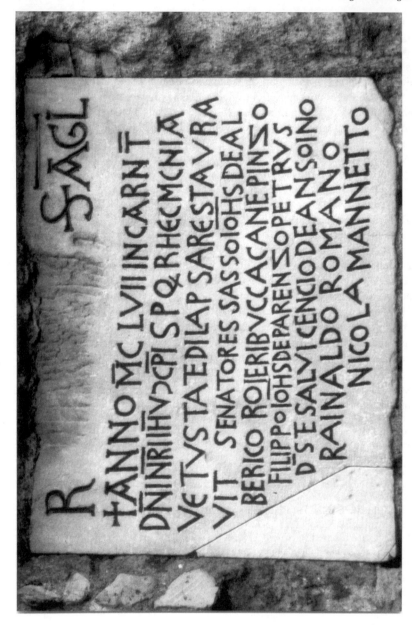

nocenz III. erwähnte Statut der Stadt erließ,[11] seine praktische Handlungskompetenz nicht unterstreichen können.

Die eigenmächtige Wahrnehmung des Befestigungsrechts mit der Herrschaft über Stadtmauern und Brücken war und blieb ein Symbol kommunaler Autonomie. In dem zwischen dem römischen Senat und Papst Clemens III. 1188 abgeschlossenen Vertrag zur Restitution des Papstes in seine traditionellen Hoheitsrechte über Rom forderte der Senat vom Papst, trotz der vereinbarten Rückgabe aller Regalien, noch einzelne Hoheitsrechte, darunter nicht nur ein Drittel der städtischen Münze, sondern auch die Verfügungsgewalt über den Ponte Lucano, eine strategisch wichtige Brücke kurz vor Tivoli,[12] und die jährliche Entrichtung von 100 Pfund Silbermünzen für die Instandhaltung der Stadtmauern.[13] Trotz des groß angelegten Regalienverzichtes hielten also die Senatoren an einem Teil ihrer Verantwortung fest. Die nach einem in der Nähe liegenden antiken Grab benannte Brücke über die Aniene, deren Besitz die Kontrolle über einen zentralen Zugang zum Territorium der römischen Rivalin gewährleistete, besaß ihre spezielle Bedeutung aufgrund der traditionellen Feindschaft zwischen Römern und Tivolesen, die sich aufgrund der Lage Tivolis am oberen Abhang der Monti Tiburtini mit Ausblick auf die römische Ebene immer wieder verschärfte und in die sich der Papst gemäß einer vertraglichen Festlegung nicht einmischen durfte. Die tiefgreifende Symbolkraft der Stadtbefestigung hingegen zeigt sich daran, daß entsprechende päpstliche Abgaben an den Senat gleichermaßen für die Stadt Tusculum vereinbart wurden, die den Römern im nächsten halben Jahr zur vollkommenen Zerstörung freigegeben werden sollte.[14]

Die Forderungen waren vermutlich eine Reaktion auf den Frieden von Konstanz (1183), in dem den freien Städten Italiens unter anderem auch das Befesti-

---

[11] Bartoloni, Codice diplomatico (wie Anm. 1), Nr. 47; vgl. dazu Ingrid Baumgärtner, Die normativen Grundlagen des Rechtslebens in der Stadt Rom und die Entwicklung der Gesetzgebung, in: Renaissance du pouvoir législatif et genèse de l'État, hg. v. André Gouron und Albert Rigaudière, Montpellier 1988, S. 13–27, hier S. 21f.

[12] Bartoloni, Codice diplomatico (wie Anm. 1), Nr. 42, S. 72: „reddimus omnia regalia tam infra quam extra Urbem que tenemus, preter pontem Lucanum"; zur Brücke vgl. Giuseppe Tomassetti, La Campagna Romana antica, medioevale e moderna, ND bearb. v. L. Chiumenti u. F. Bilancia, Bd. 1–7, Città di Castello 1975–1980 (Arte e archeologia 12–18), hier Bd. 6: Via Nomentana e Salaria, Portuense, Tiburtina, 1979, S. 604; G.M. De Rossi, Torri medievali della Campagna Romana, Rom 1981, S. 273f. Zum Vertrag vgl. Jürgen Petersohn, Der Vertrag des römischen Senats mit Papst Clemens III. (1188) und das Pactum Friedrich Barbarossas mit den Römern (1167), in: Mitteilungen des Instituts für Österreichische Geschichtsforschung 82 (1974), S. 289–337; Paolo Brezzi, Roma e l'impero medioevale (774–1252), Bologna 1947 (Storia di Roma 10), S. 371–374.

[13] Bartoloni, Codice diplomatico (wie Anm. 1), Nr. 42, S. 72: „dabitis singulis annis pro restauratione murorum huius excellentissime Urbis .c libras bonorum provenientium"; vgl. Re, Statuti della città di Roma (wie Anm. 6), S. XCIX.

[14] Bartoloni, Codice diplomatico (wie Anm. 1), Nr. 42, S. 72–73.

gungsrecht zugestanden worden war.[15] Auch wenn Rom selbstverständlich nicht zum Kreis der vom Kaiser begünstigten Städte gehörte, dürfte sich die Gewährung des Vorrechts trotzdem allgemein ausgewirkt haben. Die Mauer war gleichsam letztes Sinnbild kommunaler Macht und Freiheit, an dem die römischen Senatoren selbst noch festhielten, als sie die anderen Regalien innerhalb und außerhalb der Stadt weitgehend an den Papst restituierten.

Im Gegensatz zu anderen Städten stellte sich in Rom aber das Problem, den überdimensionalen, vielfach baufällig gewordenen Mauerring einer antiken Millionenstadt zu unterhalten. Wie konnten die erforderlichen Mittel dafür aufgebracht werden? Antwort geben uns die eingangs zitierten Poenformeln der Senatsurkunden, die im Gegensatz zu den häufig spirituellen Strafen der Papsturkunden sehr konkret formuliert waren. Hier wurden keine allgemeinen Verfluchungen oder Drohungen mit Höllen- und Gletscherstrafen angekündigt, sondern es drohte der unmittelbare Zorn des Senats, der in Fortsetzung der antiken Fiskalmult mit direkten Geldleistungen zu besänftigen war. Daß diese Abgaben in Rom ausschließlich dem Erhalt der Stadtmauern dienen sollten, belegt eine Serie von Senatsurkunden mit der spezifisch erweiterten Poenformel, die im Jahr 1186 mit der ersten an den Senat zu leistenden Buße nach dem Frieden von Konstanz einsetzt.[16] Dazu angeregt hatte vielleicht auch eine Bestimmung Kaiser Justinians, nach der ein Drittel der städtischen Einnahmen für den Mauerbau aufzuwenden war.[17]

Die Ausstattung der Stadtmauern besaß also Priorität im städtischen Finanzhaushalt. Alle einschlägigen Senatsurkunden des 13. Jahrhunderts griffen, unabhängig vom Inhalt, den Verwendungszweck der Strafgelder explizit auf: Die Hälfte stand jeweils demjenigen zu, dessen Rechte zu schützen waren, die andere Hälfte ging zweckgebunden an den Senat.[18] Eine besonders lukrative Einnahme-

---

[15] MGH Const. I, Nr. 293, S. 412, §1: „regalia et consuetudines vestras tam in civitate quam extra civitatem [...] extra vero omnes consuetudines sine contradictione exerceatis, quas ab antiquo exercuistis vel exercetis: scilicet in fodro et nemoribus et pascuis et pontibus, aquis et molendinis, sicut ab antiquo habere consuevistis vel habetis, in exercitu, in munitionibus civitatum, in iurisdictione, tam in criminalibus causis quam in pecuniariis, intus et extra". Allgemein zu diesem Frieden vgl. u.a. Alfred Haverkamp, Der Konstanzer Friede zwischen Kaiser und Lombardenbund (1183), in: Kommunale Bündnisse Oberitaliens und Oberdeutschlands im Vergleich, hg. von Helmut Maurer, Sigmaringen 1987 (Vorträge und Forschungen 33), S. 11–44 mit weiterer Literatur; La pace di Costanza 1183. Un difficile equilibrio di poteri fra società italiana ed impero. Convegno internazionale Milano-/Piacenza, 27–30 aprile 1983, Bologna 1984 (Studi e Testi di storia medioevale 8). Zur Mauer als Sinnbild vgl. u.a. Wolfgang Braunfels, Mittelalterliche Stadtbaukunst in der Toskana, 4. korrigierte und erweiterte Auflage, Berlin 1979, S. 45–85.

[16] Bartoloni, Codice diplomatico (wie Anm. 1), Nr. 40: „pro refectione huius inclite Urbis murorum".

[17] Cod. Just. VIII.11.11.

[18] Angewandt bei der Investitur eines Klosters mit Besitzungen, bei der Annulierung einer Zeugenbefragung, bei der Verurteilung von Bürgern zur Rückerstattung von Geldern,

quelle war das 1231 im Gefolge der päpstlichen und kaiserlichen Gesetzgebung erlassene Häretikeredikt, nach dem nicht nur die festgesetzte Strafe von 200 Mark, sondern auch ein Drittel der konfiszierten Güter für die Stadtbefestigung zu verwenden war.[19] Unter Senator Angelo Malabranca floß die eingangs zitierte Poenformel 1235 auch in die Friedensverträge mit Papst Gregor IX. ein, in denen sich die Stadt nach erbitterten Kämpfen wieder der päpstlichen Oberhoheit unterstellte.[20] Sogar einige der spärlich erhaltenen kirchlichen Schiedssprüche zeigen, daß bei privaten Streitigkeiten die ausgesetzte Vertragsstrafe nicht immer ausschließlich an die vertragsbrechende Partei, sondern in Einzelfällen auch zur Hälfte an den Senat für den Erhalt der Stadtmauer fließen sollte. Beispiele liefern das 1224 in Anwesenheit eines senatorischen Iustitiars gefällte Urteil des Presbyters Bartholomeus von S. Lorenzo im Streit um Bauarbeiten im Bereich der Kirche S. Salvatore in Gallia[21] und der im Jahre 1258 erlassene Gerichtsentscheid in den Auseinandersetzungen zwischen den Brüdern Curtabraca und Petrus de Vico um den Besitz von Gütern und Kastellen am Lago di Bracciano sowie um einen Turm in der stadtrömischen Rione Parione.[22]

Insgesamt dürften die Stadtmauern wohl nach der Gründung der Kommune einen zunehmend höheren Stellenwert im Bewußtsein der Stadtbewohner errungen haben; zumindest lassen dies auch die Forschungen von Étienne Hubert zum städtischen Raum vermuten.[23] Bis zur Mitte des 12. Jahrhunderts waren, nach den Formulierungen der Notariatsinstrumente zu urteilen, weitgehend nur die Tore wahrgenommen worden, die als päpstliche Zollstellen das Leben der Städter merklich beeinflußten, weil hier Steuern für die Erträge aus den umliegenden Anbaugebieten zu entrichten waren; das gigantische Befestigungswerk selbst war an vielen Stellen dem fortschreitenden Verfall preisgegeben. Der Mentalitäts-

---

bei der Bestätigung von Privilegien und einem Handelsverbot für den Eingangsbereich der alten Basilika von St. Peter; vgl. Bartoloni, Codice diplomatico (wie Anm. 1), Nr. 55 von 1201: „medietas cuius in refectionem huius inclite Urbis murorum erogetur"; ibid., Nr. 68 von 1212: „cuius medietas sit senatus pro muris Urbis"; ibid., Nr. 70 von 1214: „alia medietas sit senatus pro muris Urbis"; iIbid., Nr. 108 von 1244: „et alia [medietas] nurorum Urbis refectionibus applicetur" und „cuius medietas sit murorum Urbis".

[19] Bartoloni, Codice diplomatico (wie Anm. 1), Nr. 74: „ducentarum marcarum murorum Urbis refectionibus applicandam" und „tertia murorum Urbis refectionibus deputetur".

[20] Bartoloni, Codice diplomatico (wie Anm. 1), Nr. 81 von 1235: „si quis vero contra facere temptaverit, iram senatus graviter incurrat et odium et insuper solvere teneatur senatui centum libras auri pro muris Urbis"; vgl. ibid., Nr. 83.

[21] Ingrid Baumgärtner, Regesten aus dem Kapitelarchiv von S. Maria in Via Lata (1201–1259), Teil 1 und 2, in: Quellen und Forschungen aus italienischen Archiven und Bibliotheken 74 (1994) S. 42–171 und 75 (1995) S. 32–177, hier Teil 1, Regest 127.

[22] Archivio di Stato di Roma (im weiteren: ASR), cass. 59: Ospedale di S. Spirito in Sassia, perg. 8 vom Juni 1258: „sub compromissa pena mille marcharum boni argenti ab utraque parte ad invicem promissa pro medietate [sen]atui pro muris Urbis applicanda et pro alia medietate parti fidem servanti a parte infideli prestanda".

[23] Vgl. Hubert, Espace urbain (wie Anm. 8), S. 64–70.

wandel vollzog sich nach der Erneuerung des Senats: Die Wiederherstellung von
Stadtmauern und Brücken wurde zum bedeutungsvollen Zeichen kommunaler
Machtentfaltung, auch wenn die Finanzierung offensichtlich nicht immer einfach
und die Mitwirkung jedes einzelnen zwingend notwendig war.

Daß die Mauer im Denken der Bürgerschaft weiterhin einen erheblichen
Stellenwert einnahm, beweisen zudem testamentarische Verfügungen mit entsprechenden Legaten zugunsten einer Renovierung.[24] An der angegebenen
Regelungskompetenz wurde wohl bis ins 14. Jahrhundert festgehalten, wenngleich die wenigen aus dem 13. Jahrhundert erhaltenen legislativen Akte, soweit
überhaupt bekannt, keinerlei städtische Bauaktivitäten anklingen lassen.[25] Es
war wohl nicht im Sinne der längst wieder erstarkten, rivalisierenden Adelsfrak-
tionen, mit allzu genauen Vorschriften zur Bauplanung individuelle Freiheiten zu
beschränken. Aber die Verankerung der gemeinsamen Verteidigungsaufgabe im
Stadthaushalt war inzwischen wohl so selbstverständlich geworden, daß die ersten überlieferten städtischen Statuten von 1363 nur noch allgemein und ohne
Angabe eines Verwendungszwecks betonten, daß die Hälfte aller 100 Soldi über-
steigenden Strafgebühren an die städtische Kammer abzuführen wäre.[26]

Erst diese gegen die Vorherrschaft der Barone entworfene Statutenkompilation einer kommunalen Regierung, der ein einzelner, von auswärts berufener
Senator vorstand, reglementierte zahlreiche Details der städtischen Infrastruktur, wobei nicht übersehen werden darf, daß von den früheren, nach der Über-
siedelung der Päpste nach Avignon versuchten Verfassungsreformen nur die
Statutenfragmente von 1305 und 1316 erhalten sind,[27] die uns über mögliche
Normierungsbestrebungen im öffentlichen Bauwesen nicht unterrichten. Intention dieser Statutenkodifikation war die Ausübung scharfer Kontrollen zur Verbesserung der Sicherheit in der Stadt: Normative Verfügungen regelten die Instandhaltung aller öffentlichen Straßen und Brücken innerhalb und außerhalb
der Stadt, für die der eidlich verpflichtete Senator ohne Ausnahmen und Verzö-
gerungen rücksichtslos zu sorgen hätte. Vorrangiges Ziel war die freie Befahr-
barkeit und Zugänglichkeit der Straßen und Brücken der Gemeinschaft. Es

---

[24] G. Ferri, Le carte dell'archivio Liberiano dal secolo X al XV, in: Archivio della
   R. Società romana di storia patria 27 (1904) S. 147–202 und S. 441–459, 28 (1905) S. 23–39
   und 30 (1907) S. 119–168, hier Regest Nr. 63, S. 123–124 mit dem Testament eines Bartholomeus vom 26. April 1266, Original in der Biblioteca Apostolica Vaticana, Archivio
   di S. Maria Maggiore, cart. 66, perg. 63; Felice. Nerini, De templo et coenobio SS. Boni-
   facii et Alexii historica monumenta, Roma 1752, Appendix, Nr. 35, S. 445ff. mit dem
   Testament von Crescentius, Sohn des Leo Iohannis Iudicis, vom 30. September 1271,
   Original im ASR, cass. 2: SS. Alessio e Bonifazio, perg. 10; zu beiden Testamenten vgl.
   Robert Brentano, Rome before Avignon. A Social History of Thirteenth-Century
   Rome, London 1974, S. 280.
[25] Zur Gesetzgebung genauer Baumgärtner, Die normativen Grundlagen des Rechtslebens (wie Anm. 11), S. 21–26.
[26] Re, Statuti della città di Roma (wie Anm. 6), S. 122f., Lib. 2, cap. LXX.
[27] Vgl. Baumgärtner, Die normativen Grundlagen des Rechtslebens (wie Anm. 11), S. 26.

wurde strengstens verboten, die Fahrwege durch Gebäude, Tore, Vorbauten („porticalia") oder andere Absperrungen („apparamenta") zu blockieren; bereits errichtete Bauten waren auf Kosten ihrer Erbauer oder besser „Belagerer" zu beseitigen und zu zerstören.[28]

Diese Pflicht zur Freihaltung aller öffentlichen Hauptstraßen, Straßen in Stadtteilen und Gassen wird in den Statuten mehrfach wiederholt, wobei die Buße jeweils zur Hälfte an die städtische Kammer und an den Ankläger fließen sollte.[29] Der Senator und alle kapitolinischen Amtsträger müßten alle Tore, Gitter und sonstige Absperrungen auf öffentlichen Straßen innerhalb der Stadt einreißen lassen, um freien Durchgang zu gewährleisten und Besetzungen oder Blockaden zu verhindern. Den Missetätern drohten bei Widerspruch und mangelndem Gehorsam hohe, nach ihrer sozialen Stellung gestaffelte Bußen, und zwar die beachtliche Summe von 100 Mark Silber für die *nobiles* und *magnates*, also die baronale Feudalaristokratie mit ausgedehnten signorialen Herrschaften, hingegen 100 Libbra Provisini für *milites* oder *cavallarotti*, also die unteren Ränge einer stadtrömischen Oberschicht und reiche Bürger, die der städtischen Miliz zu Pferd dienten, sowie die Hälfte für einen *pedes*, also das gesamte restliche Volk. Diesem war auch die aufsteigende Mittelschicht zuzurechnen, soweit die wohlhabenden Händler, führenden Handwerker, Bankiers, Kaufleute und *bovattieri*, also Viehzüchter, Großbauern, Grund- und Immobilienbesitzer, nicht zu den berittenen Streitkräften zählten.[30] Insbesondere die Gruppen der *cavallarotti* und

---

[28] Re, Statuti della città di Roma (wie Anm. 6), S. 190, Lib. 2, cap. CXCVI: „De edificantibus in viis comunis et pontibus. Senator teneatur vinculo sacramenti ad penam .c. librarum prov. precise omni exceptione et dilatione remota cum effectu expediri et excommorari omnes vias publicas et pontes, infra Urbem et extra, et si qua edificia opera hostia porticalia seu quaecumque alia apparamenta facta sint vel facta apparent in hiis viis et pontibus, per quascumque personas cum effectu, omni exceptione et dilatione remota faciat tolli destrui et demoliri expensis illorum qui in predictis viis et pontibus edificaverunt seu edificari fecerunt et de dicta edificatione vel occupatione facta dictarum rerum et pontium per quem seu per quos predicta edificatio seu occupatio fuerit facta stetur sacramento conquerentis de predictis seu denumptiantis predicta cum probatione publice fame. Et hoc semper inquirere teneatur."

[29] Re, Statuti della città di Roma (wie Anm. 6), S. 160, Lib. 2, cap. CXXXV: „De viis non apparandis. Nullus apponat aliquid seu apponi faciat in aliqua via comuni publica seu vicinali vel viculo nec apparet nec apparari faciat in aliqua ipsarum viarum, et qui contrafecerit viam ipsam liberare et disparare teneatur, et nichilominus solvat .x. libras prov. nomine pene de qua pena medietas sit Camere, et alia medietas accusantis."

[30] Re, Statuti della città di Roma (wie Anm. 6), S. 161, §1. zu Lib. 2, cap. CXXXV: „Senator et omnes singuli officiales capitolii domini senatoris teneantur vinculo sacramenti facere distrui et funditus dirrui omnes portas et omnia cancella et apparata actenus facta in viis publicis intus civitatem romanam, et ipsas vias publicas facere aperiri et liberas permanere et non permictant de cetero ipsas vias occupari vel apparari sive claudi per aliquam personam. Et si Senator fuerit negligens in predictis et officiales predicti solvant de eorum salario nomine pene iiii[or] libras prov. et quicumque contradixerit predicta fieri ad mandatum predictorum Senatoris et eorum officialium ac eisdem non obedierit solvat

bovattieri waren führend am popolaren Regiment beteiligt, das sich auf die für Barone und Magnaten nicht zugängliche städtische Miliz stützte, deren vier Vorsteher zusammen mit sieben Reformatoren und zwei *banderesi* den *consiglio privato*, das oberste Entscheidungsgremium, bildeten.

Die Zielsetzung solcher Maßnahmen gegen die Macht der selbstherrlichen Barone war, die öffentliche Sicherheit nicht nur innerhalb der Stadtmauern, sondern auch im städtischen Distrikt zu gewährleisten. So wurde den untergebenen Gemeinschaften, seien es Städte, *castra* oder andere Orte, der Auftrag erteilt, die Straßen im Distrikt sorgfältig zu bewachen oder bewachen zu lassen, um den Reisenden sicheren Zugang zur Stadt zu ermöglichen, ohne daß sie von zweifelhaften Gestalten, Räubern oder Menschen von schlechtem Ruf belästigt würden.[31] Alle Gemeinschaften in der näheren Umgebung hatten sich an dieser Sicherung öffentlicher Wege und Straßen zu beteiligen.[32] Strikt verboten war ferner, zumindest für die Straßen von Tivoli, das Werfen von Steinen aus Türmen und Häusern im Streit oder Kampf zwischen befeindeten Nachbarn.[33] Sol-

---

nomine pene .c. marchas argenti Camere Urbis, pro medietate Camere Urbis et pro alia medietate accusanti. Et nichilominus predicta ducere teneatur ad effectum. Et predicta locum habeant in nobilibus et magnatibus. Si autem fuerit miles vel de genere militum vel cavallaroctus vel habitus pro cavallarocto contradicens solvat .c. libras. Si vero, pedes .l. libras prov. solvat." Zur Schicht der Barone und Magnaten vgl. Sandro Carocci, Baroni di Roma. Dominazioni signorili e lignaggi aristocratici nel Duecento e nel primo Trecento (Collection de l'École Française de Rome 181 und Nuovi studi storici 23), Rom 1993.

[31] Re, Statuti della città di Roma (wie Anm. 6), S. 161, Lib. 2, cap. CXXXVI: „De comunitatibus debentibus custodire stratas. Comunitates civitatum castrorum et aliorum locorum de districtu Urbis stratas et tenimenta ipsorum diligenter faciant custodiri ut itinerantibus per ea sit securus accessus et in dictis civitatibus castris vel locis non receptent diffidatos latrones et homines male fame, ymbo si quos ibidem scientes invenerint comprehendat ad penam ducentarum librarum prov. pro quolibet receptatore et pro qualibet vice." Zur kommunalen Kontrolle der Sicherheit auf öffentlichen Straßen vgl. Szabó, Comuni e politica stradale (wie Anm. 7), S. 118–135.

[32] Re, Statuti della città di Roma (wie Anm. 6), S. 188, Lib. 2, cap. CXCII: „De comunitatibus debentibus actare stratas et vias. Comune et homines castrorum villarum et districtus Urbis teneatur ad penam .c. librarum prov. actare vias publicas et stratas ad hoc ut euntes et redeuntes possint secure et sine periculo ire et reddire et venire, et hoc teneatur fieri facere. Et hoc in principio officii domini Senatoris publice bandiatur infra .x. dies sub pena xxv. librarum prov."

[33] Re, Statuti della città di Roma (wie Anm. 6), S. 180, Lib. 2, cap. CLXXVI: „De lapidantibus de turribus et domibus tyburtinis. Si fuerit lapidatum, seu proiecti lapides de aliqua domo vel turri civitatis tyburtine in aliqua rissa vel bactalia contra aliquem convicinum aut inimicum domini dicte domus vel turris aut contra quamcunque aliam personam, quod teneatur dominus domus vel turris ad illam penam ad quam tenentur romani de quorum domibus vel turribus lapidaretur." Zum Steinewerfen aus Häusern vgl. die entsprechende Passage im ältesten Statutencodex von Tivoli aus dem Jahre 1305, abgedruckt in: Statuti della Provincia Romana, 2 Bde., Roma 1910 und 1930 (Fonti per la storia d'Italia 48 und 69), Bd. 1: Vicovaro, Cave, Roccantica, Ripi, Genazzano, Tivoli,

che Bestimmungen waren angesichts der ständigen Fehden zwischen den führenden Familienverbänden in Stadt und Umland offensichtlich mehr als notwendig, um die wirtschaftlichen Interessen der wohlhabenden Schichten des regierungstragenden ‚Popolo' zu verteidigen.

Ein heikles Problem der städtischen Infrastruktur war zudem die städtische Wasserversorgung.[34] Die antiken Aquädukte mußten durch die Jahrhunderte hindurch immer wieder in zeitraubender, kostenintensiver Arbeit repariert und die Wasserläufe einiger lebenswichtiger Bäche überwacht werden, auch wenn entsprechende kommunale Rechtsvorschriften erst aus der Statutensammlung von 1363 bekannt sind. Die Sorge der Gesetzgeber galt unerlaubten Abzweigungen im unter- und oberirdischen Rohrsystem. Sie verfügten, daß Richtungsänderungen von Bächen zu melden und der frühere Verlauf auf Kosten des Verursachers wiederherzustellen wärer.[35] Genauere Anweisungen erteilten sie ferner für einzelne, im römischen Alltagsleben unentbehrliche Wasserläufe, speziell für die bei der Porta Metronia in die Stadt fließende *aqua marane*, deren Verlauf mit allen Besonderheiten beschrieben wurde, um vorübergehende Abweichungen des Bachlaufes und die einzelnen Bürgern zustehenden Privilegien festzuschreiben. Diese Kontrolle war um so schwieriger, da die flachen Wasserarme im sumpfigen Gelände zwischen den beiden Hügeln Palatin und Aventin ihren Lauf immer wieder änderten und nur die Trockenlegung eine gewisse Verfestigung versprach. Die Bedeutung dieses vielseitig für Hygiene, Ernährung, Energieproduktion und Transport verwertbaren Wasserlaufes war so groß, daß jeder neue Senator mit seinen städtischen Konservatoren im ersten Monat seiner Regierung zur Besichtigung und Überprüfung anzutreten hatte.[36]

Castel Fiorentino, hg. v. Francesco Tomassetti/Vincenzo Federici/Pietro Egidi, S. 135–301, hier S. 212, cap. CLXXVII.

[34] Einen guten Überblick über die Probleme der Wasserversorgung im Mittelalter gibt u.a. der auf Mittel- und Westeuropa konzentrierte Sammelband Die Wasserversorgung im Mittelalter, hg. v. der Frontinus-Gesellschaft e.V. (Geschichte der Wasserversorgung 4), Mainz 1991; unsystematisch zusammengestellte Quellenausschnitte zum Thema bieten Günther Binding/Susanne Linscheid-Burdich, Planen und Bauen im frühen und hohen Mittelalter nach den Schriftquellen bis 1250, Darmstadt 2002, S. 593–605; zu den römischen Aquädukten vgl. Hubert, Espace urbain (wie Anm. 8), S. 75–79; Krautheimer, Rom. Schicksal einer Stadt (wie Anm. 8), S. 278f. und passim.

[35] Re, Statuti della città di Roma (wie Anm. 6), S. 186, Lib. 2, cap. CLXXXVIII: „De aqua circhuli et aliis aquis. Aqua circhuli vaddat per cursum suum et nullus detineat nec detineri faciat ipsam aquam ab antiquo cursu in aliqua parte sui, et qui contrafecerit solvat pro pena .l. libras prov. de qua pena medietatis sit camere et alia medietas accusatoris. Et idem fiat in omnibus cursibus aquarum, de hoc quilibet accusare et denumptiare possit, et nichilominus teneatur talis dominus aquam redducere in pristino cursu suis expensis."

[36] Re, Statuti della città di Roma (wie Anm. 6), S. 187, Lib. 2, cap. CLXXXIX: „De aqua marane. [...] Et quod senator et conservatores Urbis qui per tempora erunt primo mense eorum regiminis teneantur mictere ad videndum dictas aquas et eorum cursus pro observatione predictorum, sub pena .xxv. librarum applicandarum camere Urbis."

Eine besondere Sorge der Gesetzgeber galt der Instandhaltung der noch bestehenden antiken Aquädukte, für die eigene Amtsträger, die *marescalci curie
capitolii*, zuständig waren. Im Zentrum der Aufmerksamkeit stand das die dicht
besiedelte Innenstadt versorgende Aquädukt der *Aqua Vergine* oder *Forma
Virgo*, das von der Porta Salaria aus in dem Brunnen endete, aus dem sich später
die Fontana di Trevi entwickeln sollte („fontis et aque trivii"). Keiner durfte es
wagen, am streng kontrollierten, über große Strecken unterirdisch verlaufenden
Aquädukt einen Wasserhahn oder ein einfaches Loch anzubringen, um Wasser
in eingezäunte Areale und Pferche umzuleiten.[37] Für die regelmäßig anfallenden
Reparaturarbeiten waren vier geeignete und vertrauenswürdige Männer heran-
zuziehen, die Rechenschaft über die geleisteten Arbeiten abzulegen und den
ganzen Monat Oktober für die Instandsetzung aufzuwenden hatten; zwei dieser
Männer sollten aus der Rione Trevi, zwei aus der Rione Colonna, also offensichtlich den beiden vorrangig belieferten Rioni, stammen.[38] Zudem wurden alle
Anlieger verpflichtet, entstehende Risse („spiralglia") bis zur Ausbesserung zu
schließen, damit kein Regenwasser in das Aquädukt eindringen konnte.[39]

Normative Vorschriften zu Renovierung und Schutz von Stadtmauern und
Brücken, zur Instandsetzung von Hauptstraßen und Wasserleitungen waren
klare Zeichen kommunaler Selbstbehauptung und angestrebter Machtentfaltung.
Der Anspruch des römischen Senats auf das Befestigungsrecht und die Kontrolle
der Zufahrtsstraßen läßt sich unmittelbar nach dem Einsetzen der kommunalen
Überlieferung erkennen. Die öffentliche Bekanntmachung in Inschriften und in
Urkundenformeln half nachfolgenden Senatoren, die ausgeübte Macht im Bewußtsein der Stadtbewohner und Vertragspartner zu verankern. Eine weitere
Differenzierung zeigt sich in der gegen die Magnaten gerichteten statuarischen
Gesetzgebung des 14. Jahrhunderts; sie konzentriert sich im Sinne des Gemein-
wohles auf die Instandhaltung und Sicherung der von individuellen Herrschafts-
ansprüchen bedrohten Qualität der Zufahrtswege, Brücken und Wasserleitungen.

Vgl. Pasquale Adinolfi, Roma nell'età di mezzo, Roma 1881, ND Firenze 1980, S. 155–
163, zur Aqua Crabra, die im Mittelalter Marana genannt wurde, bes. S. 155–157.

[37] Re, Statuti della città di Roma (wie Anm. 6), S. 264–265, Lib. 3, cap. CXXVI (CXXIV):
„Quod marescalci curie capitolii sint patarentes et curam habeant aque fontes trivii."

[38] Re, Statuti della città di Roma (wie Anm. 6), S. 265, §2. zu Lib. 3, cap. CXXVI (CXXIV):
„Item statuimus quod illi vel ille qui essent positi ad actandum et reparandum dictam
fontem debeant reddere rationem de introitu et exitu dicte actationis quatuor hominibus ydoneis et discretis quorum duo sint de regione Trivii duo alii de regione Colupne et
dictam rationem teneatur et debeant reddere per totum mensem octubris tunc currentis
ad penam .c. sollidorum prov."

[39] Re, Statuti della città di Roma (wie Anm. 6), S. 265, §3. zu Lib. 3, cap. CXXVI (CXXIV):
„Item dicimus et ordinamus quod omnes homines in vineis eorum spiralglia aque fontis
trivii debeant remundare usque ad refectum ita quod aqua pluvia non possit intrare in
dicta forma".

2. Schutz antiker Monumente als Gradmesser für Stadtqualität

Die Ruinen antiker Monumente prägten im Hochmittelalter das Erscheinungsbild Roms. Als integraler Bestandteil des Alltagslebens erinnerten sie allgegenwärtig an die klassische Vergangenheit. Ursprünglich „öffentliche" Gebäude waren längst in Privat- oder Kirchenbesitz übergegangen. Die Kapitelle, Pfeiler, Statuen und Steinblöcke, die im 12. Jahrhundert als antikes Plündergut ihre Besitzer wechselten, wurden in der Forschung vorwiegend unter dem Aspekt der Wiederbelebung der Antike betrachtet.[40] Zudem boten sie Anlaß für innerrömische Kompetenzstreitigkeiten und gesetzgeberische Maßnahmen. Der Papst beanspruchte Gebäude wie die Engelsburg und das zur Kirche S. Maria della Rotunda umfunktionierte Pantheon. Kirchen und Konvente hatten Besitz ergriffen von den Trümmern des Portikus der Octavia westlich des Marcellustheaters, dessen Säulenfront die Kirche S. Angelo in Pescheria als Eingang nutzte, vom Triumphbogen des römischen Kaisers Septimius Severus auf dem Forum, an den die Titelkirche SS. Sergio e Bacco angebaut war, von den dreistöckigen Kolonnaden des Septizonium Divi Severi am Rande des Palatin, das die Mönche von S. Gregorio Magno (auch SS. Andrea e Gregorio in Clivo Scauri) früh zur Festung verwandelt hatten,[41] und von den Thermen des Caracalla, die sich die Dominikanerinnen von S. Sisto angeeignet hatten. Römische Adelsfamilien erbauten ihre eigentümlichen Festungen in und auf herrenlosen Ruinen, wie beispielsweise die Frangipani im Kolosseum und die Savelli im Marcellustheater. Von allen Parteien umkämpft war das antike Hadriansmausoleum, das im Mittelalter als stark befestigtes Castel S. Angelo strategisch überaus bedeutsam den Flußübergang zwischen Tiberknie und der Leostadt überwachte. Und der römische Senat versuchte bald nach seiner Erneuerung, Anrechte in der Zone um das Kapitol geltend zu machen und in die innerrömische Antikenaufteilung gestaltend einzugreifen.

Einen faktischen Anspruch auf die Vergabe antiker Reste erhob der Senat spätestens im Jahr 1162, als er das Benediktinerinnenkloster SS. Ciriaco e Niccolò in Via Lata mit der Traianssäule (Karte), die sich im Besitz der Pfarrkirche SS. Apostoli befand, urkundlich investierte und bei Beschädigung der Säule wie bei einem Majestätsverbrechen mit Todesstrafe und Konfiskation der Güter

---

[40] Zum Umgang der Kommunen mit der Antike vgl. u.a. Norberto Gramaccini, Mirabilia. Das Nachleben antiker Statuen vor der Renaissance, Mainz 1996, bes. S. 82–97 und 159–185. Zur Begrifflichkeit für römische Überreste in mittelalterlichen Dokumenten vgl. Arnold Esch, Antike in der Landschaft: Römische Monumente in mittelalterlichen Grenzbeschreibungen um Rom, in: Cecil L. Striker (Hg.), Architectural Studies in Memory of Richard Krautheimer, Mainz 1996, S. 61–65.

[41] Vgl. Alfonso Bartoli, I documenti per la storia del Settizonio Severiano e i disegni inediti di Martin van Heemskerck, in: Bollettino d'Arte 3 (1909), S. 253–269; Hubert, Espace urbain (wie Anm. 8), S. 81 und 138. Allgemein dazu vgl. Krautheimer, Rom. Schicksal einer Stadt (wie Anm. 8), passim.

drohte.[42] Die Senatsurkunde verfolgte damit in Konkurrenz zum Papsttum zwei konkrete Ziele: den Schutz eines prächtigen antiken Monuments und die Privilegierung eines bedeutenden Konvents, dem mit der Säule auch die daneben liegende kleine Kirche S. Nicola übertragen wurde. Für einen solchen Antikenschutz gab es bereits ein älteres kirchliches Vorbild: Eine nach Form einer Urkunde aufgebaute Inschrift im Atrium des Klosters S. Silvestro in Capite aus dem Jahre 1119 garantierte dem Konvent den Besitz der Säule Marc Aurels, der „columpna Antonini".[43] Handfeste Vorteile waren damit verbunden: Die prächtige Säule, ursprünglich der Traianssäule nachgebaut, überragte das umliegende Gebiet und bot den Pilgern eine großartige Aussicht, die sie durch reichliche Opfergaben am eigens dafür errichteten oberen Altar entlohnen mußten.

Derartige Privilegien waren keine Seltenheit, auch wenn sie nicht alle so publikumswirksam zur Schau gestellt wurden. Papst Innocenz III. bestätigte beispielsweise 1199 der Titelkirche SS. Sergio e Bacco am Kapitol, die er bereits als Kardinal verwaltet und ausgestattet hatte, die Hälfte des Triumphbogens des römischen Kaisers Septimius Severus, die andere Hälfte diente Römern als Wohngebäude. Zumindest auf der Kirchenseite steigerten Anbauten, wie ein darauf stehender Festungsturm und angebaute Kemenaten, die Zweckdienlichkeit des Besitzes,[44] dessen strategische Bedeutung aus seiner Nähe zu gern genutzten Versammlungsplätzen von Senat und Kirche resultierte. Von hier aus zu überwachen waren immerhin der vom Kapitol zum Forum hinabführende

---

[42] Bartoloni, Codice diplomatico (wie Anm. 1), Nr. 18, S. 25–27, Original: Biblioteca Apostolica Vaticana, Archivio di S. Maria in Via Lata, cass. 317, perg. 1. Vgl. Ingrid Baumgärtner, Geschichtsbewußtsein in hochmittelalterlichen italienischen Privaturkunden, in: Hans-Werner Goetz (Hg.), Hochmittelalterliches Geschichtsbewußtsein im Spiegel nichthistoriographischer Quellen, Berlin 1998, S. 269–292, hier S. 282f.; dies., Rombeherrschung und Romerneuerung. Die römische Kommune im 12. Jahrhundert, in: Quellen und Forschungen aus italienischen Archiven und Bibliotheken 69 (1989), S. 27–79, hier S. 37–39; Karl Noehles, Die Kunst der Cosmaten und die Idee der Renovatio Romae, in: Festschrift Werner Hager, hg. von Günther Fiensch/Max Imdahl, Recklinghausen 1966, S. 17–37, hier S. 29; Arnold Esch, Spolien. Zur Wiederverwertung antiker Baustücke und Skulpturen im mittelalterlichen Italien, in: Archiv für Kulturgeschichte 51 (1969), S. 1–64, hier S. 32f.; Norberto Gramaccini, La prima riedificazione del Campidoglio e la revoluzione senatoriale del 1144, in: Roma, centro della cultura dell'Antico nei secoli XV e XVI. Da Martino V al Sacco di Roma 1417–1527, Atti del Convegno Internazionale, Roma 1989, S. 33–47, hier S. 43, revidierte deutsche Fassung als Unterkapitel in: Gramaccini, Mirabilia. Das Nachleben antiker Statuen (wie Anm. 40), hier S. 185.

[43] Gregorovius, Geschichte der Stadt Rom (wie Anm. 9) Buch VIII, Kap. 7.4, Ausg. 1978, Bd. II,1 S. 286. Vgl. Forcella, Iscrizioni delle chiese (wie Anm. 9), Bd. 9, Roma 1877, S. 79 Nr. 149: „Siquis ex hominibus columpnam per violentiam a nostro monasterio subtraxerit, perpetue maledictioni sicuti sacrilegus et scarum rerum invasor subiaceat et anathematis vinculo perpetuo teneatur fiat."

[44] Vgl. den Urkundentext bei Othmar Hageneder/Werner Maleczek/Alfred A. Strnad, Die Register Innocenz III., Bd. 2: 2. Pontifikatsjahr, Rom/Wien 1979, Nr. 94, S. 198.

Steilpfad, die in der antiken *Curia Iulia* etablierte Diakoniekirche S. Adriano, deren Gebäude bis in die Zeit Theoderichs als Tagungsstätte des antiken Senats gedient hatten,[45] sowie die in den Ruinen des antiken *Secretarium Senatus* eingebaute Kirche SS. Martina e Luca am Forum, Ausgangspunkt der seit Beginn des 8. Jahrhunderts stattfindenden päpstlichen Purificatio-Prozession nach S. Maria Maggiore und spätestens seit 1185 wieder Versammlungsort der Richter.[46] Der Bogen war somit ein für alle Senatsbelange wichtiger Punkt, neben dem sich zudem der *umbilicus Urbis*, eine in der antiken Kaiserzeit aus Ziegeln gebaute Konstruktion zur Kennzeichnung der angeblichen Stadtmitte, befand.

Die Liebe der Römer zu ihren antiken Schätzen basierte auf deren Schönheit und auf deren Verwertbarkeit, die der Senat in Konkurrenz mit dem Papsttum verteidigte, auch wenn sich eine eigenständige, von der Kommune ausgehende Systematik für die Bewahrung der Antike anfangs nicht nachweisen läßt. Zum Ausdruck eines innerrömischen Machtanspruchs wurde dieses Vorgehen spätestens dann, wenn das Privileg einem Benediktinerinnenkloster nützte, das im Ringen um die Macht in Rom eine wichtige Rolle spielte.

Der Schutz antiker Bauten setzt sich im großen Statutenwerk von 1363 fort. Im zweiten Buch wird streng untersagt, antike Bauwerke innerhalb der *Urbs* zu zerstören oder zerstören zu lassen. Zwei Gründe werden dafür benannt: Erstens sollte die Stadt nicht durch zurückbleibende Ruinen entstellt werden, zweitens würden die antiken Gebäude die reiche Ausstattung der Stadt, den *decorem Urbis*, öffentlich zur Schau stellen. Beide Argumente zeigen das spezielle Ziel des römischen Denkmalschutzes, nämlich die wertvolle Substanz der vergangenen Stadt für die Gegenwart zu nutzen und deren eigene Schönheit zu bewahren.[47] Sie erinnern zugleich an die grandiosen, republikanische Größe und Freiheit heraufbeschwörenden Ideen des von Mai bis November 1347 Rom beherrschenden Tribunen Cola di Rienzo, des großen Widersachers der römischen Barone, der durch eine mitreißende Rhetorik fasziniert und den Stolz der wehrhaften Bürger auf ihre Vergangenheit entzündet hatte; für Teile des nur idealty-

---

[45] Gerhard Wolf, Salus Populi Romani. Die Geschichte römischer Kultbilder im Mittelalter, Weinheim 1990, S. 49 und S. 394 mit Abb. 33; Nine Robijnte Miedema, Die römische Kirche im Spätmittelalter nach den ‚Indulgentiae ecclesiarum urbis Romae' (Bibliothek des Deutschen Historischen Instituts in Rom 97), Tübingen 2001, S 439–445.

[46] Bartoloni, Codice diplomatico (wie Anm. 1), Nr. 39; Chr. Huelsen, Le chiese di Roma nel Medio Evo, cataloghi ed appunti, Florenz 1927, ND New York/Hildesheim 1975, S. 381, Nr. 107; vgl. Wolf, Salus populi romani (wie Anm. 45), S. 49 und 57.

[47] Re, Statuti della città di Roma (wie Anm. 6), S. 188, Lib. 2, cap. CXCI: „De antiquis edificiis non diruendis. Ne ruynis civitas deformetur et ut antiqua edificia decorem Urbis publice representent, statuimus quod nullus sit ausus aliquod antiquum edificium Urbis diruere vel dirui facere intra Urbem ad penam .c. librarum prov., cuius pene pene medietas sit Camere et alia medietas sit accusantis. Et Senator teneatur ad hoc inquirere nec dominus Senator vel aliquis alius possit dare licentiam contra predicta et si dederit incidat in pena .c. florenorum auri, camere applicandorum, et nichilominus licentia data non valeat."

pisch vereinigten Popolo war er – etwa der wohl zwischen Herbst 1354 und Frühjahr 1358 niedergeschriebenen Chronik des Anonymus Romanus zufolge[48] – die Verkörperung eines römischen Traumes geblieben, obwohl er sich 1354, nachdem er von Kardinal Aegidius Albornoz erneut als Senator eingesetzt worden war, nur noch mit brutaler Gewalt für wenige Monate behaupten konnte.

Über die kommunale Regierung, die immer noch Rienzos Bestrebungen verpflichtet war, fanden solche Gedanken wieder Eingang in die Gesetzgebung von 1363. Selbst der Tag seiner Erhebung im Jahre 1347, der 20. Mai, wurde nun zum städtischen Festtag deklariert und sollte mit einer verschwenderisch ausgestatteten Messe in der kommunalen Kirche S. Maria in Aracoeli begangen werden.[49] Deshalb richteten sich die im Statut verhängten Strafen für Antikenvandalismus auch nicht nur gegen die Zerstörer der Bauten, sondern der Antikenschutz wurde weiter abgesichert. Unter der immensen Auflage von 100 Goldflorenen, zahlbar an die städtische Kammer, mußte jeder Senator beschwören, jegliche Anzeige genau zu verfolgen und keine Ausnahmegenehmigung, die ohnehin keine Gültigkeit besäße, zu erteilen. In der popolaren Stadtordnung ist dies allerdings das einzige Statut, das ausdrücklich den antiken Baubestand verteidigt. Vage an den Antikengedanken knüpft vielleicht noch das Verbot des Ausgrabens von Grenzsteinen und Objekten auf fremdem oder öffentlichem Besitz an, dessen Durchsetzung immerhin mit der Amputation der rechten Hand nachgeholfen werden sollte, wenn die nach Standeszugehörigkeit differenzierte Geldstrafe nicht bezahlt wurde.[50]

Eine ähnliche Unterstützung genoß sonst nur noch die sakrale Ausstattung der Stadt, die Alfred Haverkamp gemeinhin als „Gradmesser für die Stadtqualität" bezeichnet hat.[51] Daß solche Schutzbestimmungen in Rom eine längere Tradition besessen haben müssen, zeigt das eindringliche statutarische Verbot, mit einem Bogen, Wurfmaschinen oder einfachen Steinen auf die wertvollen Glasfenster der Klosterkirche S. Maria in Capitolio und aller anderen Kirchen zu zielen.[52] Die kapitolinische Kirche und ihr Konvent hatten nicht nur sakralen

---

[48] Zum Zusammenhang vgl. Gustav Seibt, Anonimo Romano. Geschichtsschreibung in Rom an der Schwelle zur Renaissance (Sprache und Geschichte 17), Stuttgart 1992, bes. S. 89–103.

[49] Re, Statuti della città di Roma (wie Anm. 6), S. 283, Lib. 3, cap. CXLIX (CXLVI). Zur Kirche vgl. Miedema, Die römische Kirche (Wie Anmerkung 45), S. 603–614.

[50] Re, Statuti della città di Roma (wie Anm. 6), S. 181, Lib. 2, cap. CLXXVII.

[51] Alfred Haverkamp, „Heilige Städte" im hohen Mittelalter, in: Mentalitäten im Mittelalter. Methodische und inhaltliche Probleme, hg. v. Františrk Graus, Sigmaringen 1987 (Vorträge und Forschungen 35), S. 119–156, hier S. 136; übernommen u. a. von Frank G. Hirschmann, Stadtplanung, Bauprojekte und Großbaustellen im 10. und 11. Jahrhundert. Vergleichende Studien zu den Kathedralstädten westlich des Rheins, Stuttgart 1998, S. 432–446.

[52] Re, Statuti della città di Roma (wie Anm. 6), S. 172, Lib. 2, cap. CLI: „De proicientibus cum archu et balista in fenestris vitreis. Statuimus quod nullus homo debeat proicere cum arcu

Zwecken gedient, sondern zumindest in den Jahren um 1242 auch als städtische Gebäude fungiert, in denen sich der Rat versammelte und vor denen wichtige Erlasse öffentlich verkündet wurden.[53] Dabei muß die Vorschrift von 1363 aus früheren Statuten übernommen worden sein. Darauf verweisen sowohl die für das neue Regime ungewöhnlich undifferenzierte Strafandrohung, die dem neuen bürgerlichen Ordnungsdenken des Popolo deutlich widersprach, als auch der altmodische Kirchenname; denn die Franziskaner hatten 1250 die alten Bauten übernommen und nach dem Abriß in den späten fünfziger Jahren mit dem Neubau der deutlich größeren Kirche S. Maria in Aracoeli begonnen.

Offensichtlich wurde antiken Monumenten im kommunalen Rom über Jahrhunderte hinweg eine ganz besondere Funktion zugemessen, wenngleich wir nicht wissen, ob und wie die erlassenen Rechtsbestimmungen in dem von Zwietracht und Rauflust geprägten Stadtalltag tatsächlich umgesetzt wurden. Sicher ist nur, daß die innerrömische Konkurrenzsituation und der kommunale Stolz auf die Vergangenheit die Bewahrung der faßbaren Antike in besonderer Weise belebten. Und womöglich läßt sich sogar eine allmähliche Verschiebung der Interessen von der praktischen Verwertbarkeit zur demonstrativ artikulierten Wertschätzung des schönen Dekors in der Mitte des 14. Jahrhunderts erkennen.

3. Bauaufsicht und Überwachung des Baubestands

Die zielgerichtete Überwachung des städtischen Baubestands setzte in Rom, wie in anderen Städten, mit dem beginnenden Ausbau des kommunalen Ämterapparats in den zwanziger Jahren des 13. Jahrhunderts ein, als das Amt der von Senat und römischem Volk eingesetzten *Magistri aedificiorum* erstmals urkundlich faßbar wird und damit die Aufgaben unmißverständlich an eine eigenständige, gut organisierte Kommission delegiert wurden. Laut Dienstbezeichnung sollten die vermutlich weitgehend einer gehobenen Mittelschicht entstammenden Amtsträger die Kontrolle über Häuser, Straßen, Mauern, Plätze und Weinberge innerhalb und außerhalb der *Urbs* übernehmen.[54] Dieses Streben nach einer städtischen Bauaufsicht eröffnet gleichsam eine neue Phase der Stadtgestaltung, die sich zuerst aus einem ganz besonderen Typ von Senatsurkunden, nämlich den praxisbezogenen Schiedssprüchen der *Magistri aedificiorum*, die von 1227 an überliefert sind,[55] erschließen läßt, um später in den Statuten normativ geregelt

---

balista vel lapide ubi sint fenestre vitree in ecclesia sancte Marie de Capitolio et in omnibus ecclesiis. Et qui contrafecerit solvat .c. sollidos prov. et hoc capitulum bandiatur."
[53] Bartoloni, Codice diplomatico (wie Anm. 1), Nr. 98 und 99.
[54] Vgl. u. a. Bartoloni, Codice diplomatico (wie Anm. 1), Nr. 76: „magistri positi et constituti a senatu et a populo Romano super questionibus murorum, domorum, viarum et platearum et divisionum intus Urbem et extra, et universorum hedificiorum".
[55] Bartoloni, Codice diplomatico (wie Anm. 1), Nr. 73. Ausgewertet wurden diese Schieds-

zu werden. Wegen des betrüblichen Verlustes der kommunalen Archive sind bis 1363 nur 21 dieser Sentenzen teils im Original der Empfängerausfertigung, teils als Abschrift, Insert oder Imbreviaturvermerk, teils nur als Empfehlung in einem vorbereitenden Rechtsgutachten erhalten; weitere sieben folgen bis 1400.[56] In diesen Jahrzehnten muß außerdem ein eigenes Statut dieser *Magistri* promulgiert worden sein, das allerdings nur in der revidierten und ergänzten Fassung von 1410 erhalten ist.[57]

Das Formular der Schiedssprüche entspricht im Aufbau und in der Wortwahl grob den Sentenzen des Senats, die in dieser Zeit im Einklang mit der zunehmenden Konsolidierung einer funktionierenden Verwaltung allmählich eine feste Form annahmen. Inhaltlich lassen diese Dokumente die Zuständigkeit des Senats für alle möglichen Angelegenheiten der baulichen Entwicklung „intus urbem et extra" erkennen, ohne daß der räumliche Kompetenzbereich nach außen genau abgegrenzt wäre. Die Befugnisse der *Magistri* erstreckten sich wohl von Anfang an sowohl auf Baumaßnahmen an den Grundstücksgrenzen der Besitzungen von Institutionen und Bürgern innerhalb der Stadtmauern als auch auf Grenzstreitigkeiten um Ackerland außerhalb der Stadt.[58]

Die Bemühungen um eine planmäßige Stadtgestaltung galten speziell der Festsetzung von Maßen für Vorbauten wie Loggien, Portiken und Außentreppen in den Stadtteilen. Das Kapitel von San Pietro konnte beispielsweise 1233 mittels eines Richterspruchs der *Magistri* in der Leostadt durchsetzen, daß die Vorbauten der Häuser an den Straßen und Plätzen um die Kirche und insbesondere in der *Ruge Francigene*, der Fortsetzung der via Francigena, die von der Porta S. Petri oder S. Peregrini (R auf der Karte) direkt zur Basilika führte, nicht mehr als sieben Palmi in den Straßenraum hineinragen durften.[59] Der römische Palmo oder Palmo des Senats war ein auf Rom und seinen näheren Einzugsbereich

---

sprüche von Cristina Carbonetti Vendittelli, Documentazione inedita riguardante i *Magistri edificiorum Urbis* e l'attività della loro curia nei secoli XIII e XIV, in: Archivio della Società romana di storia patria 113(1990), S.169–188 mit der Edition von Dokumenten; dies., La curia dei *magistri edificiorum Urbis* nei secoli XIII e XIV e la sua documentazione, in: Rome aux XIIIe et XIVe siècles. Cinq études réunies par Étienne Hubert (Collection de l'École Française de Rome 170), Rom 1993, S.1–42.

[56] Zusammengestellt bei Carbonetti Vendittelli, La curia dei *magistri edificiorum Urbis* (wie Anm.55), S.33–38.

[57] C.Scaccia Scarafoni, L'antico statuto dei „Magistri stratarum" e altri documenti relativi a quella Magistratura, in: Archivio della Società romana di storia patria 50(1927), S.239–308.

[58] Vgl. u.a. Bartoloni, Codice diplomatico (wie Anm.1), Nr.73 von 1227 und Nr.90 von 1238; vgl. Carbonetti Vendittelli, La curia dei *magistri edifiiorum Urbis* (wie Anm.55), S.33 mit weiteren Editionen.

[59] Bartoloni, Codice diplomatico (wie Anm.1), Nr.76 von 1233: „arbitramur et precipimus quatinus habitatores dicte civitatis qui habent proforula et porticalia ante domos eorum a frontibus ipsarum eorum domorum versus viam cogantur secare et removere quod plus est .vij. palmorum".

beschränktes Längenmaß, bestehend aus zwölf Unzen. Die Vorschrift sollte wohl hauptsächlich verhindern, daß die Wege der zahlreich durch das Viertel strömenden Pilger vollends mit Schankstuben, Verkaufsbuden und Marktständen versperrt würden. Und 1279 erfolgte eine weitere Fallentscheidung zur kompromißlosen Freihaltung des Petersplatzes, in den kein Haus weiter hineinragen dürfe als der anliegende Portikus eines Gebäudes des Ospedale S. Spirito.[60] Solche Versuche einer rechtlichen Steuerung betrafen also unmißverständlich den gemeinschaftlichen Raum, insbesondere Haupt- und Prachtstraßen sowie repräsentative Plätze, deren politische, wirtschaftliche und gemeinschaftsstiftende Funktionen allgemein bekannt waren, weil dort Herrschereinzüge, Festprozessionen, Märkte und Bürgerversammlungen mit größtmöglicher Öffentlichkeitswirkung stattfanden. Private Interessen mußten, zumindest den Urteilssprüchen der Baubehörde zufolge, dahinter zurücktreten.

Andere Sentenzen der *Magistri* galten der Rettung von Bauwerken vor dem Abbruch sowie der Sauberhaltung der öffentlichen Straßen von Abfällen und Abwässern, also einer wohlgeordneten und sauberen Stadt. Ein Rechtsgutachten empfahl beispielsweise 1255, einen römischen Bürger und seine Ehefrau von Amts wegen davon abzuhalten, Teile oder gar das gesamte Gebäude einer Mühle aus dem Besitz der Kirche S. Maria in Trastevere am rechten, transtiberischen Ufer des Tiber zu zerstören.[61] Und einigen jüdischen Färbern neben der kleinen Kirche S. Maria *Domnae Bertae*, am Rande des Judenviertels unweit des Marcellustheaters und der Kirche S. Nicola in Carcere, wurde auf Antrag des zuständigen Pfarrers 1238 verboten, weiterhin ihre Tinkturen und Farbstoffe, genannt *aqua tinte et tinta*, vor ihrer Werkstatt auf die öffentliche Straße zu schütten, weil das stinkende Schmutzwasser stets direkt vor den Eingang des Gotteshaus fließen würde; die Handwerker erhielten nun die rechtskräftige Auflage, das Schmutzwasser über einen verdeckten Kanal bis zur *cloaca maxima* zu leiten.[62]

Mit der Nutzungskontrolle von öffentlichem Boden richtete sich die Aufmerksamkeit der Behörde nicht nur auf die notwendigen Abwasserkanäle, sondern auch auf die zweckmäßige Zu- und Ableitung der Wasserversorgung. Im Falle der oberen Mühle des Dominikanerinnenkonvents S. Sisto entfaltete sich beispielsweise von 1260 bis 1263 ein jahrelanger nachbarlicher Streit um den Zugang zu einem Wasserlauf, der die Grenze zwischen einem privaten Garten

---

[60] Vgl. Carbonetti Vendittelli, *La curia dei magistri edificiorum Urbis* (wie Anm. 55), S. 35, Nr. 12.

[61] Bartoloni, *Codice diplomatico* (wie Anm. 1), Nr. 131 von 1255: „damus consilium vobis iam dictis [domnis] magistris quatinus proybeatis Romanum Citadani predictum ut non diruat nec dirui faciat dictos staffines seu monumentum predicti molendini ipsius ecclesie".

[62] Bartoloni, *Codice diplomatico* (wie Anm. 1), Nr. 94 von 1238: „faciant dicti Ebrei in via sub terra aliquem cursum coopertum usque ad clavicam"; vgl. Hubert, *Espace urbain* (wie Anm. 8), S. 121.

und einer öffentlichen Straße markierte. Die Nonnen wollten ihn ausheben und reinigen, um die Geschwindigkeit des Wassers zu beschleunigen und dadurch seine Kraft besser nutzen zu können.[63] Durch den Ausbau und die Regulierung des Wasserarmes sollte also die wirtschaftliche Rentabilität der Mühlenanlage gesteigert werden. Die kommunale Baubehörde konnte eine solche Instandsetzung gegen den Widerstand der anderen Anlieger erlauben, weil der Bach die öffentliche Straße begrenzte und damit der Zuständigkeit des Senats unterstand. Auch Entscheidungen über die Wasserzufuhr, Zufahrtswege und Grenzziehungen der außerhalb der Stadt gelegenen Weinberge und Köhlereien unterstanden den *Magistri*,[64] deren Kompetenz lange vor den kapitolinischen Wassermeistern des 14. Jahrhunderts das innerhalb der Stadtmauern gelegene Areal deutlich überschritt. Vor allem wenn der öffentliche Raum tangiert war, mußten selbst frisch gebaute Mauern wieder eingerissen und verändert werden.[65] Die Bauverwaltung des Senats konnte allerdings nur private Vorhaben genehmigen, unterstützen oder verhindern; eigenständige kommunale Planungen für die räumliche Organisation der Stadt existierten noch kaum.

Obwohl also Statuten und allgemeine Bauvorschriften für diese Phase der kommunalen Entwicklung noch fehlen, zeigen uns die lückenhaft und zufällig überlieferten Senatsurkunden und Notariatsinstrumente des 13. Jahrhunderts eindringlich die Bemühungen um eine geregelte Bauplanung und damit die zunehmende Verantwortung der Kommune für das Aussehen der Stadt und das Wohl der Bewohner. Wenngleich sich daraus nicht unbedingt eine gesetzgeberische Systematik ableiten läßt, zeigen die Einzelfälle doch eindrucksvoll, wie die städtische Führung eine Durchsetzung der Normen zum Schutz des öffentlichen Raumes anstrebte.

Die Statuten von 1363 führten die in den Rechtsverfahren behandelten Themen fort. Sie verordneten etwa die genaue Straßenbreite für die *vie vicinales*, also die einfachen Wege in den Stadtteilen, deren Spannweite dem Längenmaß des Senats zufolge auf genau vier Palmi festgelegt wurde,[66] so daß wohl gerade zwei Fußgänger aneinander vorbeigehen konnten. Eine solche Kontrolle öffentlicher Verbindungswege war nicht neu; auch über die angemessene Distanz zwischen Anliegern war bereits früher diskutiert worden. Bereits 1255 hatten die

---

[63] Cristina Carbonetti Vendittelli, Le più antiche carte del convento di San Sisto in Roma (905–1300), Roma 1987 (Codice diplomatico di Roma e della regione romana 4), Nr. 132, 142 und 144; vgl. Carbonetti Vendittelli, La curia dei *magistri edificiorum Urbis* (wie Anm. 55), S. 34.

[64] Bartoloni, Codice diplomatico (wie Anm. 1), Nr. 129 von 1255: „eExtra portam Sancti Petri loco qui dicitur ad Almacia".

[65] Vgl. u.a. Bartoloni, Codice diplomatico (wie Anm. 1), Nr. 73 von 1227; Carbonetti Vendittelli, La curia dei *magistri edificiorum Urbis* (wie Anm. 55), S. 33–34, Nr. 1 und 10.

[66] Re, Statuti della città di Roma (wie Anm. 6), S. 161, §2 zu Lib. 2, cap. CXXXV: „Statuimus et ordinamus quod vie vicinales debeant esse ample per quatuor palmos ad palmum et mensuram Senatus."

Magistri nach einer eingehenden Ortsbesichtigung außerhalb der Porta S. Petri (R auf der Karte) mittels einer Sentenz verfügt, welchen Abstand eine Köhlerei von den benachbarten Weinbergen zu halten habe und wie die öffentliche Straße dazwischen zu gestalten war.[67] Häufig hatte sich gerade im eng bebauten *abitato* auch nachbarschaftlicher Streit um den Umgang mit gemeinsamen Mauern erhoben. Die Statuten schrieben vor, daß es jedem Anlieger einer solchen Grenzmauer erlaubt sein müßte, seine Dachbalken daran zu befestigen und weiteren Nutzen daraus zu ziehen, ohne allerdings das anliegende Haus zu zerstören.[68]

Kaum normiert war in Rom, im Gegensatz zu den anderen italienischen Städten auf kleinerem Areal, das Bauen auf eigenem Grund und Boden. Der Höhe der Gebäude waren, den Statuten zufolge, keine Grenzen gesetzt.[69] Die im Auftrag der popolaren Regierung tätigen Gesetzgeber unterschieden im Statut über das unerlaubte Werfen von Steinen aus privaten Gebäuden nur zwei Haustypen, einerseits die *turris* oder *domus maior*, also Gebäude mit mehr als fünf Stockwerken („quinque palariarum"), deren Konfiskation mit der Bezahlung von 50 Lb. abgewendet werden konnte, und andererseits die niedrigere *domus* bis zu fünf Stockwerken, die bereits für 25 Lb. auszulösen war. Sonderbedingungen galten für eine *domus incastellata*, also eine stark befestigte Anlage ohne Turm, und eine „domus comunis inter plures consortes", also einen gemeinsamen Hausbesitz im Konsortium.[70] Die Unterscheidung zwischen Wohnturm („turris") und Wohnhaus („domus") war bereits älteren Ursprungs, zumindest behauptet dies ein anderes Statut über die Restitutionsbedingungen für enteig-

---

67 Vgl. Bartoloni, Codice diplomatico (wie Anm. 1), Nr. 129, S. 206–209.

68 Re, Statuti della città di Roma (wie Anm. 6), S. 61, Lib. 1, cap. XCIII: „De parietibus comunibus. Si aliquis paries inter aliquos fuerit comunis quilibet eorum in ipso sit licitum trabes mictere et ex eo utilitatem habere sine destructione domus."

69 Re, Statuti della città di Roma (wie Anm. 6), S. 65, Lib. 1, cap. CI: „De edificantibus in possessionibus suis. Quilibet in sua possessione et solo possit in altum edificare pro libito voluntatis statuto aliquo vel prohibitione in contrarium non obstante."

70 Re, Statuti della città di Roma (wie Anm. 6), S. 114–115, Lib. 2, cap. LXIII: „Item si de aliqua turri vel domo maiori quinque palariarum proiecti fuerint lapides in aliquo prelio bactalia vel rissa, conffischetur Camere Urbis dicta domus vel turris salvo quod si redimere voluerit domum vel turrim quod liceat illi cuius est domus vel turris reddimere pro .l. libris. Si vero fuerit lapidatum de domo quinque palariarum vel infra liceat reddimere pro .xxv. libris prov. excepto quod si lapidatum fuerit de mandato Curie vel ad defensam domini dicte domus vel turris et habitantis in ea. Et salvo si apparuerit aliquando domini Senatoris quod dicta domus incastellata et de ea fuisset lapidatum contra partem illius cuius est domus in rissa vel prelio suo vel alterius cuiuscunque domini ipso domino domus absente de contrata dicte domus tunc dominus non sit in dicta pena, set qui incastellaverit seu qui incastellari fecerit dictam domum vel lapidaverit vel lapidari fecerit de dicta domo puniatur in dicta pena. Set si proiecti vel lapidati fuerint lapides de domo comuni inter plures consortes in prelio vel rissa unius de consortibus vel aliquorum, ille pro parte cuius fuerit lapidatum teneatur redimere et solvere dictas penas, quod si non redimeret curia procedat ad confischationem partis sue tantum." Vgl. Hubert, Espace urbain (wie Anm. 8), S. 175 und 193.

nete oder zerstörte Baukomplexe, das sich ausdrücklich auf Gewohnheitsrechte („consuetudines") aus Zeiten des Senators Matteo Rosso Orsini (1241–1242) beruft. Ziel war die pauschale Festlegung von Ersatzleistungen, die bei enteigneten oder zerstörten Kastellen, Wohntürmen, Burgen und Befestigungen („castra", „turres", „arces" und „munitiones") mit mehr als fünf Stockwerken deutlich höher ausfielen als bei einfachen Häusern.[71] Die eingeforderten Strafsummen waren im Sinne der gesetzgeberischen Ausrichtung gegen die Ausschreitungen, Gewalttätigkeiten und Fehden der Oberschicht innerhalb der Stadt wiederum nach der Zugehörigkeit der Delinquenten zum Stand von Fußvolk, städtischem Rittertum bzw. *cavallarotti* sowie Magnaten gestaffelt.

Das konkrete Aussehen der Häuser ist aus den römischen Notariatsinstrumenten der Zeit allerdings leichter zu ermitteln.[72] Die Statuten regeln nur umstrittene Details, um die sich regelmäßig Streitigkeiten rankten. Ein Sicherheitsproblem im eng bebauten *abitato* waren offensichtlich überdimensionale Wasserrinnen und Dachtraufen, deren Existenz in Häusern, sei es auf dem Dach, in der Wand oder an einem anderen höheren Platz, als gesetzwidrig galt und deren Installation deshalb jedermann unter strengsten Auflagen untersagt wurde. Auf diese Weise sollte verhindert werden, daß Wasserkaskaden das Eingangstor eines fremden Hauses blockierten oder in feindlicher Absicht herabgeschüttet wurden.[73]

Der Gesetzgeber forderte zudem die Ankündigung neuer Bauvorhaben, um den verbotenen Abriß älterer Gebäude zu verhindern, gravierende Veränderungen im Stadtbild abzuwenden und anderweitige Kontrollen auszuüben. Allerdings waren die städtischen Leitungsgremien immer auf Kläger angewiesen, die ihre Ansprüche vor Gericht innerhalb genau gesetzter Fristen durchzusetzen hatten.[74] Gesetzlich normiert wurden deshalb vor allem öffentliche Belange.

---

[71] Re, Statuti della città di Roma (wie Anm. 6), S. 130–131, Lib. 2, cap. LXXXI: „De auferentibus castra turres arces et domos et violentiis eorumdem. Item adherentes antique consuetudini sumpte ex privilegio domini Macthei rubei dudum senatoris, statuimus quod si quis quocumque tempore abstulerit alicui turrim castra vel arcem munitionem seu domum ultra v. palarias altam vel etiam dirruerit, Senator illico et sine mora et sine aliquo quocumque iudicio res predictas restitui et deliberari faciat in ea qualitate et quantitate in qua fuerit tempore maleficii perpetrati."

[72] Ausführlich bei Hubert, Espace urbain (wie Anm. 8), S. 169–232.

[73] Re, Statuti della città di Roma (wie Anm. 6), S. 181, Lib. 2, cap. CLXXVIII: „De tenentibus canalem et stillicidia contra ius in domo. Nullus in tecto seu pariete nec etiam in aliquo alio loco habeat nec habere nec tenere debeat canalem stillicidium sive stillicidia aliquam vel aliqua per quam sive per quem aqua currat sive caddat ad hostium in hostio sive prope hostium, sive in introytum domus aliene et quicumque habet vel habent ad pensionem illius vel illorum in cuius vel quorum hostio domus cadere vel prope hostium teneatur et debeat elevare ad penam .x. librarum prov. ,cuius pene medietas sit accusantis et reliqua sit Camere et possit quilibet accusare et nichilominus debeat dictum canale sive stillicidium elevare."

[74] Re, Statuti della città di Roma (wie Anm. 6), S. 64f., Lib. 1, cap. C.

Beispielsweise durften die Häuser von Mördern nicht zerstört werden, sondern sie sollten jeweils zur Hälfte der *Camera Urbis* und den Hinterbliebenen des Getöteten zufallen.[75] Weitere Bestimmungen regelten die Annulierung von Immobilienverkäufen im Fall von Unrecht, Gewalt und Belästigung,[76] die Rückerstattung erschlichener Erträge aus Immobilien[77] oder die Pflicht, den Immobilienbesitz römischer Bürger im *districtus Urbis* zu verteidigen.[78]

Großes Gewicht legten die Statuten auf die Abfallbeseitigung, also eine saubere Stadt. Anscheinend waren schon damals die Außenzonen um die Stadttore besonders beliebt, um unerwünschten Unrat abzulagern. Eine entsprechende Vorschrift bezog sich deshalb auf das Gelände bei der Porta Septimiana, dem nördlichsten der drei Stadttore von Trastevere (N); gerade der zu jeder Tageszeit stark frequentierte Weg nach St. Peter, die sogenannte *via sancta*, sollte unbedingt von Verschmutzungen frei bleiben.[79] Ähnliches galt für die traditionelle Wettkampfzone *in agone*, also die heutige Piazza Navona, auf der am Donnerstag vor Beginn der Fastenzeit das große Fest der römischen Kommune begann. Diese Karnevalsspiele wurden durch das bürgerliche Regime, das die Statuten aufzeichnen ließ, besonders gefördert. Für den *campus agonis* drohten deshalb bei bewußter Verschmutzung sogar beschleunigte Anklageverfahren.[80] Auch der Fluß sowie alle öffentlichen Straßen und Plätze hatten von Jauche („mortulata"), Gerberresten („consatura coraminis") und anderem Müll frei zu bleiben, weil dieser Unrat nur die Luft verseuchen und stören würde. Selbst für private Hausanlagen mußte die Ablagerung von Mist („stabium") und anderem Abfall verboten werden. Und den Metzgern wurde untersagt, Tierblut, Fleischstücke

---

[75] Re, Statuti della città di Roma (wie Anm. 6), S. 94, Lib. 2, cap. XVI: „Pro honore Urbis statuimus quod domus homicide non diruantur sed ipse domus pro medietate adiudicentur Camere Urbis et pro alia medietate heredibus occisy."

[76] Re, Statuti della città di Roma (wie Anm. 6), S. 131, Lib. 2, cap. LXXXI, §1.

[77] Re, Statuti della città di Roma (wie Anm. 6), S. 132, Lib. 2, cap. LXXXI, §2.

[78] Re, Statuti della città di Roma (wie Anm. 6), S. 132, Lib. 2, cap. LXXXI, §3.

[79] Re, Statuti della città di Roma (wie Anm. 6), S. 187, Lib. 2, cap. CXC: „De immundicia non proicienda ad portam septingianam nec in agone. Nullus vel nulla proici faciat aliquam immundiciam seu aliquam turpitudinem vel susuram ad portam septingianam seu retro muros ipsius porte. Cum per ipsam viam omni tempore romani femmine et masculi ad sanctum petrum vaddunt, et ipsa via semper appelletur via sancta, qui contrafecerit solvat .x. sollidos prov. Camere Urbis, ponantur aliqui qui denuntient facientes contra predicta."

[80] Re, Statuti della città di Roma (wie Anm. 6), S. 189, Lib. 2, cap. CXCV: „De immundicia non proicienda in agone. De cetero nullus audeat, proicere in campo agonis finum vel aliquam putredinem, et qui contrafecerit teneatur solvere pro qualibet vice .x. sollidos prov. et fiant accusationes celati super hiis, qui iurent predicta fideliter facere, habeant quam medietatem pene et alia medietas applicetur Camere Urbis, et predicta bandiantur." Zu den Festivitäten vgl. Andrea Sommerlechner, Die *ludi agonis et testatie* – das Fest der Kommune Rom im Mittelalter, in: Römische Historische Mitteilungen 41 (1999), S. 339–370.

oder ganze Tierkörper auf Plätze und öffentliche Wege zu werfen.[81] Nicht zuletzt war stehendes Wasser in der Stadt zu umgehen. Das durch die Porta Septimiana (N auf der Karte) einfließende Regenwasser überschwemmte zum Beipiel immer wieder die Straßen in Trastevere, zumindest bis zur nahe beim Tor an der Lungara gelegenen Kirche S. Giacomo in Settimiano, Sitz der benediktinischen Silvestrinerkongregation. Um vor allem Seuchen zu verhindern, erfolgte die Anordnung, die Köhlerei vor den Mauern dieses Stadttores vollständig zu schließen und das angesammelte Wasser in den Tiber abzuleiten.[82]

Alle diese statutarischen Vorschriften könnte man vielleicht als Überlebensstrategie der kommunalen Stadtplanung bezeichnen, deren Aufgaben in den Schiedssprüchen der Bauaufsichtsbehörde vorgezeichnet waren. Denken wir nur an den Konflikt zwischen dem Priester der Kirche S. Maria *Domnae Bertae* und den jüdischen Färbern, die ihre stinkenden Tinkturen auf die Straße leerten, ehe sie zur Kanalisierung des Abwassers verurteilt wurden.[83] Die Bauaufsicht versuchte bestenfalls, mit einem breitem Spektrum von Regelungen die schlimmsten Mißstände im öffentlichen Bereich, bezeichnet als *communis* und *publicus*, zu verhindern und Streitigkeiten zu schlichten, ohne allerdings eigenständige Baumaßnahmen zu etablieren. Die Vorkehrungen beschränkten sich auf ein gestalterisches Minimum, nämlich die Mindestbreite von Durchgangsstraßen zu normieren, neue private Bauvorhaben gesetzlich zu initiieren oder zu überwachen sowie den willkürlichen Abbruch von Häusern in bestimmten Fällen zu verhindern. Die maßgeblichen Kriterien der rechtlichen Steuerung waren anfangs Sauberkeit und Ordnung in der Stadt, welche die Statuten dann um den für das

---

81 Re, Statuti della città di Roma (wie Anm. 6), S. 189, Lib. 2, cap. CXCIV: „De proicientibus immundicias in viis publicis. Nemo proiciat mortulatam vel consaturam coraminis seu aliam immundiciam seu proici faciat in aliqua platea seu via publica Urbis nisi in flumine tantum, cum aerem inficiat et conturbet et qui contrafecerit puniatur in .xx. solidos prov. Et nulla persona proiciat stabium vel aliam immundiciam in solo seu casalino alterius, et qui contrafecerit solvat qualibet vice .x. solidos prov. et hoc capitulum bandiatur, de qua pena medietas sit Camere et alia medietas sit accusantis. Et nullus macellarius vel alia persona proiciat sanguinem vel viscera animalium vel ipsa animalia mortua vel aliam turpitudinem, in aliqua platea vel via publica, sub pena .xl. sollidorum prov. nisi in flumen ut supra dictum est proiciat, quo casu ad penam non teneatur.“

82 Re, Statuti della città di Roma (wie Anm. 6), S. 188, Lib. 2, cap. CXCIII: „De remundando carbonarium porte septingiane. Cum aqua pluvina per portam septingianam decurrens repleat vias usque ad ecclesiam Sancti Iacobi, statuimus quod remundetur carbonarium quod est iuxta muros dicte porte totaliter et ut ex inde aqua congregata congreganda decurrat ad tyberim, et semper teneatur in eodem statu ne repleatur.“ Die Kirche ist erstmals erwähnt in dem zwischen 1313 und 1339 entstandenen Turiner Katalog, der dem Umfeld der *Fraternitas Romana*, der Organisation der römischen Weltgeistlichen, entstammen dürfte, deren Einteilung der stadtrömischen Kirchen in drei Gruppen er übernahm; vgl. Roberto Valentini und Giuseppe Zucchetti (Hg.), Codice topografico della città di Roma, Bd. 3, Roma 1946, S. 291–318, hier S. 317; Christian Huelsen, Le chiese di Roma nel Medio Evo, cataloghi ed appunti, Florenz 1927, ND New York/Hildesheim 1975, S. 268.

83 Bartoloni, Codice diplomatico (wie Anm. 1), Nr. 94 von 1238, S. 155.

bürgerliche Regime lebenswichtigen Aspekt der Sicherheit ergänzten. Ganz im Gegensatz zu anderen italienischen Stadtregierungen versuchten die popolaren Gesetzgeber Roms nicht, weitere verbindliche Instruktionen zu erteilen.

4. Kommunales Bauen mit symbolhafter Bedeutung für die Gemeinschaft

Angedeutet seien zuletzt noch kurz die wenigen eigenen, bereits oft erforschten und nur ungenügend bekannten kommunalen Bauvorhaben, soweit sie aus den Rechtsquellen hervorgehen. Mit der Erneuerung des römischen Senats 1143/1144 entstand auch das Bedürfnis nach einer lokalen Verortung der kommunalen Macht, also der Wunsch nach Räumlichkeiten für Beratungen, Gerichtsverhandlungen und Volksversammlungen. Wie in anderen Kommunen wurde auch in Rom im ersten Reflex auf Bestehendes zurückgegriffen: Die Kirche S. Martina am Forum wurde als Ort für Versammlungen genutzt, die im Verfall begriffenen Gebäude der Corsi-Sippe über dem antiken Tabularium auf dem Kapitol wurden zum Senatorenpalast umfunktioniert.[84]

Da die Bauten selbst zerstört sind, geben uns insbesondere für die Frühphase wiederum einige Senatsurkunden und andere Rechtstexte entscheidende Anhaltspunkte. Einige Jahre nach der Kommunegründung wurde 1151 der Friedens- und Handelsvertrag mit Pisa auf dem Kapitol ausgestellt, und zwar im neuen Konsistorium des Palastes („in consistorio novo palatii").[85] Dies bedeutet, daß der Komplex von Seiten der kommunalen Amtsträger als neu betrachtet und gleichzeitig für repräsentative Zwecke im Umgang mit anderen Kommunen genutzt wurde. Daes bestätigt auch ein späterer Schiedsspruch, in dem die Senatoren 1160 beiläufig das Kapitol als regelmäßigen Versammlungsort des jährlich neu gewählten großen Senates erwähnen.[86] Es kann sich also wohl kaum nur um notdürftige Ausbesserungen der Ruinen gehandelt haben, sondern es muß – auch nach den Informationen des zeitgenössischen Theologen Gerhoh von

---

[84] Zur Baugeschichte vgl. Serena Romano, La facciata medievale del Palazzo Senatorio: i documenti, i dati, e nuove ipotesi di lavoro, in: La facciata del Palazzo Senatorio in Campidoglio. Momenti di storia urbana in Roma, hg. von Eugenio La Rocca, Ospedaletto 1994, S. 39–62, hier S. 41; Krautheimer, Rom. Schicksal einer Stadt (wie Anm. 8), S. 229ff. und 312f.; Carlo Pietrangeli, Il Palazzo Senatorio nel Medioevo, in: Capitolium 35 (1960), S. 3–19; ders., I palazzi capitolini nel Medioevo, in: Capitolium 39 (1964), S. 191–194; Gramaccini, Mirabilia. Das Nachleben antiker Statuen (wie Anm. 40), S. 169ff. zur Platzgestaltung.

[85] Bartoloni, Codice diplomatico (wie Anm. 1), Nr. 11 S. 13 im Vertrag mit Pisa vom 12. März 1151.

[86] Bartoloni, Codice diplomatico (wie Anm. 1), Nr. 17 S. 23 in einer Senatsurkunde vom 23. Januar 1160: „in novo consistorio senatus annuatim in Capitolio constituti".

Reichersberg zu urteilen[87] – ein geplanter Ausbau auf Kosten der neu
gegründeten Gemeinschaft stattgefunden haben. Dadurch wurde der Palast auf
dem im Osten des *abitato* gelegenen Hügel zu einem Zentrum städtischen
Lebens und zum Sinnbild von wieder errungener Autonomie und Freiheit.
Welche Baumeister für die Kommune arbeiteten, läßt sich mangels entsprechender Indizien nicht mehr feststellen. Immerhin verweist eine Inschrift an dem
S. Gregorio Nazianzeno geweihten Tragaltar in der Titelkirche S. Maria in Porticu, später S. Maria in Campitelli, auf den Senat als einen potentiellen Auftraggeber. Die Signatur „Senatus G(re)G(orius) aurifex" deutet auf einen Künstler,
der von außen kommend für die römische Kommune tätig wurde, aber wohl
kaum fest in deren Diensten stand.[88] Als Abnehmer von Kunstwerken und
Bauten hinterließ der Senat also ganz im Gegensatz zum Papsttum des 12. Jahrhundert nur wenige Spuren.

Eine eigenständige kommunale Bautätigkeit, die über Restaurierung und
Überwachung des vorhandenen Baubestands hinausging, wird für Rom wie für
die meisten anderen Städte erst in einer späteren Phase der Kommuneentwick-
lung faßbar, nämlich erst als sich mit dem Wechsel zu neuen, auf wenige Macht-
haber beschränkten Herrschaftsformen das Bedürfnis nach Selbstdarstellung und
Herrschaftslegitimation verstärkte. Während in den Jahren 1191 bis 1204 ein
mehrmaliger Umschwung zwischen einem oligarchisch geprägten 56-köpfigen
Senatskollegium und einigen allein oder zu zweit regierenden, antipäpstlichen
und teilweise vom Volk ernannten Senatoren stattfand, setzten sich dann in
blutigen Unruhen und Parteikämpfen letztlich einzelne, eher papsttreue Senatoren durch, deren Herkunft anfangs nicht einmal immer zu ermitteln ist, ehe in
den dreißiger Jahren verstärkt die führenden Baronalfamilien aus der kaiserlichen Partei in den Senat drängten.[89] Gemäß dem Trend der Stadtmagnaten zum
Residieren entstanden damals in den meisten Städten Italiens monumentale

---

[87] Gerhoh von Reichersberg, Commentarium in psalmum XLIV, in: MGH, Libelli de lite
imperatorum et pontificum saeculis XI. et XII. conscripti 3, hg. von Ernst Dümmler/
Ernst Sackur u.a., Hannover 1897, S. 462: „ut Roma apparet in ede Capitolina olim
diruta et nunc reedificata"; vgl. Jürgen. Paul, Die mittelalterlichen Communalpaläste in
Italien, Diss. Freiburg 1963, S. 255; Romano, La facciata medievale (wie Anm. 84), S. 40.

[88] Arduino Colasanti, Reliquiari medioevali in chiese romane, in: Dedalo 13 (1933), S. 290
und Abb. S. 294; Paolo Brezzi, Roma e l'impero medioevale (774–1252) (Storia di
Roma, Bd. 10), Bologna 1947, S. 290 erwähnt ihn für die Zeit von Paschalis II.; Moscati,
Alle origini del Comune Romano (wie Anm. 3), S. 70–71; Antonietta Valente, Intorno
ad un orafo del secolo XII, in: Bolletino d'Arte 31 (1937/38), S. 261–267, bes. 264. Zu
einem Gregor unter den „marmorarii Romani" vgl. Peter Cornelius Claussen, Magistri
doctissimi romani. Die römischen Marmorkünstler des Mittelalters, Stuttgart 1987
(Corpus cosmatorum 1; Forschungen zur Kunstgeschichte und christlichen Archäologie
14), S. 236.

[89] Zur vielgestaltigen Entwicklung des Verhältnisses zwischen Adelssenat und kommunaler Führung bis 1268 vgl. Thumser, Rom und der römische Adel (wie Anm. 3), S. 239–
343.

Kommunalpaläste. Auch in Rom dürfte spätestens in der Mitte des 13. Jahrhunderts ein zusätzlicher Palast auf dem Kapitol errichtet worden sein, als nach einer Erhebung des mittelständischen Popolo im Sommer 1252 auswärtige Senatoren die Regierungsgeschäfte bis 1258 übernahmen und insbesondere der aus Bologna berufene Capitano del Popolo Brancaleone degli Andalò erbarmungslos gegen die Magnaten vorging. Unter seinem Regiment unterschieden die Protokollnotizen zu einem Friedensvertrag zwischen Rom und Tivoli aus dem Jahr 1257 erstmals ein *palatium vetus*, den Raum für die Versammlung eines allgemeinen Rates, vom *palatium novum*, dem Gebäude für die Zusammenkunft des Ältestenrates.[90] Mit dem Übergang der Regierungsgeschäfte auf ein kleineres Gremium mußte sich notgedrungen auch die innere Gestaltung der äußerlich stark befestigten Gebäude verändern.

Mit der organisatorischen Ausrichtung auf einen einzigen Senator, der sein Handeln öffentlich legitimieren mußte, konnte die bauliche Gestaltung zu üppigeren Formen gedeihen; die Baumaßnahmen wurden zu einem Mittel der Selbstdarstellung. Deutlich zu erkennen ist diese Tendenz bei der Ausstattung des Kapitolsplatzes, die von kunsthistorischer Seite bereits ausführlich analysiert wurde.[91] Leider ist nicht immer bekannt, wann genau einzelne Modifikationen erfolgten, so daß die politischen Implikationen oft nur zu vermuten sind. Besonders strittig ist etwa der Zeitpunkt, zu dem der auf vier Löwenstützen ruhende kapitolinische Obelisk zweifellos unter größten Anstrengungen aufgestellt wurde; der stilistische Befund deutet auf die Jahrzehnte vor 1200, möglicherweise sogar die kommunale Entwicklungsphase zwischen 1150 und 1160; jedenfalls spätestens zur Zeit Brancaleones dürfte der ägyptische Obelisk dem Ensemble auf dem Kapitol ein würdevolleres Aussehen verliehen haben.[92]

Die Rechtsquellen spiegeln solche Zusammenhänge ohnehin nur im Ausnahmefall. Der Löwe war bekanntlich das Wahrzeichen der römischen Kommune; nicht zuletzt zierte ein lebendiges Raubtier den Graben um den Senatorenpalast. Die Statuten von 1363 erwähnen ein marmornes Löwendenkmal, das auf den 1348 erweiterten Treppen des Kapitols als Pranger diente. Der Rechtsbrecher wurde rittlings auf die Löwenstatue gesetzt, und zwar mit einer Mitra auf dem Kopf, auf der seine Schandtat beschrieben wurde, und mußte mit einem honigverschmierten Gesicht, in dieser mißlichen Haltung bis zum Ende des Markttages verharren.[93] Solche Bekanntmachungen suggerieren, daß gerade eine

---

[90] Bartoloni, Codice diplomatico (wie Anm. 1), Nr. 136, bes. S. 217–219.

[91] Zusammenfassend Romano, La facciata medievale (wie Anm. 84); Gramaccini, Mirabilia. Das Nachleben antiker Statuen (wie Anm. 40), S. 151–185.

[92] Vgl. Romano, La facciata medievale (wie Anm. 84), S. 42; Gramaccini, Mirabilia. Das Nachleben antiker Statuen (wie Anm. 40), S. 170–175, beide erörtern auch das Problem der unterschiedlichen Datierungen.

[93] Re, Statuti della città di Roma (wie Anm. 6), S. 151, Lib. 2, cap. CXX: „et si contrafecerit debeat poni eques in leone marmoris existente in scalis capitolii cum quadam mitra in capite in qua sit scriptus, inobediens mandati transgressor et faciem habeat untam de

unter großem Legitimationsdruck stehende popolare Regierung gerne entsprechende Repräsentationsformen in Architektur und Plastik benutzte, um das Bedürfnis nach der lokalen Verortung und Darstellung kommunaler Herrschaft zu befriedigen. Der Bau von Räumlichkeiten und die Aufstellung öffentlich sichtbarer Hoheitszeichen waren dafür geeignete Mittel.

5. Zusammenfassung

Am Beispiel der Stadt Rom und des 1144 eingesetzten römischen Senats war der Zusammenhang zwischen normativen Regelungen zur Stadtgestaltung, den Formen der öffentlichen Bekanntmachung und der kommunalen Entwicklung bis zur ersten überlieferten Statutenkodifikation von 1363 zu veranschaulichen. Abschließend können die spezifisch römischen Bedingungen nochmals in drei Komplexen zusammengefaßt und verdeutlicht werden, nämlich in Hinblick auf die Erfassung des städtischen Raumes, die inhaltliche Zielsetzung der rechtlichen Regelungen und die Durchsetzung der Steuerungsversuche:

Erstens verfügte Rom im Gegensatz zu anderen Städten über ein enormes Gelände innerhalb der Stadtmauern, das nur rudimentär organisiert werden konnte und mußte. Die normativen Vorgaben des Senats betrafen fast ausschließlich die Gestaltung und Überwachung des öffentlichen Raumes, bezeichnet mit *publicus* oder *comunis*, so daß das Bauen auf eigenem Grund auch im 14. Jahrhundert noch kaum Einschränkungen unterworfen war. Die Maßnahmen galten vorwiegend neuralgischen Zonen wie Pilgerzentren, Hauptstraßen und Festplätzen.

Zweitens zielte die rechtliche Steuerung anfangs vorrangig auf einen wohl geordneten städtischen Raum und dessen Infrastruktur; Brücken und Wasserleitungen waren zu renovieren, die Stadtmauern wieder aufzubauen sowie Straßen und Wasserläufe zu regulieren. Weitere Bestimmungen und Rechtsentscheide versuchten dann, die Sauberkeit von Straßen und Plätzen zu verbessern. Erst die popolare Statutenkompilation von 1363, die zweifellos auf Vorläufer zurückgeht und eindeutig gegen die Willkürherrschaft der Magnaten gerichtet war, setzte sich intensiv mit dem Problem der innerstädtischen Sicherheit auseinander. Auch wenn das Bild der Quellen äußerst fragmentarisch ist, verfestigte sich der Eindruck, daß einige wenige Aufgaben des Gemeinwohls durchgehend im Zentrum der rechtlichen Vorschriften standen, während ästhetische Gesichtspunkte nur selten – etwa beim Antikenschutz – eine Rolle spielten.

Drittens erschwerte die anhaltende Konkurrenz zwischen päpstlicher und kommunaler Gerichtsbarkeit die Durchsetzung von Senatserlassen ebenso wie

---

melle et debeat manere ibi eques quo usque fuerit et duraverit mercatum." Vgl. Gramaccini, Mirabilia. Das Nachleben antiker Statuen (wie Anm. 40), S. 176–179.

die Sanktionierung von Übertretungen. Die unterschiedlichen, sich abwechselnden kommunalen Führungsgruppen übernahmen die Regelungskompetenzen im Rahmen einer schrittweisen Institutionalisierung, die durch innerstädtische Kämpfe und radikale Umbrüche immer wieder gestört, aber nie ganz unterbrochen wurde. Da die Statutenkompilation offenkundig auf einer gewohnheitsrechtlichen Basis aufbaute, ist nicht immer klar, ob die Bestimmungen zum Zeitpunkt der Kodifikation überhaupt noch praktische Relevanz besaßen.

Unter Berücksichtigung dieser drei Prämissen lassen die überlieferten Urkunden, Sentenzen und Statuten vier Schwerpunkte einer baulichen Normierung und deren Propagierung erkennen: Erstens war die bald nach der Kommunegründung einsetzende Restaurierung von Stadtbefestigung, Zufahrtswegen, Brücken und Wasserleitungen zwangsläufiger Ausdruck der neu erworbenen kommunalen Autonomie; in diesem Zusammenhang waren Inschriften und Urkundenformeln wichtige Mittel der öffentlichen Propaganda. Zweitens gewann der Schutz antiker Monumente eine darüber hinausgehende Funktion; er war Ausdruck eines Bewußtseins von der antiken Schönheit der Stadt, verbunden mit einem innerstädtischen Machtanspruch, der in der konkurrierenden Gerichtsbarkeit einen wichtigen Antrieb erhielt. Drittens zeigen die Schiedssprüche der *Magistri aedificiorum*, die erstmals das mit dem Ausbau des kommunalen Ämterapparats einsetzende Streben nach einer planmäßigeren Bauaufsicht und Überwachung des Baubestands dokumentieren, wie der kommunale Zuständigkeitsbereich erweitert und zahlreiche Regelungen in Auseinandersetzung mit der Praxis geschaffen wurden. Viertens versuchten die Senatoren, angemessene Räumlichkeiten für Beratungen, Gerichtsverhandlungen und Volksversammlungen zu etablieren und dadurch das Bedürfnis nach einer Darstellung und Verortung ihrer Herrschaft zu befriedigen. In allen vier Bereichen liefern normative Quellen sichere Indizien dafür, wie sich das Bewußtsein vom städtischen Raum und seiner Gestaltung mit der kommunalen Entwicklung von der Mitte des 12. bis zur Mitte des 14. Jahrhunderts veränderte.

Ruth Wolff

Grabmäler, Platzgestaltung und Stadtstatuten

Der vorliegende Aufsatz beschäftigt sich mit einem kleinen Themenausschnitt aus der städtischen Gesetzgebung des mittelalterlichen Italien, der bislang weder von rechts- noch von kunsthistorischer Seite eigens untersucht wurde, sowohl für die Urbanistik als auch für die Sepulkralkunst jedoch von großer Bedeutung war – mit städtischen Gesetzen zu Kirchplätzen und den auf ihnen errichteten oder zu errichtenden Grabmälern. Zunächst mag es erstaunen, daß sich die städtische, also weltliche Gesetzgebung überhaupt mit Fragen von Beerdigung und Grabmal befaßt hat, die seit dem 6. Jahrhundert durch kirchliche Vorschriften geregelt wurden. Dieses Erstaunen mag ein Grund dafür sein, daß die Geschichte des kirchlichen Sepulkralrechts zwar hinreichend untersucht ist, jedoch auch in diesen Untersuchungen Hinweise auf die komplementäre städtische Gesetzgebung fehlen.[1] Im Folgenden seien zunächst einige Grundzüge des kirchlichen Sepulkralrechts dargestellt, die für unser Thema relevant sind.

Bekanntermaßen untersagte sowohl die mosaische (Gen. 23,19) wie auch die römische Gesetzgebung das Begräbnis innerhalb der Städte. Dieses Verbot wurde bereits unter Kaiser Leo I. (457–474) beseitigt.[2] 381 untersagten Kaiser Gratian, Valentinian und Theodosius das Begräbnis in den Apostel- und Märty-

---

[1]   Vgl. P. Lex, Das kirchliche Begräbnisrecht historisch-kanonistisch dargestellt, Regensburg 1904, S. 24–34; äußerst materialreich ist Ph. Hofmeister, Das Gotteshaus als Begräbnisstätte, in: Archiv für katholisches Kirchenrecht 111 (1931), S. 450–487; A. Bernard, La sépulture en droit canonique du Décret de Gratien au Concile de Trente, Paris 1933; Friedrich Zoepfl, Art. „Bestattung", in: Reallexikon zur deutschen Kunstgeschichte, Bd. II (1948), S. 332–355; B. Kötting, Der frühchristliche Reliquienkult und die Bestattung im Kirchengebäude, Köln/Opladen 1965; Ph. Aries, L'homme devant la mort, Paris 1977, italienische Ausgabe: L'uomo e la morte dal medioevo a oggi, Roma/Bari 1980, S. 52–58; G. Klingenberg, Art. „Grabrecht (Grabmujlta, Grabschändung)", in: Reallexikon für Antike und Christentum, Bd. XII (1983), S. 590–638; B. Kötting, Die Tradition der Grabkirche, in: Memoria. Der geschichtliche Zeugniswert der liturgischen Gedenkens im Mittelalter, hg. von K. Schmid/J. Wollasch (Münstersche Mittelalter-Schriften 48), München 1984, S. 69–78; S. Scholz, Das Grab in der Kirche – Zu seinen theologischen und rechtlichen Hintergründen, in: Zeitschrift der Savigny-Stiftung für Rechtsgeschichte, 115. Band, Kanonistische Abteilung 84 (1998), S. 270–306.

[2]   Zoepfl (wie Anm. 1), S. 335.

rerkirchen.[3] Kaiser Justinian (†565) erneuerte das Verbot der Bestattung in der Kirche.[4] Es wurde von der christlichen Kirche seit ihrer staatlichen Anerkennung nicht beachtet: Märtyrer, Päpste, Bischöfe, Äbte sowie christliche Regenten und deren Familien wurden in oder bei Kirchen beerdigt, die auch innerhalb der Städte lagen.[5] Den ersten kirchlichen Kanon, der die Beisetzung innerhalb der Kirchenmauern verbietet, die Bestattung um die Mauern der Kirche jedoch akzeptiert, erlässt die 1. Synode von Braga, Portugal (561) und bezieht sich dabei auf das antike Gesetz der Beisetzung intra muros. Wenn es verboten sei, die Toten innerhalb der Stadtmauern beizusetzen, um wie vieles mehr müsse den in den Kirchen bestatteten Märtyrern diese Ehrfurcht erwiesen werden.[6] Wie wenig diese Vorschrift und entsprechende Bestimmungen späterer Synoden befolgt wurden, zeigen die Kapitularien Bischofs Theodulf von Orléans (vor 813?): Da es in seiner Diözese Brauch gewesen sei, die Toten in der Kirche zu bestatten, seien die Plätze, die dem Gottesdienst und der Darbringung des Opfers dienten, zu „cimiteria sive poliandria" geworden. Es solle also von nun an niemand mehr in der Kirche beerdigt werden, es sei denn, es handle sich um Priester oder gerechte Menschen, die durch ihren Lebenswandel eine solche Auszeichnung verdienten. Die bis dahin bestatteten Toten sollen nicht aus der Kirche entfernt, ihre Gräber, die über das Bodenniveau hinausragen, jedoch tiefer gelegt und durch einen Boden abgedeckt werden, so daß von ihnen keine Spur mehr zu sehen sei. Falls dies aufgrund der Vielzahl von Gräbern schwierig sei, solle die Kirche als Begräbnisstätte erhalten bleiben, der Altar aber abgebaut und an einem anderen Ort errichtet werden, an dem Gott das Opfer „fromm und rein" dargebracht werden könne.[7] Daß es Theodulf um die „Funktionsfähigkeit des

---

3   Theodosianus 1,2 S. 465 IX,17,6. Hofmeister (wie Anm. 1), S. 456.

4   Codex Iustinianus S. 12 I,2,2. Vgl. Kötting, Tradition der Grabkirche, S. 76.

5   S. die zahlreichen bei Hofmeister (wie Anm. 1), S. 453–457, angeführten Beispiele und I. Herklotz, „Sepulcra" e „Monumenta" del medioevo. Studi sull'arte sepolcrale in Italia, Roma 1985, S. 32 (2. Auflage Roma 1990 und jetzt zum drittenmal mit einer die neuere Literatur aufnehmenden Einleitung erschienen Napoli, 2001).

6   Synode von Braga I, can. 18 (Concilios Visigoticos e Hispano-Romanos, hg. von J. Vives/ T. M. Martinez/G. Martinez Diez, Barcelona/Madrid 1963, S. 75): „Item placuit, ut corpora defunctorum nullo modo intra basilicam sanctorum sepeliantur, sed si necesse est de foris circa murum baselicae usque adeo non abhorret. Nam si firmissimum hoc brebilegium usque nunc retinet civitates, ut nullo intra ambitus murorum cuiuslibet defuncti corpus humetur; quanto magis hoc venerabilium martyrum debet reverentia obtinere."

7   Theodulf, 1. Kapitular, cap. 9 (MGH Capit. episc. 1, S. 109): „Antiquus in his regionibus in ecclesia sepeliendorum mortuorum usus fuit, et plerumque loca divino cultui mancipata et ad offerendas deos hostias praeparata cimiteria sive poliandria facta sunt. Unde volumus, ut ab hac re deinceps abstineatur et nemo in ecclesia sepeliatur, nisi forte talis sit persona sacerdotis aut cuiuslibet iusti hominis, qua per vitae meritum talem vivendo suo corpori defuncto locum acquisivit. Corpora vero, quae antiquitus in ecclesiis sepulta sunt, nequaquam proiciantur, sed tumuli, qui apparent, profundius in terram mittantur, et pavimento desuper facto, nullo tumulorum vestigio apparente ecclesiae reverentia

Kultraums"[8] der Kirche und nicht darum ging, die Begräbnisstätten wie die erste Synode von Braga völlig vor die Außenmauern der Kirche zu verbannen, verdeutlicht das zweite Kapitular. Hier erlaubt der Bischof die Bestattung im Vorhof der Kirche und ihren Anbauten.[9]

Der Kanon der Synode von Braga ist der einzige der älteren Kanones, der die Bestattung innerhalb der Kirchen grundsätzlich untersagt.[10] Ansonsten waren Ausnahmekonzessionen für Kleriker und Laien die Regel,[11] die v.a. in Augustinus[12] und den Dialogi Gregors des Großen (†604) ihr theologisches Fundament fanden. Nach Gregor nützt die Bestattung in der Kirche denen, die nicht durch schwere Sünden belastet sind. Der Anblick ihrer Gräber erinnere die Angehörigen beim Besuch der Kirche an die Verstorbenen und an das für sie zu errichtende Gebet.[13]

Zu einem eigens behandelten Problem in der kirchlichen Gesetzgebung wurden die Grabstätten von Kirchenstiftern und später Patronen, die es entsprechend des Anspruchs auf Erblichkeit des Patronats als ihr ererbtes Recht ansahen, in der Kirche bestattet zu werden. Die Synode von Meaux-Paris (845/846) bestimmt daher, daß „niemand einen Toten gleichsam nach Erbrecht in der Kirche zu bestatten wagt, es sei denn, der Bischof oder Priester halten den Verstorbenen aufgrund seines Umganges und Lebens dessen für würdig".[14] In sei-

---

conservetur. Ubi vero tanta est multitudo cadaverum, ut hoc facere difficile sit, locus ille pro cimiterio habeatur ablato inde altari et in eo loco constituto, ubi religiose et pure deo sacrficium offerri valeat."

8 Scholz (wie Anm. 1), S. 295.
9 Theodulf, 2. Kapitular, cap. 1,11 (MGH Capit. episc. 1, S. 153): „Prohibendum etiam secundum maiorum instituta, ut in ecclesia nullatenus sepeliantur, sed in atrio aut in porticu aut abedra ecclesiae. Infra ecclesiam vero aut prope altare, ubi corpus domini et sanguis conficitur, nullatenus habeat licentiam sepeliendi."
10 Scholz (wie Anm. 1), S. 295.
11 S. z. B. die Synode von Mainz (813), in der die Bestattung in der Kirche Bischöfen, Äbten, würdigen Presbytern oder besonders um die Kirchen verdienten Laien vorbehalten bleibt (Concilium Moguntinense a. 813, can. 52, hg. v. A. Wermighoff, MGH Conc. 2,1, Hannover/Leipzig 1906, S. 272): „Nullus mortuus infra eclesiam sepeliatur, nisi episcopi aut abbates aut digni presbyteri vel fideles laici."
12 S. Augustins Ausführungen zum Nutzen der Bestattung bei den Märtyrergräbern (De cura pro mortuis gerenda 22 (hg. v. J. Zycha, CSEL 41, Prag/Wien/Leipzig 1900, S. 658 f.); vgl. Scholz (wie Anm. 1), S. 276 f.
13 Gregor I., Dialogi IV 52 (Grégoire le Grand, Dialogues III, ed. A. Vogüé, Sources Chrétiennes 265, Paris 1980, S. 176): „Quos grauia peccata non deprimunt, hoc podest mortuis si in ecclesiis sepeliantur, quod eorum proximi, quotiens ad eadem sacra loca conueniunt, suorum, quorum sepulcra aspiciunt, recordantur et pro eis Domino preces fundunt. Nam quos peccata grauia deprimunt, non ad absolutionem potius quam ad maiorem damnationis cumulum eorum copora in ecclesiis ponuntur."
14 Synode von Meaux-Paris, can. 72 (hg. von W. Hartmann, MGH Conc. 3, Hannover 1984, S. 118): „Ut nemo quemlibet mortuum in ecclesia quasi hereditario iure, nisi quem episcopus aut presbyter pro qualitate conversationis et vitae dignum duxerit, sepelire prae-

nem dritten Bischofskapitular von 856 lehnt Hinkmar von Reims sodann den Anspruch von Eigenkirchenherren ab, über eine Grablege – sei es außerhalb oder innerhalb der Kirche – wie über ein Erbgut zu verfügen.[15] Trotz dieser kirchlichen Vorschriften setzten die Patrone ihre Ansprüche durch. Johannes Betleth und Guilelmus Durandus lassen im 12. und 13. Jahrhundert jedenfalls in ihrem jeweiligen „Rationale divinorum officiorum" das Begräbnis der Patrone in der Kirche zu.[16] Neben dem Recht auf eine Grabstätte innerhalb der Kirche genossen die Patronatsherren zahlreiche Privilegien, wie z.b. dasjenige, ihre Wappen an der Fassade der Kirche anzubringen – „damit Verwandte und Freunde, die zur Kirche gehen, für die verstorbenen Patronatsherren beten und damit andere gläubige Laien dazu eingeladen werden, andere Kirche zu stiften, erbauen und auszustatten", erklärt der Florentiner Jurist Lorenzo Ridolfi zu Beginn des 15. Jahrhunderts.[17] Das Patronat konnten nach kanonischem Recht physische Personen (Kleriker und Laien) wie auch juristische Personen, d.h. universitates, wie z.B. die civitas oder der populus erwerben. Im letzteren Fall hatte die universitas und nicht die einzelnen Mitglieder das Patronat inne.[18] So nimmt es nicht

---

sumat." Dt. Übersetzung zit. nach Scholz (wie Anm. 1), S. 301. Hinkmar von Reims bestimmt im Anschluß daran in seinem ersten Bischofskapitular von 852, daß der Priester sich mit dem Bischof berate, bevor er jemand in der Kirche beerdige (Hinkmar von Reims, erstes Kapitular, cap. 12 (hg. von R. Pokorny/M. Stratmann, MGH Capit. episc. 2, Hannover 1995, S. 40).

[15] Hinkmar von Reims, Drittes Kapitular, cap. 2 (MGH Capit. episc. 2, S. 74), vgl. Scholz (wie Anm. 1), S. 302.

[16] Johanes Beleth, Rationale divinorum officiorum, c. 159 (Migne lat. 1 c. CCII, S. 157) und Gulielmus Durandus, Rationale divinorum officiorum, Lugduni 1560, S. 22. Vgl. Hofmeister (wie Anm. 1), S. 460. Zur Vererbung des Patronatsrecht s. P. Landau, Ius patronatus. Studien zur Entwicklung des Patronats im Dekretalenrecht und der Kanonistik des 12. und 13. Jahrhunderts, Köln/Wien 1975 (Forschungen zur kirchlichen Rechtsgeschichte und zum Kirchenrecht, 12. Band), S. 51–68 Vgl. auch ders.., Art. „Patronat", in: Theologische Realenzyklopädie, Bd. 26 (1996), S. 106–114, hier bes. S. 106–108. Zum Zusammenhang von „tomba e patronato" in Venedig vgl. jetzt auch M. Gaier, Facciate sacre a scopo profano. Venezia e la politica dei monumenti dal Quattrocento al Settecento, Venedig 2002. Ich danke M. Gaier dafür, daß er mich auf die Bedeutung des Patronats für die Grabmäler aufmerksam gemacht hat und mir das Manuskript seines Buches noch vor der Veröffentlichung zur Verfügung gestellt hat.

[17] „Ut consanguinei et amici, eo cum vadunt ad ecclesiam, inspicientes arma prelibata defunctorum patronorum orent pro eis, et inventur etiam alii chattolici layci ad aliarum ecclesiarum fundationem hedificationem et dotationem" (zit. nach R. Bizzocchi, Chiesa e potere nella Toscana del Quattrocento, Bologna 1987 (Annali dell'Istituto storico italo-germanico. Monografia 6), S. 41.

[18] S. Landau, Ius patronatus (wie Anm. 1), S. 38–45 In der klassischen Kanonistik wurde zunächst die Fähigkeit juristischer Personen zum Patronatsrecht bestritten. In der zweiten Hälfte der 80er Jahre des 12. Jahrhunderts erfolgte mit der Dekretsumme des Ugguccione da Pisa (Huguccio) der Umschwung in der Lehre zum Patronat iuristischer Personen. Uguccio schreibt in seiner Summa: „Illud diligenter nota quod si ecclesia a civitate vel populo ratione communitatis vel universitatis construatur vel ditetur, vel so-

Wunder, daß z.B. am Sockel des Campanile des Florentiner Doms die Wappen der Kommune und des Popolo von Florenz und in der Lünette des westlichen Eingangsportals das Wappen der Arte della Lana mit dem Agnus Dei, das ab 1331 zugleich das Wappen der Opera del Duomo war, angebracht sind,[19] während die Zunft der Kaufleute (Calimala), die seit dem 12. Jahrhundert für die Kirche und den Konvent von S. Miniato sowie seit der Mitte des 12. Jahrhunderts für das Baptisterium zuständig war, 1401 ihr Wappen (der Adler über dem Warenballen) im Tympanon der Fassade von S. Miniato anbringen ließ.[20] Das Wappen der Calimala ist auch heute noch auf den beiden Sockeln im zweiten Geschoss des Baptisteriums an der Ostseite über der Paradiesestür Ghibertis zu sehen.[21] 1338 wird auch die sogen. „tenda di San Giovanni" – das blaue Tuch, das ab 1290 den Platz zwischen Baptisterium, Dom und den umliegenden Gebäuden zum Fest von San Giovanni überspannte, mit gelben Lilien und vier Wappen- schildern der Arte di Calimala geschmückt.[22] An der Fassade von Orsanmichele in Florenz sehen wir dagegen das Wappen der hier zuständigen Arte della Seta.

Das Dekretalenrecht beschäftigt sich nicht mit dem Problem, ob und für wen das Begräbnis innerhalb der Kirchenmauern erlaubt sei. Bezüglich des Sepulkral- rechts werden im wesentlichen zwei Punkte behandelt, 1. auf welchem Friedhof beerdigt werden darf und 2. welche Entschädigung der zuständigen Gemeinde gegeben werden soll, wenn das Begräbnis auf dem Friedhof einer anderen Pfar- rei oder Klosterkirche erfolgt („canonica portio").[23] Die Frage nach der Beerdi- gung innerhalb oder außerhalb der Kirche wird daher weiterhin in Synodalbe-

---

lum ut constituatur ei detur, nulli illorum singulariter ius patronatus debet, set tantum ipsi universitati, set civitati, vel populo, plebi, sicut qui a collegio manumittitur, nulli singulariter reverentiam debet, set singulos in ius vocabit, ut XII, q. II, Qui manumitti- tur." (zit. nach Landau, Ius patronatus (wie Anm. 16), S. 43f.)

[19] M. Trachtenberg, The Campanile of Florentine Cathedral. „Giotto's Tower", New York 1971, S. 178f. und Abb. II, VI; La cattedrale di Santa Maria del Fiore, a cura di C. Acidini Luchinat, Bd. II, Firenze 1995, S. 79.

[20] S. M. Wackernagl, Der Lebensraum des Künstlers in der florentinischen Renaissance: Aufgaben und Auftraggeber, Werkstatt und Kunstmarkt, Leipzig 1938, S. 215 und 218. K. Frey, Aus den Statuten, Rechnungsbüchern und Protokollen der Arte dei Mercatanti, detta Arte di Calimala, zu Florenz, in: Le vite de'più eccellenti pittori scultori e architet- tori scritte da M. Giorgio Vasari, pittore et architetto aretino. Mit kritischem Apparate herausgegeben von Dr. Karl Frey, Band I, München 1911, Beilage 1, S. 319–385, hier S. 323: „1401. Aquila di rame, dorata, sopra un dorsello di marmo si mette sopra la porta della chiesa di S. Miniato a Monte, cioè in su 'l colmignolo del tetto, e costo fior. 45 e lire 544 den. 16."

[21] Il Battistero di San Giovanni a Firenze, a cura di A. Paolucci, Firenze 1994, 2 Bde. (Mirabilia Italiane), Bd. I, S. 401–403; Bd. II, Abb. 17, 20 und 21.

[22] Frey (wie Anm. 19), S. 338: „1338. Tenda di S. Giouanni si fa di pannolino azzurro con gigli gialli, e vi si mettono 4 armi dell'arte."

[23] Vgl. Hofmeister (wie Anm. 1), S. 469f.

schlüssen unterschiedlich beantwortet.[24] Die Synoden von Florenz und Fiesole beispielsweise behandeln das Thema erst am Beginn des 16. Jahrhunderts. So verbieten die Florentiner Konstitutionen von 1517 die Beerdigung innerhalb der Kirchen, es sei denn die Vorfahren des Verstorbenen seien bereits in der Kirche bestattet.[25] Bereits 1357 hatte in Florenz jedoch die für den Dombau zuständige Arte della Lana bestimmt, „che in chiesa non si sepellischa niuno sanza parola de' consoli".[26] Im Jahr 1400 verweisen die Konsuln der Arte della Lana auf die seit langem bestehende publica fama der Kirche Santa Reparata, daß in ihr kein Laie beerdigt sei, und darauf, daß ein diesbezügliches Gesetz fehle. Sie beschlössen daher, daß ohne ihre Genehmigung kein Toter „intra parietes dicte ecclesie Sancte Reparate" bestattet werden dürfe.[27] 1428 findet dieser Beschluß Eingang in die Statuten der Zunft, wobei allein die Mitglieder des Domklerus oder diejenigen, die vom Consiglio del Popolo, der Kommune von Florenz oder der Arte della Lana eine Erlaubnis erhielten, ausgenommen werden.[28]

Der Friedhof um die Kirche wurde als ihr Anhängsel, als „accessorium ecclesiae", angesehen.[29] Als solches war er an sich schon und auch jedes seiner christli-

---

[24] Ibid., S. 470–476, der die Synodenbeschlüssen in drei Gruppen einteilt: 1. Diejenigen, in denen die Diözesangeistlichen grundsätzlich ermahnt werden, nicht alle Gläubigen ohne Unterschied in den Kirchen beizusetzen. 2. Synoden, auf denen beschlossen wird, keine Leichen ohne die vom Kirchenrektor zu erteilende Erlaubnis in Kirchen zu bestatten. 3. Synodalbeschlüsse, nach denen die Erlaubnis des Bischofs oder Generalvikars zum Begräbnis innerhalb der Kirchenmauern erforderlich ist.

[25] R.C. Trexler, Synodal Law in Florence and Fiesole, 1306–1518, Città del Vaticano 1971, S. 70.

[26] C. Guasti, Santa Maria del Fiore. La costruzione della chiesa e del campanile secondo i documenti tratti dall'Archivio dell'Opera secolare e da quello di Stato, Firenze 1887, S. 94.

[27] Guasti (wie Anm. 26), Dok. 422 (1400, aprile 5.9., delib. LII,4): „Consules Artis lane [...] considerantes quod licet hactenus a longis temporibus citra fuerit observatum quod in matrici ecclesia Sancte Reparate de Florentia non fuerint secularium corpora seppellita, nec apparenter super pavimento dicte ecclesie constructa fuerit aliqua sepoltura; et quamvis predicta fuore lege proibita fama publica reputetur, tamen non reperiuntur lege aliqua stabilita [...] providerunt deliberaverunt ordinaverunt et firmaverunt: Quod nullum corpus seu cadaver alicuius persone defunte et seu que decederet in futurum possit vel debeat de cetero sepelliri intra parietes dicte ecclesie Sancte Reparate [...] absque espressa licentia et deliberatione dominorum consulum dicte Arti set offitii operariorum opere prelibate pro tempore presidentium [...]." Vgl. auch den Beschluß von 1366 (G. Poggi, Il Duomo di Firenze, Bd. II, edizione postuma a cura di M. Haines, Firenze 1988, 1366– doc. 2079.)

[28] AFS, Lana, 7, c. 97v. Vgl. M. Haines, L'Arte della Lana e l'Opera del Duomo di Firenze con un accenno a Ghiberti tra due istituzioni, in: Opera. Carattere e ruolo delle fabbriche cittadine fino all'inizio dell'Età Moderna (Atti della Tavola Rotonda, Villa I Tatti, Firenze, 3 aprile 1991, a cura di M. Haines/L. Ricetti, Firenze 1991, S. 267–294, hier S. 278f.

[29] Lex (wie Anm. 1), S. 68; Zoepfl (wie Anm. 1), S. 335; zu den Friedhöfen um die Kirchen s. H.-K. Oehlke/M. Belgrader, Art. „Friedhof", in: Theologische Realenzyklopädie

chen Gräber ein „locus religiosus". Die Sakralität des Friedhofs wurde durch seine Weihe erhöht, die er mit der Weihe der Kirche oder einer unabhängigen Weihe erhielt. Der Weiheritus der Friedhöfe entwickelte sich vom 10. bis 13. Jahrhundert und fand in Gulielmus Durandus „Pontificale" seine Vollendung.[30] Papst Nikolaus II. bestimmte auf der Lateransynode von 1059 den geweihten Umkreis für größere Kirchen auf 60, für kleinere Kirchen und Kappellen auf 30 Schritt.[31] Der geweihte Bereich fiel zumeist mit dem Immunitätsbereich um die Kirche und dem Ort des kirchlichen Asyls zusammen.[32] Auch wenn der Weiheritus der Kirchen, Altäre und Friedhöfe unterschiedlich sei, so gälte doch für alle drei Bereiche ein- und dieselbe Immunität, erklärt Gulielmus Durandus in seinem „Rationale Divinorum Officiorum".[33] Die Kirche war zur Verpflegung (zumindest der Armen) und dazu verpflichtet, für Aufenthaltsmöglichkeiten im Asylbereich zu sorgen und ließ den Flüchtlingen, die während des 13. und 14. Jahrhunderts manchmal monate- oder jahrelang im geschützten Bereich blieben, oft eigene Gebäude errichten.[34] Die Flucht in den Asylort bedeutete allerdings nicht für jeden die Befreiung von der weltlichen Gerichtsbarkeit. Für Florenz hat R.C. Trexler die Entwicklung des diesbezüglichen synodalen Rechts aufgezeichnet. Während die „Constitutiones" von 1306 noch allgemein kirchlichen Personen und den Armen das Recht auf hospitalitas zugestehen, beschäftigen sich die folgenden Konstitutionen v.a. damit, wen die Kirche von diesem Recht auszuschließen habe: „malendrinos, malefactores publicos, vel predatores" in den Konstitutionen von 1310, „banniti" oder Aufrüher gegen die Kommune von Florenz in den Konstitutionen von 1327. 1517 diskutiert die Synode, ob Schuldnern („cessantes et fugientes") das Asylrecht zuzugestehen sei und bezieht sich ausdrücklich auf die Florentiner Stadtstatuten von 1415, denen zufolge Schuldner nicht einmal in der Kirche selbst Schutz finden sollten. Man beschließt, ihnen weiterhin das Asylrecht zu gewähren, schränkt jedoch gleichzeitig den Immunitätsbereich der Kirchen ein: Behielte man den alten von 30 Schritten bei, wäre eine Stadt wie Florenz mit ihren engen Straßen und vielen Kirchen gänzlich immun. Immunität sollen daher nur noch diejenigen Kirchplätze genießen, die von öffentlichen Straßen und profanen Gebieten klar

---

Bd. 11 (1983), S. 646–653; M. Delle Rose, Art. „cimitero", in: Enciclopedia dell'arte medievale, vol. IV, Roma 1993, S. 770–785.

[30] Delle Rose (wie Anm. 29), S. 781.

[31] Conciliengeschichte nach den Quellen bearbeitet v. C.J. v. Hefele, 4. Bd., 2. vermehrte und verbesserte Auflage, Freiburg i. Br. 1879, S. 825.

[32] Zum Asylrecht s. P. Landau, Art. „Asylrecht III.: Alte Kirche und Mittelalter", in: Theologische Realenzyklopädie Bd. 4 (1979), S. 319–327. Nach Landau, S. 325, war die Umgebung bei größeren Kirchen bis zu einem Umkreis von 40, bei kleineren von 30 Schritt geschützt.

[33] Gulielmus Durandus, Rationale Divinorum Officiorum, Venedig 1581, S. 21: „Et si enim consecrationes ecclesie, altaris, & coemeterij sint diverse, omnium tamen una & eadem est immunitas."

[34] Landau, Asylrecht (wie Anm. 32), S. 325.

abgegrenzt seien.[35] Die Frage nach der Abgrenzung des Friedhofs- bzw. Immu-
nitätsbereichs der Kirchen wurde in einem anderen Zusammenhang 1279 auf der
Synode von Köln behandelt. Die Friedhöfe sollten gut verschlossen sein, damit
nicht Schweine oder andere Tiere hineinkommen und die Gebeine der Toten
fressen; andererseits dürften sie allerdings auch nicht als Festungen mißbraucht
werden.[36] Die Synode von Rouens (1231) verbat dagegen Tänze und theatralische
Darstellungen, sowie die Errichtungen von Gebäuden durch Laien auf
Friedhöfen.[37]

Das Recht, eine Kirche mit einem Friedhof auszustatten, wurde vom Diöze-
sanbischof verliehen, Orden wurde es mit päpstlicher Sondergenehmigung erteilt.[38] An dieser Stelle sei nur auf die Bettelorden verwiesen: Die Dominikaner
erhalten bereits 1216 in der Approbationsbulle ihres Ordens von Honorius III.
das Privileg, Bestattungen in ihren Kirchen und Konventen vorzunehmen.[39]
Dieses Privileg wird 1227 von Gregor IX. für die Ordensangehörigen und alle
Gläubigen, die bei ihnen beerdigt werden wollen, bestätigt.[40] Mit einer am 2. Juni
1253 in Assisi erlassenen constitutio bestätigt Innozenz IV. erneut das Recht des
Ordens auf die „libertas sepulturae".[41] Daß in und bei den Dominikanerkirchen
tatsächlich schon sehr früh auch Laien bestattet wurden, zeigt der Vertrag vom
Mai 1221 der Dominikaner mit Johann von Barastre und der Universität Paris,
die den Predigerbrüdern bei ihrer Ankunft in der Stadt die Kirche St. Jakob
überlassen hatte: „Soll ein Professor bei den Predigerbrüdern beigesetzt werden,
so soll er, falls er Professor der Theologie ist, in der Kirche, sonst im Kreuzgang
seine Begräbnisstätte erhalten".[42] Die Franziskaner erhalten 1250 von Innozenz IV. das Recht, Laien in ihren Kirchen und auf den Friedhöfen zu beerdigen.[43]

---

[35] Trexler (wie Anm. 25), S. 60 und Statuta populi et communis Florentiae, Freiburg
     1778,I, Liber tertius, rub. CLIX, S. 360f.: „De non receptandis malefactoribus in
     ecclesiis, vel earum domibus."
[36] Hefele (wie Anm. 31), Bd. VI, 1890, S. 204.
[37] Ibid., Bd. V, 1886, S. 1007.
[38] Zoepfl, S. 335.
[39] Bulle „Religiosam vitam" vom 22. Dezember 1216 (Bullarium ordinis Praedicatorum,
     t. I, Romae 1729, S. 3). S. hierzu M. H. Laurent, I necrologi di San Dominico in Campore-
     gio (epoca cateriniana), Siena 1937 (Fontes Vitae S. Catharinae senensis Historici, XX),
     S. XIIIf.
[40] Bulle „Cum a nobis" vom 30. Novembre 1227 (Bullarium [...] Praedicatorum, t. I, S. 25.)
[41] E. Paladino, Le pergamene dell'Archivio del Convento di S. Caterina di Pisa (1212–
     1497), Lucca 2000, Nr. 31, S. 38f.
[42] Zit. nach Hofmeister (wie Anm. 1), S. 468. Vgl. auch Laurent (wie Anm. 39), S. XIV,
     Anm. 2. Der Vertrag findet sich bei H. Denifle/E. Chatelain, Chartularium univeristatis
     Parisiensis, t. I, Paris 1889, S. 100.
[43] Bulle „Cum a nobis" vom 25. Februar 1250 (Bullarium Franciscanum, t. I, Rom 1759,
     S. 537). Vgl. J. Moorman, A History of the Franciscan Order from its Origins to the
     Year 1517, Oxford 1968, S. 102.

Als besonders begehrter Begräbnisort auf dem Friedhof galt z.B. der Platz unter der Dachrinne der Kirche, „sub stillicidio", möglicherweise weil das von der Kirche herabträufelnde Regenswasser als geweiht galt.[44] Die Grabmalsforschung hat zudem längst erkannt, daß das Begräbnis außerhalb der Kirchenmauern nicht etwa nur gleichsam als „2. Wahl" in Kauf genommen, sondern aus mehreren Gründen erstrebt wurde. Arnold Angenendt hat vor kurzem die „beabsichtigte theologische Eigenaussage" des Grabplatzes außerhalb der Kirchenmauern und insbesondere „in porticu ecclesiae" erläutert.[45] M. Borgolte untersuchte die Papstgrabmäler in der Vorhalle von St. Peter von Papst Symmachus (†514) bis Sergius I. (†688), die sich christliche Kaisermausoleen, wie dasjenige Konstantins des Großen und seiner Nachfolger vor der Apostelkirche in Konstantinopel, zum Vorbild nahmen und selbst Vorbild anderer Bischofsgrabmäler wurden.[46] Die Lage der Papstgräber an den Kirchentüren „sollte doch zweifellos auch jene Publizität der Gräber gewährleisten, die schon in vorchristlicher Zeit durch die Bestattung an den Ausfallstraßen der Städte angestrebt worden war". Ihr Zweck sei es gewesen, „verschiedenste soziale Gruppen an der Papstmemoria zu beteiligen."[47] I. Herklotz hat auf die „publikumswirksame Ausrichtung von Grabdenkmälern auf Straßen und Plätze hin" aufmerksam gemacht – Grabdenkmäler, wie diejenigen der Professoren bei San Dominico und San Francesco in Bologna, der Dogen Jacopo und Lorenzo Tiepolo an der Fassade von SS. Giovanni e Paolo in Venedig oder der Scaliger in Verona. Zusammenfassend schreibt Herklotz: „Der Wunsch nach einem weithin sichtbaren Denkmal wird spätestens seit der Zeit um 1300 bei der Aufstellung von Grabmälern zu einem entscheidenden Kriterium, welches selbst das seit frühchristlicher Zeit dominierende Begehren nach einer Beisetzung im Kircheninneren zurücktreten lassen".[48] Martin Gaier hat sich jüngst mit der Selbstdarstellung einzelner Adliger und Bürger an veneziani-

---

[44] Zoepfl (wie Anm. 1), S. 338.

[45] A. Angenendt, In porticu ecclesiae sepultus. Ein Beispiel von himmlisch-irdischer Spiegelung, in: Iconologia sacra. Mythos, Bildkunst und Dichtung in der Religions- und Sozialgeschichte Alteuropas. Festschrift für Karl Hauck zum 75. Geburtstag, Berlin/New York, 1994, S. 68–80.

[46] M. Borgolte, Petrusnachfolge und Kaiserimitation. Die Grablege der Päpste, ihre Genese und Traditionsbildung (Veröffentlichung des Max-Planck-Instituts für Geschichte 95), Göttingen 1989, S. 75–93. Zum Mausoleum Konstantins und seiner Nachfolger s. R. Krautheimer, Zu Konstantins Apostelkirche in Konstantinopel, in: Mullus. Festschrift Th. Klauser, hg. v. A. Stuiber/A. Hermann = Jahrbuch für Antike und Christentum, Ergänzungsband 1, Münster 1964, S. 224–229; H. Koethe, Das Konstantinsmausoleum und verwandte Denkmäler, in: Jahrbuch des Deutschen archäologischen Instituts 48 (1933), S. 185–203.

[47] Borgolte (wie Anm. 46), S. 92 und 93.

[48] I. Herklotz, Grabmalstiftungen und städtische Öffentlichkeit im spätmittelalterlichen Italien, in: Materielle Kultur und religiöse Stiftung im Spätmittelalter. Internationales Round-table-Gespräch, Krems an der Donau, 26. September 1988, Wien 1990, S. 233–271, S. 256.

schen Kirchenfassaden vom 15. bis zum 18. Jahrhundert und in diesem Zusammenhang auch mit Fassadengrabmälern beschäftigt.[49] Nach Gaier kann die Bestattung an oder vor der Kirchenfassade nicht mit kirchenrechtlichen Beschränkungen erklärt werden. Diese repräsentative Form der Bestattung sei vielmehr als Privileg aufzufassen.[50] Die venezianischen Beispiele, wie z.b. der Sarkophag des Dogen Jacopo Tiepolo und seines Sohnes Giovanni an der Fassade von SS. Giovanni e Paolo in Venedig, zeigten, dass die Fassadengrabmäler eine „continua pubblica dimostrazione" der Präsenz der jeweiligen Familie seien, die aufgrund von Stiftungen Ansprüche auf das „ius patronatus" der Fassade stellte.

Besonders die Scaliger-Grabmäler auf dem Friedhof bei Santa Maria Antica in Verona haben aufgrund ihres Standortes außerhalb der Kirche stets das Interesse der Forschung erweckt. Wie P. Seiler bemerkt, wurde das Außerhalb-der-Kirche-Stehen der Grabmäler seit Jakob Burckhardt „immer wieder als Ausdruck weltlich-profaner Neigungen der Scaliger aufgefaßt [...], wobei die räumlichen Kategorien ‚außerhalb der Kirche/innerhalb der Kirche' ohne historische Differenzierung mit den sozialen Kategorien öffentlich/nichtöffentlich oder profan/sakral gleichgeschaltet wurden."[51] Seiler macht darauf aufmerksam, dass sowohl die Kirche Santa Maria Antica als auch der Scaliger-Friedhof geweihter und sakraler Raum gewesen seien, beide aber zur „Sphäre der repräsentativen Öffentlichkeit des Residenzkomplexes der Scaliger" (Hervorhebung v. mir) gehörten, einem zu seiner Zeit wirkungsvollen, durch Blickachsen strukturierten baulichen Gesamtensemble, in dem von den Scaliger-Gräbern ein starker Blickfangeffekt ausging.[52] Der Hinweis auf die Vermischung räumlicher und sozialer

---

[49] Gaier (wie Anm. 16).

[50] Gaier verweist in diesem Zusammenhang auf die Grabmäler vor dem Santo in Padua, die Sarkophage des „Macrobius" und Biagio Pelacanis (*1416) am Dom von Parma, das Antenorgrabmal in Padua, die Glossatorengrabmäler von San Dominico in Bologna, die Avelli-Grabmäler an der Fassade von Santa Maria in Florenz, S. Lorenzo in Vicenza und SS. Giovanni e Paolo in Venedig, das Grabmal Guglielmo da Castelbarcos (†1320) bei der Fassade von S. Anastasia in Verona, die Scaliger-Gräber in Verona.

[51] P. Seiler, Mittelalterliche Reitermonumente in Italien. Studien zu personalen Monumentsetzungen in den italienischen Kommunen und Signorien des 13. und 14. Jahrhunderts, Diss.phil. Heidelberg 1989, Ann Arbor 1995, S. 208; J. Burckhardt, Der Cicerone. Eine Anleitung zum Genuß der Kunstwerke Italiens, 1. Bd., S. 150 (J. Burckhardt, Gesamtausgabe, Bd. III, hg. v. Heinrich Wölfflin, Berlin/Leipzig 1933). Die Urteile der Forschung über den Aufstellungsort der Scaligergrabmäler sind aufgelistet bei Seiler, S. 208, Anm. 809.

[52] Ibid., S. 211–213. Zum urbanistischen Kontext der Scaliger-Gräber s. auch U. Soragni, Spazio pubblico e spazio rappresentativo nelle città e nei centri „nuovi" (sec. XIV). Dalle arche scaligere veronesi alla pianificazioni „croci di strade", in: Lo spazio nelle città venete (1348–1509), Urbanistica e architettura, monumenti e piazze, decorazione e rapprensetazione, a cura di E. Guidoni/U. Soragni, Atti del I convengno nazionale di studio, Verona, 14–16 Dicembre 1995, Roma 1996, S. 71–88.

Kategorien und die Verwendung der Begriffe „öffentlich" und „nichtöffentlich" (oder „privat"), „sakral" und „profan" im Sinne des 19. Jahrhunderts für das Mittelalter wird uns auch nützlich sein, wenn wir im folgenden die städtische Gesetzgebung zu Grabmal und Plätzen darstellen.[53]

Ein in den italienischen Stadtstatuten des 13. und 14. Jahrhunderts durchgängig behandeltes Thema sind die Leichenbegängnisse und Begräbnisfeierlichkeiten als Teil der städtischen Gesetze gegen den Luxus („sumptus"), die zumeist in die Stadtstatuten mit aufgenommen oder aber eigenständig erlassen wurden. In den Stadtstatuten von Faenza vom Beginn des 15. Jahrhunderts ist die Rubrik 35 des 9. Buches über die Begräbnisfeiern zum Beispiel die ausführlichste und detaillierteste des gesamten Stadtstatuts.[54] Aber auch in den Statuten kleiner Orte, wie denen von Fucecchio aus den Jahren 1307/08, fehlt nicht die Rubrik „De non plorando ad funus".[55] Die für moderne Leser oft befremdlichen Bestimmungen werden in der Forschungsliteratur unterschiedlich interpretiert,[56] doch lassen sich generell ökonomische, politische, soziale und moralisch-religiöse Motive ausmachen.[57] Auch die Kirche erließ Luxusgesetze, und besonders in diesem Bereich

---

[53] Im Anschluß an Ariès (wie Anm. 1) macht Seiler (S. 209) zu Recht auf die Doppeldeutigkeit des Wortes „Kirche" im Mittelalter aufmerksam, das sowohl das Bauwerk, als auch das Bauwerk und „den ganzen zu diesem gehörenden Umraum" bezeichnen könne, also den geweihten Bereich um die Kirche. Im letzteren Sinne von *ecclesia* befänden sich die Scaliger-Grabmäler nicht außerhalb von S. Maria Antica, sondern „in ecclesia Sanctae Mariae antiquae". Unsere obige Betrachtung des kirchlichen Sepulkralrechts und seiner Bestimmungen zur Bestattung außer- oder innerhalb der Kirche macht jedoch deutlich, dass gerade hier und in Bezug auf die Grabmäler von *ecclesia* im ersteren Wortsinn die Rede ist und das antike Verbot der Bestattung „intra muros civitatis" auf die Mauern der Kirchen übertragen wird.

[54] Statuta Faventiae, a cura di G. Rossini, volume primo: Statuta Civitatis Faventiae, bei L. A. Muratori, Rerum Italicarum Scriptores, N.E., Bd. XXVIII, parte V, Bologna 1929, S. 344–352.

[55] Lo statuto del comune di Fucecchio (1307–1308), a cura di G. Carmignani, Firenze 1989, II, 41 (S. 80f.): „Item statuimus quod nulla persona ploret aliquen defunctum, seu aliquod corpus mortuum defunti, extra domum in qua esset defunctus vel defunta persona, alta voce, nec in via dum fertur ad ecclesiam. Verumtamen cuilibet sit licitum plorare in ecclesia. Et quod mater, filia, soror, neptis, uxor defunti et quelibet alia mulier, actinens persone defunte usque in secundum gradum, non possit nec debeat exire de domo defunti, cum defunctus fertur ad ecclesiam, nec ad ecclesiam ire vel interesse eius sepulture."

[56] Aus der Vielzahl der Literatur über Luxusgesetze sei hier stellvertretend verwiesen auf A. Hunt, Government of the Passions. A History of Sumptuary Law, Hampshire and London 1996; speziell zu den Bestimmungen über Begräbnisfeierlichkeiten, hier am Beispiel Sienas, s. z. B. M. A. Ceppari Ridolfi/P. Turrini, Il mulino della vanità. Lusso e ceremonie nella Siena medievale, con l'edizione dello statuto del Donnaio (1343), Siena 1993, S. 55–75; P. G. Mometto, „Vizi privati, pubbliche virtù". Aspetti e problemi della questione del lusso nella Repubblica di Venezia (secolo XVI), in: Crimine, giustizia e società veneta in età moderna, a cura di L. Berlinguer/F. Colao, Milano 1989, S. 237–271.

[57] Vgl. z. B. die zusammenfassende Darstellung bei C. Kovesi Killerby, Practical problems

zeigt sich die Verflechtung von kirchlicher und städtischer Gesetzgebung,[58] wobei der Stadt nicht nur quantitativ eine dominante Rolle zukommt.[59] Grundsätzlich ist mit Mario Ascheri festzuhalten, dass nicht der Luxus an sich verboten war, sondern seine Zurschaustellung („ostentatio").[60] Das gilt ebenso für die kirchliche Gesetzgebung: Der Florentiner Bischof Biliotti erklärt zum Beispiel 1310, die Kleider der Frauen könnten durchaus drei Farben enthalten, von denen allerdings nur zwei zu sehen sein dürften („appareant"). Die dritte müsse, auch wenn es sich um Gold handle, verborgen bleiben („occultatus").[61] Besonders die detaillierten Auflistungen der verbotenen Kleider, Stoffe, Knöpfe, Gürtel, Schmuckstücke etc. in der städtischen Gesetzgebung zeigen, wie Ascheri formulierte, den Willen zur Uniformierung dessen, was nicht uniformierbar war: das Machtstreben einzelner Familien, die durch die ostentatio ihres Luxus ihre politischen Ansprüche zum Ausdruck bringen wollten.[62] Die in den Stadtstatuten häufig anzutreffenden Ausnahmeregelungen, auch in Bezug auf Begräbnisfeierlichkeiten, für Ritter, Adlige, Doktoren, Ärzte und Richter,[63] verdeutlichen

---

in the enforcement of Italian sumptuary law, 1200–1500, in: Crime, Society and the Law in Renaissance Italy, edited by T. Dean/K.J.P. Lowe, Cambridge 1994, S. 119.

58 Vgl. z.B. den Fall von Florenz, dargestellt bei Trexler (wie Anm. 25), S. 113: Die bischöfliche Luxusgesetzgebung konzentriert sich hier auf die Constitutiones des Jahres 1310, „when the commune itself was legislating in this field and the bishop could follow in its footsteps." 1354 schafft die Kommune von Florenz ihre Luxusgesetze ab und beschränkt sie auf diejenigen der Bischofskonstitutionen von 1351.

59 S. Killerby (wie Anm. 57), S. 102f.

60 M. Ascheri, Tra vanità e potere: donne, lusso e miti (di ieri e di oggi), in: Ceppari/Ridolfi/Turrini, (wie Anm. 56), S. IX–XX, hier S. XVIII.

61 Trexler (wie Anm. 25), S. 288: „Nec non nastrorum auri codillas et orlaturas auri filati dicimus contineri, de vestibus triu colorum actenus factis equidem poterit substineri, si operimento et coperitura tertii coloris duo tantum appareant, etiam si color occultatus aureus fuit."

62 Ascheri (wie Anm. 56), S. XIV.

63 S. z.B. die Stadtstatuten von Bologna von 1288, lib. IV, rub. LXXXXI (Statuti di Bologna dell'anno 1288, a cura di G. FASOLI e P. SELLA, Bd. I, Città del Vaticano 1937, S. 247): „Prohibemus etiam aliquos mortuos sepelire indutos de scarleto, nisi fuerit milex vel legum aut decretorum doctor sub pena centum librarum bononinorum; oder den Statuto del Capitano del Popolo 1322/25 von Florenz, lib. V, rubr. VII, s. 203: Et nullus super aliquem defunctum vel defunctam, quando portatur ad ecclesiam, ponta vel poni fatiat vel portari drappos de auro, vel occasione mortui alicui persone vel loco donet vel donari fatiat. Et qui contra predicta vel aliquod predictorum fecerit puniatur pro vice qualibet in libris centum, nisi fuerit milex vel iudex." Magnaten, die in Feindschaft mit anderen leben, werden in Florenz dagegen völlig von der Teilnahme an Leichenbegängnissen und anderen Feierlichkeiten ausgeschlossen (Statuto del Podestà (1325), lib. III, rub. CXXVII, S. 252f.: „De prohibendo magnates habentes inimicitias ire ad invitatas"; s. auch Lo statuto del Donnaio (1343), Siena, hg. von Ceppari/Turrini (trascrizione e traduzione), in: Ceppari/Ridolfi/Turrini (wie Anm. 56), S. 141–209, hier VII., S. 148f.: „Ordinamenta loquentia et indumentis et funeribs mortuorum: ... exceptis tamen comitibus, militibus, iudicibus, medicis fisicis et doctoribus cuiuscumque facultatis et

andererseits, dass die Zurschaustellung in Ausnahmefällen geradezu erwünscht war und gefördert wurde, zeugte sie doch von dem Reichtum und dem Prestige der Stadt.[64] Die erwähnte Rubrik zu Begräbnisfeierlichkeiten in den Statuten von Faenza ist nicht nach Themen (Kleider, Fackeln, Trauerritus etc.), sondern nach dem sozialen Rang der Verstorbenen gegliedert.[65] Ihm entsprechend nimmt die Feierlichkeit der Begräbnisfeiern entsprechend der sozialen Hierarchie nach unten hin ab – was die Anzahl und Qualität der Kleider angeht, die Zahl der Kleriker, die Anzahl und das Gewicht der Kerzen und Fackeln, das Glockengeläut, die Anzahl der Personen, die nach der Beerdigung im Haus des Verstorbenen zum Leichenbankett bleiben durften etc. Schließlich ist daran zu erinnern, dass z.b. in Florenz Mitglieder der societas von Or San Michele und andere Bruderschaften von derlei Bestimmungen ausgenommen waren[66] – „und jeder Bürger, der auf sich hielt, gehörte zu einem dieser Verbände."[67] Über die Beachtung der Luxusgesetze wachte in Siena zunächst einer der Notare des Podestà, der täglich die Straßen der Stadt kontrollierte und auch die Begräbnis- und Hochzeitsfeierlichkeiten besuchte. Dass sich sein Aufgabengebiet nicht nur auf öffentliche Straßen und Plätze beschränkte, zeigt sich auch darin, dass er an Feiertagen in die Kirchen zu gehen hatte, um die Kleider der Frauen zu überprüfen.[68] Ab 1324 übernimmt der Donnaio („dompnarius") diese Aufgaben. Im Statuto del Donnaio von 1343 wird zudem vorgeschrieben, die Normen jeden Monat in jeweils vier Kirchen jedes Terzo von Siena morgens bei der Messe, wenn Männer und Frauen in der Kirche versammelt sind, zu „veröffentlichen" und vorzulesen

---

    eorum et cuiusque eorum uxoribus, qui possint indui tunicha et guarnachia de sindone cum caputeo et cum calcettis et cordone albo de risenesi ..."

[64] Ascheri (wie Anm. 56), S. XVI.

[65] Insgesamt lassen sich vier Gruppen ausmachen: 1. Magnaten, Adlige, Ritter, Bischöfe, Äbte, Prioren, Pröpste, Kanoniker; Doktoren, Inhaber „licenziati docendi", Sachverständige des kanonischen oder zivilen Rechts bzw. beiderlei Rechte, die allerdings mindesten fünf Jahre an einer Universität studiert haben müssen; Doktoren der Physik (= Mediziner) 2. Rechtskundige, die weniger als fünf Jahre oder nicht an der Universität studiert haben; Advokate, Chirurgen, Rhetoriker; die Verwandten der ersten Kategorie; Kleriker eines geringeren Ranges als derjenigen der 1. Gruppe 3. Stadtbürger, die Mitglieder der Zunftkorporationen sind 4. Einfache Stadtbürger 5. Frauen und Bewohner des Contado.

[66] J. Henderson, Pietà e carità nella Firenze del Basso Medioevo, Firenze 1998 (englische Originalausgabe: Piety and Charity in Late Medieval Florence, Oxford 1994), S. 174f. Vgl. den Statuto del capitano, lib. V, rub. VII, S. 203, in der der „sotietas Beate Marie Virginis Orti Sancti Michealis et quelibet alia sotietas ecclesiarum et hospitalium" zugestanden wird, ihre Mitglieder dürften auf dem Kissen der Bruderschaft und unter reich verzierten Decken sowie mit zahlreichen Kerzen und Fackeln zur Gruft getragen werden.

[67] R. Davidsohn, Geschichte von Florenz, Berlin 1856–1927, hier Bd. 4, III. Teil, S. 373.

[68] Die Aufgaben des Notars werden in einer Norm von 1295 im Statuto del Maggior sindaco beschrieben, s. Ceppari/Turrini (wie Anm. 56), S. 13.

(„publicari et legi").[69] Umgekehrt ordnet der Bischof von Florenz in den Konstitutionen von 1310 beispielsweise an, dass der Podestà, Capitano und die Prioren von Florenz vier seiner Konstitutionen zur Häresie in die Stadtstatuten aufnehmen sollten und diese einmal pro Jahr im Palazzo Pubblico vortragen ließen.[70] Die Verletzung der kirchlichen Immunität durch städtische Gesetze war durchaus kein Einzelfall, wie auch am Beispiel Pisas ersichtlich, wo die Anzianen im Jahr 1300 unter Geldstrafe das Ball- und Brettspiel im Dom und im Camposanto verbieten, sowie auch das Weiden großer und kleiner Tiere auf dem Platz zwischen Dom, Camposanto und Baptisterium.[71] Dass man sich in weitaus gravierenden Fällen der Gefahr der Exkommunikation bewusst war, die die Verletzung der kirchlichen Immunität nach sich ziehen konnte, zeigt der bekannte Fall Sienas, wo der Consiglio Generale 1371 während einer Sedisvakanz des Bischofssitzes beschließt, die Bischofsloggia an der Ecke der Domfassade abreißen zu lassen und den Platz zwischen Hospital und Dom zu erweitern, damit die Fassade besser sichtbar sei und damit das Volk besser zusammenströme könne, wenn die Reliquien im Hospital ausgestellt würden. Zunächst sollen drei Theologen beauftragt werden, den rechtlichen Weg zu erkunden, wie man den Abriss durchführen könne, ohne der Strafe der Exkommunikation zu erliegen.[72] Der Bischof von Florenz wendet sich 1310 in seiner Konstitution „De immunitate ecclesiarum" auch gegen zu dieser Zeit offenbar bestehende städtische Luxusgesetze gegen den Gebrauch von Fackeln und Kerzen in der Kirche bei Begräbnisfeierlichkeiten und ähnliche Bestimmungen.[73]

Diane Owen Hughes, die sich mit der Totenklage in den städtischen Luxusgesetzen beschäftigt hat, meint, es werde viel zu wenig beachtet, „that the law's regulation of funerary expenses, often enumerated in elaborate detail, comple-

---

[69] Lo statuto del Donnaio (1343), LXI, S. 204.
[70] Trexler (wie Anm. 25), S. 20. Anscheinend ist die Kommune von Florenz dieser Aufforderung niemals nachgekommen (ibid., S. 24).
[71] I. B. Supino, Il Camposanto di Pisa, Firenze 1896, S. 37. 1359 erlassen die Anzianen einen entsprechenden Beschluss gegen Spiele auf dem Boden im Camposanto und auf den Stufen des Camposanto und des Doms (ibid.). 1478 schließlich verbietet der Capitano della Guardia das Ballspiel im Camposanto, „dove si spende grandissima quantità di pecunia a bellessa", auch damit die Fenster und Gemälde „che vi si fanno con tanto spendio dell'Opera", vor Zerstörung zu schützen (ibid., S. 37f.).
[72] Archivio di Stato di Siena; C. G. 181, fol. 11r.; (Cron.Sen. S. 636: 1370). Vgl. auch P. Bacci, Di alcune nuove indagini per Giovanni di Nicola pisano (1284–1314), in: Documenti e commenti per la storia dell'arte, Florenz 1944, S. 28. Die genannten Beistimmungen werden durchgeführt und die Domopera wendet für den Abriss 1041 Lire und 1 soldo auf (Archivio di Stato di Siena, Regolatori 3 fol. 147v).
[73] Trexler (wie Anm. 25), S. 269: „[...] et maxime ordinando et firmando ne coquatur ad furnum, vel molatur in molendino ecclesiarum, nec tortitia vel candele remaneant in ecclesia tempore funeris et hiis similia."

tely ignored the tomb as a new focus of familial display".[74] In der Tat enthalten die städtischen Luxusgesetze, die von Begräbnisfeierlichkeiten handeln, keine Bestimmungen z.B. über die Kostenbeschränkung von Grabmälern. Die Zurschaustellung Einzelner oder einzelner Familien durch Grabmäler wird, wie wir im folgenden an den Beispielen von Pisa, Siena und Florenz sehen werden, in städtischen Gesetzen allerdings – und den genannten Luxusgesetzen entsprechend – verboten bzw. gefördert.

Am 5. Mai 1237 tagte in Pisa das publicum parlamentum, also die Vollversammlung, bei dem die Eidesformeln zur Befriedung zwischen der Kommune, den mit ihr verbündeten Gherardesca und der Gegenpartei der Visconti ausgesprochen wurden, „in cimiterio pisane maioris ecclesie, prope ecclesiam S. Iohannis Baptiste",[75] d.h. auf jenem Bereich des Friedhofs, der sich zwischen Dom und Baptisterium erstreckte.[76] Die Zeremonie wurde im Dom fortgesetzt und fand dort ihren Abschluss, wie auch sonst das publicum parlamentum und das entsprechende kleinere Gremium (der „consiglio maggiore generale"), in dem alle Kategorien der Stadtbürger von Pisa vertreten waren, noch während des gesamten 13. Jahrhunderts im Dom tagte.[77] Dass der Friedhof, der sich um den gesamten Dom erstreckte, voller Grabmäler war, zeigen u.a. die 44 Grabinschriften, die heute noch an den Außenwänden des Doms zu lesen sind.[78] Offensichtlich hat es sich dabei nicht nur um Bodengrabmäler gehandelt.[79] Eines der prominenten Grabmäler war das der Beatrice di Lorena, der Mutter der Matilde von Canossa,

---

[74] D. Owen Hughes, Mourning Rites, Memory, and Civilization in Premordern Italy, in: Riti e rituali nelle società medievali, a cura di J. Chiffoleau/L. Martines/A. Paravicini Bagliani, Spoleto 1994, S. 23–38, hier S. 37. Nach Hughes wurde die ephemäre Totenklage der Frauen durch die städtische Gesetzgebung mehr und mehr in den Bereich des Häuslichen verbannt und sodann durch die (männliche) Totenrede und die Errichtung von Grabmälern abgelöst.

[75] E. Cristiani, Nobiltà e popolo nel Comune di Pisa. Dalle origini del podestariato alla signoria dei Donoratico, Napoli 1962, Appendice, doc. II, S. 500–506.

[76] Der Friedhof erstreckte sich um den gesamten Dom und wird zum ersten Mal 1110 als „cimiterium Sancte Marie" bezeichnet (s. A. Caleca, Costruzione e decorazione dalle origini al secolo XV, in: Il Camposanto di Pisa, a cura di C. Baracchini/E. Castelnuovo, Torino 1996, S. 13–46, hier S. 13).

[77] S. B. Casin, Magistrature deliberanti del Comune di Pisa e leggi di appendice agli Statuti, in: Bollettino storico pisano 34/35 (1955/56), S. 91–198, hier S. 116; Statuti inediti della città di Pisa dal XII al XIV secolo, a cura di F. Bonaini, 3 Bde., Firenze 1854–1857, hier Bd. II, Breve Pisani Communis, lib. I, cap. XI, S. 75.

[78] Zu den Inschriften s. Il Duomo di Pisa, hg. v. A. Peroni, Modena 1995, S. 372f., 377f., 342f., 381f., 399, 402, 406–411, 418–419 und den einführenden Beitrag von C. Nenci, Le iscrizioni sepolcrali: una schedatura preliminare, ibid., S. 165–168, sowie O. Banti, Le epigrafi e le scritte obituarie del duomo di Pisa, Pisa 1996 (Bibliotece del „Bollettino storico pisano", fonti 5).

[79] S. hier weiter unten Anm. 93 die Beschreibung des Friedhofs von Bischof Visconti, in der von den *monumenta, tumbe* und *sepulture* die Rede ist.

die nach ihrem Tod 1076 in einem Figurensarkophag der römischen Klassik mit
Szenen aus dem Phädra- und Hippolyt-Mythos beigesetzt wurde. Wie eine Inschrift aus dem Jahr 1303 Pisanischer Zeitrechnung an der südlichen Außenwand
des Chors berichtet, war das Grabmal zu diesem Zeitpunkt bereits zweimal versetzt worden, „bis traslata fuit, nunc de sedibus primis in ecclesiam, nunc de
ecclesia in hunc locum, ut cernitis, eccellentem".[80] Ursprünglich befand es sich mit
großer Wahrscheinlichkeit an der Fassade des Vorgängerbas, dann vorübergehend im Kircheninnern und schließlich dort, wo heute die Inschrift zu lesen ist:
An der südlichen Außenwand des Chors in der vierten großen Blendarkade und in
der Nähe der Porta s. Ranieri – also tatsächlich an einem, wie es die Inschrift
suggeriert, ausgezeichnetem Ort, auch weil hier die Hauptzubringerstraßen zum
Domplatz konvergierten.[81] Das Grabmal der Beatrice scheint das einzige gewesen
zu sein, das an der Domaußenwand verbleiben durfte, als um 1300 anlässlich der
Erbauung der marmornen Plattform und der sog. „gradule" um den Dom alle
anderen Sarkophage und Grabplatten vom Domplatz entfernt und in den neu
erbauten Camposanto transferiert wurden.[82] Auf einer Holzintarsie (um 1500), die
G. da Serravallino zugeschrieben wird, ist der Sarkophag der Contessa Beatrice
auf Konsolen erhoben noch an der Außenwand des Doms zu sehen,[83] erst 1810
wurde er in den Camposanto verbracht.[84] Warum gerade er vor den Dommauern
stehen bleiben durfte und inwiefern dieser Standort auch zu Beginn des 14. Jahrhunderts als Privileg angesehen wurde, erklärt der erste Teil der zitierten Inschrift
aus dem Jahr 1303, die über seine zweimalige Verlegung berichtet.[85] In ihm wird

---

[80] O. Banti (wie Anm. 78), Nr. 38b, S. 49: „Anno d(omi)ni MCCCIII sub dignissimo
op(er)ario / d(omi)no Burgundio Tadi / occasione graduum fiendo / r(um) p(er) ipsum
circa ecd(es)iam sup(ra)dictam tumba sup(er)i(us) no(min)ata bis traslata fuit nu(n)c de
/ sedilib(us) / primis i(n) eccl(es)iam nu(n)c de eccl(es)ia / i(n) hu(n)c locu(m) ut
ce(r)nitis excellentem/".

[81] F. Donati, Il reimpiego dei sarcofagi. Profilo di una collezione, in: Il Camposanto di Pisa
(wie Anm. 76), S. 69–96, hier 71.

[82] Die Inschrift auf der Südseite des rechten Eckpilasters der Fassade datiert den Beginn des
Baus der „gradule" unter dem Operaio Burgundio di Tado auf das Jahr 1298 und ihre
Vollendung auf das Jahr 1300 Pisanischer Zeitrechnung (s. O. Banti (wie Anm. 78),
Nr. 15a, S. 30), während die oben zitierte Inschrift über die Verlegung des Sakrophags der
Beatrice di Lorenz unter Burgundio di Tado den Bau der „gradule" auf das Jahr 1303
verlegt.

[83] S. die Abbildung bei Donati (wie Anm. 81) , S. 81, fig. 12.

[84] S. die diesbezügliche Inschrift unterhalb der Inschrift, die über die Verlegung des Sarkophags der Beatrice berichtet (O. Banti (wie Anm. 78), Nr. 39, S. 50). Seit 1810 befindet
sich der Sarkophag in der Nordgallerie des Camposanto (zum Sarkophag s. Arias Cristiani Gabba, Camposanto monumentale di Pisa. Le antichità, I, Pisa 1977, S. 135–138; Il
Duomo di Pisa (wie Anm. 78), Nr. 458, S. 402).

[85] O. Banti (wie Anm. 78), Nr. 38 a), S. 49: „† Anno d(omi)ni MCXVI IX k(a)l(end)as
Augusti obiit / d(omi)na Matilda felicis memorie comitissa que p(ro)/anima genitricis sue /
d(omi)ne Beatricis comitisse / venerabilis in hac tu(m)ba honorabili quiesce(n)tis / in

an den Tod der Matilde di Canossa im Jahr 1116 erinnert und daran, dass Matilde dem Dom für das Seelenheil ihrer Mutter bedeutende Stiftungen machte.[86] Wieder ist es also (im Sinne M. Gaiers) ein Stiftergrabmal, dem die ehrenvolle Position außerhalb der Kirche und in der Nähe eines ihrer Portale zukommt.

Über die juristischen und institutionellen Aspekte bei der Entstehung des Domplatzes sowie des Camposanto in Pisa sind wir durch die Untersuchungen von Mauro Ronzani ausführlich informiert.[87]

Während die opera S. Iohannis Baptiste im 13. Jahrhundert und auch noch lange danach allein von dem Kollegium der Domkanoniker abhing, unterstand die opera S. Marie bis zum Beginn des 13. Jahrhunderts dem Bischof von Pisa, um sodann in die Hände der Kommune überzugehen.[88] Die opera di S. Marie war zuständig für den Dom selbst, den Campanile und den Camposanto. Der Camposanto ist damit der einzige der vier monumentalen Bauten auf dem Domplatz, der allein unter kommunaler Verwaltung entstand.[89] Die Legende, nach der Erzbischof Ubaldo Lanfranchi nach seiner Rückkehr vom III. Kreuzzug heilige Erde aus dem Hl. Land vom Kalvarienberg, durchtränkt vom Blut Christi, mitbrachte und dort verstreute, wo sich später der Camposanto befinden sollte, finden wir zuerst in der Cronaca di Pisa von Ranieri Sardo zu Beginn des 14. Jahrhunderts schriftlich fixiert, zu einem Zeitpunkt also, als der Camposanto

---

multis partib(us) mirifice hanc dotavit / eccl(es)iam quar(um) a(n)i(m)e requiescant i(n) pace".

[86] N. Zucchelli, La contessa Matilde nei documenti pisani, Pisa 1916; M. Tirelli Carli, La donazione di Matilde di Canossa all'Episcopato pisano (a. 1077), in: Bollettino storico pisano XLVI (1977), S. 139–159. Nicht zufällig knüpfte Matilde di Canossa ihre Stiftung u. a. auch daran, daß der Bischof jährlich für die feierliche Begehung des Anniversars ihrer Mutter sorge (ibid., S. 157).

[87] M. Ronzani, Da aula cultuale del vescovato a ecclesia maior della città: note sulla fisionomia istituzionale e la rivelanza pubblica del Duomo di Pisa nel Medioevo, in: Amalfi, Genova, Pisa, Venezia. La cattedrale e la città nel Medioevo. Aspetti religiosi, istituzionali e urbanistici. Atti della Giornata di Studio, Pisa, 1 giugno 1991, a cura di O. Banti, Pisa 1993, S. 71–102; ders.., Il „Cimitero della chiesa Maggiore Pisana": gli aspetti istituzionali prima e dopo la nascita del Camposanto, in: Annali della Scuola Normale di Pisa, Classe di Lettere e Filosofia, serie III, vol. XVIII, 4 (1988), S. 1665–1690; ders.., La formazione della Piazza del Duomo di Pisa (secoli XI–XIV), in: La piazza del duomo nelle città medievale (nord e media Italia, secoli XII–XVI). Atti della Giornata di Studio, Orvieto, 4 giugno 1994, a cura di L. Ricetti, (Bollettino dell'Istituto Storico Artistico Orvietano, XLVI–XLVII (1990–1991), S. 19–134; ders.., Dal „cimitero della chiesa maggiore di Santa Maria" al Camposanto: aspetti giuridici e istituzionali, in: Il Camposanto di Pisa (wie Anm. 76), S. 49–56.

[88] Ronzani, Il „Cimitero" (wie Anm. 87), S. 1681 mit Verweis auf P. Bacci, Per la istoria del Battistero di Pisa. M. Zibellino da Bologna e il coronamento marmoreo della cupola, Pisa 1919; ders., Dall' „edificatio ecclesiae" all' „Opera di S. Maria": nascita e primi sviluppi di un'istituzione nella Pisa dei secoli XI e XI, in: Opera. Carattere e ruolo (wie Anm. 28), S. 1–70.

[89] Ronzani, Dal „cimitero" (wie Anm. 87), S. 54f.

in seinen wesentlichen Teilen errichtet war und die ersten Grabmäler in ihn transferiert wurden.[90] Die erste auf uns gekommene schriftliche Erwähnung der Absicht zur Errichtung eines sepultuarium auf dem Domplatz stammt aus dem Jahr 1260, als der neue Domoperaio Guido bei der Amtsübernahme vom Podestà Azzo da Pirovano daran erinnert wird, seine Hauptpflichten bestünden „in constructione et reaptatione ipsius ecclesie et campanilis et sepultuarii sive mortuarii construendi".[91] Im „Breve Consulum" von 1275 beschäftigt sich sodann eine ganze Rubrik mit den Maßnahmen, die zu ergreifen seien, damit die Domopera damit beginnen könne, den Friedhof zu erbauen. Es wird festgelegt, der Podestà solle zusammen mit den Anziani del Popolo alles tun und darauf insistieren, daß der Erzbischof und seine Kanoniker ihre Gärten und das gesamte Terrain bei der Kirche und der platea gratis zur Verfügung stellten, damit dort der Friedhof der Kirche gebaut werden könne.[92] Erzbischof Federico Visconti (1253–1277) reagierte zwei Jahre nach dem Breve und ein paar Monate vor seinem Tod mit einer Stiftung auf die städtischen Gesetze. In einer feierlichen Präambel legt er die Gründe und Ziele des neu zu errichtenden Friedhofs dar: Da S. Maria, die ecclesia maior in Pisa, deren Hirte und Rektor er sei, einen kleinen, bescheidenen und an einem unpassenden Ort gelegenen Friedhof habe, der sich um die Kirche erstrecke; und weil sich dieser Friedhof – der nicht von einer Mauer oder einem Pfad umgeben sei oder einfach umgeben werden könne – auf einem öffentlichen Platz befinde; um ebenso den äußeren Dekor und den Zugang zur Kirche wie auch jenen Raum zu erhalten, der sich um die Kirche erstrecke und der fast öffentlich sei und zum öffentlichen Nutzen bestimmt; und weil er, der Erzbischof wolle, daß der Friedhof erweitert, vergrößert und an einem sehr abseits liegenden und abgeschlossenen Ort errichtet werde, [...] so daß alle Monumente, Tumben und Gräber von ihrem jetzigen Ort entfernt und zu dem oben beschriebenen Stück Land transferiert würden, wo der Friedhof dieser Kirche sich in Zukunft befinden solle, – deshalb gebe er öffentlich zu Protokoll

---

[90] Ranieri Sardo, Cronaca di Pisa, a cura di O. Banti, Roma 1963, S. 37. Danach s. G.B. Totti, Dialogo sul Campo Santo di Pisa (1593); R. Roncioni, Delle Istorie Pisane libri XVI, (1592–1606), a cura di F. Bonaini, Firenze 1844, S. 454, 588–588f.; P. Tronci, Annali pisani, Pisa 1868, Bd. I, S. 386; G. Martini, Theatrum Basilicae Pisanae, Roma 1705, S. 109; A. Da Morrona, Pisa illustrata nelle arti del disegno, Livorno 1812, Bd. III, S. 172–173.

[91] Archivio di Stato di Pisa, Diplomatico Opera della Primaziale, „1260 febbraio 21", vgl. M. Ronzani, La formazione della piazza (wie Anm. 87), S. 105. Der Operaio wiederholte die Worte des Podestà in seinem Amtsschwur.

[92] Bonaini (wie Anm. 77), Bd. I, S. 51–52: Die Rubrik aus dem IV. Buch trägt den Titel „De faciendo concedi a domino archiepiscopo et Capitulo pisano ortos suos pro cimitero: [...] ut ob honorem et reverentiam gloriose Virginis Marie, et ornatum ipsius ecclesie, concederent gratis ortos suos, et totam terram que erat iusta ipsam ecclesiam et eius plateam, ut ibi posset cimiterium ipsius ecclesie fieri." Vgl. Ronzani, La formazione della piazza (wie Anm. 87), S. 110.

und gestatte die Bekanntmachung der Stiftung...[93] Die Stiftung erfolgt „nomine centesime bonorum ipsius Archiepiscopatus", d.h., wie M. Ronzani dargelegt hat, in Berufung auf einen Kanon des Konzils von Toledo (657), der in das „Decretum Gratianum" aufgenommen wurde und nach dem Bischöfe, die eine nicht von Mönchen zelebrierte Kirche gründen bzw. eine Kirche für ihre Gräber vergrößern möchten, dafür höchstens den 100. Teil des Besitztums des Bischofsitzes ausgeben dürften.[94] Der Camposanto stellt damit rechtlich nichts anderes als eine Vergrößerung des Doms und seines Friedhofs dar, und der Bischof sichert sich und seinen Amtsnachfolgern durch diese Art Stiftung die Möglichkeit der Einflußnahme auf den neuen Friedhof. Gleichzeitig umschreibt er in seiner Stiftungsurkunde den besonderen „Öffentlichkeitscharakter" des Platzes um den Dom: Als (noch bestehender) Friedhof ist er öffentlich im Sinne von nicht abgegrenzt und daher für jedermann zugänglich („et qua cimiterium est in platea

---

[93] „D. Fredericus Dei gratia pisanus Archiepiscopus, cum Ecclesia S. Marie pisane maioris ecclesie, cuius ipse est pastor et rector, cimiterium habeat artum et modicum et in loco indecenti positum, videlicet circa ipsam Maiorem Ecclesiam; et quia cimiterium est in platea publica, quod non est circumdatum nec circumdari potest comode muro aliquo vel clausura, tam propter decorem et aditum circa ipsam ecclesiam conservandum, quam etiam propter ipsum locum, qui est circumcirca ipsam ecclesiam quam si [sic per quasi] publicus et in usu publico constitutus; et ipse d. archiepiscopus velit et intendat quod ipsum cimiterium amplietur et magnificetur et in loco magis remoto et clauso ipsa ampliatio et magnificatio construatur et fiat, et maxime propter decorem ipsius ecclesie conservandum maiorem conventionem ipsius cimiterii pro amplitione [sic] ipsius cimiterii, cum talia ad curam ipsius d. archciepiscopi precipue pertineant, pro remedio et salute anime sue, et ad hoc ut omnia monumenta et tumbe et sepulture eleventur de loco unde sunt et ponantur in suprascriptam petio terre, ubi sit et esse debeat cimiterium ipsius ecclesie et non alibi, nec ubi nunc est, per hoc publicum istrumentum dedit et concessit donationis titulo, nomine centesime bonorum ipsius Archiepiscopatus Orlando Sardella operario Opere predicte ecclesie S. Marie et nomine et vice ipsius Opere et ecclesie pro ampliando et magnificando dictum cimiterium et ipsum in melius reformando ... [...] petium unum terre quod est ortum, postium Pisis prope ipsam maiorem Ecclesiam quod tenet unum caput in platea predicte ecclesie, in qua est predictum cimiterium, aliud caput in via pubblica, que est iuxta muros civitatis pisane, latus in terra et domibus pisani Capituli, aliud latus in terra heredum gualfredi de Grosso [sic] – super qua est hedifitium murorum, quod sibi reservavit et non dedeit, quod petium terre est minus centesima parte bonorum predicti Archiepiscopatus." (Archivio Arcivescovile di Pisa, Mensa, Contratti, Nr. 3, 98r/v, zit. nach C. Lupi, Sulle origini del Camposanto di Pisa, in: Notizie d'Arte II (1910), S. 10–20, hier S. 18, Anm. 35d.

[94] Ronzani, Il „Cimitero" (wie Anm. 87), S. 1680; ders., La formazione della piazza (wie Anm. 87), S. 114. „Quisquis itaque episcoporum in parrochia sua monasterium constituere forte voluerit et eo ex rebus ecclesie qui presidet ditare decreverit, non amplius quam quinquagesimam partem dare debebit [...] Ecclesiam vero, que monasticis non informabitur regulis, aut quam pro suis magnificare voluerit sepulturis, non amplius quam centesimam partem census ecclesiae, qui presidet, ibidem conferre licebit." (Decretum Gratiani, c. 74, C. 12, q. 2, in: Corpus Iuris Canonici, hg. v. E. Friedberg, Graz 1955, S. 712).

publica, quia non est circumdatum nec circumdari potest comode muro aliquo vel clausura"): eine Situation, die sich durch den zu erbauenden neuen Camposanto ändern soll. Als neu zu schaffender Platz, der den Dekor der Kirche erhöhen und ihre Zugänglichkeit bewahren soll, ist er „quasi publicus et in usu publico constitutus", d.h. er soll allgemein zugänglich sein und ist für den öffentlichen Gebrauch bestimmt. Wie dieser öffentliche Gebrauch aussah, wissen wir schon durch die oben erwähnte städtische Vollversammlung von 1237. Sicherlich ist hier aber auch an Feierlichkeiten zu religiösen Festen zu denken, wie vor allem Maria Himmelfahrt, mit dem sich das genannte „Breve Consulum" von 1275 ausführlich beschäftigt. Die Prozession an der Vigil zu Mariä Himmelfahrt wird hier als betont städtische Zeremonie mit politischem Gehalt beschrieben, organisiert und angeführt vom Podestà.[95] „In platea maioris ecclesie" sollen zwei rote Pavillons für die beiden höchsten zivilen Autoritäten der Stadt, den Podestà und die Anzianen, errichtet werden.[96] Am 14. und am 15. dürfen sich keine Fuhrwerke oder andere Holzstrukturen in der „via dicta Sancte Maria, aut aliqua parte platee ecclesie Sancte Marie, vel iusta ipsam ecclesiam ex parte meridiei" befinden oder Tiere zum Verkauf angeboten werden.[97] Für das 14. Jahrhundert ist zudem bezeugt, daß der Dom zu Mariä Himmelfahrt über und über mit Fahnen bedeckt war,[98] und ganz oben („pinnacolo") mit einer Fahne mit dem Wappen des Capitano del Podestà.[99]

Der Camposanto war um 1300 soweit fertiggestellt, daß er Grabmäler aufnehmen konnte. Am 17. März 1312 fand eine, wenn man so will, feierliche Einweihung des neu geschaffenen Domplatzes statt, als Heinrich VII. von Luxemburg den Treueschwur der neuen Anzianen und des sindicus et procurator im Namen der gesamten Kommune entgegennahm, „in generali parlamento et uni-

---

[95] S. Ronzani, La formazione della piazza (wie Anm. 97), S. 111f.

[96] „Et quod tentorium vermilium pisani Comunis, et logiam vermiliam Antianorum, per festum sancte Marie mensis augusti poni et tendi faciam in plateam maioris ecclesie" (Bonaini (wie Anm. 77), Bd. I, S. 51).

[97] „Vigilia autem, et in die festivitatis sancte Marie, non sinam neque permictam in via dicta Sancte Marie, aut aliqua parte platee ecclesie Sancte Marie, vel iusta ipsam ecclesiam ex parte meridiei, poni, esse vel teneri aliquem currum vel lignamen laboratum, vel aliquam bestiam pro vendendo, vel eius occasione. Et per vigiles pisane civitatis predictam viam et plateam ecclesie, ut dictum est, expeditas ab omnibus predictis, et custodiri et servari, ut dictum est, faciam" (ibid. S. 47).

[98] P. Vigo, La festa dell'Assunta in Pisa nel secolo XIV., Roma 1882, S. 9. Nach Tronci, Annali pisani, anno 1492, waren der Dom, das Baptisterium, der Camposanto und der Campanile mit drei Fahnentypen geschmückt: Fahnen mit dem kaiserlichen Adler, mit dem Wappen der Kommune und des Popolo, s. Vigo, S. 8.

[99] Ibid., S. 9.

versitate hominum civitatis Pisarum", das an diesem Tag nicht im Dom, sondern „in platea ante ecclesiam maiorem hominum civitatis Pisarum tagte".[100]

Der sich südlich von Dom und Baptisterium, parallel zum Dom erstreckende Bau erinnert in seiner Architektur entsprechend seiner doppelten Funktion als Friedhof und der Trinität geweihten Kirche an Kreuzgänge, aber auch an den Dom selbst. In der Breite und Länge übertrifft er den Dom ca. um ein Drittel, respektiert jedoch die Proportionen zwischen den beiden Dimensionen. In seinem Äußeren ist der monumentale Bau fast völlig schmucklos: keinerlei Öffnungen (bis auf die drei Eingänge), und nur die südliche, auf den Dom und das Baptisterium zeigende Außenwand ist mit flachen Blendbögen dekoriert. Im Innern des Camposanto öffnen sich große Arkaden (die mehrbogigen Fenster sind eine spätere Zutat), unter die die Sarkophage in reihender Regelmäßigkeit gestellt sind, zum nicht überdachten inneren Geviert. Nach Antonino Caleca sind diese Arkaden eine monumentale Antwort auf die zivile mittelalterliche Architekur Pisas, könnten aber auch an der Reihe der Arkosolgräber an der Außenwand der Fassade von Santa Maria Novella in Florenz inspiriert gewesen sein.[101] Der Zeitraum ihrer Entstehung ist durch die Jahre 1279 (Grundsteinlegung der neuen Kirche, s.u.) und dem Jahr 1314 markiert. Bekanntermaßen wurde der letzte Fassadenavello 1314 belegt, in dem der Dominikanerbruder Johannes de Ultrarno als Operaio der Kirche den Magister Lapo Ricevuti mit dem bis zum 15. August fertig zustellenden Grabmal für die Familie Mannelli beauftragt, das sich zwischen der Tür zum Konvent und dem danebenliegenden Monument Taddei Tieri Dietisalvis aufgestellt werden soll. Das Monument ist aus schwarzem und weißem Marmor anzufertigen; seine Höhe, Breite, Tiefe und Form sollen denen der anderen an jener Stelle befindlichen Marmorgrabmälern entsprechen.[102]

Im Gegensatz zu den Fassadenavelli Santa Maria Novellas in Florenz befanden sich die wieder verwendeten antiken Sarkophage, die einst den Dom umstanden, sowie weitere, neue Grabmäler jetzt allerdings im Inneren eines wenngleich monumentalen Gebäudes auf dem Domgelände. Wie R.P. Ciardi aufgrund

---

[100] Monumenta Germaniae Historica, Legum, s. IV: Constitutiones et acta publica imperatorum et regum, Bd. IV/2, hg. von I. Schwalm, Hannover und Leipzig 1909–1911, Nr. 753–754, S. 743–744; vgl. Ronzani, La formazione della piazza (wie Anm. 87), S. 118.

[101] A. Caleca, Costruzione e decorazione dalle origini al secolo XV, in: Il Camposanto di Pisa (wie Anm. 76), S. 13–48, hier S. 16. und S. 67, Anm. 40. Der Auftrag zum Grabmal der Familie Mannelli wurde von G. Milanesi, Nuovi documenti per la storia dell'arte toscana dal XII al XVI secolo, Roma 1893, Nr. 33, S. 20, publiziert: „Item dictus magister Lapus in conducendo promisit et conventi dicto fratri Johanni – dictum monumentum et sepulturam in dicto loco supra confinato, facere et murare de lapidibus et calcina et marmoribus albi set nigris tante altitudini set amplitudinis et profunditatis et talis forme, quante et qualis sunt alie sepolture marmoree circumstantes facte in dicto seu iusta dictum murum".

[102] R. Davidsohn, Forschungen zur Geschichte von Florenz, 4 Bde., Berlin 1856–1901, hier Bd. IV, S. 481f.

seiner Untersuchung eines Sepultuars aus dem Jahr 1708[103] darstellt, waren es nicht Adlige, sondern niedrigere soziale Schichten, die sich für den Camposanto als Begräbnisort entschieden, also Wohlhabende und Gebildete, wie z.b. Notare, Mediziner, Goldschmiede und Tuchhändler –, aber auch Handwerker wie Schmiede und Maurer, sowie Angehörige von Laienbruderschaften. Die Operai der Dombauhütte hatten das Recht, im Camposanto beerdigt zu werden, und auch viele Professoren des Pisaner Studiums ließen sich hier bestatten. Die Pisaner Erzbischöfe des Trecento wählten jedoch nicht den Camposanto, sondern den Dom oder die Dominikanerkirche Santa Caterina als Begräbnisort.[104] Familiengrabstätten bedeutender Familien des alten und neuen Pisaner Adels sind im Camposanto die Ausnahme.[105] Er bevorzugte die alten Ordenskirchen bzw. die Kirchen der neuen Bettelorden.[106] In diesem Zusammenhang scheint mir nicht zufällig, daß derselbe Erzbischof Federico Visconti, der 1277 durch die Stiftung der Gärten für die Beseitigung des Friedhofs um den Dom sorgte, drei Jahre davor einen neuen Friedhof schuf, und zwar denjenigen der Dominikanerkirche S. Caterina: Am 11.3.1274 weist der Erzbischof den Predigerbrüdern das Terrain bei der Kirche zu und weiht es als Friedhof, ebenso wie den gesamten Platz vor der Kirche bis zur via publica.[107] Auch vor und bei S. Caterina müssen sich zahlreiche Gräber befunden habe, wie z.b. dasjenige der Familie Pallavicini, das 1835 ins Innere der Kirche verbracht wurde und als Altar in der Cappella dei Caduti (ehemals Cappella di San Domenico) dient.[108]

Der Pisaner Camposanto sollte in der italienischen Architektur des Mittelalters ein Unikum bleiben. Daß man ihn durchaus als nachahmenswert empfand, zeigt

---

[103] „Iconica sepulcrorum, in celebri pisani coemeterio positorum exempla [...] equitis Julii Caetani iussu, in unum collecta ad luculentur delineata [...] anno salutis MDCVIII styl. pis.", Pisa, Archivio dell'Opera del Duomo, ms 244; vgl. R. P. Ciardi, „Quest'insigne dormentorio de' morti": chiesa, cimitero, museo, in: Il Camposanto di Pisa (wie Anm. 76), S. 57–68, hier S. 62–65.

[104] Vgl. Ronzani, Il „Cimitero della chiesa" (wie Anm. 87), S. 1682: Federico Visconti wurde im Dom beerdigt, ebenso wie Giovanni di Scarlatto. Der Dominikaner Erzbischof Simone Saltarelli (†1342) wurde in Santa Caterina bestattet (s. S. ORLANDI, Necrologio di Santa Maria Novella. Testo intergrale dall'inizio (MCCXXXV) al MDIV. Corredato da note biografiche tratte da documenti coevi con presentazione del P. Innocenzo Taurisana, Firenze 1955, S. 64 und S. 386).

[105] Ausnahmen sind die Grabstätten der Familie Del Tignoso und Degli Squarcialupi, die beide jedoch ebenfalls eine Familiengrabstätte in San Martino bzw. in Santa Caterina hatten, wie dier Perini, Da Paule und Moricotti di Vico.

[106] Ibid. S. 63.

[107] E. Paladino, Le pergamene dell'Archivio del Convento di S. Caterina di Pisa (1212–1497), Lucca 2000, Nr. 68, S. 49f.

[108] F. Paliaga/S. Renzoni, Le chiese di Pisa. Guida alla conoscenza del patrimonio artistico, Pisa 1991, S. 33. Leider war es mir im Rahmen des vorliegenden Aufsatzes nicht möglich, die Situation des Friedhofs vor und neben S. Caterina und die Frage nach der Existenz von Avelli an der Fassade der Kirche zu klären.

das Beispiel Sienas, wo am 13. April 1389 einige Stadtbürger an den Gran Consiglio della Campana den Antrag stellen, einen monumentalen Camposanto zu erbauen, „cioè luogo di sepolture, in quella forma e modo che è quello di Pisa, el quale è delle nobili cose di Cristianità, che a chiesa s'apartenghano".[109] Der Sieneser Camposanto, der nie realisiert wurde, sollte südlich des Doms errichtet werden, wo sich die Überreste des bereits 1357 fallen gelassenen Projekts des Duomo Nuovo befanden.[110] Auch der Sieneser Dom war wie derjenige Pisas, zumindest an seiner südlichen Langhauswand bis zum an den Dom angrenzenden Bischofspalast und vor der Hauptfassade, von Grabmälern umgeben.[111] Auf einer Zeichnung von 1659 ist der Platz an der südlichen Langhauswand und beim Campanile noch als „cimitero" ausgewiesen.[112] Péleo Bacci fand 1941 bei Grabungen unter der Treppe vor der Hauptfassade zahlreiche Grabnischen sowie Marmortafeln mit größtenteils unleserlich gewordenen Inschriften aus dem 14. Jahrhundert.[113] Bekanntermaßen ließ sich auch Giovanni Pisano, auf den die Gestaltung der Marmorfassade des Doms bis zum Kranzgesims zurückgeht, auf dem „sagrato" bei „seiner" Fassade begraben.[114] Im Hauptportal des Domes, also im Grenzbereich zwischen dem Außen und Innen der Kirche, lagen die beiden Helden der Schlacht von Montaperti 1260, die Capitani Andrea Beccarini und Giovanni Ugurgeri, die der Stadt zum Sieg verholfen hatten, begraben.[115]

In Siena war die städtische Aufsicht über den Dombau grundlegend in der ersten distinctio der „Constituti comunis Senarum" von 1262 niedergelegt, die die vorausgehende Gesetzgebung übernahmen und nach dem Sieg der Stadt in der Schlacht von Montaperti 1260 einer tiefgreifenden Erneuerung unterzogen

---

[109] G. Milanesi, Documenti per la storia dell'arte senese, Bd. III, Anhang Nr. 8, S. 280. Vgl. auch E. Carli, Il Duomo di Siena, Siena 1979, S. 21.

[110] G. Milanesi, Documenti per la storia (wie Anm. 109), S. 280: El quale Campo santo si faccia nel Duomo nuovo, overo là dove parrà a l'operaio et a'maestri che meglio sia.

[111] S. z. B. das 1336 verfaßte Kodizill zu ihrem im Vorjahr errichteten Testament einer gewissen Caterina del fu Meuccio, genannt Catuccia, aus dem Sprengel von S. Giovanni, die bestimmt, „in cimiterio maioris senensis eclesie" bestattet zu werden (L'Archivio dell'Opera della Metropolitana di Siena. Inventario, a cura di S. Moscadelli, München 1995, S. 78 (Italienische Forschungen hg. vom Kunsthistorischen Institut in Florenz, Sonderreihe: Die Kirchen von Siena, hg. von P. A. Riedl/M. Seidel, Beiheft 1).

[112] Die Zeichnung ist abgebildet in: Il Duomo di Siena al tempo di Alessandro VII. Carteggio e disegni (1658–1667), a cura di M. Butzek, München 1996, Abb. 10 (Italienische Forschungen hg. v. Kunsthistorischen Institut in Florenz. Sonderreihe: Die Kirchen von Siena, hg. v. P. A. Riedl und M. Seidel, Beiheft 2).

[113] P. Bacci, Documenti e commenti per la storia dell'arte, Firenze 1944, S. 29.

[114] Carli (wie Anm. 109), S. 48. Die Platte mit der Inschrift befand sich laut P. Bacci, Documenti e commenti (wie Anm. 113), S. 46, eine zeitlang vorübergehend beim Eingang zum heutigen Bischofspalast und wurde dann an die Nordwand des Domes transferiert.

[115] S. La sconfitta di Montaperto, in: Miscellanea storica sanese, ed. G. Porri, Siena 1844, S. 3–99.

wurden.[116] Die für den Dombau relevanten Bestimmungen hat Ante Middeldorf Kosegarten zusammengetragen.[117] So bestimmt die Rubrik XIII der ersten distinctio des Konstituts, daß der Podestà und Capitano del Popolo zusammen mit den Konsuln der beiden artes der Mercantia und den 24 Prioren gehalten seien, zu beschließen und bestimmen, „quomodo et qualiter in dicto opere procedatur", also darüber, wieviele und welche Meister auf welche Weise in der Bauhütte zu arbeiten hätten und allgemein über „omnibus et singulis utilitatibus faciendis pro dicto opere sicut eis videbitur". Die Stadtstatuten von 1262 beschäftigen sich auch mit dem Plätzen hinter und neben dem Dom. So sollen die Meister der Dombauhütte um den Platz des Bischofsitzes eine steinerne Bank oder Stufen angelegen, damit das Volk sich niedersetzen und verweilen kann, wenn das parlamentum tagt.[118] Der Platz hinter dem Dom, d.h. um den neu erbauten Chor, soll von Häusern befreit und erweitert werden, um einen freieren Zu- und Eingang zur Kirche von dieser Seite aus zu ermöglichen.[119] Die Einebnung und Planierung des Platzes vor dem Dom scheint dagegen erst von Interesse gewesen zu sein, nachdem man mit dem Bau der Fassade begonnen hatte, deren Grundsteinlegung 1284 erfolgte.[120] 1294 verhandelt die Domopera über den Kauf eines Hauses, um Platz für die Stufen zu schaffen, die zur Kirche hinaufführen sollen.[121] Das Verbot, vor den Treppen Müll abzuwerfen, in der Volgare-Version

---

[116] M. Ascheri, Legislazione, statuti e sovranità, in: Antica Legislazione della Republica di Siena, a cura di M. Ascheri, S. 1–40, hier S. 11. L. Zdekauer, Il constituto del Comune di Siena dell anno 1262, Milano 1897, rist. anast. Bologna 1974, S. 25–31.

[117] A. Middeldorf Kosegarten, Sienesische Bildhauer am Duomo Vecchio. Studien zur Skulptur in Siena 1250–1330, München 1984, S. 15–20. (Italienische Forschungen hg. vom Kunsthistorischen Institut in Florenz, 3. Folge, Bd. XIII). S. auch Moschadelli (wie Anm. 117), S. 13–19.

[118] Zdekauer (wie Anm. 116), dist. I, rub. XIII, S. 28: „Et super faciendo fieri sedilia sive gradus lapidum circum circa plateam episcopatus per magistros dicti operis, ut, cum fit contio sive parlamentum, gentes possint sedere et morari super ipsis gradibus."

[119] Jeweils im Februar soll im Consiglio della Campana der Vorschlag behandelt werden, die rund um die Rückseite des Doms stehenden Häuser zu inspizieren, zu schätzen und kaufen (Zdekauer (wie Anm. 116), dist. I, rubr. XVI, S. 29: „De emenda domo filiorum Dainelli [...] Et aptetur ita dicta platea quod homines et persone libere et facile possint intrare dictam ecclesiam." Der Platzanlage hinter dem Dom steht v. a. das Haus der Söhne des Dainelli im Weg. Die Kommune soll es kaufen und im April abreißen lassen, um einen freien und leichten Zugang zum Dom zu ermöglichen. Vgl. Middeldorf Kosegarten, Sienesische Bildhauer (wie Anm. 117), S. 165, Anm. 140.

[120] Die Grundsteinlegung durch Bischof Rinaldo Malavolti wird in der anonymen Chronik des 14. Jahrhunderts beschrieben (Cronache senesi, a cura di A. Lisini/F. Jacometti, in: Rerum Italicarum scriptores. Raccolta degli storici italiani dal Cinquecento al Millecinquecento ordinata da L. A. Muratori. Nuova edizione riveduta ampliata e corretta, Bd. XV, Teil VI, Fasc. 1–10, Bologna 1931–1939, S. 68). S. auch Middeldorf Kosegarten (wie Anm. 117), S. 28.

[121] V. Lusini, Il Duomo di Siena, parte prima, Siena 1911, S. 143, Anm. 5; P. Bacci, Di alcune nuove indagini (wie Anm. 72), S. 33f.

des Sieneser Konstituts aus dem Jahr 1309/10, bezeugt, daß die Treppen zu diesem Zeitpunkt fertig gestellt waren.[122] 1306 beschließt die Regierung der Neun, daß der Platz vor Dom und Ospedale Santa Maria und in Richtung auf die Häuser der Kanoniker planiert und erweitert werden soll. In diesem Zusammenhang geht es auch um die Grabmäler auf dem Platz, die nicht wie in Pisa entfernt, sondern mit Marmorplatten verkleidet werden sollen, auf Kosten der jeweiligen Familien der Grabmalsinhaber.[123] 1307 wird derselbe Beschluß erneuert.[124] Inwieweit ihm für das Gelände vor der Fassade Folge geleistet wurde, ist aufgrund mangelnder Quellen nicht zu sagen. Für den Platz vor der Südflanke der Kirche, der im Westen von der Fassade des Bischofpalestes eingerahmt wurde, wurden jedoch spätestens ab 1362 Marmorplatten nach Siena geliefert, jeweils drei Platten für ein Grabmal. So wird der lombardische Steinmetz Jacomo di Buonfredi, genannt Corbella, im Juni 1362 für sechs „tavole d'avello" bezahlt. Bereits im August und November des Vorjahres hatte Meister Corbella jeweils sechs große Marmorplatten nach Siena geschickt, sechs Maultierlasten mit ähnlichen Platten kommen aus Florenz an. Im August und Dezember 1363 werden jeweils drei weitere Marmorplatten, sowie zehn im Januar und neun im März 1364 und schließlich im Rechnungsjahr 1378–1379 wieder neun Platten nach Siena geschickt.[125] Die Bestellung der Platten erfolgte laut Monika Butzek vom Siena-Projekt in Florenz, die mir diese und weitere Quellen zur Verfügung stellte, ohne die Angabe von Maßen, d.h., es muß ein einheitliches Maß für die Platten vorausgesetzt worden sein, mit denen man auch dem Platz ein einheitlicheres Bild verleihen wollte. Offensichtlich also handelte es sich bei den Grabmälern um den Sieneser Dom im Unterschied zu den Pisaner Monumenten v.a. um Bodengrabmäler, die in erster Linie die Begehbarkeit des Platzes behinderten, aber wohl auch seine ästhetische Wirkung herabsetzten. Die Beschlüsse der Stadt wurden zwar erst spät, aber erstaunlicherweise überhaupt befolgt, bedenkt man die Auflage, nach der die Grabmalsinhaber selbst die Kosten zu tragen hatten.

Bereits sechs, sieben Jahre, bevor die Stadtregierung begann, sich mit den Grabmälern um den Dom zu beschäftigen, hatte sie mittels der Stadtstatuten einen alternativen Begräbnisort in Siena gefördert: San Domenico. Die frühesten Grablegen im Konventsbereich befanden sich auf dem Kirchplatz des 1246 be-

[122] A. Lisini, Il Costituto del Comune di Siena volgarizzato nel MCCCIX–MCCCX, 2 Bde., Siena 1903, hier Bd. II, S. 295f.; Lusini (wie Anm. 121), S. 141, Anm. 5.
[123] G. Milanesi, Documenti per la storia (wie Anm. 109), Bd. I, Nr. 21, S. 165f.: „Anno Domini millesimo CCCVI, indicitione IIII, die XVIIII mensis augusti. Consilium virorum prudentem dominorum Novem – firmavit – quod platea que est ante maiorem ecclesiam civitatis Senensis et ante hospitale sancte Marie de Senis explanetur, et debeat explanari versus domus canonicorum Episcopatus Senensis. Et quod sepolture que sunt in dicta platea, debeant lastricari de marmore, expensis illorum quorum sunt dicte sepolture."
[124] Ibid., S. 166, Anm.
[125] Archivio della Metropolitana di Siena, Nr. 191, Uscita, passim.

gonnenen heutigen Baus, d.h. an dem Platz vor der langen Nordostflanke des Langhauses, an der sich auch das Konvents- und das Hauptkirchenportal befanden. Hier war die der Stadt zugewandte Seite der Kirche, ihre eigentliche „Fassade", während die nordwestliche Stirnwand sich vor einem stark abschüssigen Gelände befand und niemals gestaltete Fassade war.[126] Über das Aussehen des Platzes und seiner Grablegen sind wir durch eine kurze Beschreibung von 1716 informiert: Grablegen befanden sich rechts des alten schmucklosen Konventsportals, zwischen dem Konvents- und Kirchenportal und an der Langhausmauer der Kirche. Die Grabnischen der Arkosolgräber waren zum Teil mit Skulpturen und Marmorinschriften geschmückt. Diese Grabstätten wurden 1549 von spanischen Soldaten zerstört.[127] Die zwölf Arkosolnischen mit spitzbogigen Arkaden und Kämpfern, die heute zu sehen sind, sind teilweise Rekonstruktionen der 1954 freigelegten originalen Nischen, die ehemals Gräber umschlossen. Sie sind Bestandteil des ursprünglichen Zustands der Nordostflanke des Langhauses, dessen Bau um 1300 fertiggestellt gewesen sein muß.

Die Kommune von Siena setzte sich ab 1246 massiv für den Bau der Kirche ein, ja man kann sagen, daß der Bauverlauf der Kirche ab diesem Jahr an den städtischen Anordnungen abgelesen werden kann.[128] Für unseren Zusammenhang sind v.a. zwei Bestimmungen von Bedeutung: Erstens der Beschluß vom April 1290, die Straße, die vom Poggio Malavolti (also der heutigen Piazza Matteotti) zur platea von S. Dominico führt, auf wengisten acht braccia (knapp 4,80m) zu verbreitern und mit Backsteinen pflastern zu lassen.[129] Zweitens die

---

[126] Die Kirchen von Siena, hg. von P.A. Riedl/M. Seidel, Band 2.1.2 Oratorio della Carità–S. Dominico, Textband, München 1992, S. 488 und 502.

[127] Ibid. S. 790; A.M. Carapelli, Notizie del convento di S. Dominico, 3 Bde. (Biblioteca Comunale di Siena, Mss. B. VII. 7–9), hier Bd. III, fol. 292r/v: „E per la parte di fuora, quivi tra essa porta e quella della chiesa, già vi era la sepoltura di casa Tolomei, Sozzi e d'altre tante raguardevoli famiglie [...] E non solo vicino a questa porta erano molte sepolture [...] fatte a modo di fossa poco più larga d'un braccio, largha circa a tre braccia, ma ancora erano per tutto questo prato e piazza della chiesa [...] ed il padre nostro frate Isidoro (Ugurgieri) al titolo 19 delle Sacre Pompe narra [...] che in quell'archi nella muraglia della facciata della chiesa corrispondente al prato, erano già quivi tutti sepolcri e mausolei di raguardevoli personaggi con belle statue e motti di marmo, quali furono da' soldati spagnoli guasti e disfatti [...] il 26 giugno del 1549."

[128] Ibid., S. 492.

[129] Ibid., S. 454 und S. 455, Anm. 32: „Item cum via qua itur per podium et terrenum Malavoltensium et Rustichettorum ad plateam fratrum predicatorum de Camporegio sit valde utilis et necessaria omnibus transeuntibus per eam et maxime illis der terzerio Camullie [...], statutum et ordinatum est quod mictatur et fiat una via amplitudinis octo bracchiorum ad minus, iuxta palatium Malavoltensium, incipiendo a domo [...] que fuit Gaddi inclusive, usque ad viam qua itur ante ecclesiam et domum S. Egidii, et respondeat platee fratrum de Camporegio. Et explanetur dicta via et silicetur de mattonibus, et fiat restauratio platearum et hedefitiorum, per quas plateas mittetur dicta via, illis quorum sunt platee, scilicet filiis Rustichetti, quorum sunt dicte platee [...]. Et [...] eligentur per dominos viarum duo boni et legales operarii, qui faciant fieri predictam viam [...] ita

Bestimmung von 1300/02 in den Stadtstatuten, den auf der platea gelegenen Sitz des Predigers (also wohl eine Kanzel) zu erhöhen und eine störende Mauer auf der platea zu entfernen und an anderer Stelle wiederaufzubauen. Die Mauer behindere diejenigen, die die Predigt auf dem Platz anhören wollten, behindere aber auch die Ansicht der Kirche in Richtung auf die Stadt.[130] Das Thema der Sichtbarkeit eines städtischen Monuments spielt in vielen Stadtstatuten eine bedeutende Rolle. So bestimmt z.B. das Statut von Arezzo (1327), daß der Bischofspalast und alle Gebäude, die auf dem Platz vor dem Dom stünden, in totum entfernt würden, damit die Kirche klarer hervorleuchte und eine klarere Ansicht habe.[131] Im Fall von San Domenico in Siena waren mit dem „aspectum ecclesie" mit Sicherheit auch die Arkosolgräber als einziger Schmuck der „Fassade" gemeint, zumal hier rechts neben dem Hauptportal eine der bedeutendsten Familien Sienas, die Malavolti, ihre Grablege besaß.[132] Bekanntermaßen hatten

---

quod dicta via sit completa [...] per totum mensem marzii." (Archivio di Stato di Siena, Viari, Nr. 1, fol. 47v)

[130] Die Kirchen von Siena, Bd. 2.1.2, S. 454 und S. 455, Anm. 38: „Quod fratres predicatores rogentur quod murus ubi est predicatorium elevetur. Item cum quidam murus qui est in platea fratrum predicatorum fuerit ibi malo modo constructus, ita quod ipse murus sive ala muri impediat et exturbet totam dictam plateam, necnon impediat adstantes audire predicationes que fiunt ibi, et etiam impediat aspectum ecclesie versus civitatem, ita quod omnino removendus est et in alio commodiori loco construendus, statutum et ordinatum est quod pro parte comunis Senarum predicti fratres rogentur quod sibi placeat dictum murum exinde levare et in alio commodiori loco reponere." (Archivio di Stato di Siena, Statuti di Siena, Nr. 18, fol. 130r/v.)

[131] Statuto di Arezzo (1327), a cura di G. Marri Camerani, Firenze 1946 (Deputazione di storia patria per la Toscana sezione di Arezzo, Fonti di Storia Arentina, vol. 1), liber II, rub. XLVIIII: „De Oblationibus maioris Ecclesie convertendis in opera ipsius", S. 107: „Ad hoc, ut dicta ecclesia clarius et elucescat et prosepectu habeat clariorem et citius compleatur, huic capituolo additum est de novo; et palatium in quo consuevit habitare episcopus aretinus, ubi est sala, et omnes domus a cito palatio supra, ipsi palatio contigue versus plateam dicte ecclesie, et edifitia eleventur in totum."

[132] S. Carapelli (wie Anm. 127), Bd. III, fol. 292r/v: 1716. „Della piazza della chiesa. Annotatione 4a. Era questa porta principale del convento di struttura assai ordinaria e bassa ed di legniame assai antico e puro senz' alcuno ornamento e maestria. Vicino a questa porta furono nell'antichi tempi molte sepolture dell'antica nobilità come si vede al libro nero de' morti [...] e si vede da' sepolcri, come è quivi per la parte di dietro appresso quell'antica familiga Rangoni e [...] de' discendenti del Re Giannino e tanti altri; e per la parte di fuora, quivi tar osta porta e quella della chiesa, già vi era la sepoltura di casa Malavolti, come anco quivi vicino a questa porta erano molte sepolture. [...] fatte a modo di fossa poco più larga d'un bracccio, largha circa a tre braccia, ma ancora erano per tutto questo prato e piazza della chiesa [...] ed il padre nostro frate Isidoro (Ugurgieri) al titolo 19 delle Sacre Pompe narra [...] che in quell' archi nella muraglia della facciata della chiesa corrispondente al prato, erano già quivi tutti sepolcri et mausolei di raguardevoli personaggi con belle statue e motti di marmo, quali furono da' soldati spagnoli guasti e disfatti [...] il 26 giugno del 1549". Die Kirchen von Siena Bd. 2.1.2, S. 790f., Nr. 21: Bereits 1303, im Testament des Niccolò Ugucciono Malavolti, wird eine

die Malavolti dem Orden 1227 jenes Landstück geschenkt, auf dem sich später die Kirche erheben sollte und das nicht unweit des Poggio Malavolti lag, den die Familie mit Türmen und Häusern besetzt hielt. In der Schenkungsurkunde behalten die Malavolti sich und ihren Nachkommen das „ius patronatus" vor.[133] Mit ihrem Avello rechts neben dem Kirchenportal sicherten sie sich den begehrtesten und privilegiertesten Begräbnisort außerhalb von Kirchen, für dessen Zugänglichkeit und freie Sichtbarkeit die städtischen Gesetze sorgten.

In Florenz begann man im Vergleich zu Pisa und Siena relativ spät, sich Gedanken um den Domplatz zu machen, v.a. deshalb, weil man erst spät überhaupt daran dachte, die Kirche Santa Reparata zu erneuern, um „den schönsten und ehrenvollsten Tempel in der ganzen Toskana zu haben".[134] Bekanntermaßen war die Beziehung der Stadtregierung zu den Bauhütten in Florenz einzigartig und eine ganz andere als etwa in Siena und Pisa.[135] Zwischen Stadt und Bauhütte waren hier die großen Zünfte eingeschaltet. So stand der Opera des Baptisteri-

---

Grabstätte der Familie beim Dominikanerkonvent erwähnt („Inprimis eligo mihi selputuram apud locum fratrum predicatorum de Camporegio"). In einem Vertrag von 1358 ist der Ort der Grablege angegeben: Ein Altar der Familie Malavolti soll „iuxta introhitum porte dicte ecclesie ex parte intus retro sepulcrum maiorum suorum" errichtet werden. 1383 verfügte Giovanni di Lippo di Gaddo Malavolti, er wolle bestattet werden „apud ecclesiam Sancti Dominici de Camporegio de Senis in eius avello picto et schul(p)to cum eius armis."

[133] Die Kirchen von Siena, Bd.2.1.2., S.492 und ok.100, S.890f., hier S.891: „Renuntiantes in his omni legum et iurum auxilio. Et hec facimus salvo et retento nobis iure patronatus in omnibus et per omnia tam nobis quam filiis et heredibus nostris in perpetuum, hoc acto [sic! = aucto] quod donec collegiata steterit ecclesia ibi fienda ius eligendi collegio integrum perseveret, si vero collegiata esse desierit, ius eligendi ad nos mero et pleno iure revertatur".

[134] Am 1. April 1300 beschließt der Rat der Hundert die Befreiung des neuen Dombaumeisters Arnolfo di Cambio von jeglicher Abgabepflicht, denn das Volk und die Kommune „habere sperat venustius et honorabilius templum aliquo alio quod sit in partibus Tuscie". Guasti (wie Anm.26), Dok.24 (1300, aprile 1, provvisioni X,235).

[135] Zu den Bauhütten in der Toskana s. N.Ottokar, Intorno ai reciproci rapporti fra chiesa ed organizzazione cittadine nel Medio Evo italiano. Le opere ecclesiarum in Toscana e la loro funzione nel processo del trapasso delle chiese nella gestione di organizzazioni cittadine, (1945), in: ders., Studi comunali e fiorentini, Firenze 1948, S.163–177; erste vergleichende Studien der Opere in Italien bei M.Fanti, La fabbrica di S.Petronio in Bologna dal XIV al XX secolo, Roma 1980, S.81–100; grundlegend: Opera. Carattere e ruolo (wie Anm.28); zur Opera des Florentiner Doms s. A.Grote, Das Dombauamt in Florenz, 1285–1370, Studien zur Geschichte der Opera di Santa Reparata zu Florenz im vierzehnten Jahrhundert, München 1959; M.Haines, L'Opera del Duomo di Firenze, in: Opera. Carattere e ruolo (wie Anm.28), S.267–289; zur Domopera im 15.Jahrhundert s. L.Fabbri, L'Opera di Santa Maria del Fiore nel quindicesimo secolo: tra repubblica fiorentina e arte della lana, in: La cattedrale e la città. Saggi sul duomo di Firenze (Atti del VII centenario del duomo di Firenze, a cura di T.Verdon/A.Innocenti, Bd.I*, Firenze 2001, S.318–339.

ums seit der Mitte des 12. Jahrhunderts die Arte dei Mercanti, die sogen. Calimala, vor, während die Zunft der Seidenhändler (Arte della Seta), genannt Por S. Maria, den Bau der städtischen Hospitale und von Orsanmichele verwaltete. Die Verwaltung der Domopera wurde seit dem Beschluß zum Neubau Ende des 13. Jahrhunderts bis zum Jahr 1331 noch keiner speziellen Zunft unterstellt. 1322, zu einer Zeit, als der Bau wegen mangelnder Finanzierung praktisch stillstand, wird in dem Statuto del Capitano del Popolo festgehalten, daß fünf der größten Zünfte der Stadt, also die „ars marcatorum kallismale, ars campsorum, ars lanificum, ars Porte Sancte Marie, ars medicorum et spetiariorum" der Opera von Santa Reparata alternierend vorstehen sollten.[136] 1331 wird die Finanzierung des Dombaus jedoch mit einer provisio neu geregelt und bestimmt, daß allein die Arte della Lana der Opera sancte Reparate vorstehen solle.[137] Der Beschluß ist festgehalten in einer Inschriftentafel, die sich heute an der südlichen Langhauswand des Doms befindet.[138] Damit fiel die politische Kontrolle einer der bedeutendsten Institutionen der Stadt in die Hände eines Teils – wenn auch eines bedeutenden – des Florentiner Patriziats.[139]

Florenz ist aber auch anders, weil die ersten erhaltenen Statutenkodizes, also der Statuto del Capitano del Popolo und der Statuto del Podestà, aus vergleichsweise später Zeit, den Jahren 1322–1325, stammen. Vorausgehende Statutenkodices und ihre Revisionen sind verloren, wenn auch vielfach bezeugt, z.B. im 13. Jahrhundert für die Jahre 1282, 1284, 1285, 1291, 1292 und 1293.[140] Andererseits steht in Florenz mit den „Libri fabarum", also den Protokollen der Sitzungen der Räte, und den provisiones, d.h. den in den consilia gefaßten Beschlüssen, die Eingang in die Statuten finden konnten,[141] ein reiches, wenn auch nur zu einem geringsten Teil veröffentlichtes Quellenmaterial zur Verfügung.

---

[136] Statuto del Capitano, Liber primus, rubr. LVIII, S. 58 f.: „Statutum et ordinatum est quod infrascripte artes, scilicet ars mercatorum kallismale, ars campsorum, ars lanificum, ars Porte Sancte Marie, ars medicorum et spetiariorum sint et superesse debeant operi fabrice et laborerio maioris ecclesie beate Reparate civitatis Florentie."

[137] Guasti (wie Anm. 26), Dok. 35 (1331 ottobre 1, 2., cod. II,1).

[138] „Anno milleno centu(m) ter terq(uo)q(ue) deno / coninct p(ri)mo q(uo) sumu(m) iungit(ur) imo / virgine matre pia d(om)ni spirante Maria / hoc opus insigne statuit Florentia digne / consulib(us) dandu(m) p. rudent(er) ad hedificandu(m) / artificu(m) lane co(m)plendu(m) denii(que) sane" (s. zuletzt L. Ricetti, Il vescovo monaldeschi e l'avvio del cantiere (1295–1301), in: La cattedrale e la città. Saggi sul Duomo di Firenze, Atti del VII centenario del Duomo di Firenze, a cura di T. Verdon/A. Innocenti, Firenze 2001, S. 195–226, hier S. 119 f.

[139] Fabbri (wie Anm. 127), S. 322.

[140] S. A. Zorzi, Le fonti normative a Firenze nel tardo medioevo. Un bilancio delle edizioni e degli studi, in: Statuti della Repubblica Fiorentina, editi a cura di Romolo Caddese, nuova edizione a cura di G. Pinto/F. Salvestrini/A. Zorzi, 2 Bde., Firenze 1999, hier Bd. 1, S. LIII–CI.

[141] S. z.B. B. Barbadoro, Le fonti della più antica legislazione fiorentina, Bologna 1934, hier bes. S. 69.

Von 1289 bis 1290 beschäftigen sich provisiones der Consigli speziale e generale del Podestà sowie der Consigli generale e speziale del Capitano mit der Erhöhung, Einebnung und Pflasterung der „platea Sancti Iohannis", also dem Platz um das Baptisterium.[142] Ab 1296 beschäftigt man sich mit der Erweiterung des Platzes. Im Consilio dei Cento und im Consilio speciale del Capitano del Popolo wird mit großer Mehrheit einem Antrag der Konsuln der Kallimala und der Operai von S. Reparata zugestimmt, nach dem das sich zwischen Baptisterium und Santa Reparata erhebende und den Platz auf der Nordseite abriegelnde Hospital sancti Iohannis abgerissen und die „sepulcra seu avelli", die das Baptisterium umstehen, entfernt und woandershin gebracht werden sollen.[143] Das Hospital muß innerhalb kurzer Zeit abgerissen worden sein, 1298 war sein Abbruch jedenfalls schon erfolgt.[144] Damit verlor der Platz seinen geschlossenen Charakter und wurde in Nord-Süd-Richtung passierbar.[145]

Der Friedhof um San Giovanni war bis dahin der bedeutendste der Stadt.[146] Im Jahr 1971 durchgeführte Grabungen ergaben, daß er sich von der Fassade der alten Kirche S. Reparata bis zum Baptisterium erstreckte, im Norden von den Fundamenten der karolingischen Stadtmauer begrenzt wurde, im Süden dagegen keine feste Begrenzung hatte und sich zwischen der Südseite von S. Reparata und den Kanonikerhäusern fortsetzte. Er muß zwischen 300 und 350 Gräber (zumeist Familiengräber) umfaßt haben. Neben den antiken Sarkophagen, die mit neuen Deckeln versehen als Grablegen der ältesten und vornehmsten Familien der Stadt dienten und wohl in der Hauptsache das Baptisterium umstanden, muß es sich vor allem um Bodengrabmäler, aber z.T. auch um über das Bodenniveau hinausragende Monumente gehandelt haben.[147] Wann man die Gräber entfernte und wohin man sie verbrachte, ist aus den Quellen nur indirekt und unvollständig zu erschließen.[148] Spätestens in den Jahren 1350–1355, als Giovanni Boccac-

---

[142] Vgl. die Dokumente Nr. 32, 33, 34, 35 und 36 bei G. Pampaloni, Firenze al tempo di Dante. Documenti sull'urbanistica fiorentina, Roma 1973.

[143] Provvisioni Registri, 6, c. 34v., ed. bei Pampaloni (wie Anm. 142), Dokument Nr. 38: „Item provideatur et firmetur quod sepulcra seu avelli, que et qui sunt cirumcirca ecclesiam Sancti Iohannis, eleventur et removeantur de ipsis locis et alibi ponantur, ubi melius videbitur convenire, in hiis statutis vel ordinamentis aliquibus non obstantibus."

[144] Davidsohn (wie Anm. 102), Bd. I, S. 146.

[145] S. G. Maetzke, Il Cimitero alto medievale e medievale, in: Il Bel San Giovanni e santa Maria del Fiore. Il centro religioso di Firenze dal Tardo Antico al Rinascimento, a cura di Dominico Cardini, Firenze 1996, S. 199f.

[146] Bekanntermaßen berichtet schon G. Villani, Cronica, libro VI, cap. XXXIII, daß „anticamente tutta la buona gente che morira si seppelliva a San Giovanni".

[147] Maetzke (wie Anm. 145), S. 192–196; s. auch die beiden Rekonstruktionszeichnungen des Friedhofs, ibid., Abbildungsteil, Abb. 2 und 4.

[148] Bekanntermaßen berichtet Villani in seiner Cronica, der Dombaumeister Arnolfo habe „i pilastri dei gheroni", also die die Dachdreiecke tragenden Eckpfeiler, die bis dahin aus grauem Haustein bestanden, mit Marmor inkrustiert. Bereits Frey und danach W. und E. Paatz (S. 174f. und S. 224, Anm. 23)) wiesen darauf hin, daß dies mit Sicherheit

cio seinen Decamerone schrieb, müssen die „arche grandi di marmo", also die antiken Sarkophage, die Boccaccio als morbiden Hintergrund für seine neunte Novelle des sechsten Tags beschreibt, entfernt gewesen seien, denn in Klammern bemerkt Boccaccio, sie befänden sich jetzt in Santa Reparata.[149] Davidsohn war der Ansicht, hier sei die Außenseite der Kirche gemeint, da eine Eintragung in die „memorie di famiglia" des Francesco Giovanni Baldovinetti von 1513 ergebe, daß man der Familie Baldovinettti wie auch anderen Familien als Ersatz für ihre Grablege am Baptisterium das Recht gewährt habe, ihre Toten unterhalb der Stufen von Santa Reparata beizusetzen.[150] Vasari berichtet in der Vita des Arnolfo di Cambio, dieser habe „tutte le arche e sepolture che vi erano di marmo e macigno" (alle Grabmäler und Särge aus Marmor und Sandstein) um San Giovanni entfernen und sie „zum Theil hinter dem Thurm an der Vorderwand des Kanonikats neben der Bruderschaft des heil. Zenobius anbringen lassen".[151] Nach Arnolfos Tod 1301 ging der Dombau nur schleppend voran. Erst 1339 jedenfalls wandte man sich erneut der Platzgestaltung zu und stimmte dem Antrag der Operai von S. Giovanni und S. Reparata zu, die Straße, die von San Cristoforo zur „platea Sancte Reparate et sancti Iohannis", sowie jenen Teil der platea, der an diese Straße anschließt, abzusenken, um den decor von S. Reparata und Baptisterium zu erhöhen und beide Kirchen höher erscheinen zu lassen.[152] Im gleichen Jahr wird auch der Antrag der genannten Operai angenommen, die alte Kanonika abzureißen und ein Stück weiter südlich neu zu errichten, um den neuen Campanile freizulegen und hier einen neuen Friedhof anzulegen. Denn Santa Reparata verfüge nicht über einen Friedhof, auf dem man die Toten comode beerdigen könne.[153] Von drei der antiken Sarkophage wissen wir mit Sicherheit, daß sie in diesen neu geschaffenen Friedhof überführt wurden: der stadtrömische Säulensarkophag mit der „dextrarium iunctio" (jetzt im Museo dell'Opera del Duomo), der sich ehemals rechts neben dem südlichen Baptisteriumsportal befand; sein Pendant auf der linken Portalseite, der sog. Hermes-Psychopompus-Sarkophag (ebenfalls im Museo dell'Opera del Duomo) und drittens der für den Gonfaloniere Guccio de' Medici 1299 wiederverwendete römische Sarkophag (jetzt im Inneren des Baptisteriums).[154] Del Migliore berichtet 1784,

---

nicht vor der Entfernung der Grabmäler (die in den Bögen des Baptisteriums aufgestellt waren) geschehen sein könne, also nicht vor 1296.

[149] Giovanni Boccaccio, Decamerone, giornata sesta, novella nona.

[150] Davidsohn (wie Anm. 102), Bd. I, S. 145.

[151] Le opere di Giorgio Vasari, con nuove annotazioni e commenti di Gaetano Milanesi, t. primo, S. 285. Milanesi schreibt, die Sarkophage befänden sich im Palazzo Riccardi, derjenige der Signori di Montalvo in deren Privatpalast (ibid., Anm. 2).

[152] Guasti (wie Anm. 26), Dok. 53 (1339, giugno 7,9, provvisioni, XXIX,22–25).

[153] Ibid., Dok. 56 (1339, dicembre 9, provvisioni, XXX,88–94): „Et quod etiam dicta eclesia non habet Cimiterium in quo corpora defunctiorum ad dictam ecclesiam devotionem habentium et concurrentium possint commode sepelliri."

[154] G. Smith, The Baptistery Sarcophagi in the Context of Medieval, Renaissance and Modern Florence, in: Artista. Critica dell'arte in Toscana (2000), S. 56–67, publizierte

daß die Sarkophage auf den stützenden Konsolen mit den Wappen der Familien Abbati und Ferrantini, der Lamberti und der Adimari gekennzeichnet seien[155] – alles bedeutende Magnatenfamilien der Stadt, die später Avelli an der Fassade von Santa Maria Novella bzw. im dortigen Chiostro grande besaßen.[156]

1365 wendet sich die Opera den Grabmälern vor der Fassade des Doms zu und bestimmt, dass die Grabmäler unter den berühmten weißen Marmorstufen der Opera gehören sollten. Daß der Dom auch noch nach der Schaffung des Friedhofs an der Südflanke der Kirche zumindest von zahlreichen Bodengrab-mälern umgeben war, zeigt u.a. der Beschluß vom März 1384, die Wappen und Schilder, die sich bei oder an den Grabmälern an den Außenwänden von Santa Reparata befänden, zu entfernen, denn die Kathedrale sei erbaut „per comune Florentie et de denariis dicti Comunis". Deshalb sei es „presumptuosum et inconveniens", daß irgendwelche Einzelpersonen („per aliquem singularem") ihre Wappen oder Schilder irgendwo außen an der Kirche anbrächten oder malen ließen, ohne über eine entsprechende Ausnahmegenehmigung des Popolo und der Kommune von Florenz zu verfügen.[157] Dieser Verweis auf die „öffentliche" Finanzierung des Doms war nicht leeres Gerede, sondern

---

jüngst einen Stich Antonio Vericos vom Anfang des 19. Jahrhunderts, auf dem die drei Sarkophage an der Wand der nach 1340 neu erbauten Kanonika zu sehen sind, wo sie bis 1824 verblieben.

[155] Del Migliore, Firenze città nobilissima illustrata, Firenze 1784, S.65. Ein vierter Sarko-phag habe der Familie Baldovinetti und Guidi gehört, ein fünfter befinde sich jetzt in Privatbesitz im Palazzo Montalvo.

[156] V. Fineschi, Memorie sopra il cimitero antico della Chiesa di S.Maria Novella di Fi-renze, Firenze 1787, S.18 zum Adimari-Avello an der Fassade, S.52 zum Avello der Lamberti im großen Cortile und S.54 zu demjenigen der Abati.

[157] Zum Beschluß über den Besitz der Opera der Grabmäler unter den Stufen der Fassade des Doms s. Guasti (wie Anm.26), Dok.130 (1365, maggio 26, delib.II,53): „Deliberave-runt quod omnes et singulas sepulturas que sunt ante faciem eccleise, videlicet sub schalis marmi, que sunt facte et hedificate pro dicto opere, intelligantur esse dicti operis nomina et prenomina illorum qui dicunt et asserunt dictas sepulturas ad eos pertinere, et quod sciatur ab eis a quo habuerunt dictas sepulturas, et quod recognoscant ipsas a dicto opere, et solvant et sint in concordia cum dicto opere et operariis dicti opereis." Zu den Wappen an den Außenwänden des Doms s. ibid., Dok.358 (1384, marzo 10, de-lib.XXI,9–10): „Considerantes quod dicta ecclesia chatedralis Sancte Reparate de Flo-rentia fuerit et sit fundata edificata costructa et fabricata et ad presens cotidie costrua-tur et fabricetur per comune Florentie et de denariis dicti Comunis; et presumptuosum et inconvenies sit quod per aliquem singularem, sine solempni deliberatione populi et comunis Florentie, dicta ecclesia occupetur vel in aliqua facie exteriori eiusdem ecclesie arma alicuius singularis sive aliquorum singularium ponantur mictantur seu pinghantur. […] Providentes insuper et mandantes: Quod infra tertiam diem proxime futuram Lau-rentius capomagister opere Sancte Reparate debeat elevare et extraere sive elevari vel extrai facere de muro cuiuscumque faciei dicte ecclesie omnia et singula arma et seu schudicciulos …; et loca ubi ad presens sunt dicta arma et schidicciuoli dictorum armo-rum reimplere seu rappiannare de marmo prout sibi videbitur convenire."

entsprach der historischen Wahrheit. Im Gegensatz zu Kathedralen anderer Städte wurde der Florentiner Dom nicht von kleineren oder größeren Stiftungen der Kirche oder einzelner Laien erbaut, sondern ab 1331, also ab dem Moment, in dem die Arte della Lana die Bauhütte übernahm, ausschließlich durch feste Quoten des kommunalen Einkommens, d.h. hauptsächlich der „gabelle" als den direkten Steuern.[158] Bei der Finanzierung des Sieneser Doms flossen dagegen, wie wohl zumeist üblich, die Gelder für den Dombau aus verschiedenen Quellen, wie Stiftungen, Zahlungen der Gläubigen für Indulgenzen, aber auch einer Art „Kopfsteuer" der Kommune, zusammen.[159]

In der oben genannten deliberatio von 1384 wird der Dombaumeister Laurentius gehalten, die Wappen innerhalb von drei Tagen zu entfernen und die entsprechenden Stellen mit Marmor zu verkleiden. Laut einer drei Monate später gefaßten deliberatio müssen zumindest die Wappen und Schilder an der Südflanke des Doms, die zur Kanonika hinzeigen, aufgrund des Protests einiger Grabmalsinhaber wieder an der Domwand angebracht werden.[160] 1386 wird beschlossen, daß die entfernten Wappen auf Kosten der Opera auf einer schwarzen Liste, d.h. eines nach dem anderen, wieder an der Südwand des Doms angebracht werden sollen.[161] 1390 schließlich wird die provisio von 1296, dieses Mal als Beschluß der Operai, wiederholt.[162] An dieser Stelle wird allein das Grab

---

[158] Zur Finanzierung des Florentiner Doms s. M. Haines, Firenze e il finanziamento della cattedrale e del campanile, in: Alla riscopereta di Piazza del Duomo in Firenze, Bd. 3: Il campanile di Giotto, a cura di T. Verdon, Firenze 1994, S. 71–83; D. Finiello Zervas, Un nuovo documento per la storia del Duomo e del Campanile di Firenze, 1333–1359, in: Rivista d'Arte 39 (1987), S. 2–54.

[159] Zur Finanzierung des Sieneser Doms s. Middeldorf Kosegarten (wie Anm. 117), S. 18–20.

[160] Guasti (wie Anm. 26), Dok. 360 (1385, giugno 30, delib. XXI,28): „Considerantes quamplures querelas eis et eorum officio factas per quamplures cives habentes eorum sepulturas et arma et schuta in facie ecclesie Sancte Reparate versus domos habitationis chanonichorum, que schuta et arma elevata olim et extracta fuerunt *pro equiparando cum aliis habentibus eorum arma et sepulturas in facie anteriori dicte ecclesie; volentes dictas querelas a dcitis civibus totaliter removere* ...; providerunt et deliberaverunt: Quod omnes et singule sepulture site iuxta faciem dicte ecclesie versus domos chanonichorum actentur et sint honorifice ...; [...] et schuta et arma alias extracta remictantur et reactentur in seggiolo inferiori iuxta et in capite eorum sepulturas, prout alia schuta et arma stant in facie anteriori dicte ecclesie".

[161] Guasti (wie Anm. 26), Dok. 365 (1386, marzo 27, delib. XXII,16): „Operarii ... deliberaverunt et ordinaverunt, quod arma olim posita in facie ecclesie Sancte Reparate ex parte merediey ad designandum et obstendendum sepulturas multorum civium habentium ipsas iusta ipsam faciem ecclesie, que arma fuerunt remote per deliberationem olim factam per offitium dictorum operariorum, ipsa arma reponantur et reponi possint et debeant, expensis dicti operis, iusta certam listam nigram et subtus certas licteras iscultas in marmore, videlicet continuatim una post alia, donec omnia reposita sint integraliter, videlicet illa que devastata fuerunt et seu ablata."

[162] Guasti (wie Anm. 26), Dok. 394 (1390, febbraio 3, delib. XXXI,7): „Operarii ... deliberaverunt quod omnia sepulcra existentia im (sic) platea Sancti Iohannis et Repe-

eines gewissen magister Iohannes medicus ausgenommen, das auf der platea verbleiben darf, auch im folgenden Jahr, als beschlossen wird, den Platz zu pflastern. Der besagte Grabmalsinhaber darf auch ein Wappen an seinem Grabmal anbringen.[163] Bei dem Grab des Arztes Johannes, dessen Familienname in den genannten deliberationes merkwürdigerweise nicht erwähnt wird, handelte es sich möglicherweise um eines bei den Grabungen von 1971 gefundenen größeren Grabmäler, dessen Grube mit Ziegelwerk gemauert war und das sich leicht über das Bodenniveau erhob. Es befand sich in der Mitte des Platzes zwischen Dom und Baptisterium. Auf den Fragmenten der Grabplatte waren die Reste der Darstellung eines heraldischen Adlers erkennbar.[164] Weitere Ausnahmen stellten der 1286 feierlich auf der platea beerdigte Salvestro de' Medici dar, dessen Familie wie diejenige der Adimari auch über eine marmorne Arca innerhalb des Domes verfügte, „in cui il cadavere dell'ultimo defunto si riponeva sino a tanto che un altro della famiglia non venisse a cacciarlo nella fossa gentilizia".[165] 1401 wurde ferner einem Mitglied der Familie Solosmei zugestanden, sich in dem Grab seiner Familie auf der Mitte des Platzes zwischen Dom und Baptisterium bestatten und sein Wappen dort anbringen zu lassen.[166]

rate (sic) ad ecclesiam Sancti Iohannis Batiste dextruantur et reimpleantur, ita quod in dicte medio nullum sepulcrum sit nec in futurum fiat per aliquem modum vel causam. Et predicta non habeant locum contra sepulcrum magistri Iohannis, quod possit in suo statu sine lesione permanere. Item stantiaverunt … quod in dicta platea iuxta angulum campanilis ecclesie Sancte Reperate, expensis dicti operis, fiant duo sepulcra pro pauperibus mortuis et seu moriendis sepelliendis; et supra dicta sepulcra scribantur in lapidibus littere facientes mentionem de nominibus dictorum sepulcrorum, ita quod evidenter apareat quod dicta sepulcra sint pro pauperibus mortuis sepelliendis."

[163] Guasti (wie Anm. 26), Dok. 395 (1391, maggio 9, delib. XXXXI,20): „Item deliberaverunt quod sepultura magistri Iohannis medici, que est super platea Sancti Iohannis inter ecclesiam Sancte Liperate et Sancti Iohannis inter ecclesiam Sancte Liperate et Sancti Iohannis, remaneat salva et non devastetur, et quod quando fiet lastricum dicte platee, dictus magister Iohannes possit ponere unum schudicciuolum solum sue armis ad hostium sive sportellum ipsius sepulture."

[164] Maetzke (wie Anm. 145), S. 195 mit Anm. 17 und S. 200f.

[165] Guasti (wie Anm. 26), S. CV und Dok. 370 (1386, ottobre 15, delib. XXXIII,27–28): „Operarii […], actendentes quod pro parte progeniei de Medicis humiliter postulatum et obsecratum fuit coram ipsis operariis ut placeat ac velint quod eius corpus possit sepelliri in monumento ipsorum de Medicis sito extra ecclesiam catedralem dicte opere, dummodo arca libere possit poni et sisti in ecclesia predicta in illa parte in qua stetit arca domini Iohannis." Die Arche der Adimari und Medici an der inneren Fassadenwand wurden 1398 zugunsten eines Altars entfernt (Poggi (wie Anm. 27), hier Bd. I, S. CVI und Dok. 1004).

[166] Guasti (wie Anm. 26), Dok. 456 (1410, aprile, delib. LIX,5): „Deliberaverunt quod Benintendi Nuccii de Solosmeis possit et valeat attare seu reattori facere suam sepulturam in medio platee inter Sanctam Reparatam et Sanctum Johannem, et ibi ponere arma sua et alia facere prout videbitur Johanni caput magistrop dicte opere Sante Reparate." Vgl. dazu und zum Grab der Familie der Solosmei Maetzke (wie Anm. 145), S. 201 mit Anm. 43.

In Florenz scheint also zunächst tatsächlich nur das Baptisterium von den Sarkophagen befreit worden sein, wohl um seine Marmorverkleidung in der unteren Zone zu vollenden. Die Grabmonumente wurden vorerst anscheinend vor und in Santa Reparata versetzt. Erst 1340 wies man ihnen einen begrenzten Bereich zwischen Campanile und Domkanonika zu. Bis 1401 und wahrscheinlich darüber hinaus befanden sich auf dem Platz zwischen Baptisterium und Dom jedoch noch einige Grabmäler.

Im Jahr 1288, also ganze neun Jahre, bevor die Stadtväter anfingen, sich mit der Piazza S. Giovanni zu beschäftigen, wird in den Stadtstatuten die Schaffung eines Platzes vor der Dominikanerkirche Santa Maria Novella bestimmt.[167] Der Platz soll im Westen in gerader Linie von der Kirchenfassade bis zur Porta San Paolo (Ecke Via della Spada, Via dei Fossi) führen, auf der anderen Seite ebenfalls in gerader Linie von dem Gelände der Predigerbrüder bis zur Porta al Trebbio.[168] Die Bestimmung wird 1325, zu einem Zeitpunkt als die platea fast vollendet war, in den Statuto del Podestà aufgenommen, um ihre endgültige Fertigstellung zu sichern.[169] Auch der Bau der neuen Kirche von Santa Maria Novella selbst, deren Grundsteinlegung 1279 erfolgte,[170] ging im Gegensatz zum Neubau des Doms zügig voran. Ihr erster großer Förderer war der Dominikanerbischof Fra Aldobrandino aus einer der bedeutendsten Florentiner Magnatenfamilie, den Cavalcanti (†1279),[171] der „con grosso cumolo di denaro" Unmengen von

---

[167] Pampaloni (wie Anm. 142), Dok. 43, 1288 gennaio 16, S. 67–69, hier S. 68: „Quod Florentinus populus et comune [...] ordinavit et summa cum ratione statutit quod ante dictram ecclesiam fiat una platea, que hrahatur a pariete muri dicte ecclesie ex parte occidentali secundum rectam lineam usque ad portam Sancti Pauli, et ex alia a terreno dictorum fratrum, quod est iusta viam per quam itur ad portam de Trebio secundum rectam lineam, usque ad dictam portam de Trebbio."

[168] Zur Begrenzung der *platea* s. F. Sznura, L'espansione urbana di Firenze nel dugento, Firenze 1975, S. 74–77.

[169] Bd. II, Statuto del Podestà: S. 314 Liber Quartus, LVIIII: „De faciendo fieri plateam sancte Marie Novelle". Vgl. Pampaloni (wie Anm. 142), Dok. 49, S. 84.

[170] Wann man mit dem Neubau der Dominikanerkirche begann, ist in der Forschung umstritten. Die Grundsteinlegung von 1279 könnte entweder den tatsächlichen Baubeginn bedeuten oder aber eine Weihe der Neugründung der Kirche, deren Baubeginn bereits etliche Jahre (1240er Jahre?) zurücklag. Zur Baugeschichte von Santa Maria Novella s. zuletzt R. Lunardi, Santa Maria Novella e la Croce di Giotto, in: Giotto. La Croce di Santa Maria Novella, a cura di M. Ciatti/M. Seidel, Firenze 2001, S. 159–181, hier S. 166–170; J. W. Brown, The Dominican Church of Santa Maria Novella at Florence: A Historical, Architectural, and Artistic Study, Edinburgh 1902, S. 51–72; die bedeutendste unpubblizierte Quelle ist V. Borghigiani O.P., Cronaca Annalistica del Convento di Santa Maria Novella, ms. 18. Jahrhundert (Archivio di Santa Maria Novella). Neue Untersuchungsergebnisse zur Baugeschichte sind zu erwarten von der kurz vor Abschluß stehenden Dissertation über die mittelalterlichen Grabmäler von Santa Maria Novella (1279–1380) von Frithjof Schwartz, Mainz.

[171] C. Lansing, The Florentine Magnates. Lineage and Faction in a Medieval Commune, Princeton 1991, S. 50–51.

Baumaterial für die Kirche.[172] Das Grabmal des Bischofs, heute im rechten Querschiff (ursprünglich möglicherweise in der Chorkapellen), stellte für das Florenz seiner Zeit als erstes monumentales Figurengrabmal, ein absolutes Novum dar.[173] Die Cavalcanti besaßen darüber hinaus einen der Avelli an der Fassade der Kirche.[174] Der Bau wurde nach Bischof Cavalcanti durch Indulgenzen der Päpste und des Bischofs von Florenz, sowie durch Zuweisung der Kommune unterstützt.[175]

Bereits um 1300 war der untere Teil der Fassade wahrscheinlich vollendet, deren Wandnischengrabmäler aus derselben Zeit stammen.[176] Ihre Form ging auf die älteren Avelli im Friedhof von Santa Maria Novella und die Grabanlagen unterhalb des Querschiffs zurück. 1314 wird der letzte Fassadenavello belegt. Nach Fineschi waren es ingesamt 22 Nischengrabmäler, die an der Fassade und der Mauer zum Kreuzgang daneben zum neu geschaffenen Platz hinzeigten und in deren mit den Familienwappen dekorierten Arche sich die vornehmsten Florentiner Familien bestatten ließen, wie z.B. zwischen dem Hauptportal und dem westlichen Nebenportal die De' Tornaquinci, wo am einrahmenden Bogen wie auch bei anderen Fassadenavelli zusätzlich das Wappenschild der Cavalieri a Spron d'oro angebracht war.[177] Nicht zufällig war es Donna Guardina Guardi (†1303), die Frau des Kardinals Tornaquinci, die den unteren Teil der Fassadenwand gestiftet hatte. Die Verkleidung eines Fassadenteils oberhalb der Avelli mit schwarzem und weißen Marmor geschah dagegen im Auftrag der Familie Baldesi, möglicherweise durch eine Stiftung des Torino Baldesi (†1348), der auch Geld für die 1351 fertig gestellte große Mitteltür stiftete. Tedaldino Ricci (†1365)

---

[172] Borghigiani (wie Anm. 170), cc. 162–166, zit. nach Lunardi (wie Anm. 170), S. 166. S. auch Fineschi (wie Anm. 156), S. 137: „Sembra credibile, che siccome Aldobrandino nel tempo della sua incombenza veniva provveduto di tuttoi a spese della Camera Apostolica; cosi non è improbabile, che egli metesse insieme quel denaro, che destinò poi per la fabbrica della nostra Chiesa".

[173] S. F. Schwartz, Die Memoria bei den Fratres. Das Grabmal des Fra Aldobrandino Calvalcanti und ein dominikanischer Typus für Bischofsgrabmäler, in: Grabmäler. Tendenzen der Forschung an Beispielen aus Mittelalter und früher Neuzeit, hg. von W. Maier/W. Schmid/ M. V. Schwarz, Berlin 2000, S. 147–177.

[174] F. Burger, Geschichte des Florentinischen Grabmals von den ältesten Zeiten bis Michelangelo, Strassburg 1904, Exkurs II, S. 386–388, hier S. 387.

[175] Brown (wie Anm. 170), S. 64f. Zur Konzession einer Indulgenz durch den Florentiner Bischof Alessi im Jahr 1286, s. V. Fineschi, Memorie istoriche che possono servire alle vite degli uomini illustri del convento di S. Maria Novella di Firenze dall'anno 1221 al 1320, Bd. I, Firenze 1790, S. 185. Zu den kommunalen Zuweisungen von 1295 und 1297 s. G. Gaye, Carteggio inedito d'artisti dei secoli XIV.XVI.XVI, tomo I, 1326–1500, Firenze, 1839, Appendix II: Regesta Fiorentina internam Reipublicae historium spectantia, ab anno MCCXXV ad annum MD, S. 429 und 434.

[176] Brown (wie Anm. 170), S. 114.

[177] S. das Verzeichnis der aus dem 14. Jahrhundert stammenden Avelli und ihrer Inhaber an der Fassade von Santa Maria Novella an der „Piazza Nuovo", bei Fineschi (wie Anm. 156), S. 15–21, auch veröffentlicht bei Burger (wie Anm. 174), S. 387.

stiftete dagegen für den Fassadenokulus, unter den dann die steinernen Wappen der Familie Ricci angebracht wurden.[178] Auch auf dem Boden vor der Fassade müssen sich Grabmäler befunden haben, nach Fineschi über 200 und in fünf Reihen angeordnet. Zur Zeit Cosimos I. waren sie so abgetreten, daß der Granduca zusammen mit dem Operaio von Santa Maria Novella den Platz pflastern ließ und einige der Wappen in den Mauern des Konventsbereich vermauert wurden.[179]

Daß die Sarkophage um das Florentiner Baptisterium zur platea vor S. Maria Novella verbracht wurden, um deren Fassade zu verschönern, ist nur eine Legende, die in der Mitte des 15. Jahrhunderts in Florenz kursierte und vom Chronisten S. Maria Novellas Padre Giovanni Carli berichtet wird.[180] Es ist jedoch nicht auszuschließen, daß man sich bei dem Entwurf der Wandnischengrabmäler an der Fassade und in den Kreuzgängen von Santa Maria Novella die wohl in Bögen eingestellten Sarkophage um das Baptisterium zum Vorbild nahm, wie schon J. W. Brown und F. Burger annahmen.[181] Was an den Wänden des Doms später verboten werden sollte, die Zur-Schau-Stellung bedeutender Familien durch ihre Wappen, durfte bei Santa Maria Novella dekorierender Bestandteil der Fassade selbst sein, für deren Zugänglichkeit und Sichtbarkeit die städtischen Gesetze, ähnlich wie in Siena, durch die Schaffung eines Platzes davor gesorgt hatten.

Bei einer abschließenden vergleichenden Gegenüberstellung der Fälle von Pisa, Siena und Florenz ergibt sich folgendes Bild: In bemerkenswerter zeitlicher Nähe beschäftigt sich die städtische Gesetzgebung der drei bedeutendsten Städte in der Toskana mit der Gestaltung ihrer Domplätze, die jeweils auch cimiterium waren. Pisa stellt den zeitlichen Vorläufer dar: Bereits 1275 beschließt die Stadt die Beseitigung der Grabmäler auf dem Domplatz und die Errichtung eines Camposanto, d.h. eines geschlossenen Friedhofgebäudes. In Siena scheint man die Grabmäler um den Dom als weniger störend empfunden zu haben, möglicherweise auch, weil es sich hier nur oder vorwiegend um Bodengrabmäler handelte, die sich vor allem auf der Südseite des Doms befanden: Erst 1307 verfügt die Stadt ihre einheitliche Verkleidung Marmorplatten, während das erst 1389

---

[178] Leon Battista Alberti, auf den die Vollendung der Fassade (fertiggestellt 1470) zurückging, ließ die Ricci-Wappen abmontieren und ins Innere der Kirche verbringen, s. Brown (wie Anm. 170), S. 114.

[179] Fineschi (wie Anm. 156), S. 14.

[180] Fineschi (wie Anm. 156), S. 7f.., Anm. 3: „Queste sono le sue parole: ‚Ferunt autem nonnulli ea quondam Sepulcra apud Ioannis Baptiste Saccellum fuisse disposita, obque illius ornatum inde ad hoc Templum idcirco fuisse translata, quasi nullum aliud dignius iudicarent, quod hiuscemodi Sepulcris Nobilium decentius honestarent', affidandosi ad una tradizione del suo tempo si dette a credere,che i predetti Sepolcri fossero stati trasportati sulla nostra Piazza, ed ivi fossero stati collocati per l'ornato della medesima".

[181] Brown (wie Anm. 170), S. 102f. und Burger (wie Anm. 174), S. 45–49.

vorgeschlagene Projekt eines Camposanto nicht zur Durchführung kommt. In
Florenz geht man am rigorosesten mit den Grabmälern zwischen Dom und Baptisterium um. 1296 beschließt die Stadt die Beseitigung der antiken Sarkophage
um das Baptisterium, ohne sich offenbar auch nur um einen angemessenen Ort
ihrer Verlegung Gedanken gemacht zu haben.[182] 1339 bestimmt man die Anlage
eines Friedhofs an der Südflanke des Doms, der den Friedhof zwischen Baptisterium und Dom ablösen soll. 1384 versucht man schließlich, die Dommauern von
Wappen bei Grablegen zu befreien, sogar an der Südseite der Kirche, wo sich der
neue Friedhof befindet.

Noch vor den Plätzen um die Kathedralen sind diejenigen um die Dominikanerkirchen Gegenstand der städtischen Gesetzgebung. Es werden große Plätze
und breite Zubringerstraßen geschaffen, wobei die Nutzung der Plätze als Friedhöfe hier offensichtlich nicht als störend empfunden wird, zumal gerade die Fassaden selbst, die gleichzeitig mit den Plätzen entstehen und sich den Plätzen
zuwenden, als ausgezeichneter Begräbnisort genutzt werden.

Daß die städtischen Gesetze in Bezug auf die Domplätze durchgesetzt werden
konnten, zeugt für den Machtverlust der Bischöfe gegen Ende des 13. und zu
Beginn des 14. Jahrhunderts, wie ihn für Florenz G.W. Dameron aufgezeigt
hat.[183] Bekanntermaßen haben sich die Florentiner Bischöfe während des 13. und
14. Jahrhunderts vergeblich z.B. gegen die Verwaltung der Opera des Baptisteriums durch die Arte di Calimara gewehrt: Um die Auseinandersetzungen zu
beenden, bestimmt die Signoria von Florenz 1330 unter härtesten Geldstrafen
bei Zuwiderhandlung, daß die Verwaltung und die Einnahmen der Opera des
Baptisteriums der Arte di Calimara zukommen.[184] Es sind uns zwar keine Nachrichten über einen Protest der Domkleriker gegen den städtischen Eingriff in den
Bereich der kirchlichen Immunität ihres Friedhofs überliefert, gegen den nur die
Grabmalsinhaber selbst aufbegehrt zu haben scheinen. Der Domklerus stritt
allerdings und gerade mit den Dominikanern vehement um Begräbnisrechte, wie
in Florenz im Jahr 1311 anläßlich der Beerdigung von Betto Brunelleschi in
S. Reparata. Vom Atrium des Baptisteriums aus – also dort, wo die Grabmäler
wohl gerade beseitigt worden waren – wurde der auf dem Domplatz versammelte
Weltklerus zum Kampf gegen die Dominikaner aufgerufen. Im Vordergrund der
Streitigkeiten standen die Begräbnisgebühren als wichtige Einnahmequelle sowohl des Weltklerus als auch der Bettelorden.[185] In den kirchlichen Einnahmen

---

[182] In dem enstprechenden Beschluß (s.o. Anm.144) heißt es nur: „Et alibi ponantur, ubi
melius videbitur convenire." Die Gräber sollen also woandershin verbracht werden, wo
sie besser hin passen.

[183] In Florenz besonders zwischen den Jahren 1275 und 1320, s. G.W. Dameron, Episcopal
Power and Florentine Society, Cambridge, Massachusettes, London 1991, S.141–185.

[184] Vgl. A. Cocchi, Le chiese di Firenze dal secolo IV al secolo XX, vol. I. Quartiere di San
Giovanni, Firenze 1903, S. 40.

[185] S. Davidsohn (wie Anm.67), Bd. 3, S. 396–398. Betto Brunelleschi hatte verfügt, daß sein
scharlachrotes und mit Pelz gefüttertes Gewand, das während der Bestattung in oder

bei Begräbnissen ist wohl auch einer der wichtigsten Gründe dafür zu sehen, daß die Kirche selbst keine durchschlagenden Maßnahmen ergriff, um ihre eigene Gesetzgebung (die oben dargestellten, über Jahrhunderte wiederholten Verbote der Bestattung innerhalb der Kirchen) durchzusetzen bzw. den Reichtum der Gräber auf den Kirchplätzen zu beschränken. Wie bedeutsam die Existenz von Gräbern auf den Kirchplätzen für die Kirche werden konnte, zeigt der Fall von Venedig, wo die Franziskaner von Santa Maria Gloriosa dei Frari 1488 nachweisen können, daß der vor ihrer Kirche liegende Platz ihnen gehöre, nachdem Zeugen aussagen, daß sich dort ehemals Grabmäler befanden. Hier wird auch deutlich, wie wenig wir es vermögen, uns aus heutiger Sicht eine angemessene Vorstellung von der Vielzahl und Gestalt der bis auf wenige Ausnahmen beseitigten Grabmäler auf den Kirchplätzen zu machen. Eines der sich ehemals auf dem Campo di Santa Maria Gloriosa dei Frari befindenden Grabmäler war z.B. das „große" der Familie Ziani, das sich auf vier Porphyrsäulen erhob.[186]

Die zweifache Ausrichtung der städtischen Gesetzgebung – einerseits das Streben nach Beseitigung der Grabmäler von Domplätzen (Pisa, Florenz) bzw. ihrer Vereinheitlichung (Siena) – andererseits die Schaffung von Plätzen mit Grabmälern vor, neben und an den Dominikanerkirchen – macht deutlich, daß das Ziel der städtischen Gesetzgebung nicht allein die Begehbarkeit der Plätze und ihre allgemeine Zugänglichkeit und Nutzung war. Dieses Ziel, das P. Wichmann für Venedig mit dem Begriff der „Kommunalisierung" von Plätzen umschrieben hat,[187] wurde mit Sicherheit auch von den Stadtvätern in Pisa, Siena und Florenz verfolgt, und zwar gleichermaßen für die Domplätze wie für die Plätze um die Dominikanerkirchen. Beide waren öffentlich im Sinne von

---

vor der Kirche ausgestellt wurde, den Dominikanern überlassen werden solle, während der Domklerus darauf bestand, daß es ihm gehöre, da Betto in S. Reparata beerdigt worden sei. Tumultartige Raufereien um das Gewand begleiteten die Bestattung. Der Schatzmeisters des Doms sowie der französische Prälat Etienne de Bufilli ließen daraufhin den Prior von Sant'Andrea vom Atrium des Baptisteriums gegen die Dominikaner predigen. Die Weltgeistlichkeit sollte die Predigerbrüder von Gastmählern ausschließen, ihnen die Predigt in ihren Kirchen verweigern oder verhindern, daß sie Almosen entgegennähmen. Der Streit um die Begräbnisrechte wurde erst 1321 auf dem in Florenz abgehaltenen Ordenskapitel beigelegt, in dem bestimmt wurde, daß der Weltklerus drei Viertel, die Dominikaner ein Viertel der Bestattungseinnahmen erhalten sollten. Zu den Auseinandersetzungen um die Begräbnisgebühren s. zuletzt auch F. Schwartz (wie Anm. 173), S. 226f.

[186] Zu diesem Grabmal und dem Urteil des Piovego in Venedig zum dem Eigentum der Franziskaner des Campo von Santa Maria Gloriosa dei Frari s. P. Wichmann, Die Campi Venedigs. Entwicklungsgeschichtliche Untersuchungen zu den venezianischen Kirch- und Quartierplätzen (Beiträge zur Kunstwissenschaft, Bd. 12), München 1987, S. 40 und S. 204f., Anm. 362 das Zitat aus der Beschreibung des Kirchplatzes durch den Prokurator des Franziskanerklosters Jeronimo: „El campo dove el molte sepulture iera una sepultura granda da cha Ziani con 4 Collone de porfido".

[187] Ibid., v.a. S. 55–57.

allgemein zugänglich. Darüber hinaus ging es den Stadtregierungen offensichtlich darum, zwei verschiedene Bereiche repräsentativer Öffentlichkeit zu schaffen: der eine (d.h. derjenige der Domplätze), der die Identität der Kommune,
also einer universitas, widerspiegelte und die Selbstdarstellung einzelner Mitglieder dieser universitas nur noch in Ausnahmefällen gestattete. Der andere hingegen (derjenige der Plätze der Dominikanerkirchen) erlaubte die Repräsentation
der Mitglieder der Kommune, d.h. bedeutender ihrer Familien, und hier durfte
ihre (finanzielle) Beteiligung an den Kirchen sichtbar werden.[188] In ersterem Fall
wurde die Zurschaustellung einzelner verboten, im letzteren war sie erwünscht,
ebenso wie die städtischen Luxusgesetzgebung einerseits die ostentatio des
Luxus generell verbot, mit den regelmäßig in die entsprechenden Bestimmungen
aufgenommenen Ausnahmeregelungen andererseits zuließ.

Das Auftreten von Wandnischengrabmälern an den Außenwänden von Kirchen in Italien im letzten Drittel des 13. Jahrhunderts zeugt von dem Bedürfnis,
sich mit einem Grabmal außerhalb der Kirche in Erinnerung zu rufen. Bekanntermaßen waren die Avelli-Gräber nicht auf die Toskana[189] und in Florenz nicht
auf Santa Maria Novella beschränkt.[190] In Florenz wurde die Dominikanerkirche
von Santa Maria Novella gegen Ende des 14. Jahrhunderts von der Franziskanerkirche S. Croce abgelöst, was die Beliebtheit als Begräbnisstätte anging.
Weiterführende Forschungen müssten diese Aspekte aufnehmen und die Gültigkeit der hier aufgezeigten Intentionen städtischer Gesetzgebung für andere italienische Städte und ihre Kirchplätze überprüfen, wobei die Ausnahmeregelungen der städtischen Gesetzgebung für die auf den Kirchplätzen weiterhin gedul-
teten Grabmäler für die kunsthistorische Forschung von besonderem Interesse
wären.

---

[188] Zu einer ähnlichen Bewertung der Aufgabenteilung zwischen Dom und Mendikanten-
kirchen im allgemeinen in Florenz gelangt R.C. Trexler, Public Life in Renaissance
Florence, New York, London, Toronto, San Francisco 1980, S. 18f., wenn auch ohne
Bezug auf die Plätze und ihre Grabmäler.
[189] Burger, wie Anm. 174, S. 49, Anm. 2, weist darauf hin, daß die Avelli-Gräber in der
Toskana besonders häufig gewesen seien und nennt die Beispiele von San Francesco in
Pisa, San Domenico in Prato und San Paolo in Pistoia. Als Beispiel für die Emilia erwähnt Burger die Kirche San Jacopo in Bologna.
[190] Vgl. A. Höger, Studien zur Entstehung der Familienkapellen- und Altäre des Trecento
in Florentiner Kirchen, Bonn 1976, S. 142, Anm. 129, die Avelli an S. Trinita, S. Maria
sopr'Arno, S. Spirito und S. Maria del Carmine anführt.

Julian Gardner

The Painted City

Legal Domain or Visualized Utopia?

To begin with two contrasting English views of Rome. Magister Gregorius first, the well-educated secular visitor, perhaps a lawyer in the familia of Cardinal Ottone da Tonengo the papal legate to England. Gregorius, visiting the city probably circa 1230, is moved by his first sight of Rome to write the following: "I ardently recommend the wonderful panorama of the whole city. There is so great a forest of towers, and so many palatial buildings, that no-one has counted them."[1] My other Englishman, the dyspeptic monastic chronicler Matthew Paris had in fact counted some of them, or at least heard from someone who had. His view of the towers is more reminiscent indeed of that of Gregorius. In his "Chronica Maiora" Matthew recorded the draconian measures taken by the podestà Brancaleone d'Andalò in 1258 to restrict "[...] insolentiam et superbiam nobilium Romanorum [...] dirui fecit eorundem nobilium turres circiter centum et quadraginta et solo tenus complanari."[2] Nearly a hundred and forty towers from Magister Gregory's awe-inspiring forest were summarily felled.

If we now contrast these two verbal accounts with a contemporary painting in Rome, the "Baptism of Constantine" painted circa 1246 in the Cappella S. Silvestro in SS. Quattro Coronati for the papal vicar Cardinal Stefano Conti.[3] (Fig. 1)

---

[1] "Vehemencius igitur admirandam censeo tocius urbis inspectionem, ubi tanta seges turrium, tot edificia palatiorum quot nulli homines contigit enumerare," Text now in C.Nardella, Il fascino di Roma nel Medioevo, Rome 1997 p.144. J.Osborne, Magister Gregorius The Marvels of Rome, Toronto 1987 p.18, 37–38.

[2] H.R.Luard, Matthaei Parisiensis Monachi Sancti Alani Chronica Majora V, London 1880, p.709. Cf. the passage on Florentine towers in the Cronaca of Giovanni Villani, c. 1250. Lib.VI, cap.39. A.Racheli (ed.), Croniche di Giovanni, Matteo e Filippo Villani, Trieste 1857, p.60: "[...] si ordinarono [...] che tutte le torre di Firenze, che n'avea nella città gran quantítade, alte 120braccia l'una, si tagliassero e tornassero alla misura di braccia cinquanta [27.5m] l'una e non più: e cosi fu fatto; e delle pietre si murò poi la città oltrarno." M. Braune, Türme und Turmhäuser. Untersuchungen zu den Anfängen der monumentalen Wohn- und Wehrbaus in der Toscana (1000–1350), Cologne 1983, p.98.

[3] A.Sohn, Bilder als Zeichen der Herrschaft. Die Silvesterkapelle in SS.Quattro Coronati (Rom), in: Archivum Historiae Pontificiae 35 (1997), pp.7–48, 12ff. Guglielmo Matthiae, Pittura romana del Medioevo secoli X1–XV. Aggiornamento scientifico di F.Gandolfo, Rome 1988, pp.135–143. S.Romano, L'immagine di Roma, Cola di Rienzo e la Fine del medioevo, in: S.Romano/M.Andaloro (eds.), Arte e Iconografia a Roma da Costantino a Cola di Rienzo, Milano 2000, pp.227–258.

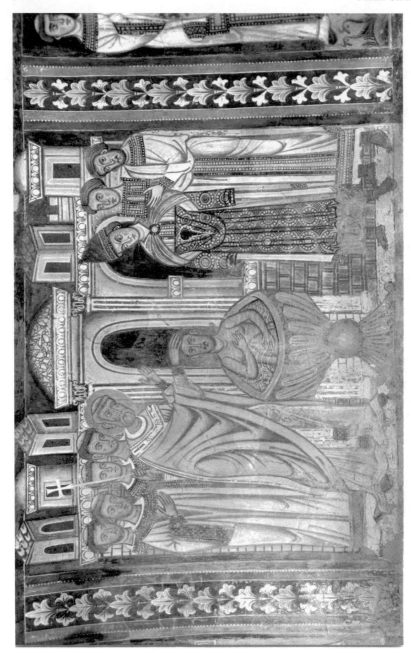

Fig. 1: Rome. SS. Quattro Coronati. Cappella S. Silvestro. *Baptism of Constantine.*

Here we see little more than an urban topos, albeit a historicizing one. Sylvester baptizes Constantine in front of a backdrop, which clearly is meant to indicate Rome, but hardly its numberless forest of towers. Constantine is baptized outside the city wall, although the Baptistery of his Basilica Salvatoris at the Lateran still survives within the Aurelian wall. The Life of Sylvester in the "Liber Pontificalis" after all records that: "Huis temporibus [...] fecit Constantinus aug. [...] Fontem sanctum [...] ex lapide porfyretico et ex omni parte coopertum intrinsecum et foris et desuper et quantum aquam continet ex argento purissimo lib. III VIII."[4] These verbal and visual accounts provide an evidential base for the beginning of the period to be considered. A later Constantine and Sylvester cycle, painted by Maso di Banco circa 1340 in the Cappella Bardi a Vernio at Santa Croce in Florence made, in contrast, a determined attempt to suggest early fourth-century Rome, by means of its surviving ruins.[5] (Fig. 2) Sylvester muzzling the dragon in the Forum is set before a building which resembles, particularly in the proportion between window-space and wall the Basilica beside the Via Sacra begun by of Maxentius and completed by Constantine.[6] But it remains an isolated building, signalling only the narrative setting and in no way approximating a topographical portrait.[7]

Florence had by this date been comparing itself with Rome for over a century, indeed from the "Chronica de Origine civitatis" onwards.[8] Giovanni Villani had probably completed his Chronica a couple of years before Maso's fresco (1333). He had visited Rome for the Jubilee of 1300, but subsequently resolved to write of the rising daughter city of Florence "figliuola e fattura di Roma", rather than the declining Rome.[9] He pointed to many analogies between the two cities, some extremely far-fetched. He linked S. Maria in Campidoglio and S. Maria in Aracoeli. and he famously compared the Pantheon and "il bel San Giovanni".[10] Both

---

4 L. Duchesne/C. Vogel (eds.), Le Liber Pontificalis, Paris 1886–1957, I, p. 174.

5 C. Acidini Luchinat/E. Neri Lusanna (eds.), Maso di Banco La Cappella di San Silvestro, Milan 1998, p. 211. R. Bartalini, "Et in carne mea videbo Deum meum", Maso di Banco la Cappella dei Confessori e la committenza dei Bardi. A proposito di un libro recente, in: Prospettiva 98/99 (2000), pp. 58–103. Romano art.cit., p. 234.

6 E. Nash, A Pictorial Dictionary of Rome, New York 1981, I, pp. 180–181. A. Boëthius/ J.B. Ward Perkins, Etruscan and Roman Architecture, Harmondsworth 1970, pp. 503–505.

7 U. Feldges, Landschaft als topographisches Porträt. Der Wiederbeginn der europäischen Landschaftsmalerei in Siena, Berne 1980, pp. 60–65. F. Ratté, Re-presenting the common place: architectural portraits in Trecento painting, in: Studies in Iconography 22 (2001), pp. 87–110, p. 101 regards it as a considere d anachronism.

8 C.T. Davis, Topographical and Historical Propaganda in early Florentine Chronicles and in Villani, in: Medioevo e Rinascimento 2 (1988), pp. 33–51.

9 Giovanni Villani, Cronaca Lib. VIII, cap. 36, (ed.)cit., p. 182: "Firenze [...] era nel suo montare e a seguire grandi cose, siccome Roma era nel suo calare mi parve convenevole di recare in questo volume e nouva cronica tutti I fatti e comminciamenti della città di Firenze [...]". Ratté, art.cit., p. 100.

10 Giovanni Villani, Cronaca Lib. I, cap. 42 (ed.)cit., pp. 22–23 III, cap. 2. (ed.)cit., pp. 42–43. W. Braunfels, Mittelalterliche Stadtbaukunst in der Toskana, Berlin 1953 pp. 131–134

Fig. 2: Florence. Santa Croce. Cappella Bardi a Venio. Masso di Banco *S. Silvester muzzles the Dragon.*

Villani and the early Dante-commentators dilated on the pagan origins of both the Baptistery and the Pantheon.[11] Villani tried always to glorify his city and faction even in his description of monuments. More tendentious than any earlier chronicler, in Charles Davis's phrase, his "vision of Florentine history was sharply focused on contemporary political ends."[12]

If we now compare two later thirteenth-century views of Rome, one by the papal artist of the "Sancta Sanctorum" of 1278/1279 in the old Lateran Palace, and the view of Rome by the Florentine Cimabue in the crossing vault severy of the Upper Church of San Francesco at Assisi we encounter a significant shift. Monuments can be readily identified. (Figs. 3, 4) In Cimabue's vault we can recognize the Pantheon, the Pyramid of Gaius Cestius and the Torre delle Milizie – very different from the simplified versions of the Castel Sant' Angelo and Meta Romuli of the papal chapel, but in both the buildings are of symbolic importance.[13] Their topography is at best approximate, and the centrality accorded buildings is political rather than geographical. There are no streets as a connective tissue. The painter's aim, like that of Master Gregory, is encomiastic. It recalls the silver model of Parma which Salimbene describes.

> Maiora et precipua edificia civitatis fabrefacta totaliter de argento ut maior ecclesia que appellatur domus [...] Baptisterium similiter erat ibi et palatium episcopi et communis palatium et alia edificia quam plura que civitatis effigiem presentarent.[14]

At Assisi the image of Rome located Marks's apostolate in northern Italy. But, there as at the Sancta Sanctorum, Rome furnishes an appropriate topographical backdrop of saintly action rather than the theatre of everyday life. These Romes are essentially uninhabited, and the daily texture of their social fabric invisible.

Vignettes of daily life existed however, even in the aulic milieu of SS. Quattro Coronati. An astonishing series of calendrical scenes has recently been discovered in the lofty vaulted room of the tower, which surmounts the Cappella San Silvestro.[15] These murals appear in a palatine context and may hint at the secular and perhaps judicial purposes of the space they decorate. However while the

---

[11] Davis, art.cit., p. 50.

[12] Davis, art.cit., p. 51.

[13] M. Andaloro, Ancora una volta sull'Ytalia di Cimabue, in: Arte Medievale 2 (1984), pp. 143–177. L. Bellosi, Cimabue, New York 1998, p. 89.

[14] F. Bernini (ed.), Salimbene de Adam Cronica, Bari 1941 I, p. 282. Cf. Saints as city patrons, depicted holding models of their cities, such as San Geminianus by Taddeo di Bartolo, in: S. Symeonides, Taddeo di Bartolo, Siena 1965, p. 99. Pl. Va. N. Miller, Mapping the city: Ptolemy's Geography in the Renaissance, in: D. Buisseret (ed.), Envisioning the City. Six Studies in Urban Cartography, London 1998, pp. 34–74, 46. D. Webb, Patrons and Defenders. The saints in the Italian City-states, London 1996, p. 238.

[15] A. Draghi, Il Ciclo di affreschi rinvenuto nel convento dei SS. Quattro Coronati a Roma: un capitolo inedito della pittura romana del Duecento, in: Rivista dell' Istituto Nazionale d'Archeologia e Storia dell' Arte 54 (1999) [2001], pp. 115–166.

Fig. 3: Rome. Old Lateran Palace. Sancta Sanctorum. *Crucifixion of St. Peter.*

"Labours of the Months" at Santi Quattro Coronati compare with sculpted northern Italian cathedral cycles such as those at Parma or Ferrara, elsewhere great cities such as Venice were producing new iconographies of daily life.[16] New

---

[16] G. Tigler, Il Portale Maggiore di San Marco a Venezia Aspetti iconografici e stilistici dei rilievi duecenteschi (Istituto Veneto di Scienze Lettere ed Arti, Memorie Classe di Scienze Morali Lettere ed Arti 59),Venice 1995, pp. 270–314. A. Frugoni/C. Frugoni, Storia di un giorno in una città medievale, Rome 1997. For the earlier iconography see J.C. Webster, The Labours of the Months in Antique and Mediaeval Art, London 1938.

Fig. 4: Assisi San Francesco. Upper Church. Crossing. Cimabue. *View of Rome.*

activities, and new trades – boat-builders, netmakers and cobblers form the sub-
ject matter of the portal reliefs of the façade of San Marco. (Fig. 5) Some of these
trades had earlier appeared on the carved bases of the Piazzetta columns, and
were to recur in the capitals of the Palazzo Ducale.[17] (Fig. 6) This new iconography of continuous industrial processes, divorced from the seasonal constraints

---

[17] W. Schlink, Die Sockelskulpturen der beiden Säulen am Markusplatz in Venedig, in:
F. Büttner/C. Lenz (eds.), Intuition und Darstellung. Erich Hubala zum 24. März 1985,
Munich 1985 pp. 33–44. G. Tigler, Me facciate del palazzo, l'ispirazione dell'artista, La
cultura Figurativa di 'Filippo Calendario', in: A. Manno (ed.), Il Poema del Tempo, Venice 1999, pp. 17–33.

of agricultural and pastoral activity deserves its own examination. In Venice it was communal initiative which was to transform San Marco, the Palazzo Ducale and its environs into an arena for commercial iconography. The civic imagery of the Piazza San Marco is paralleled by programmes in Tuscan and Umbrian cities – the centrality of the image of an elected career Podestà such as Matteo da Correggio (1276) on the Fontana Maggiore at Perugia or Nello de'Tolomei in the Sala del Consiglio of the Palazzo Communale at San Gimignano of 1317.[18] Fountains epitomize communal patronage and the new civic iconography of public works in Central Italy long before the German towns in the fifteenth century. The social iconography of the lively and laborious city was coming into being.

It has long been recognized that painting in Italy changed in the period between 1270 and 1350. It was transformed by new aims and the exactitude of pictorial narrative.[19] This is not however an entirely satisfactory explanation however, because much of our surviving evidence comes from an ecclesiastical or religious context, with its own underlying texts and agendas to shape the narrative mode. Much less secular painting has survived. Thus it has less often been appreciated that the urban context within which most of this secular decoration was located had also been transformed. The towns themselves had profoundly changed.[20] It was not just the way that painters saw cities, but the fact that the cities they observed and represented had also developed and changed.[21] In this Florence, one of the crucibles of the new painting, is exemplary.

---

[18] K. Hoffmann-Curtius, Das Programm der Fontana Maggiore in Perugia, Düsseldorf 1968, p. 40. U. Schulze, Brunnen im Mittelalter. Politische Ikonographie der Kommunen in Italien, Frankfurt 1994. C. J. Campbell, The Game of Courting and the Art of the Commune of San Gimignano, 1290–1320, pp. 102–105 and fig. 5. D. Cole Ahl, Benozzo Gozzoli, London 1996, pp. 258–259. D. Friedman, Monumental urban form in the late medieval Italian commune: loggias and the Mercanzie of Bologna and Siena, in: Renaissance Quarterly 12 (1998), pp. 325–340.

[19] H. Belting, The new role of narrative in public painting of the Trecento: Historia and Allegory, in: H. Kessler, M. Shreve Simpson (eds.), Pictorial Narrative in Antiquity and the Middle Ages, Studies in the History of Art 15–16 (1985), pp. 151–168, pp. 151–168.

[20] D. Friedman, Palaces and the Street in Late-Medieval and Renaissance Italy, J. W. R. Whitehand/P. J. Larkham (eds.), Urban Landscapes: International Perspectives, London 1992, pp. 69–113. D. Friedman, Florentine New Towns, New York 1988, pp. 204–212.

[21] D. Friedman, Fiorenza: Geography and Representation in a fifteenth-century city view, in: Zeitschrift für Kunstgeschichte 64 (2001), pp. 56–77. J. Schulz, Jacopo de' Barbari's view of Venice: Map Making, City Views and Moralized Geography before the year 1500, in: AB 60 (1978), pp. 425–482. G. Fasoli, La coscienza civica nelle "laudes Civitatum", in: La Coscienza Cittadina nei Comuni Italiani del Duecento, 11–14 ottobre 1970, Convegni del Centro di Studi sulla Spiritualità Medievale XI, Todi 1972, pp. 9–44. A. Rinaldi, La formazione dell' immagine urbana tra XIV e XV secolo, in: J. M. Maire Vigueur (ed.), D'une ville à l'autre. Structures matérielles et organisation de l'espace dans les villes européennes XIIIe–XVIe siécle, (Collection de l'École Française de Rome 122), Rome 1989, pp. 773–811.

Fig. 5: Vanice. San Marco. Relief of Cheese-vandors.

Fig. 6: Vanice. Piazzetta. Column of S. Todaro. Base. Craftsman.

In 1284 Florence built a fifth and final circle of walls, quintupling its urban area. The new intramural spaces were cooperatively developed by the citizens; house-building became a virtuous act, which characterized its owner as participating fully in civic life.[22] But within the enlarged city the equilibrium had itself altered. The interrelationship between private dwelling and public space was fundamentally reordered by the new ruling classes which emerged to control the city-state. The instrument of change for controlling the city-space was the street.[23] Straight streets were public arteries of the new body politic rather than the meandering *vie vicinali* of the older city neighbourhoods. Near Santa Croce the Via Ghibellina slices through the urban fabric towards the Porta S. Frances-co. A few hundred metres away the palaces of the Peruzzi *consorteria* huddle together around their private enclave.[24] The new streets were regularly laid out and the houses which faced onto them compelled to have lower stories well-built with good ashlar masonry. This architectural uniformity was applied with extraordinary precision in the Florentine new towns, such as San Giovanni Vaidarno, Scarperia and Firenzuola.[25] It was a regularity impressively rendered in the frescoes of the early Quattrocento through the rapidly developing tech-niques of linear perspective. Perhaps not wholly coincidentally, the greatest early master of perspective, Masaccio had grown up in the symmetrical surroundings of San Giovanni Valdarno.

The private houses of the new ruling caste became larger and assumed the type and name of Palazzo – palatium was an ancient term which the bishops of the North Italian communes had appropriated several centuries earlier from imperial usage.[26] In the centres of these new cities rose the dwellings of the ruling officials, and piazze were constructed in front of them. In Florence the Piazza della Signoria itself institutionalized and memorialized a punishment against the Ghibelline Uberti: the Piazza was extended to encompass the site of their houses and prevent their faction ever rearing its head again. In Villani's lapidary phrase "e di que'loro casolari feciono piazza, acciochè mai non si rifacessono."[27] Great

---

22 Friedmann 1992, p. 71.
23 D. Friedman, Florentine New Towns, New York 1988, pp. 205–211. Friedmann 1992, pp. 69–74.
24 For a good analysis of comparable contemporary enclaves at Siena see E. English, Urban Castles in medieval Siena the sources and images of power, in: K. Reyerson/ F. Powe, The Medieval Castle-Romance and Reality (Medieval Studies at Minnesota 1), Dubuque (Iowa) 1984, pp. 175–198.
25 D. Friedman, Florentine New Towns, New York 1988, esp. pp. 117–132.
26 M. Miller, The Bishop's Palace Architecture and Authority in Medieval Italy, Ithaca NY 2000, pp. 89–92.
27 Giovanni Villani, Cronaca Lib. VIII, cap. 26, ed. cit., p. 179. N. Rubinstein, Die Piazza della Signoria in Florenz, in: Festschrift Herbert Siebenhühner zum 70. Geburtstag, Würzburg 1970, pp. 19–30. See now P. L. Spilner, Ut civitas ampletur. Studies in Floren-tine Urban development 1282–1400, Ph.D. Columbia 1987, pp. 397–398. Also M. Trach-tenberg, Dominion of the Eye Urbanism, Art and Power in early modern Florence,

piazze conferred status on a city among its visitors. The Piazza San Marco at Venice was the largest since Antiquity.[28] Piazze also facilitated interaction between rulers and their people, a place of peaceful assembly at times, at others the tinder-box of revolt.

These new centres of communal power stood at a distance from that of the bishop. In the Late Antique period the bishop's dwelling was often a peripheral element in the new city, originally attached to the great church and its powerful relics.[29] In Florence it stood close to the Roman wall.[30] There, as in other Italian cities, it became more central as the city expanded in the later middle ages, but this centrality was an urbanistic phenomenon and did not indicate any increase of episcopal authority.[31] In Siena, the Duomo Campanile can barely he seen in the corner of Ambrogio Lorenzetti's fresco, and it is an accurate indication of its peripheral place in the government of the Comune. (Fig. 7) Actual topography and political interpretation here go hand in hand. At Florence the Palazzo Vecchio and the earlier civic palace of the Bargello developed in a dynamic interaction.[32] More ambiguous was the Palazzo Vecchio's curious architectural amalgam of defensive and domestic elements.[33] It also reflected a growing secularization of power, and the increasingly wished separation of the new centres of secular citizen power, the Palazzo Communale or Palazzo del Podestà from the ancient centre of power, the bishop and his cathedral and *episcopium / palatium*. These were fundamentally political choices of sites for a new political architecture, the régime newly fashioning itself.

The relationship between the new city and its *contado* had changed also. Painted cities, like contemporary cities, faced inwards, the façades of their palaces and churches bordered internal piazze and articulated their particular segments of urban space.[34] Façade is indeed a new Italian coinage, a word unknown

---

Cambridge 1997, pp. 92–111. For a comparable destructions in Siena English, art.cit., p. 178 citing Lisini, Costituto, p. 506.

[28] J. Schulz, La piazza medioevale di San Marco, in: Annali di Architettura 4/5 (1992/1993), pp. 101–114.

[29] Miller, op.cit., p. 18.

[30] Miller, op.cit., p. 128.

[31] C. Hardie, The Origin and Plan of Roman Florentia, in: JRS 53 (1965), pp. 122–140, correcting J. Plessner, Una rivoluzione stradale del Dugento, Copenhagen 1938 Miller pp. 18, 139 and Fig. 44.

[32] M. Trachtenberg, review of N. Rubinstein, The Palazzo Vecchio 1298–1532. Government, Architecture Imagery in the Civic Palace of the Florentine Republic, Oxford 1995 in: Journal of the Society of Architectural Historians 56 (1997), pp. 221–223, 221.

[33] J. Paul. Der Palazzo Vecchio in Florenz. Ursprung und Bedeutung seiner Form, Florence 1969, pp. 97–100. M. Trachtenberg, The Dominion of the Eye Urbanism, Art and Power in early modern Florence, Cambridge 2000, 98–105. J. Paul, Commercial use of mediaeval town halls in Italy, Journal of the Society of Architectural Historians 28 (1969), p. 222. See in general Paul, op.cit., and the review of it by J. Ackerman, in: JSAH 30 (1971), pp. 91–92.

[34] Friedmann, Florentine new towns, pp. 178–180. F. Ratté, Architectural invitations images of city gates in medieval Italian paintings, in: Gesta 28/ii (1999), pp. 142–153. For

Fig. 7: Siena. Pallazzo Pubblico. Sala de' Nove. Ambrogio Lorenzetti. *Good Government in the City.*

in Antiquity, and thus inaccessible later to Alberti who wrote in Latin.[35] The 1360 contract for the Palazzo della Mercanzia which overlooked the new Piazza at the side of the Palazzo Vecchio in Florence talks of the *faccia dinanzi*, to be faced with ashlar and decorated with shields.[36] (Fig. 8) Facades were intended to

---

Venice see P. Wichmann, Die Campi Venedigs. Entwicklungsgeschichtliche Untersuchungen zu den venezianischen Kirch- und Quartiersplätzen, Munich 1987.

[35] Friedman 1992, pp. 69–113, p. 96.

[36] Friedmann 1992 p. 94. In Siena arms could not be painted on any communal palace.

be seen, and public buildings to make an impression. At times legislation was enacted to further this aim. In a c celebrated statute from Parma of 1262 a street is widened "[...] ita quod opus Baptisterii possit videri."[37]
As the great church facades looked inward over the urban space, their apses faced outwards, dominant, protective even at times minatory. Apses made eloquent statements about the relationship between town and countryside, as the new gothic apse of the Duomo at Massa Marittima still demonstrates. (Fig. 9) Like the cathedral of Narbonne or the cathedral of Avila the apse of Santa Maria Novella pierced the city wall. We can see this circumstance subtly rationalized by Giotto. In his fresco of the "Resurrection of Drusiana" in the private chapel of the Peruzzi banking family in the cavernous Franciscan church of Santa Croce the Evangelist confronts the corpse of his friend Drusiana outside the city wall of Ephesos where it is being carried – as would have been normal in the Late Antique – to an extramural cemetery. Ephesos remained an important centre of pilgrimage throughout the period, and some knowledge of the site could readily have been transmitted in pilgrim accounts.[38] Ludolf von Suchem provides a vivid description of the church at Ephesos.[39] Churches at the walls could even be fortified and the assimilation of a military idiom in to church architecture and tomb sculpture is an topic which would repay further investigation.[40]

Lisini op.cit., I, LXXXII p. 98. H. Zug Tucci, Istituzioni araldiche e pararaldiche nella vita toscana del Duecento. Nobiltà e ceti dirigenti in Toscana nei secoli XI–XIII: strutture e concetti, in: Atti del IV convegno: Firenze 12 dicembre 1981, Florence 1982, pp. 65–79. See in general M. Pastoureau, Stratégies héraldiques et changements d'armoiries chez les magnats florentins du XIVe Siècle, in: Annales 1988, pp. 1241–1256. J. Cherry, Heraldry as decoration, in: W.M. Ormrod (ed.), England in the Thirteenth Century Proceedings of the 1989 Harlaxton Symposium, Stamford 1991, pp. 123–134.

[37]   Statute of 1262 I,45 cited by Braunfels, op.cit., p. 127 note 47.

[38]   C. Foss, Ephesus after Antiquity. A late antique, Byzantine and Turkish City, Cambridge, 1976, pp. 125–137.

[39]   F. Deycks (ed.), Ludolphi Rectoris Ecclesiae Parochialis in Suchem De itinere Terrae Sanctae Liber (Bibliothek des Literarischen Vereins in Stuttgart XXV), Stuttgart 1851, p. 24. Foss, op.cit., p. 136. For the relationship with Giotto see M.V. Schwarz, Ephesos in der Peruzzi-, Kairo in der Bardi-Kapelle, in: Römisches Jahrbuch 27/28 (1991/1992), pp. 23–57, p. 31.

[40]   A suggestive introduction to this topic may be found in C.L.H. Coulson, Structural symbolism in Medieval Castle Architecture, in: Journal of the British Archaeological Association 132 (1979), pp. 73–90. C.L.H. Coulson, Specimens of Freedom to Crenellate by Licence, Fortress 18 (1993), pp. 3–6 and the important remarks in C.L.H. Coulson, Freedom to Crenellate by licence – an Historical Revision, in: Nottingham Medieval Studies 38 (1994), pp. 86–137. For a striking thirteenth-century English example see J. West, Acton Burnell Castle, Shropshire, in: A. Detsicas (ed.), Collectanea Historiana: Essays in Memory of Stuart Rigold, Maidstone 1981, pp. 85–92. See also M. Thompson, Medieval Bishops' Houses in England and Wales, Aldershot 1998, p. 49–50. For a helpful overview R. Morris, The architecture of Arthurian enthusiasm: Castle symbolism in the reigns of Edward I and his successors, in: M. Strickland (ed.), Armies, Chivalry and Warfare in Medieval Britain and France Proceedings of the 1995

Fig. 8: Florence. Palazzo della Mercanzia. Façade.

Instructively, an apparent contradiction appears in the scene of "Francis expelling the Demons from Arezzo" in the Saint Francis Legend. Behind the saint a large church with an elaborately decorated apse stands outside the city. This is not, I think, a reference to the unusual extramural aspect of Arezzo's early Cathedral, nor a sign of the artist's ignorance of the site. There are simply no churches in the fictive Arezzo: its bells are secular. The artist has resolved the contradiction of a saint exorcising a Christian city by placing the church on the side of Francis. (Fig. 10) Once again real topography is subservient to religious interpretation. Maureen Miller reminds us how bishops viewed their flocks within and those without the walls with different eyes.[41] The *Thebaid* might have been painted in the Camposanto at Pisa but it did not exist outside the city wall.[42] Political exiles and Cathars were commoner in Tuscany than hermits.

The new urban macrocosm was rapidly assimilated by the new painting. Artists like Giotto were consummate in discriminating between interior and exterior space – The "Apparition of Saint Francis at the Chapter at Arles" makes this plain. The friars occupy both the cloister walk and the interior of the Chapterhouse as they listen to Saint Anthony preaching. Francis floats on the threshold between the interior of the room and the cloister outlined against the Cross once painted on the altar wall of the Chapterhouse.[43] (Fig. 11) This fresco in the Bardi Chapel in Santa Croce marks an enormous advance on the primitive Chapterhouse interior of the Saint Francis Legend, where Francis appears at the door of the room looking inwards. A similar distinction can be drawn between the buildings of the Piazza del Comune at Assisi, where Francis in April 1207 publicly disclaimed his parental inheritance, and the palace which Giotto later painted for the same episode in the Bardi Chapel. In the Assisi Legend the buildings, both the civic palace and the adapted *cella* of the Roman temple are used only to denominate place. Giotto's building shows little evidence of knowledge of the actual site, but reveals a far more profound understanding of how contemporary episcopal palaces with upper loggias and external staircases actually functioned.[44] In the

---

Harlaxton Symposium (Harlaxton Medieval Studies VII), Stamford 1998, pp. 63–81. For a thirteenth-century ecclesiastical example J. Gardner, Cardinal Ancher and the piscina of Saint-Urbain at Troyes, in: C.L. Striker (ed.), Architectural Studies in Memory of Richard Krautheimer, Mainz 1996, pp. 79–82.

[41] Miller, op.cit., p. 19.

[42] M. Seidel, Ikonographie und Historiographie "Conversatio Angelorum in silvis". Eremitenbilder von Simone Martini und Pietro Lorenzetti, in: Staedel-Jahrbuch N.F. 10 (1985), pp. 77–142. E. Frojmovič Eine gemalte Ermitage in der Stadt "Die Wüstenväter in Camosanto zu Pisa", H. Betting, D. Blume eds., Malerei und Stadtkultur in der Dantezeit, Munich 1989, pp. 201–214.

[43] J. Gardner, Andrea di Bonaiuto and the chapterhouse frescoes in Santa Maria Novella, in: Art History 2 (1979), pp. 107–138, p. 116.

[44] J. Gardner, A minor episode of public disorder in Assisi: St. Francis renounces his inheritance, (forthcoming). Miller, op.cit., pp. 63, 71–77.

Fig. 9: Massa Marittima. Duomo. Apse.

new cities such external stairs would be forbidden.[45] It was a long battle: already in the mid thirteenth century the Statutes of Viterbo were trying to suppress them.[46] Major painters were able to represent variant view points in a strikingly subtle ways.

The new Tuscan cities had walls and efficient city gates, entrances, exits, sites of execution and thresholds all in one. Whereas the symbolism of power resided preeminently in the city walls and their gates and towers, it also reflected the older political realities of *incastellamento* and the breakdown of central power in Italy.[47] Simone Martini's Guidoriccio da Fogliano, an elected official from the Reggio, bestrides a Sienese landscape between two incastellated settlements. The youthful Francis gives his cloak to an impoverished knight on the plain below the walled hilltown of Assisi. The representation of open gates, as here, may well carry an apocalyptic emphasis reminiscent of the description of the New Jerusalem in Revelation XXI,25. "Et portae e ius non claudentur per diem; nox enim non erit illic."[48]

Transitions and thresholds could be symbolized in another way – by bridges. The great cities of the west, Rome, Florence, Paris, and London – even in its idiosyncratic way, Venice, were divided by major rivers (in the case of Venice by the Canale Grande), and united by bridges. The period 1050–1350 marks the great post-Antique age of bridge building in stone, and probably, churches excepted, more bridges survive than any other category of mediaeval monument.[49] When however the two main stone bridges across the Seine at Paris were swept away or dangerously weakened by an unusually severe flood in 1296, wooden

---

[45] Friedman 1992, p. 73.

[46] V. Federici (ed.), Statuti di Viterbo, Statuti della Provincia Romana, Fonti per la Storia d'Italia, VIII, Rome 1930, distinctio III, rubric 39: "Quo nullus edificat caligam in strada. Item, statuimus quod nullus faciat vel hedificat caligam aliquam de novo seu murum in strata vel via publica, cuiuc occasione via, vel eius status vel aspectus vie ledetur vel choarcetur." For a similar provison in Siena see A. Lisini, Il Costituto del Comune di Siena vogarizzato nel MCCCIX–MCCCX, Siena 1903, Cap. CXCV, II, p. 89.

[47] F. Bosman, Incastellamento urbano a Roma: il caso degli Orsini, in: N. Christie (ed.), Settlement and Economy in Italy 1500BC–AD1500. Papers of the Fifth Conference of Italian Archaeology, Oxford 1995, pp. 499–507. A. Cusanno, Il complesso fortificato "delle Milizie" a Magnanapoli, in: BdA 76 (1989), pp. 91–108. S. Raveggi, Gli aristocratici incittà considerazioni sul caso di Firenze (secc. XIII–XV), in: Maire-Vigueur (note 22 above), pp. 69–86. J. Gardner, An introduction to the iconography of the medieval Italian City Gate, Dumbarton Oaks Papers, 1987, pp. 199–213.

[48] F. Ratté, Architectural invitations: images of city gates in medieval Italian paintings, in: Gesta 28/ii (1999), pp. 142–153, p. 148.

[49] N. Brookes, Mediaeval Bridges. A window on changing concepts of state power, in: Haskins Society Journal 7 (1995), pp. 11–29, p. 12. E. Maschke, Die Brücke im Mittelalter, in: Historische Zeitschrift 224 (1977), pp. 265–292. See also N. Orme, Church and Chapel in Medieval England, Transactions of the Royal Historical Society, sixth ser. VI (1996), pp. 75–102, p. 86.

Fig. 10: Assisi. San Francesco. Upper Church. Sant Francis Legend. *St. Francis expels the Demons from Arezzo.*

ones replaced them.[50] Yet the "Vie de Saint-Denis" written by the monk Yves de Saint-Denis and presented to Philippe V in 1317 shows a partly imaginary Paris embellished with innumerable stone bridges which provided sites for flour-mills, jetties for boats and diving platforms for swimmers.[51] Vasari claimed that

---

[50] M.N. Boyer, Medieval French Bridges. A history, Cambridge Mass. 1976. V.W. Egbert, On the Bridges of Medieval Paris, Princeton 1974. Brookes 1995, pp. 19–23.

[51] B. Lacaze, The "Vie de St. Denis" Manuscript (Paris, Bibliothèque Nationale, Ms.fr. 2090–2092), New York 1979, pp. 126–138. See also J. Muendel, Medieval urban renewal: the communal mills of Florence, Journal of Urban History (1991), pp. 363–389.

Fig. 11: Florence. S. Croce. Cappella Bardi. Giotto di Bondone. *The Apparition of St. Francis at the Chapter of Arles.*

because of the absence of Giotto in Milan his pupil Taddeo Gaddi was asked to provide a model of the Ponte Vecchio after the great flood of 1331.[52] Travellers and pilgrims congregated at bridges. The Pons Milvius, Avignon and the Ponte Rubaconte in Florence all provided chapels on their bridges and hospitals and *xenodochia* were often located nearby.[53] Roman gates and bridges still survived in Italy as at Rimini or Verona, and where Ambrogio Lorenzetti's citizens venture into the peaceful and industrious *contado* they cross a bridge.[54] (Fig. 12) The Lorenzettian countryside was safe. A threshold, but also a powerful solvent of barriers, bridges allowed the communes to assert and regiment their power in their contado.[55] The countryside was an essential part of the state. Perhaps surprisingly bridges appear rather rarely on European town seals.[56] Hans Belting suggested that a new kind of pictorial dynamic emerged in the period we have been discussing, a narrative mode articulated by the twin concepts of historia and allegory.[57] These are methods of conceptually re-organizing rather than visually recording in a novel way the lived experience of the new urban world. Before we examine the plausibility of the hypothesis it is useful to analyze sacred and

---

[52] R. Bettarini, P. Barocchi (eds.), Giorgio Vasari, Le Vite de più eccellenti Pittori, Scultori e de' piu eccellenti Architetti, Florence 1966ff. II, p. 207.

[53] Maschke, art.cit., pp. 285–287 Brookes 1995, pp. 27–29.

[54] Brookes, 1995 p. 24. J. Gardner, An introduction to the iconography of the medieval Italian city gate, in: Dumbarton Oaks Papers 41 (1987), pp. 199–213, p. 208. Q. Skinner, Ambrogio Lorenzetti: the artist as political philosopher, in: Proceedings of the British Academy 72 (1986), pp. 1–56.

[55] Brookes 1995, p. 25. G. Chittolini, The Italian city-state and its territory, in: A. Molho/ K. Raaflaub/J. Emlen (eds.), City States in Classical Antiquity and Medieval Italy, Ann Arbor 1991, pp. 589–602. J. Heers, En Italie centrale: les paysages construits, reflets d'une politique urbaine, in: Maire Vigueur, pp. 279–322. Political motivation of urbanism S. Kubisch, "Quia nihil Deo sine pace placet". Friedensdarstellungen in der Kunst des Mittelalters, Münster 1992. See in general: La Pace nel pensiero nella politica negli ideali del Trecento, 13–16 ottobre 1964, Convegni del Centro di Studi sulla Spiritualità Medievale, Todi 1975.

[56] G. Bascapé, Sigillografia Il Sigillo nella diplomatica, nel diritto, nella storia, nell'arte I, Milan 1969, Cap. XI: "Sigilli dei Comuni", yields little. See however the fourteent century seal of the toll-collectors of the bridge at Rimini. A. Muzzi/B. Tomasello/A. Tori (eds.), Sigilli nel Museo Nazionale del Bargello, Florence 1990, 3, Civili, no. 180, pp. 84–85 and Tav. XXXIX. For France see B. Bedos, Sceaux des Villes, Paris 1980 illustrates the seals of Cappy 170 p. 156; Cahors 161, p. 169 (1290) Moulage D5816, Lagrasse 333 p. 266; Lyon 373 p. 295 (1271) Moulage D5710; Pontoise 556, p. 417 (1190) and colour plate, 558, (1355) 559 p. 419. E. Dupré Theseider, Sugli Stemmi delle città comunali italiane, La Storia del Diritto nel quadro delle Scienze Storiche, Atti del I Congresso internazionale della Società Italiana di Storia del Diritto, Firenze 1966, pp. 311–348. Gardner (1987), p. 201.

[57] H. Belting, The new role of narrative in public painting of the Trecento. Historia and Allegory, in: H. Kessler/M. Shreve Simpson (eds.), Pictorial Narrative in Antiquity and the Middle Ages, Studies in the History of Art, 15–16 (1985), pp. 151–168.

Fig. 12: Siena. Palazzo Pubblico. Sala de' Nove. Ambrogio Lorenzetti. *Good Government in the Country*. Detail.

secular views of the same city, Siena. In his panel of the Beato Agostino Novello Simone Martini confronts the problem in a variety of fascinating ways. He deliberately imitates an earlier panel type to confer a Franciscan *auctoritas* on Agostino Novello.[58] Franciscan Vita-retables were characterized by miraculous episodes from the life of the saint flanking the central figure. Simone's scenes from the life of Beato Agostino locate these miracles in the new urban environment of Siena. This is a process one can follow with another new Augustinian holy man, Nicholas of Tolentino in the *Cappellone* at Tolentino.[59] Siena is a city of new, regular streets which has houses with balconies jettying out unchecked high above the public space. (Fig. 13) These often lightly constructed balconies, of lath-and-plaster or planking, could break and children crash fatally into the street below. Once again the city is the theatre for a sacred drama, but now it is an inhabited space dynamically articulated by citizens. The Campo which apparently forms the public theatre for the complex political allegories which Ambrogio Lorenzetti painted about a decade later.[60] These frescoes were of course painted for the engine-room of Sienese civic government, the *Sala de'Nove* in the Palazzo Pubblico, while Simone's panel very likely served some kind of memorial function in the mendicant church Sant' Agostino.[61] Thus the comparison of the cityscapes also encompasses some fundamental difference of function among the images and audiences. Understandably Ambrogio's frescoes have drawn the concentrated attention of distinguished historians of political thought.[62]

Art historians have in recent years become increasingly attentive to the constraints which canon law placed upon the internal organization of churches, the

[58] K. Krüger, Der frühe Bildkult des Franziskus in Italien, Berlin 1992, pp. 97–98.
[59] J. Gardner, "Footfalls echo in the memory". Aspetti della tecnica narrativa negli affreschi del Trecento, Arte e Spiritualità nell'ordine Agostiniano e il Convento San Nicola a Tolentino, Tolentino 1992, pp. 47–65.
[60] Braunfels, op.cit., p. 94. Q. Skinner, Ambrogio Lorenzetti: the artist as political philosopher, in: Proceedings of the British Academy 72 (1986), pp. 1–56. Q. Skinner, Ambrogio Lorenzetti's Buon Governo frescoes: two old questions, two new answers, in: Journal of the Warburg and Courtauld Institutes 62 (1999), pp. 1–28, p. 7.
[61] M. Seidel in Simone Martini "e chompagni", Florence 1985, pp. 56–72. Krüger, op.cit., pp. 71–72.
[62] N. Rubinstein, Political ideas in Sienese Art: the frescoes by Ambrogio Lorenzetti and Taddeo di Bartolo in the Palazzo Pubblico, in: Journal of the Warburg and Courtauld Institutes 21 (1958), pp. 179–207. Q. Skinner art.cit. (1986). Q. Skinner, Ambrogio Lorenzetti's Buon Governo frescoes: two old questions, two new answers, in: Journal of the Warburg and Courtauld Institutes 62 (1999), pp. 1–28. R. Starn, The Republican regime of the 'Room of Peace' in Siena 1338–1340, in: Representations 18 (1987), pp. 1–31. H. Belting, Das Bild als Text. Wandmalerei und Literatur im Zeitalter Dantes, in: H. Belting/D. Blume, Malerei und Stadtkultur in der Dantezeit, Munich 1989, pp. 23–64, 36ff. C. Frugoni, A distant city. Images of Urban Experience in the Medieval World, Princeton 1991, Appendix pp. 188–193.

Fig. 13: Sienna. Pinacoteca. Simone Martini. *Beato Agostino Novello rescues a falling Child.*

tituli of altars, the apparatus of the mass, the placing of choir screens and the proximity of the laity to the altar and suchlike. These constraints are particularly evident in such interior representations as "The Miracle" at Greccio, in the nave of the Upper Church at Assisi, although one must here be clearly aware that the painter has created a historicizing fiction for the purposes of his narrative.[63] While it provides a valuable reminder of the grades of access to the chancel at Greccio and implies a male beholder in the chancel, its actual observer could be any female or male pilgrim in the nave of the Upper Church.[64] Implied spectators are not always ideal or innocent. The decrees of church councils and diocesan synods were supplemented by rules on comportment, dress and behaviour among both secular and regular clergy.[65] The height of clerical hemlines was prescribed, their drinking hours specified and participation in games of chance prohibited. Ecclesiastical legislation could easily affect the daily fabric of civic life. In 1279 during his legation Cardinal Latino Malabranca imposed sumptuary legislation on the citizenry of Florence.[66]

The commonly-held assumption that sumptuary legislation was tepidly enforced and rapidly disregarded has recently been challenged. Late-mediaeval Italy possessed a more thorough body of such legislation and arrangements for enforcement than other European countries.[67] The laws were publicly promulgated and the help of the clergy sought in enforcing them. These statutory provi-

---

[63] J. Shearman, Only connect… Art and the Spectator in the Italian Renaissance, Princeton 1992, Greccio p. 193. W. Kemp, Review of J. Shearman, Only Connect, in: Art Bulletin 76 (1994), pp. 364–367: on the Greccio fresco p. 366.

[64] However note the Rubric CCCXCI of the Constitution of Siena: "Anco, conciò sia che molto sia sconvenevole et disonesta cosa che quando li sacri offici da li cherici ne la chiesa si celebrano, le femene dimorino ne li cori et d'intorno a li altari, statuto el ordinato è che neuna femena possa o vero debia, nel coro de la chiesa del vescovado di Siena né in alcuno coro d'alcuna chiesa de la città di Siena stare o vero dimorare mentre che li sacri offici si celebrano; excette coloro le quali ine stessero per udire le messe e li altri offici per cagione di matrimonio. Et se alcuna femena contrafarà, sia condannata al comune di Siena per ciascuna volta in AT soldi di denari." A. Lisini, Il Costituto del Comune di Siena vogarizzato nel MCCCIX–MCCCX, Siena 1903, II, CCCXCI, p. 398.

[65] R. Trexler, Synodal Law in Florence and Fiesole, 1306–1518 (Studi e Testi 268), Città del Vaticano 1971, pp. 33, 244 (Constitutions of Antonio Orso 1310). R. E. Rainey, Sumptuary legislation in Renaissance Florence, Ph.D. Columbia University 1985.

[66] Constitutiones Latini Ostiensi et Velletrensis episcopi, in J. D. Mansi, Sanctorum Conciliorum nova et amplissima collectio, Venice 1748ff., XXIV, cols. 245–258, 252–253. Rainey, op.cit., p. 43.

[67] C. K. Killerby, Practical problems in the enforcement of Italian sumptuary law, in: T. Dean/K. J. P. Lowe (eds.), Crime, Society and the Law in Renaissance Italy, Cambridge 1994, pp. 99–120, p. 101. M. M. Newett, The sumptuary laws of Venice in the thirteenth and fourteenth centuries, in: T. F. Tout/J. Tait (eds.), Historical Essays by Members of the Owens College, Manchester, published in the commemoration of its Jubilee (1851–1901), Manchester 1902, pp. 245–278. M. G. Muzarelli, Gli Inganni delle apparenze, Turin 1996.

sions were also read out in parish churches.[68] Florence was not alone in its attempts to restrict the dress of its citizens, in particular its female citizens. A statute of 1322/1325 sternly enjoined "nulla persona masculus vel femina parva vel magna, cuius cumque dignitatis aut gradus extat [...] portet vel teneat aliquem vestem in qua sint incise, sute, conficte vel supraposite alique ymagines vel similitudines arborum, vel florum, bestiarum vel avium vel aliarumcumque figurarum sub pena librarum centum [...]."[69] The records of prosecutions for infraction which have survived concern women only – they indeed were the prime targets of most sumptuary legislation.[70]

With this in mind what then are we to make of the group of young persons who perform a sinuous dance in the Campo of Siena in Ambrogio Lorenzetti's celebrated fresco of a little over a decade later? We know now that earlier art historians were curiously inattentive to gender, and that the dancers are youths, not maidens, whose behaviour would certainly have infringed civic statute.[71] (Fig. 14) Quentin Skinner has pointed out that one at least of the joculatores has a tunic embroidered with large moths, and drawn an appropriately mordant conclusion.[72] But here again one should perhaps pay greater attention to the spectator's access – does the room effectively define his competence as an observer of the scene? In a comparably novel way Dante encourages the reader's participation ".pensa oramai per te s'hai flor d'ingegno".[73] Contextualization is as vital as context. The statute regulating the conduct of marriages cited as a reason "Quia plerumque florentini cives et artifices non ad rationem sed ad similitudinem magnatum vivere volunt [...]"[74] For Dante Envy was one of the three main fomenters of civil discord:

---

[68] Killerby art. et loc.cit. The regulation on trailing gowns was to be read out twice annually in churches in Siena: Lisini, II, CCII, p. 318.

[69] Rainey, p. 97 note 43. For comparable restrictions in Siena see Lisini, II, pp. 317–318, 376–377.

[70] Killerby, art.cit., p. 103.

[71] J. Bridgeman, Ambrogio Lorenzetti's dancing 'maidens': a case of mistaken identity, in: Apollo 133 (April 1991), pp. 245–251. C.J. Campbell, The city's new clothes: Ambrogio Lorenzetti and the poetics of peace, in: Art Bulletin 83 (2001), pp. 240–258, pp. 241ff. Quinta distinitione ccclxxv, Lisini II, p. 396. "Anco statuto e ordinato è, che neuno vada ballando o vero reddando o vero alcuno altro giuoco faceno per la città di Siena a cavallo o vero a piè, con panni di femine o vero con panni di cherici o vero religiosi o vero velato anzi la faccia, per alcuno modo o vero cagione. Et chi contrafarà sia punito e condennato al comune dì Siena in XXV. Libre di denari senesi." Skinner 1999 pp. 15–18.

[72] Skinner 1999 p. 20. Campbell, art.cit., pp. 246–248.

[73] E. Auerbach, Dante's address to the Reader, in: Romance Philology 7 (1953/1954), pp. 268–278. C.B. Beall, Dante and his Reader, in: Forum Italicum 13 (1979), pp. 299–343. Dante, Paradiso V, 109. See also the comments of Starn, art.cit. pp. 17–19

[74] G. Pinto/F. Salvestrini/A. Zorzi (eds.), Statuti della Republica Fiorentina a cura di Romolo Caggese (Deputazione di Storia Patria per la Tioscana, Documenti di Storia Italiana, ser. II, vol. VI) Florence 1999, no. 12, p. 205.

Fig. 14: Sienna. Palazzo Pubblico. Sala de' Nove. Ambrogio Lorenzetti. *Good. Government in the City*. Detail.

"Superbia, invidia e avarizia sono / le tre favìlle c'hanno i cuori accesi."[75] Francesco da Barberìno, a familaris of Bishop Antonio Orso, was particularly impressed by the figure of Envy painted in Padua by the Florentine Giotto.[76] Dino Compagni, characteristically, despised the bishop for his base origins and partisan allegiance.[77]

Are the painters, who play this fundamental and innovative role in the construction of meaning, bound by the law in their paintings, any more than saints? Many communal statutes prohibited excessive shows of grief at funerals, women scratching their faces or tearing their hair or clothes – yet Cimabue's Virgin or the mourning women in Simone Martini's "Lamentation" seem to do just this.[78] In more reflective mode Giovanni Bellini's Santa Caterina wears ropes of pearls in her hair, something the painter's patrons would have been fined for had their wives done the same in contemporary Venice.[79]

So are the painters recording the legally constrained urban environment and material culture which actually existed, or are they recreating an ideal city beyond? In this artists perhaps thought differently from their patrons. Certainly they provide us with the most comprehensive view of the new Tuscan cities of the Trecento, advancing far beyond the primitive moralized geographies of Rome with which we began.[80] Yet are they simply the visual amanuenses of the ideologues who inspired governmental schemes like that in the "Sala de Nove" or the theologian of the Dominican chapterhouse at Santa Maria Novella? Or are they

---

[75] Inferno, VI,72–75. See C.T.Daviis, Il buon tempo antico, in: N.Rubinstein (ed.), Florentine Studies, London 1968, pp.45–69.

[76] F.Egidi (ed.), I documenti d'Amore di Francesco da Barberino (Società Filologìca Romana), Rome 1905–1913, Ii, p.165: "[...] documento primo et dic ut dicitur thopicorum primo Invidus est qui tristatur in bonorum proprietatibus. inimica inimicatur enim patientibus eam unde invidiosus invidia comburitur intus et extra hanc padue in arena optime pinsit Giottus [...]". S.Pfeiffenberger, The Iconology of Giotto's Virtues and Vices at Padua, Ph.D. Bryn Mawr 1966.

[77] I.del Lungo (ed.), La Cronica di Dino Compagni (Rerum Italicarum Scriptores, n.s.IX, ii), Città di Castello 1913, Lib.III,22; del Lungo p.216.

[78] For punishment of excessive displays of grief at funerals see R.Davidsohn, Forschungen zur Geschichte von Florenz II, Berlin 1900, p.326. Killerby pp.114. Bellosi, Cimabue, pp.96–97. A.Martindale, Simone Martini, Oxford 1980, Pl.XIII.

[79] S.Moschini Marconi, Gallerie dell'Accademia di Venezia Opere d'Arte dei secoliXIV e XV, Rome 1955, No.73. Newett, art.cit., pp.262, 267, 276.

[80] J.Schulz, Jacopo de'Barbari's view of Venice: Map Making, City Views and Moralized Geography before the year 1500, in: Art Bulletin 60(1978), pp.425–482. J.B.Friedman, Cultural Conflicts in medieval world maps, in: S.B.Schwartz (ed.), Implicit Understandings: Observing, Reporting, and Reflecting on the Encounters between Europeans and Other Peoples in the Early Modern Era, Cambridge 1994, pp.64–95. M.Kupfer, Medieval world maps: embedded images, interpretive frames, in: Word and Image 10(1994), pp.262–288.

too creating their own *Wunschraum*?[81] Here we stand at the edge of that revival of Ptolemaic chorography which was to characterize the Quattrocento. An interpretative impression had become as important as topographical (or moral, or political) exactitudes. That is the painter's contribution. Certainly their ability to buttonhole the viewer was revolutionary. Otto Gerhard Oexle has reminded us that "was utopisch und was eine Utopie gehört im Bereich der Geistes- und Sozialwissenschaften und auch in der Geschichtswissenschaft zu den problematischsten und umstrittensten Fragen."[82] It is perhaps the Tuscan fresco painters of the early Trecento who create their own vision of contemporary urban realities who suggest the most plausible solutions to this refractory problem.

---

[81] A. Doren, Wunschräume und Wunschzeiten, in: Vorträge der Bibliothek Warburg, 1924/1925, pp. 108–205.

[82] O.G. Oexle, Utopisches Denken im Mittelalter: Pierre Dubois, in: Historische Zeitschrift 224 (1997), pp. 293–339. H. Bauer, Die Säkularisierung des Himmelsbildes in der italienischen Stadt, Kunst und Utopie, Berlin 1966, pp. 1–17. Starn, art.cit., pp. 26–8 terms the Lorenzetti scenes "utopian constructions" and "utopian fictions of republican ideology".